国博名家丛书

王春法 主编

沈从文 著

沈从文卷 上

北京时代华文书局

国博名家丛书

沈从文卷

总　序

王春法

中国国家博物馆馆长

2022年是中国国家博物馆创建110周年。7月8日，习近平总书记给国家博物馆老专家回信，充分肯定国家博物馆的发展成就和重要贡献，对国家博物馆在新时代担负的使命任务提出明确要求，希望坚持正确政治方向，坚定文化自信，深化学术研究，创新展览展示，推动文物活化利用，推进文明交流互鉴，守护好、传承好、展示好中华文明优秀成果，为发展文博事业、为建设社会主义文化强国不断作出新贡献。编纂一套体现国家博物馆不同发展时期学术研究贡献的《国博名家丛书》，整理出版国家博物馆110年来学术名家的著作，传承弘扬国家博物馆老一辈专家学者的为人风范、治学精神、道德文章，彰显一代代国博人的坚守奉献、情怀担当，正是贯彻落实习近平总书记给国家博物馆老专家回信精神，坚持守正创新，推动新时代国家博物馆事业高质量发展的一项重要举措。

中国国家博物馆是近现代中华民族奋斗史的见证者和亲历者。无论是筚路蓝缕的初创时期，还是新中国成立后激情澎湃的建设岁月，无论是春潮涌动的改革年代，还是恢弘壮丽的新时代，都有一大批淡泊名利、严谨担当、甘于奉献、守正创新的国博人，立于时代潮头，回应时代呼唤，以满腔热忱和满腹学识为国博发展倾尽心血，成就了国家博物馆的百十辉煌。韩寿萱、沈从文、傅振伦、王振铎、史树青、俞伟超、苏东海、王宏钧、孙机、夏燕月等国博前贤，就是其中的杰出代表。他们都长期在国家博物馆工作，或者在相关研究领域锲而不舍地钻研、精耕细作，学术精湛、成就卓著、影响广泛、形成优势；或者掌握某一领域专门学识，具有丰富的实践经验，擅于文物保护与修复、展览策划等并有大量实践案例；或者精于某一门类文物藏品的鉴定，掌握古文字的破译等冷门绝学。他们对内能做领军人物，对外能做文化使者，堪称国博大先生。在他们身上，凝结着我们这个时代、我们这个领域顶尖学者的共同特征。

一是爱祖国爱人民。爱国必自爱史始，知史方能真爱国，一个人是不是真爱国，是不是真正站在人民的立场上，首先要看他对待历史的态度。历史不是过去，历史昭示未来。真正的治史者决不可一头钻进故纸堆，自得其乐、故步自封，而应自觉屹立时代潮头，走在时代前列，坚持学术研究的正确政治方向，始终用历史唯物主义的立场、观点和方法来指导学术研究与实践工作，用扎实的文物藏品研究成果回答历史之问、时代之问、人民之问。国博的前贤们一向坚守高度的社会责任感与历史使命感，以深邃的学术眼光洞察文物博物馆发展进程中的时代之需，突破"小我"，拥抱"大我"，时刻以祖国人民为念，开辟研究新领域，勇做时代担当者，舍一己而成天下，服务和支撑国家文化建设。正是这样的情怀、格局与担当，成就了他们的学术地位和社会影响！

二是择一事终一生。治学务求精专，精深方能大成。深研细琢国博前贤们的学术成长史，他们无一不是精心找准研究领域，选定学术问题，安于平凡生活，志存高远，潜心学术，以"咬定青山不放松"的钻研精神，几十年如一日长期持续深耕学术花园，努力追求学术上的精进与精神情操的高尚，把毕生的热情和精力都投入到博物馆的工作实践与学术研究之中，直到花园里"学术之花"满庭芳，真正做到了奉献终身。沈从文先生、孙机先生数十年持续在中国古代物质文化领域，尤其是中国古代服饰文化、汉代物质文化等方面的深耕，从开创性粗略研究到精度研究，再到深度研究，从问题表征到内涵逻辑，从知识到思想，不断将本领域研究推向纵深。俞伟超先生在秦汉考古学领域，韩寿萱、苏东海先生在博物馆学领域，王宏钧先生在明清史研究领域，史树青先生在文物鉴藏领域，王振铎先生在古代科技史领域，夏燕月先生在党史研究领域，都坚持发大心、下大力，精耕细作，追求研究的高度、深度、广度和精度，为后辈学人提供了研究范式。他们的物质生活或许并不富裕，但他们的精神世界是丰富多彩、快乐高尚的！

三是立其言成其说。博物馆是知识的海洋，是一部立体的百科全书，所涉及学科之多、历史之久、问题之多是少有其他公共文化机构所能比拟的。正是在这里，国博前贤们取得了卓著的建树，留下了《中国古代服饰研究》《科技考古论丛》《考古类型学的理论与实践》《博物馆的沉思》《中国博物馆学基础》《汉代物质文化资料图说》等彰显非凡学术之光的名篇佳作。傅振伦先生积极引介西方档案学理论，并将之与我国传统的档案汇编整理模式进行对比，构建中国现代档案学，成为中国现代档案学的拓荒者。沈从文先生专心致志开展中国古代物质文化研究，开创了中国古代服饰研究的先河，学术上精益求精，工作上家国情怀，实为后学楷模；俞伟超先生以亲身实践为基础，推动引进水下考古、航空考古、古代遗存DNA研究等，从学科角度持续探索中国考古学的基本理论，提出考古学"大文化"的概念，确立了中国田野考古学的体系与范式，极大推动了中国考古学的发展。苏东海先生始终站在学术前沿，不断求索、思考、阐释"什么是博物馆，怎样认识博物馆，怎样发展博物馆"这一时代命题，旗帜鲜明地提出中国的文博事业应走现代化发展之路，为构建中国本土化博物馆理论艰辛探索，被誉为"中国生态博物馆之父"。立一家之言、成一门之说，既能满足学者的精神追求，又能符合国家之需、人民之需，两全其美，岂不乐哉！

　　一个时代有一个时代的学者，一代人有一代人的学问。《国博名家丛书》涵盖文物、考古、历史、博物馆学等诸多研究领域，以向读者尽可能系统完整呈现名家学术思想脉络、提供尽可能多学术信息为原则，选取名家学术生涯中具有典型性的、在其学术贡献中成体系的文章重新编排出版。丛书以名家设卷，卷下分册，各卷按学术研究方向划分主题板块，每个板块基本按文章发表时间顺序编排。这既是对过往的总结，也是对未来的期许：一是旌表和褒扬前辈名家们一生志在一事，躬耕职守、潜心钻研的人生选择；二是嘉惠学林，为文博界全面了解每位国博名家的学术研究历程及其学术研究对我国文博事业发展所做出的贡献等提供便利；三是弘扬和传承国博名家严谨求真的治学态度、扎实的学术功底，重光国家博物馆深厚的学术底蕴和良好的学风文风；四是述往而开新，厘清百十年来国博学术思想的演进谱系，重构国博独有的学术精神与传统，赓续国博文脉；五是引发思考和启迪，激励国博中青年研究人员奋发有为，在文物博物馆研究领域不断奋进，早日成长为新一代国博名家。

　　中国国家博物馆是具有深厚历史底蕴和光荣革命传统的国家最高历史文化艺术殿堂，肩负珍藏民族集体记忆、传承国家文化基因、促进文明交流互鉴的重要职责。国博人将牢记总书记嘱托，踔厉奋发，奋力开创各项工作新局面。在党的二十大胜利召开，吹响第二个百年奋斗目标号角的新征程中，国家博物馆将站在新的发展起点，发挥自身优势，紧扣时代脉搏，坚定历史自信、筑牢历史记忆，打造引领文博事业发展的人才高地，用文物和展陈记录新时代党和人民的伟大创造、伟大实践，为不断谱写马克思主义中国化时代化新篇章，为全面建设社会主义现代化强国，以中国式现代化全面推进中华民族伟大复兴作出自己应有的贡献。

沈从文 ————————————————

　　沈从文（1902.12—1988.5），苗族，湖
南凤凰县人，文学家，历史文物学家。1949—
1978年在中国历史博物馆工作，主要从事古代
物质文化史研究。主要论著有《龙凤艺术》《中
国古代服饰研究》《中国丝绸图案》《中国陶瓷
史》《唐宋铜镜》等。

因工作岗位转到博物馆，作文物研究，发现新的物质文化史研究工作，正还有一大堆空白点，待人耐烦热心用个十年八年工夫来填补。史部学本非我所长，又不懂艺术，惟对于工艺图案花纹、文物制度，却有些常识。特别是数千年来，万千劳动人民共同创造发明的与"食"与"衣"分不开的陶瓷、丝绸、漆玉花纹装饰图案，从来还没有人认真有系统研究过。十年来我因此在这些工作上用了点心。博物馆是个新的文化工作机构，一面得为文化研究服务，另一面又还可为新的生产服务，我即在为人民服务一类杂事上，尽了点个人能尽的力。

沈从文

文史通识的中国古代服饰研究奠基者

——沈从文先生学术小传

沈从文（1902.12—1988.5），原名沈岳焕，曾用笔名小兵、懋琳、炯之、休芸芸、甲辰、上官碧、璇若等，乳名茂林，字崇文。湖南凤凰县人。沈从文先生是我国20世纪著名的文学家和历史文物学家，在文学创作和文物研究方面都取得了举世瞩目的成就。

沈从文先生早年曾先后任教于吴淞中国公学、武汉大学、国立青岛大学、北京大学、国立西南联合大学。1922年开始从事文学创作，其后编辑《大公报》《益世报》文艺副刊。他文学造诣深厚，是新文学运动以来涌现出的最优秀的作家之一。他一生先后创作了80多部计500万字的文学作品，代表作《边城》《湘西》《长河》《湘行散记》等，在国内外产生了广泛的影响。他的作品被译成13种文字，在日本、美国、英国、德国、法国等多个国家出版发行[1]，并被美国、日本、韩国、英国等十多个国家或地区选进大学课本，他本人也两度被提名为诺贝尔文学奖候选人。沈从文先生是20世纪得到世界文坛公认的为数不多的中国作家之一，他的文学成就在中国现代文学史上书写下浓墨重彩的一笔。

沈从文先生于1949年调至国立北京历史博物馆（中国国家博物馆前身）后，真正开始从事文物研究工作，他的绝大部分学术成果是在历史博物馆期间完成的。然而，他对文物的兴趣其实比对文学的兴趣产生得更早一些。就沈从文先生的文物研究生涯来看，他有三段集中接触、研究古代文物的经历。

---

[1] 沈红：《沈从文作品的外文译作》，《沈从文全集》附卷，北岳文艺出版社，2003年。

青年时代的沈从文曾在家乡有过一段短暂的军营生活，并有机会在统领官陈渠珍身边做书记员。陈渠珍不仅治军有方，还热衷于古玩的收藏鉴赏，因此所谓的"书记员"的工作实际上是做些对古董的整理、分类和编目工作，沈从文也由此接触到了大量的古物和线装书。他第一次与文物结缘就是在这个"学历史的地方"。

20世纪20年代至40年代，沈从文开始业余收集文物并对文物产生了强烈的钻研兴趣，常到琉璃厂、前门大街的古董店里品鉴清宫流出的各式器物；1939年在昆明任教期间，他还常在课余热心收集当地边疆少数民族的刺绣品等工艺品。这一段经历为他后来的文物研究工作积累了丰富的物质资料，积淀了深厚的思想基础。

新中国成立后，沈从文先生被调至国立北京历史博物馆，担任"设计员"，从事陈列设计方面的工作。他从此有了更加科学系统地整理研究古代文物的机会，从文学创作正式转向文物研究。在历史博物馆工作的三十年间，先生以一名"普通一兵"的谦和态度做了十年说明员，过手几十万件文物。通过长年为文物编目、抄写陈列卡片、自愿为群众讲解等琐碎工作建立起了对文物的理性认识，尤其是对服装织绣藏品的科学认识。1953年，沈从文先生接连发表了关于织金锦的两篇论文，这是他最早开始的古代织绣方面的研究。1956年，沈从文受邀到故宫织绣研究组兼任业务指导，在整理大量织绣藏品的同时开始对刺绣、染织、纹饰等文物形成了一系列认识。1963年，受周恩来总理嘱托，沈从文先生正式启动了《中国古代服饰研究》的撰写工作。在历史博物馆期间，先生还曾多次帮助馆里收购服装织绣藏品，馆藏的大部分织绣藏品都是经由他之手入库收藏的。在纺织服饰研究领域之外，他对陶瓷、玉器、漆器、铜镜、扇子、杂项、图案纹饰、工艺美术等多个文物研究领域也有着深入研究；他结合博物馆的业务工作实践对陈列设计也有很多独到的思考，提出很多建设性建议。历史博物馆的文物研究经历真正成就了沈从文先生从作家到学者的转型。

1978年，沈从文先生调至中国社会科学院历史研究所工作，所里成立了专门的研究小组，对《中国古代服饰研究》图稿作了较大的修改补充，使全书文字增至25万字左右，插图达400余幅。这部大书经过17年的周折终于在1979年定稿，

1981年由商务印书馆（香港）有限公司首次出版。

沈从文先生的《中国古代服饰研究》是第一部系统研究中国古代服饰的大型学术专著，数次再版，为中国古代物质文化研究开辟出一个全新的研究领域。这部书既不同于清代的传统考据学研究，也不同于西来的近代考古学研究，而是立足于出土文物资料，广泛参考文献记载、民族学材料，甚至一些常识性的知识进行论证的文物研究方法，具有科学性与灵活性。这种方法在很大程度上受到马克思主义唯物辩证法的影响，以"实践论、矛盾论、辩证唯物论"为指导，"一切从发展和联系去看问题"，开创了一种崭新的古代服饰研究道路。作为我国第一部古代服饰学术专著，这部大书不仅填补了古代服饰研究中的诸多空白，成为古代服饰研究的开山之作，也为古代物质文化研究提供了借鉴，堪称文物研究的典范。沈从文先生也因此被业界誉为"中国古代服饰研究奠基者"。先生的研究一直强调"古为今用"，强调文物研究的实用价值。除对服饰研究本身，这部书也对考古学、历史学、民族学、文物学等很多学科发挥着重要的借鉴作用，具有学术层面和社会层面的双重价值，对今天古代服饰文化的展览展示乃至中华优秀传统文化的传承和传播具有重要的参考价值。

除大家熟知的古代服饰研究领域外，沈从文先生的研究还涉及陶瓷、玉器、漆器、铜镜、杂项、艺术、陈列展览等研究专题，他先后完成了《中国陶瓷史》《中国玉工艺讲稿》《中国刺绣》《中国丝绸图案》《唐宋铜镜》《扇子应用进展》等众多专著和图录，并发表了多篇古代文物方面的非常有分量的学术论文。这些论著见解独到，很多观点在当时都具有开创性。

1988年5月10日，沈从文先生在北京病逝，享年86岁。沈从文先生为人谦逊平和，却具有强烈的创新意识和开拓精神，他将感性的文学与严谨的科学融会贯通，以一颗"赤子之心"去研究古代生活，思考现代生活。无论是文学还是文物，他更关注的是物质背后的"人"，正是这种态度造就了他不平凡的文学成就和学术成就。正如他对自己的总结："我从这方面对于这个民族在一段长长的年份中，用一片颜色，一把线，一块青铜或一堆泥土，以及一组文字，加上自己生命作成的种种艺术，皆得了一个初步普遍的认识。由于这点初步知识，使一个以鉴赏人类生活与自然现象为生的乡下人，进而对于人类智慧光辉的领会，发生了极宽泛而深切的兴味。"[2]

　　作为我国著名的作家和学者，沈从文先生的文学作品醇厚古朴，充盈着对生命的哲学思考；他的文物研究严谨博学，不甘于循规蹈矩，重在求真致用。他的踏实学风将永远激励年轻后学在争流百舸中奋楫争先，在林立群峰中奋勇攀登。

本文由王方撰写

[2] 沈从文：《学历史的地方》，《从文自传》，北京十月文艺出版社，2008 年。

编辑说明

本书以《沈从文全集》（北岳文艺出版社，2002 年）和《沈从文全集·补遗卷》（北岳文艺出版社，2020 年）为底本，选编了沈从文先生具有代表性的文物研究论文 50 余篇，集中展现了沈从文先生在物质文化研究各个领域的代表性研究成果。鉴于篇幅和丛书主旨，原底本中的专著和图录、文物资料汇编和说明、文物识小录、书籍题序、教案及提纲、陈列设计、展览介绍及陈改建议、提案及工作建议等类别的论著均未编入。为便于读者检索查阅，以上类别的论著以"要目"形式附录于后，基本按照撰写时间顺序编排，并附首次发表出处和时间。

本书内容基本按照沈从文先生的研究领域和现行古代文物的基本分类进行编目，分为"纺织服饰""玉器""陶瓷与玻璃器""漆器""铜镜""书法与美术""其他"七辑。各辑中的篇目主要结合文物类别和研究对象的年代进行编排，如第一辑"纺织服饰"下基本按照综论、织、绣、图案色彩、染缬、服装依次编排。

本书编辑体例基本沿用了《沈从文全集》和《沈从文全集·补遗卷》的规则，注释统一为页下注，作者手稿中原有的符号仍按原手稿标注。由于历史原因，《谈刺绣—图案的应用和加工技法发展试探》《从一个马镫图案谈谈中国马具的发展及对于金铜漆镶嵌工艺的影响关系》《螺钿工艺试探》三篇文章作者标明了配图意愿而未来得及配图。为方便读者理解，编者在尽可能尊重沈先生本意的基础上对这些篇目的部分插图进行了补充，补充图片标注有"编者配图"，注释标记图片出处，文中图注统一以（ ）标识；沈先生原计划的配图，文中图注统一以 [ ] 标识。

在编辑过程中，考虑到作者生活所处年代，文章的标点、句式的用法、一些常用词语等难免与现在的规范有所不同，为保持原著风貌，本版未作改动。如句子中间出现的"等等"即为"等"，"虾蟆"即为"蛤蟆"，"螺甸"即为"螺钿"，"骨董"即为"古董"，"坐椅"即为"座椅"，"胡涂"即为"糊涂"，"摹仿"即为"模仿"，又如"和"与"及"作连词时前面逗号仍保留，等等。因作者写作时间的不同，也会出现同一词语、同一专有名词有多种写法的情况，如"八达晕""八答晕"与"八搭晕"，"刻丝"与"缂丝"，"只子孙"与"质子孙"，等等。书中的一些国外及国内地名因时代变迁与现在不同，如"阿剌伯"现今为"阿拉伯"，"邓县"现今为"邓州市"，"和阗"现今为"和田"，等等，不再加注释；一些单位量词也与现在一般通用的有所不同，如"时"，现今为英寸；"公分"，现今为厘米，等等，亦不再加注释。在当时的语言环境中，"的""地""得"不分、"必须"与"必需"、"做"与"作"、"绝不"与"决不"等混用现象也是平常的。为尊重作者语言写作习惯，本书均未作改动，请读者在阅读过程中，根据文意加以辨别区分。

目　录

上

一　纺织服饰

六 书法与美术

七 其 他

一　纺织服饰

中国丝绸发展点滴新知识

中国是个有悠久文化的国家，由于土地广大，海岸线长，湖泊又多，一部分气候处于亚热带和温带间，得天独厚，适宜于动植物的繁殖，和人类文化的发展。因此许多发明，对于世界均作出重要的贡献，不仅丰富了中华民族历史文化的内容，同时也丰富了世界文化的内容。养蚕织丝，是其中贡献特别重大又特别持久的一部门生产。照古代社会组织分工的习惯，养蚕织丝属于"妇功"，因此历史传说，既把黄帝族轩辕氏作为第一个帝王，养蚕织丝的发明，就归功于这个帝王的一位妃子，名叫"嫘祖"。传说成立虽相当早，和历史进展的规律未必相合，假定的时间或许还晚了些。至于三国时吴人张俨作的《太古蚕事记》，则显明出于南部地区的小说家言，更不足信了。

比较符合人类进化自然规律的解释，似还应数《尔雅》一书释虫鱼关于蚕事的记载。书中只简单素朴的说，蚕有萧、艾、柞、桑，等等名目，却扼要具体的提出了这种性能奇特的蠕虫，是在中国广大土地上，经过漫长时期不同方式的试验，用各种不同植物饲养，研究它的适应性能和发育情况，逐渐明确了它的成长规律，才得以进一步加以利用的。这种驯服过程，决不是任何一人一时所能作到的。时间必格外长久，远比黄帝时代还早，有可能和人类文明启蒙期新石器时代相差不远，并且比"五谷""六畜"的驯服经过的挫折还多，而终于才慢慢的取得完全成功的。到了历代传说上所谓"垂衣裳而天下治"国体形成的黄帝时期，则这个驯服工作已达成熟期，早已明确某一品种生命顽强可以在柞树上野放，某一品种生命又特别脆弱，必需在地下蚕室饲养了。正由于蚕的驯服来之不易，为表示慎重，所以自古以来，每年才由皇后主持蚕事祭祀。

至于近代学人，从殷商甲骨文中发现有蚕桑字样，和铜器上蚕的图纹发现，及小件佩玉中有蚕的形象发现，用作当时养蚕织丝的证明，估计未免偏于保守。因为从常识言，"青铜时代"的产生和成熟，并不是个孤立事物，必然有个相应高度的物质文化伴同出现，反映于木、石、漆、玉，手工艺各部门的与生活密切相关的事物上，而且还必然色彩斑驳陆离，以至于人身头面的点染装饰上。这一切文化成就，即或仅仅集中于奴隶主或其亲属家臣少数人所占有，所享受，高度精美的青铜文化不是孤立存在，则十分显明，如据殷周器物不断发现附着丝绸残迹分析，则这个时期不仅已经能织出十分精美的平纹或方格纹薄质丝绸，且有可能已有原始彩织锦类产生。如联系"凡事不孤立"的原则，试就商前期方鼎平面反映的连续矩纹看来，或和同时存在锦纹即相通，因为同式连续矩纹，在近半个世纪出土的商代白石刻人形衣着上，即明确出现于腰袖间。特别是近年安阳出土武丁时妇好墓那几副玉雕人形，进一步得到证明。这类连续矩纹反映于腰、袖间格外明确具体。反复出现决不是偶然事情，而这种色彩斑斓连续矩纹并且直到如今，还是我国西南部苗族妇女所擅长的手工艺。方法之简便，制作之精巧敏捷，都可证这种加工技术实源远流长。

至于此外部分某种不规矩花纹，或有可能成于刺绣绘画，这一问题虽一时还少明确知识，从较后材料分析，如由西周、东周到春秋战国、西汉，前后约千余年，刺绣加工多沿用锁丝法，则已确定无疑。产生时间说是由商代开始，这种可能性是存在的。把这种连续矩纹的彩织，及以这种变形云龙凤纹或鸟羽状排比而成的纹为彩绣，代表第一阶段的成就看待，大致是不会大错的。

古称"珠玉锦绣不鬻于市"，因为农奴制社会统治者眷属出嫁必附有一群妾媵，内中即包括有专司织绣剪裁针工若干人。所有制作，费工劳神，是不可能以货币价值计算的，即从近河北出土之中山王刘胜夫妇墓中物和湖北随县曾侯乙墓中物，以及长沙出土轪侯墓中物为例，均可知大部分是完成于宫廷特种工奴的手中，而非应市商品。

至于彩锦织绣技术上图纹上得到进一步发展，或在东周王权崩溃以后的春秋战国间。材料虽还不够全面具体，但从铜、漆、玉、陶一系列工艺品的造型设计变化，和装饰技术花样翻新情形看来，其中一部分已转成特种商品上市，实事所必然。这在《诗经》《左传》《国语》等历史文献中有零星记载，一再提到以锦绣服饰及珠玉并提，报聘礼物之贵重的，亦不外锦绣珠玉，文驷车乘。这也反映了社会发展促进生产发展，物质文化的新面貌，一部分用商品方式生产的新内容，必更加多样。《史记》称齐国临淄的月收市租千金，除著名的细绣纹以外，显明还有一系列其他特种高级商品应运而生。

托名《范子计然》提到齐细绣纹上匹值二万，中一万，下五千。陈留襄邑产的大张锦，则以端计。这应当是秦汉之间的价钱，若和一般缣帛市价相比，上等锦高过二十五倍。一面反映细绣纹工艺水平之高，另一面也反映封建社会形成过程中，统治阶级财富独占情形之显明。

这些特种手工艺品能以商品方式出现于市场，必在东周农奴制氏族社会崩溃以后的春秋战国时期才开始。由于生产力的发展，为满足新兴地主的需要，同时也必是金属货币业已形成各种商品交换的主要媒介物，而且是贵金属中的黄金和铜货币形成一定比价时期，所以《史记·货殖传》才列举凡占有诸商品到某一定数量的，年即有二十万钱的收入，和一个普通诸侯收入相等。

《范子计然》提的锦绣价值时间或较晚，《史记·货殖传》说的诸商品价值时间或又稍早一些。

汉初虽仍在齐国设立三服官，织造宫廷四季需要丝织物入贡，主要大生产，却已改至长安，由政府成立东西二织室，各用五千官奴婢（实多犯罪贵族家属），进行无偿劳动生产，不久即合并为一，并设一"织室令"主持其事。年费数千万钱。为团结匈奴诸君长，每年必有过万匹锦赐。开辟西域丝路后，还有更大数量的精美锦绣，由西北运往中西亚及波斯、大秦各文明古国，换取名香、异药、犀角、象牙、马匹、珠玉和一些贵重难得的用品。生产发展，必然影响到高级特种手工艺品的一系列发展，对于锦绣比较显明反映到三个过去还少有人注意到的问题上：

一、即前期锦纹受技术限制，或较多属于规矩格子图案，到西汉以来，织机提花工艺，得到一定改进，举凡漆器彩绘花纹，铜器金银错花纹，所能达到的五彩兼备，山云缭绕，鸟兽骇跃腾骧于其间的奇文异样，彩锦也无不可以随心所欲的产生。

二、即由于提花技术的改进提高，过去惟极端精巧手工刺绣所能的特种绣作，织锦工艺能起代替作用后，以商品出现的刺绣，其影响即显明下降。

三、薄如蝉翼的方孔纱，为增加其华美，有用金银粉末套印加彩的，为此后二千年丝绸加金及丝织印花开创其端。

因此对于丝织物工艺进展，把汉代作为第二期，大致实相去还不甚远。

至于川蜀锦缎的出现，在西汉或已有一定发展，似在后汉始著名。三国时，诸葛亮教令中，曾提到蜀中军需耗费，主要依赖锦的贸易。魏文帝曹丕著《典论》，虽有"蜀锦虚有其名，不如洛阳所织虎头如意连璧锦"叙述，但就孔明文件中看来，蜀锦生产，当时还是占全国首位，且一直延续到以后约十个世纪，蜀中锦在中原市场，才为吴越以奇花异鸟为主题图案的绫罗纱縠所代替。然而直到两宋，政府尚在成都特设"官锦坊"，定织宫廷所需诸锦，如每年按季节赐予诸武将七种臣僚袄子锦。"茶马司锦坊"则生产各色大花被面锦，换取西南茶叶和西北军用马匹，解决国防上的需要。

丝织物花纹的发展变化，若以商周为第一阶段，我们目前知识虽不够全面，以战国秦汉为第二阶段，我们可说实已比较具体。特别是长沙马王堆轪侯家属墓中物，给我们的启发格外多。但两晋南北朝将三个世纪的生产，理应归入第三阶段的情形，我们的知识却不多，以目前西北出土的实物而言，除部分尚保存一点汉代规模，较多已呈混乱状态，如照《邺中记》《拾遗录》所言，虽尚有大小登高锦、大小明光锦、列明锦等名目，似即汉代旧样，但其余已无一定格式。如据《东宫旧事》等文献而言，薄质罗纨应用日多。从《世说新语·汰侈》篇所叙石崇、王恺斗富事，一用"紫丝布"作步幛，一用锦作步幛，可知南方的丝麻交织的紫丝布产品已日益上升，而薄质织物则应数一匹六丈的"筒中花練"。孔雀罗可能也是北方一时著名新产品。史传中称石虎之奢侈举世无双，千人女骑兵，多着金缕织成裤。南朝则鱼宏以奢侈著闻，服食之精美，堪称独步，家中女乐歌伎百十人皆衣绮罗金翠，到隋炀帝至以锦为帆，延长十里。这近三个世纪生产，似均集中于极少数人之手，大部分且为谄媚神佛装点寺庙消耗其大半，北朝诸胡族统治者政权崩溃逃亡时，尚掳掠千百伎作工巧随行。至于南北两朝人民，却在连年兵火战乱中度过。

所以丝织物真正的进展，第三阶段似应在唐代，开始即唐初统一用绫为官服，明确上下同为圆领服，乌纱幞头，红鞋带，乌皮六缝靴，用色泽辨官品等级。唐代特别赏赐丝织官服花纹计六种，内中五种均为鸟衔绶带灵芝等，另一种为地黄交枝。这种种花纹目下从铜带版上，和铜镜子纹样中，尚反映得十分具体，但在出土实物和传世画迹中，却不完备。并且至今为止，还未明确这种特别官爵服章位置究在何处。至于奇文异锦，虽品种名目繁多，据张彦远《历代名画》叙述，则唐初在成都任行台官的窦师纶，出意设计所作十来种纹样，色泽壮丽，流行百年尚不废除。传世遗物中的大团窠锦，花树对鹿锦，狮子舞锦，或多成于唐初。《唐六典》诸道贡赋，川蜀绫锦名色格外多。唐代官服主要用绫，出丝绸地区多设织绫局，监督生产。锦的生产虽仍以川蜀为主，薄质本色绫，但广陵已成东南大生产区，且和海上贸易相连，技术上和花纹上容易取得新进展，也必然显得相当突出。唐代有三种特别上贡锦，成都和广陵即已分担责任，如为赠予外宾而作的"蕃客锦袍"，和为宫廷嫔妃织的"锦半臂"，及为唐代社会流行，军中格外好尚的"打马球衣"（据图像反映，一般是小团窠花锦袄子），前二种每年上贡有一定数目，各为二百—二百五十件，后一种早期不过二十件，晚唐最多时且到入贡五百件的记载。

又唐代常有法令禁止织造某种特别花样记载。既有禁令可知必已违禁事，甚至已相当流行，关于禁令内的锦缎具体内容，我们至今也还知识不多。

唐代上中层社会妇女盛行各种染缬，歌儿舞女衣裳则金缕刺绣及泥金银绘画为常用，前者得到普遍发展，因为可以随心所欲达到个人爱好的艺术效果，后者代价较高。但艺术加工过程，都显明比彩绣省费省工，因此从传世画迹反映唐代一般刺绣，实看不出什么惊人成就。惟西北敦煌晚唐壁画所绘于阗回鹘贵族妇女翻领卷袖多采用金缕绣，可证较后宋人洪皓《松漠纪闻》所说的回鹘长于织金刻丝，实有个历史渊源。

成都蜀仍为锦类生产占主要地位，地处长江下游的广陵，则因海上交通转运便利，气候又极宜于蚕桑，薄质彩织为此后千年占全国生产主要地位打下了良好基础。特别是到宋代后，官服用罗为主，全国各路均设有织罗务监督织造，且定下严格检查法令。从《元丰九域志》《咸淳临安志》《梦粱录》《都城纪胜》等叙述中，都显明可以见出江浙丝织生产，已显明占有了特别重要位置，由于社会需要，丝绸的花样翻新，更得到发展机会。常见禁令中如紧丝、透背、绣背、茸背等薄质丝纱类，从禁令限制中即可知精美程度已超过服用需要，才会由政府一再用法律禁止。泥金则由印金织金代替，简化了加工烦琐过程。印花也得到了广泛的市场。锦类在衣着应用上已缩小了范围，成都官锦坊，虽尚有成千伎作巧儿和染织工人进行生产，为政府沿例每年赏赐七种"臣僚袄子锦"而进行生产，且因起居坐具的改变，椅披椅垫的大量应用，官诰绫锦及书画装裱、卷轴包首、册页封面的需要，而扩大种种需要，却为彩锦开辟一个新的市场，因此小花锦和格子锦仍不断得到进展。北宋木棉虽还不到能代替丝绸彩织的程度，但植物纤维品种名目的多样化，显明比唐代有所发展，竹子布、蕉布、葛布、藤布、黄草布、鸡鸣布……种种名色，在上中层社会的流行事物，则十分显明。这类织物一般比价，且经常官罗为高，而流行仍广。

第四阶段应数元明，即加金丝质物，成为统治阶层好尚的主流，仿波斯金锦"纳石失"的大量生产，转成历史上昙花一现的奇迹。丝织物加印金银，虽起始于汉代，到宋代已比较全面掌握了生产技术，特别宋辽金先后对峙约两百年时期中，片金捻金等织金虽加工技术极其烦琐，但生产仍得到一定发展。因此《三朝北盟会编》南北双方彼此报聘礼物中，捻金锦缎数十匹已成常见名称。就近年辽墓出土实物说，则细捻金线加于彩织刻丝中，金线即有细如丝发的。但是直到元代统一中国后，全国不少省份，都特别设立"染织提举司"，下设"纳石失局"大量织造官服用织金锦，且照法令，花朵必分大小，各按官品穿衣，使人一望而知。除衣着用纳石失金锦外，还有卧房陈设，军中营帐，马匹装备，无一不使用这类高级特种织金，锦、缎、绫、罗、纱、縠作为装饰，用来表示皇家的富贵豪华，无与伦比。全人类历史，恐亦不至于有如此奢侈糜费，爱好中同时也表示他们是无比愚蠢的。所以意大利人《马可·波罗游记》中叙述到元代宫廷举行的大宴会，集中王族亲贵一万二千人，集中于殿廷前，举行只孙宴，各穿一色只孙服，在奏乐声中用金杯逐一赐酒，帽子上和腰带间的珠宝价值无从比拟，惊诧为世界上仅有的豪华壮观，至于叙述到皇族争权，一次战争，集中骑兵达七十万，用纳石失金锦做成的帐幕，竟延长数里。……欧洲人都以为是疯人的胡说。可料想不到，竟一一实有其事。这从明朝传世的以千百种不同花样的织金丝织物而言，也还可以得到一点印象。特别是史传中记载，宦官权臣一旦失宠后被没门抄家时，这些曾炙手可热的特权人物贪赃渎职得到的金银财富，黄金必以百万两计，白银必以千万两计，贵重丝绸以万千杠抬计，田地以数百万亩计，我们才会明白财富更集中的元代政治状况，统治者如何残暴无知，而对人民又如何无情。因此在历史短短某一阶段，元代的军事武力虽占领了欧亚世界一大半，且把从世界蹂躏掳掠聚集而来的大量金珠财富，用来装点这个王朝的宫廷，形成一个天方夜谭的奇迹般宫廷景色。却在人民奋起行动中，不到十年，这个王朝的基础就全部崩溃了。

大部分的明代彩织和织金花样，多和元代丝织花纹图有一定联系，图案特征是图案呆板，而配色比较单纯，大面积远看效果还壮观，局部看来不免相当粗糙，艺术水平并不高。至于本色花织物，则设计构图多有极新颖活泼的。特别是中间色染织物，经常发现有艺术性极高的成就。

本文作于 1973 年，现据《沈从文全集》第 30 卷编入。

关于长沙西汉墓出土丝织物问题

我国养蚕织丝，起源极早，过去和当前，对于本国及世界文化，都作出了极大的贡献。生产成就主要是广大劳动妇女，所以自古以来通称"妇功"。有关蚕事起源的传说，旧有《太古蚕马记》，即习俗所说的马头娘故事。作者为三国时吴人张俨，来源可能比较早（《周礼》即把马和蚕并提。注疏称同属于火。荀子《蚕赋》一文中复有形容，提及马和蚕的关系）。但也不会太早，因为故事涉及将军骑马问题，只是影响到后来却较普遍。其次，即正统的历史传说把蚕织的发明归功于黄帝的妃子嫘祖，其实这传说也不会早于周代，"妃子"一名即并不早。但影响后来实极大。因为和"黄帝垂衣裳而天下治"的传说一道，附会到礼制上，此后作封建主的皇帝，每年必按时郊祀，象征性地耕耕田，皇后每年也必按时去蚕坛亲蚕，象征性的采采桑，表示对农桑的重视。后来还进一步把嫘祖加封为"西陵圣母"。致令现代考古专家，谈丝绸历史时，还乐意引用这个不合事物发展规律的传说，以为故实。其实，比较唯物的叙述，似应数《尔雅》。《尔雅》称蚕有萧、艾、桑、柞、樗等等不同名目。可知在古代，是经过相当长远的时期，在各种不同条件下，人民观察各种蠕虫的生活状态，熟习结茧变蛾发育过程，得知蚕茧可以利用后，才采取野蚕种子，试用不同饲养驯服方法，从成功和失败的正反经验中，证明柞蚕宜于野生，而桑蚕宜于家养。即在《尔雅》一书产生的东周时，别的方法或许还在试验，名称可能还为人熟习，所以才加以记载。叙述虽极简单，但早已否定了种种无稽传说。

根据近半个世纪殷商发掘材料，可知至晚在公元前十三四世纪，劳动人民已能织造极其精致细薄的绸子，提花技术也有了相应提高。这些丝绸遗痕，还完整而明显地保留在当时墓葬中的铜玉器物上。从同时期墓葬出土物中的白石雕和玉雕人形上衣着反映，并联系青铜白陶器物花纹试作比较，即明白了衣服的式样、长短不一的尺寸。且可以推测得出，方格棋纹，连续矩纹，和间隔曲直条子纹，凡属连续规矩图案的花纹，当时大都和提花纺织物图案相通。凡属不规则图案花纹，则有可能和绘绣图案接近。实际上，也可说就是绘绣花纹。因为凡事不孤立存在，必有其相互联系处，同一时期工艺图案经常相互转用，而又各受原材料和制作条件制约，形象大同而小异，是十分明显的。凡事既有联系而又在不断发展中，兼受材料和技术限制，加上受时代爱好影响，进展必然就难一致。但总的趋势还是有线索可寻。我们试采用这个唯物辩证观点和方法，来研究中国服装和丝织物花纹技术的进展，所取得的一些常识，作出的判断，经过对近廿年数以百万计的新出土文物，作比较全面的分析，已证明方法是可取的，结论是十分有益的。不仅可以由古证今，也可望由今会古。由此取得的前展，是多方面的。人民是一切文化的创造者，这个伟大正确的提示，将在新的劳动文化史或物质文化史的研究成果中，得到全面证实。过去许多文物研究中的空白点，都可望在不久的将来，得到适当解决，且可望由专门知识成为常识。特别是丝织物的研究，新材料不断出土，而材料整理出来后，不仅给我们研究工作以极大便利，还可望作到"一切研究为了丰富新的生产内容"，明白什么是优秀传统，宜于有所借鉴，达到"古为今用"的目的，三千年劳动人民的智慧和巧思，产生的数以万计的组织健康配色华美的丝绸图案，对于新的生产，必然还将作出一定的贡献。

我这个小文，将就新发现的长沙马王堆这个西汉初年墓葬中的丝织物衣服和材料加工，及应用种种，作些常识性探讨，其中得失，愿就正于国内专家通人。

一为衣服问题，得到些什么启发，二为丝织加工有什么新发现，三为它的发展和影响及其他。

一、衣服问题有什么启发

谈古代服装，照传统研究方法，必依据史志，认为定等级制度，由传说中的黄帝创始。他的臣子伯余，则为第一个成衣师。又由于《尚书》中提及古帝王冕服必具十二章绘绣纹样，汉人郑玄注三礼，加以文字说明，《隋书·舆服志》，又总结汉以来史志记载并有所补充，唐初阎立本兄弟，据之绘成《列帝图》，宋人复作《三礼图》，且具体提出作法。因此一来，历代封建统治者，就相沿成习，必照制度作冕服若干种，遇国有大事，必按照礼制穿。直到六十年前，窃国大盗袁世凯，祭孔郊天时，还装模作样穿上它，表示是"真命天子"！由隋唐开始，使用了约一千三百多年。但试从近千年发现的大量汉代石刻壁画土木俑反映，以及近数十年出土更多更早直接间接材料看来，衣服式样虽得其大略形似，加工文绣却完全近于后人附会，不是那回事。最明显例证，即商代墓葬出土人物形象数种，衣服已长短不一，比较近似奴隶主的几种，却多穿小袖齐膝花衣，戴平顶帽子。周代以来就重成组列佩玉，近年也不断有发现。但照《三礼图》注所说的古玉佩琚、瑀、珩、璜、冲牙组列方式，至今为止，还只有相传为战国韩墓出土一组佩玉，及近年山东鱼台曹王村相传曹植墓出土一组佩玉，稍具规模。《王粲传》曾提及，汉末玉佩制度失传，由于粲与蔡邕有旧，多识旧物，得以恢复。从实物出发，可知这组佩玉的重要性，即上袭汉制，而下启以后，直到明代，帝王大臣朝服佩玉，还近似一脉相承，有变化而不太多。可是近年出土特别重要墓葬物，如三门峡的春秋虢墓，安徽的蔡侯墓，信阳的早期楚墓，辉县的战国大墓，以及最近河北西汉中山王刘胜夫妇墓，各有精美雕玉出土，却难证制度。而大量汉石刻和部分汉壁画所作古帝王大臣衣带间，且从未发现过照礼制作成的组列佩玉形象。可知春秋以来，佩玉即或已具一定制度，载于史志，实行时，即大有伸缩余地。至于一般衣服冠履，情形将更复杂。必随时、随地、随人各有差别，难于一例。若据史志证实物，定名目，恐难得满意结果。冠帽就是个好例。"两汉会要"有种种冠子的形容说明。但在石刻壁画反映中，我们除了东汉梁冠和漆纱笼冠、平巾帻知识比较具体，文图可以互证，此外就还难言。本墓出土的柱形冠子，虽和文献记载中的獬豸冠或鹖冠有相通处，但侍从和伎乐俑一例戴上，就难得其解。何况这个冠式还是孤立的。但是如能试从实物或形象出发，再结合文献，作些探讨分析，所得或将较多些。一面既可证实文献，又可不断丰富以新内容，所得知识将是比较可信的。并且在这种认识基础上，作出的推想，尚可望从更新发现中得到进一步证实。而任何新的发现，将不至于令我们惊讶，且能作有分寸的解释，来代替猜谜式的说明了。

对于这个墓中出土的衣物，个人私见，也不妨用上述原则试作些初步分析。

照《尔雅》《方言》《说文》《释名》及诸经传本文和注解所说，有关衣服总的或局部名目，未免过多。上次简报只采用一般常用名目，用衣和袍、裙三名概括，大体是可取的。不过若谈的是汉代丧葬事，似乎也还可以商量。因为"衣"是总名，"袍"一般指较厚实的衣，薄质纱罗作的则称"衫子"。若用《释名》简释，则"袍"应指袖端较小而有较大袖身的而言，而"衫"则指无袖端袖身亦较直的而言。这从前后记载都较衔接。就上说，如《史记》记范雎的绨袍，《燕丹子》记秦始皇罗縠禅衣，叔孙通的衣楚制，江充的纱衣。就下说《东宫旧事》等叙述各种纱衫子，还提到穿它时作纽扣应用的某某不同色的结缨。直到唐代，袍和衫还通行。如"战袍""蕃客锦袍"，和"襕衫"为一般人所熟习。直到清初，衣服上身以后，一般方式，还必需用固定于衣上的小缨带缚结。殉葬衣作为赠予礼品而相赠，因代仪礼中即提及制度，似通称"褛衣"，这称凡属殉葬衣物，或君亲相赠，或自备，通称"明衣"。更专门些或称为"襚衣"。墓中出土衣即或着于死者身上，至少仍有可能一部分或大部分属于明衣。一、据前人记载可知，如《仪礼》卷十二所载。二、据稍后记载可知，如《史记·霍光传》，称葬时赐绣被百领，绣衣五十箧，可知汉代有赐衣殉葬习惯。三、据衣服制作式样可知，曲裾至腋旋绕而下，照《尔雅》"绕衿谓之裙"的说法，实为战国制度。不仅长沙楚墓有出土男女彩绘俑可证，传说洛阳金村韩墓出土玉佩二舞女，及另一雕玉舞女，衣式也完全相同。近年出土不少的战国薄刻铜器反映当时人生活种种，人物虽只具轮廓，而各阶层且均有着相近衣裙的。而前后大量发现的汉代绘画、石刻、土木俑人形衣着，却从无同式衣着出现。本墓出土彩帛幡引上所绘人物，则只主人和侍从，却有反映，其他几个代表活人身份的却无类同处。四、即从衣着本身看来，材料都极精美，但衣袖和正身有些多出于拼凑而成，在实用上似不大相称。只有殉葬物才会这么办。五、即大量彩绘俑均绣衣锦沿，衣式亦绕衿而下。和战国以来史志记载的"衣作绣，锦为缘"倒相合。而幡引中所绘除主人衣绣，画中其余侍从，身份不可能比彩俑低，但衣却不具绣文。衣的式样，则和一般汉代画刻相通，也可间接说明彩俑衣式是沿袭战国旧制（如可以引用后世情形作例，如辛亥以来，殉葬还用宋明式金童玉女）。六、即出土诸衣实物，均未发现腋下有缨结附属物。而彩绘俑且明显并不系腰带，衣服上身后，如何紧裹不至于散开，是个问题。若照较后关于衫子记载，如《东宫旧事》，提及某某衫子时，必附有某色结缨。而事实上则直到清初，男女衣服均有结缨，康熙时，才由纽扣代替。

这种战国式绕襟而旋转的衣，不同于汉代制作，主要区别在衣身较瘦长，而袖身也较小，而衣下摆不撒开。从形象比较上得知，交领、曲矩襟，小袖，长不过踵的衣式，至少在商周衣着中就已成习惯。而宽袍大袖则近于同代才流行。直到东汉，袖小而直的在石刻绘画上，中层官吏还应用到，经常和头上的漆纱冠并存。但区别却为两汉舆志所不详。

二、丝织物加工有什么新发现

丝织物加工，可说"由来已久"。因为极有可能在中国劳动人民驯服蚕类发明丝织以前的原始社会新石器时代，为了表示美观或伪装自卫，在麻葛毛编纺织物上，就已加以应用，至少包括了绘、绣、织，不同处理。《虞书》称绘绣十二章纹样，十二章纹样在商周间遗物中，虽还难于征信，但结合商代材料分析，绘绣织三种加工技术在当时，必已应用到奴隶主以至其亲属奴隶衣物上，和旗帜帷幛以及各方面，则是肯定的。加工纹样和当时反映到铜玉骨石器物上，有必相通处，又有一定差别，也是肯定的。铜玉重图案与造型结合，而绘绣重彩色配合，由于要求效果不同，差别必然存在。

用色泽区别等级，红紫为上服，也可说由来已久。

至于锦绣并提，在时代上却有一定差距，正和金石并提，发现时代有先后相似。西周金文中似即常有两兽相背相蟠的"黹"字出现，如联系黼黻而言，宜为针工以两兽相蟠的为主体所作的刺绣纹样。"锦"字反复见于著录，则似乎只在春秋战国间。《诗经》《左传》《国语》《战国策》及诸子中，均常提及锦名，如贝锦、文锦、重锦、纯锦、美锦等名称才习用（当作聘问礼物常与玉璧并称，数量并不大）。而"锦绣珠玉不鬻于市"实反映周代早期织工即或已经能够作出"织采为文"的锦，产品必然还有限。到陈留襄邑生产的大张锦成为商品而广泛流行，或许已是战国中晚期事了。因为用匹瑞二金计价，和《范子计然》编说的齐绸文绣同等，也只有战国晚期到汉代才会出现。至于"锦"的内容是什么，却只能从更晚的东汉许慎《说文解字》中反映织彩为文谓之锦，正与织素为文谓之绮相对。而锦的得名则以为象征和金等价。因此锦的具体内容，始终过于无知。直到近五十年西北边远地区及朝鲜或蒙古人民共和国汉代古坟中先后出土了大量锦绣罗绮实物后，我们对于汉代的丝织物加工特别重要复杂的锦绣，才算有了些比较具体的知识。

春秋战国到汉代丝织物除锦绣外，加工不同而为人习知的还有绮、縠、罗、绫、绡、纱、素、总、编、帛、缯、弱绨、阿缟、白缚、口缟等名称。

汉人托名范蠡所作的《范子计然》说：

"今富者绮、绣、罗、纨、素绨、冰锦也。绣细文出，齐，上价匹二万、中万、下五千。"

《汉书》禁令则有"贾人毋得衣锦、绣、绮、縠、絺、络、纻、罽"。

《淮南子》称齐"有诡文繁绣，弱绨罗纨"。

可知这些加工技术不同丝织物（除锦绣外），当时都必然作得十分精致，货币价值也极高。原本穿着是属于统治者较高阶层的，所以诗称"君子至止，黻衣绣裳"，"我觏之子，黻衣绣裳"，"素衣朱绣，从子于鹄"。荀况且以为是天子至高无上，衣被才五色间杂，色重文绣。庄子虽说入太供记事用的牺牲，也衣文绣还是因为贵重。到贾谊《治安策》才说，美者黼黻，古天子之服，今富人欠贾，嘉会召客，以被墙。《史记》引赵禹说，富人子无知略，如木偶人衣之锦绣。又说楚庄王有所爱马，衣以文绣置之马屋之下。

共同反映到战国末秦汉间生产发展，到齐鲁生产号称"衣被天下"，《论衡》称"齐郡世刺绣，恒女无不能"，鄙绣有刺绣文不如倚市门语。无一不说明丝织物和特别加工的细文绣，影响到当时的齐国商人……这种影响且显然是在战国时就已十分显著的。正如《战国策》苏秦说齐王"临淄之中七万户，臣窃度之，下户三男子，三七二十一万"。

据本墓发掘简报所载诸图及日文版《人民中国》九月号所载诸图和另外所见部分实物材料而言，内中素材有纱罗绢、锦等等不同名目。加工则有锁绣、纳丝、泥金银、彩绘、羽毛贴花等等不同名目。

本文作于 1973 年秋，现据《沈从文全集》第 30 卷编入。

谈锦

——矩纹锦的本源及其发展

中国织锦，从比较可靠的文献——《诗经》《左传》《国语》等称述，至少有二千五六百年的历史。古代所谓贝锦、重锦、纯锦，虽为二千年来经史学人时常称引疏解，实物究竟应当是个什么样子，却少有人具体提出。即或比较后来一些记叙，由于近半个世纪的出土实物日益增多，把文献和实物相互印证，工作上得到许多便利，有种种可能，过去学者通人如汉代郑玄释《三礼》，晋代郭璞注《尔雅》，唐代颜师古注《急就章》，及明清以来如顾炎武，赵翼等，孤立引书证书，即再博学多通，不易弄得清楚明白的问题，也可起始从文物互证得到许多新的认识，新的理解。例如对于《急就章》中涉及丝绸部分，前人以为属于色泽形容的，新的发现已明白大部分实为花纹形象。但从整个情形说来，这部门生产成就及其在发展中如彼如此原因，问题还可以说是一片空白，不仅仅是汉代的知道的不够多，即近五百年生产，也还是所知有限。既未在艺术史研究工作范围之内，也不曾在国内几个有条件大博物馆，成为一个专题研究课目，布置一点人力，来起始认真作些初步探索工作。因此文化史或艺术史涉及这部门艺术成就时，多缺少应有理解，只能空泛交代几句不着边际的说明，居多完全触不着本题。一面涉及百十万劳动人民，累代连续生产了大几千年，还留下实物以十万计的艺术品，我们对之还十分陌生，另一面是明清以来，少数文人画家，在笔墨艺术风格上，略有突破，直到如今，还在艺术上占用若干篇幅，作详尽分析，而在艺术出版物上，也一再重印，还在国内作各种不同规模的展出。从这一点上，让我们感觉到，若对于"民族优秀遗产"的"古为今用"

要求落实时，发生困难是意中事。特别是关于丝织物这一部分在艺术上的伟大成就，所抱的轻视忽视态度，是不大合理的，有负于古人的。因不揣鄙陋，试从常识出发，作些探索工作。抛砖引玉，实有待国内专家学人共同努力。

唐有"双矩锦""盘绦绫"，和其他花纹一样，内容似还少人分析过。比较说来，这类丝绸花纹，实同源异流，同出于古代竹簟编织物，由之影响发展而成，且可代表较原始提花织物纹样。时期早可以到三千年前的商代，晚也必在春秋战国时期中即已成熟。古人所谓"纯锦""重锦"，或陈留出的"美锦"，这种矩纹锦即或不占主要地位，也必然有一定地位。

双矩锦得名虽出于唐代，敦煌唐代壁画服饰部门和边沿彩绘部门，均少有反映。恰说明唐代装饰艺术在丝绸上的要求，已将重点放在团窠图案一类以宝相、牡丹、地黄、交枝小簇花为主的植物纹样，和鸳鸯、鸾凤和其他鸟鹊含绶穿花等动物图案相互交错处理上，较古式的矩纹图案已不再占重要位置。但是它的继续生产还是事实，还在发展中，千年来依旧生产，且衍进变化成种种不同花式。在稍后的宋代及近三百年，在锦类生产中，还续有发展，作出百十个新花样。

矩纹锦在唐代，似只在张萱《捣练图》卷中一个骨牌凳垫子上绘出过，从比较得知它和青绿簟纹锦，金银锭式锦均同属一格。传世实物虽不多，惟《营造法式》彩绘部门，却还保留下好些种不同格式。明清仿宋锦实物，以康熙有代表性，大致还可找出卅种不同样子，可以证实它原来的式样和衍变的过程。由此明白它在提花彩锦中出现，可能比龟子锦还早些。锦纹基本既从竹簟编织物而出，至少商代已可能有这种花纹产生，而在春秋战国时期却逐渐成熟，发展成各种相似而不同的图案。尽管到目下为止，还未发现过这种锦缎，另外一时必将从新的发现实物中得到证实。因为一切事物不是孤立存在，而又必然和其他事物有一定联系，且在不断发展中。我们无妨从"联系和发展"来作些初步探索：

一、商代白陶器上有相同连续矩纹图案。

二、同时或早些青铜器上也有相同矩纹图案（方鼎上反映特别具体）。

三、安阳出土一个白石雕刻人像，衣服上即使用这种矩纹图案，而且反映得十分清楚明白。

特别重要便是白石刻人像上的花纹，虽间接却具体。且不仅商代各物上存在种种相同花纹图案，此后也还并未绝迹失踪，还继续反映到工艺品中，成为装饰图案一部门。

一、春秋战国中原地区各处出土青铜车轴头上还有这种连续矩纹，地子或作芝麻点，或作羽状卷云纹。时间比楚式镜子上反映当略早些。

二、楚式青铜镜子上，主要花纹图案之一种，且形成种种不同变格式样，地子或作整齐细致羽状卷云，或作不规则螺旋云纹。由于过去对于它的来源成因不明白，或称"山"字镜，或称"T"字镜，或称"矩形"镜，或称"规矩"镜，可极少注意到它和纺织物纹样的关系。并且它既和十二章的山字可能有一定联系，也和礼制玉中的"蒲纹"不可分割。

三、战国或秦汉之际大型空心砖边沿有这种连续矩纹。从类似砖上使用 ▱▱ ▱ 纹已确知为丝绸中的绫纹，则砖上连续矩纹，更必然是一种织物花纹。

四、战国玉璧上有这种连续矩纹，此外玉羽觞、玉具剑上之玉璏上，也使用过这种连续矩纹。这个一般可说是一种云纹的变格，事实上却更近于连续矩纹的缩小。（周代礼制玉说的蒲纹，如非指这类纹样，即应当是另外一种青苍玉大璧上所反映的一种直格纹和纵横交错的条纹。至于《三礼图》所绘在璧上作小簇写生蒲纹，则只是宋人以意为之，完全不符实际。因直到目下为止，出土周代大小玉璧千百件，还从无作《三礼图》上那种写生般蒲纹的。径尺苍璧以图中所见较多。）

五、长沙战国楚墓出土彩绘俑，有些衣沿作这种连续矩纹。如结合史志上说的"衣作绣，锦为沿"的记载，则无疑这种花纹，事实上即当时一种锦纹。最具说服力也是这个俑上衣沿的反映，和商代那个白石刻人像花纹一样，是直接出现于衣服上的。

六、山西侯马近年出土大量铸铜用陶范，有几个约四寸长人形陶范，有着矩纹短花衣的，也有着条子式三角日旋云纹花衣的。这个材料且进一步为我们说明，既有全身矩纹图案，又有间隔条子式花纹图案，白陶早已发现过这种条子式作 ▱▱ 方折回旋云纹，彩陶则间隔条子也常有发现。白陶上矩纹且和人形泥范上衣着花纹完全一致。由此可知，当时生产这种花纹纺织物，至少已有几种不同方式，幅面较窄只堪作衣沿或腰带用的，或和目前还在西南苗族西北回族用粗毛编织的带子式材料技术相差不多，是属于原始腰机地机，用手指凭操作习惯理经提花，而用一种木石璋式刀具或牛肋骨作工具，代箅压线进行。这虽是种原始提花机，而直到如今，却还在边远地区继续使用。十八世纪海南岛黎族使用的工具全份，还陈列于北京故宫博物院。运用这些工具进行织作的方法，则在云南石砦山出土铜器上，还有极典型形象保存，陈列于北京历史博物馆。这还是一千九百年前时留下来的（至于西藏式织毾㲪工具，却已有了进一步改进）。同一时期也正是中原地区如陈留襄邑使用新式提花机织出"登高望四海""长生无极""韩仁"诸彩锦时！从这些发现为我们提供了一种新的假定，即由商代到东周，这种矩纹彩色提花纺织物至少有两种不同幅度：一种不过三五寸宽，楚俑所用衣边，是不用剪裁照原来幅度缀上的。商白石人像和侯马泥范人形所穿花衣材料，却是照古代二尺幅箅立式提花机作成的。

矩纹锦在汉代已少见，同式花纹反映到其他装饰图案也少见。这说明了一个问题，即由于生产发展，织机改进，这类近似几何规矩图案已不能满足生活要求。因此汉代彩色花锦出土不下数十种，基本纹样多是云山中鸟兽奔驰为主题，打破了传统束缚，自出新意。图案来源不外从两个方面：即反映现实主义的游乐狩猎生活，反映于文字则产生《羽猎赋》《上林赋》等叙述，其次反映浪漫主义的对于神仙方士长生不老的迷信情形，反映于文字，则有如《史记·封禅书》，《汉书·武帝纪》有关海上三山等叙述及乐府诗关于博山炉形容。这两种思想影响到工艺装饰图案各部门，产生冠饰上的盾形金博山，和陶井栏青铜灯上的金博山形装饰。产生五鹿充墓出土的错金戈戟附件上的花纹，上作仙人驾鹿车在云中驰逐，各种鸟兽骇跃腾骧于山云间。产生朝鲜汉代古墓出土的同式错金银附件花纹，上作骑士射虎及孔雀鸿雁麋鹿野豕于山云中奔走驰逐。影响到翠绿釉陶和栗黄釉陶鼎或尊盖部博山，产生千百种各具巧思的金铜博山炉。反映于丝织物，则成各种大同小异的锦纹，而以较著名的"韩仁"锦和"登高明望四海""新神灵广""明光"诸锦最有代表性。事实上这种锦纹也可以说是立体博山炉的平面化，图案来源是共通的，都出于海上三神山的传说。这种锦纹的成熟，如据上面文字分析，早或在秦始皇，晚亦不会到武帝以后，因为"登高明望四海"必然和当时封建统治者大奴隶主妄想长生不死上泰山封禅有密切关系。锦上字体也具秦刻石风格。有些也可能早到战国中晚期，因为花纹作 式云纹，正和战国楚式铜镜花纹及彩绘漆盾花纹有共通点。古代有关丝绸名目的"绐"和"绮"，可能和这个花纹有关。

"长乐""明光"则系秦汉宫殿名目。这种花纹锦缎，直到晋代还继续生产。《邺中记》所说"大登高""小登高""大明光""小明光"，及《南史》称"仙人鸟兽云气异样花纹"，和米芾所见晋永和时"仙人鸟兽云气织成锦"必然有密切联系。或简直就是同一织物。到北朝晚期或唐代初期，锦类才有进一步变化，龟子纹锦或属固有格式，连珠团花、对羊、对灵鹫、对天王狩猎、野猪头等图案，则有可能来自西域，或更远一些地区。根据见多识广的张彦远记载，说窦师纶在成都作行台官时，出样制作的瑞锦，游龙翔凤诸花样。既称章彩奇丽，流行百年不废，可知花纹图案组织及和色方面成就，均必有过人处。从日本正仓院所藏唐代实物及敦煌唐代彩绘壁画种种壮丽丝织图案还可窥见大略。韦端符《李卫公故物记》和《唐六典》罗列了部分绫锦名目，并特别对于一近似织成锦式刻丝衣袍花纹加以赞美。陆龟蒙《古锦裙记》则记述所见特种锦裙，虽说或陈隋间物，其实以鸟衔花使用习惯而言，则大致成于唐初。

双矩纹绫锦见于《唐六典》诸道贡赋，盘绦绫锦则著录于较晚的大历禁织绫锦纹样诏令中，李德裕《会昌一品集》谏织缭绫奏议也提起过。唐代以来，大撮晕彩锦类，虽已达到和色极高艺术效果，惟在应用方面似以本色花绫和染缬比较广泛。红紫使用有一定限度，惟青碧色不受何等拘束。

彩锦类在历史各阶段中如玄宗开元初年和肃宗时，常因政治上原因，一再明令禁止。矩纹和盘绦在织法上比较简单，且切合新流行于上中层社会坐具垫子类需要，从而得到发展是意中事。但从谏织盘绦缭绫奏议中，可见比一般本色花绫还是华美难织，货币价值也必然较高。直到宋代，社会生产有进一步发展后，锦缎花纹也因提花技术有了提高，更重要的是丝绸生产数量的扩大和品种的加大，彼此标新立异，因此由比较简单的龟贝锦发展而成的八答晕锦，由团窠锦发展而成的大宝照锦，由一般花纹比较疏朗的素地串枝牡丹锦发展而成的满地金，或间金红地藏根满地花加金锦。灯笼式也由北宋成都起始织造金线莲花灯笼锦而发展成各种各样不同式样。梭子杏仁式樗蒲绫，也由唐代遂州所织，到宋代发展而成许多相似不同花纹，有对凤、游龙、聚宝盆、牡丹等等，就织法说则有罗、纱、缎，就材料说有织金，有间金，有装花，有本色花等等。从簟纹发展而出的矩纹锦，这时节由于应用面的扩大，也得到进展，从《蜀锦谱》和后来《博物要览》所记宋代几十种绫锦名目中试加分析，即可知至少有✕种和簟纹有关。或由之发展而成。即明代普遍流行，清代又在南京苏州大量织成的万字地大小折枝串枝花式，明人所谓"落花流水"锦，不下百种式样，也无一不是由之发展而来。这类宋锦实物虽保存已不多，但《营造法式》彩绘部门若干种花式，基本上即是锦缎式样，可以用来和现有明清同式锦缎互证，让我们对于它有深一步认识。

本文作于20世纪60年代初期，现据《沈从文全集》第30卷编入。

蜀中锦

谁都知道"蜀锦"（图一）是指四川成都织造的花锦，可是蜀锦究竟是个什么样子？在历史发展中，每个时代花样有什么特征？它和江浙生产又有什么不同？还少有人认真注意过。试来问问在学校教纺织工艺图案的先生，恐怕也不容易说得明白。原因是如不能把文献和实物相互印证，并从联系和发展认真探讨分析，不论是成都蜀锦，还是江宁云锦，都不大容易搞清楚。

春秋战国以来，锦出陈留，薄质罗纨和精美刺绣出齐鲁。可知当时河南、山东是我国两个丝绣大生产区。汉代早期情形还不大变。因此政府除在长安设东西二织室外，还在齐地设三服官，监造高级丝绸生产。为团结匈奴，每年即有几千匹锦绣运出关外，赠与匈奴诸君长。近年在内蒙古、新疆出土的锦绣，证明了历史记载的真实。当时上层社会用锦绣也格外多，"刺绣纹不如倚市门"之谚，一面反映经商贩运的比生产的生活好，另一面也说明生产量必相当大，才能供应各方面的需要。

蜀锦后起，东汉以来才著名。三国鼎立，连年用兵，诸葛孔明在教令中就曾说过，军需开支，全靠锦缎贸易，产量之大，行销之广，可想而知。曹丕是个花花公子，好事卖弄，偶尔也出点主意，作些锦样，因此在《典论》中曾说，蜀锦下恶，虚有其名，鲜卑也不欢迎。还不如他派人织的"如意虎头连璧锦"美观。说虽那么说，曹氏父子还是欢喜使用蜀锦。到石虎时，蜀锦在邺中宫廷还占重要地位。唐代以来，河北定县、江南吴越和四川是三大丝绸生产区，吴越奇异花纹绫锦，为巴蜀织工仿效取法。然而张彦远写《历代名画记》，却说唐初太宗时，窦师纶在成都作行台官，出样设计十多种绫锦，章彩奇丽，流行百年尚为人喜爱。唐代官服计六种纹样，又每年另为宫廷织二百件锦半臂、二百件赠外国使节礼品用的锦袍，打球穿的花锦衣，且有一次达五百件的记载。《唐六典·诸道贡赋》中，且具体说起四川遂州、梓州每年必进贡"樗蒲"绫。这种梭子式图案织物，到宋代发展为"樗蒲"锦，元明还大量生产，现存不下二十种不同花样，极明显多由唐代发展而出。五代时，蜀中机织工人又创造大幅"鸳鸯衾"锦。后来孟昶投降北宋，仓库所存锦彩即过百万匹。北宋初文彦博任成都太守，为贡谀宫廷宠妃，特别进贡织造金线莲花灯笼锦后，直到明清还不断产生百十种各式各样灯笼锦。成都设"官锦坊"，所织造大小花锦，又

图一　唐　小团窠蜀锦（新疆吐鲁番阿斯塔那古墓群出土）

设"茶马司锦坊"。换取国防所需要的车马，有些在《蜀锦谱》中还留下一系列名目，且在明清还有织造。宋代每年特赐大臣的七种锦名，也还可在明清锦中发现。元代成都织十样锦，名目还在，就现存过万种明锦分析，得知大部分花纹图案，到明代也还在生产。蜀锦在艺术上的成就或工艺上的成就都显明，是万千优秀织工在千百年中不断努力得来的。蜀锦式样，从现存明锦中必然还可以发现百十种。近百年来格子式杂色花五彩被面锦，清代名"锦绸缎"，图样显明出于壮锦而加以发展，十九世纪晚期生产，上至北京宫廷，下及民间，都还乐于使用，其实也远从唐代小团窠格子红锦衍进而来。现代晕色花样花锦，则是唐代蜀中云裥瑞锦的一种发展。

蜀锦生产虽有悠久光辉工艺传统，二千年来究竟有些什么花样，特点何在，元人费著《蜀锦谱》曾为我们提供了一些线索。但是过去实少有人能结合实物，作进一步研究。一般人印象，只不过知道近代格子杂色花被面锦，是蜀中锦之一而已。近年来，我们对于古代锦缎，曾作了些初步探索，对蜀锦才有了些常识。古代工艺图案花纹，极少孤立存在。汉代部分工艺图案，多和当时神话传说有一定联系。《史记·封禅书》等记载东海上有三神山，上有白色鸟兽和仙人一道游息同处，长生不老，通过艺术家想象，因此不仅反映在当时铜、陶制博山香炉和酒樽等器物上作为装饰，同时还广泛使用到一般石、漆、铜、木的雕刻装饰纹样上，丝绣也多采用这个主题，作成各种不同发展。图案基本是鸟兽神人奔驰腾跃于山林云气间。有些锦缎又在花纹间加织文字，如"登高明望四海"，可知创始年代，显然和登泰山封禅有关，如非出于秦始皇时期，必是汉武帝刘彻登泰山时。"长乐明光"是汉宫殿名目，"子孙无极"是西汉一般用语，由此得知，这些丝绸图案必成熟于西汉。汉文化的普遍性，表现于各方面，丝绸也受它的影响，这些在中国西北边缘地区发现的二千年前锦缎，既或是长安织室的产物，我们却可以说，古代蜀锦，也必然有这种花样。晋人陆翔著《邺中记》，即提起过"大小明光""大小登高"诸锦名目，更证实直到晋代，蜀锦生产还采用这种汉代图案。唐代蜀锦以章彩奇丽见称，花树对鹿从图案组织来看，还保持初唐健美的风格。梭子式图案的樗蒲绫、锦，花纹有龙凤、对凤、对牡丹、聚宝盆等不同内容一二十种。宋代灯笼图案花锦，发展到明、清更加丰富多彩。格子杂色花样，如用它和汉代空心砖图案比较，可知或许汉代就有生产，特别是中心作柿蒂的，原出于汉代纹样。惟就目下材料分析，则出于唐代，建筑彩绘平棋格子的形式，和它关系密切。此后约一千年，凡是这种格子花锦，即或不一定是蜀中生产，也可以说是"蜀式锦"中的一个典型品种。

近半个世纪以来，由于旧政权官僚政治的腐败无能，军阀连年混战割据，蜀锦生产受摧残打击，十分严重。仅有一点残余，在生产花纹图案方面，又因为和优秀传统脱离，无所取法。提花技术方面，也不能改进。花纹色彩，都不免保守，难于和日新月异的近代上海、南京、苏杭各地生产竞争。直到近年，生产组织有了基本改变，由分散到集中，才得到新的转机。近年来虽努力直追，还是进展较慢，不能如本省其他部门工艺生产有显著提高。因此，谈到民族优秀遗产，求古为今用，综合民族的和民间保存下来的万千种锦缎好花样，并参考苏杭新提花技术，求改进蜀锦生产，使蜀锦在国内外重新引起广大人民的重视，恢复本来盛名，应当是今后作研究工作的和主持生产工艺设计以及保有优秀技术和丰富经验的织锦工人共同努力的一个方向。看看近年四川改进的竹器，成绩就十分出色。但是研究工作要踏实，首先得有种新的认识，工作也相当艰巨。得抽出一定人力，投入大量劳动来整理材料，必需真正明白有些什么优秀遗产，才能好好利用这个优秀遗产！如停顿到原来认识基础上，只根据极少部分资料，半出附会，半出猜想，说这是唐，那是宋，谈研究，谈改进，都不能不落空。

1959年写

本文1959年7月5日发表于《装饰》第6期。1986年5月收入商务印书馆（香港）有限公司《龙凤艺术》一书。现据《沈从文全集》第30卷编入。

织金锦

中国丝织物加金，从什么时候起始，到如今还是一个问题，没有人注意过。比较正确的回答，要等待地下新材料的发现。以目下知识说来，如把它和同时期大量用金银装饰器物联系看，或在战国前后。因为这个时代，正是金银错器反映到兵器、车器和饮食种种用器的时代。是漆器上起始发现用金银粉末绘饰时期。是用金捶成薄片上印龙纹作为衣上装饰时期。但是文献上提及锦绣时，是和金银联系不上的。春秋以来只说陈留襄邑出美锦、文锦、重锦、纯锦，锦字得名也只说"和金等价"，不说加金。迄今为止，还没有发现过这时期墓葬中丝织物加金的记录。长沙战国古墓中，得来些有细小花纹丝织物（新近还发现棺木上附着的繡绣被），可不见着金痕迹。陕西宝鸡县斗鸡台，发掘过西汉末坟墓，虽得到些鸟兽形薄金片，或是平脱漆上镶嵌的东西，可不像是衣服上的装饰。西北楼兰及交河城废墟中，掘出的小件丝绣品，其中有些金屑存在，丝织物还极完整，不见剥损痕迹，当时是用金箔粘贴，还是用泥金涂绘，又或只是其用他东西上残余金屑，不得而知。东汉以来，封建帝王亲戚和大臣的死亡，照例必赐东园秘器，有用朱砂画云气的棺木、珠襦玉柙。这种玉柙照《后汉书·舆服志》解释，是把玉片如鱼鳞重叠，用金银丝缕穿缀起来裹在身上的。一般图录中还没有提起过这种实物式样。中国历史博物馆中有份刘安意墓中出土遗物，有骨牌式玉片一堆，上下各穿二孔，穿孔部分犹可看出用金缕的方法，还是用细金丝把玉片钉固到丝织物上。当时这种金丝有一部分必然外露，但决不会特别显著。

《史记》《汉书》都称西北匈奴胡人不重珠玉，欢喜锦绣。汉代以来中国每年必赐匈奴单于许多锦绣。中国向大宛、楼兰诸国换马和玉，也用的是锦绣和其他丝织物。这种丝织物中，是有加金的，如《盐铁论》说的中等富人的服饰，即有"罽衣金缕，燕貉代黄"。说的金缕也可能指的是大夏、大秦外来物。《晋书·大秦国传》称"大秦能刺金缕绣"。西北匈奴羌胡民族，既欢喜锦和金银，就有可能从大秦得到金缕绣。近半个世纪西北发掘的文物，证实了史传所称西北民族爱好锦绣的习惯。在内蒙古和新疆沙漠中，得到的汉代丝织物，如带文字的"韩仁"锦（图一）、"长生无极"锦、"宜子孙"锦、"群鹄"锦、"新神灵广"锦、"长乐明光"锦（图二）和不带文字的若干种绫锦绣件，截至目下，还是中国古代丝织物中一份最有代表性的、珍贵的遗物。它的纹样和古乐浪汉墓出土的丝织物大

图一　汉　红地"韩仁绣"彩锦

图二　汉　绿地"长乐明光"锦

同小异，恰是汉代中原丝绣的标准纹样（正和《盐铁论》说起过的，两地当时受中原墓葬影响情形相合）。中国科学院黄文弼先生，在他作的《罗布淖尔考古记》中说："孔雀河沿岸之衣冠冢中，死者衣文绣彩，甚为丽都，虽黄发小儿，亦皆被服之。"（见该书第七十页）遗物中有一片近乎织成刻丝的织物，上面作的是一匹球尾马拉一辆车子，文献和其他报告图录中，还从来没有提起过。但似乎没有见过刺金缕绣。其中一个青红锦拼合成的锦囊，记录上虽说是从魏晋之际古墓中得来，其实是正格汉式锦，一作龙纹，或即《西京杂记》所谓蛟龙锦，有无极字样。一作对立小鸳鸯花纹，有一宜字，似宜子孙锦，已启唐代作风。这些丝织物据朱桂莘先生说，当时或着金。但从提花纬线考查，不像加过金。在蒙古国古坟中，曾得到一小片桃红色有串枝花的毛织物。花纹和一般丝织物截然不同，和汉末镜缘装饰倒相近。如非当时西北著名的细罽，从花纹看，有可能来自大秦或西方其他国家，时代当在魏晋之际。

因《西域传》记载，中国丝织物加金技术上的发展，一部分学人即以为实来自西方。但是，一切生产都必然和原料发生联系。锦缎类特种丝织物生产，除古代的陈留襄邑，山东临淄，汉以来即应当数西蜀。金子生产于西南，汉代西蜀出的金银钿漆器，在国内就首屈一指。因此，中国丝织物加金的技术，说它创始于西南，或比较还符合事实。最早用到的，可能是金薄法，即后来唐宋的明金缕金法，明、清的片金法。丝织物纹样既和同时金银错纹样相通，加金部分也必然和金银错大同小异。

张澍《蜀典》引魏文帝曹丕诏中批评三国时丝织物说，金薄、蜀薄不佳，鲜卑亦不受。吴所织如意虎头连璧锦，来至洛邑，亦皆下恶，虚有其名。循译本文的意思，即川蜀织的金锦和彩锦，送给鲜卑民族，也不受欢迎！洛阳有名的出产，品质并不高。《诸葛亮文集》则称"蜀中军需惟依赖锦"。可知当时蜀锦生产还是军需主要来源。川蜀是金子重要生产地，捶金箔技术，于蜀中得到发展，是极自然的。

另一方面也反映出社会的需要。《三国志·魏书·夏侯尚传》称："今科制自公、列侯以下，位从大将军以上，皆得服绫、锦、罗、绮、纨、素、金银饰缕之物。"说的即明指各种丝织物衣服上加金银装饰。或刺绣、或织成，则不得而知（用金银缕刺绣作政治上权威象征，从此一直在历史发展中继续下来，到以后还越来越广泛）。

欢喜用金银表示豪奢，在西北羌胡民族中，最著名的是石虎。陆翙著《邺中记》，称石虎尚方锦署织锦种类极多，可没有提过金锦。其中有"大明光""小明光"诸名目，这种锦在汉墓中即已发现，还是韩仁锦类汉式锦。但这时节印度佛教大团花已见于石刻，反映于丝织物，很可能就有了后来唐代的晕锦类大花锦，宋时的大宝照锦，用虹彩法晕色套彩，技术上比韩仁锦已大有进步，可不一定加金。至于当时的织成，则近于宋以来刻丝。有几种明白称金缕和金薄，说明小件丝绣用金的事实。《邺中记》又称，"石虎猎则穿金缕织成合欢袴"，可见当时也用到比较大件衣着上。所说金缕即唐宋的捻金，金薄即后来的明金和片金（但唐人说缕金，却有时指明金，有时指捻金。捻金又可分后来克金式的和一般库金式的）。

《西京杂记》也记了许多特别丝织物，曾说"蚁文万金锦"，这个著作说的虽是汉代故事，反映的却多是魏晋六朝时物质，蚁文万金似乎只是奇异贵重的形容，花纹正如西域所得锦缎，并非用金织就。

许多记载中，惟《蜀典》引曹丕批评，所说金薄蜀薄指的近于后来织金，且和曹操《上杂物疏》文中一再提起的"金银参带"漆器相关联。文中还提起许多漆器是用金银绘画的。

另外东晋时也用泥金，王隐《晋书》称，江东赐在凉州的张骏以金印大袍。如金印大袍指一物，用金印必泥金方成功。

又《北史·李光传》，说赐光金缕绣命服一袭。还是像捻金绣，不是织金。

就情形说来，织金法大致至迟在东汉已经使用。川蜀机织工人所作金薄，必和所作金银钿漆器一样，当时实在具有全国性，既可得极高利润，自然会继续生产。

到三国时，由于中原长年战争影响到销路，也必然影响到生产。这时生产技术虽保留，品质已退步，不如本来。至于用捻金刺绣和捻金法，技术上有可能是从西方传来的。鱼豢《魏略》即称大秦能织金缕绣。至于在中国和泥金涂画，三种加金同时用到，当在晋六朝之际。以北方用它多些。原因除奢侈享乐，还有宗教迷信，谄媚土木偶像（《洛阳伽蓝记》提金银着佛像极多）。不久南北同风，南方用于妇女衣裙，且特别显著。隋代用泥金银即极多。到唐代，贞观时先还俭仆，及开元天宝之际，社会风气日变，一般器物多用金银，或金银装饰，如漆器中的平脱镜子，桌几，马鞍（姚汝能《安禄山事迹》还提到金银杓瓮笊篱）。加之外来技术交流，一般金细工都有长足发展，从现存实物可以明白。丝织物加金技术，也必然于此时得到提高。拈金织物于是同样得到发展机会。不过从唐人诗词描述中看来，用于女子歌衫舞裙中的，还不外两种方法：一即销金法的泥金银绘画或印花；一即捻金线缕金片的织绣。以泥金银绘和捻金刺绣具普遍性，织金范围还极窄。

"银泥衫稳越娃裁""不见银泥故衫时""罗衣隐约金泥画""罗裙拂地缕黄金"，即多用于女人衣裙的形容。也间或用到男子身上。《鸡跖集》称："唐永寿中，敕赐岳牧金银字袍。"又"狄仁杰转幽州都督，武后赐紫袍龟带，自制金字十二于袍，以旌其忠。"这可见男子特种衣袍上加金银文字，从晋以来就是一种政治上权威象征，不会随便使用的。又《新唐书》称："禁中有金乌锦袍二，昔玄宗幸温泉，与杨贵妃衣之。"段成式《酉阳杂俎》记元宗赐安禄山衣物中，也有"金鸾紫罗、绯罗、立马、宝鸡袍"。指的都是当时特种统治身份才能用这种加金丝织物衣服。

又《唐语林》称，杨贵妃一人有绣工七百余人。为了满足当时杨家姐妹的穷奢极欲的享乐，衣裙中用金处必然极多。至于如何使用它？从敦煌唐代女子服装可以见出当时花朵的布置方法，主要多是散装小簇，即宋时金人说的"散答花"。串枝连理则多用于衣缘、斜领和披肩、勒帛。花式大都和现存唐镜花式相通（特别是男子官服中的本色花绫，如雁衔绶带、鹊衔瑞草、鹤衔方胜地黄交枝等等，反映到遗物和镜文中，都极具体分明）。它的特征是设计即或用折枝散装花鸟，要求的还是图案效果。作法则刺绣和销金银具比较普遍性，也有可能在彩色夹缬印花丝织物上，再加泥金银绘的。

《新唐书·肃宗纪》"禁珠玉宝钿平脱、金泥刺绣"，正反映玄宗时金泥刺绣必十分流行，经安史之乱后，才用法令加以禁止。但唐代特种丝织物，高级锦类，一般生产我们却推想是不用织金，也不必用金的。卫端符记李卫公故物中有锦绫袍，陆龟蒙记所见云鹤古锦裙，说的都是唐代讲究珍贵彩色绫锦，文字叙述非常详细，均没有提起锦上用金。两种织物照记载分析，都近于后来刻丝。

日本正仓院收藏唐代绫锦许多种，就只著明有四种唐代特种加金丝织物。惟用金到衣服上，且确有织金，和许多不同方法加金，开元天宝间《唐六典》已提到，用金计共有如下十四种：销金、拍金、镀金、织金、砑金、披金、泥金、缕金、捻金、戗金、圈金、贴金、嵌金、裹金（此为明杨慎所引，今六典无）。

唐人记阎立本画，用泥银打底，是和泥金一样把金银作成细粉敷上去的。若用于衣裙帐幔，大致不外是印花和画花。捻金是缕金再缠在丝线上成线，也可织，也可绣。一般说来，绣在技术上处理比较容易，用处也比较多。织金通常却用两种方法：一则缕切金银丝上机，是三国以来金薄法，唐宋明金法，明清片金法。一作捻金线织，捻金法有可能从西域传来。早可到三国时，由大秦来。晚则唐代由波斯通过西域高昌、龟兹诸地区兄弟民族，转成中原织工技术。北宋末文献记录已有捻金青红锦五、六种。但直到明代，织金锦中用到捻金的，占织金类比例分量还是极少。清代方大用，是因细捻金线技术有了特别进步，才把这种捻金范围扩大的（最有代表性的，或者应数清华大学藏乾隆两轴刻丝加金佛说法图，径幅大到一丈六尺以上。原藏热河行宫，共十六幅，辛亥以后取回北京，存古物陈列所，日本投降后，不知为何被人偷出售于清华。还有一种细拉金丝织成的纯金纱，明代已见于著录，北大博物馆曾藏一背心，似清代剪改旧料作成）。

唐代宗时禁令中称：大张锦、软锦、瑞锦、透背、大袖锦、竭凿锦（即凿六破锦，龟子纹发展而成的）、独窠、连窠、文长四尺幅独窠吴绫、独窠司马绫……及常行文字绫锦，及花纹中盘龙、对凤、麒麟、天马、辟邪、孔雀、仙鹤、芝草、万字、双胜，均宜禁断。

禁断诸绫锦名目，如瑞锦、大袖、麒麟等锦，有一部分还可从正仓院藏绫锦中发现。这些锦样的设计，多出于唐初窦师纶。张彦远在《历代名画记》说得极清楚：

> 窦师纶，……敕兼官益州大行台检校修造，凡创瑞锦宫绫，章彩奇丽，蜀人至今谓之陵阳公样。太宗时，内库瑞锦，对雉、斗羊、翔凤、游麟之状，创自师纶，至今传之。

张彦远见多识广，笔下极有分寸，说的章彩奇丽，必然是在讲究色彩的唐代，也非常华丽。这些锦样真实情形，已不容易完全明白，但从正仓院藏琵琶锦袋（似织成锦），和时代虽晚至北宋，花式尚从唐代传来的紫鸾鹊谱刻丝（在《纂组英华》彩印过），内容我们还可仿佛得到一二。这种华丽色调，在宋锦中已有了变化发展，但反映于这片刻丝，还十分动人。一切事物都不是孤立存在的，所以此外我们也还可以从同时流行反映于敦煌洞窟天井墙壁间彩画团窠方胜诸锦纹，及铜镜、金银器上的花纹图案，得到唐代丝织物花纹基本特征。

因此我们明白，唐代丝织物工艺上的重要贡献，还是以花纹色调组合为主，即部分加金，也是从增加装饰效果出发，如正仓院藏加金锦，和元明以来之纳石失，遍地金，库金，克金，以捻金或片金为主要的丝织物，是截然不相同的。

丝织物加金有了进一步发展，大致是在唐末五代之际。丝织物花纹由图案式的布列发展为写生折枝，也是这个时期。其时中原区域连年兵乱，已破败不堪。前后割据于四川的孟昶，江南的李煜，吴越的钱俶，政治上还能稳定，聚敛积蓄日多，中原画家和第一流技术工人，能逃亡的大致多向这些地方逃去。几个封建统治者，都恰是花花公子出身，身边又各有一群官僚文人附庸风雅，金银一部分用于建筑装饰和日用器物，一部分自然都糜费于妇女彩饰衣裙中。这些地方又是丝织物生产地，织绣工和当时花鸟绘画发生新的联系，大致也是在这个时期。惟关于这个时代的丝织物，除诗词反映，实在遗物反不如唐代具体（仅近年热河辽驸马墓出一件捻金织云凤类大袍或被面）。诗词中叙女子服饰用金极普遍。在瓷器上加金银边缘装饰，也是这个时代，从吴越创始各种"金银棱器"。

到宋统一诸国时，从西蜀吴越得来锦缎数百万匹，除部分犒军耗费，大部分是不动用的。北宋初年，宫廷俭朴和社会风俗淳厚，都极著名。旧的还不大用，新生产也不会在这个时间特别发展。直到真宗时，社会风气才有了变化。由于政治上的新中央集权制，一面是从诸国投降得来无数金银宝货，一面是从各州府财政收入统属中央，且集中京师，就有了个可以奢侈浪费的物质基础。其时正和占据北方的契丹结盟议和，权臣王曾、丁谓辈，贡谀争宠，企图用宗教迷信结合政治，内骗人民，外哄契丹，因之宫中忽有天书出现，随即劳役数十万人民，修建玉清昭应宫，存放天书。把全国最好的工人，最精美的材料，都集中汴梁，来进行这种土木兴建工程。并集天下有名画师，用分队比赛方法，日夜赶工作壁画。一千多间房子的工程全部完成时，君臣还俨然郑重其事，把天书送到庙里去，大大的犒赏了参加这个工程的官吏和工人一番，丝织物用金的风气，也因之日有增加。

宋王栐著《燕翼诒谋录》，记述这个用金风气的发展，便认为实起于粉饰太平，上行下效，不仅士大夫家奢侈，市井间也以华美相胜。用金情形，则可从反复禁令中充分反映出来。其实，当时禁者自禁而用者自用。例如：汴梁城中二十余酒楼，特别著名的樊楼，楼上待客用的大小金银器具，就有二万件。三两个人吃喝，搁在桌面的银器也过百两。即小酒摊吃过路酒的，也必用银碗。大中祥符八年诏令，提起衣服用金事，名目即有十八种之多。计有销金、缕金、间金、戗金、圈金、解金、剔金、拈金、陷金、明金、泥金、榜金、背金、影金、阑金、盘金、织金、金线……

除部分是用于直接机织，其余大都和刺绣、印画、缠裹相关，即从用金方法上看，也可以想见这个中世纪统治阶级，是在如何逐渐腐败堕落，此后花石纲的转运花石，寿山艮岳的修造，都是从这个风气下发展而来的。

不过，现存宋锦或宋式锦，都很少见有加金的。说宋锦加金，且和一般习惯印象不相合。这有两个原因作成：一、照习惯，鉴赏家对于锦类知识，除从《辍耕录》《格古要论》《博物要览》诸书，知道一些名目，居多只是把画卷上引首锦特别精美的龟子纹、盘绦琐子纹、八达晕等几何纹式彩锦，就叫做宋锦。即名目也并不具体清楚明白。因此不闻宋锦有织金。二、宋人重生色花，即写生折枝，这些花也反映到锦的生产中，打破唐以来的习惯。这种生色花，而且部分加金，或全面用金。明代把这些花锦，斜纹织繆丝地的叫"锦"，平织光地的叫"缎"，福建漳州织薄锦叫"改机"（弘治间织工林宏发明），凡彩色平织，带金的叫做"妆花缎"或"织金缎"，不作为锦。因此，即遇到这种宋锦或宋式锦，也大都忽略过了。其实宋锦和社会上的一般认识，是不大相合的。折枝写生花部分加金和全面用金，在宋锦中是不少的。文献中提起的近百种锦名，大部分还可从明锦中发现。

宋锦加金至少有两种方法，我们已经知道。一即古代之金薄法，宋代称为明金。《洛阳花木记》称牡丹中有"蹙金球"，以为色类"间金"而叶杪皱蹙，间有黄棱断续于其间，因此得名。又记"蹙金楼子"，情形也相差不多。宋人欢喜把本色花鸟反映到各种工艺品上去，若反映于丝织物上时，自然即和建筑中的彩绘勾金及现在所见织金妆花缎用金情形大体相合。宋锦中是有这种格式的。加金有多少不同，在宋人通呼为"明金"。记载这种丝织物名目，花纹和用处较详的，以《大金集礼》提起的比较多而具体。说的虽是南宋时女真人官服，我们却因此明白许多问题。因为这种服制花式，大多是抄袭辽和宋代的。也有捻金锦，如明清捻金或库金。文献上提起捻金锦的，多在南北宋之际。《大金吊伐录》记靖康围城时，宋朝廷和金礼物中即有金锦一百五十匹。周必大《亲征录》称南宋使金礼物中，即有捻金丝织物二百匹。周辉《清波杂志》卷六，载给北使礼物，也提起过青红捻金锦二百匹。又周密记南宋初年高宗赵构到张浚家中时，张是当时有四万顷田著名大地主，献锦数百匹，其中也有捻金锦五十匹。可知这种捻金锦在当时实在是有代表性的高级丝织物。同时也说明这种金锦，至迟在北宋中叶已能生产，但始终不会太多。《大金集礼》又叫做"捻金番缎"，说明从金人眼目中它既不是中国织法，也不是金人所能织，显然是西域金绮织工作的。又叫做捻金绮，和锦的区别或在它的织法上。关于这种织工，南宋初洪皓著《松漠纪闻》说得极详细：

> 回鹘自唐末浸微。本朝盛时，有入居秦川为熟户者。女真破陕，悉徙之燕山、甘、凉、瓜、沙。旧皆有族帐，后悉羁縻于西夏，惟居四郡外地者，颇自为国，有君长。其人卷发深目，眉修而浓，自眼睫而下多虬髯……帛有兜罗绵，毛毼，绒锦，注丝，熟绫，斜褐……又善结金线……又以五色线织成袍，名曰"克丝"，甚华丽。又善捻金线，别作一等，背织花树，用粉缴，经岁则不佳，惟以打换达靼。辛酉岁，金人肆眚，皆许西归，多留不反，今亦有目微深而髯不虬者，盖与汉儿通而生也。

这个记载极其重要。我们知道，唐代工艺生产中若干部门，是和印度，波斯，阿剌伯，或西域回鹘技工关系密切的。丝织物加金工艺，在唐代得到高度发展，由金薄进而为捻金，和这个盛于唐，到宋代入居秦川为熟户的回鹘，必有联系。金人称"捻金番缎"，也是这个原因。

金锦中明金和捻金花缎，说的比较具体的，是《大金集礼》提起金人服制中的种种。可知道明金还是用处多。时代稍后记录中，元人费著作的《蜀锦谱》只提及一种，可推测得出纹样的，即"簇四金雕锦"。如簇四和营造法式彩绘簇四金锭相通，金雕即盘绦，则这种锦必然是捻金，不是明金。因为这种锦正如同琐子一样，捻金可织，片金织不出。至于陶宗仪《辍耕录》说的一种"七宝金龙"宋锦，却有可能是片金兼捻金两种织法，明织金中还保留这种锦类式样。

更详细地叙述这种宋代金锦花纹色泽的，只能靠时代晚后三百年《天水冰山录》记严嵩家中收藏的宋锦名目得知。纪录中明说是宋锦的，计有大红、沉香、葱白、玉色种种。其中有三种织金锦，名目是：青织金仙鹤宋锦，青织金穿花凤宋锦，青织金麒麟宋锦。

这个文献对于明代锦缎名目，记得非常清楚，当时说宋锦，必有不同于明锦的地方，如不是宋代旧织，也必然是宋式锦。但宋织锦和明织锦根本不同之处在什么地方？如不能从用金方法上区别，问题就必然是在配色艺术和组织技术上有个区别。从宋代种种工艺来比较，我们都可知道宋锦不可及处，即打样设计时，布置色泽，组织纹样都当成一件大事，而用金从艺术上说来，却不怎么重要。这三种青地织金锦，有可能是部分明金，不是全部用金的。

宋范成大《揽辔录》记南宋乾道六年使金时，在路上见闻和京师印象：

> 民亦久习胡俗，态度嗜好与之俱化……最甚者，衣装之类，其制尽为胡矣。自过淮以北皆然。而京师尤甚。唯妇女衣服不甚改。……秦楼有胡妇，衣金缕鹅红大袖袍，金缕紫勒帛，褰帘旻语，云是宗室女，郡守家也。

根据这个记载，可知开封被金人占据后，中国淮河以北人民的服装，即多在压迫中改作金制，惟妇女不大变（这里所记某妇人穿的金缕鹅红或系鹅黄，是小鹅毛色。如鹅红，即只能是鹅顶鹅掌红色了）。金人服制各以官品大小定衣服花头大小，文献上记载得极详细。照《大金集礼》记载，且知道官吏衣服上的花纹用牡丹、宝相、莲荷甚多。有官品的通是串枝花。这是沿袭唐碑墓志、敦煌彩绘、《营造法式》、辽陵墓志等等花式而来的。这些花还继续发展到元代"纳石失"金锦纹样中，也反映到明代织金中。史传记载，金兵破汴梁后，除织工外，妇女多掳去刺绣。《金史·张汝霖传》称章宗时为改造殿廷陈设，织锦工用到一千二百人，花费两年时间才完工毕事。后来更加奢侈。这种织工自然大部分即得于汴梁和定州一带，有北宋初年由川蜀吴越江南来的头等锦工，也有唐以来即在西北、宋代成为秦川熟户的西域金绮织工。这种织锦工人和中国丝织物史发展，还有不可分割的联系，即元代纳石失金锦的生产，实由之而来。《元史·镇海传》说：

> 先时收天下童男女及工匠，置局弘州（山西大同附近）。既而得西域织金绮纹工三百余户，及汴京织毛褐工三百户，皆分隶弘州，命镇海世掌焉。

这里所谓"西域人"，显然即是洪皓《松漠纪闻》说起过的先居秦川为熟户，后为金人迁徙于燕山及西北甘肃一带，为人卷发深目，眉修而浓，眼睫以下多虬髯，善捻金线，又会刻丝织作的回鹘族织工！

镇海管理的丝毛织物生产，即元代著名的纳石失，名义上虽还叫做波斯金锦，其实生产者却有可能大部分都是中国人，和同化后的金绮工。《元典章》五十八，关于它的使用记载得极详尽。《舆服志》称天子质孙冬服即分十一等，用纳石失作衣帽的就有好几种。百官冬服分九等，也有很多得用纳石失。《元典章》织造纳石失条例，许多文件反复说到应如何作，不许如何作。对于偷工减料的低劣货色，禁止格外严，也可反映当时生产量之大。在当时，不仅丝织多加金，毛织物也用金，叫做毛缎子。不仅统治者百官衣服上用织金，三品以上官吏帐幕也用织金（萧洵记元故宫殿廷时曾描叙述）。国家生产纳石失，不仅弘州设局，另外还设有许多专局，同属工部管辖监督。如撒答剌欺提举司，即有别失八里局。又织染提举司，也有专织纳石失局。元典章提起纳石失或织金缎时，虽一再传达诏令，说某某种龙形的不许织造应市，却又说织造合格的即允许市面流行。这种特殊丝织物随蒙古族政权织造了将近一百年，曾经反映到游历家马可·波罗眼目中，因之也映入世界各国人民眼目中。但是这种丝织物，竟和元代政权一样，已完全消灭，明代即少有人提起，这是和历史现实发展不大符合的。

丝织物虽然是一种极易朽败的东西，一个世纪的大生产，总还应当有些残余物品留下来，可供研究参考。从图画中可见的，如元帝后妃像中几个后妃缘领花纹装饰，可推测必然是纳石失。元著名武将画像披肩，可能是纳石失。明实录记洪武初年赐亲王功臣锦绮织金必然还是元代库中旧存旧样丝织品。明初画相服饰材料，因之也必然有部分反映。

实物发现最有希望的地方，是故宫和中国北京和西北各地大喇嘛庙里，保存得完完整整的成匹成幅的直接材料，因明清二代的兴替，宫廷中或已无多存余。至于零碎间接的经垫、佛披、幡信、袈裟和其他器物及密宗佛像边缘装饰上的，却必然还有不少可以发现。在故宫库藏里，许多字画包首，册页扉面，和其他宋元旧器衬垫丝织物，同样可希望这种发现。其次，即明《大藏经》使用的经面、经套，其中织金部分，或出于纳石失式样，或即是本来的纳石失。前一部分，北京庙宇里的东西，剩下的也已经不会怎么多。因为元明以来密宗佛像，近数十年被帝国主义豪夺巧取，盗出国外的不下万千件。稍好的就不容易保全。但是，即就北京市目下能得到的而言，如果能集中一处，断缣败素中还是可希望有重要发现（有小部分可能是宋锦，大部分却是明织金锦缎，纹样还是极有价值的）。西北区大庙宇，由于宗教传统的尊重，不受社会变乱影响，就必然还有许多十分重要的材料。故宫收藏则从中得到的明清仿宋彩锦，或多于元纳石失金锦。至于明《大藏经》封面，就个人认识说来，即这份材料，不仅可作纳石失金锦研究资料，好些种金锦本名或者就应当叫做纳石失，并且还是当时的纳石失。

我们说明代加金丝织物，大都是元代纳石失发展而来，从《野获编》记录洪武初年，向北方也先聘使礼物中的织金名目，也可见出。五彩织金花锦由一寸大散答花朵到径尺大的大串枝莲，大折枝牡丹和三五寸花头的蜀葵、石榴、云凤、云龙、云鹤，不宜于衣着，可能作帐幔帘幕、被褥的材料，和其他文献记录比较，我们就会具有一种新的认识和信念，纳石失金锦问题，虽在多数学人印象中，还十分生疏，却是一个可以逐渐明白的题目。明织金是一个关键，必须给以应有的重视。其次，即现存故宫部分充满西域或波斯风的小簇花织金锦，通名"回回锦"，在乾隆用物帏帐和蒙古包帐檐中都使用到。整件材料，部分还附有乾隆时回王某某进贡的黄字条，可知这类金锦至晚是乾隆时或较前物品。这类回回锦特别值得注意处，即花纹还充分具有波斯风，和唐代小簇花装饰图案近似。在有关帖木儿绘画人物服装和元帝后像领沿间用金锦花纹，也十分相似，元代纳石失也许仅指这类花纹金锦而言，还须待进一步研讨。

说到这里，我们可以为中国丝织物加金历史发展问题，试重复一下，提出如下意见，供国内专家学人商讨。

用金作装饰的丝织物，在战国有可能已产生，汉代以后得到继续发展。但真正的盛行，实只是元明清三代。起始应用虽可早到二千二三百年前，作用不会太大，用处也不会如何多。但至迟在东汉时，明金作法已能正确使用。六朝到唐末，是一个过渡阶段，在这个时期，或因佛像中的金襴影响到封建统治阶级妇女的装饰，衣裙领袖间除彩色描绘外，用金已比较多。特别是当时贵族妇女，需要用金表示豪富甚过于用色彩表示艺术时，金的使用范围必然日渐增加。但是，金银在丝织物中的地位，始终还是并没有超过具有复杂色彩的传统刺绣和织锦重要。在装饰价值上，则只有小部分的泥金缕绣的歌衫舞裙，有从彩色刺绣取而代之的趋势。到唐代，特别是开元、天宝时代，因王铁、杨国忠等人的聚敛搜刮，杨氏姐妹的奢侈糜费，和外来的歌舞，西域阿拉伯回鹘的金绮织工，以及诣佞佛道的风气，五者汇合而为一，织金丝织物需要范围就日广，生产也必然增多。到这个时代，用金技术已经绰有余裕。但用金事实，还是在社会各种制约中，不可能有何特别发展。到宋代，因承受唐末五代西蜀江南奢靡习惯，用金技术更加提高，织金捻金和其他用金方法已到十八种。但使用还是有个限度。譬如说，封建帝王亲戚服制上常用，一般中等官吏衣服即不会滥用。妇女衣裙上局部用，全部还是不用。宣和时，更有两种原因，使丝织物加金受了限制，不至于大行于时：

一、衣着中因为写生花鸟画的发展，把丝织物上装饰纹样，已推进了一步。刺绣和刻丝，都重视生色花，能接近写生为第一等。即染织花纹，也开始打破了唐代以来平列图案布置的效果，而成迎风浥露折枝花的趋势。换言之，即黄筌、徐熙、崔白、赵昌等画稿上了瓷器，上了建筑彩绘，上了金银器，这个风气也影响到丝织物的装饰花纹。所以从唐代团窠瑞锦发展而成的八搭晕锦，凿六破锦发展而成的球路等彩锦，几何图案中都加入了小朵折枝花。色调配置且由浓丽转入素朴淡雅，基本上有了改变，金银虽贵重，到此实无用武之地。

二、当时艺术风气鉴赏水准已极高。特别是徽宗一代由于画院人才的培养和文绣院技术上的高度集中，锦类重设计配色，要求非常严格。金银在锦中正如金碧山水在画中一样，虽有一定地位，不可能占十分重要的地位。徽宗宣和时，庭园布置已注意到水木萧瑟景致，梭椤木堂的建造，一点彩色都不用，只用木的本色，白粉墙上却画的是浅淡水墨画，和传世王诜的渔村小雪、赵佶自作的雪江图近似。在这种宫廷艺术空气下，丝织物加金，不能成为一个主要生产品，更极显明。

属于金工技术发展，和社会发展似乎稍有参差。关于金薄、缕金、捻金技术的进展，照近三十年考古材料发现说来，商代即已经能够捶打极薄金片。春秋战国之际，在青铜兵器和用器上，都用到这种薄金片和细金丝镶嵌，就处理技术上的精工和细致而言，是早超过缕金丝作衣饰程度的。洛阳金村发现的一组佩玉，是用细金钮链贯串的。寿县和河南出土，捶有精细夔龙纹的金质片，可作战国时期金工高度技术的证明。特别是三年前在河南辉县发现的金银错镶松石珠玉彩琉璃带钩，和信阳长台关战国楚墓出土的铁错金银加玉带钩，实可作公元前五世纪中国细金工艺纪录的证明。这个时期的巧工，文献上虽少提及出处，一部分来自楚民族和西蜀，可能性极大。到汉代，技术上有了新的展开，用金风气发展，仿云物山林鸟兽缕金错银法，已打破了战国以来几何纹图样，漆器上的金银钮和参带法，且使用相当普遍，中等汉墓里即常有发现。讲究处则如《汉书·贡禹传》之奏文和《盐铁论·散不足篇》所叙述，许多日用小件器物都用金银文画装饰。鎏金法应用更加广泛，且使用到径尺大酒樽和别的用具上。但从用金艺术说，比起战国时实在已稍差了些。这个时期蜀工已显明抬头。西北和乐浪所发现的漆器中，都具有文字铭刻。蜀工之巧在汉金银钿器中已充分反映出来。随同丝织物生产的发展，西蜀丝织物加金的技术，必然和钿器有同样成就，到汉末才逐渐衰落，但生产还是能供应全国需要。

晋人奢侈而好奇，王恺、石崇辈当时争富斗阔，多不提金银珠玉，只说南方海外事物中珊瑚犀象，和新兴的琉璃。在这种情形下，自然不会以金银装饰为重。北魏羌胡贵族多信佛，用金银作佛像和建筑装饰，均常见于史传。但作衣服似和社会要求不大相合。石虎是极讲究用金银铺排场面的一个胡人，算是极突出的，史传才特别反映。西域金工作的捻金丝织物，亦必然在这个时期才比较多。南朝似乎犹保留了汉以来金银镶嵌工艺传统，常见于诗文歌咏中。但这个时代正是越州系缥青瓷在社会上普遍受尊重的时代，金银器在社会上能代替富贵，却不能代表艺术，即衣裙上用金，诗人形于歌咏，也着重在豪华，和服饰艺术关系就并不多。到唐代，豪华和艺术才正式结合起来，这从现存金银平脱和金银酒食用具在工艺上达到的艺术标准可见。但丝织物加金还不是工艺中唯一的重点。因为唐人重色彩浓丽，单纯用金是达不到这个要求的。金的装饰作用，已在丝绣织物上加多，还不至于大用。有捻金、织金等十四种方法，一般使用的是女人服饰上的泥金银绘画。

宋代丝织物用金方法已加多，但工艺重点则在瓷器、绘画和刻丝织锦。瓷器装饰金银，虽从五代吴越起始，并无什么美术价值。宋代定州瓷器，虽还用到这个传统，用金银缘边，分量已减少成薄薄一线。绘画用大小李将军作金碧山水法的赵千里，在宋人画中，即只代表一格，并非第一流。刻丝重生色花，不重加金。克金还未发现。锦缎则如前叙述，要求艺术高点在色彩配合，不在金银。宫廷中织金丝织物，或有相当需要量，一般社会对锦缎要求，必不在加金。因此加金丝织物，不可能在北宋早期有极多生产。文彦博在成都为贡谀宫廷织造的金线莲花灯笼锦，近于突出的作品。南宋捻金锦已当作给金人的重要礼物，在南方大致还是发展有限。因织金固需要一套极复杂的生产过程，更重要的还是极大的消费。

南宋时经济情形，是不可能如元明以来那么大量消费金银到丝织品上去的。《梦粱录》虽提起过这个偏安江南的小朝廷，由于上下因循苟安心理的浸润和加重税收聚敛，经济集中，社会得来的假繁荣，都市中上层社会，糜费金银的风气，因之日有所增。一个临安就有许多销金行，专做妇女种种泥金印金小件用品，但是捻金明金，由于技术繁琐，在当时使用还是不会太多。

织金的进一步发展，和女真人占据中国的北方有密切关系。

至于女真人对于丝织物加金的爱好，则和他们的民族文化程度有关。金人兴起于东北，最先铁兵器还不多，用武力灭辽后，民族性还是嗜杀好酒。围攻汴梁时，种种历史文件记载，说的都是以搜刮金银掳掠妇女为主要对象，虽随后把户籍、图书、天文仪器和寿山艮岳一部分石头，也搬往燕京（这些石头最先在北海，明代迁南海瀛台）。作设都北京经营中国的准备。金章宗还爱好字画，和一群附庸风雅的投降官僚文人，商讨文学艺术，其实只是近于笼络臣下的一种手段。整个上层统治心理状态，金帛聚敛和种族压迫实胜过一切。八百年前的金代宫室布置，真实情况已不得而知。惟从《张汝霖传》称用一千二百织锦工人，工作两年的情形看来，却可以想见，当时土木被文绣的奢侈光景。金人始终犹保持游牧民族的生活习惯，除服饰外，惟帐帘幕使用格外多，建筑中许多彩画部分，在这时节是用丝织物蒙被的。大串枝花丝织物的发展，必然在这个时期。《大金集礼》载文武官服制度和其他使用织金丝织物记载，都叙述过。元官服制度多据金制，《辍耕录》记载可知。元代的纳石失金锦，就由于承袭了这个用金风气习惯而来。《马可·波罗游记》说的，用织金作军中营帐，延长数里，应是事实。

丝织物加金盛于元代，比金人有更多方面的发展，由许多原因作成。这和当时蒙古民族的文化水准，装饰爱好，艺术理解都有关系。更重要的还是当时国力扩张、及一种新的经济策略，用大量纸币吸收黄金方式，统治者因而占有了大量黄金的事实分不开。如没有从女真、西夏和南宋三方面政府和所有中国人民手中，及海外贸易，得来的无数黄金，元代纳石失金锦的大量生产，还是不可能的。（图三）

锦类的纹样发展，春秋以来常提起的襄邑美锦、重锦、贝锦，虽不得而知，惟必然和同时期的铜玉漆绘花纹有个相通处。到汉代，群鹄、游猎、云兽、文锦和同时金银错器漆器花纹就有密切联系，已从实物上得到证明。傅玄为马钧作传，

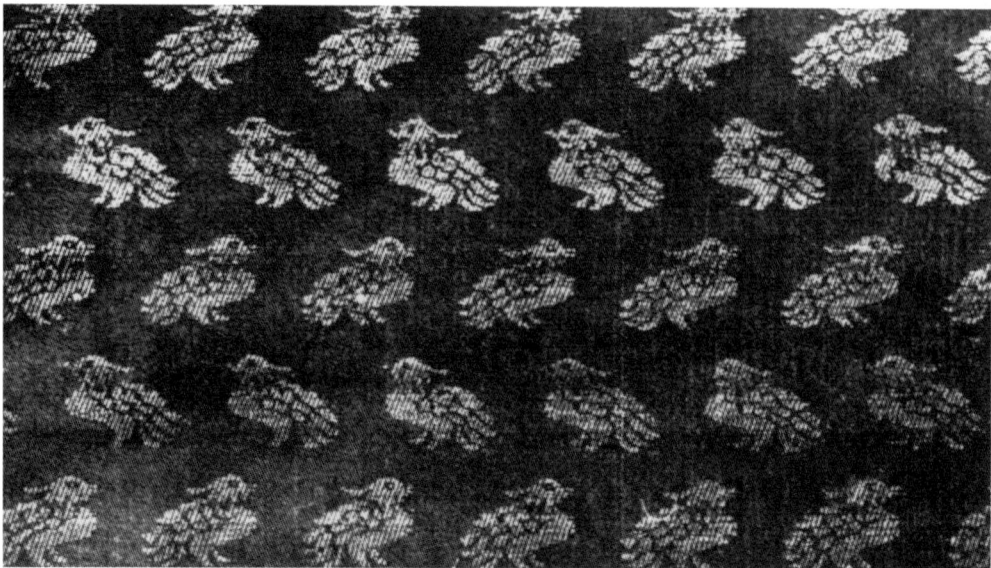

图三　元　深蓝地鸳鸯纹织金锦

称改造锦机，化繁为简，提花方法已近于后来织机。《西京杂记》记陈宝光家织散花绫，由于提花法进步，色泽也复杂得不可思议。唐初窦师纶在成都设计的锦绫样子，和文献上常提及的几种绫锦，从正仓院藏中国唐锦中，犹可见到对雉、斗羊、游鳞、翔凤诸式样。余如盘绦、柿蒂、樗蒲也已经陆续从明锦中发现。从这个发现比证中，得知它和汉代已有了不同进展，颜色则由比较单纯趋于复杂，经纬错综所形成的艺术效果，实兼有华丽和秀雅两种长处。到宋代，因写生花鸟画的进步，更新的大折枝、大串枝和加金染色艺术配合起来，达到的最高水准，正如同那个时代的瓷器和刻丝一样，是由于种种条件凑合而成，可以说是空前的。时代一变，自然难以为继。

　　在金元之际，丝织物的生产，由色彩综合为主的要求，转而为用金来作主体表现，正反映一种历史现实，即民族斗争历史中，文化落后的游牧民族武力一时胜利时，就会形成一种"文化后退"现象。这种文化后退或衰落现象，是全面的，特别属于物质文化和人民生活密切关联的工艺，是每一部门都有影响的。也只有从全面看，才容易明白它的后退事实。若单纯从丝织物加金工艺史发展而言，则元代纳石失金锦，依然可以说是进展的，有记录性的，同时还是空前绝后的。因为如非这个时代，是不可想象能容许把黄金和人力来如此浪费，生产这种丝织品，使用到生活各方面去，成为一部分人最高美的对象的！

本文曾以《中国织金锦缎的历史发展》为题，发表于 1953 年 9 月 3 日《新建设》第 9 期，署名沈从文。1960 年收入北京作家出版社《龙凤艺术》一书，文字稍有增改，并改篇名为《织金锦》。1966 年 5 月商务印书馆（香港）有限公司《龙凤艺术》一书收入《织金锦》时，将文末最后 4 个涉及明织金锦的段落移到《明织金锦问题》文后。后《沈从文全集》据商务版《龙凤艺术》收入此文。现据《沈从文全集》第 30 卷编入。

明织金锦问题

明代用于佛经封面的丝织物，值得我们特别注意，因为这是目下我们知道的，唯一研究明代和唐宋以来丝织物的重要材料。除去素色彩缎不计，提花的大致可分作三类，一、本色花的（单色），二、妆花的（二色到七色），三、织金的（各种不同加金）。现在说的主要是织金部分。

这部分丝织物，从种类区别，计包括有锦、缎、绫、罗、绸、纱、绢和三四种混合麻、毛、棉，名目一时还不能确定的纺织品。从用金方法区别，计包括有部分加金和全部织金，处理技术又可分别为捻金（搓金线），印金（泥金印花）和片金（缕金丝织），以及用于比较少量刺绣品上的平金、盘金、和蹙金。其中应当数片金织成的占主要地位，分量格外多（这种片金至少在汉末就已使用，当时名叫"金薄"，到宋代名叫"明金""简金"）。花样则由古式的龟背纹，到唐代的柿蒂、樗蒲、独窠、连窠，宋代的云凤，舞鹤，散答花，生色花，真达到丰富惊人程度。即单纯用金银丝缕加绿蓝织成的条子式闪光锦（或宋人说的金条纱）所得到的华美色调效果，也是后来丝织物中少见的。

这份材料的重要性，并且还是多方面的。工艺上的成就，可给新的生产取法处就很多。或用它作根据，和记录明代丝织物著名的《天水冰山录》相结合，就可望把明代特种丝织物的名称性质和花纹，理解得清楚而具体。其实还是一把珍贵难得的钥匙，可以为我们开启研究宋元丝织物的大门，比一般文献都落实、有用。如没有它作比较资料，许多文献记录都是死的，而且彼此孤立存在，始终不大可理解的。特别是关于元代特种丝织物，政府曾设立专局，消耗了中国无数黄金和人民劳力，大量生产的纳石失金锦，究竟是个什么样子，包含了多少种类，多少颜色和花纹，有些什么特征，它和唐宋以来加金丝织物又有什么不同，对于明织金有多少影响？如此或如彼，如仅从《元典章》或元代其他文献来研究，是解决不了问题的。从明织金锦材料的清理中，却有了一条线索，可以试探追寻，不至于迷失方向。这也就是说，我们如善于学习，把实物和文献结合起来，谨慎客观的从更多方面广泛联系比较入手，就可以把研究工作有效推进，不至于如过去学人搞美术史工作方式，研究对象本是某物，只孤立的用书证书，写出的还是书，和实物始终漠不相关。且由于忽略实物，不知不觉间已糟蹋了无数现实重要材料。再如能够进一步，把它和宋代关于丝织物文献，《营造法式》中的彩绘，及其他石刻、壁画，故事人物画里衣着陈列联系，在一定时间中，我们即可希望把宋代锦缎的花纹，和其他问题，也逐渐认识明白清楚，再不至于如前人对于这个工作苦无下手处。我们并且还很可以说，如能把敦煌唐代人物画和几个唐宋之际的重要人物故事画（如《捣练图》《韩熙载夜宴图》）的服装花纹，日本正仓院收藏的中国唐代绫锦花纹，西域出土的绫锦花纹，及史传诗歌涉及唐代丝织物文献，好好结合起来，即有可能，把唐代丝织物问题，也清理出一些头绪。很显然，这一环知识，是值得有人来这么用一点心的。若能得到应有的进展，对于其他许多部门的工作，都必然有其重要意义，发生推动作用。

这个工作自然也并不简单，困难处必须想法克服，成就且有一定限度。首先是个人知识见闻有限，而牵涉到的问题却极多。许多小问题目下还少专家学人作过研究。最重要的敦煌材料一时且难得到。其次即文献难征信，实物又不充实。因为仅以明代三百多年生产而言，除川湘不计，江南的苏、杭、嘉、湖、江宁五个大生产单位，每年每处上贡锦缎数万匹，究竟织造了多少不同种类？在社会不断发展下又有多少变化？历史记录就是极不具体的。《天水冰山录》所记的丝织物名目虽不少，现存的实物虽还可到一万点以上（不同种类的约略估计也总可到一千种），但是比起总生产量来说，不免微乎其微。又关于明代外来纺织物，名目已经知道的将近百种，缅甸进贡纺织物特别多。印缅都长于织金襕，当时纺织物可能有加金的。但就现有单位中找寻，除一种铁色斜褐，一种白色地如粗麻布作的织金物品，另有一种满地金作紫藤葡萄花纹的，似非中国习惯花纹，近于印度风，可见不到更多些这种舶来品的痕迹。即以现有材料为限，大部分虽可以用比较方法，分别得出明代早期、中期和晚期，但正确的时代，还是不容易掌握。又有些丝织物上面还留下有明代地方官府检验合格印记，有些还加织工姓名，都十分重要，只可惜太稀少。一部分经板上虽刻有完成年月，只能供参考，可不能完全依赖它作根据。因为经面的材料，若是从明代西什库中的承运、广盈、广惠、赃罚四库取来，事实上每部《大藏经》所用的丝织物，照例就包括了百十种新旧不同、时代不同、种类不同的材料，前后相差可能到数百年。有的印刷虽晚，经面会用元明之际旧材料。有的板片虽早，却能发现有明天启以后万字流水小花锦在内。更有些大小不一的零散经面，来源已不易明白，材料却分外突出，如大宝照锦，大折枝秋葵锦，散花樗蒲锦，大朵梅花、大朵海棠锦，究竟是明还是元以前锦，还得结合其他材料综合研究、分析，才会明白。最无可奈何处，是万千种重要有用的资料，由于从来没有得到应有的注意，业已大部分在近五十年损毁散失。外国人的豪夺巧取，官吏的无识，奸商的无孔不入，共同作成这个文物摧残情形，罪过可真大！办艺术教育作人之师的眼目蔽塞，也有责任未尽处。一九三七以来，日本帝国主义者且明目张胆劫掠了无数重要的珍品出国（日人收藏彩印的部分，有好些种在国内即从来未发现过）。一九四六以后，北京各寺庙五百年来的收藏，许多都上了天桥旧货摊，再转送燕京造纸厂，整车装去作"还魂纸"！织金锦的经面当时认为无用处，就大规模拿去烧金。凡有机会烧的大都在建国前数年中陆续烧掉。目下所谓公私收藏，不过是其中劫余一小部分而已。但截至目下，即想把这部分残余材料集中起来，技术上还是相当费事。此外譬如北京大小庙宇如广济寺、法源寺、雍和宫……西山卧佛寺、大觉寺、潭柘寺及八大处各庙宇，藏经楼中必然还有许多原封不动保存得比较完整，却包含了更多重要资料的藏经，并其他有用资料。如何组织一点人力，普遍调查一番，再把这些材料集中到一处来，手续也是不简单的。势必需这么地将材料集中，来作全面了解，才可能把工作做得更具体。由此出发，近千年来丝织物特殊和一般的问题，才可望逐渐得到解决。而这个工作的进展，也才能够真正帮助其他部门工作的进展，例如古典戏剧改良时首先碰到的服装材料花纹制作问题。复原古代人物故事画或历史画、壁画及古坟中彩绘或石刻画，所碰到的衣饰花纹本色问题。特别是新的实用美术教学，和美术史教学，涉及近千年来丝织物工艺发展和成就，应正确交代几句话时，因为有了总结性正确知识，才不至于隔靴搔痒，违反历史本来！优秀遗产值得我们好好学习取法，也可望把工作从具体认识出发，由千百种不同材料不同花纹中，提出百十种最有代表性和现代性的好式样，不至于到时茫然落空。

现在只就历史博物馆收藏，北大、清华、美院及李杏南同志私人收藏的材料一部分检查分析，已启发鼓励了我们探索古代丝织物的可能性，和工作所能达到的远景。特别是这些材料一和历史文献结合时，它的重要意义即如何分外显明！下面是几个不同的事例：

例一，唐川蜀遂州贡有樗蒲绫宋有樗蒲锦，文献上都一再提起过。南宋初年宫廷中使用各种不同绫锦分别装裱古代字画，就用樗蒲锦装裱梵隆和尚等杂画。从装裱画迹种类看，樗蒲锦在宋锦中似属于中等。宋人程大昌著《演繁露》，为这种锦作过一回说明："今世蜀地织绫，其文有两尾尖削而中间宽广者，既不像花，亦非禽兽，乃遂名为樗蒲。"虽因此知道比较明确，其实还是并不清楚。樗蒲绫锦究竟是个什么样子，花朵有多大？什么颜色？如何组织？我们都不易想象。但在近万点经面丝织物中，却发现有四种梭子形花纹织金锦，基本上和程大昌叙述花纹都相合。其中一种大红地五彩加金的，还完全是宋人所见的式样，既为唐宋樗蒲绫、锦花纹提供了可靠的物证，且丰富了四种古代蜀锦的花纹。另外三种是黄地和绿地织金缎（明人说缎，即唐人所谓绫）、柿红地织金罗，同是四寸大梭子形花纹，因是纯粹织金，还看得出是由两个楔劈形龙凤拼合组成的花纹，制作时代即或出于明代，花式实更近于唐宋本来（特别是红色织金罗，样式古质，近于明以前作品）。从这里且可看出樗蒲绫锦花纹唐代原样还是游龙翔凤，有可能且是张彦远说的，原样出于唐初窦师纶，即唐代流行的"陵阳公样"。到宋代失去本意，才发展成佛背光样子，非花非兽。由这个梭形纹样，我们也间接弄明了古代樗蒲形制的大略，原来是腰圆形。比《水经注》叙某水说的"石子圆如樗蒲"，又更进一步（传世唐宋以来牙刻双陆博具，和明代金制仿双陆酒樽，花纹均刻龙凤，也可证明樗蒲原来作龙凤纹的可能性极大）。

例二，唐有盘绦缭绫，见于李德裕《请免造诸锦绫奏状》，以为各种丝织物都文采珍奇，极费人工，这个文件中提及其他几种锦类名目，和张彦远《历代名画记》所说，唐初在益州检校修造的窦师纶设计出样的对雉、斗羊、十余种绫锦名目大都相合。日本正仓院收藏的中国唐锦中，还可发现这些文样。惟盘绦缭绫是什么，则不得而知。宋有盘雕锦，又有簇四金雕锦，列入每年例赐大臣将帅袄子锦中。花式在宋代文献中也少说明。但知道唐宋男子战袍用锦，总是规矩花可能性大些。晕锦类花式，还可从敦煌唐代武士和神将战袄知道大略。盘雕则难言。《营造法式》彩绘部门，有簟纹格子，金锭、银锭、锁子，都近于编织绦纹。明人笔记称盘绦和簟纹相通。明经面青绿锦中，却发现两种格子锦和《营造法式》举例完全一样，组织经纬方法，也全是宋式。因此得知唐之盘绦和宋之簟纹、盘雕、金银锭，名虽有雅俗，东西还是相差不多。这种锦纹和锁子不同处，一为簇四，一为簇三，实同出于编织竹簟席子法。锁子锦明清均有捻金织的，即专作袄袍用，和唐、宋画中武将袄子花式还完全相同（画中尚另有龟背、连钱、回文、万字、鱼鳞等七八种）。因此得知，唐宋之盘绦，盘雕，青绿簟文，绝不会出于这几种锦式以外。

例三，宋有葵花锦，文献记录无说明。但知宋人重折枝写生，用到工艺上通称生色花。丝织物中生色花，必然和同时代在漆瓷诸器中反映的相差不太多。磁州窑白釉瓷枕，瓶罐，黑白绘剔花，都有折枝秋葵。宋元之际剔红填彩漆盒子，且有满地生色折枝秋葵，和宋人花鸟册页上的彩色秋葵，宋代仿崔白画作的刻丝秋葵，可说是异曲同工，各有千秋。只是宋锦中秋葵，却无人知道究竟。但从明代青红加金缎地锦中，却有三种不同式秋葵花纹发现。一种是大红地五彩加金的，花朵大过五六寸，并花带叶每一单位占一尺半以上面积。疏朗朗布置方法，竟完全和宋瓷画作风一致。另有两种鸦青地三寸大花头五彩加金的，作满地密集布置法，如宋元雕漆式，用浅蓝、粉绿、明黄、银红和柿红组织花叶，花叶之间再勾金，综合形成一种奇异华美的效果，与陶宗仪著《辍耕录》说宋元五彩雕填戗金漆器竟完全相合。这种秋葵锦设计之巧，和布色之精，都不是明代画家如陆治、林良、吕纪、边景昭诸人笔下能达到。惟有对于自然界生态具有高度颜色感和韵律感的宋代画家和丝织物工人，才有可能作得出这种伟大设计样子来！从比较归纳方式，我们说，这种秋葵锦即非宋时生产，还是出于宋代旧样，大致是不会错的。

例四，宋有青地莲荷锦，内容也不明白。但莲荷反映于宋代其他器物纹饰上时，如建筑彩绘、石刻、瓷器花，特别是瓷器中的磁州窑、当阳峪窑、临汝窑、吉州窑、越州窑等等折枝串花式，都已具一定格式。明锦青绿加金锦中，串枝花不下卅种，全是唐式宋式。其中有一种绿地莲荷锦，用绿色地作水，生色花浮沉水面，织银作梗绕花半圈，以极端明确和单纯主题，得到艺术上的惊人效果，也只有把艺术和技术结合而为一的宋代机织工人，才有可能具有这种深刻的理解。把这种伟大的单纯的莲花锦和宋定州白瓷的素描莲花，及赵昌等绘画同列，无人疑惑它不是宋式锦。另有一种青地五彩加金莲花锦串枝花式既完全和宋代彩绘串枝法相同，晕色方法且比彩绘为完整生动。其中一种红地莲花织金缎，用写生法作串枝，完全是宋人画稿在丝织物上的反映。

例五，宋有皂木锦，文献一再提过，它的用处也是装裱旧画，属于中下等锦，花式品质都难确定。可以理解到的，只是在古代棉织品中"吉贝、白叠子布已成过去，越诺布也不再于贡赋，草棉又还未到长江下游大规模种植"这个时代，一种黑色棉锦而已。在明经面丝织物中，即发现过两式墨锦：一种是黑皂地浅蓝串枝牡丹花棉织锦，串花法完全是宋式，地用棉，提花用丝，在明丝织物中为稀有之物。它的织法有可能是从宋代皂木锦传来。另有一种是黑地加金五彩小串枝莲花牡丹锦，经纬均极粗，似有苎麻混合，花朵只一寸大小，而枝干壮实，配色却十分妩媚天真。虽和前一种不是同类，却近于唐宋之际作风。

例六，南宋时记载女真人事的《大金集礼》叙述服制时，常提起一种红地藏根牡丹红锦，明经面丝织物中也有一式，红地红花，串枝法还和唐石刻，宋辽金石刻，都极相近，比《营造法式》彩绘还古典稳厚。这种红锦织法，也还是宋代本来的。

例七，宋人笔记称文彦博守成都，因贡谀后妃，曾织灯笼锦以献。明加金锦中也有三式灯笼锦，虽难确定是否北宋花锦式样，但和宋画中所见灯笼样子却相合。我们说，这是宋式锦，也是不至于违反历史本来的。

这类特别丝织物，除明代经面保留部分比较完整，居多都在明清之际或更早些日子里，已被剪裁成更零碎的小片或狭条，用作供佛用的百衲袈裟，幡信，披肩，经垫和装裱密宗佛像边缘装饰，且因在长年香火薰灼中，早失去了本来的华美色泽。但是材料中一鳞半爪，就依然还可见出原有伟大处。其中一部分生产的时代，或即在南宋，有些又和元代纳石失金锦，关系十分密切。

此外在宋元文献上经常提起的几十种宋锦名色，除一部分不易判断，至于龟背、琐子、鸂鶒、云鹤、翔鸾、舞凤、柿蒂、灵芝、凤穿花、八答晕、牡丹、芙蓉、宝照、方胜、水纹等等绫锦，在明经面加金和遍地金织物中，几乎是随处可以接触。而且用建筑彩绘、石刻、绘画中衣饰桌椅披垫、纹样参证比较，是更容易得到它的本来面目的。特别是南宋以来提起过的几种金锦，和《大金集礼》提起作衣服垫褥的锦缎，都无一不可以用现存明锦相近花纹，和现存宋元画上所见的同式金彩锦缎花纹，比较分析，发掘出它本有的色泽和出处。

如另一方面，能把这部分丝织物，和唐宋以来反映到各种工艺上的类似花纹联系，来多用一点心，我们就会肯定承认，这部分残余锦缎，在工艺美术史上的真正价值，实在还远比所叙述的重要，比现存宋元以来文人字画且更值得重视。因为通过这部分材料，对于一个新的艺术史研究者和工艺美术工作者说来，它的启发性将是十分广泛的，即以字画鉴定而言，许多传世名画，如隋展子虔的《游春图》，唐孙位的《高逸图》，宋徽宗的《听琴图》，求符合本来，产生的时代可能都要移晚一些。因为一从器用服制等等着眼，展画山非唐人所见"甸饰犀栉"作风，格不古。孙画器物非唐制，席上边缘花更错误，近于无知妄人伪造。《听琴图》官服作白靴，和当时规制不相合。疑心它是后人伪托，或粉本着色，都有了个物质根据。还有些时代难于确定的无名旧画，也可望从装裱用的丝织物和纸张绢素上特征联系比较，有些帮助启发，得出一些新的线索。

工作牵涉范围既然极广，问题又多，求一一得到十分正确完满的解决，自然是不可能的。我们还不如说，即把它范围限制在明代经面加金丝织物本身研究上，也不免会常有错误。例如初步检查历史博物馆收藏资料时，对于定名就费踟蹰，常有把同一衣料因部位不同，部分加金部分本色花，误作两种材料来处理的。不过从工作实际摸索中，不断发现问题，改正错误，一点一滴做去，总依然是可望逐渐向前，日有所获的。

目下极重要的事，还是如何把国内各处现有材料集中，不再让它零星分散。属于私人的，应尽可能设法收集转成公家所有。至于尘封不动搁在大小庙宇藏经柜里的，安全上虽有了保障，事实上却是呆材料，无多意义。希望这些呆材料见出新的生命，唯一办法即把它集中，调三五个年青艺术工作人员，用一二年时间，来分类整理，一切都可望了解得十分具体。因为许多种绫锦，虽已清楚了它的本来名目和历史地位，但当作当时室内装饰或歌舞戏剧效果来说，理解得还是极少。比如一部分花头大过六寸以上的秋葵、莲荷、牡丹等织金锦，或八答晕红锦，满地花莲鹭锦，当时似即多用到床榻垫褥、椅披茶围上，和拼合多幅作房室殿堂帷幔屏风用。若照《韩熙载夜宴图》布置，使用锦缎处实在极多，锦步幛面积可能大过二三丈，才充分见出当时设计者组织花纹的匠心独运处。若照《大金集礼》《元故宫遗录》二书所叙，殿堂土木被文绣情形，且必然有五六丈大帐幔，现存经面每片不过八九寸，经套也只有二尺见方，用部分测全体，很像以管窥豹，虽可见到豹身一二斑点，整体的华美和壮丽处，还是不易把握，问题也就并没有真正得到解决。只有材料集中，并能从拼合中试作些复原大件帷帐时，才有希望更进一步了解种种不同材料，不同花纹、在不同面积上得到的最好效果。用这种知识来作新的设计参考，或教学引证，也才可说是曾经向优秀伟大传统好好学习过来，不至于自以为是，糟蹋了有用遗产，还向人说是曾经将遗产批判选择过来。

这种材料集中研究分析的结果，对于国家新经济建设中丝毛棉纺织物生产花纹设计，影响启发更必然是空前的。这些前后将近一千年来出于中国伟大智巧劳动机织工人（大部分且是女工）手中的艺术品，所具有的民族性、现代性、以及健康性，如善于取法，必然远比目下设计专家作的图样，更合乎新中国人民需要，容易得到亿万人民的热爱和欢迎的！

明代丝织物加金（图一、二、三），遗存物如此丰富惊人，必需和这个历史发展联系来认识，才能理解。明代在政治上虽解除了蒙古民族统治中国的百年间残忍压迫，和完全封建性的工奴制的阶级剥削，恢复了汉人政治上和其他兄弟民族部分的应有地位，但统治阶级的心理状态，却受元代一百年统治影响极大。明代君主的极端专制、猜忌、残忍、大小官吏的贪污和对人民无情，是承袭了元代政治，改变不多的。政府用种种不正当手段、严格法令和纸币政策，把大量金银土地聚敛到极少数人的手中，这些金银大致分作三方面消耗：除一部分打造日用器物首饰，死后还随同殉葬（如定陵和万历七妃子墓，都各有金银器百十斤。相传王振衣冠冢内也有六十余斤金器）；一部分装饰宫殿庙宇、土木偶像；第三种用途耗费，还是承袭元代习惯，用作织金锦缎生产。这也就是明代丝织物加金的物质基础和历史根源。这种风气还是不断发展的。因此从历史文件看来，一再见到禁止用金的法令。但社会另外事实，却越来越加扩大这种用金的范围。例如《天水冰山录》载严嵩家中金银器物首饰名目，即不下数百种，而加金丝织物且难于区别计数。严家比起来还不算大阔佬。至于宦官宠臣如王振、钱宁、江彬辈，因

图一　明　织金锦（经卷封面）

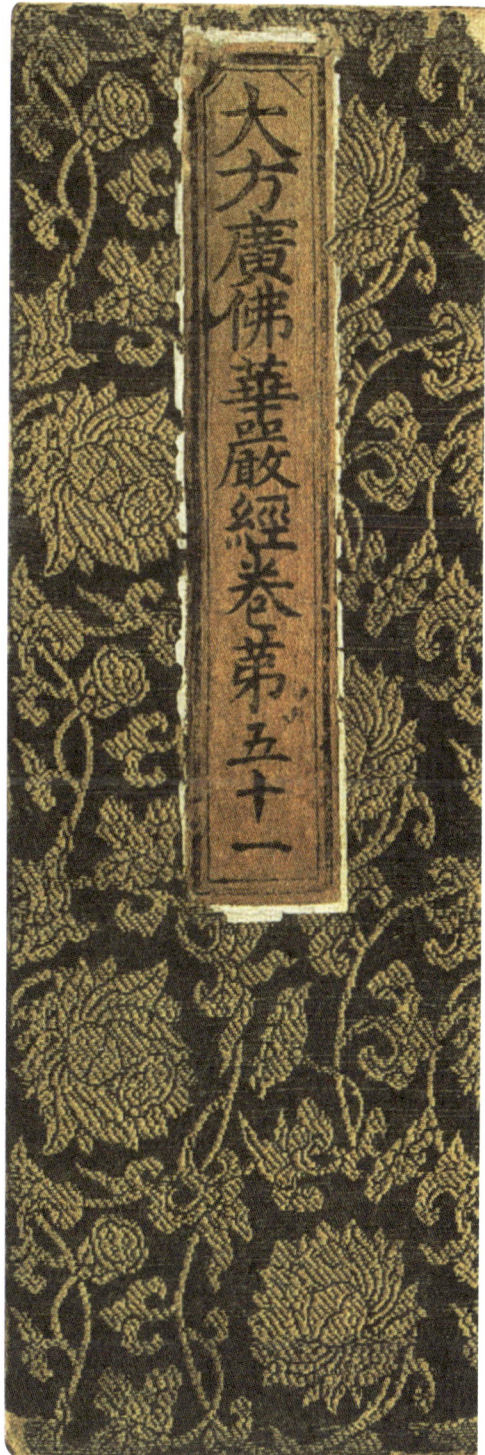

图二　明　织金锦（经卷封面）

图三　明　织金锦（经卷封面）

失宠抄家时，照例除百万两黄金，上千箱金珠宝玉外，还常常有几千杠锦缎绫罗。且不独大官豪吏这样，即地方上小官小吏也是这样。《金瓶梅》中的西门庆，不过是山东州府上一个流氓暴发户，找了几注横财，作了一个小官，开了爿绸缎店，拜寄蔡太师作了干儿子，家中三妻四妾，就穿着织金裙袄，丫环使女，也使用销金巾子。故事虽托名说的是北宋末年时事，反映影射的恰是明代中叶以来，中等社会中某种人物的生活。

明代这种织金锦，保存于明《大藏经》封面中，目下估计可能还有十万单位，种类杂而多，且有新旧不同，实由于来源不同。据清初高士奇《金鳌退食笔记》称："明大藏经厂在玉熙宫遗址西边"，照旧图推测，即现今北京图书馆附近，和收藏丝织物的西什库，相隔实不多远。西什库是明内藏库一部分，其中储存丝织物的计四库。如经面材料照前人说实出于内库，个人认为大致包含三种不同来源：一、承运库，宫中帝王后妃及其他用过时了的旧衣旧料；二、广盈库和广惠库，江南各省每年上贡制造新旧丝织物；三、赃罚库，没收失宠犯罪大臣赃罚物中的新旧材料。从现存经面丝织物分析，这种推测大致是和事实不会太远的。

笔记还说这几个库清初有三十年封锢不开，尘封堆积，后来才派人清点。北京各庙宇藏经，一部分印刷或在清代康雍之际，用的是明代材料，就是这个原因。若照版片刊刻年月和丝织物内容试作推测，大体上可分作三个时期：第一个时期或在正统十四年刻经完成后不久；第二个时期或在万历初年刻本完成后；第三个时期或在清初雍正新刻完成稍后，因之用的材料既有了清初浅色花锦，同时还有更多明代旧料。织金锦的历史探讨，是个国内还少有人注意到的问题，个人只是从常识出发来试作分析。这个叙述，由于个人见闻不广，读书不多，难免会有疏略错误。求比较少些错误，合乎历史事实，实待国内专家学人指教，并将材料更集中起来解决。这个简单报告的提出，是期望能够抛砖引玉，引出真正行家好文章来的。

本文曾以《明代织金锦问题》为题，发表于 1953 年 7 月 26 日《光明日报》，署名沈从文。1986 年 5 月收入商务印书馆（香港）有限公司《龙凤艺术》一书时，文末补入从《织金锦》移来涉及明织金锦的 4 个段落，篇名改为《明织金锦问题》。后《沈从文全集》据商务版《龙凤艺术》收入此文。现据《沈从文全集》第 30 卷编入。

《明锦》题记

中国养蚕织丝起源于有史以前。到殷商时代，已经能够织造花纹精美的丝绸。西周以来，历史进入一个新的阶段，男耕女织是社会生产的主要形式，并且是国家赋税的主要来源，一般纺织物因此得到普遍的提高，丝织品更得到高度的发展。根据《礼记》上《月令》《王制》及《考工记》几篇文献记载，涑丝、染色当时都特别设有专官主管，楚国还设有主持生产作靛青用的"蓝尹"工官，纺织物轻重长阔，各有一定的标准度量，凡是不合规格的生产品，不能用它纳税，也不许上市售卖。到春秋战国，陈留襄邑出的美锦，齐鲁出的薄质罗纨绮缟和精美刺绣，都著名于全国，不仅在经济上占有重要地位，并且在工艺上也达到了高度水平。近年长沙楚墓出土几种有花纹的丝绸，可证明当时丝织物的品质已有很大提高。

汉代统一大帝国完成后，社会有了更进一步的发展。山东特种丝织物，国家特别设官监督生产。长安还另有东西织室，由"织室令"主管。西汉开始有大量锦绣罗縠向外输出。近如朝鲜、蒙古，远及罗马、波斯，都重视中国锦绣。此种品质精美的生产品，对于世界文化作了巨大的贡献。同时，西北工人织的毛织物氍毹、罽毲、花罽，西南织的筒中黄润细布，白叠、阑干木棉布，也达到高度工艺水平，经济价值不下于中原锦绣。近五十年来，由于地下材料不断发现，充分证明了历史文献记载的正确性。我们并借此明白，菱形花纹的绫罗，和各种云纹刺绣，图案多出于战国，和当时漆器、错金银器的花纹，都有联系。虎豹熊罴、麋鹿鸿雁和仙真羽人在云气中游行，都是汉代一般装饰艺术的基本花纹，并且是一种新的发展，或创始于武帝时代，因此也反映于当时高级丝织物的锦缎图案中，成为锦纹的主题。许多锦还织有人名和吉祥文字。当时用的染料，只是红花、紫草、栎斗、青芦、蓝靛、黄栀子、五倍子几种容易种植和采集的植物的根叶子实，和价值极廉的黑矾、绿矾。经过了二千年时间，从地下发掘出来的锦绣，图案色泽还鲜艳如新。古代中国工人在印染技术的进步上，和提花技术一样，也创造了奇迹。东汉以来，西蜀织锦起始著名，除彩锦外，已有了加金锦绣的产生。三国时马钧改良锦机，简化了提花手续，晋代以后的生产，因之得到更进一步的提高。《东宫旧事》叙述到的文绮彩锦，花纹已见出许多新变化。至于蜀中的织锦工业，直到宋代，却还在全国居领导地位，生产品并且向海外大量输出。

六朝以来，北方定州和南方广陵，逐渐成为高级丝织物生产的中心，花纹也有了新的发展。除《邺中记》提起的"大小明光""大小登高""虎文""豹首"诸锦，犹沿袭汉代式样以外，几种为多数人民所喜爱的花鸟，如花中的莲荷、牡丹、芙蓉、海棠、鸟中的鸳鸯、白头翁、鹨鹕、练雀，也逐渐在锦绣中出现，对于隋唐以后的丝织物图案有重要的影响。隋炀帝是个非常奢侈的封建帝王，传说运河初开时，乘船巡游江南，就用彩锦作帆，连樯十里。唐诗人咏《隋堤》诗有"春风举国裁宫锦，半作障泥半作帆""百幅锦帆风力满，连天展尽金芙蓉"语句，一面说明这种荒唐的举措，不知浪费了多少人力物力，一面却可以看到丝织物大量生产，和花纹发展的新趋势。唐代著名锦样，多出于唐初在益州作行台官的窦师纶。张彦远在他著的《历代名画记》上就说起过，所作瑞锦、天马麒麟、花树对鹿（图一）、对雉、斗羊、翔凤、游鳞等十多种式样，到中唐以后百余年间还流行。因窦师纶封爵"陵阳公"，当时人就称这种锦作"陵阳公样"。近年在西北出土的丝织物，和唐代流传到日本保存到今天的丝织物，还可以见出陵阳公锦样的特殊风格，集壮丽秀美为一体，在装饰美术上展开了一个新面貌。唐代官服多用本色花绫，鸟雀衔花作主题，依照不同品级，各有不同颜色和格式。此外用于妇女歌衫舞裙上的，多写生花鸟蜂蝶；用于佛帔幢幔袈裟金襕上的，多大小缠枝花。除织成外，其中又可分彩绘、刺绣和泥金银加工。一般褥垫屏幢用的，有方胜平棋格子、大小宝照、盘绦、樗蒲等等。这些生产品逐渐都成了丝织物图案的一般格式，得到普遍发展。这时期又发展了六朝以来出自西南民间的印染加工艺术，大致可分"绞缬""夹缬""蜡缬"三类。"绞缬"多形成撮晕效果，"夹缬"即蓝地白花布前身，"蜡缬"有用色三种以上的；单色染和复色染都得到了极大成

图一　唐　花树对鹿纹锦（新疆吐鲁番高昌故城出土）

功。印染花纹有团花、连枝和小簇花数种。同时外来的花纹，也融合于中国本来装饰图案中，丝织物图案因之也更多样化。敦煌石窟大量绫锦的发现，和新疆各地有花纹的丝绸的出土，丰富了我们这方面许多知识。宋代丝织物发展了写生花，又发展了遍地锦纹，成为一种色彩更加复杂的工艺品。刻丝出于汉代的织成，到了宋代，把名画家黄筌、崔白等作的写生花鸟，一笔不苟反映到新生产上去，达到了空前的成就。宋代政府制度，每年必按品级分送"臣僚袄子锦"，共计七等，给所有高级官吏，各有一定花纹。如翠毛、宜男、云雁细锦，狮子、练雀、宝照大花锦，宝照中等花锦。另有倒仙、毬路（图二）、柿红龟背、琐子诸锦。当时实物虽已少见，但是从名目上和后来实物比证，我们还可以借此认识这些锦类的价值和等级。国家主持茶马贸易的茶马司，还在四川特设锦坊，织造西北和西南民族所喜爱的各种不同花锦，作为交换茶马的物资。宜男百子、大缠枝青红被面锦、宝照锦、毬路锦，多发展于这个阶段中。

以上只是我国在明代以前丝织物生产和花纹发展的简略概况，可作为我们认识明代和明代以前丝织物的一种线索，让我们明白，中国丝织物的成就，和一个优秀工艺传统分不开。是从旧有的基础上发展而出，并随时代发展，不断改进，丰富以种种新内容才得到的。

本集材料的来源，全部出于明代刊印的《大藏经》封面。经文刊刻于明初永乐正统时期，到万历时期全部完成。这些裱装经面的材料，多从内库和"承运""广惠""广盈""赃罚"四库中取用，有当时新织上贡的，也可能有宋元的旧料。大部分的材料，可以代表明代早期的产品。图案设计的风格，有的富丽雄浑，有的秀美活泼，处理得都恰到好处。特别是配合色彩，可以说丰富而大胆。其中的洒线绣，继承了宋代的制作方法，宋时或名叫"刻色作"，是说配色如同填彩。"秋千仕女"是明代工艺图案中通用的题材，"描金""嵌甸""雕填"等各种制法的漆器，彩绘与青花瓷器，都经常使用到。这幅绣工彩翠鲜明，不啻一幅情调优美的风俗画。极重要是几片复色晕锦（图三），可能是明代以前的产品，这种格式起源于宋代，宋代叫"八达晕"，元代叫"八搭韵"，当时已珍贵著名。配色丹碧玄黄，错杂融浑，达到锦类布色的极高效果。灯笼锦创始于北宋，别名"庆丰年""天下乐"。从文彦博守成都织造金线莲花中置灯笼图案加金锦创始，这里选了几片不同式样。就中一片，灯旁悬结谷穗作流苏，灯下有蜜蜂飞动，

图二　宋　毬路双鸟纹锦（北京故宫博物院藏）

隐喻"五谷丰登"之意（图四）。这种受人民欢迎的题材，宋代以后被普遍使用，一直沿袭下来，更发展到桌围椅靠上。直到现代，西南民间刺绣围裙、头巾和枕套，还经常用它作主题。要求发展生产和悬灯结彩庆祝农产丰收的题材，是具有积极意义的，也表现了人民的生活愿望。这些彩锦，虽不是宋蜀锦格式，但这个风格显然还是从蜀锦发展而来。方胜平棋格子、方胜合罗、龟子龙纹、团凤几种式样，还和宋代李诚（明仲）著的《营造法式》书中建筑彩画相通。此外如翔鸾、舞凤、游鱼、如意云诸图案，全部活泼生动，优雅大方，在艺术上的成就，是新鲜而有现实性的。大小缠枝唐代已盛行，大缠枝最初多用于佛帔金襕装饰，小缠枝多用于妇女衣裙。宋代扩大了使用范围，特别是幛子屏围用大朵花，已成惯例。金时女真人官服规制，更明白记载，用缠枝花朵大小定品级尊卑。三品以上官的幔帐，许用大缠枝，其余用小缠枝。因此花朵变化极多，配合色调更多独到处。其中几种织金，有可能还是元代纳石失金锦样式。蒙古贵族一般使用纳石失于衣领边缘，朝廷举行"只孙宴"时官服上更不可缺少。散朵花大体可分作两式；小簇规矩花出于唐代，朴质中显得妖媚，布局妥帖，是唐人擅长。写生花宋代方流行，有彩的应叫"生色花"，在宋金文献中通称"散搭花"，明代属于"装花"一部分。本集中所收几种不同式样，还可以看出不同设计方法。另外几种折枝，或受宋代染缬法影响而来。特别是几种褐色地浅花绸缬，更可理会到宋元时的生产。禁止服用"褐地白花"丝织物，见于政府法令，因北宋初年染缬限于军用，还禁止印染用的花板流行。北宋缬花纹见于《宋史·舆服志》卤簿部分极详尽。所禁止的褐地白花有可能正是契丹人所通行。南宋则染缬已具一般性，得到发展机会。元代在官品上褐色本不重要，但人民特别欢喜褐色，陶宗仪著《辍耕录》就说起不同褐色约二十种。本集中的银褐地"落花流水"花绫，可说是一幅构思巧妙而有气魄的作品。

以上几种锦缎，在我国丝织物图案发展史上，都各有重要性。我们如进一步把它们和唐宋的彩画、雕塑，历史史籍中的舆服志，以及其他文献实物联系来注意，必然还可以触发许多新问题，而这类问题，过去无从措手，现在有了丰富的实物，再和历史知识相印证，是比较容易得到解决的。据目前所知，国内现存明代经面锦，至少还可以整理出近千种不同的图案。这份宝贵遗产，包含了十分丰富的内容，可以作为研究明代丝织物花纹的基础，也是进而研究宋元丝织物花纹

图三　明　八达晕加金锦 2 种（原载《明锦》）

唐称晕六破，宋称八达晕，元称八搭韵或六搭韵，似均同一格式，而又不尽相同。

图四　明　灯笼锦

的门径。必须全面深入地来理解，来分析比较，才可望得出更正确的结论。这里提起的，不过是就本图录中所选作品略作说明而已。

　　古代工艺品最难于保存的，无过于丝织物。过去对于古代美术品的研究，多限于铜器瓷器字画，没有把绸缎当作中国美术史一个重要部门来注意，因此历代许多遗存的实物，大都在经常的忽视中被毁坏了。汉代锦缎是因埋藏在干燥沙漠中才保全下来的，唐代锦缎也是在沙漠中和敦煌洞窟中偶然保存下来的。宋、元锦缎小部分幸而能保存下来，都是在被剪裁成零碎材料后，用到字画包首和册页封面上的结果。明锦的内容，也只是从现存的残余的《大藏经》封面上，才看出一点原来的面貌。新的生产脱离了优良的民族艺术传统，自然难望有所发展。特别是近五十年来，由于各国对我国经济上文化上的侵略，各种劣质纺织品的倾销以及人造丝的倾销，使中国一般纺织物生产遭受到严重的摧残，图案花纹也逐渐形成一种半殖民地化的庸俗趣味，完全失去了本来健康华美的民族风格。近几年才根本改正了这种情况。目前为了发展新的生产，恢复我国染织工艺固有的优良传统，排除过去残留的半殖民地化的不良影响，希望艺术家设计千百种色调鲜明、花纹大方的新作品，满足人民不断增长的文化要求，在此首先遇到的就是如何改进染织图案这个问题。因此，这种锦缎参考资料的出版，对于实用美术界说来，是很重要的。这些出自古代机织工人手中的图案，必然能够帮助美术工作者，启发他们的创作热情，由此产生出许多为人民所欢迎爱好的新产品。

本书材料的收集和编选，是在故宫博物院服务的李杏南先生二十年来热心爱好的结果。李先生用个人业余时间注意到这个问题，表现了对于民族文化遗产的爱护热忱，是值得尊重和感谢的。

1954 年写于北京历史博物馆

本文是为李杏南编《明锦》图录所写，1955 年 6 月由人民美术出版社出版。1960 年和 1986 年 5 月，本文分别收入北京作家出版社和商务印书馆（香港）有限公司出版的两种《龙凤艺术》专集。后《沈从文全集》据商务版《龙凤艺术》收入此文。现据《沈从文全集》第 30 卷编入。

清代花锦

　　近几年来，由于明代正统藏经封面锦的大量发现，把它和《天水冰山录》和刘若愚《酌中志》中关于丝绸衣着部分记载，及反映明代上层衣饰结合，我们对于明代锦缎内容、花纹图案组织和配色艺术特征有了一些基本知识，和清代早期花锦有什么相同或不同，也日益明白了。更重要还是借此得知，宋人记载中提过的大约百种宋锦名目，如：百花龙、大中宝照、狮球、青绿簟纹、倒仙（即团鹤），大部分还都继续反映到明代生产中。还有部分属于唐代锦式，如：樗蒲、双距、盘雕、俊鹘含花等，过去虽知名目，实难于体会内容，现在用部分明锦和唐代其他工艺品比较（例如镜子图案），因之也具体明白，明代生产还有部分是唐代旧样。明锦图案内容的丰富，实和这一历史阶段纺织设计工人善于充分利用优秀传统分不开。在这个基础上不断创新，新的图案性格，因之更加鲜明。我们常说的南京云锦，若从明锦中勾剔，云的式样就不下百种，由此认识基础上研究清锦，清代三个世纪生产之艺术特征，从对比中也格外分明。

　　清代锦缎品种多，仅就故宫收藏初步估计，绫、罗、绸、缎、纱及各种单色和复色锦缎，特别精美的不下千种，每种都各有特色。预计不久当可陆续彩印一部分出来，供生产和研究部门参考。前人笔记尝说，清初康熙多仿宋，到乾隆又喜仿汉、唐，从现有两代成品分析还可以部分得到证明。但是虽仿古，也不断在翻新。如康熙仿宋"青绿簟纹锦"，以个人所见，即不下百十种，"球路连钱"小花绵，不下二十种。显然大大发展了每一品种的纹样。又如"大天花青红锦""灯笼锦"，也是旧式样上丰富了各种新内容。又有直接仿宋的，如前人所说，是根据

图一　清　仿西洋大草花串枝锦

图二　清　青绿簟纹锦

原装北宋拓《淳化阁帖》二十个不同锦面，由吴中机坊仿织，大行于时。这廿种锦名虽不得而知，新近我们在故宫装裱康雍写经部分，发现许多种两色小花锦，纹样秀美，风格特殊，不像一般清代设计，有可能通属北宋旧式。又这时期正流行新疆回族小簇花捻金银锦，部分式样或者还传自唐宋回鹘织工，部分且由外来影响，江南机坊也有仿织。十八世纪时，还有倭式小花锦及西洋大草花串枝锦（图一）流行。总的说来，清锦内容大致可以分作三个大类：即仿旧，创新，吸收外来图案加以发展。前者如灯笼锦、青绿簟纹锦（图二）、大中天花（大中宝照）锦、连钱球路小花锦、褐紫方团两色花锦等。其次如寸蟒如意云锦、衲锦、曲水小折枝杂花锦，以及捻金银串枝大小花锦。第三种则应数产自新疆回族织工手中的各种小簇花和大串枝杂花织金银回回锦。

如把明清两代锦缎作个比较，组织图案和配色艺术区别处，似乎可以这么概括说：明

图三　清　小花格子锦

代较沉重，调子常带有男性的壮丽。清图案特别华美而秀丽（图三），配色则常常充满一种女性的柔和。两者区别可一望而知。清初还流行一种浅色花锦，和明代生产区别则更加显明。从使用材料说，明清两代也少相同处。清代彩锦用色较多，如粉紫、桃红、檀褐，多配于彩色中，明锦实少见。用金不论片金或捻金多较细，特别是康熙一代，片金也有切缕细如丝发的。特种锦类且擅长用两色金，或四色金。综合交织于一片彩锦中，明代极少见，又由于捻金银线技术提高，因之产生许多种大小串枝捻金银缎，花枝特别活泼秀美。明代盛行洒线衲绣，是用双股衣线在纱地上作铺地锦，上加绒绣或平金，用色沉重，宜于官服使用。清代衲锦绣则一律用绒线，配色特别柔和，充满一种青春气息。……清初锦值得学习处，正在于图案和色彩调和。特种锦类且常因使用不同，配色设计随要求变化极多。

这时期彩锦主要生产地是南京和苏州。产品充满地方性，各有特征。重色大云锦、织金缎、装花缎等，江宁织工特别擅长。小花锦、仿宋锦和浅色杂花锦，多属苏州生产。

一九五九年写

本文曾以《介绍几片清代花锦》为题，发表于 1959 年 3 月 5 日《装饰》第 4 期。1986 年 5 月收入商务印书馆（香港）有限公司《龙凤艺术》一书时，改为《清代花锦》。后《沈从文全集》据商务版《龙凤艺术》收入此文。现据《沈从文全集》第 30 卷编入。

谈刺绣

——图案的应用和加工技法发展试探

刺绣自古以来即属"妇功"，因此这部门生产伟大优秀成就，主要出于历代全体劳动妇女的贡献。

刺绣为服饰绘画的加工。它的起源或和古代文身有一定联系，本由生活实用出发。为保护身体安全，在露天下免受野兽侵袭，进而才作氏族图腾的标志。这方面到后来发展分歧为两个部分：成为阶级社会统治者对人民压迫五刑之一，则为"黥"面，多施于面颊眉棱间；作为艺术表现，则为文身术的"点青"，施于身体中局部或全体。唐代还盛行于市井里巷中，施术有专家，爱好的还有把一首名家叙事诗的故事，用连环画形式表现于全身的。后来用法律禁止，还禁不胜禁。其实两种制度在九百年前的宋代就都还保存，《水浒传》提起的九纹龙史进，即一身刺成龙纹。《宣和遗事》且说起当时宰相李邦彦为谄媚赵佶，君臣荒宴淫乐时，也常用生绢画成龙纹贴体，仿效文身。又宋代兵士还有刺标记于腿上制度，花纹已难详悉。至于刺绣使用到纺织物方面，和多数人民生活发生密切联系，当成服装艺术一部门来看待，当然比较文身发明为晚。彩色刺绣的发生，似起源于纺织物彩色提花技术发明以前。但是在纺织物高度发展的现代，还能继续存在和发展，无论服饰绣或观赏绣，无论手工绣或机绣，均为多数人所爱好重视。特别是解放以来，在党领导扶持下的新的刺绣业，近于全面开花，苏绣、湘绣、广绣、山东烟台绣、北京绣，从业工人多以十数万计，且各具鲜明地方艺术风格，年有大量生产输出，为社会主义兄弟友好国家和亚非友好国家人民所爱好重视。它的发展未来也和其他特种手工艺品一样，前途实无限美好。

刺绣和人民直接生活应用分不开，随同社会发展，它的应用也因之日益广泛，例如较早即使用于标志氏族社会团体间的旗帜幡信，后来和宗教迷信相结合，部分成为偶像崇拜的对象，随后又和名家书画相结合，发展成纯粹观赏艺术一部门。更重要的自然还是有亿万人民共同从事创作的民间日用绣，曾创造出万千种健康、热情、清新、活泼的图案及千万种不同加工技法，一直留传下来，经历代人民不断加以丰富充实，直到现代，还遗留大量优秀遗产，可作新的生产参考取法。同时刺绣加工关于材料的使用，自古以来也在不断发展中，主要靠丝、麻、棉纤维等，此外真珠、珊瑚珠、料珠、金银线、羊皮金、孔雀毛以至头发、等等，均无不使用到。总之，这部门工艺生产，历史长，范围广，问题多，个人知识又实在有限，本文将只能从刺绣图案的应用和加工技术的发展部分，试作常识性初步探讨，就正于国内专家学人和生产战线上的老师傅。

中国养蚕织丝，古代传说多把它属于黄帝时期。黄帝时代殊难征信。惟就我国现存有花纹丝织物残余材料分析，则约在公元前十一二世纪间，丝绸提花技术已相当成熟，刺绣应用到某一部分人服饰及古代社会组织不可少的旗帜仪仗和其他方面，时间显明还会更早一些。原始的刺绣实物未能保存下来，但如联系古代造型艺术反映到其他方面纹样相互比较，还是可以推测得出部分面貌的。例如半坡村出土几种墨绘陶器的花纹图案，山东大汶口新出土大量彩绘陶器的花纹图案，以及甘肃半山马厂期彩陶上所反映的种种美丽花纹图案，我们说，这些花纹图案（特别是山东、甘肃两省彩陶上的）在古代某一时期，有可能用刺绣法加工，使用到丝绸或麻布上面，作为服饰一部分，大致还近情合理，不会和历史事实相去过远。

刺绣虽属人民的劳动成就，也正和其他部门劳动的成就一样，自从有了阶级社会以来，生产优秀成果，即已为统治阶级所独享。特别是和氏族标志结合的旗章及象征权威的服饰。甚至于在氏族社会制晚期，氏族长所有大致就已经不同于一般人民。

根据古文献《尚书》中记载，刺绣艺术在氏族长服饰上的应用，成为一种特别制度，是属于半传说中的著名帝王大舜，嘱咐治洪水的大禹，为在衣服上加绣十二种图案起始的。十二种图案是"日、月、星辰、山、云、华虫、藻、火、粉米……"[1]，内容包括天象、地理、自然和生产形象，象征统治者权威、责任及人天关系。后世通称"十二章"。这虽不过是一个历史传说，问题重要处是它对于后来的影响。从周代以来，即成为帝王袍服上一种固定制度，一直沿用到十九世纪末才止，前后延续三千年之久。关于十二章说法，即或仅仅成立于周秦之际，但这种装饰图案布置和花纹色泽的真实情况，依旧难于具体考究。从汉代以来，学者解释意见纷纭，用书注书，终无根据。宋人刻《三礼图》，影响约九百年，以意作古，更不可信。由于不和当时实物比较分析，缺少历史唯物观点，就不可能搞清楚。今试从现有种种实物图案比证，或许还可多明白一些问题。例如日中有三足乌，见于西汉《淮南子》，月中有白兔，见于张衡《灵宪》，汉代以来帝王冕服，因此肩上日月必加三足乌和白兔，由此可知唐代《列帝图》冕服上日月形象，实有所本。此外山云华虫，藻火粉米，周代比较材料可以依据的，应当是西周铜器上的山式云纹和反映于春秋战国时期铜玉雕刻上的龙纹。藻火近人以为最值得作参考的，是战国楚式铜镜夔凤云藻连牵的图案，但是时代已更晚。粉米殊难言，因为此二字或有问题，用嘉禾代表，可能出于汉人以后。总之这些推想即或从现实出发，也还有矛盾。因为上述花纹时代不一，不可能于古代某一时出现。至于近一千年十二章的应用，则多本于宋人《三礼图》，实在去古日远。所以这问题不妨搁下，且谈谈殷商、西周、春秋、战国，一般刺绣应有式样。有关这一点，据个人私见，它必然和当时其他工艺花纹图案有密切关系，又不尽相同。因为凡事不可能独立存在，特别古代工艺纹样，反映于当时铜、玉、骨、漆各种工艺图案均有相似情形。但又必然各因材料局限性，却常常见得大同而小异。春秋战国以来彩绘漆、金银错花纹，必更接近于刺绣，这从后来实物可以证实。楚式镜背丰富多彩的图案，更有可能大部分即从古代刺绣而出。这种推想也已经从近年出土部分实物得到证实（图一）[2]。蒙古边沿苏联境内曾出土一件战国刺绣，作鸟穿花图案，长沙出一件绣被，作活泼流动云龙凤纹，两者都和楚漆盾花纹基本相通

---

[1]　《尚书·益稷》所列十二种图案是：日、月、星辰、山、龙、华虫、宗彝、藻、火、粉米、黼、黻。其中未含"云"。

[2]　中国织绣服饰全集编辑委员会：《中国织绣服饰全集 2·刺绣卷》，天津人民美术出版社，2004 年，第 14 页，图 6。

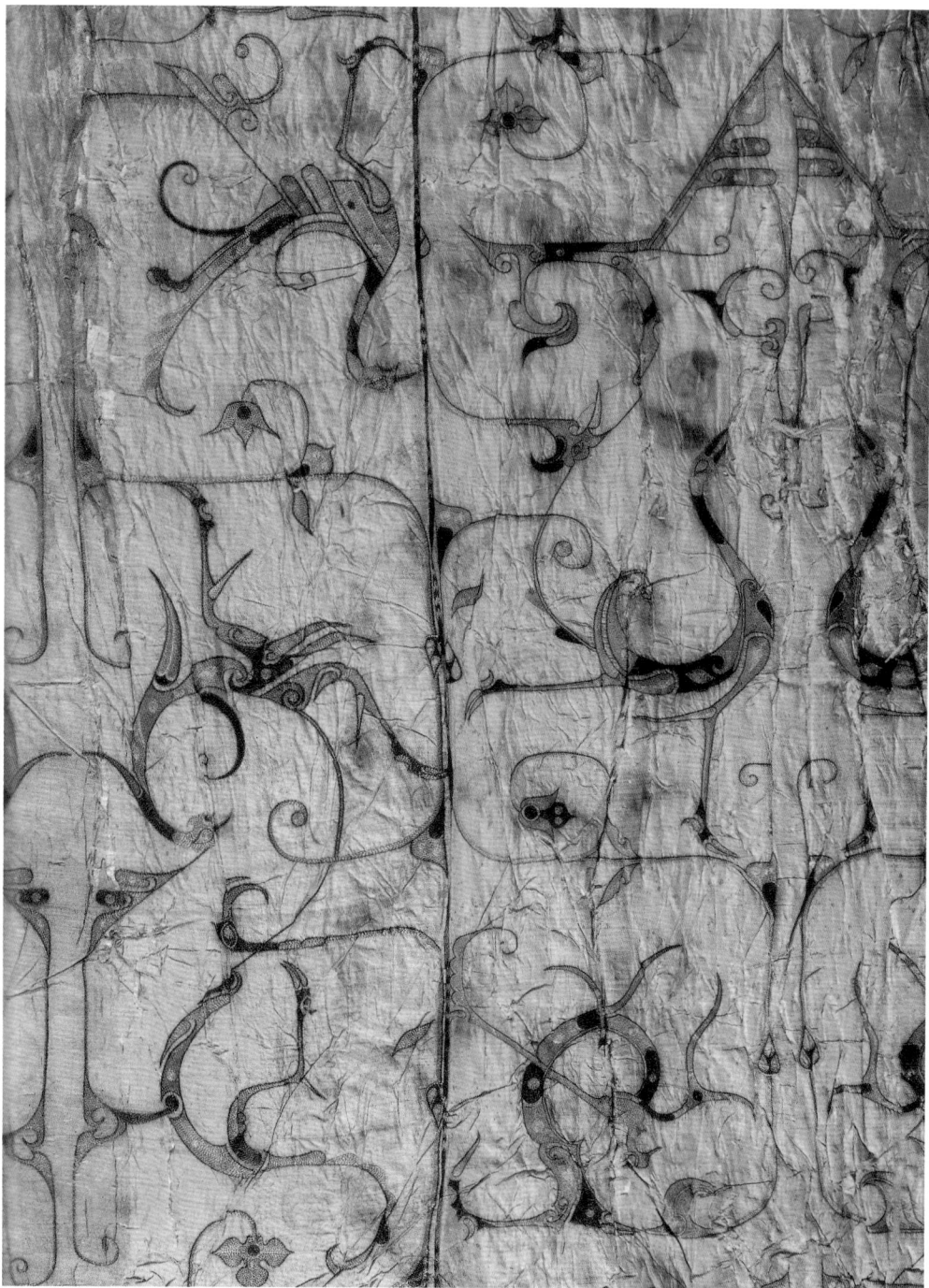

图一　战国　对凤对龙纹面衾（湖北江陵马山1号墓出土　湖北省荆州地区博物馆藏　编者配图）

（图二）[图 战国绣二种、图楚盾]，楚式镜背图案也有相近反映。西北古楼兰出土西汉彩绣，和诺因乌拉出土云纹彩绣，则和战国时金银错及漆器云纹组织大体一样。

又《礼记》称"诸侯之棺必衣黼绣"，黼绣必和古代黼黻密切联系。黼黻是古代帝王衣前不可少的一件东西，本出于原始时代氏族长的前身遮羞布，遗留下来到封建社会统治者袍服上又称为"蔽膝"，变成一种制度，一件象征权威品级的物事。

图二　战国　彩绘龙凤纹漆盾（中国国家博物馆藏　编者配图）

可以按官品各不相同，上面加绣有一定式样，二千年来谈到它的极多，可没有把文献和实物互证，多只根据大儒郑玄释为"两弓相背"一语，却始终不得其解。因此由唐人绘《列帝图》、宋明绘帝后像，到十八世纪乾隆织金蟒袍，黼纹尽管在冕服上各处移动，却一例作成亞式形象。其实我们如从河南辉县出土彩绘漆棺上花纹（图三）[3]，河北易县燕下都出土大花砖瓦花纹（图四），长沙楚墓出土棺中透雕金银彩绘等床花纹（图五）[4]，河南信阳近年新出土漆棺椁花纹

[3] 中国科学院考古研究所：《辉县发掘报告》，科学出版社，1956年，图版四五。

[4] 中国漆器全集编辑委员会：《中国漆器全集2·战国—秦》，福建美术出版社，1997年，第94—95页，图八六。

纺织服饰

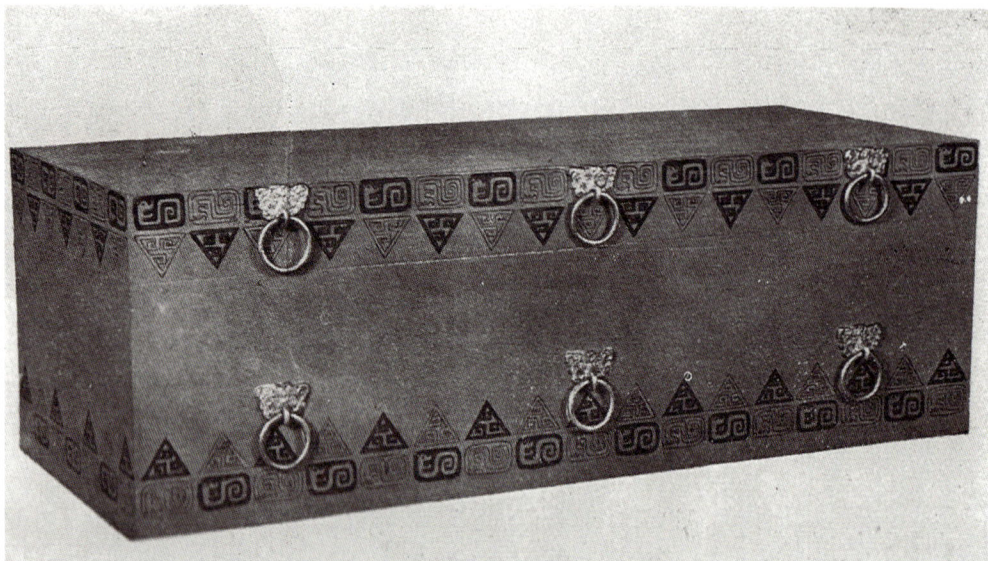

图三　战国　漆棺复原模型（河南辉县固围村1号墓出土　编者配图）

图四　战国　繭纹瓦（河北易县燕下都遗址出土　中国国家博物馆藏　编者配图）

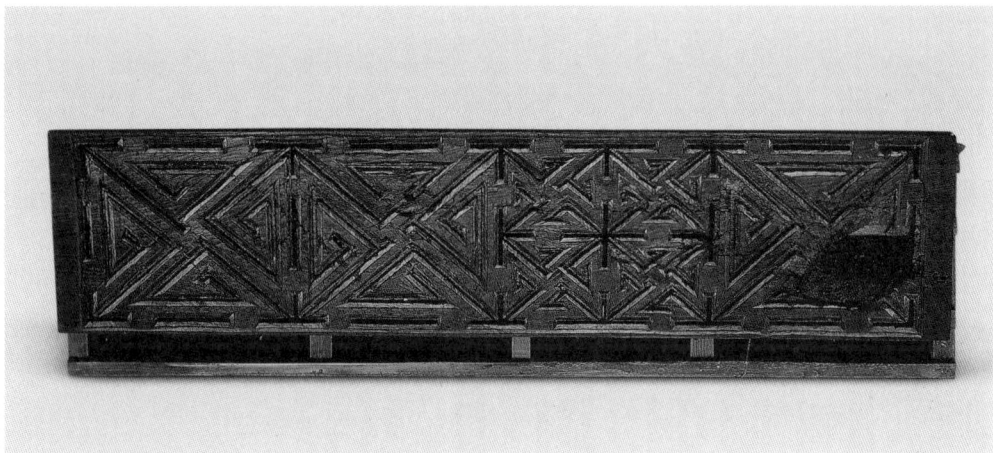

图五　战国　三角雷纹笭床（湖南长沙长岭 7 号墓出土　湖南省长沙市博物馆藏　编者配图）

（图六）[5][附图 燕下都砖瓦、信阳棺、楚笭床、辉县砖花纹复原]，以及其他春秋战国反映于铜、玉、漆诸器花纹，凡近于"两弓相背"图案形象材料，试作综合比较，便可知道原来还是两龙图案所形成。尽管使用到工艺各方面图二作不同变形，始终不出龙纹的组织。这类变格双龙，或双虬、双螭、双虺图案应用到古人服饰上时，内容或还有许多不同发展，特别是用于五色兼施的刺绣上，色彩配合艺术，我们还难于完全正确把握。惟黼绣用龙纹则事无可疑。这从近人所辑古金文许多大同小异"黼"字也易证明[图引《金文篇》诸黼字]。只因郑玄一注，千八百年来用到刺绣上，却变成干巴巴的形样子了。真可谓"尽信书则不如无书"！也由此可见，仅仅刺绣上那么一个小小问题，如只知从旧的注疏上用工夫，孤立的以书证书，不和广泛实物联系，也不易搞得比较清楚。至于涉及古代名物制度更多方面新的文史研究，如不善于将文献和文物结合，求透彻理解，自然更加困难！

　　古代刺绣加工，就现有材料看来，主要用的多是"琐丝法"，即反复用针回扣作成连续小圈技法（图七）[6][图 用楚绣部分放大，见琐丝法特征]。琐绣法照

---

[5]　河南省文物研究所：《信阳楚墓》，文物出版社，1986 年，彩版一。

[6]　夏鼐：《新疆新发现的古代丝织品——绮、锦和刺绣》，《考古学报》1963 年第 1 期。

图六　战国　内棺棺板彩绘图（河南信阳1号墓出土　编者配图）

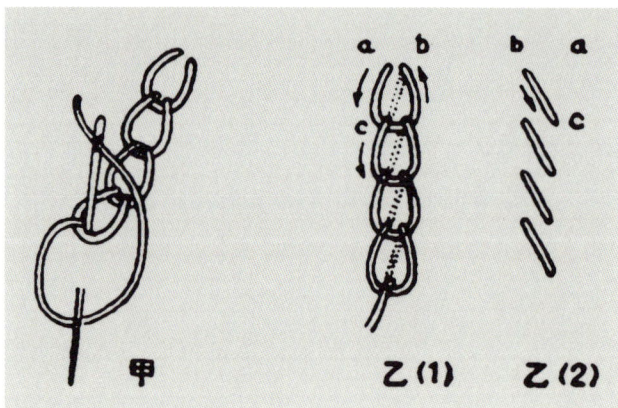

图七　锁绣示意图（编者配图）

理比平绣技术复杂一些，为什么古人特喜用这种技法！我们还少可供说明的知识，只能这么假定，这属于古代齐"细绣文"一种特有技法。正如《范子计然》一书中所谈起的每匹值二万、一万、五千高级成品。早可到春秋时代，晚到两汉还为高级绣活采用。至于比较容易施工的"平绣""错针绣"，以及后来流行民间的"挑花绣"，则惟施行于普通材料中。这种假说不一定可靠，因为出土材料还太少。惟从技术发展上来分析，则较早使用还应当是平绣、错针绣、挑花绣，以至于衲丝绣。比较进步的琐丝绣法，不可能早于这些技术。

汉代刺绣出土材料，重要的有三部分：一、从西北出土的小绣片（图八）[7]；二、从诺因乌拉古墓出土的绣袜（图九）[8]；三、从怀安五鹿充墓出土的残绣片 **[此附图三种]**。有一个共同点值得我们注意，即依旧用的"琐丝绣"。可以知道直到汉代，这种加工技法，还占刺绣主要地位。

刺绣得到比较普遍发展和丝绸生产发展，必然有相同情形，当在春秋战国之际。这从文献上称引也可见出。《诗经》《左传》《国语》《礼记》《论语》《晏子春秋》《墨子》《韩非子》等书，都或多或少描写到当时贵族衣服装饰应用刺绣的情形，或记载诸邦国间外交聘问使用锦绣作礼物的情形。《礼记·月令》还曾叙述及周代蚕丝染事和有关法令，得知政府当时曾设官监督生产。又说"画绣共职"，可知自古以来就重视刺绣设计。《左传》上提到的"针工"，极明显是具有专长的缝纫刺绣的女性工人，不是普通一般缝工。也即是旧说"百工者圣人之事也"的百工之一，在当时，虽然她的身份还是工奴性质，生活上是受一定程度尊重的。

刺绣纹样上的进一步发展，如果和其他工艺纹样有一定联系，应当在秦汉之际。特别是汉武帝刘彻时代，物质条件和社会风气具有极大影响。重要变化例如云纹由金银错和漆瓷经常使用的对称如意云式发展为不规则起伏山坡状，因之山云藻火四物再不有截然区分。如从现在锦缎反映研究，它的形成时代早可到秦始皇登泰山封禅，晚也不会晚于汉武帝登泰山封禅时。何以知道，因为从锦缎上文字"登高望四海"可知。这五个字体和秦刻石诏版字体极相近，内容则唯有两个封建统治者登泰山封禅能使用。所以说这类锦缎图案产生相对年代，必不出于这一历史阶段，而且和两个封建统治者奢侈靡费行为密切相关。这时已使用青龙、白虎、朱雀、玄武，象征四方，此外二十八宿诸星学说也已经成熟，军中旗帜绘绣这类图案，也极自然。至于图案创造者，则如不出少府工官所属工师，即必然是长安织室令所属工师和齐三服官所属工师。惟铜、漆器物多已发现当时生产工师和监督官吏名目。纺织物机头上还少同类材料发现。

---

[7] 夏鼐：《新疆新发现的古代丝织品——绮、锦和刺绣》，《考古学报》1963年第1期。

[8] 赵丰：《织绣珍品》，艺纱堂/服饰工作队，1999年，第72页，图02.01a。

图八　东汉　刺绣花边（新疆民丰尼雅遗址出土　编者配图）

图九　汉　刺绣裁片（蒙古国诺音乌拉汉墓出土　编者配图）

文献上提起汉代锦绣花纹及和色问题，最具体的是公元前一世纪时期一个宫廷官僚黄门令史游作的《急就篇》。这是贯串秦代旧作，补充新事，用三七言韵语写的一个通俗读物。内中曾提起过一些锦绣花纹色泽。这个文件虽经后来学者反复注释，因为没有实物和比较材料印证，以书注书，引申尽多，还是不免近于猜想，不大清楚。由于近半个世纪出土的实物和比较材料不断发现，才让我们有了些具体知识。直接材料最重要的有"韩仁"锦、"新神灵广"锦、"明光"锦、"无极"锦、"宜子孙"锦等。刺绣中最重要的有诺因乌拉古墓出土的云纹绣、西北出土的如意云绣、怀安五鹿充墓出土人物事件杂绣。比较材料特别有代表性是五鹿充墓出土那个错金戈附件，及日本人在朝鲜大同江边发掘所得一个同样戈戟附件[附件二　戈戟展开花纹图]。（前件出土物故宫陈列于战国部分，似可商量，因仙人驾鹿车，和羽人于云气间飞行图案主题画，实和骑士狩猎纹相似，与汉乐府咏神仙，辞赋叙羽猎游乐，关系密切。至于背景图案，山云起伏，鸟兽奔驰，则本于《史记·封禅书》方士家言，海上三山上有白色鸟兽不死之民而起。是从博山炉发展影响到工艺各部门，反映的多是汉武帝时代方士小说家言，影响到工艺图案。也是汉代一般工艺图案处理法，不可能是战国时。）把文献和这些材料结合起来加以分析，我们对于古代丝绣知识，就更加推进了一步，即部分还有些不易明白，大体却清楚了。

综合这些材料相互比较，可深一层明白它的成因，大约可分成三个部分：一、属周代以来旧有式样（如金银错式如意云纹）；二、受当时儒家史传传说影响（如十二章纹关于日月藻火山云图案）；三、受流行神仙思想影响（如由金博山汉石刻日月形象发展而成的山云起伏鸟兽奔赴仙真骑士等等形象）。这些刺绣纹样，先是特种产品，不久又即具有普遍性。这从一般印纹陶器肩部装饰的普遍利用可知。这种印纹陶装饰既具一般性。这些刺绣的应用，也必然相当广泛，并不限于宫廷和上层统治者。我们另从三方面文献，可以明白一些问题。

一从汉人托名范蠡著的《范子计然》上提起的齐国细绣文价值，由二万钱一匹到五千钱一匹，可以知道。既是商品，必然流行较广。

二从汉代"刺绣文不如倚市门"流行谣谚可以知道。这句话意思是工人辛苦不如商人逍遥自在。商人贩刺绣能获暴利，生产量之大可以想见。

三从汉代法令"禁贾人不得衣锦乘骑"，可以知道。其所以禁，即显然商人也到了衣锦绣程度。贾谊文曾提起过当时奴婢也用锦绣作衣沿，穿五色丝履。《史记·货殖列传》并曾列举许多种商人占有一定数量的商品，收入即可等于千户侯，年得钱约二十万。丝绣商人的收入也必然不在例外。

至于它的应用情形，属于政府制度上需要的，主要生产区大致是山东临淄和陕西长安，至于长江上游的西蜀和下游的广陵则时间要后一些。汉统一大帝国建立以后，丝织物主要生产地统由国家监督，齐、鲁和长安都各有万千女工，参加特种锦绣和精细丝绸生产，供应政府及社会上层需要，和国家政治地方经济都发生巨大作用。在政治方面西汉初年由于采用儒家建议，重视制度排场，帝王以下贵族各级官吏，服饰多各有一定等级，区别显明。例如当时监督司法行政的御史官，平时就必穿绣衣，名"绣衣执法御史"。封建统治者身边又有一种"虎贲"卫士，也必须穿虎豹纹锦裤。武帝刘彻迷信神仙长生之术，常在五十丈高楼土木建筑上，要一个主持法事的太祝官率领三百童男女求岁星，祀太乙，整夜歌舞，照《汉旧仪》记载，这些人也必须一律穿着绣衣。此外在宫廷中值宿的高级官僚，照规矩必供应锦绣被盖。又儒家提倡厚葬，当时统治者为笼络他手下亲属官僚，生前给以种种赏赐，死后还有个赐"东园秘器"的特别恩典，除朱绘云气棺外，还有什么珠襦玉柙，共计廿多种贵重殉葬品。这一切多成于东园匠之手，其中就还有大量裹身的锦绣。著名武将霍去病死去时，政府给他殉葬用的绣被，竟达一百件，为乐府诗所说"赐绣被百领，诏葬霍将军"。至于平时宫廷土木建筑衣被文绣，就更不用说了。宫廷贵族一般歌舞伎女，服饰也是文采绚丽。因此逐渐影响到豪富商人，除身衣锦绣，出必骑马乘车外，还有用锦绣作帐幔地衣的。直到豪富商人家出卖奴婢时，也用锦绣作衣沿，脚穿五色丝履，所以政府才不能不用法令来禁止。贾谊不免慨乎其言之，认为非国家之福。这种种，一方面反映当时统治阶级之荒淫奢侈，另一方面却也反映出一个问题，即汉代丝绸锦绣产量之大，和它在商品市场上活跃所占地位的日益重要性。特别是对于当时在西北居住的各游牧民族及海外各文明古国文化交流，中国劳动人民这部分生产成就，所起的作用十分重要。因为爱好锦绣的风气，不仅是中原人民的习惯，同时远在中国西北部的匈奴族和其他诸胡族，也都欢喜衣着中原生产的锦绣。西汉文学家贾谊，在他的著作中就说起过，匈奴君长每来长安，族长必衣锦，儿童也衣绣。

当时这些刺绣远远运去大致不外两种方式，一即《史记》上《匈奴传》所叙述，每年必从长安运出锦绣八千匹、一万匹，作为汉政府当时对于团结匈奴君长的礼物，以及他们来长安时其他额外赠送；另一方式即用商品形式运出去。因为张骞探索西域地理交通归来时，即得知西南川蜀方面，早已有蜀中布匹和邛竹杖当商品运往古印度，转至中近东诸国。此后长安也即有大量生丝和锦绣由西北运往古罗马及中近东其他国家，开辟了历史上有名的"丝路"。同时罗马、印度所织，货币价值不亚于我国中原锦绣的"缕金绣""胡绫"及各色毛布、花罽以及我国本土西北部所特产的精细毛织品，氍毹、细毷、花罽，西南生产的木棉布白叠、阑干、细麻布筒中黄润，以及用蕉纤维织的蕉布，竹纤维织的竹子布，丝麻混合织的花练，同时也到了长安和其他地方。促进了中国和世界文化的交流，促进了我国中原地区和边疆地区各族的物质文化交流。原来首先就是这些出自祖国多数劳动人民（特别是绝大多数女工）生产上的优秀成就。世界各国最早知道有中国，而且知道是个文化高度发展的文明古国，首先主要还是通过这类生产品有所了解的。

近半个世纪来，考古工作者，在中国西北部发掘古墓和居住遗址中，不断发现公元前一二世纪的精美丝绣，有些出土后还彩色鲜明如新，死尸中且有用锦绣缠裹一身的，证明了史籍记叙的正确。有些属于汉人墓葬的，也可证《盐铁论》《潜夫论》所叙汉代丧葬制度风气，西及敦煌，南到南粤……全用的是中原制度，棺木器材且多从中原运去。我们说其中锦绣可以反映中原成就，也就是根据这些记载，结合实物，而得到证明的。

从西北所得竹木简牍材料，还得知当时一般绢帛每匹价格约合六七百钱，如照《范子计然》所说齐国细绣文价格还相当可靠，上等匹值二万，中等值一万，下等值五千，则两者比价，当为二十到二十五倍之多。这种价格的比差，对于织锦技术的改进，成为一种必然的要求。

锦缎提花技术的简化，从傅玄作《扶风马先生传》，得知东汉末马钧对于它有极大贡献。他简化足蹑的提花法，直使用到十九世纪，还无特殊变化。但问题也有可疑处，为的是东汉锦缎生产，主要地区是西蜀，改进机织提花技术，可能做出极大贡献的，应当还是蜀中织锦工人。而且离开了大量生产实践，也不可能对改进技术能有具体贡献。惟这一时期织锦提花法正在多样化，则从曹丕一个文件中可以证实。主要贡献还应当说是蜀中、洛阳、邺下、广陵各地机织工人共同的成就。

公元三世纪到六世纪，在我国历史上是一个首先由于阶级矛盾加剧，随后形成民族矛盾加剧，南北分裂政治纷乱的历史时期。黄淮以北各地区，由于长期战乱，陕西、河南、河北、山东一带，生产破坏均极大。种桑养蚕虽著于政策法令，丝绸生产实已失去战国、汉代以来的独占性。齐鲁的薄质罗、纨、绮、缟、细绣文，陈留襄邑的彩锦，均已成为历史名词。长江上游的蜀中锦，已后来居上，闻名于全国。又由于提花技术的改进，彩锦品种名目也日益增多。曹丕虽著文鄙薄蜀锦，以为虚有其名，即送给鲜卑也不受欢迎。事实上蜀锦生产还不断在发展中。洛阳焚烧后，邺中因为一度成为政治中心，锦绣类必然还有一定生产，而且继续有所发展。这从曹操把杨修借故害死后，曾假惺惺给他父母一些衣物，名目及后来东晋人著《邺中记》提及石虎时宫廷用锦绣可知。这个记载更重要一点，还是其中曾具体提起过许多锦缎名称，如"大小登高锦""大小明光锦"，也特别提起"蜀锦"，证明当时图案花纹必有已异于其他格式。"明光锦"得名实出于汉代宫殿，"登高锦"得名则如前估计，和秦汉封禅必有联系。这两种锦名在晋代遗物中还没有发现过，但在西北出土汉代锦缎中，却恰好都已得到，借此得以证明，直到东晋，部分锦缎还是采用汉代图样，继续不变。它的花纹主要还是从"金博山"的形象发展而出，主题图案是山云起伏，中有鸟兽奔驰，羽人仙真来去。另外从北宋米芾记载里，又说到曾见到一晋代锦，上面织有永和年号，花纹也相近似。从这个记载，还可证明我们推测古代锦绣和铜漆器物一样，在机头上曾织有年代和其他文字，原是一种事实。

又从晋人《东宫旧事》（记太子纳婚用物）"修复山林故事"和近年新出土几种随同殉葬用铅版铭刻衣物名目以及其他文献记载看来，且得知这时一般提花彩色织物，种类花纹已续有增加。例如"七彩杯文绮""五色云锦"及"凤纹锦""孔雀罗""花练"等等，都明显反映出生产的新进展，已不尽同于汉代。织金缕绣衣服，且成北朝统治者赠予高僚属一种重要礼物。

刺绣在应用上也得到新发展，最显著的一点，即彩绣加金和纯粹用金线作成的"金缕绣"，一再反映于诗人歌咏中。又因这一时期佛教在中国流行，统治者一面用它来麻痹人民对他的反抗，一面也用来麻醉自己，妄想死后超升，产生了许多以宗教迷信作主题的大型绣件，精美的还用大量真珠绣成。"穿珠绣"由此成一专名，直沿袭到十八九世纪，大件特种绣有在孔雀毛绣地子上加真珠龙蟒的，小件民间绣也有用料珠作小荷包的。最早则可上溯到汉代殉葬用的"珠襦玉柙"（玉柙虽已发现，珠襦若指上袿还无实物可证）。南北朝时代，洛阳和金陵两大政治重心，都各有数百座大庙宇，也和宫廷一样壮丽华美（有的庙宇本来即亲王贵族宅舍），假托庄严佛法为名，奴役大量劳动人民，使用大量锦绣装饰庙宇，佛幡、帐幔、屏风、几席，真所谓土木衣文绣。照《洛阳伽蓝记》《魏书·释老志》等载，豪华奢侈程度实为后世少见。青年男女恋爱，用锦绣互相赠予，已早见于汉代诗歌中，这时又有进一步描写。这种直接实物遗存虽然不多，间接反映于彩画和石刻方面，例如敦煌、麦积山、云冈、龙门、南北响堂山、天龙山等，保有这一历史阶段重要洞窟石刻地区装饰部分，却十分丰富，也十分重要。此外，同时期碑志石棺和大量碑碣式造像边沿，也留下许多浮雕装饰花纹（图一〇）[9]。特别重要是甘肃敦煌洞窟壁画中属于藻井、平棋格子、人字披，和天盖帷帐槅子边沿及衣饰部分（图一一）[10]（图一二）[11]，更加具体反映出这一时期约三个世纪锦绣图案壮丽组织和华美色泽[附图五种，从敦煌藻井画及尔朱袭基志取用]。

---

[9] 西安碑林博物馆官网图。

[10] 中国敦煌壁画全集编辑委员会：《中国敦煌壁画全集1·敦煌北凉·北魏》，辽宁美术出版社，天津人民美术出版社，2006年，第18页，图一八。

[11] 中国敦煌壁画全集编辑委员会：《中国敦煌壁画全集2·西魏》，天津人民美术出版社，2002年，第18页，图一四。

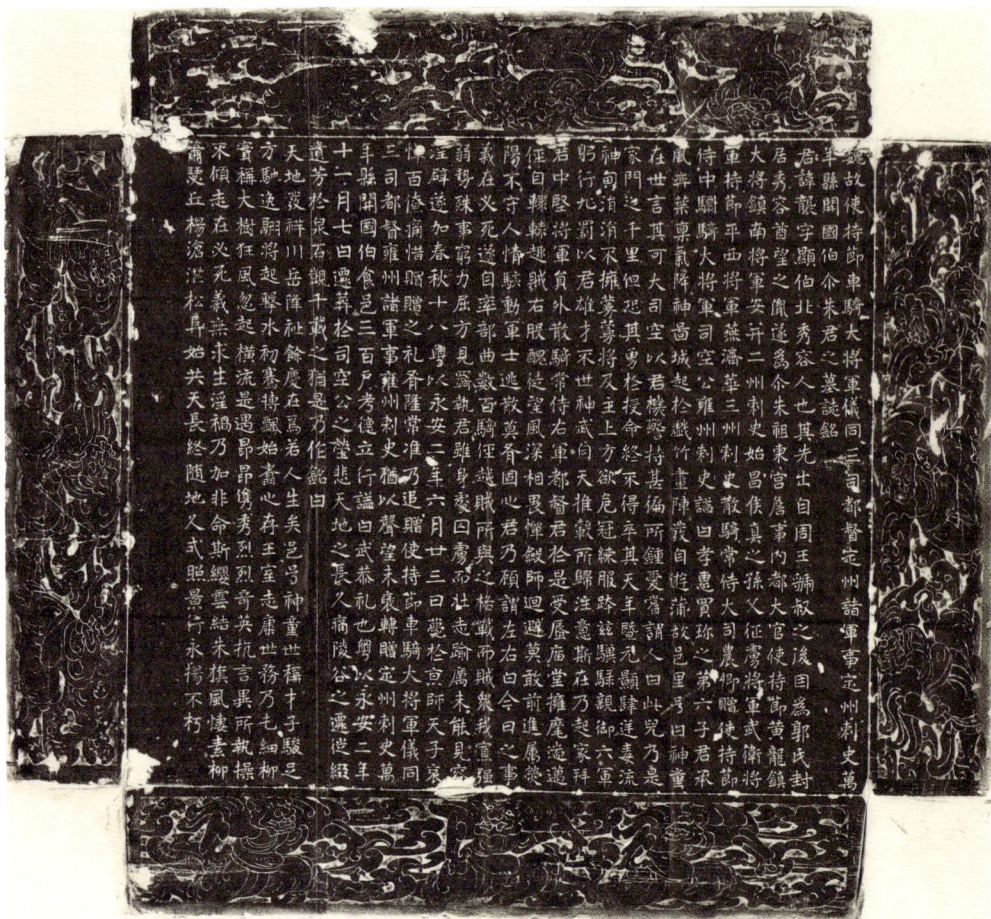

图一〇　北魏永安二年　尔朱袭墓志盖纹饰（西安碑林博物馆藏　编者配图）

　　由汉代镜子边沿卷云发展而成的卷草，再进而为串枝花，在边沿装饰方面，即已占有一定地位。在刺绣方面有可能更经常要使用到。云气纹的应用，更因仙佛传说填补主题风雨雷电四种和青龙白虎朱雀玄武四种形象空隙，特别富于变化，有的且格外作得活泼生动。例如麦积山壁画伎乐天部分（图一三）[12]和龙门石刻宾

---

[12]　中国敦煌壁画全集编辑委员会：《中国敦煌壁画全集11·麦积山 炳灵寺》，辽宁美术出版社，天津人民美术出版社，2006年，第73页，图七三。

图一一　北凉　石窟中央藻井图案（甘肃敦煌莫高窟第 272 窟　编者配图）

图一二　西魏　石窟窟顶图案（甘肃敦煌莫高窟第431窟　编者配图）

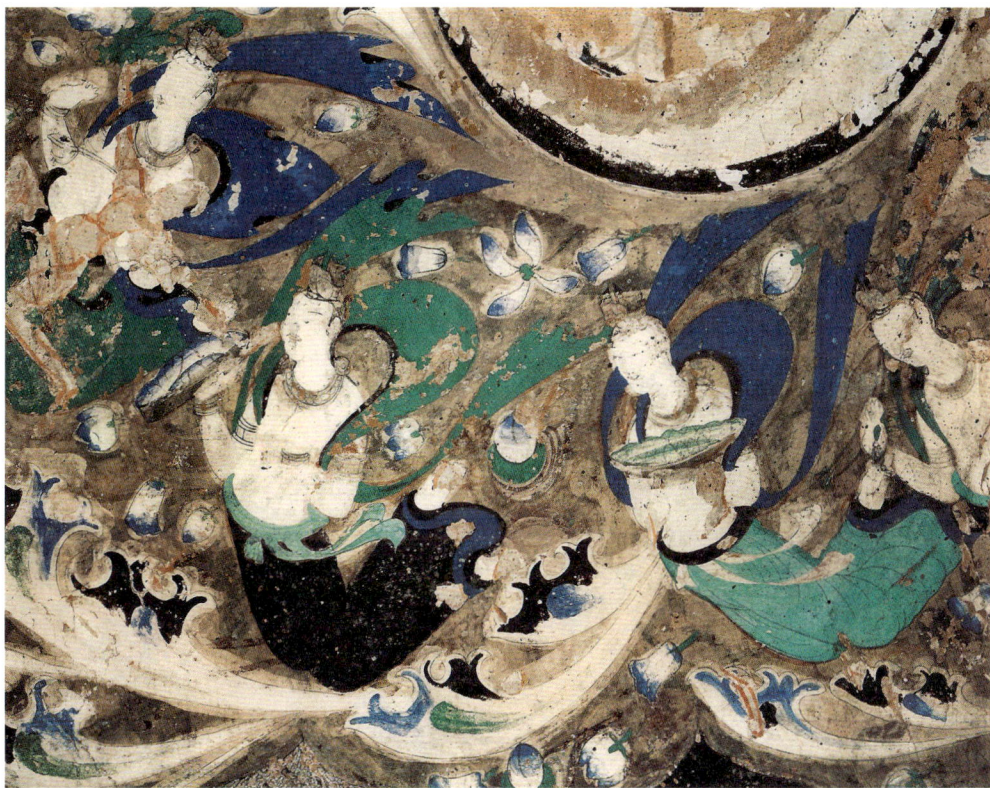

图一三　北魏　石窟窟顶飞天（甘肃天水麦积山石窟第 76 窟　编者配图）

阳洞天盖伎乐天部分（图一四）[13]，天龙山浮雕飞天部分（图一五）[14]，都有代表性[附图五种]。反映在部分墓志线刻方面的云气纹，也还有依旧保留汉代漆画传统，既活泼也规矩作风。这种种，我们说它和当时刺绣纹样均不可分，大致不会太错。串枝花中夹常见鸟雀，也初步出现于部分装饰图案上，为后来唐代锦绣花纹大发展打下了个基础。

　　这一时期实物发现虽不多，惟从图案布置分析，除"衲丝绣"曾有记载提及，

[13]　中国石窟雕塑全集编辑委员会：《中国石窟雕塑全集 4·龙门》，重庆出版社，2001 年，第47—48 页，图四二—四三。

[14]　山西省文物局、中国地图出版社：《中国文物地图集·山西分册·天龙山石窟》，中国地图出版社，2006 年，第 521 页。

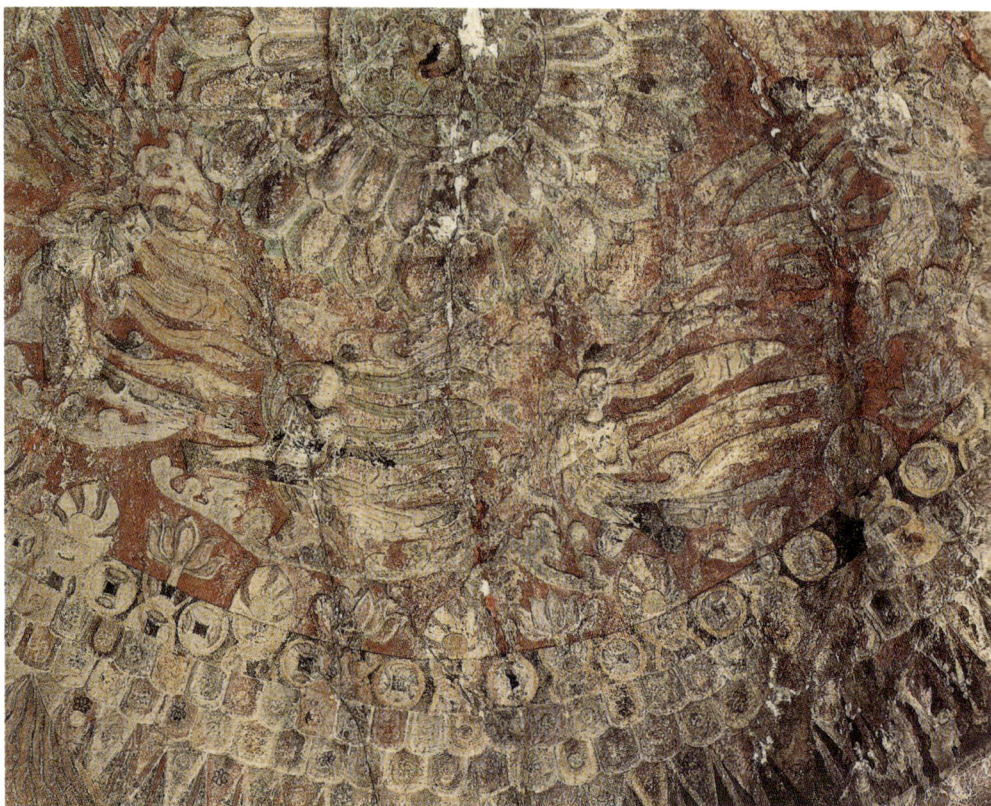

图一四　北魏　飞天（河南洛阳龙门石窟宾阳中洞　编者配图）

图一五　东魏　石窟窟顶飞天（山西太原天龙山石窟第3窟　编者配图）

却可知唐代以来的"满地错针绣""满地琐丝绣",以及堆绫帖绢技法,必已广泛使用。(最后一种,就是现代贴补花的先驱,最早可到汉代,因为《潜夫论》已提起过,不过名目不同而已。)《列帝图》虽成于唐阎立本之手,所绘汉以来诸帝王服制,大体多本于南北朝制度,因此衣袖边沿刺绣图案,也作大卷草,和楚镜纹云龙藻纹、汉漆器云龙藻纹、汉镜沿卷云纹实一脉相承,惟相似而不尽同。

公元后六世纪的隋代,国家政权重新统一,文帝杨坚还比较俭朴,发展生产,让人民能稍喘口气。到炀帝杨广即非常奢侈靡费。文化艺术音乐歌舞即广泛吸收了西北各民族成就,及波斯、印度成就,遇国家大节会日,云集全国音乐歌舞伎达二万人于京都,歌舞逾月,竞新斗巧。并且为炫耀胡商蕃客,还故意悬挂锦绣于市廛园林间。又奴役人力过百万,建造贯通南北大运河,河旁满栽杨柳。运河通航后,还乘坐大型龙舟由北而南大小船只数千,船上帆缆,多用锦绣作成,连樯十里,耀日争辉。所以后来唐代诗人杜甫有"锦缆牙樯"之咏,温庭筠更有"百幅锦帆风力满,连天展尽金芙蓉"形容。一方面反映出这个极度荒淫奢侈统治者对民力的无限浪费,另一方面却也看出劳动人民在这一历史阶段丝绣艺术上的高度成就。特别是盛行于唐代的彩绣加金技术,是在这时期或稍早一个时期,宋齐梁陈之际,结合当时对于美的要求才流行的。这从同时流行的齐梁艳情体诗歌中反映也十分清楚。

糜烂到顶的隋政权,不久即为各地蜂起的农民革命所倾覆,接着唐大帝国的建立,从各方面都反映出这个时代人民文化艺术各部门共同成就的特色,是健康饱满、鲜明华丽、充满青春气息。特别重要是属于人民集体所创造又和多数人民生活息息相关的,如像陶瓷、织染、丝绣等。由于生产力不断提高,当时不仅代表统治上层的服装仪仗,能大量使用颜色庄严的锦绣,即一般中等社会对于刺绣需要,也极其广泛。锦绣配色已极其华美,其他金银加工和彩琉璃制作也有长足进步。政府轮番征调匠役制,对于技术交流,也起着普遍重要影响。一面集中了全国工巧,到长安学习传授技术,到后也即把新学技术及图案花纹带回各州郡,因此既发展了地方技术特色,也广泛流通了中原健康纹样。根据《唐六典》诸道贡赋记载,全国主要丝绸生产区,当时大致可以分为三部分:河北、江西和西蜀。各地生产花绫种类特别多。锦类还数西蜀著名。妇女在花素绢帛加工的技术,大约可分作四种方法:一、印染;二、彩绘;三、泥金银绘；四、刺绣。刺绣又有彩绣和缕金绣，或两种技法综合使用。堆绫帖绢则自成一格。普通刺绣"小簇花"是常用格式，串枝写生中夹花鸟蜂蝶也普遍流行［图二花锦及四鹿锦］。据文献记载，当时官服制度有按品级配色，并作成一定花式，如"俊鹘衔花""鸾衔长绶""雁衔威仪""地黄交枝"等等。事实上从实物求证，男子官服绯紫青绿等级虽显明，但诸花是否必使用于本色花绫，还少可靠证据。记载或有不备处。诸花式有可能系指金铜带镑上图案，因为这个制度此后还好好保留到宋代，《宋会要稿》即记载得十分清楚，不过花名已多了些。但唐代丝绣事实上也有了这些花纹，而且可说是几种主要花纹，不过在应用到丝绣时，未必限于一定官品罢了。

至于刺绣于折枝、交枝、串枝诸花中，点缀形态特别轻盈活泼的蜂蝶蜻蜓鸟雀原因，则多和青年男女爱情寓意相关，大致是从人民诗歌中加以反映，成为习惯后，才转用到工艺图案上的。宫廷大型歌舞上使用的刺绣服装，则因主题不同，变化万千，色彩华丽，排场壮大。如《唐书·曹确传》，记李可及设计导演一次"叹百年舞"，舞女衣着和背景用丝绸竟达数千匹官绢。唐代历史上最奢侈腐化代表妇女杨贵妃，个人平时即用绣工七百人，其姊妹却共用绣工达千人。至于政治或宗教上使用刺绣，靡费必更加惊人。唐六军衣制，据《唐六典》所叙，大部分多衣彩绣小袖团窠花衫，所以后人记载以为如军中球戏衣服。敦煌壁画张议潮夫妇出行图军士衣着或即根据这个制度而来［附图《张议潮出行图》部分］。诗人白居易曾作文叙述过丈八绣佛，不过是当时一般绣像（大绣件还有及十公尺以上的）。十九世纪末，帝国主义者在敦煌洞窟中盗去的数以万计的我国古代文物中，就有一部分这种精美丝绣品，包括各种的绣绘佛幡，和观音、天王等绣像（图一六）[15]［附图 绣天王图绣幡］，都可代表这一时期人民刺绣工艺的高度成就。

又当时妇女服装部分采用西域式样，衣多作方斜领沿，和袖口部分也多适当加以彩绣或缕金绣，作为装饰。有的还戴顶尖形浑脱帽，上面也必加有花绣。又唐代国家养马由四十万匹到七十余万匹，不仅男人出行用马代步，妇女也习惯骑

---

[15]　赵丰：《敦煌丝绸艺术全集·英藏卷》，东华大学出版社，2007 年，第 215 页。

图一六　唐　《灵鹫山释迦牟尼说法图》（英国大英博物馆藏　编者配图）

图一七　宋摹本　《虢国夫人游春图》局部（辽宁省博物馆藏　编者配图）

马，贵族多用金银珠玉装饰鞍具，障泥也必用锦绣作成（图一七）[16][**附图 韦顼墓中石刻及吐峪沟壁画妇女、《虢国夫人出行图》**]。即中等社会妇女衣裙，刺绣花鸟也是一般风气，在诗人作品中都反映得十分具体。

　　然而在阶级社会中，拈针引线从事艰辛劳动的女工，照例生活多十分贫苦，尽管创造了无数精工美丽艺术品，享受却轮不到本人。至于画家作的倦绣、熨帛、捣练诸图画，虽反映出一部分生产情况，其实所反映的不过是寄食宫中部分被压迫宫女沉闷无聊的一种消遣而已。真的生产成就，是属于万千居住低檐窄户人家劳动妇女，不可能成为当时画家主题的。

　　加工技法就目下所得知识说来，除"琐丝法""满地绣""穿珠绣""铺绒乱

---

[16]　单国强：《唐宋元明清名画大观（册一）》，北京工艺美术出版社，2015年，第21页。

针绣""堆绫帖绢"法外，还未发现诗文记载中经常提起的缕金绣具体材料。小簇花使用绣法，因配色条件，较适宜于用丝代线的乱针技法发展，为宋绣"生色折枝花"和纯粹观赏刺绣加工技法打了个底子。惟也只近于一种估计，因为见到的实物，实不够多。充实这部门知识，实有待于文物工作者更新材料的发现。

至于花纹图案，从比较材料可以明确当时有可能曾用于刺绣的，敦煌装饰画实值得我们格外重视。此外几种基本图案，则反映到唐代镜背上十分具体，这些花纹图案大部分在当时都使用于刺绣上。

到了宋代，刺绣有新的进展，无论在题材上、应用上，和加工技法以及用料配色上，都起了新的变化。例如采用名家花鸟画作为题材，和生活日用脱离，转到纯粹艺术观赏品，并擘绒代线，形成宋人所喜说的"生色折枝"完全逼真艺术效果，实成熟于十世纪的北宋。（它的创始或者还略早一些，因为写生花鸟成熟于五代，《花间集》诸词叙服饰刺绣格外多，生色花鸟用于刺绣也必盛行于这个时期，且有可能先在西蜀江南流行，后来才影响到开封。）由于和当时写生花鸟画作新的结合，促使加工技术有了不同变化。又由于社会生产发展，刺绣应用日益普遍化，从现存材料得知，"戳纱""缠绒""错针"诸绣 **[图 宋绣戳纱 图 缠绒绣帕]**，已都得到发展机会，并且得知有些是先起稿于原料地上，再行施工。有些又系用纸样作地，再在上面加工。特别是"缠绒绣"，必须有一镂空硬纸花样，才能着手。宋人重绣帘，即用缠绒法在朱帘上作成，绣花鸟人物故事。明代遗物还留下许多不同式样，可以作证**[图 绣帘]**。

"错针"（或乱针）绣，应用更加普遍，且可说已成一种主要刺绣加工技法，应用到许多方面，都得到满意的成功。因为生色花必错针绣才易见工**[图 乱针绣袄]**。"戳纱绣"已和后来十分相近。惟在纱上长短针既易施工，"方孔""轻容""薄纱"生产又早著名于汉唐，因此这种绣法或早在汉代以来即已流行，并非至宋代起始。惟实物材料目前见到的还只限于宋代。

"刻丝"法似本于汉"织成"而有所发展。作法介于织绣之间，系用各式色线着于小梭上，通经断纬作成，加以连缀，因之如透空。北宋定州织作，曾为庄季裕作较详细介绍。后来人谈刻丝必称引到这一点。又洪皓著《松漠纪闻》，则提及西域回鹘亦擅长此术。从现存部分实物分析，花纹方面较早似均作对称图案，满地花中夹珍禽瑞兽。至于著名之紫鸾鹊刻丝，主题作鸟衔花，犹充分保存唐代规格（图一八、一九）[17] [附图梅鹊刻丝轴、牡丹龙、紫鸾鹊谱]。韦端符叙所见《卫公故物记》中锦袍，称从西北得来，疑即刻丝法作成。陆龟蒙所见古锦裙，亦称鸟衔花，作法和紫鸾鹊同一制度。用刻丝法反映写生花鸟，似从南宋才起始。沈之蕃、朱克柔及吴煦诸作者，留下部分遗物，因之和名画家并称于世。宋代并且起始使用这种技术反映书法，如米芾等墨迹。惟有些作品，产生时代或者稍晚一些。由于刻丝得到普遍发展实为明代，因此如署崔白稿著名之"三秋图"刻丝，疑即明代制作，则明为清乾隆时作品矣（材料均见《纂组英华》）。其他

[17] 中国美术全集编辑委员会：《中国美术全集·工艺美术编6（上）》，人民美术出版社，1985年，第194—195页、第217页。

图一八　南宋　缂丝梅花寒鹊图轴
（北京故宫博物院藏　编者配图）

图一九　北宋　缂丝紫鸾鹊谱（辽宁省博物馆藏　编者配图）

几种传为宋刻丝的如"迎阳介寿"，当亦属明代。至于"天官"像，赵宋政权建立后，为增加政治上的威武，曾组织约二万人的一个庞大步骑仪仗队，各按官品职别，穿着五色锦绣花衣，持荷各种不同乐器、武器，及五色彩绣缤纷的旗帜，在封建统治者皇帝出行时前呼后拥，名叫"绣衣卤簿"（图二〇）[附图《大驾卤簿图》一部分]。根据宋周必大著《绣衣卤簿图记》及《宋史·舆服志》天圣中记载，某官着某某服色，执某某旗帜，条理秩序都极其清楚明白。衣服、旗帜中画绣印染，也说得十分详细。根据这个记载，用它和新近发现一个题名元代曾巽申进呈《大驾卤簿图》中的一部分材料比证，得明白这个图卷实在十分重要，即非宋代旧图，也可能是金元时根据宋代旧图绘成，因为人数将及六千队伍，衣装纯是

图二〇　元　《大驾卤簿图》局部（中国国家博物馆藏　编者配图）

宋代制度。把文献和文物两者结合，给了我们许多有益启发。特别重要的是那些文献上记载得十分清楚的有关刺绣材料，仅仅从文字记载始终不易明白的，形象却反映得异常清楚，而且极其具体。说此稿是宋非元，还有一个重要证据，例如唐代有用长人作殿前将军制度，宋代犹沿袭不废，这个图卷中，就还绘有高逾常人两个巨大金甲武士。至于旗章绣文，就更加重要了。根据这个画卷，我们就可以把部分宋代从驾部队中所使用旗帜加以复原，为后来作历史画历史戏剧提供了丰富材料。

宋代统治者讲排场，重恩赏，每年政府必循例赐贵族和官级文官锦袍，分作七个不同等级，各有不同花纹，先是剪裁料子，后是整匹的。得到这种锦袍的官僚，于年节大朝会日，都必须一律把它穿上入宫朝贺。妇女则绣饰比唐代已更加多样化，因据王栐著《燕翼诒谋录》记载，仅服饰上用金，即有十八种名目。彩绣之普遍应用更可以想见。陆游作《老学庵笔记》，又说当时还重本色绣，用本色线在同一彩帛上作花。至于流行的绣领已较狭，改成一长条，平列胸前。头上花冠抹额，则远比唐代受重视。这些花冠有用堆绫法作成生色牡丹芍药样子的，有用纱绣的，有用穿珠点翠的（图二一）[18]，实物虽已少见，反映到宋人画幅上还极

[18]　宿白：《白沙宋墓》，文物出版社，2002年，图版陆。

图二一　北宋　墓室壁画（河南禹州白沙1号墓出土　编者配图）

其具体。当时宫廷中花冠抹额照文献记述必用真珠络结。宋代宫廷特别重视真珠绣，例如皇后所穿袍服上雉鸟，照制度即是用五彩和真珠绣成的（图二二）[19] **[附《宫中图》、白沙画二图，又宋皇后图一]**。坐的椅子靠背，是用彩色丝线和小真珠绣成的。由于应用广海南通商真珠是大量人口奢侈品之一。政府因和西北博易换马，历史文献还曾提起过出售真珠至二千七百万粒。北宋首都开封城中的大相国寺以建筑壁画十分著名，两廊售卖妇女日用绣领抹额冠子的，就聚集成市，照宋人笔记记载，最受欢迎的，还是庵堂中女姑子所绣作品。

---

[19]　中国美术全集编辑委员会：《中国美术全集·绘画编4（下册）》，文物出版社，1998年，第205页。

图二二　南宋　宋仁宗皇后像（台北故宫博物院藏　编者配图）

　　据《梦粱录》等记载，刺绣的应用于市井平民间，当时也极普遍。逢年过节，小孩子即多穿戴绣花衣帽。平民遇喜庆事，送礼物盒子酒坛，也必用绣花或泥金帕子盖覆。唐代起始即重牡丹，到宋代，洛阳等地更大量栽培，名色品种加多，牡丹图案因之成为一般工艺上通用图案。这从宋代北方瓷器中之当阳峪窑、黄堡镇窑、磁州窑、定窑、爬村窑，南方瓷器中之景德镇窑、龙泉窑、丽水窑，无不使用牡丹作装饰图案。宋代牡丹特别品种如"重楼子"，花蕊高及一尺二寸，我们从磁州窑刻花墨绘枕子上，就可见到这种花的基本式样。枕上着花，本来出于枕帕，因此又得知当时还有绘重楼等花已被选来绣作枕帕图案。又如"间金""金带围"等花式，也还可从加金牡丹锦中想象。凡用四合如意或五棱六棱团式图案中加牡丹或莲荷的，通称"满地娇"或"荷池"。宋代海南出口物中常提及"荷池缬绢"，即指使用这类图案的印花绢帛。

宋民间瓷有红彩，或称宋五彩，通常只画牡丹或莲花鱼纹，或象征"富贵如意"，或象征"并蒂莲""如鱼得水"，这种红彩为什么恰恰使用于最普通的民间瓷小碗，不用于别的较高级的瓷器，是一个问题。这个问题孤立求证，是不能明白原因的。如照《梦粱录》记载，即因照当时习惯，民间办喜事酒器必用绣帕盖覆，才知道这类红彩器当时必用于喜庆事，是民间穷人不能具备礼节风俗所需种种，制陶工人才把红彩直接绘到粗瓷上，备办喜事应用。这种加工法即为后来明清五彩的先驱。

宋代刺绣应用既日益普遍，因此也影响到部分小孩子的装扮，逢年过节，大都市中等人家的孩子，也多穿戴绣花衣帽。至于贵族人家子弟，自然更加奢侈了[宋《春景图》《百子图》]。

明代人如董其昌等谈宋绣特征，多以为配色逼真，用针极细见长。又细绣活无过于传世所谓"发绣"。世人谈到这一部门成就时，多喜称引《唐人小说》记载，以为创制始于卢眉娘，能于方尺绢幅上绣《法华经》七卷。这个传说动人而未必近真。正如更早记载，喜引晋六朝王嘉或萧绮《拾遗录》所称孙权的赵夫人能于尺幅绢素绣全国山川地图一样，美而不信。如联系相关问题分析，发绣和白画游丝描发展必有密切联系，也可说近于游丝描在刺绣上的一种反映，最早也应到李公麟画成为风气时代，才有可能产生。细花定窑瓷和同类缠枝细花、草花镜子图案，即多成熟于这个时期，有个共同性。元代的王振鹏、夏永、张渨，明代的文徵明、丁云鹏、尤求，发展了这一画派，其中以尤求行笔特细。因此传世所谓发绣，多产生于同一时期的晚期，近于这些人作品在刺绣上的反映。

总之，宋代宫廷绣多向纤细精工方面发展，民间绣则配色比较健康壮美，现在实物虽不够多，还是可从同一时期定瓷及磁州窑、黄堡镇瓷及其他工艺图案的花纹上可以领会。这时期又由于捻金线技术续有进展，服饰用金也加多到十八种，它的名目是销金、缕金、间金、戗金、圈金、解金、剔金、捻金、陷金、明金、泥金、榜金、背金、影金、阑金、盘金、织金、金线。当时占据东北及华北建立辽政权的契丹族统治者，还用法令制定用金线绣鹅雁等水鸟定官服等级。辽陵出土图画形象还看不明白处理情形，惟近年在热河出土辽驸马墓中一加金丝织物（或衣袍或被盖），即可证明实有大件加金丝绣存在。在西北瓜、沙、银川一带建立的西夏政权党项统治者，不论男女，也多服绣衣。到公元十一世纪后，在北京建都统一华北的金政权女真族统治者，则本于游牧民族传统，更喜爱锦绣，所以据《金史·张汝霖传》载，为装饰燕京一宫殿，竟使用金绮锦绣工人达千余人，历时二年始告完成。捻金线织绣素来为西域回鹘工人所擅长，洪皓《松漠纪闻》曾详细叙述过。

到十世纪蒙古族建立元大帝国百年政权中，因官制中规定，重要节日朝会，皇帝贵戚及大小官吏，都必须按品级，衣着金色灿灿的织绣衣袍，于是这部门生产技术，更因需要得到进展，几乎丝织物中的纱、罗、绸、缎，都有加金织绣的。居住沙漠中的民族，历来即欢喜强烈的色彩和鲜明的花朵，因此也影响到一般工艺的色彩和艺术风格，反映于服饰则格外显著。图案花纹一般说来即远比宋代强烈粗豪。大串枝锦虽成熟于宋代，宋金均用作宫室中帐帷帘幕，元代使用更有进一步发展。照《马可·波罗游记》记载，则当时延长数里的军中营帐，也用大金花锦绣作成，在阳光照耀下，呈现惊人壮观。一般刺绣均用色特重，以至于明代宫廷绣，还继续受这个艺术风格所影响，极其深切，表现于明代所特有的"洒线绣"袍服，反映得格外鲜明。部分服饰用刻丝，例如椅披嶂子类，也还用色华丽而沉重（图二三、二四）[20][附图 绣龙袍料、刻金椅披、定陵织金兔纱]。但从十一世纪北宋末期以来，北方定州、汴梁等处高级手工艺技术工人多逃往长沙以南，和南方工艺本来的清秀明丽结合，有了新的发展。雕漆刻丝很显然对于南方工艺都发生了较大的影响。雕漆工人在嘉兴寄居的，元代以来，即出了几个名家高手，名漆工如张成、杨茂和明代漆工艺专门著作《髹饰录》作者，都是嘉兴西塘杨汇漆工（张成、杨茂漆器故宫有收藏）。雕漆中满地密花的格式，部分还反

---

[20]　中国社会科学院考古研究所、定陵博物馆、北京市文物工作队：《定陵》，文物出版社，1990年，图版一八、二○。

图二三　明　织金妆花柿蒂龙襕缎龙袍料（北京昌平明定陵出土　编者配图）

图二四　明　织金妆花奔兔纹纱（北京昌平明定陵出土　编者配图）

映出刺绣的风格，和当时刺绣设计相通，结合壮丽与清秀为一体。

刻丝工南宋以来也出了几个名家高手，朱克柔、沈子蕃是其中最有代表性的两个人。此外还有吴煦等人。刻丝得到社会重视后，技术传授日益普遍，因此到明代中期，已成一种相当普遍的工艺，生产转移到苏州，爱美妇女有费时经年作一衣裙穿着的。

中国在长江下游地区大量种棉，约当于公元十二三世纪，至于棉布生产当成商品普遍流行国内，则始于十五世纪以后。因此民间染坊在棉布上印花技术的发展和民间挑花刺绣在棉布上的大量应用，大都也在这个历史阶段中。时间近，文献记载也比较详尽。更重要材料，还是十五六世纪一个著名权臣严嵩，因贪污，家产被全部没收时，留下个产业清册《天水冰山录》，记载下数以千计的贵重字画、金银器、工艺品和丝绣的名目。工艺品部分拍卖时，还有当时价格银数。其中锦绣丝织物品种特别复杂。这个重要文献，让我们对于当时锦绣丝绸有了进一步认识，用它来结合现有数以万计的残余遗物，研究明代锦绣问题，因之也更加明确具体。特别官服衣料应用的洒线绣，近三百年已无制作，过去人从文献实难得其解，唯有接触大量实物才明白。现存材料最完整而重要的，是收藏于北京故宫博物院的几件袍料和中国历史博物馆的一些藏品。衲绣也为明代重视，许多艺术品已用衲绣法作成。线绣在山东和其他一些地区似均流行。

明代是个都市市民阶层抬头的时代。苏州刻丝部分改进发展到妇女费时经年来做衣裙，刺绣自然更日益向普遍方向上发展。除一般衣物用丝绣外，还有两种近于新起的风格产生，在社会上一时得到重视。一种是前面提过的发绣，用细如胎发的材料，如白描画法，一般绣故事人物。它的出现如前所述，不是突然产生，实有个历史渊源，是由唐宋以来吴道子、李公麟的白描画，发展到十三世纪以后的元代王振鹏、张渥、夏永，明代的文徵明、丁云鹏、尤求一脉相承，越来越细，在绘画技法上就自成一格。这种白描画更因明代木刻版画发展相互影响，产生过千百种通俗小说和戏剧精工秀美的插图。又由于制墨需要，制墨名家程君房、方于鲁等，作品中千百种精美墨范，在中国版刻史上，也占有一个特别的地位。因之刺绣受其影响产生发绣，当纯美术品而创造 [图 发绣《高士图》、山东绣轴]。其次是当时文人画中正流行一种重韵味的简笔水彩画，如董其昌、陈道复等所绘的画幅，苏州绣工，也常用来作刺绣底稿。一般多在素绫地上面用错针法或铺绒法绣成，线绣花鸟则常使用于本色花绫上，在明代刺绣上均自成一种风格。又上海顾氏露香园绣，彩绣写生花鸟故事挂屏条幅等，有些据宋元花卉草虫册页画卷，有的却用的是明代画家陆包山、边景昭等花鸟画稿，间或也有用徐青藤水墨花卉作底本的（图二五）[21] [图 顾绣折枝]。用针细密，配色华美而准确，发展了宋绣中精细逼真特长，特别是在册页小品绣件中充满生意。本属于一种艺术上的提高，只因爱好的多，后来于是当成一种高级美术商品而流行，彼此模仿，不免真伪难分。这种刺绣比发绣和仿文人画的水墨绣，更加容易为多数群众接受，因此特别得到发展，并影响十八、十九世纪一部分绣法。特别是苏州绣后来就通称顾绣。刺绣本属于中国妇女日常课艺，除专工制作的高级美术品和部分美术商品，大多数生产，实完成于妇女处理家事，或生产工作余暇，自作自用。照南方内地社会风气，亲友结婚，邀约亲友邻伴，置办嫁妆，参加工作的照习惯多不受物质报酬。作品虽有精粗，都不属于商品性质。例如日用品之一，收藏青铜镜子的镜套，加工技术就各式各样具备，多产生于社会各阶层妇女手中，是当作美术品而非商品生产。这种圆形绣花镜套，到十八世纪玻璃镜子流行后，还有部分保留，作得十分精美。十九世纪并且还有附在玻璃镜上的。十六七世纪以来遗物，还留下很多精美作品，特别重要，因为我们还从这部分作品和近三百年荷包、褡裢、绣件明白古代刺绣种种不同优秀传统技法。

十七世纪末，满族军事统治者，统治了全中国。官服制度特别讲究，几乎无事无物不使用刺绣，在这种刺激下，刺绣业因之得到空前发展。到十八世纪，社会生产不断进展，刺绣因配合政治和社会习惯要求，进入一个新的历史阶段。社会中层以上官服中大量使用刺绣。宫廷中的仪仗、车轿、马具，凡利用纺织物部分，都需要刺绣。生活起居日用器物，由床榻、坐椅、桌围、幔帐到挂屏和隔扇，大小官吏身边携带的烟荷包、香囊、扇套、眼镜合子、名片夹、钱褡裢、钥匙袋、针筒，更无一不用刺绣（图二六）[荷包绣十件]。且竞新斗奇，促进了各种加工技法。即一般农村妇女，也无不在工作余暇，制作各种生活上需要的彩绣和挑花

---

[21]　中国织绣服饰全集编辑委员会：《中国织绣服饰全集·刺绣卷》，天津人民美术出版社，2004 年，第 216—219 页。

图二五　明　顾绣韩希孟绣花鸟册四幅（辽宁省博物馆藏　编者配图）

绣。特别是南方农村，工作时最重要的当胸围裙，就各有不同风格的彩绣或单色挑花绣。瑶族男子包头巾和袖口也均用细绣作成。此外各族使用头巾、手帕、衣袖、裤脚，以至于鞋面，小孩子的一身和背小孩的巴兜，无一不加上种种精美花绣。由于民间刺绣花样需要广泛，间接刺激了民间剪纸艺术的发展，成为国内若干地区乡村手工艺一部门。虽参加这部门生产的人数并不多，却自成一个单独行

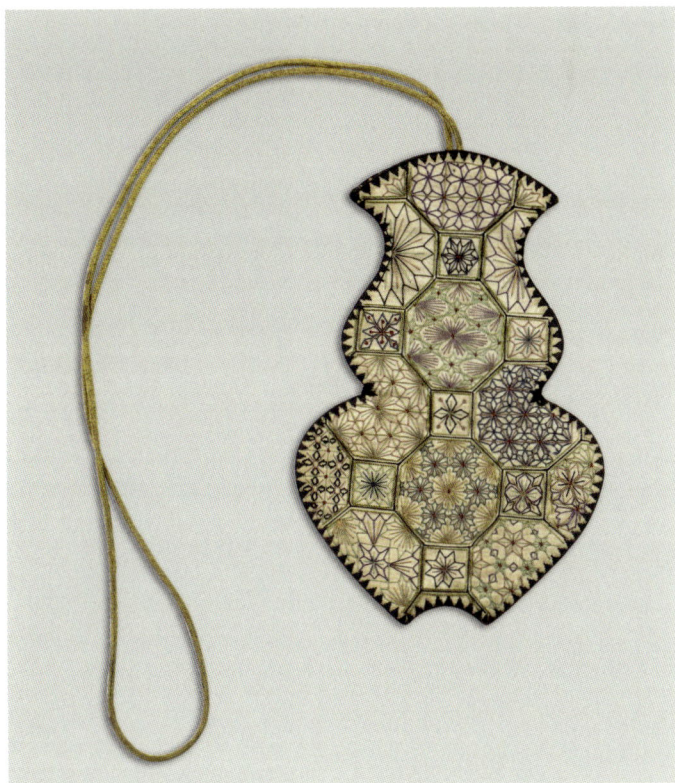

图二六　清　白缎刺绣烟荷包（中国国家博物馆藏　编者配图）

业，为中国农村中巧手艺人所独占，作品丰富了广大农村人民的生活。这种民间刺绣不仅花样丰富，并且充满地方风格。特别是中国西南地区这一部门的艺术成就，更加显得丰富多彩，真可说艺术之海 **[附苗瑶绣数种]**。直到现代，还留下万千种组织健康秀美的图案，通过八十岁白发如银老祖母的记忆，传给八九岁初学拈针引线的女孩子。某些地区的生产，且有相当数量起始从对外工艺展出上得到好评，成为外贸一部门，不断在扩大生产数字，对新中国社会主义建设发生一定作用。

十八世纪以来，由于戏剧的发展，除全国各都市保有不同数量的剧团，农村中也常有流动剧团来往各处。由于演戏需要的旗帜衣甲，数量就相当庞大，因之又刺激了戏衣刺绣业的形成。北京和苏州是两个主要生产区。此外山东、山西及西南、中南的成都和广州、长沙，几乎每一省市，无不有这个企业的存在。就总的方面说来，全国刺绣需要量之大，在历史上也是空前的，虽有土制印花布的普遍流行和有花丝绸后起的漳绒、漳缎大量生产，刺绣对人民生活的需要量，还是有加无已。除吸收了家庭妇女业余劳动一部分，都市中则为适应这个需要，生产品种更分门别类，例如在北京戏衣、寿衣和佩带绣件，均各自成一种行业，各有专店出售。观赏用的美术刺绣，由露香园顾氏绣创始，到十八世纪乾隆时期，也有新的发展。精美的花鸟刺绣，多用当时写生花鸟名画家蒋廷锡、马元驭、钱维城、邹一桂等画幅作底稿，色彩华美，构图典雅，具有浓厚装饰性。花朵一部分或鸟身某部分，还流行穿缀小粒真珠和珊瑚珠子，增加装饰效果。又由于青花瓷的影响，宫廷用三蓝绣配色法，也从这时期起始，影响到应用刺绣一般色调和风格约两个世纪。大件如宫殿中的三四丈大毛织羽毛呢龙凤绣毯，小件如洋绉绸汗巾上绣的小朵折枝花，都采用到以三蓝为主调的配色法。至于彩绣中组织的规模宏大，可称近三世纪代表杰作的，有原藏热河行宫，辛亥革命后运回故宫收藏"佛说法"图大幅，刻丝织锦和刺绣，画幅组织设计之壮美精巧，颜色之华丽，使用材料之讲究，都达到了近十世纪以来织绣艺术最高水平。这种织绣品的制作，必须组织大量人工物力，费时数年才能完成。又有在二丈大浑金锦上，用真珠珊瑚等和彩线综合运用绣成种种图案，作为庙宇佛像披肩的。这时期帝王日常穿着朝服，取材也极精美，刺绣花纹更加绮丽炫目，穷奢极欲，有用孔雀毛捻线织成袍服，上缀大小真珠作云龙花鸟的，可作一时典型代表。至于美术刻丝绣，则长幅山水卷子的制作，是一种新发展（图二七）[22]**[图《赤壁图》部分]**。到十九世纪中期，南方流行通身一枝花妇女袍料，宫廷中也有用刻金银绣法作成的。满地密花的广东绣虽为后起，道光时才流行使用于妇女衣袖裙料上，却风格别具。团花绣则因官

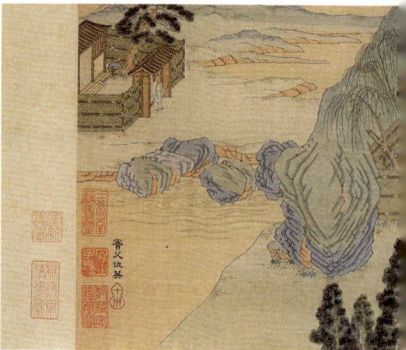

---

[22] 中国美术全集编辑委员会：《中国美术全集·工艺美术编7（下）》，文物出版社，1987年，第182页。

图二七　清　缂丝仇英后赤壁赋图卷（北京故宫博物院藏　编者配图）

服制度，十八世纪即流行，十九世纪还不断发展。另有一种在棉衣上用本色线衲成整枝花的，俗称"高丽衲"，加工技法或传自朝鲜友邦[广绣袖子、高丽衲袍子]。技法最早见于《红楼梦》，则称弹墨。而两者异同或在用料方面，弹墨或用的是深色丝线。

十九世纪末，辛亥革命结束了最后一个封建王朝的腐败政权，衣服制度一改变，因之近三世纪以来分布于国内各处的这个庞大刺绣业，自然随即衰落下来。全国各地积累下来的万万千千精美丝绣、衣物，多搁置不用，有部分不免当成废物处理，或改作其他用途。部分又流于西南兄弟民族妇女手中。最多的是为北京估衣庄商人把乾隆以来流行二百年的妇女宽大衣袖部分和裙上装饰集中部分，改成小件方幅，向海外输出，在当时说来，这也正是"废物利用"的一个最有效方法。因此近半个世纪中前三十年代，北京市手工艺美术品输出中，这种改造加工丝绣品，就占有一个相当重要的位置，还为此产生过一个规模庞大的行业，在华北各省收集旧料，专作这一部门刺绣加工的输出贸易。一般欧洲人对于中国刺绣的印象，是从这部分作品输出起始的。在这个时期，京、苏刺绣业和成都、广州及其他省市刺绣业，仅戏衣刺绣庄还保留部分生产外，其余当成商品生产的日用刺绣，由于需要不多，不免日益下落。加之帝国主义经济侵略加剧，外来机制印花棉布的推销，不仅妨碍中国丝绸纺织工业的生产，同时还把大都市仅存的刺绣行业，也大部分打垮了。惟大都市刺绣业虽一蹶不振，但因外销刺激，南方还有千万海外华侨需要，因之广东新刺绣，在出口日用美术手工艺品部门中，不久又得到部分回复，苏州、上海地区生产刺绣日用品，也占相当大比重。枕套、桌围、帐被等日用品和观赏品镜屏类，供新家庭采购作礼品的，在国内也逐渐回复一定市场。广东汕头、山东烟台及北京麻布茧绸单色绣和彩色挑花、贴花等餐巾、台布、睡衣绣件，由于物美价廉，输出生产数字都在逐年上升中。湘绣虽属后起，原来主要生产还是戏衣，转而为艺术观赏品，系从十九世纪末国际展出中引起注意，逐年发展，生产被面和花鸟挂屏，在国内外均曾有大量供销。广绣本来有个较早的传统，十九世纪以来产品，已习惯专门用百花杂鸟同置一绣件中作为挂屏插屏，布置设计和中国画传统要求虽不相同，不免过于繁琐；然而用针绣细密而色彩华艳，另具一种风格，使人一望而知。本世纪以来，这个传统风格已失去，新的外销多种多样，有一种在黑白绸地上用红色线绣小折枝满地花的，多供外销作披肩桌毯使用，绣法也受外来影响较大，和传统广绣风格少相似处。湘绣较早本从写生花鸟着手，底稿受晚清《海上名人画稿》画派影响相当大。用色较重，针线较粗是特长。写生中有写意底子，花式本宜于观赏挂屏的，多用于日用品中之枕套被面上。这些都指的是经常有数以万计的绣工在生产有商品性的刺绣而言。

　　苏绣突破传统成就作新的试验，应属十九世纪末吴县女子余沈寿的丝绣人像和其他写生花鸟。绣像技法，本来传说公元前三世纪即已使用到，史称平原君即有绣像。在蒙古汉代匈奴族贵族古墓中，曾发现有公元前一世纪丝毛绣人像数种，就中有作三匈奴骑士形的，针线虽简率，神气却极生动。公元三世纪后十世纪以来，除绣神佛外，又有在大和尚所着褊衫上绣作千佛诸神，举行宗教仪式时披上表示宗教庄严的。这种方法且沿袭下来，直到十九世纪不废。十四世纪到十八世纪，宗教佛像盛行，一般多布色浓厚，组织绵密，用刺绣法处理，效果有极好的。十四世纪以来流行的八仙加南极寿星凑成的八仙庆寿，因道教流行，也得社会爱好。把八仙像绣于帐子类作祝寿礼物，已成为一般社会习惯，直流行到十九世纪，且使用种种不同加工技法来表现。绣法中的堆绫帖绢法，八九世纪的唐代即已盛行，是把彩色绫绢剪成所需要的人物鸟兽花枝形象，或略加点染，下填絮绵，钉绣于红白丝绸底子上，形成一种彩色浮雕的效果。这种技法用于明清两代的，就多和人像发生关系。常反映于麻姑献寿、八仙或和合二仙等民间通俗吉祥主题上。又十八九世纪以来，妇女衣裙上绣工加多，即夏天纱衣，也有加工极细上绣团花作麻姑献寿、渔樵耕读，或西厢、红楼以至于三国戏剧小说故事人物生活形象的 [**附图一 戳纱衣**]。人物虽大小不到三寸，也绣得眉目如生，针线一丝不苟。特别是挽袖部分，留下万千精美作品。惟这种种实多从服装、装饰效果出发，极少从人物本身写真艺术出发，因此中国的优秀传统的写影法，虽流传千年不废，十五六世纪以来，还留下许多具有高度艺术水平的人物画像，却极少是用刺绣表现的。直到十九世纪末，由于流行照相放大炭画法，余沈寿用人像作题材，绣成几幅重要人像，送到国际展出得到成功。湘绣也有人像出现。但由于摄影艺术的进展极速，先是在放大照相上加色技术不断进展，其次是天然色彩的发明，同时油画、炭画作人像法流行，因之刺绣人像艺术近半个世纪以来不仅并无发展，余氏绣法且少后继者。直到解放后，近十年来，才又有上海王氏、刘氏姊妹用剪绒绣法作人像，得到新的成功。就题材说，为旧传统，就技术说则为新创造。

　　日本帝国主义侵略中国时，中国沿海和内地几个地区的刺绣生产，大部分都被完全破坏。抗战胜利后，国民党政权只顾打内战，使得百业凋敝，刺绣业自然更难望回复。

　　解放后，人民政府对于特种工艺美术的发展，给予特别的重视和支持，刺绣、地毯、烧瓷、景泰蓝、雕漆和刻玉、雕牙等新的生产，对外文化交流发生良好而且巨大的作用。为了新的工艺美术的发展和提高，对老艺人的保护、新一代的培养，都格外关心。由调查作有计划的改进工作，已作过许多重要措施。近来中央和各省市又组织工艺美术研究所，保护老艺人，并大量培养新生力量，来促进这部分生产的改进和提高。就中生产地区分布特别广，种类特别复杂，从业人员数量特别多，即应属刺绣一项。据工艺美术局和美术服务社初步估计，仅以几个大区初步调查，直接或间接参加生产的妇女，已过十万人。因此企业的发展和生产存在的各种问题，也就格外值得重视。近数年来，由于国内外需要量日益增加，这部门生产，因之形成一种新的高潮，许多品种都供不应求，生产什么，生产设计改进和提高，也就在各方面都把它当成一个重要问题来看待。政府在国务院行政系统下，除中央轻工业部特设一个工艺美术局外，为进一步培养师资，设立了中央工艺美术学院，和各省美术学院工艺美术系外，并于北京设立中央工艺美术研究所，于各省市设工艺美术研究所。工艺美术中的刺绣，无疑更是一个和日用生活联系格外密切，外销面广，内销要求也特别多，更加值得重视的问题。如何从现有人力技术基础上更好结合起来，组织这部分生产，改进这部分生产，来满足国内外需要，很显明是各方面都十分关心的一件事情。

　　新的刺绣生产量既极大，品种也多，周转快，有明显进步的，是现代花鸟画家的作品，已在各地区由有经验老师傅试验中用刻丝法、结子琐丝法、铺绒通绣法、钉锦法，制作出许多新产品，在国际展出中得到世界万千观众的好评。又把这些多样绣法作日用品刺绣生产，或改作机绣，供应社会需要，如青岛的机绣，北京的挑补花，更获得广大人民的爱好。又流行于民间的各种绣法，特别各地挑花绣技法和精美图案，也在各省市中有一部分起始试用到新的生产上来，得到初步成功。兄弟民族地区的风格不同刺绣，也由收集、展出，到新的生产试销。总的说来，新的刺绣企业的前途发展是充满无限美好希望的。除企业性的刺绣生产外，原在乡村中生产的，一般多是妇女工作余暇的非商品性生产，其中一小部分，虽然也在乡镇集市出售，例如云南、贵州、湖南等地的民间绣，依然近于交换生活资料所形成，但和大都市集中万千工人在一定计划中进行的定量生产，情形并不相同。至于全国人民公社成立后，这部门劳动生产，不久必然也将好好组织起来，纳入公社生产计划中。还有待从部分重点地区作些新的试验，来重新布置。这和土家族的织锦、苗族的蜡染，如何继续保存和发展，情形完全相同。但是它的前途将和其他生产一样，是有无限美好希望的，不仅会丰富全国人民的生活享受，也会丰富世界人民文化生活内容！

目下流行的几种刺绣说明

绣花艺术本属于世界人民共同的艺术。几乎世界妇女都曾经投入部分劳动。并由于这种劳动和爱好，促进了它在艺术上的高度成就，发展出千百种不同技法。中国刺绣属于世界文化成就的一部分，显著特征是它从古以来就和丝绸印染同时发展，同是利用蚕丝作成的。在公元前二世纪以前，就被当高级美术商品运往海外诸国各地区，促进中亚、中欧各文明古国彼此文化交流，丰富了世界上若干古国物质文化内容，也促进了中国中心地区和西北、西南边沿地区的文化交流。不仅当时价值极高的锦绣，到了西北、西南各地区，同时西北高级毛织物氍毹、毾、花罽、细㲲；西南高级棉织品白叠、阑干斑布，精细至极的麻布——筒中布，丝麻交织的花练，蕉葛纤维织成的蕉布、葛布，以及竹类纤维织成的竹子布，也到了长安、洛阳，比价且不下于当时高级锦绣。由此得知，祖国织绣的优秀成就，是同处这个民族大家庭中各族劳动妇女共同的劳动成果，成品彼此的交流，无疑也促进了民族间的大融合。由于气候潮湿不易保存，过久的古代精美丝织品，在中原地区已不易得到，但是在西北沙漠干燥地区，却还保藏了十分丰富可供研究的材料，例如公元前三四世纪以来的战国和汉代的锦绣，在中国西北地区埋藏了二千二三百年出土品，至今还色彩鲜明。即在公元八九世纪后的丝织物，以目下发现情况来说，也数在新疆、甘肃发现的文化遗物最丰富而完美，其次才是保存于东邻日本正仓院一部分唐代作品。历史上千百种加工技术，由于实物不易保存，中原地区多已失传的，在西南、中南兄弟民族居住区域，却多保存下来，还在继续生产。

　　中国刺绣艺术造诣之精和历史的悠久，一方面和多数人力投入劳动的社会习惯关系密切，另一方面，和政治制度要求结合，成为政治制度中的一个部门，生产得到不断改进和提高，也有密切关系。从周代起始，练丝染色都各有一定制度，设官分职，画绣各有专官，可知图案设计也是很早以来就被十分重视的。至于影响到近代刺绣纹样，历史上有两个设计机构十分重要，一是十世纪之宋代文思院，二是十七八世纪清代之如意馆和绣局，经常都有许多专家工师打样设计，从现存遗物上还可看出这时期高级刺绣特别华美的风格。更重要的影响，还是流行于全国广大地区的民间刺绣，直到如今，还保留下万千种不同精美无比的图案，和千百种不同的技法。本文限于篇幅，这里仅就现在几种常用的技法，说说它的历史发展和艺术特征：

　　一、"琐丝"法，俗名拉琐法，用丝于绣件上作小环连续不断，即古之所谓"长命缕"。见于文献记载，为民间五月作辟兵小绣件，用五色丝作五方错彩，取压胜吉祥意思。从汉代部分刺绣出土实物，我们才得知，这种琐丝法是汉代一般通用绣法[**图五 鹿充墓残绣**]，特别有代表性遗物，是蒙古人民共和国诺因乌拉古墓中出土部分绣件，和在西北沙漠地区古楼兰发现的云纹绣[**图 绣云袜**]，这种绣法进一步发展是用琐丝法盘绕满地，不留空处处理新的题材[**图 楼兰出云纹绣**]。最有代表性的还有敦煌发现的唐代绣佛和新疆发现的残余绣衣，在技法上都相同，可知当时曾极流行。这种技法到十八世纪的清代，还混合使用于妇女裙上刺绣，成为一时风气，得到各种不同的成就。惟一般不作有规则盘绕，只是在面积较大部分，分浓淡处理，技法通名结子或打子。例如折枝花鸟挂屏，则在头面部分和花朵部分用结子法，其余用铺线绒绣加平金。如绣衣边或裙间马面部分花蝶，则用结子法外沿向平金绣，不拘一格，惟视需要而定。

　　二、"错针绣"，俗名乱针绣，即针法长短不一，色线不一，错综配合，使体材色彩效果增加活泼的一种绣法。较古的材料，也应当以蒙古人民共和国境内汉墓中发现的刺绣为重要。这个著名古绣件，或产生于当时胡族人民手中。中国古代铺绒绣法，有四种是采用这种技法，才能表现色彩之美的。现存实物较重要的，是西北出土的一个串枝花小绣件及日本收藏的九世纪唐代一个绣孔雀，同是用这种技法表现。宋代写生花鸟刺绣，一般多采用这种技法，而加以提炼，针线细，配色精，因之使题材更加丰富生动活泼[**图《东瀛珠光》中之孔雀绣件、斯坦因著**

作中串枝花绣、故宫藏宋绣]。明代观赏美术刺绣，一般还应用这种技法长处，加以发展。清代惟广东绣能继承这个传统，不过若构图不佳，精美至极，反而不免显得混乱繁琐。近五十年来，湘绣和苏绣各有特长，处理花鸟善于应用乱针绣技法的，总可得到一定成功。

三、"铺绒绣"，特征为擘细丝线作平面处理。在刺绣技术中似为晚出。公元十世纪以前遗物中还少见。现存最早的是新疆近年出土一个用缠绒法绣成的小方帕，此外多是明清之间材料[图 大绣像天王]。最先或出于闺秀中绣裙和巾帕香囊小件作品，因为技术处理宜于小而精美物品，不宜于大件。但在十八世纪以来，却大量反映于垫褥帷帐及一般衣裙上，和三蓝配色法同时得到普遍发展。从以蓝色主体的用色技法的发展，如联系其他工艺部门来分析，它较早出现或在明代中叶，而盛行于清代。因为三蓝配色法，极显然是受流行的青花瓷影响而出，不是平空产生的。铺绒法加进一层，只擘细丝一薄层，平铺材料上面，用胶质固定，不露针脚的，名"刮绒"，在清代小件刺绣中虽有些佳品，大致因为费力多而不易见好，留下成品并不多。著名的为如皋冒氏刮绒[图 故宫藏册页]。又有在底子上垫加镂空花厚纸片，再就上面施行铺绒，则名"缠绒法"。目前出土材料最早的是新疆宋墓那个出土绣帕。

四、"洒线绣"，技法有两种，各作不同发展，效果也不一样。现存较早材料之一种，是用双捻五色彩线，按照图样所需要的色彩平铺绣出。另施短针脚，把它用种种不同钉绣法固定，因此大面积部分亦形成小片锦纹地子。从技法上说，或即宋人所称的"刻色作"。起源虽不可得而知，最晚宋代绣工已习惯使用。现存材料虽不甚多，种类却极多，富于参考研究价值的，是保存在明代《大藏经》经皮封面部分的遗物。完整衣料惟故宫现存八种，色彩鲜明如新。定陵出土衣物中亦有数件，惟色泽多已变质。文献中保留名目最多的是《天水冰山录》。另有一种俗名又叫作"钉锦"，不知起源何时，现存材料中，犹有这种格式，清代应用较多的是夏天满洲贵族身边佩带的扇套等细活，妇女衣袖裤脚也有使用的。本源或出于民间挑花活，不同处是一般形成锦纹规矩图案。明代材料不多见。

五、"平金绣"，凡用金线在丝绸上做各种装饰图案和花鸟形象表现的，技术上通名"平金"，如仔细分析，则有各种不同名目，八九世纪的唐代，服饰加工用金，据杨慎引《唐六典》已到十四种，北宋则增加至十八种，见于当时人王栐著《燕翼诒谋录》和《宋史》记载禁止用金作衣裙饰法令中。所说"盘金"或指全部用金银丝盘绕，"间金"则部分加金，在彩绣中加部分金线。羊皮金技法也成熟于这个阶段中。大面积平金材料在辽墓出土丝织物中也已有发现。平金绣就图案表现要求说来，它的产生宜在公元前三四世纪，正当金银错流行时期。使用丝织物上技术比较简单的即平金。但现存出土实物，却还看不出这种用金痕迹。重要原因之一，就是这时期在生产方面，虽然已经能够作成金银嵌和漆器上泥金银画，二世纪初年四川成都出产的锦缎，虽有加金的记录，当时称"金薄""蜀薄"，用的大致是金银细条，即唐代人说的销金、缕金，明清人说的明金、片金，历史文献中如鱼豢著《魏略》，即说到大秦（罗马）天竺（印度）有缕金织绣，成都、长安、洛阳等地还未见有能作捻金线的。到七世纪的隋代，历史文献才记载有波斯捻金线锦袍，由当时巧工何稠仿制，精美胜过本来。可知中国工人到这时才学会作捻金线法，但还未见大量应用于锦绣上，特别是普通中等阶层不易使用。唐代织锦中已发现有加金的，还近于在刻丝类织成锦中略加金饰，应用范围并不广。到唐代文宗时期，才说及，玄宗和贵妃各有金鸟锦袍一件，贵重一时，文宗时一般富人家中已多有这种衣服。但更多使用到歌衫舞裙上的还是缕金绣和泥金绘画。其次即晚唐到五代诗词中关于妇女衣裙用泥金银绘画，金银刺绣才日益增加。衣裙金绣原料，显明要用捻金线的。从这些记载看来，捻金线技术是先后从大秦或波斯学来，到唐代晚年才比较普遍应用到一般刺绣上的。北宋时期明白提起衣裙服饰禁止用金已及十八种，可知除捻金线外，还有其他许多加工用金技法。绣金用于官品衣服部分来辨认爵位高卑的，是当时占有东北的契丹族建立的辽政权，官制中就全用金线绣鹅雁等各种水鸟，表示等级高卑。新在热河辽墓中发现的绣件，虽近于衣被类，平金技法却已提出重要参考资料，是目前发现面积最大的一份重要材料。衣饰用金习惯为女真族在北方建立的金政权加以发展，织金锦因之逐渐成为社会风气，创作出种种不同花样。惟丝绸主要生产在南方，还是南方织工贡献多。这种织作法为西北回鹘族织工所擅长，曾著于洪皓作《松漠纪闻》一书中。元代仍沿袭旧例，却得到大量发展，这时期已特设金锦局，大量生产纳石失金锦，绣金服饰使用也日益加多。照历史记载，宋元大量武装部队的旗帜，就多用丝绣加金的。明代继续这个传统习惯，在应用丝绣和服饰刺绣中，都大量使用金线加工，捻金线技术发展情况，用捻金线来处理的"刻金"作法，也于这个阶段中成熟。清代平金绣是从这个传统技术基础上产生的。主要特征是康熙以来捻金银线技术上有了提高，紧密匀称细金线，影响到平金绣的成就十分显著。其次是技法表现上的多样化。宋人所说十八种加金法，在清代贵族妇女的衣饰上，差不多已全部用到，纯用金银细线平铺钉绣的，多为当时异常美之金银嵌，惟在刺绣中并非主要生产。直到十九世纪，才在社会比较普遍流行，中等人家妇女衣裙，桌椅披垫，都使用平金绣折枝花果，和丹凤朝阳等主题。更因京戏桌椅旗帜帷帐等需要，因之平金绣在刺绣中成为一时风气。在黑缎上作银线绣法，虽创始于康熙，却直到道光以后，才普遍流行。

六、"衲绣"，或称"衲丝"，和戳纱同样是用方孔纱作底子材料，技术处理也相同，不同处是表现方法。同是擘丝如铺绒，在纱地刺花，凡作满地锦纹规矩花的称"衲锦"。和织锦区别，是衲用针刺而不是梭织。因针路长短不同，而分"衲一丝""衲×丝"不同名目。如只作部分折枝或其他写生图案，余下空处相当多，则通称"戳纱"。又京制荷花扇套小件刺绣中，一孔一针绣锦地满花的，北方商市中人叫作"北刻丝"，表示和南刻丝用小梭织成加工技法大有区别。这种绣法和结子绣法，常因近于平铺万千小小颗粒而成，诸色相互浸润形成一种柔和的感觉，在刺绣技法上是两种最值得注意的技法。衲绣法在古代黼绣文彩时或者即已使用。在记载上比较可靠的，是三四世纪晋南北朝常称"衲绣衣甲"。十世纪的宋代，锦类中就有"衲锦"，用于装裱名人字画。明代《天水冰山录》中衣甲料中就有衲锦料子。清代使用更加扩大，大如帐子，小如烟荷包，都有用衲锦法仿效唐宋锦缎而作的。明清两代又有各种绣纱法，不同于戳纱处是针脚长短不一，用错针法处理。

七、"刻丝"，本出于汉代之织成锦法，本来是用捻紧丝线用编织法作成，从现存汉代材料和唐代材料分析，可知花纹成就和织锦提花绝不相同，即和宋代刻丝用小梭通经断纬法连缀也不完全相同。小梭织或成熟于隋唐之际，可能传自西域，通过高昌、回鹘，由古波斯传来。唐代文献中曾提及二件著名刺绣，一是唐人韦端符叙述眼见唐初名将李靖所有各种衣料，提及其中一件花纹奇丽，作狩猎后的锦袍，根据记载看来，它是属于刻丝法作成的。又一件是晚唐诗人陆龟蒙记载所见到的古锦裙，内容为花树云鹤，虽认为齐梁时代南方作品，其实鸟衔花是唐代图案一种习惯，它可早到南朝之齐梁时代，而说它是唐初，和李卫公锦袍产生时代相去不甚远，或较近情理。现存实物有代表性，在技法还接近唐代制作的，是现藏东北博物馆那一片紫鸾鹊刻丝，用粉紫色作底子，满作五彩对称花鸟，鸟中鸳鸯、鸂鶒，及口衔花枝形象，都还保存唐代标准格式[图 紫鸾鹊刻丝]。宋人记绍兴内府装裱书画有紫鸾刻丝，因故宫藏宋画手卷上的残余材料的发现，和在北京西长安街一宋末元初海云和尚墓塔中新发现，得到完全证明。这种刻丝实是宋代作品。刻丝法在宋进一步发展，是和宋、五代名家花鸟画的结合，现存实物有代表性的，是相传北宋人仿崔白画作的《三秋图》，布色之精，画稿设计构图之秀丽，在现存同一格式的刻丝中，可称杰作，惟从制作法说，它的产生有可能出于明代。

南宋刻丝名手多在江南，以朱克柔、沈子蕃、吴煦三人最著名，作品精美，多如宋人原画[图 二刻丝]。元人结线较粗，本色较重，世传《八仙图》和《东方朔偷桃图》，时代或较接近。明代这一部分艺术，在记载上说为普及中产阶级日用品各部门，证明生产已日广，就现有作品说，则艺术显然已较低落，正和绘画一样，设计配色都远不如宋代制作之精。宫廷用大件加金龙水云鹤椅披，用色厚重，构图豪放，尚近于元代艺术风格，或即元代本来图案。苏州仿名人画稿制作的册页，由于底稿敷色浅淡，笔姿柔弱，作成后艺术效果，多比较纤弱。惟现有传世宋代刻丝，即署名朱、沈、吴诸名家巨制，也可能有部分就是明代制作，并非宋代旧制。例如东北收藏之"迎阳介寿"和一二山水条幅，就作风看来，是近于明人作风的。刻丝制作达到艺术史上的空前高度水平，还是十七八世纪的清代早期制作的大型刻丝刺绣《佛说法图》，可称有数杰作巨制。据朱桂莘老先生说，当时共是十六轴，同在热河行宫中，每当重要节日同时悬挂。帝王用刻丝蟒服的制作，也以这时期如意馆中设计苏州刻丝工作的，图样富丽华美。另有绣业中人称"南刻丝"的，多指十九世纪用浅蓝或水绿地子，作彩色小折枝花和墨云龙的扇套、香荷包等刻丝件而言，其不同于一般刻丝处，即丝经极细，花朵色彩鲜明，小朵花也作得十分生动。又晚清贵族妇女流行一种通枝花刻丝金银长袍料，有作得极精美的。男子也时行一种满花高领库金沿边琵琶襟背甲，织锦、刻丝、衲纱，加工材料无不应有尽有，虽显得花团锦簇，整体效果实不见佳。另有一种用麻姑献寿、天官赐福、八仙庆寿等主题作的八尺嶂子，作为一般祝寿礼物的，虽名为刻丝，其实多系在平丝薄绢上，略加规划扣出图像大样，再涂绘粉彩而成。有蓝地红地分别，蓝地的稍微精致，红地的已虚有其名，失去刻丝应有的艺术效果。

其他，清代中叶以来，海外正式通商以前，即有相当数量镜面呢输入，通称"卡喇"。十八九世纪百余年间，宫廷及贵族家庭中地衣、炕褥、拜毯、椅披、桌围、轿衣、马鞯、车帘，以及婚丧大事中用的仪仗什物，无不使用。生活服饰中则风帽、披风、马褂、箭袖、外套、帽沿……也逐渐喜欢用卡喇作成。较精致的，当时货币价值之高，还远过一般锦缎。又流行各种丝绒羽毛织物，部分来自海外，部分产自江南。生活起居用卡喇，部分必加各种刺绣和三蓝绣。又或几种绣法混合处理，在刺绣上自成一种风格。较早的多乾隆时作品，因毛织物容易虫蚀损坏，不易保存，除故宫还保存相当数量，其余多已毁去。至于红绿羽纱挑花绣，则多流行于十九世纪，西南地区或保存部分。在中国织绣史中，唯一和汉代毛织物刺绣能衔接的，出现时代最晚，时间却最早，民间毛织物中还保留一部分技法的，是北方蒙古族使用的毛毡、帐幕、门帘，剜剪黑绒，用帖绢法作如意云绣的吉祥图案；和西南居住的羌、藏、彝族，在粗羊毛编织物披肩、挂袋等上的刺绣。就中最出色的，应数西南傣族、白族作的毛、麻、棉等线编织挂袋。有的在编织色彩斑斓几何纹图案上，还加小小金银片和钉绣羊皮金作成华美图案。艺术水平格外高，成就可和贵州苗族的蜡染、海南岛黎族的木棉编织物及湘西土家族、广西壮族粗工织锦媲美，是人民艺术的杰作。这部门生产，今后无疑也还会得到发展，因为新的人民时代，凡是出自千百年人民智慧和劳动的积累，创造出的万千种为人民所喜爱的工艺品，总会得到良好发展土壤，成为人民共同享受的。

本文初写于1956年秋，原题《中国刺绣》。当时作者应聘兼任故宫博物院织绣研究组顾问，《中国刺绣》作为《中国织绣参考资料》之一，曾油印45份供内部交流。油印稿经作者和王㐨做过一些校改，2002年以《谈刺绣》为篇名编入《沈从文全集》第30卷。本篇是作者1962年为《中国历史博物馆馆刊》第一期准备的稿件，在1956年油印稿基础上补充改写形成的文本，篇幅增加万余字，因馆刊推迟多年而从未发表。后根据馆刊留存的誊写稿整理编入《沈从文全集·补遗卷》。现据《沈从文全集·补遗卷》2编入，编者据图注配入部分图片。

介绍三片古代刺绣

　　这是三片古代绣花，不仅是古典艺术品，其实还是一份重要历史材料，一种民族关系史材料。产生的时代，较晚的约有二千年，较早的可到二千三百年以前。

　　我国人民养蚕织丝，起源极早，主要贡献是广大劳动妇女。照历史传说，多以为创始于黄帝妃子嫘祖，因此历代祀作蚕神，且封"西陵圣母"。惟根据《尔雅》记载分析，蚕类的饲养，实在经过许多人，在各种不同条件下，用各种草木叶子，经过长时期试验，后来才特别发展了桑蚕和柞蚕，决不是由某一人发明的。殷商时期已能织有花纹丝绸，有个安阳出土的青铜钺，上面保留花纹还十分明显。周代发展生产，用法律督促人民种桑养蚕，征收赋税作为经济来源。古代文献如《诗经》《月令》和《考工记》，保留下的记载都十分重要。当时贵族的起居服用，如衣服、帘幕、屏风、旗帜，大都用丝绸绘绣鸟兽云物，壮美观瞻。春秋战国以来，襄邑（今河南）出的美锦，齐鲁出的罗、纨、绮、缟及精美刺绣，早已著名全国，被当成珍贵礼物和高级美术商品看待，诸侯邦国间外交聘问和亲结好，都少不了它。

　　汉政府在齐设三服官，监督生产。长安另设有"东西织室"，由织室令主持，年费钱巨万。武帝刘彻好神仙，每年必祀太乙岁星，主持祀事的太祝，常率领歌童数百人，各穿绣衣，爬到高达数十丈的"神明台"上去，祭星求年，歌舞通宵达旦。当时许多官吏也必衣锦绣。大官到宫廷办公直宿，政府必需供应绫锦被盖。霍光、霍去病故去后，上赐殉葬绣花被面，多到一百条。照贾谊文奏，其时富人出卖奴婢，也有穿绣衣丝履的，致国家用法律禁止。至于锦绣价值，照《范子计然》一书所说，上等一匹值钱二万，比普通绢帛已贵过二十五倍。俗谚有"刺绣文不如倚市门"语，司马迁以为反映寄食商人之多，其实另一面也说明锦绣在社会上原有广大市场，商人得利才远过工人。贾谊、司马迁还说及匈奴君长均欢喜衣中国锦绣，汉政府每年必把大量锦绣运往西北，赠送匈奴及诸胡族君长。张骞通西域后，开辟了"丝路"，并把它运往海外中近东诸文明古国，对世界作出极大贡献，由此得知，古代的"中西文化交流"，首先原来就是劳动人民这一部门生产的卓越成就。

锦绣图案古称"十二章"，专用于封建帝王衮服。其他鸟兽水云，使用也由来已久，且不断有发展。"豹首离云雀，落寞兔双鹤"，则见于西汉史游《急就章》一书中。但是二千年前的锦绣，应用虽如此广泛，究竟是个什么样子，过去学人可并不具体明白。十二章涉及封建政治权威象征，历代帝王都要利用它，读书人既弄不清楚，只好以意敷会。例如汉代大知识分子郑玄，说经解释古代"黼"纹时，只说如"两弓相背"，后来帝王袍服上于是简化成亚式，实由对称造成，平板呆滞，完全失去本来两龙相对（或升降或相交）的应有壮美活泼形象。直到近年河北省易县燕下都出了一批大花砖瓦，河南辉县战国墓，出了个彩绘漆棺，和长沙楚墓出土过几件透雕花板，信阳战国楚墓出土了一个彩漆棺，我们才从形象比较上得到启发，明白这几件文物上的花纹，基本上都和黼纹相通。青铜器上的图案反映，由商、周斧钺上锯齿状花纹发展为各种不同黼文形象，且更加丰富。唐代博学多通如颜师古，注《急就章》涉及汉代锦绣部分时，虽明白"豹首双鹤"等和花纹有关，因不从联系比较上去理解，就不明白同样花纹，还大量反映到比丝绸更耐久的铜漆及彩绘工艺品上，许多保留得还上好。只孤立从文字转注，因之注解也多不透彻。宋人注《三礼》，以意作图，更多荒谬，明清读书人还是在这个认识基础上用心。文字材料堆积日多，和真实情况相去自然越远。……影响直到现在，仅以丝绸锦绣而言，汉代出土材料已不下百种，间接相关材料更以万千计，一般文字学者，史学者，美术史著作者，谈及这部分生产具体成就时，不免依旧还习惯于笼笼统统的文字咬嚼。既不从实际出发，把文献和实物互证，当然真相不明。

朝鲜、蒙古人民共和国、中国新疆各地出土的汉代锦绣，提供的材料已扩大了现代学人的眼界。这三片绣花，由于出土地点相对年代都极明确，比较材料又多，对于我们研究中国古代丝绣工艺史，民族关系史，更进一步得到便利。其中作如意云一件，在新疆古楼兰出土，底子大红色，还不败褪，用琐丝法绣成，是汉代一般绣法，产生时代或近西汉中晚期，图案却和战国金银错花纹相近。汉代图案大别计有两种：一种组织活泼的，和锦类相似，都近于把博山炉摊成平面，锦上有"登高望四海"等文字，它的创始有可能在武帝时，图案来由则和武帝封禅求仙问题相关。另一种还是战国对称几何云纹样的沿袭，和当时金银错彩绘漆装饰图案一脉相通。原物陈列于历史博物馆，大小虽不过三寸见方，却是目下国内保存得比较完整的一片汉代丝绣。

其次部分残片，作一妇女长跪姿态，人身全部涂朱，红色鲜明，旁加云物鸟兽奔驰，鸟中凤凰（或朱雀）特别活泼矫健。传为河北怀安五鹿充汉墓出土，现藏故宫博物院。原物传说是绣衣残余，就材料花纹大小分析，似为青铜镜囊一部分。擘线细如胎发，用琐丝法作成，已启后来发绣作风，是目前出土汉绣中最精细的一种。

第三件是个摹绘复原图，刊载于五七年《考古学报》第二期卅八页，原物是在苏联阿尔泰乌拉干河畔巴克雷克地方第五号墓出土的。这是一件马鞍上的绣花。据考古学家 С. И. 鲁金科博士判断，应是战国晚期产品。图案作鸟穿花，组织结构秀美而壮丽，和楚漆盾风格极相近，时代也不会相去太远（又三号墓中还有片提花锦类，主要图案作△式，具有战国提花纺织物一般特征，它在古代名称，不外纥、绮、缟等字象形。同样图案纺织物，长沙楚墓也有发现，大量青铜镜子中，还有更多相似花纹反映。另一面大型楚式镜背，上面且满绘这种花纹）。

第三片绣花特别重要，是它的出土更偏北，为我们提出三个新问题：一、它在苏属阿尔泰区发现，是一件新事情。照习惯，这种墓葬决不会孤立存在，常常有个以百十计墓葬群，此后更多材料的发现，必然将启发民族关系史一系列新研究和新的认识。二、这片绣花既出于古代诸胡族居住区，同墓又还有许多其他中原文物出土，借此得知，当时中原和西北诸胡族的物质文化交流，主要是丝绣，此外还有许多日用工艺品。且可假定，至晚到战国时，彼此已发生较多接触，比《史记·匈奴传》提起的时代还早些，关系也复杂些。过去只知赵武灵王胡服骑射，影响中原人民生活方式极巨，这次发现，却说明祖国物质文化，在西北诸胡族生活中，也早起了一定作用。三、这片绣花作鸟穿花格式，算得是一片最早的鸟穿花装饰图案。过去研究多认为串枝花早不过朱提堂狼洗生产的汉代，六朝以来由于佛教金襕应用才有发展，直到唐代，才中加鸟雀，达到成熟。这回出土物，却把鸟穿花历史提早了一千年。

这三片绣花有什么意义，上述种种是我们的初步的答解。

一九五七年十二月岁末

本文据《沈从文全集》第 30 卷编入。

谈挑花

挑花是民间刺绣最有普遍性的一种，在生活起居方面，比其他刺绣应用也广泛许多。从技术说，它应当属于古典的，可是直到现代，还不断在继续发展中，新的彩色十字绣，就是挑花一个分支。现存刺绣遗产最丰富的部分，也是挑花，千百种团花图案和带花图案，如善于运用到现代生产上，还必然为广大人民所喜爱。这部分图案，并且特别富于民族人民艺术特色。它的成就，真可说是"包罗万有，丰富多彩"。

挑花绣过去在长江以南各省民间均流行，和蓝印花布一样，与广大人民生活发生密切的联系。不过流传情形实相似而不同。千年以来，印花布打样都属于部分事业工匠（宋代记载提起过）。各地虽各有不同艺术风格，但因缬板流传，主题图案和社会应用要求又多相同，因此必然相互仿效，这也就是浙江温州和四川、湖南各地相去数千里，花布纹样却常常相同的原因。各省蓝印花布现存花样，一部分或者还出于明代的江苏，这和明代印花棉布流行又相关。当时嘉定名"药斑布"，苏州名"浇花布"，《碎金》一书中则名"浆水缬"，生产实具全国性。挑花历来非商品生产，多成于农村妇女劳动余暇时候，图案且无一定稿本，一般情形常由亲邻传手。技法虽限制极严，题材却毫无拘束，因此更容易形成地方风格，而且千变万化。不过由于主题图案既反映社会风俗习惯，终不外生儿育女，夫妇和好，粮食丰收等幸福愿望，部分又必然和通俗流行戏剧小说结合，如祝梁友谊，桃园结义，许仙恋爱，或和节令相关，如龙舟竞渡，百子闹元宵。此外如双龙抢宝，狮子滚球，八宝三多，鲤鱼跳龙门，鸳鸯戏荷，凤穿牡丹，更是人民习惯有好题材。加之图案组织，基本上不外团花和带式花，加上部分小三角边沿装饰，因此各地情形虽不尽相同，挑花式样不免常相类似。艺术上的成就，应当说是人民共同的。所谓"地方风格"，必需集中到一定数量后来作比较，才可望明白清楚，如仅从二三十种材料分析，即认为某某属于某一地区所特有，论断是不够具体的。

挑花艺术遗产西南诸省特别丰富，和近七十年机制印花布流行有关。凡是彩印花布所到处，挑花绣必受一定影响，逐渐衰落。现在挑花绣最多的西南地区，多是比较偏僻山区，越接近山地兄弟民族居住的地方，艺术风格也必然更加鲜明，而富于人民艺术古典的素朴，成就特别惊人。原因是人民爱好习惯，优秀传统还能发生作用，观摩学习条件也还保存得上好。湖南挑花绣就正是这样，越接近山区，越显得丰富多彩。它可说是湖南的，也可说是西南各省共同的遗产。

挑花绣使用地材，主要是窄蔻家机布或毛青布，少数也有用葱绿布的。一般说来，汉人忌白而日用被面枕帕必经得住浣濯，因此在土白布上用深青线挑花，是共通格式，不仅经洗，而且好看。至于苗、瑶族则尚青黑而爱彩色，也比较懂色彩，因此使用到衣裙上的挑花，多用青布作地（图一），上加彩线或棕黄绿，即同属一地区挑花，艺术效果也显然不同。白地挑

图一　黔东南苗族挑花绣背小孩的搭头帕子

花绣，处理图案宜疏朗，给人印象如素描画。青黑地彩色挑花绣，却宜作比较繁复的构图，使色彩错综。又湖南湘西地区部分挑花绣，地材有用桃红色羽纱和水绿色羽纱的，从材料流行时代分析，可知必是六七十年间作品，虽在苗区发现，实是汉人制作。又枕帕头巾边沿用茉莉花苞作装饰的，比用小三角锯齿纹（通称狗牙齿）时代早些，狗牙齿边盛行于晚清，茉莉花流行于同光时。至于四合如意规矩格子花，则是二百年前式样。

挑花绣最有新鲜生命值得注意的，是方团式或椭圆式凤穿牡丹花或团式串枝莲图案，真可说充满永久青春生命（图二、三）。在湖南区发现，可能和一个优秀传统有关。二千三四百年前的楚国工人，已擅长在黑漆上用朱绘团式图案，作三凤或双凤翻飞，艺术表现十分健康活泼。青铜镜子背面也常有作秀美夔凤图案的。但是凤穿牡丹主题画，必在牡丹花成为人民心目里"花中之王"，而凤穿牡丹且具有春风独占的爱情寓意后，才会普遍使用作人民艺术共通的题材。所以这个主题的成熟不会早于宋代。漆器上凤纹图案的影响，只能说是部分的，间接的。

图二　挑花盛世竞舟挽袖局部

图三　晚清　湘西凤凰民间挑花绣

本文 1959 年 1 月发表于《装饰》第 3 期，署名沈从文。后编入《沈从文全集》。现据《沈从文全集》第 30 卷编入。

谈广绣

谈广绣最好是本地行家。个人只能就所见到的镜屏、挂屏、挽袖、裙子、镜帘、扇套和小荷包等大小约三百件左右材料，试作一下分析。

晚清广绣的成就主要部分是赏玩性镜屏挂屏。因为说广绣，首先是这部分艺术品给人印象比较熟习深刻。至于其他杂件、即少为人注意到了。十八世纪挑花、纳丝和十九世纪初期的戳纱挽袖和裙面，虽还留下许多精品，只因时代一隔，若无人作特别介绍，即搁在眼前，也会当面错过，已较少有人知道这些刺绣中也有属于广绣作品了。其次即为褙裆，在二寸范围内作种种花鸟，精工之至，目下所知，以故宫收藏较精较多。

镜屏挂屏广绣，一般多在白缎地子（间或用蓝色缎子）上，用"乱针"兼"铺绒"或"线绣"法，作"百花百鸟""凤穿牡丹""孔雀开屏""松鹤延年""鹿鹤同春""玉堂富贵"等等幸福吉祥主题画，而且多是成双配对的，显然和当时应用于祝寿结婚送礼习惯相关。四条山水屏偶一有之，惟不多见。人物故事在挽袖上有较多反映，红楼西厢均常使用。针线以紧密细致见长，还始终保持女红中应有细巧本色。构图配彩大胆而自由。宜小品而不宜巨幅。二尺左右镜屏，花鸟越接近写实，即容易形成一种自然主义倾向，不能见出经营位置布局设计的好处。因此一般不免费工多，而艺术效果反而较差。百鸟朝凤中间或有子母鸡和大小猴出现，古今杂会一堂，说广绣近俗，大致即多指的是这类构图设计，和高度发展的技法无关。

绣件极少加署年月，但是从使用彩色分析，相对时代还是可以得到。例如喜用深棕色作树干，洋莲紫色加于花鸟间，且多装置在雕刻有流水万字地加团寿蝙蝠红木框中，就可知道时代极少早过道光时，一般生产或在同治、光绪之际。北京发现格外多，和晚清官僚来京入朝陛见，士绅子弟会试应举、捐官、拜门，带来送礼祝寿有关。最有代表性的是颐和园里高过八尺的大镜屏，就是六十年前为送慈禧太后寿礼远道运来的。

图一　晚清　广绣"三羊开泰图"（北京故宫博物院藏）

花纹繁密琐细，不仅是广绣艺术风格，也恰是广东地方一般艺术特征。例如铜胎画珐琅中有广珐琅，花纹就远比京珐琅繁琐细致。彩色缎子中有广缎，也和苏宁川杭缎子不同，用小小杂花紧凑于薄地缎面上，虽色彩十分强烈，惟花朵细碎，彼此相互吸收，形成艺术效果，还是风格独具，充满南国特有青春气息。

广绣中有彩线绣或一色翠蓝绣，使用到玉色绫绸裙子部分或挽袖上的，常作满地填花，不留空白，且用薄薄铺绒绣法，使绒线闪出翠蓝光，另是一种风格。又有极讲究戳纱和纳丝绣，多产生于十八世纪到十九世纪初期，这种精美刺绣，艺术水平格外高。晚清小荷包类，用广绣法作成的，也十分精美。但是一般所谓广绣，还是多指作杂花百鸟的镜屏类而言。

把几种手工艺品联系来看，就可明白它的共同点，这一切都是十九世纪后半期产物。但并非凭空而起。广东象牙工人刻的鬼工球，早已著名海外，可知这种精雕细琢的艺术传统，已有了相当年月。广绣的形式，还可上溯到更早许多年。黎族即精于刺绣，以针线紧密色彩丰富见长，能在青蓝地土布上，织绣出惊人出众几何图案，艺术性十分高强。唐以前我们知识虽不多，但晚到十七八世纪的遗物，明标年月保存于故宫博物院中的许多衣饰绣件，花纹图案之巧，设色之富丽，直到现在看来还十分动人。黄道婆由琼崖回到松江，初织棉布，也说是花纹细致。可知织绣上的细致花纹，原是本来传统。广绣针法之巧，实源远流长，只不过是到十九世纪时，才把艺术设计，由比较过时的几何图案或对称花鸟图案，改向写生象生发展而已。这一面可以说是对于中原刺绣文化（特别是由顾绣而发展的苏绣）的效法，另一面却又依然充满对于自然环境的倾心，综合结果不仅突破了苏绣文人画的局限，也突破了自己固有传统局限，却从试验中得到一种新的成果。

刺绣本属于妇功，除官服和戏装多完成于专业男工之手，其他一切创作，多出于民间妇女农闲业余成就，使用者和欣赏者照例也是多数人民。所以色彩

图二　广绣富贵平安长寿眼镜袋

图三　广绣"高官进爵"纹饰

富丽、织织细密实本来应有长处，正反映着这一区域人民情感的奔放，和生命力的旺盛。中原绣从唐宋以来，就已早和上层文化相联系，受文人画和宫廷艺术趣味影响格外深。例如宋代朱克柔、沈子蕃之刻丝，明代顾氏绣，清初如皋冒氏刮绒绣，无不依傍当时名家画稿。至于明代著名之发绣，也只是近于明代画家尤求、丁云鹏等人画稿的复本而已。广绣有一特征，为一般谈刺绣的较少道及，就是它始终不受较前或同时文人画影响，还保留女红传统中不可少的巧手慧心，以细密针线繁复色彩自出心裁来进行创作。正和潮州木刻近似，不受元明以来小说、戏剧、版画影响，独具匠心，来进行透雕浮雕，得到成就一样。这里自然有得有失。

因之从传统艺术标准看来，有时不免近俗，认为难登大雅之堂。惟和广大群众对面，却远比顾氏露香园绣和如皋冒氏刮绒绣，完全依附于文人画的作品，易为群众欢迎。

因此我们似乎可以得出这么一个结论，即晚清的广绣，以高级赏玩品而言，虽和晚清宫廷趣味联系不大，具有高度技术，艺术成就不免依旧受一定时代限制。然而它的作者，充满本地刺绣创作上的热情和天真，充满了民间趣味，来进行这个工作，产生许多风格独具的艺术品，在十九世纪晚期工艺中，独放异彩。这种估计，大致还是符合历史实际的。

现在，广绣必然有更广大前途，值得注意处大致是如何把技术上的长处好好保留，并加以发展，另一面却在设计上多用点心。因为刺绣当成纯赏玩品看待，应用范围究竟有限，产量要求也不会太多。如让它回归本来和日用生活发生多方面联系，即以围巾、手提包、靠垫、衬衫、拖鞋等等而言，国内外新的需要，将超过历史上任何一个时期。既当成日用美术商品生产，就不能不讲求成本经济，过分繁琐势不相宜。求新的广绣能作到经济、实用、美观三方兼顾中取得良好进展，改良新的美术设计，加强新的美术研究，并好好学习刺绣各门类优秀遗产，加以充分利用，应当是这部门生产当前和明天一个主要环节。这点肤浅认识是否恰当，愿求教于专家和老师傅及其他有心同志！

本文 1962 年 8 月 9 日发表于《羊城晚报》，署名沈从文。1986 年 5 月收入商务印书馆（香港）有限公司《龙凤艺术》一书。后编入《沈从文全集》。现据《沈从文全集》第 30 卷编入。

丝绣中大团花的历史发展和应用

    这里介绍几幅团花织绣图案，主要是从椅垫刺绣团花和衣料团花，从文物出版社新印的《清代织绣团花图案》一书中选出的。团花在服饰上的应用，起源极早，和古代帝王冕服上的黼绣十二章关系密切。汉以前如何处理十二章刺绣于衣服上，只能根据后人记载知道上衣八、下裳四。至于位置分配，和真实形象，已没有实物可证。唐代以来，敦煌壁画帝王形象，和传世阎立本的帝王图，部分冕服肩部还用日月作装饰，日中作三足乌，月中作白兔捣药。前者出于《淮南子》，后者出于张衡《灵宪》，汉石刻也还有相同反映。可以推测还是汉代规矩。即或非汉代本来式样，大致也出于魏晋之际蔡邕、皇甫谧、王肃等复古改制而成。因此得知，宋、明冕服十二章，也就各有所本，并非完全凭空产生。唐宋一般官服锦绣和印染丝绸，多喜用大团花，文献中所称"独窠""团窠""大晕锦""撮晕缬""对凤""对龙""双狮"，居多都是团花。当时不仅有较高品级的官吏，常着团花织绣衣服，御前六军侍卫，也多穿着这种中等团花衣，所以宋人以为和打球唱戏衣服相近。反映于壁画中最明显的，是敦煌洞窟《张议潮出行图》的大部分卫队骑士，身上多作径三寸大小花头，绣染印绘兼施。西北新近出土的几种大团花锦缎，可以丰富我们许多实物知识。有作四鹿捧花的，有作四鸭的，也有作二骑士狩猎狮子的，新近故宫陈列一件锦袍则作双鹫，时间似略晚些。这种圆式图案应用于丝绸上，部分或通过西北兄弟民族，来自中近东诸邦。宋代封建统治者为夸耀威权，驾前侍卫二万人，多沿袭唐代开元礼制度，各穿着不同锦绣和印染丝绸团花衣服，周必大作《绣衣卤簿图记》，记载得即十分明白详细。又政府每年赏赐高级臣僚锦衣料，名"袄子锦"，共计七种，其中如狮子锦，八答晕锦，大中宝照锦，都属于团花。女真官制并且以花朵大小定官级尊卑，衣服帷帐，都不能违反定制。惟到这时，使用花朵，部分或系串枝，不是团窠。

又唐宋以来，锦缎中以牡丹为主题的团窠宝照锦（和方胜结合，宋发展为天花锦），到明清还是锦中正规格式。此外团龙凤、连钱球路诸宋式锦，花头大小虽不相同，无不属于团花类。至于刺绣使用于应用物品上，汉唐以来则为镜囊，现在还有遗存。又宋代以来，早期妇女坐具和男子不同，由汉代薰笼（曹操《上杂物疏》和《东宫旧事》都提起过）发展而成的绣墩和月牙杌子，日益流行，刺绣作的垫子，应用也日益增多，当时有的还必需加真珠装饰，直影响到清代，还产生千百种不同好花样，在艺术上达到高度水平，值得我们学习取法，转而利用到更新生产方面去，会得到更佳效果。

清代初期官服使用团花，有了极大发展，由二团到十六团，都使用到。团花中正规五爪龙的使用，限制特别严格。乾隆以来，且流行满地团花，应用于各方面。到晚清后，男子衣着的马褂和齐膝女衣，由于衣服式样有了较大改变，才打破了传统束缚。但龙的应用，还是有一定限制。至于女子官服中的"八团花"，却和清代官制结合，始终成为封建统治者利用为笼络臣下、施恩施惠的一种工具，专应用于清政府对女性的赐予。由于一时制度，有大量需要，织绣工人在这部门图案方面，因之创造了异常丰富的内容。

团花较小的，在锦缎中还有石青地金钱蟒缎，指用捻金织小蟒缎，在清初锦缎中多作垫褥使用。

又世传"皮球花"，却是一种更小一些分布于杂花中的团花图案，起始反映于描金漆器上，约当清代早期。其次反映于清代雍正珐琅彩瓷器，得到进一步成功。乾隆时描金蜡笺也使用这种图案。反映于丝绒（皮球花漳绒）、花缎和印花绸子上，只是近百年间事情。花朵小，容易布置调动，形成效果特别美好，因此民间蓝地印花布，更广泛采用这个图案，产生千百种人民喜爱的式样。这种团花的本来，有可能最先还是来自明末清初民间棉麻印染织物和普通粉彩花纸上，后来才应用到丝绸图案的。

本文作于 1959 年，后编入《沈从文全集》。现据《沈从文全集》第 30 卷编入。

谈皮球花

近四百年中国工艺图案中，有种不规则的美丽小团花图案，由于使用范围广，我们一见总觉得十分面熟。最常见于老式窄蔻蓝印花麻、棉布上面，作成种种不同的反映。此外在描金漆器上，彩绘瓷器上，描金和砑印粉蜡笺纸上，錾花银铜锡器物上，及丝绸印染刺绣上，都可以发现它，形成一种活泼秀美的装饰效果。这些图案花朵除在印花布帐子被面上有时大到三四寸，其余通常不到一寸大小，三三两两挤聚在一处，虚空部分或用别的花草填补（如描金漆），或加花鸟蝴蝶相衬（如蓝印花布），也有仅只是这种主题图案，再无其他装饰的（如珐琅彩和斗彩瓷）。图案基本形式或在圆圈内作旋回云纹，或作放射式分裂花纹，排列方法有"么""么二""二三"等不同处理，和骰子天九牌有些关连。照北京习惯，一般叫做"皮球花"，名称虽然有点俗气，花朵可说既家常，又别致，有些还显得天真而妩媚，充满一种青春气息，十分逗人欢喜。工艺图案中如求"古为今用"，这部分遗产，值得我们给予一点应有的注意关心，因为它和金花笺的写生折枝花异曲同工，在新的日用轻工业生产各方面，凡是需要装饰图案处，都可加以利用。就个人认识，搪瓷、热水瓶、电灯罩、宫灯、玻璃器、瓷器、描金漆器、印染头巾、手绢、枕套、被单、桌布、绸纸伞、手提包、和作衣裙料子的麻、棉、丝绸，如善于取法，都可望得到令人满意的结果。

皮球花的起源，由来已久。在商代青铜器上和白陶器上，就都有过这种回旋云纹略微凸起浮沤式的装饰图案。在安阳侯家庄出土的彩绘龙纹木雕器物痕迹上，还有用寸许大蚌壳雕成的相同团花镶嵌在上面。又青铜制斧钺上，也有这种镶嵌，可知已是三千年前一般工艺装饰。到春秋战国时，除一般小件透雕圆形玉佩青铜剑柄端，又有用雕玉、或松绿石、金银错各种加工方法，作成这种圆式三分旋回云纹图案装饰的。过去通称"巴文"。至于三四百年前的皮球花纹，直接影响或出于九百年前北宋的"连钱""毬路"锦的变格。古代连钱毬路锦，应当是满地密花，有《营造法式》彩绘和清初康熙仿宋锦可证。我们说"变格"，因为它破坏了原有图案组织的规则。宋代民间瓷最先使用这个变格图案。在丝绸上反映，河南白沙北宋墓壁画中，有个妇女外衣，又使用这种变格连钱花纹。其次山西元代壁画一个帐子上，也有相似花纹。至于作成牙牌丁拐三三两两相聚形式，在工艺品若干部门成为主题图案，时间却多在十七世纪到十九世纪之间。就现有百十种材料分析，且知道工艺美术采用这个图案，时间也有先后，并非同时产生。较早见于一个明代青花瓷坛上，约在十六世纪初期，和蓝印花布样子产生时代相差不多，可见它其实来自民间。其次表现到描金漆器上，时间似稍微晚些，约当明、清之际。到十八世纪初，在"铜胎画珐琅"洋瓷上，以及"珐琅彩"瓷上，"斗彩"瓷上，都得到新的表现机会，达到艺术上的成熟期。以雍正斗彩瓷上反映艺术成就特别突出，组织健康活泼，配色明秀典雅，具有高度艺术水平。此外在描金花粉蜡笺上，也创造了些不同格式，布置活泼而新鲜。到十八、十九世纪间，除粉彩瓷继续使用这种图案，产生许多作品，此外银、铜、锡各种金属用器上，也使用过作种图案，用錾花法加以表现。并起始在丝绸中广泛应用；例如天鹅绒雕花，挽袖平金，彩色刻丝，和刻金银衣料，都使用到。由于材料不同，加工过程不同，各有不同艺术成就。十九世纪下半期，流行的彩色印花丝绸，彩色印花洋布，和荷花紫及竹青色本色花缎，更多采用这种图案。材料面积较宽，花头也稍大一些。这已近于曲终雅奏，此后即由盛而衰。至于同光时在蓝釉瓷瓶上加金团花，花式日益板滞少变化，既不能如十八世纪表现到珐琅彩斗彩瓷上那么秀美灵活，也不能如十九世纪初反映到丝绸上那么出众翻新，可说是这种图案在工艺应用上的真正尾声。但十七八世纪保留在蓝印花布上这个花样，却在二十世纪全国农村中还继续流行，直到现代，说明人民对它的爱好成习惯已多年。江浙和西南农村妇女，多欢喜用它作包头首巾和围裙、被面、帐子，令人眼目明爽。花朵大小随要求不同，帐子上有大到五寸的。事实上它也比目下许多现代派或未来派的圈圈点点彩色印花布还健康美丽得多，受群众欢迎是十分自然的。

　　十七八世纪以来，工艺图案种类多，反映到陶瓷、丝绣和描金三大系生产上不下万千种。优秀的写生折枝，多若迎风浥露，充满青春生命。串枝花和小簇花，即作规矩花式，也依旧十分活泼美丽，而且千变万化，各有不同风格，远非当时文人画可比。过去我们对它的忽视，实由于对它的无知，而安于旧的艺术欣赏习惯，把少数为封建地主所爱好的扬州八怪一类文人画价值抬得高高的，却漠视人民工师这些优秀成就。特别值得我们注意的，是康、雍、乾三朝百年间在丝绣、瓷、漆器上的彩色或单色图案，以及在彩色纸绢上、漆器上的描金敷彩花纹，艺术水平格外高。由于当时设计工师，从传统得到启发，深深明白什么是艺术效果，非常虔诚认真来处理它，因此才产生那么多富于创造性的优秀作品。即以皮球花而言，基本式样虽不出小团花图案范围，但具有高度创造热情和艺术巧思的设计打样工师，却能在小小圆圈内，加以多种不同的处理，形成各种不同的反映，再由这种小团花三三两两相聚，或花朵大小不等，或花朵色调不一，彼此相互浸润影响，因此突破了一般团花的格式，产生一种活泼节奏感。基本花式虽极简单，

应用起来却变化无穷。我们说，优秀遗产值得学习取法，也正是这些地方。

近年政府十分重视花布生产量的提高，市面常见有许多好看彩印花布，千百年青美工同志的共同努力，贡献值得称赞。但也还有一些地区，一部分生产，依旧是圈圈点点无节制无选择的使用，而且满足于这种成就，以为是人民所欢迎的。其实这些花布，不仅缺少最低艺术效果，也实在相当浪费染料。年青人在美术学校学印染图案，究竟跟老师学了些什么？很值得仔细研究一下。教了二十年印染图案的人之师，常说"写生变化"，提法是不错的，可是自己目前是否能一口气正确无误画得出三五十种不同品种本国好花样，再加以变化，使它更美一些，作为示范？同时又还提得出百十种出于古代老艺人手中，反映到工艺各部门的好花样，提供作同学参考？如他自己在具体实践上并没有作到这件事，花布改进的一环，可能先是个学习问题。有关学习似应当首先从老师带头作起，不宜再耽误下去。因为明日一系列轻工业日用品，都需要组织健康颜色明快的好看花朵，才符合新社会人民的愉快感情。老一套教学方法，同学应当知道的多不知道，已证明不大得用。向优秀遗产学习应当不是一句空话，必需作些具体顽强努力。要自己先下点本钱，狠心踏实学几年，此后才有东西可教。已经在参加日用品美术设计的年青朋友，想要突破现在生产一般艺术水平，也需要放开眼光，扩大学习兴趣，端正学习态度，素朴虚心，扎扎实实，从遗产万千种好花样中多吸取些营养，来丰富新的创造。多明白些若干年来无数老师苦心孤诣，为我们留下这一笔无比丰富遗产，究竟有些甚么，又有多少还可以借鉴取法，再试来大胆运用它到新的生产各部门去，看看它的效果，是陈旧还是新鲜，才是道理！我们认为一切研究都为了有助于新的创造。目前对美工设计同志说来，敢想、敢作之外，似乎还可以补充两个字——敢学。必需"敢学"，古为今用的提法才不至于落空。

1959 年写

本文发表于 1959 年 5 月 5 日《装饰》第 5 期，署名沈从文。1960 年和 1986 年 5 月，分别收入北京作家出版社和商务印书馆（香港）有限公司出版的两种《龙凤艺术》专集。《沈从文全集》据商务版《龙凤艺术》选编此文。现据《沈从文全集》第 30 卷编入。

唐宋以来丝绸彩色加工

试从实物、图像、文献三结合探索，得到的点滴认识。作为《织金锦》《明织金锦问题》《谈染缬》《〈明锦〉题记》《中国丝绸图案》诸文一点补充。

米芾《画录》、周密《云烟过眼录》、陶宗仪《辍耕录》、王佐《新增格古要论》、谷应泰《博物要览》。前三种有关于唐宋锦应用于重要法书名画装裱记载，后二种有关于宋绫、锦、刻丝名目记载。又陈眉公《妮古录》及文某某笔记，亦有相似记载，大多相沿而来，作者对于真实情况，就未必明确。我们如不结合实物互证，知识也还难于具体。唐李章武作《锦谱》，书不传。内容亦不明。元费著作《蜀锦谱》，叙蜀中官锦坊唐、宋、元名目甚备。叙元代十样锦有"长安竹"等等，从比较上得知，明代石竹花诸锦或即成于元代蜀工。至于唐代流行的"堆绫""贴绢"作法，明清还继续应用，留下部分实物可作比较，即现代补花法前驱。明代径尺大棉镜套中，还留下些实物材料可以参考。

《历代名画记》谈及唐初窦师纶主持益州行台，出样织锦名目十多种，以为图纹壮丽，流行百年不废。大历八年（773年）诏令则提及禁止织造的锦名有"大张锦""凿六破锦"（或即兔背锦）及文长四尺幅，可能属于双折屏风或软锦屏用大串枝。日正仓院则留下几件蜡染实物可作比较参考。《唐六典·诸道贡赋》部门，提到蜀中绫锦名目如"樗蒲绫"，明代材料中已发现有锦、缎、纱、罗、縠子诸种不同织法，图案作杏仁状，和宋人记载樗蒲锦形状完全相同。韦端符有《李卫公故物记》，提及各种衣料名目并形容花纹，有作鸟兽人骑骆驼纹样的，近刻丝作法。《丝绣笔记》有称引，不全。《全唐文》或可查出。又陆龟蒙有《古锦裙记》，说作仙鹤独立衔花而舞，以为陈隋间旧物。据记载就唐宋实物作比较，事实上这种裙子早或只到唐武则天时，晚则只是开元天宝间生产。因唐官服六种绫名目俱备，中即有鹤衔瑞草（灵芝），明锦缎中犹有此式不少也。间接花纹，保存于唐镜子上还十分具体！《全唐诗》中反映歌裙舞衫用泥金银绘画及织绣的相当多，近人欧阳予倩辑印有《乐舞资料》一册，整理出了些材料。但如不结合实物图像分析，乐舞形象和衣裙种种，知识仍不落实。白居易新乐府中有《红线毯》，及诗中有关于唐薄质纱"轻容""鲛绡"及"木棉裘"记载，传世《仕女簪花图》卷中妇女衣着覆薄纱，可得仿佛。"木棉裘"即近于无知。史志称"凉州绯色为天下之最"，敦煌解放后出有一整匹唐代红色绸子，至今如新，可为物证。唐代印染技法和花纹已多样化（见《谈染缬》一文），日本尚藏有中国印染实物多种，辑印在《御物染织裂》一书中。又有《正仓院纹样集》十余册，系一美术教授据正仓院藏唐代中国丝绸花纹复原，绘图彩印均比较草率，远不如《中国丝绸图案》复原精确。但是仍可供参考比较用。出土实物或应数原存旅大博物馆近改历博陈列残余材料为重要，就染法说，当时必名"撮晕缬"。专名则为"绞缬"。又有跋遮那缬，属加金印染至今××。又有玛瑙缬则三彩陶有反映。三彩陶花纹，有的和锦相通，有的和印染相通。又和当时漆器中的犀毗漆影响的。

唐代叙战袍多用"团窠锦""兽锦"，这类袍衫式样，大致必小袖窄身而长仅及膝，才便于乘骑。敦煌画中《张议潮出行图》中鼓吹从骑衣着形象大致可以代表。当时六军似即衣之。有染、织、绣、画不同加工，名"团窠花"。宋人记唐代著名画迹《金桥图》，由当时名画家陈闳、韦无忝、吴道子三人分工合作而成。说"六军衣球衣，焉能作战？"大致即近似出行图中所见。亦有可能昭陵六骏石刻中附有一丘行恭像，衣着即为当时战袍式样。不同处是下脚较长。此外西北诸族中头目穿着，传为阎立德（？）手笔之《步辇图》中吐蕃使者亦即衣之。唐初官服必佩"蹀躞带"，上附六绦带，各挂一物，如"火石""算袋""契苾真"等等，称"蹀躞六事"。武周时似即废除，但流行西北，西夏贵族和元代贵族因实际需要还使用，反映于敦煌壁画中。清代帝王便服犹佩火镰和小烟袋荷包，保存古意，实亦从应用需要出发。唐代西北出毡罽，有"绯毡"等名目，这类毛毡在敦煌唐画中，还留下百十种不同花纹，作舞茵拜垫或坐席用，花色甚多。如和北朝画中反映相比，花纹同异区别极显明。大小团窠花已占主要组成内容。传世孙位作《高逸图》四高士所坐地毯，亦即有作晕锦式团窠花的。因此对于原画是否孙位实可疑。原来实晋人作《竹林七贤图》一部分，西安有石刻且附人名。孙位是唐人，哪能无知到把竹林七贤坐于唐代锦垫上？内中一位身后衣桁所搭花衣且和一琴童琴囊相混成一片，唐人亦不至于如此无知也。

宋代官服多用罗，国内大生产区多有"织罗务"督造。按品级穿衣，色尚紫。柘黄则似只封建帝王可用。史称赵匡胤黄袍加身可以为例。高级绣必用真珠，宋帝后像椅披即可证确有其事。（史志且称库藏多余真珠出售于金，数目至二千多万粒。大小用筛分别等级。）《宋史·地理志》记载有各地生产不同名目，新产品有"隔织""鹿胎""透背"，等等，仍以蜀工领先。《宋大诏令集》内载禁令，即有"鹿胎""透背"等名目。如联系《洛阳花木记》《洛阳牡丹记》《芍药谱》中叙述，可知"鹿胎"应当是各种印染绸子。原为紫地白花，以牡丹为主，发展为各种花色。从各书中可知不少花中有叫"缬子"的，又有"类某某缬"的。照宋代习惯，且必写生花，宋人名"生色折枝花"是也。"透背""隔织"知识还不甚具体。据史志宋代诰封必用五色"绫纸"若干张编缀而成，难得其解，据近年发现北宋官诰制令数种，才明白薄绫多作大串枝牡丹暗花。记载中的女子用五色织金罗还无知识，只能从明代织金凤纱得一印象，参证《营造法式》彩绘部门凤形，得知此犹宋式凤！又禁令中有"褐方团白花"及"黝紫"（黑紫色）和"吊墩""袜裤"等联系并提，得知为当时契丹所流行材料衣着。照禁令解释，则贵族妇女禁止，杂剧人不禁止。一、可知贵族妇女亦必以为时髦，曾流行一时，政府才用法令禁止。二、据传世宋绘二杂剧女人装扮，系短衣长不齐膝，不穿裙子而小裤裹腿，下穿短统尖鞋。也便是后来走绳女子的"解马装"！据政令，流行时代似较早。若据曾敏行《独醒杂志》记载，则宜为北宋末年，女真灭辽以后，汴梁才流行番画、番曲（曲子似名《蓬蓬花》）、番食物，等等。（又有所谓"瘦金莲方"，且和缠足历史有关！得知早行于东北。）至于"黝紫"或"褐方团白花"丝绸，在大几万明代绸缎中还少有发现。内中似只有一种黑色丝棉混纺起花无光素锦，或系《博物要览》中提到宋代"皂木锦"，仍中原织物。但瓷器中之吉州永和镇窑各式茶盏，有黝紫与褐色作方团黄白三凤或水仙花的，和印染极相近，有可能即仿流行印染丝绸花色而成。又《高丽图经》或成于宣和初年，称高丽宾馆即多用印花织物作帐幕，则契丹族染工能印染为当然。至于"吊敦"衣着式样见于杂剧人，不只画中有反映。馆中尚有一长方墓砖，有一杂剧女子浮雕像，和画迹相近，旁边且刻字×××，恰为宋代四个有名杂剧艺人之一，曾见于《梦粱录》。可知"解马装"实由之而来，原本却为契丹制。

宋代初年统治者为壮观瞻，大搞仪仗队，由二万人到二万八千人，衣着按等级分织、绣、印染。《绣衣卤簿图》记载名目极详尽，也多缬绣团衫字样。据史志称此图多本于唐开元礼，可知内中一部分或者还和唐六军衣服相近，似上可参照敦煌《张议潮出行图》骑从，下可用传世元代曾巽初纂进《大驾卤簿图》比证，必可得到一种相当明确印象。又高级文武臣僚每年必给袄子锦，共计七种，有"翠毛狮子""大（中）宝照"等名称，也可和卤簿图比证，会得一比较印象。元代则九种印染丝绸名目，载于通俗读物《碎金》一书中。名目中大部分或即南宋以来印染法。唐宋以来蜀中染缬极著名，南宋则杭州临安为特出。据陆游文，且称有把四季花著于一种丝绸上，称"一年景"图案的，流行于靖康末年。明代绸子中尚可发现这种四季杂花材料数种。

宋代丝绸加金已较多，金线织的称"捻金锦"，切细金片织的称"明金"。王栐著《燕翼诒谋录》称仁宗时用金已到十八种，大部分即和女子衣着以及织绣相关。以文彦博在成都为贡谀张贵妃织造"金线莲花灯笼锦"一事最著名。稍后虽有禁令，十八种金均不许用。照王栐所说，则"禁者自禁，而用者自用。"可知必依旧流行。"捻金锦"名目，史志中即有不少处提到。至于《大金集礼》记载，则金代官服用"明金"绸缎的即多不胜数。有一种"红地藏根织金牡丹锦"，明经面锦即有发现。《金官格》一书中称用"鱼戏藻锦"作诰封包首，明红锦中亦有发现。鱼多作鲢鱼形。《金史·舆服志》则称当时穿衣或帐子用花朵大小定品级，高级官僚有花大到六寸的，下级则只穿"芝麻罗"。明金锦中大串枝花即有花朵大及六寸的。又有"捻金番缎"记载。洪皓《松漠纪闻》成于南宋初出使见闻，称回鹘金绮工种种特长，而《金史·张汝霖传》也提到燕京建都，装一殿庭用金绮织绣工到千多人，费时二年才完成。可以想见消耗人力物力之众且大，到织金中必占一重要分量也。后来元代之"纳石失"金锦，占官服中主要地位，亦非凭空产生，即由之而来。元明衣着禁令（元代见《元典章》）也提到某某色某某材料必照法令规定，龙即分三四五爪，等级分明，花朵分大小，不许乱穿。但演戏承应公事即不受禁止。《大明会典》禁令犹相差不甚多。

宋锦名目除载于米芾、周密、陶宗仪等著录以外，还有元费著作的《蜀锦谱》，且列有官锦坊每年织造名目和匹数。又有"茶马司锦坊"，为向西北换马特织的锦名，内中不少似还保留到明代织品上，继续生产。直到清代，南京织"大云锦""串枝彩锦"等等，还有部分生产，实专为藏族需要而织，直到解放，花式还变化不大。宋锦名目中有"八答晕"，元则有"六偌韵"，从明锦中得知为八方六方由龟子锦衍进而成，或即唐之"凿六破"，每方花色均不同。李诫作《营造法式》，内中彩绘部门，还保留下一些宋锦式样。

《诸蕃志》《岭表录异》诸书，则留下些西南诸兄弟民族木棉提花印花织物，当时且极流行，又有织诗文于上作弓弢琴囊用的。用细织或蜡染法加工极其精细的，有"黎单""点蜡幔"种种名目。后者系融蜡灌于镂空细花纹板上，压于布面，加染后再煮去蜡，即成细花（近代苗族则用木笔绘出花纹）。又唐代即有"苏布""草布"等等入贡。宋代则有"鸡鸣布"，连夜织成一匹。有"木棉布"，有"黄草布"等等。有"油布衣"，出行可以防雨，用山柿油加工涂成。还有用纸作"衣"以至于作"甲"作"帐子"事，反映造纸技术的进展，不仅对于刻书满足了封建文化普及不同需要，还扩大应用范围到衣着需要上。（纸甲的应用，且延续到晚清，是用贵州出"双夹连纸"捶软累积廿层，中加头发，密纳而成一种背甲，也有内中加编制钱的。黔湘苗族多喜用，由于轻便而易作，可经刀砍，且不犯禁，一般用以防身。）

元代除大量织"纳石失"金锦，《元典章》还提到种种官服彩缎，龙分各种等级，以爪子多少而定尊卑。色彩也有明确规定，高级官服尚红，平民只许衣黑、白、褐。但统治者衣着却仍喜褐色，分别名目到廿种，见于《碎金》色彩篇。红绿分色也多种多样。纳石失金锦和各种浅色丝织物近年从元代佛像中均得到不少重要材料。绸子虽多只是些方寸料，色彩却极新，为明经锦所不及。其中似无棉织物。浅色绸子中有鸽桃灰色的，即浅粉紫色，且系细斜纹织，启清代宁绸织法，十分精美。全国设"染织提举司"，监造官用和商品纺织物生产。照记载，当时虽南北（特别是南方）已开始大量种植草棉，棉布有大量生产。以黄道婆由南海传技术。但传文中似只提织细花纹，并不提种植法。但据明代史料，则直到明中期，丝棉交织的云布，还算新事物，一匹价值百金（刘若愚《酌中志》语）。而北方大量草棉南运松江加工，再将布匹北运，实在明代晚期，顾炎武《日知录》有叙述。这时芜湖的染青，也才得到发展，于全国称首一位。丝绸染色，清初则称扬州，见李斗《扬州画舫录》。清初《图书集成》则称江苏若干地区流行"药斑布"，说方法传自宋代，即后来的蓝地印花布。说法部分可信。因史志明载北宋时，印花织物用于卤簿文武官吏成为定式后，即有法令禁止民间缬板流行（既禁止，即可知仍必已流行或继续流行）。到南宋受政治影响，仪仗队用衣料织、绣、绘过于费工，才一律改为印花。而同时印花法令也解除。但部分印板似还掌握在官府中，所以朱熹才会弹劾政敌唐仲友，说唐假公济私，用公家缬板，私印若干自用彩帛事。说的似乎还是绸子，不是一般布匹。在现存明代《大藏经》封面和经帙用材料中，有一部分是用明代蓝青布作成的。数万片材料内，丝绸印花即只发现一种。另有银印花一种。有二可能：一、这些材料多取自宫廷四库库藏（见《明锦》一书题记），蓝青布当时一般应用作里子，用处多。西什库贮藏四库中某一库即提及过。至于蓝印花布属民间物，因此四库旧藏不会发现。二、即当时还未流行，未大量应用到棉布上。

至于彩色套印，《碎金》一书中九种印染名内有"三套缬"，应指三色套印而言。明杨慎虽称博闻多识，即自以为不明白内容。可知明代已不生产。而事实上在数万经面材料中，也还无发现。直到近年故宫藏西藏秘宗画佛上，才见到有一种黄白薄绫上印有三寸大多彩牡丹、葵花、蝴蝶、西瓜、牵牛花等等花纹，在丝绸印染材料中为仅见事物。设计构图十分壮丽，有可能成于明宣德或早到永乐。因明代西藏秘宗信仰似在明代早期。万历则道教抬头，反映到锦缎花纹和雕漆青花瓷相同，为"云鹤游天"或"云鹤清音"等等，图案为云中飞鹤中加各式乐器。亦有大朵牡丹和大朵梅花，花心作太极图所谓"阴阳鱼"式的，花式如宣德以前壮美，其实还反映道教意识鲜明，或传自元代。可能还是万历据宋元旧样织成。至于这种在秘宗佛画上所见少量彩印薄绫，似可从三方面注意分析，可以推测出产生相对年代：

一、即从佛画产生的年代间接得知。若本画实成于元代，则这种材料有可能就是元代之"三套缬"。

二、若画迹产生在元明间，而原画实来自西藏，则有可能成于藏族染织工人，而成于明初。因为西藏染织工人作的毛织五色氆氇，或紫地白"撮晕花"，即在原白色织物上用线扎结一部分，染成后将线解去，即成紫白花。又有黄地紫白花的，染法难明白，在唐代通名为"绞缬"，技法处理为印染中最简便的。藏族工人染法或即由唐初传去。至今还保留有大量明清间材料在故宫库房中，可以作作比较，那么"三套缬"且有可能也是从唐代就传到西藏的。元明犹继续生产，并不出奇。故宫鉴定这种材料，暂定为元或明初，亦不会太错。

三、这种画即或产生于元明时西藏染织工人手中，在明初即已收入宫里。可是这种画一般多系经过清初重新装裱，有的甚至于还重新加色，又原画实出于清初康雍乾三朝，则更显明这些附在画上的彩印薄花绫，产生时代亦必在十七十八世纪间，不会再早。只是还不妨叫做"三套缬"。事实上还另有一个专名，为一般人所忽略，即《红楼梦》一书里曾提起过的"弹墨"。是只这一历史阶段流行，以后即因加工极费事，而效果又不如在清代得到充分发展多色彩织锦缎及刺绣便利，受织绣制约，因而失传。这种推测可能还有点道理。《红楼梦》里虽没有详细提起宝玉所穿弹墨裤子的花色，新旧注解似乎也无从着笔，但另外清人笔记《扬州画舫录》或✕字✕✕里即说到弹墨作法，是分别部位用彩色吹到材料上而成。这个记载尽管极其简单，但却相当明白扼要。试就故宫现存这份材料仔细分析，即可发现种种迹象，彩色极淡，而晕润彩色轻重分界，彼此又不一，只有用管子吹喷淡彩才能得出效果。换言之，即吹得出却印不好的。用的丝绸材料，并且还和清代用的"哈达"大致一样。所以说是清初"弹墨"，大致还是不会大错。但是花式简朴壮丽，却和康乾织绣设计完全不合。就中且有牵牛花西瓜等等图案出现（在明代亦只有宣德青花瓷和景泰蓝、雕漆上出现过），而且又仅仅应用在秘宗画佛上。在另外所见过数万种清初纺织物里和衣服上，除《红楼梦》提过一次，即从无实物发现过。所以也不能完全排除这种吹管加工染成的纺织法，或由唐代织工发明，而始终保存于西藏染织工人手中，元代叫做"三套缬"，清代则依据旧技术、旧图案，而应用到佛画以外，也偶一用到宝玉的裤子上。二百年前曹雪芹所见到的和我们目前见到的，还是一样东西！求完全证实这个假定，也并不太困难，即从雍和宫和故宫所藏大量秘宗画佛中，再作一番检寻比证工作。这事外人来作无从着手，丝绣馆对于明清实物花纹保存有十万八万不同印象在脑子里的同志，将是不大费事即可得到结果的事情。清代高级丝绸，也还有应用蜡染法作成的，历博曾收有被面一件，作蜡染团花图案，团花如康熙习惯用博古图，材料则乾隆时极少见。

又宋代绫锦名目中有"褐方团白花"素锦，实物亦难征信。故宫现存丝绸中，有一种淡褐色白花薄质素锦，这种材料曾一见于贵重画册的装裱上，例如传为元代曾巽初纂进（事实上可能是宋代原物残卷）的《绣衣卤簿图》中道段长画卷包首，也用上这种素花锦。还记得在明代邢侗《来禽馆帖》原装本也见过。因为明代记载福建漳州林宏，改造织锦法，织成薄锦名叫"改机"。鉴定同志即把这种薄锦和其他花式不同（如另一落花流水）同一褐地白花薄质素锦，通通定为"改机"。据个人私见，似乎不大妥当。这只需从三方面注意，即可得到证明：

一、即所见明代经面锦数万件，褐色极少；相反，这种褐色白花却一再著于宋锦名目中。这种素锦不是原物，也是明清仿织。

二、据《天水冰山录》所记录抄严嵩家中衣物及单匹锦缎记录，即有不少正式题名"改机"的衣服匹头，有加金的，有彩色织的，却不见有一种素色的。可知"改机"原是彩色薄锦，不是薄质素锦。

三、明人作《金瓶梅》，衣裙用料反映得相当具体，和《天水冰山录》可以印证，即孝服中，也不载有褐色质地锦或"改机"的名目。

又定陵（地下宫）万历皇帝本人墓中出土垫身完整织金加彩锦、缎、纱、罗，约百七十匹，记得初次去看看时，还未经人胡乱动手，还照原来样子，每匹上有保留一个黄纸圈箍，上面写明材料、当时名称，一般名称多相当长，和《天水冰山录》中锦缎名称可以对照。并且另有明确记载织造地名、年月、长短和织工姓名，可作研究明代丝绸第一手材料。就内容说，也可和其他史志记载对比，得到不少知识。例如刘若愚《酌中志》一书中即说到，宫中过中秋节，用"金兔纱"作帐子应节令。这种"金兔纱"在明代经面锦中，虽有发现，但是多已剪裁成不及方尺零料，等于将原来和山兔大小相等的织金兔加以肢解，不易复原，即难于明白整体效果。定陵出土物还是整匹，且写明织造年月、地方和织工名称，金兔则错综跳跃，活泼如生。如将十匹料子联成帐子，艺术效果将更惊人。由此明白另外一时所见明初织造宋式大串枝牡丹、秋葵等青地彩色加金锦缎，花朵单位大到五六寸，各色相配单位大过一尺五寸，如复原成整匹，联缀到十二幅左右成一帐子或锦屏风时，艺术设计效果，也必然格外惊人。并得知当时使用重彩，花下且用深青衬托原因，因展开面积到一丈二丈时，大红明黄和浅翠等花头，从深青底子透出，诸色交错，才能充分见出华美特征。若用色稍浅，只注意单朵润色效果，不明白整体要求，则不免如清代装裱彩锦，近视虽五色陆离，润色温雅，构图秀美，若作成一丈大幅屏风或帐子，便诸色相犯，转成一片模糊矣。于此才明白古代织工对于丝绸设计，必针对应用要求而来，配色构图，多具巧思。特别理解整体和局部关系，更重视单一和整体艺术效果。我们说"古为今用"，首先若不照目前需要、明白应用效果，生搬硬套既不成，活学活用恐亦未必即能见功，充分发挥出应有效果！这百多匹明代完整材料，极可惜被一青年保管同志，事先不好好商量，不明白原来附于外面文字和锦缎本身的重要关系，更不明古代绸缎数百年其所以保存完整如新，一方面是阴暗不见天日，另一方面和一定湿度也有关系，只照一般理解，认为必须干燥才好保存，就胡里胡涂撤去了原封，大胆敢想敢干，独出心裁，把材料摊开，一一用塑料涂上。第二次邀请去看时，原包封纸既已和原物脱离，而不少彩锦且已枯败走色。使人哭笑不得。再求设法补救，已来不及了。

明代锦缎当时连同五色料珠还有大量由海运出口，到东南亚各地区，可以从琉球史料《大宝实录》中得到些重要有用知识。记得上面即明载有某色云缎运往某国记录。如菲律宾、缅甸等等。这种外销锦缎大致是福州漳州织造，由琉球商人转口的。同时又还记载说起由诸国入口的各种纺织物名目，具体材料虽近于无知，名目（有的还有价钱）也提供了些知识。又还记得《皇明世法录》《格古要论》有从更远些的地区，由南海或西北陆地运来了各种贵重毛织品，最贵重如"琐服"或"速夫""洒海剌"等等。有部分如"琐服"即说明是长毛头织物，十分贵重。《天水冰山录》中还记载有"西洋布"名称，有的虽还是五百年以前事情，就过去所见材料，竟像是始终还没有从实物得到印象。但是据个人估想，或许从故宫丝绣库藏品以外，依旧可望还有些点滴零星发现，可以和文献结合，供故宫、历博两馆明代文化交流部分填空补缺。名目可列一表，而少量实物则作重点突出陈列。因为比较材料还多，一望而知外来特征何在。至于清代的红蓝卡喇、镜面呢、哔叽，故宫还有相当大量藏品，在当时器物中，如康熙乾隆时使用的蒙古包，记得除边沿用"织金回回锦"外，主要毛织品，似乎就有近似外来物，不一定是当时蒙古织造的。这也得费点时间去作些探索工作，才能和文献互证，具说服力。

关于元代毛织物情况，元代《经世大典》中有个《大元毡罽工物记》，内中有不少重要材料，提起各种羊毛原料名称、和染料名称以及织物名称，加工除织编以外，大致还有用热压法作成的毛毡。《碎金》一书中则提起一些北方穿用名目，可是具体材料也还近于无知，只能知图像反映点滴。例如元代敦煌洞窟壁画一些贵族商人香客的拜垫反映。此外《事林广记》和《饮膳正要》木刻图中，以及明代《三才图会》，即有形象明白如何应用，求进一步即无望。记得旧《故宫周刊》四十多年前曾刊载过些明代档案，内中提起给俺达头目的礼物中有"西藏氆氇"和"蓝青布"等等。这两种纺织物，当时显明对于北方游牧民族说来，都比一般丝绸还得用。也说明藏族纺织工人在毛织物中的贡献，当时即占有个较重要位置。就近廿年在市面和故宫藏品看来，氆氇和驼绒相近，而羊毛实较细软，且经久耐用，染色水平也较高。《红楼梦》似曾提到当时作披风使用，和外来的"猩猩毡"比美。就现有材料分析，花纹计分两大类：一用唐式绞缬法，即撮晕法；一用近似刷印法作成柿蒂纹样，也还是唐代染缬通用技法。另一种则为五色夹织，毛线不起绒，和刻丝作法有类似处，但不见具体花朵五色相错，共同形成虹彩效果。宋人所说的"刻色作"，是否即指的是这一种织法？有待探讨。但织法与刻丝有类同处则极显明。应用多在胸前，如中国古代的"蔽膝"。蔽膝制度来源极远，从商代一石刻人像、一陶俑、二玉人均可证明。周代即转成一种官服制度，分别等级，朱色织绣黼纹为上。南朝宁万寿孝子棺上人像，及《列帝图》，以至于明代朝服均可发现，小花纹则随时变化不同。藏族可说是最后继承者。这种当围裙用的五色织物，北京市商似另有专名，故宫库品签条是否通名"氆氇"？也还有待查看。

又清雍正时彩绘《广舆胜览》，附有西北、西南各少数民族文字说明，曾提及部分兄弟民族纺织刺绣特征，故宫且藏有部分实物，亦有待对比检查。如和故宫另有部分各色丝绸极细薄质加金银丝绸缎，搞一陈列室，可用材料还不少。这种金锦过去部分作为旧画包首而留下的，通称为"倭锦"，实非日本织物。日本锦缎最早交流于中国，据记载，实在三国时的鱼豢《魏略》中，就已道及。但此后即无所知。直到乾隆时，故宫库藏中才有部分捻金大串枝花锦缎，串枝非中国形式，花纹组织和圆明园柱子石刻极相近，金银丝均较粗，捻法也不大和中国传统相同，但缎地则相同，如非意大利织物，也可能成于西欧某一国家，更有可能当时为配合圆明园装饰，如帐幔枕垫，被面椅垫需要，而由外国技师设计出样，而仍由江宁织造督造的。较晚的一种织银的，是否也有部分属于日本来的？有待就存库旧档册查查，或可望得到些比较可靠材料。目前为止，实物虽不少，来源却难言。至于所谓"倭锦"，据旧货铺通称为"回回锦"，这个名称具体含义地域实相当广泛，近指中国新疆，远则可及印度、巴基斯坦，或直到波斯。波斯"捻金绮"来中国，早在《南史》中即提到。唐代文化交流极广泛，但织物却少道及。但到南宋初《松漠纪闻》和《续松漠纪闻》中，却又比较具体提及住燕山以北自营族帐的回鹘织工，除善作捻金织物外，还能织"毛缎子"，及许多不同名目纺织品。元代大织"纳石失"意即波斯金锦。如据元帝后像部分领沿花纹看来，小团窠还是唐式图案。而最近在北京元佛像中发现一个元代织金披肩，材料还是宋代中国浑金织的片金，图案作双灵鹫本近外来。故宫藏有一件唐、五代时锦衣，上面大团窠也作双灵鹫图案。日印《世界美术全集》元代部分似乎也有一片锦作双鹰加阿拉伯文。但现存宋紫鸾鹊大幅刻丝中俊鹊衔花形象已极近似现有元金锦上反映，可知为中国织锦或刻丝采用实不起始于元代。从稍后材料作比较推测，明代有一种大红地作满地葡萄花纹的，大有可能是外来式样或西北回鹘式样。若据《帖木耳事迹》（？）一书中若干彩色生活插图反映，则有些近似印度或中亚建筑墙壁上和门前，多悬挂有一锦旗式的织锦彩锦，作用介于壁挂旗帜之间，多和故宫现存的大量回回锦实物相近似。一般幅度多在二尺三四左右，长在三四尺间，下坠极细捻金银丝繐长约三寸。多近似单幅设计织成，不加剪裁，所用织机也不像中国式。除捻金银丝极细外，还有织法组织也不像中国彩锦提花。有的经纬均较粗，如刻丝双捻线。有的缎地深蓝色细花，又特别细薄，介于中国绸缎之间。就颜色言，则有胭脂红地、焦黄地等均为中国少用。就花纹图案言，有作单株小草花，平平排列，尚近唐式小簇花，或在下脚平列一排，而上部则作小簇散装花，为唐式所少见。以后即少有。又有下排作似兰似水仙之间草花的，不是中国花。总之，局部小簇花还可从敦煌唐壁画中有相似反映，至于成排布置的草花，则中国任何一代丝绸中从未发现过。种种特征均可证明非本国产。以染料之精美和捻金银丝之细致，及织法别致而言，恐又非清代西北地区回族所能及。深紫或较浅之胭脂红及焦黄色，除康熙时新疆制地毯用色有相同点，及康熙时在中国彩色加金锦缎亦出现过少量细捻银丝织物外，其他均难于说明系西北织物，和中国锦缎更少联系。因此它的来源还值得从库藏老档册查查，才能明确。记得在康熙或乾隆时所使用的蒙古包上部，就已剪裁一寸许宽条子使用作为沿边包裹。又这类特种锦缎，原来当时似乎还有入库年代黄字条子，上多某某回王某年进贡，或某年入库，可惜多已和原材料脱离散失。这方面比较材料缺少，因此实物虽不少，却无从进一步明白来源的机会。这就同样有待知识更广博的年青同志，来就实物和有关西北或近东明清两代文化交流的文献，更加上还有机会就中印、阿富汗、伊朗各博物馆陈列品或画迹作进一步研究来解决了。工作当然不免也就比较麻烦些。但是除此以外，求正确解决，大致是无可望的！

清代纺织物的生产，可说已发展到历史最高水平，主要原因由于江浙生产的发展。制丝和染料都有所提高而加精，在图案设计方面，一面既充分利用优秀遗产有所创新，另一面在提花技术和润色艺术上又大有改进，因此得到全面发展，在生产区域上也有了极大改变，除广东、四川、福建外，已集中于江浙三大产地。广东则以外销细花洋色薄质广缎为主。福建以漳绒、漳缎著名。四川成都只以被面锦为重点。官服大量应用的"石青缎子""宁绸"和纱罗，无不料精质美。"天鹅绒"成就更极突出。"鸳鸯缎"则两面提出不同花纹，在缎子类为仅见。先是蟒袍料为整件预织，明代即还有材料保存。清代作得更精致。绒类预件先只见于炕垫椅披杯围，随后才发展到衣物上。绒类衣料均预制整件，只需照样剪裁，即可缝制成衣。单色居多，也有加金彩丝绒。特种彩色袍服，有的用色竟达卅种以上。康熙一代细切金丝竟如发缕，捻金织物亦达到历史最高水平。捻银情况相同，历时三百年犹未走色。有康熙时作特制织金佛披，有宽达二丈见方，上面满缀真珠珊瑚团窠花的。有乾隆时作刻金加彩及织金加彩佛说法图高过八尺宽及六尺，整幅必经三五年始能完成的。又有用孔雀毛捻线铺地子，上用真珠绣大团龙的。天坛大殿里的大丝绒毯，闻说原来均就全殿面积织成，绒头长过二寸，壮观无与伦比。棉布则因靛青染料提高了品质，全国流行蓝地白印花布，各地花色之多，亦为历史少见。西南兄弟民族织绣成就，更是百花齐放，如瑶、黎、傣诸族织绣，无不彩色斑斓，精工至极。有为结婚、给孩子、给情人，一衣一被必经年始完成。苗族刺绣和蜡染，土家族之编织五色被面，无不独具巧思，和色极美，得到高度艺术成果。西北毛织毡毯，西藏细毛织氆氇，均有大量生产，运往北京。丝织物锦绣成就互相转用，且影响到高级细瓷及描金彩漆的色釉品种的增加，和花纹图案的多样化。而南方各省葛麻织物精细，也无不得到共同提高。苏州刻丝仿制宋代名画和种种创新，也为这一品种的生产技术和艺术提供了十分丰富新内容。由康熙到乾隆前后一个世纪有余，到道光后才逐渐下降。有关外销方面，前期高级织物似以赠与为主，商品贸易尚不多。主要出口在广东。直到帝国主义炮舰政策入逼中国后，大量原料的掠夺日益加剧，生丝和绸缎出口也必随之增加，记得在解放后不久，在书市里曾见到光绪六年及廿×年一种海关出口册子，内中有部分绸缎名目和入口染料、毛织物名目，多比较熟习的品种，湖绉或洋绉（乾隆时起始织造多水蓝色，练丝极熟，厚重而柔软，晚清犹有生产）占一定分量。自成一格的"广缎"的不同花色品种，故宫库藏中虽有部分材料，如果能从广东海关晚清出口册子参考，必可望更明确些得知当时出口的广缎名目和数量以及价格方面的知识。广东特制的"香云拷纱"，必有大量行销华侨集中南洋群岛各属，也可能从海关出口册子上得到一些不同品种名目知识。

本文作于 1971 年冬湖北丹江流域。当时作者下放五七干校已届两年，并先后迁移过多次。由于手边无文献可参阅，全凭记忆组织材料，仅留存一份手稿，《沈从文全集》据手稿编入。现据《沈从文全集》第 30 卷编入。

谈染缬

——蓝底白印花布的历史发展

丝绸印花古代名叫"染缬"，加工技术种类多，各有不同名称，后来发展成蓝底白印花布的一种，宋元时就材料说名"药斑布"；就染法说名"浆水缬"。转用到棉布印染，成一般性流行商品时，必然是在明代松江棉布大量生产以后，但其发轫也许会早至公元前，可联系到西南地区织作的白叠、栏杆布上头去。白叠布用木棉织成，栏杆斑布似有织有染，在汉代和西北生产的细毛织物"罽"及"氍毹""毾㲪"同样受人重视。印花丝绸现存较早材料是长沙战国楚墓一件被面，花纹不详悉。其次是西北出土的一片晋代成品，上印重叠斑花，如照唐宋名称，应名"玛瑙缬"。晋缥青瓷作褐斑花的，即和当时染缬纹相通。近于仿染缬而成。

染缬的缘起，《二仪实录》以为："秦、汉间始有，梁陈间贵贱通服之。隋文帝宫中者，多与流俗不同。次有文缬小花，以为衫子。炀帝诏内外官亲侍者许服之。"此书记载史事常多以意附会，不可尽信，惟谈及染缬在六朝流行，隋代宫中受重视，还不太荒谬。《搜神后记》曾提及紫缬事。唐人记载称代宗宝应二年，启吴皇后墓，有缯彩如撮染成作花鸟之状。小说则以为玄宗柳婕好妹，性巧，因发明花缬。《云仙散录》记："郭元振落梅妆阁有婢数十人，客至则拖鸳鸯缬（裙），群参一曲。"白居易诗"黄夹缬林寒有叶"，又说"成都新夹缬"，就实物和文字联系分析，可知染缬盛行于唐代，技术也成熟于唐代。唐代丝织物加工，已使用过种种不同的复杂技术，大致可分成两大类：第一类包括色彩复杂的文锦和两色花或本色花的绮、縠、绫、罗以及花纹突起的"剪绒"，薄如烟雾的"轻容""鲛绡"纱。这些丝织物除剪绒外，其余加工方法，都是在织机提花过程中一气呵成。

第二类包括各种不同的"刺绣"和"贴绢""堆绫""泥金银绘画""染缬"等等。加工方法都是在丝织物成品上或衣裙材料成品上，另外通过复杂手续完成的。

　　唐代中等以上人家妇女的衣裙和家庭日用屏风、幛幔，多应用染缬。现存材料有重要参考价值的，应数甘肃敦煌和新疆发现品，以及日本正仓院部分藏品。从这些材料分析，得知唐代至少已有三种染缬技术普遍流行：即蜡缬、夹缬和绞缬。

　　一、"蜡缬"，就是我们常说的"蜡染"。它又分单色染（图一）和复色染两种。复色染有套色到四五种的。因不同颜色容易相互浸润，花头多比较大，无论是串枝花或团科花，构图饱满，特别宜于作幛子帘幕。元、明时流行的通俗读物《碎金》中记过九种染缬名目，有檀缬、蜀缬、撮缬（即撮晕缬）、锦缬（当指方胜格子式、如旅大所藏残佛幡，现在历史博物馆陈列）、茧儿缬、浆水缬、三套缬、哲缬、鹿胎斑（即宋之鹿胎）。内中说的"三套缬"，大致就指这种生产品，名目似乎也是民间通称，因为根据元明文献记载和明初丝织物分析，元明人实在已不生产这种高级印染丝绸。近来常听人说现代西南蜡染从唐代蜡缬发展而出，事实或者正相反。西南蜡染原有个更久远的传统，应从木棉织物的栏杆斑布算起。唐代蜡染技术上的成就，决非某人发明，很可能是从西南兄弟民族方面传入中原加以发展的结果。到宋代中原蜡染技术在应用上已日趋衰退时，西南民间却依旧流行蜡染，名"点蜡幔"，和广西黎、瑶族精美提花棉布"黎单"同为人民爱好。又朝鲜在唐代从中国传去的染缬法，北宋时也还流行，应用到普通幛子类。《高丽图经》二十八："缬幕，非古也，先儒谓系缯染为文者谓之缬。丽俗今治缬尤工，其质本文罗，花色即黄白相间，灿然可观。其花上为火珠，四垂宝网，下有莲台花座，如释氏所谓浮屠状。然犹非贵人所用，惟江亭客馆于属官位设之。"

　　染缬由于技术条件限制，图案纹样和锦缎多不相同，即同一种图案，和色效果也不一样。唐代蜡染的图案式样，除实物外，在绘图中还有些线索可寻，例如宋徽宗摹张萱《捣练图》中有两三位妇女衣裙，就属于染缬中的蜡缬或夹缬。《虢国夫人游春图》中也有几个骑马人衣服是蜡缬，不是锦绣。史传称：开元天宝之际，杨氏一门得宠，小器易盈，争学奢侈，贵妃用刺绣工七百人，杨氏诸姨则用金玉锦绮工达千人。记载虽容易夸张失实，但由于当时统治阶级的奢侈糜费形成一种社会风气，染缬的花样翻新，可能和这个时期关系格外密切。此外唐陶俑表

图一　唐　蓝色蜡缬绢（新疆吐鲁番阿斯塔那古墓群出土　印度新德里国立博物馆藏）

现着染缬的也相当多，唐三彩常用的花斑和宋人所说的"玛瑙缬"，技术处理实有相通处。敦煌壁画中佛菩萨的穿着、经变故事和供养人的部分穿着，以及藻井、屏风、幛幔上都还保留下许多重要参考材料，值得我们注意。

唐代不仅妇女衣裙用染缬，男子身上的袍袄同样有使用它的，如《张议潮出行图》中的兵卫仪从骑士，身上穿红着绿，染缬就占相当重要分量。北宋帝王出行身前有两万多御前步骑队伍护卫，照《宋史·舆服志》和周必大《绣衣卤簿图》记载，其中一部分就必须着某种花鸟兽染缬团衫。这种染缬团花小袖齐膝袄子以及花缬帽，还是根据唐"开元礼"制度而来的，可知开元时就有用染缬作军服的制度。又敦煌晚唐《劳度义斗圣图》中几个举袖迎风的妇女和另外坐在一旁几个披袈裟的罗汉僧徒，也同样有着染缬的。女的身上所着名叫"团窠"缬；罗汉身上披的袈裟，作水田方罫山水绉折纹的，照唐宋习惯应当叫作"山水衲缬"。水田衣的使用，当时算是一种时髦。

二、"夹缬"（图二）的制法，是用镂空花板把丝绸夹住，再涂上一种浆粉混合物（一般用豆浆和石灰作成），待干后投入染缸加染，染后晾干，刮去浆粉，花纹就明白现出，宋人笔记说的"药斑布"，《碎金》说的"浆水缬"就指这一种。

图二 唐 夹缬残片（法国巴黎吉美博物馆藏）

说它是蓝底白印花布的前辈，大致是不错的。这样作成的染缬，花色必浅于其他部分；如用花板夹住，直接于镂空处用颜色刷染，花色就深于其他部分。后者虽也叫染缬，但材料可并不曾入过染缸（三套缬中可能也有用刷染法加工的）。这种染缬必用花板，较早的记载有北宋张齐贤著《洛阳缙神旧闻记》称："洛阳贤相坊，染工人姓李，能打装花缬，众谓之李装花。"其次是《宋史·舆服志》载政和二年诏令："后苑造缬帛，盖自元丰初，置为行军之号，又为卫士之衣，以辨奸诈，遂禁止民间打造。令开封府申严其禁，客旅不许兴贩缬板。"到南宋后已解禁，所以朱熹文集中攻弹唐仲友文即说到假公济私，用公家缬板染私人彩帛事。又《梦粱录》谈临安市容时，说到许多彩帛铺，所谓彩帛，部分即印花缬帛。

　　用此法印到布上的名"药斑布"，相传出于宋嘉定中归姓，《图书集成》引旧记称："药斑布出嘉定及安亭镇，宋嘉定中归姓者创为之。以布抹灰药而染色，候干，去灰药，则青白相间，有人物、花鸟、诗词各色，充衾幔之用。"（《图书集成》卷六八一，苏州纺织物名目）这种印花布，明、清之际又名"浇花布"，同书松江条称："药斑布俗名浇花布，今所在皆有之。"

又夹缬和蜡缬用同一技术加工的，有《岭外代答》所记"瑶斑布"："瑶人以染蓝布为斑，其纹极细。其法以木板二片，镂成细花，用以夹布，而熔蜡灌于镂中，而后乃释板取布，投诸蓝中。布既受蓝，则煮布以去其蜡，故能受成极细斑花，炳然可观。故夫染斑之法，莫瑶人若也。""瑶人……或斑布袍裤。妇人上衫下裙，斑斓勃蔚，惟其上衣斑纹极细，俗所尚也。"

三、"绞缬"（图三），是把成匹丝绸或衣裙成品，照需要把某部分用线缚着、缝着或作成一定襞折，用线钉固，染后晒干，再剪去线结，就自然形成一定图案，有蝴蝶、海棠、蜡梅、水仙等等简单小簇花样。最简便的是唐人所谓"鱼子缬"，比较复杂的则为"撮晕缬"。宋人笔记所谓"撮晕花样""玛瑙缬"，《碎金》中提起的"鹿胎缬"，大都和这种染缬分不开。一般说来，绞缬作法比较简便，并且能随心所欲作成个人爱好的花样，不受缬板限制，因此在当时人应用上也就相当普遍。不过既然非商品生产，容许个人匠心独运，出奇制胜，又必然有人会逐渐把它作得极其精美。绞缬和其他染缬一样，也可使用套色加工。"撮晕"和"鹿胎"在北宋都特别提出加以法律禁止，反映出这类高级染缬，加工技术必相当烦琐不下于套色蜡染。

"鹿胎"似以川中生产特别讲究，观史传禁令可知。《宋史·食货志》："诏川峡市买场、织造院，自今非供军用布帛，其锦、绮、鹿胎、透背、六铢、欹正、龟壳等段匹，不须买织。"又仁宗天圣时，诏减两蜀岁输锦、绮、鹿胎。透背……景祐初……其后岁辄增益梓路红锦、鹿胎。庆历四年复减半。

撮晕虽已知为染缬类，"鹿胎"一名过去却少有人明白是什么。从比较材料分析，可推测属于染缬，花纹属于梅花斑，以紫红为主。《洛阳牡丹记》称："鹿胎花者，多叶紫花，有白点，如鹿胎之纹。故苏相禹圭宅有之。"可知鹿胎为紫地白花。《牡丹记》又称："鹿胎红者，……花色红，微带黄，上有白点如鹿胎，极化工之妙。欧阳公花品有鹿胎花者，乃紫花，与此颇异。"可知也有红地白斑的。又宋人著《洛阳花木记》，说芍药中有："黄缬子、红缬子、紫缬子、白缬子"四种。可知有用芍药花样的，至少且有黄红紫三色。至于白缬，注明为千叶白花，又可知花是本色，底子染绿。又"一捻红"系"浅红中有深红一点，易作缬"。《芍药谱》说，红色深浅相杂，类湖缬，得知湖缬系深浅红相杂。宋代工艺图案重写实，从对这些花的著录中也可得到缬和鹿胎基本纹样若干种面貌。

又鹿胎紫的花纹，实创于六朝，相传陶潜著的《搜神后记》，就提到这种花缬："淮南陈氏，于田中种豆，忽见二女子，姿色甚美，着紫缬襦，青裙，天雨而衣不湿。其壁先挂一铜镜，镜中见二鹿……"镜中是鹿，可知身着紫缬即作梅花斑。

唐代机织工人，已经常能够织造配色华美、构图壮丽的锦缎，达到高度艺术水平。且能织金锦。用小簇花鸟作主题的本色花绫，又因为和当时官服制度相关，更容易得到全面发展的机会。染缬和刺绣虽然同属于丝绸加工，在应用上却相似而不尽同。贵族妇女衣裙，歌妓舞女衣裙，凡是代表特种身份或需要增加色彩华丽效果时，服饰加工多利用五色夺目的彩绣、缕金绣和泥金绘画。这些大量反映在唐人诗歌中，从诗歌描写中考查，我们还可知道这种高级丝织物加工的主题画案，经常用的是什么花、什么鸟和某几种常见的昆虫。这些花鸟昆虫形象和表现方法，现存实物虽不够多，可是另外却留下许多十分可靠的样稿可以参考，最重要的是大量唐代青铜镜子上的花鸟浮雕。绞缬法极简便的是十字纹样，明清有的地方性纺织物中，还采取这种绞缬法加工。图案充分保留唐代风格的，惟西藏人民织造的五色"氆氇"，特别有代表性。

应用染缬在唐代既有一定程度的普遍性，它不会不影响到其他工艺部门。显

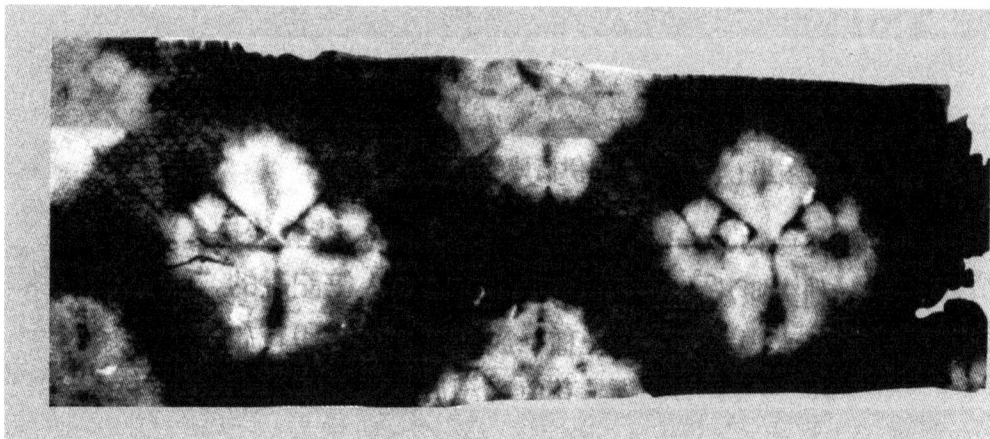

图三　唐　绞缬朵花纹罗（新疆吐鲁番阿斯塔那古墓群出土）

而易见的是它和当时三彩陶器花纹彩色的相互关系。有些三彩陶的宝相花和小簇花，都可能是先用于丝绸染缬，后来才转用于陶器装饰的。正如同一般说的搅釉木纹陶，实出于犀毗漆的模仿。

染缬多宜于用在熟软薄质丝绸上。一般染缬多用青碧地，正如《唐史》所称："妇人衣青碧缬，平头小花草履"，是某一时期流行制度。从出土三彩俑上还可看到一些青碧缬衣裙的基本式样。但唐人已习惯用红色，由退红（又名"不是红"，和"肉红""杏子红"相近）到深色胭脂红，红色实包括了许多种不同等级。部分花缬必然是要利用这不同等级的红色形成美丽效果的。古代红色染料主要是紫草和红花，宋代以后才大量从南海运入苏木。红花出西北，所以北朝以来有"凉州绯色为天下最"的记载。但到唐代红花种植已遍全国，四川也有大量生产，所以蜀锦多红地。其实唐代不仅蜀锦著名，蜀中染缬也有一定地位。唐《韦绶传》就称：帝尝过韦绶院，时天寒，绶方寝，帝覆以妃子所着蜀缬袍而去。白居易诗又有"成都新夹缬"句子赞美蜀缬。史称后唐庄宗派宦官白正嗣入蜀监军，还时得文锦五十万匹。后些时期孟昶投降于宋，库入绫锦彩帛数目加倍多。这是大量丝织物中的彩帛，照唐代习惯，是所谓染彩为纹的丝织物，也就应当包括有各种时新花纹的染缬。

染缬图案不断在发展中，但受材料和技法限制，照例保留下更多更美观简便的花样，到后来继续流行。唐宋过渡期在五代，陶毂《清异录》称："显德中创尊重缬，淡墨体，花深黄。二部郎陈昌达，好缘饰，家贫，货琴剑作缬帐一具。"由于爱好，甚至把穷书生的琴和剑都卖去，换一项时新染缬帐子。这一面反映社会风气的影响，另一面也说明染缬的新花样。这种深色地的花缬，到北宋时还流行，后来被政府用法令禁止，技术才失传。宋锦中有"紫方团白花""褐方团白花"等等名目。按锦织不出这种花样；如从染缬去研究，则还有些线索可寻。《宋史·舆服志》载天圣三年诏令："在京士庶，不得衣黑褐地白花衣服并蓝、黄、紫地撮晕花样。妇女不得将白色褐色毛缎并淡褐色匹帛制造衣服，令开封府限十日断绝。"诏令中举的黑褐地白花衣服及蓝、黄、紫地撮晕花样，都明指染缬。一种日用生产品由政府用法令禁止，可知成品流行必相当普遍，生产又相当费工。

北宋染缬禁令中，还有禁止"跋遮那缬"一项，初步研究知道"跋遮那缬"指的应当是一种加金的印染丝绸。至于这种高级丝织物加工技术，是否和当时新疆金绮工有关，或者直接和隋代西域名画家"尉迟跋质那"尉迟甲僧乙僧之父有关？我们一时还难解决。这里已涉及北宋染缬问题。前边曾提到北宋在某一时期中，曾禁止民间使用染缬，市上出售装花缬板的商人也算犯罪。这种创于五代，流行宋初，深色地黄白花的染缬，因受禁止而断绝，我们是否可从别的线索得知它的花纹图案基本调子？新出土材料特别重要的，是虎丘塔中经函中发现那几片三凤团花碧罗缬经袱。因为一切还具有唐代规格。以个人意见，直接材料虽不多，间接比较参考材料最重要的还是陶瓷，例如北方山西晋阳窑、南方福建建阳窑、江西吉州窑，几种深色黑紫釉印花点碗盏，有作银星斑的，有作黄兔毫斑的，有作玳瑁皮或鹧鸪翅斑的，有作犀皮漆中波罗斑的——特别重要是吉州窑烧造的紫褐釉印黄白花鸟三凤或方胜如意的茶盏花纹，图案组织基本上还是唐代式样，和染缬完全相通。由此启示，得知当时的确必有这种深色底子黄白花的染织物存在而且流行，才同时或稍后能具体反映到陶瓷制作上。

本文曾发表于《文物参考资料》1958年第9期，署名沈从文。1960年和1986年5月，分别收入北京作家出版社和商务印书馆（香港）有限公司出版的两种《龙凤艺术》专集。后《沈从文全集》据商务版《龙凤艺术》编入。现据《沈从文全集》第30卷编入。

从文物中所见古代服装材料和其他生活事物点点滴滴

人人都穿衣吃饭，关于古代这方面问题，我们知识却不大具体。尽管在奴隶社会阶段，统治阶级的剥削基础，就和粮食布帛聚敛分不开。先秦文献中还留下许多记载。不过孤立从文献求索，总不大好办，特别是关于发明与发现多不足信。文献不足征处，更不免茫然。因此历来专家学人，不外用两种态度对待：一是"信古"，肯定旧传说，增饰新附会，把一切发明与发现都归功于个人，《古今注》《路史》《事物记原》等因之产生。二是"疑古"，觉得三代事难言，不加过问。影响到后来，于是人多乐意务虚，抽象谈社会结构。至于从务实出发，作探讨工作的便较少。经过近年考古工作者共同的努力，古代人从新石器时代或更早一些起始，如何使用木、石、骨、角工具，慢慢学会种植庄稼，驯养六畜，改善定居生活条件。同时又适应这个新的需要，发明陶器，来处理谷物成为熟食。谷物类生产品种是些什么也有了比较明确知识。而陶器则由烹煮食物进而为熔金铄石，冶炼出金铜铅银铁，生产工具因之又如何逐渐衍进。有关吃的问题，凡事从实际出发，慢慢的便理出点头绪来了。至于穿衣打扮事情，还是不大搞得清楚。现在想就出土文物，初步试来作些常识性综合分析。至于进一步深入探索，抛砖引玉，实有待海内专家学人共同努力！

史传称伯余作衣，又说黄帝垂衣裳而天下治，至于养蚕，则推为黄帝妃子嫘祖所发明，这种种和其他一切发明，极少有人否认过。事实上它和别的生产发明相差不多，全是由于古代人民共同需要，和自然长期斗争，劳动经验逐渐积累得来，决不是某一人能凭空发明的！但是衣的定型、制作出一定式样，在原始社会组织取得一定进展后，随同形成一种习惯，却是有可能的。

　　根据四川资阳人遗物中一根细长完整的骨针，我们可推想当时人就为了御寒和生产上的便利，已有了穿衣服的要求。因为针的发明是满足这种要求而出现的。如果这支骨针和其他遗物确在同一地层，那已经是过若干万年的事情了。当时穿的是兽皮还是植物纤维的布匹？我们还少知识。但是针孔相当细，决不会是把皮革割成的小条子能通过，因此捻取细纤维作线的技术，也必在有孔纺轮出现以前，即已掌握。而布的起原，实从编织渔网得到进展，编网知识又系从蜘蛛结网得到启示，《淮南子》所说，倒还有点道理！早期的织机可能是"地机"，原物虽未发现，近年云南石砦山出土铜器上，却还留下些二千年前的式样，现代我国比较偏僻的生产落后区域，也还留下些活的标本，一般还是坐在地下织的。综、筘、梭子发明以前，提线必用手，压线则借重骨或石工具，编织较窄的腰带，牛肋骨已极得用。若织面阔及尺的布，即嫌压线不紧实。因此地下发现较长大薄刃石刀具，古代除了使用它来鞣制皮革，可能也和织机压线发生联系。后来由石到玉进而成璋或某一式圭，则已在实用外兼有象征性。但是海南岛一类地区，却在十八世纪，还用作织布工具！琮的应用出现较晚，一般大型青云琮，多长约八寸外方内圆，分段刻划纹道。照史志所说，为妇女所主，为祭中溜之神物。如联系纺织周代以来即称为"妇功"，而琮的应用，近人以为和织机或有一定关系，推测或许还近理。这类大型玉琮多传为周代礼器，如和织机关系密切，则显然这是一种西周以来出现的坐式竖机了。因为地机卷轴是用不上的。从琮的出现，我们还可看出人类最早的垂腿而坐，和生产劳动关系十分密切。织布以外车磨铜器，雕琢玉器，为操作便利，大都有近似织机需要，即共同促进了古人生活习惯的改变，实和生产需要有一定关系。这自然只是一种推想，因为唯一证据，只有汉石刻几个机织形象，包括了曾母投梭、孟母教子和天孙织锦一些故事传说的图像在内。至于第二阶段坐具的进一步改变，和妇女专用鼓式墩子的产生，则显然是由战国熏香笼篝汉代熏笼衍进而来，而社会上得到认可成为一般起居习惯，已是唐宋时事了。笼篝多编竹而成，或有两式，应用虽始于战国，盛行于汉晋之际，留下较早的形象，却只有在北朝石刻上可发现，作成腰鼓式。唐代有个三彩女俑，坐的还是相同样子。到宋代则一般作墩子式了。直到明代，不问法花瓷或处州青瓷，或描金雕漆，墩子依旧必下部镂空，上面绘饰成一块绣帕四角下垂样子，还是照熏笼作成。

《尔雅》是中国二千三四百年前一部古文字学专书，内中有许多记载都十分重要。关于古代养蚕业的进展，也有较新较现实提法。称蚕有萧、艾、柞、桑等等不同品种，即反映一种社会发展的真实，说明养蚕知识的获得，是经过许多人用各种草木叶子在长期试验下，才明白山蚕宜在柞树上放养，家蚕必饲桑叶才会有较好收成。从这一认识前提出发，结合文献，我们说穿衣当成一种社会制度，养蚕当成一种社会生产，大约是在由分散的部族社会到那个部落联盟的原始社会成熟期的黄帝时代才逐渐形成，同样的话却有了较深刻意义！至于当时人究竟如何穿衣，文献叙述多出于周代史官，必需把保留在较前或较后各种形象材料加以印证，才可望得到些比较近真落实的印象。

史称三皇五帝，历世绵邈，有关形象知识，目下我们只能从一千八百多年前一些汉代石刻得到点滴。结绳记事燧人取火的情形，虽近于汉人想象。武氏石刻把五帝却画得相当古朴，即同样出于想象，究竟比单纯文献有意思得多。因为那几个人的衣服式样，和近年出土三千年前殷商时代的还有个共通点，一般特征为齐膝长短，穿裤子（若照某些传记述说，则汉代人才穿裤子），为便于行动和劳作，说这种衣装和原始社会生活要求相适合，大致不会太错。

商代还有如下一些材料可以比证参考：

第一是两个雕玉人头像，重要在他们的头上装饰。男子戴平顶帽子，初看似乎有些令人相信不过，其实形象并不孤立存在，同时或稍后，这种帽子都有发现。女的重要是她的发式，借此明白头上骨或玉笄的应用，商代至少已有二凤相对竖插和一支横撇两式。双笄对插比较讲究。曹植诗"头上金雀钗"反映到《女史箴图》中的情形，还是商代用笄制度的沿袭。下垂蚕尾卷发，直到战国还有地方妇女习用。只可惜背后不知如何处理。这些精美雕玉正产生于历史上的纣王妲己时代。至于纣王形象，目前还只有日本学人过去在朝鲜发掘的汉墓里一个彩绘漆筐边沿上发现那一位。他正坐在一个有屏风的矮榻上，像旁还明署"纣王"二字，两手作推拒状，作成《史记》所称"智足以拒谏，辩足以饰非"的神气。神气虽还活泼，可是个标准汉代贵族样子。至于妲己的装束如需要复原，从那个雕玉女人头像，却可得到较多启发！

第二是这个白石雕刻的人形，头戴锦帽，身穿锦衣，是有点醉意朦胧样子。

如不是个最高奴隶主，也应是个贵族。但亦可能只是随身奴仆，因为用珠玉饰狗马，在商代墓葬中即已发现，一个奴隶弄臣穿得花花绿绿，是不足为奇的。衣服肯定原仿锦绣而作，从联系和发展得知。商代的铜簋、白陶壶，和较后一时的铜车轴头，镜背，空心砖边沿，都有相同装饰纹样出现。一个长沙出土的战国彩俑，衣边上且分明画上这种花纹，恰和文献中"锦为沿"相符。（真正的锦缎只早到唐宋，名字或应当叫矩纹锦。它的织法实源远流长。至于为什么较早的锦是这种连续矩纹？我们说，大致和编织竹簟有关，和宋代青绿簟纹锦同源异流。竹簟用连续矩纹或方胜格子，技术操作比较容易。）商代已能织出极薄的绸子，也能织出有花纹的锦缎，但较多人的身上，大致还是穿本色麻葛或粗毛布衣服。一般奴隶或俘虏身份的人，如像第三个手负桎梏的一位，穿的自然是件粗布衣。

两者身份地位尽管不同，但衣服长短过膝，倒像是共通趋势。这一点相当重要，因为承认衣才齐膝或过膝原是一种传统制度，我们才不至于把春秋战国时出现的这种衣服，不求甚解一律归入"胡服"。

第四五都是雕玉，出土情形不太明确。给我们的启发是他们头上巾子和西南苗彝族装束那么巧合。其实若从图案花纹去探索，用商代规矩图案和近代苗彝编织物图物比较，相同处我们发现将更多！这不足为奇，生产条件和工具决定了生产式样，也有时形成了美的意识，这是过去我们较少注意到，目前却明白了的。

西周是个讲究制度排场的时代，史称周公制礼作乐不会完全是空谈。一面是宗法社会的建立，确定等级制度排场有其必要性。另一面由于生产发展，丝、布、铜、漆日益加多集中到皇室贵族中，有了个物质基础。因此周公尽管提倡节俭，要贵族子弟明白稼穑之艰难。可是打发诸侯封君就国，还是除沿例领取大片封地、占有大量农奴外，并且还可得到一些手工业奴隶，又可得到特赐一份华美衣服、车马旗帜，宗庙祀事礼乐铜器，以及作为压迫工具和象征权威的青铜兵器圭璋璜璧诸玉物。统治者日益脱离生产劳动，成为"治人"的身份，衣服放大加长用壮观瞻，必然是在这个历史阶段中出现。相传虞书帝王冕服十二章的绣绘文饰，也应当成熟于此时。但是三千年来做皇帝的总还欢喜遵照古制打扮，直到袁世凯还要人做下一份衣样子，准备登基！事实上冕服最早的式样，目前为止，还只有从唐代列帝图和敦煌画留下那些形象，比较近古，宋人《三礼图》、明人《三才图会》即已多附会，去古日远，清代更难言了。但是从习惯说，戏衣上的龙袍，还应当说是一脉相承。真正的复原，几种新的战国人物形象，和西汉壁画，东汉石刻，以及周初铜、玉、漆、丝文样，已为我们准备了些有利条件。经过一些探索比证，大致还是可望部分恢复本来的。

衣服等级的区别，一面可看出西周社会的拘板定型，另一面也必然影响到社会生产的停滞。破坏它得到新的进展，是春秋战国，随同土地所有制变化，与生产发展、商品大量交流而形成。

同样是在不断发展变化中，也看需要而有所不同，譬如作战穿的衣甲，到春秋时虽发展了犀甲、合甲、组甲许多不同材料不同制作，长短大致还是以能适应当时战争活动为主，不会太变。例如保护头颅的铜盔，商代的就和春秋战国时差不太多。但是兵器中的戈的形制和应用，却已有了较大变化。商代一般战士，戈大致有两式，长柄的单独使用，短柄的则一手执戈、一手执方盾，是通常格式。春秋以来则剑盾为一份，戈柄已和矛柄部分同长，有的或加个矛头成为专用勾、啄刺三或两用兵器了。到战国时，好些戈戟并且已逐渐脱离实用价值，只从艺术出发来考虑它的造形美了。到汉代于是又一变来个返璞归真，一律简化成为一个"卜"字式。（至于我们从戏文中所常见的方天画戟，却是起始于唐代宗教画天王所使用的！）衣的形式改变，主要还是在某些上层人物。根据目下材料分析，我们知道儒家的宽衣博带好尚，本为好古法先王主张而来，同时人常多当成一种拘迂行为看待的。因此估计一般上中层分子，平时衣服必然还不至于过分拖拖沓沓。但部分坐朝论道不事生产的人物，即不完全同意儒家迂腐主张，还是不免已经有些拖拖沓沓。这从近年发现的材料，多了些证明。至于从事各种生产劳动的平民便装，一般还是长可齐膝为通例，从统治者看来，则为野人之服、舆台之服，区别日益显明。至于那些无事可作或一事不作的贵族，在一身装扮上格外用心，如何穿珠佩玉，文献记载虽多，形象反映给我们的知识还是不够落实。例如说，儒家"君子无故玉不去身"和"玉有七德"的说法，到战国时已相当成熟，上下一时把玉的抽象价值和人格品德结合起来，也因之把玉的具体价值提得高高的，影响刺激到当时雕玉工艺的高度进展。三门峡虢墓得到几份成组列的佩玉，虽已知道它们在人身上的大略位置，洛阳金村韩墓，还发现过一份用金丝纽绳贯串的成组精美佩玉，辉县和其他发掘，也得到好些当时小件成系佩玉，传世又还有千百件战国玉龙佩和其他雕玉可供参考，郭宝钧先生即根据出土情形作了些复原图。

但是希望更具体些明白它们如何和那些加工特别精美镀金嵌珠的带钩，讲究无比的玉具剑，共同加在以五色斑斓华美耀目的文绣袍服上，结合一起形成一种惊人炫目的艺术效果，如《说苑》所叙襄成君给人特殊寄生虫印象，我们还是不易想象的！知识不足处，实有待进一步发现，才能综合更多方面文物，一一加以复原。即此也可以肯定，过去几千年来学人感到束手的事情，到我们这个新的时代，由于条件不同，有必要时，终究还是可以从客观存在认识出发，一一把它弄个清楚明白！

和周初衣服制度有密切关系的历史人物，是封于山东鲁国的周公。周公的形象虽无当时遗物可证，但是汉代在儒学兴盛提倡厚葬的制度下，山东地方的石刻，却还留下三四种各不相同的周公样子，有一个在曲阜发现的还是立体的。作为周公辅成王的历史主题而作成，胖胖的周公宽袍大袖，抱着个小婴孩，我们似乎可以用一个有保留的态度来看待这些材料。就是说形象未必可靠，部分服装还是可靠。因为凡事总必上有所承而下有所启，正如孔子所说"殷因于夏礼，周因于殷礼"，说能知其损益，就必有所损益。孔子所知道的我们虽难于尽知，但是目前还有不少春秋战国和西汉形象材料，新近发现，为我们提供了许多证据，也启发了不少问题，值得注意！

极有意思是近年山西侯马出土的一批陶范中几个人形，搞文物的看来，会觉得有些面熟，不仅衣服依旧长短齐膝，花纹也并不陌生，有一位头上戴的又简直和商代玉人及白玉雕像十分相似，一个短筒子平顶帽。商代白石像系腰是个大板带，这一位腰间系的是根丝绦带，带头还缀上两个小小圆绒球，作成个连环套扣住，得知这两种系法都是不必用带钩的。这个人的身份虽同样难于确定，不是"胡族"却一望而知。因此赵武灵王所易的"胡服"，必得另外找一种式样才合适了。至于这一式样和时代或许略晚见于洛阳金村遗物中的几个银铜人装束，我们可以说实"古已有之"，因为汉石刻大禹等已穿上，至少从汉代儒家眼光中，是决不会同意把胡服加在著名的大禹身上的。何况商代实物又还有陶玉相似形象可证。《史记》上所谓胡服，记载既不甚具体，我想还是从相关文物反映去寻觅，或许还比较有一点边。时间较早是保留到战国或西汉匈奴族青铜饰件上的各种胡人装束，时间稍晚是保留到东汉墓中一个石刻上作的胡族战事图像。前者多于蒙古一带地区出土，后者却显明作成高鼻深目样子，但是一作比较，于是我们不免感到混淆起来了。因为这些胡族人衣着长短，原来和商代几种形象倒十分相近，正和那些羊头削及盾上带铃弓形铜器和商代实物相近差不多。由此联系，我们似乎可以不妨且作那么一种假定：即以游牧为主的匈奴服制，本来和商代人的普通衣着相近，或曾受过中原人影响。到周代，社会受儒学渲染宽袍大袖数百年成社会上层习惯后，我们不免已有些数典忘祖。赵武灵王学回来的胡服骑射，重点本只重在"骑射"，至于胡服，则一面始终还流行于各行各业劳动人民习惯生活中，正所谓"礼失而求诸野"！这种推测也许不一定全对，惟根据材料分析，却似乎差不多远。

西周以来，上层分子寄食统治阶级衣服日趋宽博，大致是一种事实。但在共通趋势中也还是有分别。并且在同一地区，甚至于同一种人，也还会由于应用要求不同，形成较大差别，不能一概而论。相反又会有由于一时风气影响，而得到普遍发展的。前者如从大量战国楚俑和画像分析，至少即可知道衣服式样便有好几种，长短大小也不相同。后者如传称楚王宫中女子多细腰，事实上新的发现，楚国以外许多材料，表现舞女或其他妇女，也流行把腰肢扎得细细的习惯。特别是一种着百褶裙反映到细刻铜器上的妇女或男子，反而比反映到楚俑和漆画上的妇女束腰更细一些。这类铜器在山东、山西、河南均有发现，它的来源虽有可能来自一个地方，不在上述各地，但当时善于目挑心招能歌善舞的燕赵佳丽，临淄美女，装束还是不会和它相去太远。以相传洛阳金村出土一份佩玉中两个小小玉雕舞女，作得格外出色。

如把这类材料排排队，就目下所知，大致信阳楚墓出土东西比较稍早一些。联系文献解决问题，长沙楚墓出的彩俑和漆画、帛画，以及河南山西山东发现薄铜器上细刻人形，材料却丰富重要得多。

信阳大墓发现了不少大型彩绘木俑，初出土时闻面目色泽还十分鲜明，如不即时摹绘，大致已失去固有色调多日了。重要还在那个漆瑟上的彩绘种种生活形象，有高据胡床近于施行巫术的，有独坐小榻大袖宽袍的统治者，有戴风兜帽的乐人，有短衣急缚的猎户。人物画的虽不怎么具体，却神气活泼，形象逼真。总的漆画上胡床的出现，和墓中三百件漆器中一个近似坐几状木器实物的发现，为我们前面说到过的垂腿而坐的事情，至晚在春秋战国时即已有可能出现，多提供了些证据，却比目下文献所说，胡床来自汉末，席地而坐改为据椅而坐，直到唐代中叶以后才实行，已早过五六百年或一千三百年不等。

长沙楚墓的发现，丰富了我们对于古代人生活形象知识更加多。首先是那个特别著名舞女漆奁的发现，上面一群女子，一例着上袖口衣脚均有白狐出锋长袍，腰肢都细细的，面貌虽并不十分清晰，还是能给人一个"细腰白齿"印象。宋玉《招魂》文中所歌咏的妇女形象，和这些女人必有些共通点。另外是许多彩绘木俑，试挑出两个有典型性的看看，男的是个标准楚人，浓眉而短，下巴尖尖的成三角形，胡子作仁丹式，共同表现出一种情感浓烈而坚持负气个性鲜明神气。近年发现楚俑多属同一类型，引起我们特别注意，因为这是屈原的同乡！如作屈原塑绘，这是第一手参考材料！女子重要处在颊边点胭脂成簇作三角形，可以和古小说《青史子》及刘向《五经通义》引周人旧说相印证。照各书记载，这是和周代宫廷中女子记载月事日期的标志有关。胭脂应用即由之而来。比唐人的靥子、南朝人的约黄、汉代的寿阳点额，都早过千年或大几百年！衣分三式，都不太长，一种绕裾缠身而着的，显明较古，到汉代即已不复见。履底较高，和长沙出土实物可以印证。衣服边沿较宽，材料似乎也较厚，可证史传上常提起过"锦为缘饰"的方法。武士持剑、盾则衣短而缚束腿部，才便于剡疾锐进，秦末项羽的八千子弟兵，大致就用的是这种装束。可惜的是一份木雕乐伎已朽坏，只留下个轮廓，难于用它和河南汲县、辉县等处所得细刻铜器乐舞伎服装印证异同。另外在一片绢帛上还绘有一个女子，特别重要处在那个发髻，因为同时同式只在辉县出土的一个小铜妇女和时间可能稍晚一些骊山下得到的一个大型灰陶跪俑上见到，同是发髻向后梳的古代材料。近人说帛画上绘的是个巫女，或出于片面猜想。因为另外两个人形，均显明都是家常打扮。和信阳漆瑟上的反映及另一楚帛书上四角绘的神像反映，情调毫无共通处。自古以来巫女在社会上即占有个特殊位置，西门豹投于河里的，和屈原《九歌》所涉及的，是不是还有点线索可寻？较晚材料应当是南方出土一些西王母伍子胥神像镜子上的舞女反映，比较近真，因为一面还和《三国志·陶谦传》及《曹娥碑》记载中提及的抚节弦歌婆娑乐神相合，一面且和《西王母传》《上元夫人传》记叙玉女装束有关，至少可以说是一个越巫样子。用它来体会先秦九巫形象，终比凭空猜想有些根据。楚俑男女头上一个覆盖物多如羽觞样子，可惜经过摹绘，具体形象已难明白。惟文献上曾有"制如覆杯"记载，羽觞恰是当时唯一杯子，因此这个头上安排也特别重要。女子背垂长辫中部多梳双鬟，到西汉时出土俑也有用一鬟的。传世《女史箴图》有几个女子还梳同样发式，当时大致这已算是古装，晋代人是不会这么打扮自己的。这从一系列出土俑（如江苏南朝俑），和略后一时的砖刻（如邓县画砖），壁画（如敦煌画），石刻（如《十七孝子棺》），绢素画（如《洛神赋图》《北齐校书图》），可以明白北朝时"华化"，所仿的正是两晋制度，不会比汉或更早！

战国时文物第三部分人物形象是洛阳金村韩墓出的几个银铜小像，一个男子和一个梳双辫弄雀女孩，衣服都短短的，女孩衣服下沿似乎还有些襞折。男女均如所谓"蒙古型"，脸型宽厚扁平，因此即以为是"胡人胡装"，值得进一步研究。短衣不一定是胡装，已如前节所述。稍后一些胡人多高鼻深目，发且褐黄，这从文献记载，及近年诺因乌拉与罗布淖尔实物的发现，与新近沂南汉墓石刻反映，三者结合印证，可以得到一点比较全面认识。相反的，倒是从商代起始，铜玉上反映均有"蒙古型"的脸孔出现。另一说即这个人的额饰，如着一小勒，有物下垂，非中原所固有。这也难说即是胡人。因为一切有个联系，不能孤立。近年四川出土大量汉俑，即有一式把额前加一勒子式织物，前作三角形的。这部分加工，事实上历来都成为装饰重点，不过随时有所变化罢了。例如北朝则作三五螺髻，如《北齐校书图》中女侍所见，显明受了点佛教影响，由于东晋以来关于佛发传说，就常提到"向右萦回，色作绀青"等等。到唐代则流行诗人所歌咏的"常州透额罗"，形制处理则如敦煌画《乐廷瓌夫人行香图》，其家庭子女中有一位的装扮，极凑巧也是搁在额前那么尖尖的，但来源却应说是"幂䍦"或"帷帽"一种衍进或简化。因为幂䍦或帷帽本来的式样，还好好保留在一些唐代陶俑及唐人绘《蜀道图》几个骑马妇女头上，那是标准的式样，和文献记载完全相符合，后人是作伪不来的。明代嘉万以来又流行"遮眉勒"，还是那么一道箍式，惟前端尖处多嵌了一粒真珠，明人绘画中都经常发现这么打扮。清初还在民间流行，清宫廷中的四妃子像和《耕织图》的南方农家妇女头上都可发现。戏装上叫它作"渔婆勒子"，其实近三百年还在各处流行。一直到二十世纪初年，我们的母亲或外祖母还在使用它，一般即叫做"勒子"，通常用玄青缎子揹两个薄薄牙子边，中心钉小翠玉花或珠子，到后又流行在两旁钉薄雕翠玉片半翅蝙蝠或蝴蝶。也有作五蝠则象征"五福齐来"。乡下人家则用银寿星居中。乡村小女孩子则用五色彩绸拼凑，加上各种象征幸福希望的彩绣，主题却不外鸳鸯牡丹，鱼水蝠鹿，讲究些也有作戏文中故事的。在这上面也可以说可看到百家争鸣和百花齐放，和胸前围裙脚下凤头鞋，同是民间年青妇女装饰重点！话说回来，到目前为止，金村墓中那一位，应说是较早在额间进行艺术加工的一个先辈！女孩子腰间也系了根带子，还佩了个小工具，启发我们古代"童子佩觽"应有的位置。宋人不得其解，衣服既错，位置也弄错了。这种短衣打扮是否是当时奴婢的通常的装束？这一点可能性倒相当大。因为经常发现的战国时六寸左右跪像，手捧一个短短管筒，通名"烛奴"，装束多相近。近年山东出土一个人形灯台，手举二灯盘，服装也相似，这种器物适当名称还是"烛奴"。另外还有两个玉雕舞女，长袖细腰，妩媚秀发，特别重要是她的发式，十分具体。背后却拖了个长长辫子。

第四份材料是传世和近年出土的金银错器物上镶嵌主题画中反映出战国时人生活各方面情况。试用三件有代表性的器物作例来分析（如故宫藏品一战国青铜壶，一个成都百花潭错银壶，汲县山彪镇一水陆攻战纹铜鉴，和另一水陆大战鉴），上面即有采桑、弋鸿雁、习射、演乐、宴会、作战种种不同反映。弋鸿雁必用矰缴，才能收回目的物和箭镞，这里即见出古代矰缴的应用方法。如把它和长沙出土的两团丝线实物，和四川砖刻上那个把线团搁在架子上的制度结合起来注意，过去词人所赋"系弱丝射双鸿于青冥之上"的事件，千言万语难于注解的，一看便了然原来办法如此！又《三礼》谈射礼，诸侯必按等级尊卑，所用的弓矢箭靶大小远近均不相同。宋人《三礼图》虽绘制了些样子，可无佐证，这个壶上却留下个极早的式样，可证明《三礼图》虽多附会，所作箭靶基本式样倒还接近真实（敦煌唐壁画骑射图，却是个月饼形系在杆上）。似实用靶非礼仪用。有关音乐方面，历来对于钟磬处理多含胡其词，乐悬二字解释也难于令人满意。这里画面反映，却由此得知，当时钟磬在笋虡上悬挂方法，原来共有两式：一种是信阳出土编钟，用个兽面拴钉直接固定在方整木架上。另一种却是木架绊着丝绳，把钟磬钩悬在绳上。两端支持物多雕成凤鸟，象征清音和鸣，也和文献记载相合。乐人跪着击奏，但辉县铜盘细刻花纹却立奏，即此可知当时并无一定制度。有关战马，则守陴部队旌麾金鼓的形制和位置，可增长我们不少知识，补文献所不及。戈矛柄中部多附两道羽毛状事物，或可为《诗经》中"二矛乎重英"，提出一点新解。一般人和部分战士都着长衣，下裳作百褶裙式，昔人对汉石刻武事进行人多常服以为或者只是演习，那这里将是更早一种演习了。但另外一部分却有断胫绝踵形象出现，可知并不是儿戏！有的武士戴有檐小帽，和现代人球场上小白帽竟差不多。

错金银技术虽较早为吴越金工所擅长，楚人加以发展，到战国中期，似乎已为六国普遍应用到一些特种工艺品处理上。带钩方面用力最大，品种也极多。至于饮食器用器，方面已极广，艺术成就也大。惟这里想谈到的，还是题材上给我们对于古代服饰方面提供的形象重要性。这些材料多在中原地区发现，我们不妨假定说它是中原文化的反映，应当不会太错。

另外还有个错金银镜子，上作骑士刺虎图像，武士全副武装，头盔近耳处插两支鸟尾。传称鹖为猛禽，好斗至死不败，因之用鹖尾作冠饰，象征武勇，由来已久。可是具体形象材料，除此以外，即只有北朝宁万寿孝子棺前线刻的两个神将头上分插鸟尾，十分显明。此外即少见。至于唐宋以后，则多使用在什么胡王头顶部分，如传世李公麟绘《番王礼佛图》中所见。这里新的发现却在耳旁分插，为我们搞京戏的谈雉尾应用历史时找到了最古根据。这个镜子上还发现个近似用皮革作成的"⚡"式马镫，应当是世界上最早的马镫形象了。至于马鞍，截至目前，我们只有一个四川出土汉代大型陶马上曾发现部分残余，别的还少见。战国时人起始骑马，镜子上留下个最早骑士模样。

第五份材料，是近年发现薄铜器细刻花纹上面各种人物生活的反映。河南辉县、山西、山东均有这种铜器出土。辉县残器上面有一种宫廷宗庙两层建筑前钟磬两列陈设形象，乐器位置极其重要。另一器物则在一角发现了个两端微昂的高案，上置两个酒罍，得知这是长条案最早的式样。山彪镇出土物则四轮马车是新发现。人物形象有个共通点是头上冠帽，前部多作二角突起，后部则曳一喜鹊尾巴，这种冠服部分亦见于信阳大墓漆瑟彩绘人物上。惟瑟上有作，危冠高耸如一高脚豆式的，则在铜刻上始终未发现。屈原楚辞所谓"冠切云之崔嵬"，或即指的是这种式样？也说不定。

…………

这通只是从商到战国，前后约一千年间，从出土文物结合文献相印证，所得到的一些点点滴滴材料。我们想从这些零星发现中把握全面问题，当然是不可能的。即从这部分发现中所作的一些推测，也必然会有许多不尽合符原来情形。但这么由现实出发作的试探和综合联系，无疑为我们工作带来了些新的启发，据个人看来至少可归纳成三点：

一、谈这部门历史发展，照旧方法引书证书，恐不大容易把问题弄得真正清楚明白，若能试从文物形象出发，似乎可以得到不少新知识。或者为过去书中没说到过，或者可以丰富充实文献中已经说起的而能加以形象化。

二、谈服饰离不开花纹，古代丝绣不易保存，直接材料不够多，但是间接的比较材料却不少。近十年出土的大量铜器、彩绘漆、雕玉、金银错、彩琉璃，以及较后部分空心砖边沿纹样，已为我们提供了许多重要线索。凡事孤立不易清楚的，一经综合比较，问题就出来了。由于比较分析，由此我们得知连续矩纹作为锦纹主题，商代即已起始，春秋战国在继续应用，现存宋明此一式锦纹，实源远流长。丝绣和其他部分工艺图案相互关系，金银错、彩绘漆，和当时刺绣纹样实大体相通，还影响到汉代。战国镜子部分装饰图案，更和同时所谓"绮"纹有密切联系，新的发现已为这一推测不断证实。

三、这里提起的多只是一些线索，一个起点，即从文物常识出发，注意到起居服用各方面问题，大多是一般文献上或提起过难于证实，或说来比较笼统，经过后人注疏附会辗转致误的。熟悉史部学的专家通人，如肯用一个新的现实研究态度，综合文物联系文献，来广泛进行新的比证爬梳工作，一定会得到前人所未有的发现，特别是物质文化史方面的知识，许多方面将是崭新的！

本文作于1960年前后，未发表过。《沈从文全集》据原稿编入。现据《沈从文全集》第 30 卷编入。

我国古代人怎么穿衣打扮

  古代人穿衣服事情，我们过去所知并不多，文献上虽留下许多记载，只因日子太久，引书证书，辗转附会，越来越不易清楚了。幸亏近年考古学家的努力，从地下挖出了大量古文物，可作参考比较，我们才得到新的认识。

  由商到西周、春秋、战国，前后约一千年，大致可以分作三个历史阶段看它的演变。较早时期，除特殊人物在特种情形下的衣服式样，我们还不大明确，至于一般统治者和奴隶，衣长齐膝似乎是一种通例。由此得知，汉代石刻作的大禹像和几个历史上名王名臣像，倒还有些古意，非完全出于猜想。因为至少三千年前的商代人，就多是这个样子了。当时人已穿裤子，比后人说的也早过一千年。商代人衣服材料主要是皮革、丝、麻。由于纺织术的进展，丝、麻已占特别重要地位，奴隶主和贵族，平时常穿彩色丝绸衣服，还加上种种织绣花纹，用个宽宽的花带子束腰。奴隶或平民，则穿本色布衣或粗毛布衣。贵族男子头上已常戴帽子，是平顶筒子式（图一），用丝绸作成，直流行到春秋战国不废。女人有把发上拢成髻，横贯一支骨簪的。也有用骨或玉作成双笄，顶端雕刻个寸来大小鸟形（鸳鸯或凤凰）两两相对，斜插头顶两侧，下垂卷发齐肩，颈项上挂一串杂色闪光玉石珠管串饰。历史上著名的美人妲己当时大致就应这么打扮。女子成年才加笄，所以称"及笄"，表示可以成婚。小孩子已有头顶上梳两个小角儿习惯，较大的可能还是编辫发。平民或奴隶有裹巾子作羊角旋斜盘向上的，有包头以后再平搭折成一方角的，还有其他好些样式，都反映在玉、铜、陶人形俑上。样子多和现在西南居住的苗、瑶族情形差不多（这不是偶然巧合，事实上很多三千年前

图一　商　玉人（河南安阳殷墟妇好墓出土）

古代图案花纹还可从西南兄弟民族编织物上发现）。许多野生植物如槐花、栀子、橡斗已用来做染料，并且还种植了蓝草，能染出各种不同的青蓝色，种茜草和紫草专染红、紫诸色。

历史上称周公制礼，衣分等级和不同用场，就是其中一项看得十分重要的事情。衣服日益宽大，穿的人也日益增多，并且当成一种新的制度看待，等级分明大致是从西周开始。统治者当时除大量占有奴隶外，还向所有平民征税，成丁人口每年必贡布二匹和一定粮食，布匹织得不合规格的不许出卖也不能纳税，聚敛日多，才能穿上宽袍大袖的衣服坐而论道。帝王和大臣，为表示尊贵和威严，祭天礼地和婚丧大事，袍服必更加庄严且照需要分别不同颜色，有些文献还提起过，天子出行也得按时令定方向，穿上不同颜色衣服，备上相当颜色车马，一切都得相互配合。皮毛衣服也按等级穿，不能逾越制度。即或是猎户猎得的珍贵狐、獭、貂鼠，也得全部贡献给统治者，私下不许随便使用或出卖。照周代制度，七十岁以上老百姓，可以穿丝绸和吃肉，但是能照制度得到好处的人事实不会多。至于一般百姓，自然还是只能穿本色麻布或粗毛布衣服，极贫困的就只好穿那种草编的"牛衣"了。

衣到西周以后变动虽大，有些方面却又不大。比如作战时武将头上戴的铜盔，从商到战国，就相差不多。甲的品种已加多了些，有犀甲、合甲、练甲，后来还发明了铁甲，最讲究贵重的是犀甲，用犀牛皮做成，上面用彩漆画出种种花纹。因为兼并战争越来越多，兵器也越来越精利，且有新兵器剑和弩机出现，甲不坚实就不抵用，"坚甲利兵"的话就由此而来。矛既十分锋利，盾也非常结实。

照周初制度，当时把全国分划成许许多多大小不等的邦国，每一个地方设一统治者，用三种特殊身份的人去担任：一是王族子弟，如召伯封于燕、周公父子封于鲁；二是有功于国家的大臣，如姜尚封于齐、熊绎封于楚；三是前代王朝子孙。这些人赴任时，除了照例可得许多奴隶，还可得一些美丽的玉器，一份精美讲究的青铜祭器和日用饮食器，以及一些专作压迫人民工具的青铜兵器，用壮观瞻的车马旗帜，另外就是那份代表阶级身份的华美文绣丝绸衣服。虽然事隔两千多年，好些东西近年都被挖出来了，有的还保存得十分完整。丝绸衣服容易腐朽，因之这方面知识也不够全面。但是由于稍晚一些已流行用陶、木作俑代替生人殉葬，又在其他材料中还保存不少形象资料，加以综合分析，比较真实情形，就慢慢的逐渐明白了。

衣服发展和社会制度有密切联系，也反映了生产发展，衣服日益讲究，数量又加多，是和社会生产发展相适应的。比如商代能穿丝绸衣服的，究竟还是少数，到西周情形便不同了，成王及周公个人，不一定比纣王穿着更奢侈，但是各地大小邦国封君，穿衣打扮却都有了种种不同排场。地方条件较好的，无疑更容易把衣服、帷帐、茵褥，做得格外华丽精美。到春秋战国时，政权下移，周王室已等于虚设，且穷得无以复加。然后五霸七雄，各自发展生产，冶铜铁，修水利，平时重商品流通，战时兼并弱小，掠夺财富，对大量技术工人的掠夺占有，更促进了工艺技巧的提高，他们彼此在各方面技术的竞争，反映到上层阶级的起居服用上，也格外显明。

服装最讲究的时代是春秋战国。不仅统治者本人常常一身华服，即从臣客卿也是穿珠履，腰佩金玉，出入高车驷马。因为儒家说玉有七种品德，都是做人不可少的，于是"君子无故玉不去身"的说法，影响到社会各方面，贵族不论男女，经常必佩带上几件美丽雕玉。剑是当时的新兵器，贵族为表示武勇，兼用自卫，又必佩带一把镶金嵌玉的玉具剑。当时还流行使用带钩，于是又用各种不同贵重材料，作成各种不同样子，有的用铁镶金嵌玉，有的用银镶玉嵌五彩玻璃珠，彼此争巧，日新月异。即或是打仗用的兵器，新出现的剑和发展中的戈矛，上面也多用细金银丝镶嵌成各种精美花纹和鸟兽形文字，盾牌也画上五彩云龙凤，并镶金镂银，男子头上戴的冠，更是件引人注目的东西，精细的用轻纱薄如蝉翼，华美的用金玉，有的还高高的如一个灯台（图二）。爱国诗人屈原，文章就提起过这种奇服和高冠。鞋子用小鹿皮、丝绸或细草编成，底子有硬有软，贵重的还镶珠嵌玉在上面。

冬天穿皮衣极重白狐裘，又轻又暖，价重千金。女子中还有用白狐皮镶有袖口衣缘作出锋，显得十分美观。

社会风气且常随有权力人物爱好转移，如齐桓公好衣紫，国人有时就全身紫衣。楚王爱细腰，许多宫女因此饿死，其他邦国也彼此效法，女子腰部多扎得细细的。

图二　战国　人物御龙帛画（湖南长沙子弹库1号墓出土　湖南省博物馆藏）

女人头上装扮花样更多变化。楚国流行梳辫子，多在中部作两个环，再把余发下垂。髻子也有好些种，有梳成喜鹊尾式，有作元宝式的。女人也戴帽子，和个椭圆杯子差不多。有的又垂发在耳旁，卷成如蝎子尾式。女孩子多梳双小辫，穿齐膝短衣，下缘作成裥褶。成年妇女已多戴金银戒指，并在脸颊旁点一簇三角形胭脂。照古文献记载，原都是周代宫廷一种制度，金银环表示有无怀孕，胭脂记载月经日期，可一望而知，大致到了战国已成一般装饰，本来作用就慢慢失去了。

衣服的材料越来越精细，名目也因之繁多，河南襄邑出的花锦、山东齐鲁出的冰纨、文绣、绮、缟等更是风行全国，有极好市场；和普通绢帛比价，已超过二十多倍。南方吴越出的细麻布，北方燕国生产的毡裘毛布，西域胡族作的细毛花罽异常精美，价值极高。楚国并且可能有了印花绸子生产，但最讲究的衣被材料，仍还是华美刺绣和织锦。

衣服有许多不同式样，有的虽大袖宽袍，还不至于过分拖沓。若干地区还流行水袖长衣，依旧还有下缘，长才齐膝，头戴平顶帽子，腰系丝带和商代人相差不多情形。

最通常的衣服是在楚墓中发现的三种式样，其中一种用缠绕方式穿上，再缚根宽宽腰带，式样较古。衣边多较宽，且用锦类作缘和记载上说的"锦为缘"相合，大致因此才不至于使过薄的衣料妨碍行动。这种式样，汉代人还有应用。又一种袖大及膝，超过比例，穿起来显得格外庄严的，可能属于特定礼服类。奏乐人有戴风兜帽的，舞人已穿着长及数尺的袖子。打猎人衣裤多扎得紧紧的，才便于在丛林草泽中活动。中原区山西河南所得细刻花纹铜器上又常发现一种戴鸱角鹊尾冠着小袖长裙衣、下裳作成斜下襞折式样的。河南洛阳还出土过一个玉佩，上面精雕二舞女袖子长长的，腰身扎得极细，头下垂齐肩，略略上卷，大致是当时的燕赵佳人典型式样。山西出土的陶范上则有穿齐膝花衣戴平顶帽，腰间系一丝绦，打个连环扣，带头还缀两个小绒球的，男女都穿。河南也发现这种装束大同小异的人形，且一般说是受"胡服"影响，事实上还值得进一步研究。历史上常说起赵武灵王胡服骑射影响到赵国当时军事组织和后来人生活都极大。主要影响还是"骑射"。轻骑锐进和短兵相接，才变更了传统用战车为主力的作战方法。至于"胡服"究竟是个什么样子？过去难说清楚。一说貂服即胡服，这不像是多数人能穿的，试从同时或稍后有关材料看，衣服主要特征，原来也是齐膝长短，却是古已有之。大致由于周代几百年来社会习惯，上层分子，已把穿长衣当成制度，只有奴隶或其他劳动人民才穿短衣，为便于实用，赵王创始改变衣服齐膝而止和骑射联系，史官一书，便成一件大事了。胡服当然还有些其他特征，腰间皮带用个钩子固定，头上多一顶尖尖的皮或毡帽子，因为和个馄饨一样，后来人叫做"浑脱帽"，不仅汉代胡人戴它，直到唐代的西域诸胡族也还欢喜戴它。中国妇女唐初喜着胡装，因此，这种帽子还以种种不同装饰而出现于初唐到开元天宝间，相传张萱画的武则天像，就戴上那么一个帽子，晚唐藩镇时代，裴度被刺也因戴上这种毡帽幸而不死。汉代石刻也发现这种帽形，近年我们还在西北挖出几顶汉代实物，证明确是胡服特点之一。

衣装有个进一步新的变化，新的统一规格，是由秦汉起始（图三、四）。从几点大处说来，王公贵族因为多取法刘邦平素所喜爱的一种把前梁高高耸起向后如一斜桥的冠式，于是成了标准官帽三梁、五梁作为等级区分。此外不论男女，有官爵的腰带边必须悬挂一条丈多长褶成两叠彩色不同的组绶。女子颊边那簇三角形胭脂已不再发现，梳辫子的也有改成一环的。许多方面都已成定型。照文献说因为限制商人，作经纪的穿鞋还必需左右不同色。可是一面有种种规章制度，对商人、奴婢限制特别大，另一方面却由于生产发展影响，过不到四十年，商人抬头，不仅打破了一切限制，穿戴得和王公差不多，即其奴婢也穿起锦绣来了。

图三　西汉　"信期绣"罗绮锦袍
（湖南长沙马王堆1号墓出土　湖南省博物馆藏）

图四　汉　陶俑（江苏徐州铜山汉墓出土）

情形自然显得较为复杂，说它时就不易从简单概括得到比较明确印象了。惟复杂中，还有些规律为我们掌握住了的，即汉代高级锦绣花纹，主要不过十来种，主题图案，不外从两个方面得来，一是神仙思想的反映，二是现实享乐行为的反映，因此总不外山云缭绕中奇禽异兽的奔驰，上织文字"登高明望四海"的，大致和秦始皇汉武帝登泰山封禅必有较多联系，"长乐明光"则代表宫殿名称，这些材料多发现于西北，中国新疆、甘肃和东北，蒙古及朝鲜，并由此得知，当时长安织室或齐地三服官年费巨万数额大量生产供赏赐臣下，并大量外输的高级丝绸，多是这种样子。

魏晋以来，男子流行戴小冠，上下通行。"组绶"此时已名存实亡。玉佩制度也渐次失传。贵族身边的佩剑已改用木制，留个形式而已。红紫锦绣虽然依旧代表富贵，但统治阶级多欢喜穿浅素色衣服。帝王有时也戴白纱帽。一般官僚士大夫，多喜用白巾子裹头。在东晋贵族统治下的南方，普通衣料多用麻、葛，有的地方用"蕉布""竹子布""藤布"；高级的衣料是丝麻混合织物"紫丝布"和"花絿（shū 蔬）。在诸羌胡族贵族统治下的北方，统治者还是喜欢穿红着绿，先是短衣加披风，到北魏时改为宽袍大袖，惟帽子另作一纱笼套上，名叫"漆纱笼冠"。至于普通老百姓，不论南北，都是一样，始终穿短衣。——不过北方人穿上衣有翻领的，穿裤子有在膝下扎带子的。这种装束，直到唐代还通行于西北。特别是翻领上衣，几乎成了唐代长安妇女最时髦的服装式样。

唐朝的服色，以柘黄为最高贵，红紫为上，蓝绿较次，黑褐最低，白无地位。

由于名臣马周的建议和阎立本的设计，唐朝恢复了帝王的冕（miǎn 免，帝王的礼帽）服，并制定了官服制度。官服除用不同颜色分别等级外，还用各种鸟衔各种花的图案来表示不同的官阶。通常服装，则为黑纱幞（pú 葡）头，圆领小袖衣，红皮带（带头有等级之分），乌皮六合靴。幞头后边两条带子变化很多，或下垂，或上举，或斜耸一旁，或交叉在后，起初为梭子式，继而又为腰圆式……从五代起，这两条翅子始平直分向两边，宋代在这个基础上加以改进，便成了纱帽的定型样式。不当权的地主阶级及所谓隐逸、野老，多穿合领宽边衣，一般称为"直掇"。平民或仆役多戴尖毡帽，穿麻练鞋，且多把衣服撩起一角扎在腰间。妇女骑马出行，必戴"帷帽"，帽形如斗笠，前垂一片网帘（中唐以后此帽即少用）。女子的衣裙早期瘦而长，裙系在胸上；发髻向上高耸，发间插些小梳子，多的到五六把；面部化妆多在眉心贴个星点，眉旁各画一弯月牙。这时，中原一带的妇女喜着西域装，穿翻领小袖上衣，条纹裤，软锦蛮靴；有些妇女还喜梳蛮鬟椎髻，嘴唇涂上乌膏，着吐蕃装束。这时期，流行一种半袖短外褂，叫做"半臂"，清代的马褂和背心，都是由它发展而来。

赵匡胤"黄袍加身"，做了宋朝的开国皇帝，重定衣服制度，衣带的等级就有二十八种之多。黄袍成了帝王的专用品，其他任何人都不许穿，穿了就算犯罪。规定的官服，有各种不同花色。每遇大朝会或重要节日，王公大臣们必须按照各自的品级，穿上各种锦袍。皇帝身边的御林军，也分穿不同花纹的染织绣衣。宫廷内更加奢侈，衣服、椅披、椅垫，都绣满花纹，甚至缀上真珠。皇后的凤冠大大的，上面满是珠宝，并且还有用金银丝盘成整出王母献寿的故事的，等于把一台戏搬到了头上。贵族妇女的发髻和花冠，都以大为时髦，发上插的白角梳子有大到一尺二寸的。贵族妇女的便服时兴瘦长，一种罩在裙子外面类似现代小袖对襟褂子式的大衣甚流行。衣着的配色，打破了唐代以红紫、蓝绿为主色的习惯，采用了各种间色，粉紫、黝紫、葱白、银灰、沉香色等等，配合使用，色调显得十分鲜明；衣着的花纹，也由比较呆板的唐式图案改成了写生的折枝花样。男子官服仍是大袖宽袍，纱帽的两翅平直向两旁分开，这时已成定型。便服还是小袖圆领如唐式，但脚下多改穿丝鞋。退休在野的官僚，多穿"直掇"式衫子，戴方整高巾（又名"东坡巾"或"高士巾"，明代还流行）。棉布已逐渐增多。南方还有黄草布，受人重视。公差、仆役，多戴曲翅幞头，衣还相当长，常撩起一角扎在腰带间。农民、手工业者、船夫，衣服越来越短，真正成了短衣汉子。

契丹、党项、女真族先后建立了辽、西夏、金政权，他们的生活习惯保留了浓厚的游牧民族的特色，在穿戴上和汉人不大相同。契丹、女真男子，一般多穿过膝小袖衣，长统靴子，佩豹皮弓囊。契丹人有的披发垂肩。女真人则多剃去顶发，留发一圈结成两个小辫子，下垂耳后。党项男子多穿团花锦袍，戴毡帽，腰间束唐式带子，上挂小刀、小火石等用物。女真妇女衣小袖左衽（rèn任，衣襟）长衫，系一丝带，腰身小而下摆宽；戴尖顶锦帽，脑后垂两根带子。党项妇女多穿绣花翻领长袍。后来，由于辽、金统治者采用了宋代服制，所以契丹、女真族的装束和汉族的装束区别日益减少。绸缎也多是南方织的。

元朝的官服用龙蟒缎衣，等级的区别在龙爪的多少，爪分三、四、五不等，有法律规定，不许乱用。明清两代还依旧这样。在元代，便服还采用唐宋式样。一般人家居，衣多敞领露胸；出门则戴盔式折边帽或四楞帽，帽子用细藤编成。蒙古族男子多把顶发当额下垂一小绺，如个小桃子式，余发分编成两个大辫，绕成两个大环，垂在耳后。贵族妇女必戴姑姑冠；冠用青红绒锦作成，上缀珠玉，高约一尺，向前上耸，和个直颈鹅头相似。平民妇女或奴婢，多头梳顶心髻，身穿黑褐色粗布、绢合领左衽袍子。长江上游已大量种植棉花，织成棉布。

明代，皇帝穿龙袍。大臣穿绣有"蟒""斗牛""飞鱼"等花纹的袍服，各按品级，不得随便。一般官服多为本色云缎，前胸后背各缀一块彩绣"补子"（官品不同，"补子"的彩绣也不同）。有品级的大官腰带间垂一长长丝绦，下面悬个四寸长象牙牌，作为入宫凭证。冬天上朝，必戴皮毛暖耳。普通衣服式样还多继承宋、元遗制，变化不大。这时结衣还用带子，不用纽扣。男子头上戴的巾，有一种像一块瓦式，名"纯阳巾"，明太祖定名为"四方平定巾"（寓意天下平定），读书人多戴它；另有一种帽子，用六片材料拼成，取名"六合一统帽"（寓意全国统一），小商贩和市民多戴它。妇女平时在家，常戴遮眉勒条；冬天有事出门，则戴"昭君套"式的皮风帽。女子有穿长背心的，这种背心样式和兵士的罩甲相近，故又叫"比甲"或"马甲"。

清代的服装打扮，不同于明代。明朝的男子一律蓄发绾髻，衣着讲究宽大，大体衣宽四尺，袖宽二尺，穿大统袜、浅面鞋；而清代的男子，则剃发垂辫（剃去周围的头发，把顶发编成辫子垂在背后），箭衣马蹄袖，深鞋紧袜。清代官员服用石青玄青缎子、宁绸、纱，作外褂，前后开叉，胸、背各缀"补子"（比明代的"补子"小一些）一方（只有亲王、郡王才能用圆形），上绣各种禽兽花纹，文官绣鸟，武官绣兽，随品级各有不同：一品文官绣仙鹤，武官绣麒麟；二品文官绣锦鸡，武官绣狮子；三品文官绣孔雀，武官绣豹子；四品文官绣云雀，武官绣老虎；五品文官绣白鹇（xián 闲），武官绣熊；……一般人戴的帽子有素冠、毡帽、便帽等几种。便帽即小帽，六瓣合缝，上缀一帽疙瘩，俗名西瓜皮帽。官员的礼帽分"暖帽"（冬天戴）、"凉帽"（夏天戴）两种，上面都有"顶子"，随着品级不同所戴的"顶子"颜色和质料也不同：一品官为红宝石顶，二品官为红珊瑚顶，三品官为亮蓝宝石顶，四品官为暗蓝宝石顶，五品官为亮白水晶顶……帽后都拖着一把孔雀翎，普通的无花纹，高级官僚的孔雀翎上才有"眼"，分一眼、二眼、三眼，眼多表示尊贵。只有亲王或对统治阶级特别有功勋的大臣才被赏戴三眼花翎。平民妇女服装，康熙、雍正时，时兴小袖、小云肩，还近明式；乾隆以后，袖口日宽，有的竟肥大到一尺多，衣服渐变宽变短。到晚清，城市妇女才不穿裙，但上衣的领子转高到一寸以上。男子服式，袖管、腰身日益窄小，所谓京样衫子，把一身裹得极紧，加上高领子、琵琶襟子、宽边大花坎肩，头戴瓜皮小帽，手拿一根京八寸小烟管，算是当时的时髦打扮。一般地主，商人和城市里有钱的市民，很多就是这样的装束。照规定，清代农民是许可穿绸纱绢缎的，可是事实上穿绫罗绸缎的仍然是那些地主官僚们、大商人们，至于受尽剥削、受尽压迫、终年辛勤难得一饱的短衣汉子们，能求勉强填满肚皮，不致赤身露体已经很不容易，哪里还能穿得上丝织品！

　　这些都是过去千年读书人不容易明白的，由于近年大量实物和比较材料的不断出土，试用真实文物和文献相互结合加以综合分析，逐渐才明白的，更新的发现无疑将进一步充实丰富我们这方面知识，并改正部分推想的错误。

　　本文是根据《古代人的穿衣打扮》和《我国古代人怎么穿衣打扮》两篇文章合并而成。前者完稿于 1962 年，1986 年编入《龙凤艺术》；后者 1963 年发表于中国青年出版社《中国历史常识》第 5 册，后编入《沈从文全集》。

宋元时装

　　赵匡胤作皇帝后，不久就统一中国的南方，结束了五代十国数十年分割局面，建立了宋代政权。从长江上游的西蜀和下游的南唐吴越，得到物资特别多，仅锦缎彩帛就达几百万匹，为示威天下，装点排场，便把直接保卫他的官兵两万多人，组成一支特别仪仗队，某种官兵拿什么旗帜、武器和乐器，穿什么衣服都分别等级颜色花纹，用织绣染不同材料装扮起来，出行时就按照秩序排队，名叫"绣衣卤簿"还绘了一个图，周必大加上详细说明，叫《绣衣卤簿图记》，这个队伍后来还增加到将近三万人。现在留存后人摹绘的中间一段，也近五千人，为研究宋代官服制度，保留下许多重要材料。宋代政府每年还照例要赠送亲王大臣锦缎袍料，计分七等不同花色，遇大朝会重要节日必穿上。宫廷皇后公主更加奢侈，穿的衣服常加真珠绣饰，椅披脚踏垫也用真珠绣（图一），头上凤冠最讲究用金翠珠玉作成种种花样，比如"王母队"就作一大群仙女随同西王母赴蟠桃宴故事。等于把一台乐舞，搬到头顶，后面还加上几个镶珠嵌玉尺来长翅膀，下垂肩际，名"等肩冠"（最近在明代皇陵内也有发现过这种冠）。一般贵族官僚妇女，穿着虽不如唐代华丽，却比较清雅潇洒，并且配色也十分大胆，已打破唐代青碧红蓝为主色用泥金银作对称花鸟主题画习惯，粉紫、黝紫、葱白、沉香、褐等色均先后上身。由于清明扫墓必着白色衣裙，因之又流行"孝装"，一身缟素。北宋初年，四川、江南多出彩绸，女子又能歌善舞，装束变化常得风气之先，从诗词中多有反映。部分还保留晚唐大袖长服习惯，同时已流行另外一种偏重瘦长，加上翻领小袖齐膝外衣的新装，作对襟式的加上

图一　宋神宗皇后像

两条窄窄的绣领（图二）。用翻领多作三角形，还和初唐胡服相近，袖口略小，如今看来，还苗条秀挺，相当美观。另外一种装束，尚加披帛，腰带间结一彩绶，各自作成种种不同连环结，其余下垂，或在正面，或在一侧（图三），这种式样似从五代创始，直流行到南宋。装束变化之大主要在发髻，也可说是当时人对于美的要求重点，大致从三国时曹植《洛神赋》中说到的"云髻峨峨"得到启发，唐代宫廷女道士作仙女龙女装得到发展，五代女子的花冠云髻已日趋危巧，宋代再加以发展变化，因之头上真是百花竞放，无奇不有。极简单的是作玉兰花苞式，极复杂的就如《枫窗小牍》所说，在赵大翁墓所见有飞鬓危巧尖新的、如鸟张翼的，以至一种重叠堆砌如一花塔加上紫罗盖头的，大致是仿照当时特种牡丹花"重楼子"作成。照史书记载，到后竟高及三尺，用白角梳也大及一尺二寸，高髻险装成一时风气，自然不免影响民间相习成风。后来政府才特别定下法律加以限制，不得超越尺寸。但是上行下效，法律亦无济于事。直到别种风气流行，才转移这种爱好。边疆区域，如敦煌一带，自五代以来多

图二　宋人绘《瑶台步月图》

图三　山西太原晋祠圣母殿彩塑

沿袭晚唐风气，使用六金钗制，在博大蓬鬓两侧，各斜插三花钗，略作横的发展，大约本于《诗经》"副笄六珈"一语而来，上接晋代"五兵佩"习惯，流行民间，直到近代。福建畲族妇女的头上三把刀银饰，还是它的嫡亲继承者。额黄靥子宋代中原妇女已不使用。西北盛装妇女还满脸贴上不以为烦。

至于演戏奏乐女人的服装，种类变化自然就更多了。从画中所见，宫中乐妓，作玉兰花苞式髻，穿小袖对襟长衫的可能属于一般宫婢，杂剧中人则多山花插头，充满民间味，如照范石湖元宵观灯诗所见，歌女中有戴个茸茸小貂帽子遮住眉额的一定相当好看。若画古代美人装束，多作成唐代仙女、龙女、天女样子，虽裙带飞扬轻举，但依旧不免显得有些拖沓，除非乘云驾雾，否则可够不方便。这另外也反映一种现实，即宋人重实际精神（除了发髻外），穿衣知道如何用料经济，既便于行动也比前人美观。宋代流行极薄纱罗，真是轻如烟雾，如作成六朝人画的洛神打扮，还是不会太重的。但是当时的女道士，就不肯这么化妆，画采灵芝仙女且有作村女装束的。

当时最高级和尚，袈裟尚紫色，惟胸前一侧绊带用个小玉环，下缀一片金锦，名"拔遮那环"。宋元应用较广，影响到西藏大喇嘛，在明、清古画里还保留这个制度。

契丹、女真、党项、羌族等同属中国东北、西北游牧民族，生活习惯上与中原显著不同。

西夏妇女多着唐式翻领胡服，斜领刺绣精美，统治者服饰也近似唐装，腰间束鞢𩍓带、挂上小刀、小囊、小火石诸事物，头上戴的还是变形浑脱帽，普通武士则有作突厥式剃顶的。

契丹、女真本来服装一般多小袖圆领，长才齐膝，着长统靴，佩豹皮弓囊，宜于马上作战射猎。契丹男子髡顶披发，女真则剃去顶发把余发结成双辫下垂耳旁。受汉化影响，有身份的才把发上拢，裹"兔鹘巾"，如唐式幞头，却不甚讲究款式，惟间或在额前嵌一珠玉为装饰。妇女着小袖斜领左衽长衫，下脚齐踵，头戴金锦浑脱帽，后垂二锦带，下缀二珠。其腰带也是下垂齐衣，惟不作环。契丹和女真辽金政权均设有"南官"多兼用唐宋官服制度。契丹即起始用不同山水鸟兽刺绣花纹，分别官品，后来明清补服，就是承继旧制而来。金章宗定都燕京后，與服制度更进一步采用宋式，区别就益少了。至于金代官制中用绸缎花朵大小定官位尊卑，最小的只许用无纹芝麻罗，明清却不沿用。但衣上用龙，元代即已有相当限制。分三、四、五爪不等，严格规定，载于典章。明代即巧立名目，叫"蟒""斗牛"等等，重作规定，似严实滥。

同时契丹或女真男子服装，因便于行动，也已为南人采用，例如当时力主抗金收复失地的岳飞，韩世忠等中兴四将，身边家将便服，除腰袱外，就几乎和金人无多大分别，平民穿的也相差无几。彼此影响原因虽不尽同，或为政治需要，或从生活实际出发，由此可知，民族文化的融合，多出于现实要求，即使在民族矛盾十分剧烈时亦然（总的看来，这种齐膝小袖衣服，说它原属全中国各民族所固有，也说得过去，因为事实上从商代以来，即出现于各阶层人民中）。这时期劳动人民穿的多已更短了些，主要原因是生产虽有进展，生活实益贫穷，大部分劳动成果都被统治者剥削了，农民和渔夫已起始有了真正"短衣汉子"出现（图四、五）。

图四　宋　张择端《清明上河图》局部（北京故宫博物院藏）

图五　宋《清明上河图》中裹巾子、小袖长衣市民，小冠子、大袖袍服道士，笠子帽短衣劳动人民和帷帽妇女

社会上层衣服算是符合常规的，大致有如下三式：

（一）官服——大袖长袍还近晚唐，惟头上戴的已不相同，作平翅纱帽，有一定格式。

（二）便服——软翅幞头小袖圆领还用唐式，惟脚下已由乌皮六合靴改成更便利平时起居的练鞋。

（三）遗老黄冠之服——合领大袖宽袍，用深色材料缘边，遗老员外多戴高巾子，方方整整。相传由苏东坡创始，后人叫作"东坡巾"。明代老年士绅还常用它。有身份黄冠道士，则常用玉石牙角作成小小卷梁空心冠子，且用一支犀玉簪横贯约发，沿用到元明不废，普通道士椎髻而已。

男仆虽照制度必戴曲翅幞头，但普通人巾裹却无严格限制。女婢丫环，头上梳鬟或丫角又或束作银锭式，紧贴耳边，直流行到元代。

至于纺织物，除丝织物中多已加金，纱罗品种益多，花纹名目较繁。缎子织法似应属于新发明。锦的种类花色日益加多，图案配色格外复杂，达到历史高峰。主要生产还在西蜀。纱罗多出南方，罗缎名目有加"番"字的，可知织法不是中原本来所固有。锦名"阇婆"，更显明从印度传来。"白鹭"出于契丹，也为文献提到过。雨中出行已有穿油绸罩衣的。

这时期并且起始有棉织锦类，名叫"木锦"。至于"兜罗锦""黎单"等西南和外来织物也是花纹细致的纺织品，练子则是细麻织品。"点蜡幔"是西南蜡染。一般印花丝绸图案，已多采用写生折枝花，通名生色折枝，且由唐代小簇团窠改为满地杂花。惟北宋曾有法律严禁印花板片流行，只许供绣衣商簿官兵专用，到南宋才解禁，得到普遍发展。临安市销售量极大的彩帛，部分即指印花丝绢。时髦的且如水墨画。北宋服饰加金已有十八种名目，用法律禁止无效。北宋时开封女人喜用花冠绣领，在大相国寺出售最精美的多是女尼姑手作，反映出宗教迷信的衰歇，庵中女尼已不能单纯依靠信徒施舍过日子，必须自食其力方能生存。和唐代相比已大不相同了。统治者虽耗费巨万金钱和人力，前后修建景灵宫、玉清诏应宫、绛霄宫等，提倡迷信，一般人还是日益实际，一时还流行过本色线绣，见于诗人陆游等笔记中。

高级丝织物中除锦外，还有"鹿胎""紧丝""绒背"和"透背"，四川是主要产地。这些材料，内容还不够明确。鹿胎或是一种多彩复色印花丝绸。"绒背"或指一种绒缎、绒纱，近似后来花绒。"透背"可能就是缂丝。这些推测还有待新的发现才能证明。捻金锦缎的流行增加了锦缎的华美，灯笼图案锦且影响到后来极久。"八答晕锦"富丽多彩已达锦类艺术高峰。一种用小梭挖织的缂丝，由对称满地花鸟图案，进而仿照名画花鸟，设计布色，成为赏玩艺术新品种。技术的流传，西北回族织工贡献较多。南方还有"黄草心布""鸡鸣布""练子"和"红蕉布"，特别宜于暑中使用。由于造纸术有进一步提高，因此作战用衣甲，有用皮纸作成的，又用纸作帐子，也流行一时。

元代由蒙古人军事统治中国约一个世纪之久。政府在全中国设了许多染织提举司，统制丝毛织物，并且用一种严酷官工匠制度督促生产，用捻金或缕金织成的锦缎"纳石失"和用毛织成的"绿贴可"当时是两种有特别代表性的产品，丝绸印染已有九种不同名目，且有套染三四次的，毛织物毡罽类利用更多，《大元毡罽工物记》里还留下六十多种名目。为便于骑射，短袖齐肘的马褂起始流行。

元代南人官服虽尚多用唐式幞头圆领，常服已多习于合领敞露胸式。蒙古人则把顶发当额下垂小绺，或如一小桃式余发总结分编成两大环，垂于耳边，即帝王也不例外。妇女贵族必头戴姑姑冠（图六），高过一尺向前上耸，如一直

图六　元　世祖后彻伯尔像

颈鹅头，用青红绒锦做成，上饰珠玉，代表尊贵。衣领用纳石失金锦缘边，平民奴婢多椎髻上结，合领左衽小袖，比女真略显臃肿，贵族穿得红红绿绿，无官职平民就只许着褐色布绢，惟平民终究是个多数，因此褐色名目就有二十四种，元代至元年间，才正式征收棉花税，可知江南区比较大量种植草棉，棉布在国内行销日广，也大约是这个时期。

四楞藤帽为元代男子所通用，到明代就只某种工匠还使用了。另外一种折腰样盔帽，元代帝王有用银鼠皮作成的，当额或顶部常镶嵌价值极贵的珠宝。到明代差役的青红毡帽还采用这个样式，正和元代王公重视的"质孙宴"团衫，与明清之差役服式差不多，前一代华服到后一代成为贱服，在若干历史朝代中，几乎已成一种通例。

本文 1986 年 5 月发表于商务印书馆（香港）有限公司《龙凤艺术》一书。后编入《沈从文全集》。现据《沈从文全集》第 30 卷编入。

二 玉器

中国古玉

中国的雕玉艺术，是从石器时代磨制石器发展下来的一种特殊艺术。它的初期作品，在形态和花纹上的成就，我们目下实在还不大明白。只知道至迟在公元前十二世纪左右，殷商时代古坟中出土的种种雕玉，就显示出它在艺术上已达成熟期。后来雕玉技术中的平面透雕、线刻、浮雕和圆雕，种种不同表现方法，都已具备。并且可以看出已经熟练运用旋轮车盘，利用高硬度的宝石末，和用高硬度金属工具，来切磋琢磨。艺术上的特征，即把严峻雄壮，和秀美活泼几种美学上的矛盾，极巧妙的融合统一起来，表现于同一作品中，得到非常的成功。无论大型玉戈和玉刀，或是一件小佩玉，效果总是相同的。由于玉质的光莹润泽和制作设计上的巧慧，作工的精练与谨严，特别是治玉工人对于材料的深刻理解，使它在中国古代美术史中，占有一个特别重要的位置。

中国历史文献称商代最后一个帝王纣辛，因人民反抗他的残暴政治，自焚于鹿台时，身边还有宝玉一亿有余。统治者大量雕玉的占有，充分反映出中国奴隶社会的末期，奴隶主和奴隶之间的阶级对立尖锐显明。当时一般人民进行生产，种植和狩猎，大都还使用石斧、石镰、蚌锯和石、骨、蚌箭头作生产工具，统治者却用精美玉器装饰他心爱的狗马和本人一身。这时期的玉器制作，自然多出于有技术的奴隶双手。

大致可以分作两部分：

一、大型玉多属玉兵器和礼仪上用玉。兵器中有玉戈、玉矛头和玉斧钺等等，有的还镶嵌在刻有非常精美花纹的青铜柄上。礼仪用玉有圆形玉璧，筒状玉琮，齿轮状玉璇玑，等等。二、小件佩玉多从日用工具发展而来，大部分还不完全脱离实用范围，如玉鱼璜可作小刀，玉觽可以解结。一部分又反映古代社会风俗习惯，特别生物如玉龙凤，常见生物如玉牛、玉虎，和燕雀蛙兔，龙凤多用双线碾刻，制作异常精美，鸟兽虫鱼等生物，多用平面透雕，刻法简朴而生动。玉材大致可分白玉和灰青玉二系，还有比较少量的绿色硬玉。材料来源有从本土较近区域内取得的，也有从万里外西北和阗昆仑山下河谷中取得的。属于本土生产的，古称蓝田出美玉，或以为即陕西长安附近的蓝田。从和阗河谷中采取的，可以说明我国古代西北的交通，实远在三千年前。采玉必有专工，并且用的还是女工人（不过有关这种记载，是在公元后七世纪的唐代才发现的）。

雕玉必用金刚砂，别名解玉砂，唐代贡赋名目中，忻州每年就贡解玉砂六十斤。周代只知道玉作有工正专官，主持生产。从河中采取的名子儿玉，大小有一定限度，从山上凿取的名山材玉，有大过千斤的。汉代虽已见出使用山材玉的情形，但直到公元后十三世纪，才使用大件山材玉。

周代前后八百年间（公元前十二世纪到公元前五世纪），雕玉工艺随同时代有不断进一步发展。主要是雕玉和中国初期封建社会，发生了紧密的结合，成为封建制度一部分。周代初年，虽把从殷商政府得来的大量宝玉，分散于诸侯臣民，表示有道德的帝王，把人民看得比宝玉还重要。但在公元前八世纪间，却出了个好探险、喜游历的帝王，驾了八骏马的车子，往中国西方去寻玉，直到昆仑山下，留下了一个穆天子会西王母的故事，影响到中国文学艺术和宗教情感二千多年，成为一个美丽神话传说的主题。

周代大型雕玉，由戈矛斧钺衍变而成的圭、璋、璜、琮、璧，和当时青铜器中的钟鼎，都是诸侯王国分封不可少的东西，政治权威的象征，同有无比尊贵地位的。这种大型雕玉，特别是陕西出土，有可能是商周之际制作的薄质黑玉刀，一部分还依旧保持实用工具的作用，锋利坚刚，可以割切肉食。随后才成为种种仪式上的定型。器物中最重要的是圭、璧，既是政治权威的象征，还兼具最高货币的意义。诸侯王分封，诸侯之间彼此聘问通好，此外祭祷名山大川，天地社稷诸神，婚丧庆吊诸事，都少不了要用到。后来加入由石庖丁衍变而成的玉璋，外方内圆近于机织衡木的琮，破璧而成半月形的璜，以及形制不甚明确的珝，玉中五瑞或六瑞的说法，因之成立。当时国家用玉极多，还特别设立有典守玉器的专官，保管收藏。遇国有大事，就把具典型性的重器陈列出来，供人观看。玉的应用也起始逐渐扩大了范围，到士大夫生活各方面去。商周之际，惟帝王诸侯才能赏玩的，晚周春秋以来，一个代表新兴阶级的知识分子，也有了用玉装饰身体的风气，因此有"君子无故玉不去身"的说法。并且认为玉有七种高尚的品德，恰和当时社会所要求于一个正人君子的品德相称，因之雕玉又具有一种人格的象征，社会更加普遍重视玉。这里说的还仅指男子佩玉。至于当时贵族女子，则成组列的雕玉环佩，已经有了一定制度。孔子删辑古诗时，诗中提起玉佩处就极多。花纹上的发展，则和同时青铜器纹饰的发展有密切的联系，大致可分作三个段落，即西周，春秋和战国。礼仪用玉如圭璧，多素朴无纹饰，或仅具简单云纹。佩服用玉因金工具的进步，发展了成定型的回云纹和榖状凸起纹，和比较复杂有连续性的双线盘虬纹。佩服玉中如龙环，鱼璜，和牺首兽面装饰镶嵌用玉，一部分犹保留商代雕玉作法，一部分特别发展了弯曲状云纹玉龙。玉的使用范围虽显明日益广大，一般作工却不如商代之精。大型璧在各种应用上，已有不同尺寸，代表不同等级和用途，但比较普通的璧，多具一定格式，以席纹云纹为主要装饰。有一种用途不甚明确成对透雕玉龙，制作风格雄劲而浑朴，作风直影响到西汉，还不大变。这种薄片透雕青玉龙，过去人多以为是公元前二三世纪间制作的，近来才明白实创始于周代，至晚在公元前六世纪，就已成定型。

中国雕玉和中国古代社会既有密切联系，玉工艺新的进步，和旧形式的解放，也和社会发展矛盾蜕变同时，实在公元前五世纪的战国时代。那时社会旧封建制度已逐渐崩溃解体，由周初千余国并为百余国，再兼并为五霸七雄，一面解除了旧的王权政治制度上的束缚，另一面也解放了艺术思想上的因袭。更因商业资本的发达流转，促进了交通和贸易，虽古语有"白璧无价""美玉不鬻于市"的成规，雕玉艺术和玉材的选择，因此却得到空前的提高。相玉有了专工，雕玉有了专家，历史上著名的和氏连城璧，就产生于这个时代。韩非著述中叙卞和故事说，平民卞和，发现了一个玉璞后，就把它献给国王，相玉专工却以为是顽石，因此卞和被罚，一只脚去掉了膝盖骨。后又拿去呈献，玉工依然说是顽石，因此把两脚弄坏。断了脚的卞和，还深信自己见解正确，抱着那个玉璞哭泣，泪尽血出，悲伤世无识玉的人。后来玉经雕琢，果然成一个精美无比的玉璧。司马迁作《史记》，说璧归赵国所有，诸侯都非常歆羡。秦王自恃兵力强大，就派人来取玉，并诈说用五个城市交换。赵王不得已，派蔺相如带璧入秦国，见秦王无意履行前约，因用计完璧归赵。故事流传二千余年，还十分动人。和氏璧真实情形已不得而知。至于同时代因诸侯好玉社会重玉成为一种风气后，而提高了的雕玉艺术，则从近三十年在河南洛阳附近的金村，和河南辉县地方发现的各种精美玉器，已经完全证实这个时代的雕玉风格和品质。花纹制作的精美，玉质的光莹明澈，以及对于每一件雕玉在造型和花纹相互关系上，所表现的高度艺术谐调性，都可以说是空前的。特别是金村玉中的玉㿍，玉羽觞，和几件小佩玉，故宫博物院收藏一件玉灯台，和三四种中型白玉璧，科学院考古所在辉县发掘的一个白玉璜，一个错金银嵌小玉玦的带钩，无一不显明指示出，这个时代雕玉工艺无可比拟的成就。在应用方面，这个时期又开辟了两个新用途，一是青铜兵器长短剑，柄部和剑鞘的装饰玉，二是玉带钩。这两方面更特别发展了小件玉的浮雕和半圆雕。至于技术风格上的特征，则纹饰中的小点云乳纹，和连续方折云纹，已成通用格式。又线刻盘虺纹，有精细如发，花纹活泼而谨严，必借扩大镜方能看清楚花纹组织的。由于应用上的习惯，形成制作上的风格，最显著的是带钩上镶嵌用玉，和成组列的佩服玉，特别发展了种种海马式的弯曲形透雕玉龙。极重要的发现，是金村出土的一全份用金丝纽绳贯串起来的龙形玉佩。至于玉具剑上的装饰玉又发展了浅浮细碾方折云纹，和半圆雕的变形龙纹（大小螭虎）。圆形玉璧也起始打破了本来格式，在边沿上着二奔龙和中心透雕盘夔。一般雕玉应用图案使用兽物对象，有由复杂趋于简化情形，远不如商代向自然界取材之丰富。但由于从旋曲规律中深刻掌握住了物象的生动姿态，和商代或周初玉比较，即更容易见出新的特征。换言之，雄秀与活泼，是战国时代一般工艺——如青铜器和漆器的特征，更是雕玉工艺的特征。雕玉重品质，选择极精，也数这个时期……近三十年这种种新的发现，不仅对于历史科学工作者是一种崭新的启示，也为世界古代美术史提示出一份重要新资料。

西汉继承了这个优秀传统，作多方面的发展，用玉风气日益普遍，但在技术上不免逐渐失去本来的精细，活泼，而见得日益呆板，因之比较简质的半圆雕辟邪，应用到各种雕玉上去，也起始用到玉璧类。汉武帝时，因西域大量玉材入关，配合政治上和宗教上的需要，仿古制雕玉，于是又成为一时风气。二尺长大玉刀，径尺大素玉璧，和礼制上六瑞玉其他诸瑞，汉代都有制作。由武帝到王莽摄政一段时期，祀事上用玉格外多。大型青玉璧中刻云纹或蒲席纹，外沿刻夔凤虬龙，制作雄壮而浑朴。大型璜玦也刻镂精工，然终不如周代自然。这时期社会崇尚玉色，照古玉书所称，贵重难得的玉计四种：黑玉必黑如点漆，黄玉必黄如蒸栗，赤玉必赤如鸡冠，白玉必白如截肪，才够得上美玉称呼。但汉坟中发现的却多白玉和青苍玉。所谓白如截肪，即后世的羊脂玉，汉代小件佩玉中的盾形佩，和玉具剑上的装饰玉，都常见到。礼仪祀事用玉，则多用白、青和菜碧玉作成。又因大件重过百斤的山材玉起始入关，影响到汉代建筑装饰用玉也极多。政府工官尚方制作有一定格式的大型青玉璧，已成为当时变形货币，诸侯王朝觐就必需一个用白鹿皮作垫的玉璧。诸侯王郡守从尚方购置时，每璧得出五铢钱四十万个。因之也成了政府向下属聚敛一种制度。宫廷中门屏柱椽间，则到处悬挂这种玉璧作为装饰。玉具剑上的雕玉，更发展了种种不同半圆雕和细碾云文，风行一时。汉代重厚葬，用玉种类也更具体，有了一定制度。例如手中必握二玉豚，口中必有一扁玉蝉，此外眼耳鼻孔无不有小件雕玉填塞。胸肩之际必着一玉璧或数玉璧。贵族中有身份的，还用玉片裹身作玉甲。此外平时一般厌胜用玉，如人形玉翁仲，方柱形玉刚卯，在汉墓中都是常见之物。当时小件精美雕玉是得到社会爱好，有个物质基础的。西汉末通人桓谭就提起过，见一小小玉器，竟值钱二万。当时山东出的一匹上等细薄绸料和绣类，还只值钱一万五千！

出土汉玉较多，后人玩玉，因难于掌握时代，于是都把它叫做汉玉，式样古旧一些的又称三代玉。定名也大都无确切根据。其实由商到汉，前后约十三四个世纪，雕玉花纹和形制，各代是不尽相同的。玉材也不相同。且因入土时间有长短，各地土质又不一，时代性和区域性，因之显著明白。照历史时代可分作殷商，西周，春秋战国，和汉代。照风格分商和西周为一段，春秋为一段，战国到西汉初为一段，东汉为一段。但雕玉工艺虽有其时代性，却由于工艺传统也有其连续性，严格的区别还是不可能的。

中国好玉风气，和雕玉艺术，同汉代政治一样，结束于公元后一世纪左右。文献上虽还叙述到汉末名人曹丕、吴质等人用玉具剑作礼物赠答，但古代玉佩制当时即已失传，幸得王粲从当时博学的蔡邕学习过，才恢复典礼中的玉佩制。近年山东发掘汉末著名诗人曹植坟墓出土玉佩数种，制作简朴而无风格可言，也可以证实这个时代的确是中国古代雕玉艺术的衰落期。此后不久，到晋代，因鲜卑、东胡、西羌诸民族陆续入侵中国的北方，致作成中国雕玉艺术中绝期四百余年，直到唐代，才又稍稍恢复，发展了第二期由唐到清代近一千年来的雕玉工艺。虽同是雕玉，它的方法基本上也还是相同的。但花纹的构成，和在社会上致用的意义，有些和前一期雕玉，就已大不相同了。这个区别是需要另作叙述的。

本文估计作于 20 世纪 50 年代前期。后据原稿编入《沈从文全集》。现据《沈从文全集》第 28 卷编入。

中国雕玉工艺的四个发展阶段

中国的雕玉艺术，在工艺美术史上是一种奇迹。优秀技术和玉本质的温润粹美结合，所得到的艺术效果，给予世界美术鉴赏家和爱好者的深刻启示，是其他工艺无从比拟的。

中国雕玉艺术是由人类文明起始打磨石器发展下来的一个分支。至晚约在商代的末期，公元前一千三百年前在艺术上就已达到完全成熟。它的发展过程比铜器时期长得多，可是它的成熟期却和青铜器时代的成熟期相差不多。这是历史科学工作者，近三十年发掘商代古墓，已得到的确切证明。中国的青铜时代，结束于公元前四百年左右，玉的工艺却继续发展，和封建社会不可分。中国雕玉工艺的发展史，大致可以分作四个段落：

第一段落，商代（约公元前一千六百年到公元前一千年），这时期玉约可分作两大类：

1.仪式玉，这类玉还完全保持石工具形式，一部分并且还具实用工具价值，是玉戈、玉刀和玉斧，当时或单独存在，或镶嵌于有精细花纹的青铜柄上，奴隶主用它来象征最高权威和富有。极重品质和色泽，磨治素朴，除打孔外还无多少纹饰。但在设计上实在已经十分讲究。玉戈类在锋刃棱弧线道间，和著柄部分，用简单纵横线纹，极巧妙的，把严峻和秀美结合而为一，是同时的青铜器艺术所达不到的。后来到封建社会的周代，这类器物就发展成为一定形制的圭璋，为大小封建主用作权威象征，沿袭使用三千年不废。

2.装饰品和小工具玉，如刮削用的鱼刀，解结用的觽和玉针，约发用的玉笄，可代表实用。如平透雕龙、虎、鸟兽和管状丸状玉，可代表装饰品。这类玉技术上处理不如前者谨严，大有自由创造作风，有立雕、平雕、透雕和浮雕。平雕线刻如双碾玉凤和夔龙，立雕如野猪头，浮雕如凤形玉笄，在方寸器材上，也充分可表现古代工人智慧和巧思。透雕中多用常见生物作题材，老虎、野猪、兔子、燕雀，把握物象都非常活泼生动，而又十分准确。

第二段落，由周到汉（约公元前一千年到公元前二〇二年）：

这段时期玉的社会地位已被肯定，成为封建社会制度中一个不可缺少的东西。由玉戈、玉刀、玉斧及环状石斧、石纺轮等等衍变而成的圭璋璜璧，都已有定形，和赋予一定意义。封建的符信，封建主间彼比的友好聘问，和封建主对于自然神的崇拜，例如对于天地山川河流的崇拜尊敬，都少不了要用到这种玉。玉的抽象和实际价值，也因此极高。又陕西出土的西周墓中玉，且常发现种种薄片玉刀，锋利异常。可见周代早期还使用它作割切工具。到春秋战国古墓中，即不再发现这类玉。小件佩玉则作工具用的鱼形刀，还有种种式样发展。且由种种不同式玉件组成一个配列，例如金村玉佩，在玉工艺史上是有代表性的。诸侯士大夫大都玉不去身，作为个人品德的象征。小鱼璜可能还兼有原始珍贵货币符契意义。在工艺成就上说，这时期玉也可说比商代稍稍显得退后一点。在应用面上说，却已大加推广。至于艺术上新的展开，则在春秋战国之际（公元前四五百年间）。这时期玉的社会地位，高到不可思议。封建诸侯对于玉的爱好，已近于完全病态。周穆王到西方寻玉的神话传说，是当时最流行传说，影响到中国神话史道教史都非常大。相玉有专书，雕玉有专工。历史传说上最著名的卞和因献玉被刖足故事，和秦赵两国争和氏璧，蔺相如完璧归赵故事，成为中国二千年来一段动人戏剧主题。著名的和氏璧，被赵国得到后，强大秦国竟答应用五个城市来交换。这种传说是有它的物质根据的。近年在河南洛阳金村和其他地方发现的战国雕玉，如玉瓮，玉羽觞，玉龙，玉兽，和那个成组列的佩玉，和同时期出现的金银错器，有精美花纹的漆器，无论在造形上和花纹刻镂上，都直接间接证明了这个时期雕玉工艺所达到的高度成就，实可说空前绝后。这时节也恰是青铜器的末期，新发明的镜子和铜剑都用雕刻极精美的玉件作镶嵌装饰。玉具剑在秦汉美术史中，因此得到一个离奇地位。战国玉特征可说的计三点：1.金村式玉多用白玉材作成，玉质特别精美。2.璧类加大小螭虎龙，和透空雕，为汉代精雕玉开了先路。由鱼璜发展而成的圆曲式透雕，式样虽多，已成定型，有规律可循，使用到许多方面。3.刻镂技术则线刻精细稳准而活泼，乳丁细云纹为佩玉纹样通格。玉具剑的镡首、琫、璲、珌和师毗钩上镶嵌的龙形玉，在造形和纹样上，都充满新意，为后世不可及。薄片玉有薄如纸张，上犹碾刻花纹的。反复勾连云纹，已为后世万字流水纹开了一个先路。

第三段落，汉代（公元前二〇二年到公元二二〇年）：

五十年前人谈古玉的多用简单而肯定语气判断古玉。大凡色泽旧，形制怪的为"三代玉"。素朴少纹饰沁色多的，通称汉玉。至于花纹细的光亮整齐的则以为唐宋六朝。加之宋人著玉谱，谈礼制附会牵连甚多。明人习惯仿古玉，并造作古玉，因此以讹传讹，对于玉的知识比其他都薄弱而混乱。这种知识上的错误，是近卅年地下考古工作的发现，才加以修正的。特别是安阳发现的商代玉，河南陕西发现的周及战国时玉，以及洛阳和高丽发现的汉代玉，具体事例教育了我们，每一时代的风格特点，都逐渐明白。知识因之也就具体得多。

第四段落，唐宋至清代（公元六一八年到公元一九一二年）：

对唐宋时代中国玉的特征，认真说，知识是不多的，不具体的。传世玉成定型的蟠螭盾形佩，大体上是成于六朝唐宋的。此外即花式佩和石刻佛像胸前佩制相合的，我们说它是唐式玉。玉容器中花纹精美有余，形制不古的，也说是唐宋，其实说来是不够的。明清玉——特别是清代玉，则一望而知。因大片山材玉起始应用，白玉和菜玉瓶盘鼎炉等器，是充满这个时代作风的。历史上用玉之多，恐也无过于清代（十八十九世纪两百年）。在工艺上它的发展性是显明的。同时这时代的历史条件，且扩大了从各种有色玉石中发现新材使用新材的范围，如大过一尺的云南翡翠和琥珀、玛瑙、青精石等反映到雕刻上，也是空前的。三尺以上珊瑚的透刻，全象牙的透雕，都是由玉石雕刻扩大的新材料处理。小件首饰玉使用范围之广，也数这个时代。特点是大件山材玉的使用，已极平常，故宫留下许多艺术品，可以作例。

中国玉工艺的发展，既和封建社会制度有密切关连，因之到二十世纪初期，辛亥革命后，玉工艺无疑到了一个转型期。虽在近三十年中，还常有高达三市尺的翡翠立体大件雕刻，和用材到三百斤的白玉雕件，运到国外展览，一般说是由逐渐衰落到难以为继状态中的。

　　本文估计作于20世纪50年代前期。原无题，编入《沈从文全集》时拟题目为《中国雕玉工艺发展的几个段落》。现据《沈从文全集》第28卷编入，篇名为编者新拟。

中国玉工艺讲稿

一、玉的出产

中国美术史有一个项目，和中国文化史问题分不开，从石器时代生产工具流传下来，转而为权威、尊重、品德，以及性的象征，即玉的问题。由于和政治上的礼法制度，宗教仪式，以至于男女服饰应用，都分不开，玉和玉工艺问题也就比较复杂。因为它贯串了封建文化的全程，联系到许多方面。可是直到如今，还没有人对于这个项目加以较新的清算，认识。它可能已随封建而衰落，灭亡，成为历史上一个名词，一种遗物。但它在美术史上的种种关系，我们还是值得多知道一些，具体知道一些。

提起玉出产较古较多的书，应数《山海经》。这部书根据旧说，相传是随大禹治水的一个大臣伯益记叙的。自然不可靠。经近人研究考证，认为是战国或以前一部古书。一部分有汉或汉以后地名，是后人补充的。这部书提到产玉的山有数十处，都产良玉。又有些玉出水中，名璇玉、藻玉、珚玉。

《山海经》因为多载古代禳祝方术，所以有认为是古巫书的。因为说起山的情形多，又认为是古地志书。因为荒唐不经，和汉以来人的地理知识不合，又认为是小说。玉和神话有关，从这部书起始。

第二是《穆天子传》，记周穆王驾八骏马，游猎西方，到昆仑和西王母相会，相互饮酒唱诗故事。这是战国时人一部杂传记，即世传晋代咸宁时河南汲郡发现战国时魏襄王（一作魏安厘王）古坟中得来的一堆古代竹简书，经束皙校勘整理出几部书中一部。书中提起悬圃玉和群玉山，用它和《庄子》文中所说，《列子》

文中所说昆仑情形，可见正是战国时一般士大夫的话题，也反映古代中国人向西方寻玉，及战国时人对于玉的兴趣，以及对于西方的种种传说。《穆天子传》说，"春山之泽，清水出泉，温和无风，飞鸟百兽之所饮食，先王所谓悬圃，天子于是得玉策枝斯之英。"又说"天子北征，东还，乃循黑水至于群玉之山。"那么一个欢喜远游的封建主，除猎取了许许多多獐鹿鸟兽，最重要一件事情，即见西王母。当时和西王母相互送礼用玉，献河宗用玉。玉代表最高货币价值。

《管子》也是战国时一部旧书，曾一再提及禺氏玉，属于北方。《管子》说，"禺氏边山之玉，一策也。"又"尧舜之王所以化海内者，北用禺氏之玉，南贵江汉之珠。"

《淮南子》虽出于西汉时淮南王刘安门客所编辑，多辑录战国时杂说，也说及昆仑玉："譬若钟山之玉，炊以炉炭，三日三夜而色泽不变，则至德天地之精也。"

《史记》则说"昆山玉"。

《周礼·职方氏》称雍州其利玉石，或本于《尚书·禹贡》"雍州，厥贡惟球、琳、琅玕"（说蓝田出美玉，且指蓝田为陕西长安，似本于《汉书·地理志》，因《搜神记》故事而益著）。

《尚书》疏称："夷玉，南北之珣玗琪。"

玉的生产在国内，多以为出蓝田，在塞外，则出于昆仑，和阗，换言之，即中国古代用玉，大半来自新疆。到明朝，后人大致再不能从蓝田偶然得玉，也不相信蓝田会产玉，宋应星著《天工开物》叙录中国工艺时，所以说：

> 凡玉入中国，贵重用者，尽出于阗葱岭……所谓蓝田，即葱岭出玉别地名，而后世误以为西安之蓝田也。

解释自然有些不全面。日人滨田耕作论及这一点时，却说，陕西蓝田古代可能也产过玉，蕴藏量不甚多，已经采尽，因此中国玉大部分还是来自新疆。近人章鸿钊作《石雅》，则从岩石学知识判断，认为蓝田无玉，大致是当时玉的集中地。

中国古代用玉出于新疆，这是从文献从近代地下实物玉的品质判断，都可以证明的。

古代玉如何来到中国，到今为止，还是一个待解决的问题。或如一部分史前学者所作的推测，是随彩陶而南来，那么上古玉的范围，也必和彩陶分布范围相去不多。或如文献所说推测，黄帝以玉为兵，和以铜为兵的蚩尤兄弟大战于涿鹿之野。大败蚩尤。换言之，即中国华北及黄河流域本有一个种族，族长蚩尤兄弟，当时已经能冶铜铸造兵器。西方另有一支民族，却善于用玉器石作兵器。这个用玉石作兵器的民族，五千年前大举南来把蚩尤战败，新来的文化进步些，到黄河流域及华北扎下个根基后，就教人民耕田，养蚕，和种种新的生产，作成古中国社会奴隶时代的开始。这种推测有多少可靠，是考古学者一个待解决的问题。我们应当明白的，即玉由西方南来，可能和中国文化史有那么重要的关连。玉这个东西，必然是从石器时代即特别受尊重的。但新石器中的细石器多玉髓质（玛瑙）各色打剥器物，可少有玉质的，由于玉并不合于作细石器。玉斧可能曾作过生产工具，由生产工具的效用，慢慢的力转成象征权威尊严和品德纯粹的一种考古学重要遗物。它所反映的问题，在史前一部分，和彩陶应当有联系，比铜器时代还早些。到有史时代，又和铜器同是古代由商到汉——由奴隶时代到封建时代——汉民族生活思想意识形态反映极丰富的遗物。铜器时代到汉末已结束，发展到中古唐宋，玉这种东西，它还是一面和封建文化极紧密结合，另一面却又在工艺美术中占了一个特别位置，重要性不下于中古时代的文字和绘画。直到二百五十年前的清代乾隆，因山材大玉的获得，又还占那个时代封建工艺美术一个重要部门。至于用它到人身上作装饰品，应用范围之广，数量之多，除丝织物和金银，实无物可以比拟。从二千七百年前起直到二十世纪人民时代，还不能完全废除。所以说，它的用处实贯串了中国文化史全程，也即贯串了中国社会发展史全程。对于玉工艺的理解，也应当从这一点基础上来认识，来发现，方有意义。

玉的生产地出于新疆，新旧著录极多，《古玉概说》作者因综合前人意见，用斯坦因《西域考古记》所绘地图作参考，认为出玉地点实包括了昆仑山系和阗河，在横贯沙漠的和阗河上游。一玉陇哈什河，即古人所谓白玉河。一哈拉哈什河，即古人所谓黑玉河。都出于昆仑山，证明前人所记不误。的确出于昆仑山，的确有二河产玉，且修正了三河之说。

关于玉的西来，如何由和阗进玉门关，文献实物有价值材料，应当数斯坦因在一九〇六年第二次到新疆探险，在古于阗（即和阗）附近尼耶河边得到的汉晋木简。从这些木简记载中，得知当时居住的（或者是戍卒屯田的小官吏）男女赠送礼物，就大多用的是玉石。这种礼物赠遗或者是成品，是玉璞，不得而知。因为这还是普通的馈送礼品，只是一件两件。如国家大规模采取，照致用上作推测，当在战国时。汉代则必然在武帝时，因为建章宫、玉堂殿等等建筑，如史书可靠，则那时节即已用到大件玉，也即是明代人所说，重逾千斤，生长于高山上，必用牦牛爬上半山凿取得来"山材"的。如当时采用的方式，不尽是从征服奴役纳贡的方式，即可能和丝织物交换大有关系。古代中国丝织物的出口，在西方，除换军事上用的马匹，很可能即换玉。出玉的地方必然同时对于玉的处理知识也进步得多。因此中国古代玉的工艺技术，尤其是盘车割玉碾玉法，可能是西来的（滨田耕作以为中国治玉法和古叙利亚治玉法相合）。远古玉有些纹饰，也很可能一部分是外来的。

照汉代木简的记载，那个时代边疆送礼，表示尊敬和表示情爱都送玉，也正是古已有之。和《左传》《诗经》记春秋时代用玉相合。或以玉为两国报聘信物，如《左传》《国语》常提起的。或以玉作男女悦爱赠送，如《诗经》所说报之以琼瑶，报之以琼玖。

> 王母谨以琅玕一致问，（背面）王
> 臣承德叩头。谨以玫瑰一再拜致问，（背面）大王
> 奉谨以琅玕一致问，（背面）春君幸毋相忘
> 苏且谨以黄琅玕一致问，（背面）春君

又斯坦因曾记和阗附近白玉河口采玉实际情形说：

> 在河漂之砂土，穿一椭圆或方形之竖穴，深十来尺，可达圆石层。玉璞即介在流下之河水中。大玉发现不多。和阗及新疆各处来寻玉的，多雇请附近贫农十人至二十人为一组，从事发掘，衣食由商人供给。每天约合二卢布工钱。发现大块玉另有奖赏，这种穴深到二十尺后，即有水出。

这是五十年前和阗采玉法。从文献比较，可以知道或因水道变化，古今采玉

情形已大不相同。明代采玉还是多从河中捞摸，现代已就沙滩挖掘。

《汉书·西域传》只说于阗多玉石，晋代高居诲《使于阗记》写道：

> 至于阗分为三，东曰白玉河，西曰绿玉河，又西曰乌玉河。

五代时，张匡邺的《西域行程记》，则更详细的说：

> 玉河在于阗城外，其源出昆山，西流一千三百里，至于阗界牛头山，乃疏为三河。一曰白玉河，在城东三十里。二曰绿玉河，在城西二十里。三曰乌玉河，在绿玉河西七里。其源虽一，而其玉随地而变，故其色不同。
>
> 每岁五六月，大水暴涨，则玉随流而至。玉之多寡，由水之大小。七八月水退乃可取。彼人谓之"捞玉"。

明末宋应星著中国工艺书《天工开物》，卷末珠玉篇，提到捞玉事，即认为只有两河流，并无乌玉河。并提及采玉过程及入国情形，比一般为详悉。

> 玉璞不藏深土，源泉峻急激映而生。然取者不于所生处，以急湍无着手。俟其夏月水涨，璞随湍流徙或百里或二三百里，取之河中。凡玉映月精光而生，故国人沿河取玉者，多于秋间明月夜，望河候视。玉璞堆聚处，其月色倍明亮。凡璞随水流，仍错杂乱石浅流之中，提出辨认而后知也。
>
> 白玉河流向东南，绿玉河流向西北，亦力把力地，其地有名望野者，河水多聚玉。其俗以女人赤身没水而取者，云阴气相召，则玉留不逝，易于捞取……
>
> 凡玉唯白与绿两色，绿者中国名菜玉。其赤玉、黄玉之说，皆奇石、琅玕之类，价即不下于玉，然非玉也。
>
> 凡玉璞根系山石流水。未推出位时，璞中玉软如绵絮，推出位时则已硬，入尘见风则愈硬。谓世间琢磨有软玉，则又非也。
>
> 凡璞藏玉，其外者曰玉皮……
>
> 璞中之玉，有纵横尺余无瑕玷者，古者帝王取以为玺。所谓连城之璧，

亦不易得。其纵横五六寸无瑕者，治以为杯斝，此亦当世重宝也。

……凡玉由彼地缠头回……或溯河舟，或驾橐驼，经庄浪，入嘉峪，而至于甘州与肃州。中国贩玉者，至此互市而得之，东入中华，卸萃燕京（明时代事）玉工辨璞高下定价，而后琢之。

（良玉虽集京师，工巧则推苏郡。）

清代是向新疆大规模取玉的时代，因此对于采玉事也特别详悉。特别是采大件玉材，徐松之《西域水道记》曾有记载。说玉山名密尔岱山：

山峻三十许里，四时积雪。谷深六十余里。山三成：下成者麓，上成者巅，皆石也。中一成则琼瑶函之，弥望无际，故曰玉山。采者乘牦牛至其巇，凿之，坠而后取，往往重千万斤……玉色黝而质坚，声清越以长。

又《西域闻见录》也说到这种大件山材采取法：

去叶尔羌二百三十里，有山曰米尔台搭班，遍山皆玉，五色不同。然石夹玉，玉夹石，欲求纯玉无瑕，大至千万斤者，则在绝高峻峰之上，人不能到。土产牦牛，惯于登陟。回子携具乘牛，攀援锤凿，任其自落而取焉。俗谓之礤子石，又曰山石。

清代嘉庆四年叶尔羌办事疏奏，曾提及和阗计五处可以采玉，其中惟玉陇哈什河产玉最良。其余四处名：

哈喇哈什
桑谷树
雅哈朗
归山

当时即已停工（乾隆时大致都曾采过玉）。至于捞玉法，《西域闻见录》记得较详细，可以补充《天工开物》不曾提到处，或者这是当时公家采玉制度。

> 其地有河，产玉石子，大者如盘，如斗，小者如拳，如栗。有重三四百斤者，各色不同。如雪之白，翠之青，蜡之黄，丹之赤，墨之黑者，皆上品（用古玉符语）。一种羊脂朱斑，一种碧如波斯菜，而全片透湿者，尤难得（用明人语）。
>
> 河底大小石错落平铺，玉子杂生其间。采之之法，远岸官一员守之，近岸管官一员守之，派熟练回子，或三十人一行，或二十人一行，截河并肩，赤脚踏石而步，遇有玉石，回子即脚踏，鞠躬拾起，岸上兵击锣一声，官即过朱一点。回子出水，按点索其石子去。

这叫见一般捞玉还是米十河中。
又《西域图志》四十三称：

> 准噶尔部玉名哈司，色多青碧，不如和阗远甚。回部玉名哈什，产和阗南山者最良。河出山中为玉河。有绀、黄、青、碧、玄、白数色。小者如拳，大者如枕。因名其河为哈什库勒。

姚元之《竹叶亭杂记》三也说：

> 和阗产玉之地有五：曰玉陇哈什，曰哈喇哈什，曰桑谷树雅，曰哈琅圭，曰塔克。
>
> 其水皆出南山，东西夹和阗城而下。和阗，古于阗，《汉书》所谓"于阗在南山下，其河北流"是也。西曰哈喇哈什河。哈什译言玉，哈喇译言黑也，故玉色黯。东曰玉陇哈什河。玉陇译言察视之辞，俗言瞧看其玉尤佳。……其叶尔羌之玉，则采于泽，恒以秋分后为期。

清陈性《玉纪》稍有补充：

（玉）多产西方，惟西北隅之和阗、叶尔羌（古莎车国，今新疆）所出为最。其玉体如凝脂，精光内蕴，质厚温润，脉理坚密，声音洪亮……产水底者，名子儿玉；产山上者，名宝盖玉，次之。

据《西域闻见录》著者说，水中玉重到三四百斤的已极难得。但明清以来大件玉实多，且就故宫所藏乾隆时代玉器看来，如菜绿玉和白玉器物，大多是从大件玉材切割下来的琢成的，明清二代玉工艺也因之受了影响。清初谷应泰提及山材以为近出，可见不太久：

西域近出大块劈片玉料，谓之山材，从山中槌击取用……色白质干，内多绺裂……此类不若山材为宝。

《西域闻见录》以为有大至千斤万斤者。必于绝高峻峰之上凿取。《西域水道记》卷一说：

其年有进密尔岱玉三：首者青，重万斤。次者葱白，重八千斤。小者白，重三千斤。辇至哈喇沙尔，以其劳人，罢之。

故宫有大玉如山，刻大禹治水图，高及一丈。团城有玉高七尺，比故宫玉材尤大，相传是元时玉工琢成。这种大玉可见输入中国还不是明代起始。当时封建主不惜浪费人民劳力，运这种无实用之物到宫中来，它的运输方法，清人黎谦亭《素轩集·瓮玉行》诗及序曾提及一点点：

于阗贡大三，大者重二万三千余斤，小者亦数千斤，役人畜挽拽以千计。至哈密有期矣，嘉庆四年奉诏免贡。

于阗飞檄至京都，大车小车大小图。轴长三丈五尺咫，堑山导水湮泥涂。小乃百马力，次乃百十逾。就中瓮玉大第一，千蹄万引行踟蹰。日行五里七八里，四轮生角千人扶。

至于故宫青玉，可能有部分是准噶尔出的哈司，如《西域图志》所说的。也可能是于阗山材。

就前代文献和近人记述，我们可以知道如下几件事：玉的来源实远在新疆，实如何通过了劳动人民的手足血汗，才能由昆仑上的高峰峻岭上或深水中采取，运入玉门关，集中在古代的长安和近古的北京。产玉根源在昆仑山，一般多从两条河中取来，有时也从山中凿取。从水中取出有黄色石络的玉子，名玉璞，从山中凿来的名山材。到十九世末，河中玉或已不甚多，照斯坦因说的，采玉已更改方法，方从河滩砂土中挖取。可知如不是河中已少玉，就是原产玉河道已有变化，或水量减少，污泥增多。玉以和阗叶尔羌河——玉陇哈什河品质较好。这河在历史上即以出白玉著名。

又古称黄玉如蒸栗，明人称玵黄玉最贵重，和阗玉似少黄色。《石雅》引一八八一年俄国地质学者报告，甘肃青海南山之间，曾发现过浅绿、乳白、硫黄色的软玉。中国是否在这些区域采过玉，不得而知（明代曾因需用黄玉，从和阗得不到，求于阿丹。阿丹是否即俄人所说南山部落？未能悉）。

又商周剑饰上已用过翡翠绿硬玉。一般言来这称硬绿玉多出于中国腾越缅甸密支那接界地方，也是从土中挖出玉璞，运到云南大理和昆明处理的。翡翠本古代鸟名，翡指红色鸟，翠指绿色鸟（即俗名打渔郎），后来通用到这种捕鱼小鸟。因羽毛翠蓝闪光，多用作妇女首饰。明清二代用处特别多。玉中翡翠多指绿色硬玉，普通约有四种，一种色翠绿，性稍干，如孔雀绿石颜色的。一种透亮碧绿的（名玻璃翠），一种绿白相混的，一种白中泛微红的。大规模用到首饰上，似从明清二代起，尤其是清代封建妇女，两手和头上，用到十件二十件大小玉器，是极常见的。男子则佩服用羊脂玉的似较多，玩古汉玉也重羊脂玉，属新疆产软玉。清代封建官僚用翎管，贵重的多用翡翠。

二、玉的应用

玉的应用，是从石器应用挑选而来，所以一面保留石器的实用的种种，一面也就因为难得，很早即转到象征方面去，如圭，就是由石斧变化的。璋，是由石刀变化的。璧，是由圆石斧变的。照现代地面知识，河南安阳殷墟，即发现过铜玉工作地，已分开。又商代玉雕琢已和牙骨铜器媲美，所以最低可以说，至少在三千二百年前，这个部门的雕刻美术生产品，已经用到分工的方式，为奴隶主大量生产。

玉的应用照中国文献记载，应当是从黄帝起始。提到这个问题多引《越绝书·宝剑篇》，说轩辕神农以石为兵，黄帝以玉为兵。《越绝书》出世晚，对于中国史说明不可靠。但是这种传说和近代推论却相合。中国通史简编即用这个意见，认为黄帝是一个西方民族，用玉作兵器侵入黄河流域。大致商代，奴隶主对于玉的应用已极广泛，所以《逸周书·克殷篇》，说武王伐纣，纣自焚于鹿台，简直是用玉包裹一身。

玉的质度坚硬，所以玉的雕刻术的发达，必和铜的应用有关。那就是说玉的加工，大致是在商代。比较古的玉，必和石器差不多，只钻孔、磨光、刻镂少。

现在对于古玉的时代判断，比如玉斧类，一般方式即从花纹决定时代。作斧铲式，无花纹，打孔眼一面大一面小，或两面大中间小，孔圆而精，是古玉。大小一律是后作。这是一种判断。必需看玉材，作为补充知识。

玉材知识必从比较经验得来，图录不甚可靠。

到商代，玉纹饰多了些，有极精细的，如罗振玉藏的大玉刀，上面刻字多而精。但大多数重器，刻镂还少。可以作两种解释，如圭璋多朴素，所谓大器不琢，作为天子权威象征，不必有过多花纹。玉器过于坚硬，难刻花纹。

在应用上，照周代人记载，是那么处理，把它和奴隶社会制度作紧密结合。《周礼·考工记·玉人》条说，镇圭，天子守之。信圭，侯守之。躬圭，伯守之。

这就是这些变相的石刀，是归奴隶封建主掌握的且居多用来镇压奴隶的。

璋，是天子巡狩时候祭山川的东西。巡狩是打猎也是打仗。玉戚、玉钺都是斧类，武王伐纣砍这个奴隶主和当时宠姬妲己的头，就用的是玄钺素钺，即是黑玉斧和白玉斧式武器。

圆形石斧到玉器上发展为三种，即璧、环、瑗。

这是日人滨田耕作的说法，或不尽可靠。因为在中国细石器中发现的环状石器，即战国时的环或瑗，和石斧条件不合，倒像是古代货币代用品。璧环等说明多根据《尔雅正义》。它的区别是：

孔小边大，名叫璧。孔大边小，名叫瑗。孔和边相等，名叫环。

璧到后来是重要东西，礼天祭河聘问都用它，象征最重礼物。由礼器又转为佩饰。比较小，就名叫系璧，意思是悬挂佩的。这个制度从周代起始。上刻半浮雕子母夔，大致是汉代才用到。普通常见三五种，多汉式。

朝鲜汉代古坟的发现，又让我们知道大璧用到殉葬，是放在胸前。比较后一些时代用的青铜镜，也放在胸前，可能就是这个方式的遗留转变。

系璧中一种佩饰玉，有个缺口的叫玦，《广韵》说："佩如环而有缺，逐臣待命于境，赐环则返，赐玦则绝。"

其他史传上也常有提到，著名的如《史记》记项羽和刘邦鸿门宴时，项羽伏下甲士想害刘邦，范增累举玦给项羽看，表示要下决心，羽不忍。因此刘得借故逃脱。环则有还意思，也用到封建君臣男女关系象征上。后来一般用到衣绊上，直到唐宋和尚还用。

瑗和环用处同，荀子说召人以瑗。象征还。

又射箭时右手拇指扳弓弦用的和扳指相差不多的玉也叫做玦，有玉和骨牙做的，吴大澂以为不是一物。这个或者名叫做韘。

半璧名叫璜。《周礼》称大宗伯以玄璜礼北方，即祀地用的玉器。后来成为佩玉，由朴素到浮雕、透雕花纹，还有半圆雕双兽头的，是胸前装饰。

又有叫做珩的，式样相差不多。以为起源是模仿兽牙做成的。是蠹挂的。古诗常提起，大约是周代封建主和士大夫普通装饰。

古代对祭天和地是一件大事。因为社会生产力主要是农耕和蚕桑。地下生产又非靠雨露阳光不可。祭天用璧，祭地则用琮，琮是方柱形中空的玉。《周礼》即提起黄琮礼地之说。注为八方所宗，像地德。用祭地。由王后主管。诸侯献天子也用它。有好几种，常见的是分段形口刻纹和素的。内圆外方。有象征，解说不大清楚。有的说和井田制有关系。有说是从商周之际祭家庭的中溜来的（影响到瓷器，广窑的琮瓶即模仿而成）。也用殉葬。和璋璧琮琥同。按照《周礼正义》说，是圭在左，璋在右，琥在足，璧在背，琮在腹。不大可信。和琮一样极短的，俗称车辋头，一般以为是封建主车轴的镶嵌装饰。似可疑。因从实物证明，有些极小，不适用。有些白玉质过精，不像车饰。可能用到人身上。

和琮同样不易理解的是璇玑。如一个齿轮，照例有三圭角，不雕花纹。因《尚书》有"璇玑玉衡，以齐七政"，后人解释作天文用仪器。也即是汉代浑天仪。是看星宿用的。用法已不明白。也可能是石斧衍变下来的。这种玉多素朴不琢，时代旧。

磬本来是石质乐器，重在发音。商代发现过玉磬。是玉制乐器较古的。古乐器八音中之一种。

有名璓的，如大纽扣，古代皮帽上用装饰。

有玉笄，插头上的，后变作簪。直到唐代贯发还用得着。明清二代道士贯发也还用它，即圆柱簪。

珥，瑱，或以为是耳环，或以为葬时放耳朵内，说的不一。后代耳环从这个产生。罗振玉以为是挂在耳朵上。

封建时代用玉一切有象征，这个也有象征，封建主不乱听杂声。正如冠冕上下垂的珠和勾玉，挂在眼前，防止乱看。

有刚卯，是四方或六方小玉柱，上刻符咒，是王莽时方士造作的，说可以辟兵，也就是后来符牌意思。

翁仲是小玉人，多刻作老头子形，刻法简单，多汉或以前物。大都有孔可穿，可能是仿秦始皇时南海出的长人，孩子们佩戴易于长大，如后时符牌厌胜物。

瑬，玉坠式佩玉，有圆雕，形短，多琮式。有瑌，是玉佩间的东西，说明不大详。有觿，仿兽牙作成，即解结的椎。"礼"称童子佩觿，是小孩子用的。

玉既从石器发展下来，独立成一个系列。商周两代用玉的多，一面可见出西方交通和商业交换制度，这也是一个主要东西。就文献所载和杂史材料，中国送出去的是丝绸或粮食（晚些日子才有茶叶），拿回来最有用的是马，最无用的就是玉。玉虽由应用石器转成象征东西，在璧璜圭璋形态上还可看出。玉的加工精制，必是用铜器来处理材料时，到这时玉自然已完全脱离了应用，成为装饰。这个从铜器上也可看出变化。商代兵器玉钺玉戈，还兼用铜玉在一器上。刃用玉，用铜镶嵌。又有以铜为主的兵器，镶一点玉。再后是剑鞘、靶、托的玉的装饰，也即是古书上常提到宝剑值千金的玉具剑。剑不一定值钱，价值大半在玉装饰雕工上。由战国到三国，成为一种风气。这从现存的遗物可知。

剑鞘中段名叫璲，璏（大多刻作云兽对称花纹，也有浮刻蟠夔的。时间晚些）。剑托名叫琫。又或作璏。剑柄部分叫琫。剑鞘下端叫珌。

汉代又讲究带钩，所谓视钩而异，意思是人人不同，很发展了小件浮刻圆雕设计，洛阳金村遗宝中有镶玉的。又另外有全玉的。《石玉概说》作者以为因胡服马上应用，带钩因此不用玉用铜，是一种推测，不甚可信。因用铜，中国兵车战也会自用，春秋时即有了不必学来的。带钩虽已少用玉，玉带制度却一直到唐宋明，十分贵重。这时玉多是方片镶嵌，有的十二片成一围。清代复改制，一种是复古，盘龙盘螭，一种是刻龙。刻龙镶到金或鎏金的，制度容易认识。比较简略具体的区别，即明以前多圆刻，纹较简，清代多刻龙云细密繁复。工虽多并不美。

汉代既特别重玉饰，佩玉刻龙凤云是主体，式样特别多。另外还有玉鸠，是手杖头上用的，封建主尊敬老年，用这个作赏赐。因相传鸠不噎食，老年健康意。玩玉的也因此保存鸠杖头比较常见。

还有玉刻女人像，玉刻禽兽二十四肖，大多是一般佩件。为玩玉的所重视。又有方柱玉串，俗称十八子，十八枚形式不同，有人形，鸟形，和其他状式，多汉代或以前出土。

玉既贵重难得，所以封建奴隶主和公侯士大夫统治阶级，直到死后还把它殉葬。纣王用玉裹身而死，只知道名天智玉的，火焚不毁。周汉两代殉葬玉，一部分是日用的，一部分是特别的。特别为死人用的有二种极重要：有玉豚，有的说握手用，有的说塞肛门用。象征意义已不明白。

有琀，刻成蝉形，放口内，象征如蝉蜕化而升天，或根据方士黄帝成仙说而来。刻法都极简古，和翁仲，是刻玉法最简的，只用八刀。从何而来已不明白。

汉代王公大臣死，赏赐葬物有玉衣，多用小片玉金银丝穿成如甲状，汉墓中发现过。

玉鼎类容器，和铜器相同，多战国时和汉代器物。到后来只有香炉还保存。

玉碗玉杯，记载多，实物不多。玉杯多刻云夔纹，作筒形。饮器多用玉、斝、爵、角、觥、斗、觞。玉斗是方杯，双耳。觥作兽形，大器。爵如鹤，高足。

洛阳金村遗宝里面，玉觞特别好。也有素的。形制和周汉漆陶觞式相同，长圆双翅，本来是象征鸟翅，后来通称双耳。所以到汉时叫耳杯。是漆器上写的。晋代王羲之著名的墨迹《兰亭序》曲水流觞，就是把这种有耳朵的船式喝酒器皿（大体还是用漆的）浮到水里，大家坐在溪边喝酒事。这故事据记称是周公经营洛邑发明的方法。到现在为止，我们还不曾发现这个时代的漆觞。玉觞多战国时制，到现在为止，应数金村所发现玉觞足代表当时最高成就。

还有一种东西和历史关系极大，即封建主用的即位玉玺。所谓传国宝。最著名的玉玺是相传秦始皇时李斯写字"受命于天，天禄永昌"八字玺。作皇帝得不到它，就不能骗人。从此二千年封建，封建头子的印信总是用玉刻的。

战国到汉代普通官人也用小玉印，战国多平坛式、桥式，汉多有浮刻点龟兽纽头。字体易区别。制作上也易区别，战国制精美过于汉代。

还有一种玉镜，战国和汉代，和铜镜式同。到后代似只在武装的甲上作装饰。汉代有琉璃镜，即人造玉镜，可以说是后代玻璃镜的祖先。此外玉珠串簪环约指，直到现代还用。其中珠串用的最久，因从石器时代最初用起，到现代，女人永远少不了，和人发生关系，且恰恰是从锁链而来。到现代，应当和《共产党宣言》所说，无产阶级革命是去掉锁链，女人也应当把这个放弃了。

玉乐器的箫管，大多是唐代东西。记载上称盗发敦煌太守张骏墓，得玉箫管，等等。就文献说来，温峤用玉镜台一枚作聘礼，已是稀礼。晋代二豪门王恺、石崇斗富，比赛珊瑚大小，一用丝步幛，一用锦幛，提玉器不多。《水经注》提昆仑山下西王母神祠用玉作成，都说明晋人已对于这部门工艺不常用，成为传说。所以外国贡玉佛，到东昏侯时且被改作钗环，如玉多，哪用得着玉佛？所以晋六朝玉我们对它极少知识。如为唐代玉，比较容易辨识，即花纹。除仿古，花纹和唐代其他工艺美术必有相联系处。唐代已重玉带，多用玉片镶嵌而成。

三、玉的处理

> 他山之石，可以为错。
>
> 他山之石，可以攻玉。
>
> 磋磋治玉。

玉的硬度既相当高，处理方法也必然相当费事。尤其是在古代，工具极简单，想在这种生产品上刻镂花纹或作各种不同方法的圆雕，浮雕，半浮雕，透雕，线刻，碾，不是一件简单事情。古称攻玉，碾玉，琢玉，照《考工记》玉人分部，说来是分门各有专司的。并且另有玉师，即相玉专家，明白玉好坏，如何剖割。用的方法，和其他工艺大不相同。古有相鹤经，相贝经，玉书或即为相玉而作。古史记载刻玉必用"昆吾刀"，一说即金刚石。但从现在说来，金刚石刻玉是不合用的。因为颗粒状金刚石，无从完成处理玉的任务。汉末曹操的儿子曹丕，著有一部大书名《典论》，内中有不相信切玉刀和火浣布两件事。到他儿子明帝时，西域忽然献切玉刀和火浣布，曹丕著的《典论》，因此不传。这种切玉刀不知究竟是何物。西汉是个玉工艺全盛时代，对于玉如何处理，技术当然十分熟习。但到汉末，照历史说的，因战争打了许久，封建制度中的玉佩制度大家已不明白，还亏当时文人王粲一说，才能恢复玉佩制度。那时玉的时代已成故事，所以花花公子曹丕，平时以博学喜弄见称，也就不知玉是如何刻琢的了。(《十洲记》等称切玉如泥之刀，都证明这书比较晚出，因如果是西汉时用玉极多时候，即不会把切玉刀特别提出)。

晋代人有煮白石法，属于神仙家言，和服玉有关，和刻玉实无关。

明代人笔记，才又说用癞虾蟆的油(一说蟾酥)涂到玉上，即可把玉变软，用刀刻方便。惟从古代玉作所发现残玉看来，古代治玉方法，大致还是和现代相差不会太多。最先应当是打孔法。其次即琢磨法，主要工具，还是用脚踏盘车，也就是原始车床盘车方法解决的。

最先工具必然是用石磨石，较后才用铜圆刃，汉以后或许才是铁器。明代人说用镔铁刀，来自西番。不论用的是什么工具，处理这个器材时，总离不了另外一种东西，即解玉砂。

第一步用无齿铁锯割玉时，就得用它。随后切片，打眼，雕花，磨光，无不靠解玉砂。这种砂有的放到油里，有的放到水里。近人章鸿钊著《石雅》(上编一二八页)，说及解玉砂的出处，相当详细：

解玉砂都市常用的约有两种：

一曰红砂，其色赤褐，出直隶邢台县。验之即石榴子石也，玉人常用以治玉。

二曰紫砂，又称紫口砂，其色青暗，出直隶灵寿县与平山县。验之即刚玉也(李学清有平山县刚玉调查文)。

治玉工人刻翡翠和宝石，都少不了它。通名解玉砂，用处不大相同，因翡翠和宝石硬度不同。用等级分别，金刚石硬度为第十，刚玉为第九，翡翠为第七，宝石或较高。石榴子石也是第七。玉是六度半。所以石榴子石和刚玉作成细末都能治玉。

古代如《考工记》所说玉人治玉，方法和器材和现代既差不多，至于解玉砂从何处来，可不明白。关于玉器，唐人诗文中极多形容，最著名的故事是霍小玉传，因为是霍王小女，因穷出卖紫玉钗，说是王府玉工琢的。惟晚唐诗人李商隐诗有"玉割集胡砂"句，得知玉出于阗，解玉砂也从外来。到宋代，邢台已出解玉砂。《宋史·地理志》即说信德府土贡解玉砂。又《元丰九域志》也说：邢州土贡解玉砂一百斤。又见《太平寰宇记》，作者乐史，宋初人，可知唐以来即用邢州解玉砂。邢州本来是春秋时邢国，隋置州，宋曰信德府，即今邢台县。也即是唐代中国北方著名白瓷生产地的邢州。周密《齐东野语》说，玉人攻玉，必以邢河之沙，其镌镂之具，必用金刚钻。

杜佑《通典》说唐代设冶署，有令丞各一人，专掌琉璃玉作等事。说冶署，可知当时用琉璃璎珞之多。《唐书·地理志》说，邢台土贡文石，或者宋代说的解玉砂，唐时名叫文石。或者这种文石只是作烧料用的。

解玉砂又出忻州。《宋史·地理志》：忻州贡解玉砂。《元丰九域志》则说忻州贡解玉砂五十斤。

《金史》称大同府出碾玉砂，《元史·百官志》还说设采砂所，用一百零六户工，每年采夏水沙二百石备用。采砂到二百石，也可见元代治玉需要之多。（元代玉作特点我们不易举例，佩饰似乎只有从元画中或可得到一些比较可以参考的知识。玉带似尚承唐制。且余无实物可证元代玉特点。惟明承元后，如用明代玉，比如说用《天水冰山录》所载玉器名目，大致可以看出一点东西。因这部门工艺传统作风容易保存。但这也只是一种推想。）

明末宋应星，著了一部工艺书名《天工开物》，提到解玉砂，说出顺天玉田和真定邢台二处。并提及砂的来源，非出河中。是随泉流出，精粹如面，借以攻玉，永无耗折。章鸿钊就北京玉作调查，说玉田砂属石英，北方玉工已不用。惟清初苏州工似尚用到。现代治玉用白砂，出涞水县，章氏以为不是刚玉即是水晶。

波西尔五十年前就北京廊坊头条玉作坊实地调查时，也就提到解玉砂，且说及用法。

用时先用槌把它击成粉末，再放在臼内磨碎，更用密筛滤过，然后和水备用。

北平用的解玉砂有四种：一为黄砂，石英所制成。二为红砂，石榴石所制成，供圆锯剖玉时用。三为黑砂，为金刚砂的一种，旋盘琢玉时用。四为珍珠砂，为云南西藏所产的红宝石制成，最后磨玉打光用。

又提起用的方法时说：

锯玉法，把砂浆蘸在锯痕上。锯无齿。两人对拉。（日人割玉法则用一盆，上横一板，搁玉板上，板两头有一木架，锯搁架上，工作者一面拉锯，一面从盆中舀水中解玉砂浇到锯和玉石间，反复拖拉，玉即慢慢切开，见《考古讲座·玉工篇》。）

割玉法，用附有利刃的圆铁锯装于辘轳的轴端，玉面蘸了砂浆后放在下面。（转动车盘）玉就可以照所需要的形状切割下来（见《天工开物》）。

钻孔法中国人用的是一个圆铁管，旁有裂口两三个，可以装入金刚砂，以供最后的琢磨。

磨光法，令精细的木片或葫芦皮、牛皮蘸珍珠砂的薄浆摩擦之（见《中国美术》）。

日人滨田耕作《古玉概说》，提起在北京廊坊二条玉作坊所见，大约相同。并说参照各国古代石制器及现代野蛮人的制玉石施工法，可知古代玉的加工情形，必相差不多。意思就是说这个方法可能还是古代传下来的。但有关战国和汉代雕玉法，似不用这种方式处理的。

闻北京老玉作铁先生说，解玉砂多用外国货，说的不甚明白。北京玉工多回人，是否明代保留下来，还是乾隆时从新疆迁移来的玉工，也不得而知。

明人说玉作多称苏、杭、京三地，又说云南大理、昆明有玉工，这个时代这些地方用的玉砂来源自然不尽相同。照推想，云南可能是另有玉砂可用的。

现代治玉可以分作三处，即除北京外，还有广东、苏州。广东玉工特别长于治翡翠绿玉，用的砂是北方的还是外国货，也不得而知。云南接近缅甸，入中国玉过去由腾冲人贩卖，带至昆明雕琢，近代已衰落，比较名贵材料多运广东处理。玉工艺在云南已完全衰落。

至于造假古玉，据《古玉辨》作者说，应数长安、洛阳、苏杭二州，山东掖县、潍县及北京。因玩玉的士大夫已日少，出土古玉日多，从考古学作玉器研究的多重本来出土古玉，重品质，琢工，和形态，不再重色彩。因此这几个地方的假古董工艺，恐必然也要受淘汰，无法存在（自然也得用解玉砂、原料从何处来，不能明白）。至于北京玉作，对象多是国外交易，新的仿作大多用乾隆时代作标准，保留的技术也是清代工艺传统，能雕大件，透空雕有些长处，至于小件从设计上见巧见精，已不如古人。能繁复不能简单。正和乾隆时代别的工艺一样，过于繁复琐碎，因此也堕落了玉工艺。

但有一点应当明白，而且是较重要的一点，即大件玉既然可以因当时封建主势力得到，玉的技术处理，也有了一种发展，即不受材料限制，得到完全的自由。这从故宫所藏菜绿玉和白玉仿古铜大器可以见出。又装饰玉用途范围也广大。且得高价。男人用翎管和扳指，鼻烟壶，便帽冠玉，及仿古佩玉，是常见的。女人则钗、簪、环、镯、戒指、挖耳、帽勒上玉花玉蝶，一封建官僚妇女，小件玉可能用到十多件。这个风气一直到晚清。由于旧社会需要，玉工细作，也竞奇争巧。小片玉材作细雕，比前代为发达，不可不知。

四、玉的价值判断色泽问题

王逸《正部论》：或问"玉符"。曰："赤如鸡冠，黄如蒸栗，白如截肪，黑如纯漆，谓之玉符。"

《魏略》称："窃见玉书，称美玉白如截肪，黑譬纯漆，赤似鸡冠，黄似蒸栗。"

这种红玉古名琼，黑玉名玖，名瑎。《诗经》上即尝提及。黄色有的说如蒸栗。后名玵黄。白的即羊脂玉。这种白色名瑳。玉的价值和色泽有关，时代各有不同。到明代高濂著《遵生八笺》，以为：玉以甘黄为上，羊脂色次之。黄为中色，白为偏色。

又说今人贱黄而贵白，以少见也。所说多本于《格古要论》。以黄玉为重，可能起于唐代，因唐宋封建帝王多尚黄，牡丹也以黄为贵，是封建主色。白色则自古以来即重视，说美玉无瑕，多指羊脂玉或白玉而言。

明末宋应星著《天工开物》，则以为白绿两种玉是真玉，其余红黄应归入奇石琅玕一类。

明张应文《清秘藏》，又以为红色最贵。

大体说来，玉的价值从四方面决定：一纯洁光润，从品质定。二色彩，因时代习惯而定。三奇色，以稀少为贵。四刻工，设计奇巧精美为贵。惟自明代起始，玩玉的风气一起，到清代直到民国，小件佩玉价值，忽然增高，每件到千百两银子。玉色的价值，又以殉葬玉受色沁出土经由人工盘磨现出的颜色决定。纯黑名水银浸，和玖玉的本色已大不相同。所谓五色玉，即一玉五色，价值特别高，完全是好古争奇的结果。

如从汉代木简记载看来，说琅玕，说玫瑰，似所送的大都已琢成器，不是玉璞。也可能指明色泽，也可能只是文雅一点称呼。

又妇女用首饰，头上帽勒、耳环，手镯，戒指，翡翠绿玉的小小件头，动不动千百银子，而且直到现在，还是一种高价装饰品。市场大致以华南华侨及外国比较多。翡翠来源是缅甸腊戍边上，因此云南大理和昆明也保留治玉工艺，近几十年已大衰落，较重大器物多运香港、广州处理矣。

翡翠有结晶如晶片闪光的。绿而透明的名玻璃翠，极贵。也有白色和浅红的。

翡翠本鸟名，翡色即赤红色。但一般翡翠玉，多指绿色硬玉而言。绿玉也有极不值钱的，即菜绿玉。和所谓碧玉又有区别。

明代以前菜绿玉琢器似不多，重要器多碧玉白玉二色。

清代玉大多从新疆和阗来，器物用菜绿玉的较多。故宫所藏可见，似乎多从大片山材玉而来。这多指本色玉言。汉干逸称古玉，所说四种美玉，和《诗经》上常用到的对于美玉的形容，可知赵国的和氏璧，楚国的白珩等等不离乎四种色泽。战国时和氏璧价值十五城，《战国策》上形容美玉且以为有一看也值十城的。说的虽嫌夸张，惟玉价之贵，也可想见。

桓谭是西汉末时人，《新论》即说，见一玉检，有人给价至三万，还不出售，应值十余万。十余万钱在王莽时实不是一个小数目，比当时奴隶价就高多了。古诗常说宝剑值千金，其所以值千金，一部分或在玉的装饰上，所谓玉具剑，即在剑鞘剑鼻、剑护手剑柄的装饰玉上。

清代人袭明人旧习气，封建士大夫多玩玉。玉价因之特别提高，但爱重的已不在器物大件，供手中把玩的旧玉，似乎特别容易受重视。因此玉价在色泽上应分别为文字学上的和玩古董的两类。如称玉有九色，玄如澄水曰璺，蓝如靛淀曰碧，青如藓苔曰瓐，绿如翠羽曰瓐，黄如蒸栗曰玵，赤如丹砂曰琼，紫如凝血曰璊，黑如墨光曰瑎，白如割肪曰瑳，白色又分九等，赤白斑花曰瑛。此新玉古玉自然之本色。

至于旧玉从玩古出发，则又分别外浸内沁色泽，各因接触浸染不同而作各种颜色。玩古的以为各种颜色多随地下水银沁入。受黄土沁名珩黄，受松香则名老珩黄，更好。受靛青沁色即蓝，色如青天，名珩青。受石灰沁色红，色如碧桃，名孩儿面（注称酷似碧珋，也即和石榴子同色）。受水银沁，色黑，色如乌金名曰纯漆古。受血沁的色赤，有浓淡分别，名枣皮红。受铜沁色绿，名鹦哥绿。

此外还有朱砂红，鸡血红，棕毛紫，茄皮紫，松花绿，白果绿，秋葵黄，老酒黄，鱼肚白，糙米白，虾子青，鼻涕青，雨过天青，澄潭水苍……总名十三彩。

另有虾蟆皮，洒珠点，翠磁文，牛毛文，唐斓斑等等名目。

把玩玉多从受热摩挲而得。这些颜色究竟是在地下如何形成，玩古的说法可能有所根据，实不易考。上面所说各色，多从明人记载，为清代玩玉专家陈性，在清末著的书中提及。另一刘心白，补充《玉纪》，为加上鱼肚白，鸡骨白，米点白，糙米白，青有蟹壳青，竹叶青，酱瓣紫，墨有纯漆黑，陈墨黑……这种种不同颜色，多是在出土玉经过盘功盘出的。凡是古玉，红色牛毛纹是共通性。《玉纪》补作者，以为这是人的精神沁入玉之腠理，血丝如毛，铺满玉上，而玉色润溽无土斑才是真的。由玩古出发，清代特重红玉，红色名目也就分外多。计有宝石红，鸡血红，朱砂红，樱桃红，洒金红，枣皮红，膏药红等等。大多出古董商人说出的，但积因成习，早代替了文字学上对于玉的色泽称呼，为玩古的所熟习。一般最贵重鸡骨白和水银浸。鸡骨白如象牙，玩玉的以为受地火所炙变成。多汉代以前玉。鸡骨白或者以商玉为多。特点是镂刻简，制度严。微黄又名象牙白，泛青又名鱼骨白。这种色泽的旧玉，虽加工也不能再复原。水银浸有夹土斑的，纯黑中见朱砂点，加工复原时淡黑色成深青色，朱砂点变黄色。如本来是白玉，结果见五彩。不夹土斑的纯黑如漆，在日光下照，赤如鸡冠。又有水银古，在水中映照，有银星闪闪的真。这种种都出于玩玉者的说法。这种颜色必加工而成。加工方法计两种，一藏身上俟热用布摩挲，二在水中煮。因大多出土古玉，所谓生坑玉，和土壤石块相近，已失去玉的本来，不经人工是看不出的。

近代玩玉者之一，刘大同著《古玉辨》，对于这一点又总结前人经验补充新知，有些发挥。

红如血曰血古，微红曰尸古，水银沁曰黑漆古，纯白曰鸡骨白，微黄曰象牙白，微青曰鱼骨白。且以为受色沁不止九种，多到十多种，和瓷器中的窑变相同。由于玩玉而起，因此还有许多不同名称，如两色的称"黑白分明"，又名"天地玄黄"，三色为"三光照耀"，又作"三元及第"，广东南洋名"桃园结义"。四色名"四维生辉"，又名"福禄寿喜"。五色为"五星聚魁"，又名"五福呈祥"，通称"清五彩"。杂色到十五六种名"群仙上寿"或"万福攸同"，通称"混五彩"。另有铁莲青，桃花红，雪白，栗黄等等。另外尚有秋葵西向，孤雁宿滩，银湾浮萍等等名目，都载于《古玉辨》中，从名目看，就可知这是玩玉的和无多知识的商贾定下的名称，大致清代风气作成的。古称良玉无价，又谚语说玉得五色沁，胜过十万金，都可见出一种封建的病态嗜好，发展到极端时情形。和玉工艺已无多关系。这种嗜好是一直延长到现代一部分封建遗老还未放弃的。由于这种嗜好影响到石印章，由明到清——到民国后，印章中的田黄，鸡血红，芙蓉白，苹果青，价值有时竟超过土价白倍。

惟对于玉的颜色尊重，来源其实也就很古。玉书所举四色，至少是汉代一般认识。最先或者还是和宗教仪式有关，受阴阳家儒家阴阳五行说放到封建制度上去应用结果。《周礼》即说得很清楚：

以苍璧礼天（古璧多青玉可证），以黄琮礼地（琮多黄白玉），以青圭礼东方，以赤璋礼南方，以白琥礼西方。

多和五行说相通，颜色必有所象征。和后代玩玉的对于颜色爱好是两件事。《吕氏春秋》称封建帝王按时季服用青赤黄白玄玉。如服指的是食玉，也即是古方士骗帝王用的方法，如《抱朴子》一书所说的把玉碾末和天上天然露水服下，那么封建主当时如吃玉，还是按四季用不同色泽的。

明清二代既因玩玉的把玉价抬高到比金子数倍或十数倍，因此自然即有伪造的杂色玉。这种作伪方法，几种玩玉专书都提到，《古玉辨》把它归纳成如下几项：

用虹光草加脑砂染玉，用竹枝火烤炙，即成红玉，名老提油。用乌木屑煨炙，玉即黑，名新提油。用红木屑煨，色即红。近代玉工多用这个方法。

又把羊腿割开，把玉放羊肉中，埋地下三五年，即取出一盘，即如古玉，名羊玉。

又杀狗乘热把玉放狗腹中，埋地下三五年，也可成土古，名狗玉。

用乌梅水煮玉，也可成水坑古。

造鸡骨白多用火烧玉，淬入水中或用水泼玉上即成。

用玉在乌梅水中煮，乘热放风雪中，或冰箱中，即可成伪牛毛纹。

又用毛坯玉器，用铁屑拌和，用热醋淬玉，埋地下几个月，就可成铁锈。起橘皮纹，铁锈作深红色，煮煮即变黑。且有土斑，不容易盘出。

总之，用硇砂、红木、乌木、紫檀、蓝靛，作成细末，把玉搁到里面，用火煨烤，都能染玉变色。想一部分变，一部分不变，就用石膏粉贴一部分，这部分即保留本色。

作伪地方照《古玉辨》计七处，长安为最，其次是苏州、杭州、河南洛阳、山东掖县、潍县及北京。长安、洛阳、潍县、北京多同时是造伪铜器石刻泥俑地方，既有高度商业价值，因之作伪也相当精。所以玩玉的对于这些地方的假古董，也不易于鉴别。

玉生产地在新疆分白玉河、绿玉河、乌玉河，出玉多不同。经近人考查，以为不可尽信。惟中国新疆产玉和缅甸产玉，性质似易区别。翡翠绿玉大多出于缅甸。

古玉出土以陕西甘肃多而好，冀、鲁、豫、晋、皖北徐扬较次。其余不受称道。这也可见玉的大规模应用，是在封建初期和铜器文化相并行，到汉末已成尾声。封建初期文化在黄河流域，淮河以南不大发现美玉，道理易明。惟近三十年古坟古墓发掘日多，如朝鲜汉墓的发掘，因此明白璧殉葬用在胸部，玉豚用在掌握中，并明白古称玉具剑几种装饰。既多明白了些古代用玉的方法，也说明玉的流动性，实随封建社会而存在。《玉雅》并称广东发汉墓，也发现玉具剑上的玉饰件璏或璏。可以证明古玉的分布，不限于淮北。生产地虽来自西方，但封建制度所到的地方，都可能发现。这种玉饰件就现在见到的说来，用的多是白玉，讲究的大体是白玉。碾和刻纹较多，浮雕较少。云龙兽夔纹多，盘螭少。最讲究部分在剑护手。战国或以前琢磨制度似比汉代精致。浮刻方法可以和铜器比较，但巧艺过之。因铜器从泥砂范铸成，下手易。玉为琢磨而成，施工难。所以当时玉具剑之所以贵重，既重在玉质，又重在工艺。正如带钩，从方寸材料间可以见出种种不同作风。

五、玩玉的贡献

我们知道，玉的受重视和封建关系密切。玉工艺技术的高度发展，则在封建第一期分化时（春秋末）。玉工艺是随封建而发展。封建社会有个特点，即制度进行。凡事都有一定限制。儒家所说的礼乐兵刑，无不十分严格。封建社会得以维持，即依赖这个严格制度。

打仗本是一种野蛮事情，照《春秋左传》记载，即对阵两军主将还得免胄行礼，按一定制度进行。打仗用的武器制度也极严。刑法更明白彰著，赏罚不可紊乱。乐则封建主和小诸侯绝对不同。不仅仅乐章不同，用的乐器也不同。最重要的礼制，婚丧，冠，笄，以及封建主祭山川，天地，和生产诸神用的礼制，更分明不苟。玉的应用和礼制既不可分，因此也就有个一定制度。形制有一定，花纹也可能有一定。圭、璋、璜、璧，由原始生产工具衍变的，照例少刻镂，重品质，重打磨，这是必然的。工艺中的奇伎淫巧，虽随封建社会生产力而发展，随封建主的滥用劳动力而发展，但到礼制上用玉，三千年封建，可能的变化大约只有四五期。一上古（商代）。二中古（西周和战国）。三汉代。四唐宋。五清代。而且有些或者就根本毫无变化。比如说，用苍璧礼天，到清代乾隆时，用的制度不是周制的素质，即是汉制的云夔，即是宋制的瑞草嘉禾。为什么？为的是礼必有根据，照旧物和旧图如法仿制。我说的这个意思，即是我们对于玉的认识，固然从纹饰制度，可以决定时代，但不能完全用这个孤证来决定礼器用的玉。其次即用器玉，一部分也是仿古而作，如清代玉用器一部分仿商周铜器。不可不知。清代玉用器特别多，又因大件山材玉来的多有关系。但是另一方面，这种高度技术的工艺生产，又必然和时代发生一些联系，不可分割。如商代玉纹饰和那时铜器纹饰有个共同形式，这从所见玉戈类简单夔目纹可知。春秋战国也如此，唐宋也如此。就由于这个复杂和错综，我们认识它，研究它，另外有一部知识，不能不理解。

这部分知识即由玩玉而来的知识。即古玉出土后加工得来的知识，这种知识有一部分出于经验，也就是说还近乎科学，值得注意较多。有一部分出于传说和推想，值得注意较少。但同样还是知识，因除此以外，我们对于理解这部分实物，实无门径可得。应当用这部分知识，进而来认识现存的器物时代和其他问题。对于玉形制色泽，也有一部分要用到这种知识来参考判断。

关于玩古玉兴趣，前面说过，应当起于魏晋之际。那时官吏且有公开盗掘无主坟墓为发财门径的。对古玉知识增加，当然也是这个时节。其次是宋代，北宋的《宣和博古图》，南宋的《古玉图谱》，都搜罗了许多旧玉，真伪不分，刻成图录，流传了一千年。但真正玩玉的知识，照现在所知说来，实在明代。明代人的几种著作，《格古要论》，《夷门广牍》……直到清初《博物要览》，都从玉工艺谈玉，也就提到玉的鉴赏价值，新旧真伪的分别。《天工开物》且叙述了玉的生产技术、过程。由此发展，综合这些知识，和古董商、近世玩玉者知识，直到晚清，才有一种专书，即《玉纪》。我们曾说过，论玉的制度书，就中国作品说来，一般还是推重清末吴大澂的《古玉图考》，因为用实在器物解决了许多问题，也修正了八百年来宋代古玉图的错误，更为新的美术考古有关玉的知识，有些新的启发。其实吴大澂能用实物考订旧制，对于实物如何知道它是旧玉？如何知道它是真玉？一部分知识就根据玩玉的知识。如缺少玩玉知识，从出土实物中还是不能得到充分认识的。尤其是有关玉的变质，色泽变化的倏忽，和加工与未加工玉的不同情形，如没有玩玉知识，是根本得不到要领，且会引入神秘怪诞的。尤其是对于古玉色泽的变化，不易把握。

提及玩玉知识，最先应数陈原心的《玉纪》。这书作于太平天国时期，为同治三年杜文澜刻的。杜在本书序上说：陈是江阴人，喜舞剑谈兵，更好玉。在京极穷困，往往穷得不能举火，讨了个哑姨太太，对于玉爱不去身。大约在咸丰时死于武昌，杜因从李裴山医生处得《玉纪》抄本付刻。时同治三年，作者死去已十年了。又过二十多年，到光绪十三年为金昊澜刻于苏州。这本小书在当时大致是玩玉人认为极重要的。光绪十五年，江阴金武祥重刻序上即提及。金说，近代爱旧玉，真假难认识，加工方法多，可并无一种专书详细说到。且特别推重本书辨伪一章，认为是行家话，非有眼力办不到。又对加工方法中的盘玉，也十分推重。因为古玉土沁后色泽黯然，必需有复原知识，才能把本来光泽见出。

照陈原心自叙，则知识还是世代传授的，因家中人爱玉，藏玉，积累了不少知识。所著《玉纪》也还是根据先一辈人的传说和经验而成。但个人经验实较多。

本书分部门为出产、名目、玉色、辨伪、质地、制作、认水银、地土、盘功、养损璺、忌油污，共计十一章。

一出产，多用明人旧说，少特见。二名目，无知识。三玉色，将前人意见归纳，尤其明清二代人玩玉所定名色归纳，对于加工玉的色泽，提供了我们许多知识。四辨伪，也提出了些知识，使我们明白明清以来作殉葬玉的几种基本方法。对于小件汉玉真伪的认识大有帮助。五质地，说有得失，不可尽信，说玉性有可参考处。六制作，无知识。因近代地下材料多，证明作者少历史知识。七认水银，玉和水银问题，是玩玉的最重要部分，说法虽近于臆想，但根据它辨古玉，有可参证处。

…………

但玉器全部必制度精确，因和当时封建主需要一套器物相称。即一小小玉饰，琢法必不苟（如馆藏鸡骨白须押）。有些又十分精确细致。如通常所见牙璋琰圭大器。打眼圆整决非后人所及，玩玉者对于这种玉器通称三代玉。礼器、小件玉、刀剑饰外，尚有些形式极别致的。又有刻字极精的，如罗振玉所藏玉磬玉兵器。殉葬时部位分明，如须押、乳押，但是否可靠，尚待地下发掘知识补充证实。

周或战国，多变化幻异感的杂龙佩，具半浮雕的子母螭系璧、剑饰、带钩、用器、羽觞、薄片饰玉，和战国时代抽象及造形文化意识状态有个一致处。自由思想表现于文字为诸子学说，为《楚辞》，表现于造形美术，为漆器的朱墨彩绘，为铜器的楚系铜及秦系铜纹饰，陶器为燕下都各种印花刻纹，及形态多方的红灰陶。玉器也相通，有个时代特征，即纹案多无拘束的奔放。一面受器材制约，一面却在纹饰和形态上作成奔放自由效果。另一面则为由简到繁，由象征到写实。如《洛阳金村古墓聚英》玉觞及瓢形玉饮器，都可见出它是和战国思想有个大体一致关连处，并非孤立存在的。如刀割切的薄片玉也盛行于这个时代。玩玉者知识一般说半浮刻子母蟠螭多指为汉式玉特征。如把它和陶器、铜带钩上圆形守宫物比较，它应当是战国时即已盛行。但当时玉物既然还具有抽象货币价值，一切祭祀一切聘问往还礼节全用得着它，因之出土玉璧类，有些是素质不琢，作法也见得草率的。

汉代玉。玩玉的知识，常把一般大小佩饰称为汉玉，或形体圆觚，具浑厚意不露圭角，如十八子手串管状玉，如翁仲人形玉，如璺，或刻法碾法细秀精准如馆藏大璧。

　　图片如《支那工艺图鉴》玉璧，如馆藏白玉珺及鸡骨白带饰，鸡骨白虬龙佩，乐浪王光墓胸上青玉璧……其实到目前为止，我们还少具体知识把这些东西的特征和战国或周代玉器特征分别明确。惟一部分玉器中如翁仲、刚卯，如熊式圆雕，鸠杖制……大抵和汉代制度不可分，把它列入汉代，或以后仿汉代作法，大致是不会错的。如系新出土玉，物极多，但无墓砖，又不能用其他相关器物可作旁证，即从玉的一方面说是汉代墓，也比较可靠。为的是汉代上层统治阶级，西汉或东汉，都有一个时期欢喜对死人表示好感，如王充《论衡》所说"破家尽业以充死棺"的。

　　魏晋之际的人，一方面从战乱中明白了多藏厚亡，天下无不发掘的古墓。一方面从汉代杨王孙提倡薄葬，到这时已为据高位的王公权臣士大夫拥护实行。且魏晋人的虚无主义中即充分含有现实主义的矛盾性。嵇阮的为人洒脱，另一面却充分反映对政治上改朝换代缺少更深一点认识的拘泥。曹操用人不注意细行，但杀孔融，诛杨修，差不多都用的是一些语言讥刺小过失。谢安隐于东山，世传顾恺之作的《东山宴妓图》，却有乐舞侍奉，女妓百数十人，多艳服浓妆，即使不如当时的石崇、王恺在家宴客的富贵豪华，骄奢淫逸，可是比起当时在朝的穷官说来，也就不可同日而语了。嵇康素号洒脱，自己即称性难偶俗。王羲之号称洒脱，我执性就特别强，辞职后的誓墓文充满愤懑不平，违背老庄达观之旨。士大夫都竞争谈解脱，以能持论的占上风。可是一到实践，就不免狼狈趑趄。大致在建安大疫之后，继以战乱连年，死亡过多，上层社会更形成一种即时行乐空气，对于方士所传说的服药求仙，一部分人虽尚有极浓厚兴味，但更重要处还是及时行乐。把现实的"生"看得重，而抽象的"心"看得轻。《古诗十九首》代表的就是一部分统治者的思想。虚无中有现实性。这种现实性的人生观，从三国鼎立中两个分割土地的封建头子对于死时遗嘱也可见出。极端现实的曹操，遗令即主薄葬，且葬毕即除服，不必用什么儒礼。刘备也主薄葬，不费民力。这也就是贤达如杨王孙、贡禹、刘向、桓宽、王充都提到由帝王起应节葬的意见，虽具体，在权臣贵戚中还没有多大效果。直到汉末战乱，社会现实的教训，凡是坟墓，都不免有被盗掘可能时，这些统治阶级的生死观，才在现实中有所改变。惟节葬也还有个区域性，随时间、地点条件而不同。中原风俗似已大变，边远如原属乐浪郡、未被战争所到的江南绍兴，墓葬制度，有的还是相当豪华。另有一点原因，即厚葬，用玉大致也有了限度。即西北或因交通断绝，运玉入关大不容易，玉是一种随庄园经济发展而落后的工艺，原料既缺少，制度也遗失，所以除久任敦煌太守西北一霸的张骏，死后盗发其墓，有玉箫等件，中原坟墓似即不再有那么多玉器可殉了。

西晋豪门如石崇、王恺，家中用玉为饮食器，还是远不如汉代。温峤用玉镜台聘他的表亲，即流传为千年佳话。诗文中提及用玉虽多，实际上玉的时代已成过去。至于东晋渡江以后，政府和玉出产地为羌胡隔绝，用玉习惯自然也不能不变了。也即因此，到目前为止，谈到玉工艺衍变史时，晋六朝前一段时间，玉器的制作，我们不易具体举例。它的特点何在，有多少新的式样上承秦汉，又下启隋唐（如瓷器在这个时代过程中的摹仿，和新旧的关连，是明明白白的），都不清楚。只有一种推测可能性比较大，即晋代玉作或重素材而少雕饰。唐素玉带的方法，或由此而来。曾见白玉件数种，面极光润，土沁背部半透。每片在背部各钻有八小孔，一较长作圆圭头的钻十孔，一望而知必是用金银丝或熟丝线系缚于其他器物或衣甲上的殉葬玉。又一卵圆形带头，有土浸锈，背部作工精整有格致，极稀见，竟令人疑心非晋人制作不可。因在造形设计上，即类乎晋人风格，简而巧，有《世说新语》作风也。这自然只是一种比较片面的推测，定论实在还待他日地下材料多方面的新发现。

晋六朝一段时代，在社会发展史说来，虽然不是玉的工艺时代，也可说，由古到当时，玉工艺的全盛时代，比较上已成过去，成尾声。举例言，战国及汉代名位较高一点的士大夫，视为身边必备的玉具剑，到三国时，即已成比较少数人所专有。史称钟繇有一玉具剑送友人，友人不肯要，钟因知美玉可以灭瘢，即捶碎玉具相赠。又曹丕有一玉具剑，即十分得意，向人夸夸其谈，少见多怪，自然之理。就目下知识，晋代墓葬最显著的是用陶器代替了铜器。漆器用的已极少，晋六朝漆器形制花纹因此也少知识。玉器则难举例。除了一部分出土旧玉，因纹案有受印度佛教刻石影响，说它可能是这个时代产物。另外圭璧等，如圭中刻北斗七星近于受道教影响，可能是这个时代制作。又一部小件首饰玉，从《女史箴图》，敦煌画上女人首饰看，有些相同，可能是这个时代的东西。又素朴玉容器如杯碗，可以和当时陶瓷器物比较，能假定他是否这时代作品。其他就只有从诗文上列举的玉物名目来说有些什么什么，实际材料未免太少了。也因此可说，这个时代的玉工艺所达到的标准，我们的知识是不够用的，且可以说无知的。另外有一点可以推想，即隋代制作必有些打破传统处，且影响到唐代，这是从其他工艺发展知识而来的。

唐宋玉，唐人诗文小说涉及男女的，多提到装饰玉。涉及宫闱的——尤其是开元天宝一段时代，用玉名目且转到许多较新应用器物上。玉乐器虽致用已久，如玉磬在周代即为天子之宝，玉律管且传说由舜时即已用到。魏王冢中又有玉尺，束晳即根据他考定周尺长短。晋张骏墓中即发现许多玉乐器。晋豪门石崇家中，且有个特别会看玉色听玉声（古佩玉必选玉质特别好发声清越的）的老婢翾风。但真正大规模用到乐器上，大致还在唐代开元天宝一个时代。在东北总领军事后来作成唐代大乱的安禄山，曾贡献白玉乐器到数百件。当时最著名用马舞蹈的倾杯乐舞曲，几十个乐工在马旁奏乐时，就用白玉带围腰。玉的致用由政治和宗教仪式转到日常服用，也是这个时候。封建宫廷既为装点应用，特设冶作署机构，专管玉器制作和璎珞需用琉璃珠子。出解玉砂的地方，每年还特别贡献定量解玉砂。但这个时代，一般工艺都特殊发达，服用主要在丝织物的染色和织文刺绣，金银细工艺且成为妇女头上主要装饰，玉的应用即广，虽贵重却不占主要部分。又因北方邢州白瓷器和南方越州青瓷器，烧造技术都已得到高度发展，十分进步，高级消费社会把这种陶瓷称假玉，事实上却已代替了玉的位置而且有广泛用处。金银工艺也特别发达，尤其是银器应用，也是在贵族社会中代替玉器的必然原因。这时候的玉佩制，在诗文中虽常道及，在唐代女性画像上，却看不出重要性。作道家天女装及舞女装的，不是佛教影响，璎珞杂串占主要地位（瑟瑟明珠玛瑙孔雀石等等，玉只是这种圆形管形杂串中一小部门），即可能受业务限制，由于玉的品质和佩玉制式都和唐代从异域来新舞蹈需要不合。玉从镶嵌上一定得到了些新用途，但在女人身上需要缩小也是显然的。

在文献上显著的新用途是男用玉带制，用小片玉镶金或银，再着于革绦带上，照品级分多少，封建帝王为二十四片，王侯将相以下递减。有方式、圆式，及其他不定形式，多用白玉。有浮雕，花草或鸟兽透雕。这种玉带制并且一直延长到明代。有玉鞍辔，也多指用玉片镶嵌于鞍辔上而言。有玉乐器，特别是玉笛，玉方响，和唐代音乐故事不可分。古玉制似乎只保留环状制作，还通常用到男人佩饰上，和僧人禅衣纽结上，成为必需品。玉圭用于祀事，已成具文。史志记载曾有用珉石作的。一般塑像如道家天尊三官菩萨等，和孔庙中的孔孟塑像，还是端坐执圭，这种圭可能还得用玉制。又封建帝王仪仗，和武将中的武器靶手，还用得着玉制，如《古玉图谱》举例各种仪仗用玉器，瓜钺诸器，但用处已极少。封建主服饰用的着玉的，还有一定数量，玉依然已失去主要地位。

本文作于20世纪50年代前期，为作者陆续写出的笔记性短文和专题文章。后编入《沈从文全集》，编者根据内容填加了各部分标题。现据《沈从文全集》第28卷编入，并合并为《中国玉工艺讲稿》。

三 陶瓷与玻璃器

中国陶瓷史（断章）

一、题记

  中国在世界文化史或工艺美术史贡献上，都应当占有个特别位置。从一个物的观点出发，一般人总欢喜说火药和指南针的发明，对于世界文明贡献大，意义深。为的是它和近代社会发展分外密切，小学教科书照例就要提到。但是中国百分之八十以上的农民，在旧社会层层重压剥削下，长年在田地里劳苦，求生存还不容易生存，哪有认字机会。所以提到火药和指南针时，许多人至多只会知道火药可以作花炮，开荒打石头；指南针是看风水阴阳先生特有的宝贝。这两样东西历史上抽象的意义，可引不起他们丝毫兴趣。至于寄身城市，由读小学、中学、大学进而成为一个知识分子的小资产阶级呢，对于这点发明，却容易形成一种心理错综：一面觉得可以骄傲矜夸，以为中华民族发明火药和罗盘，是近代文明的前驱，一面又不免有点惭愧，由于近百年国家堕落不振，帝国主义、资本主义的压迫侵略，方由之加强加深。因此这种知识分子老从抽象观点出发，倒必然乐意听听年老外国学人，把中国儒家和道家思想，笼笼统统加以赞美，且共同陶醉于这种由赞美出发的商讨或结论中。结论可能是东西方文化发展虽不相同，却必然有个结合点，到未来某一时，由天下大同可以证实。抱有这种似是而非朦胧糊涂思想的知识分子，近五十年实在不少，一时且难望去尽。除此以外，关于丝、茶和陶瓷几个部门的对外影响，照例这些知识分子也多不知道，就只有让少数学人当成一个中古交通史或经济史问题去研究了。其实丝或丝织物的产生，是三千年旧封建社会人民在奴役中每年缴纳常税之一种，是农奴制明白象征。茶叶的转销，

陶瓷与玻璃器

247

自唐贞元九年后，又起始课人民以重税（第一年即有四十万贯收入，和另一年盐税收入数目相近）。这两部门生产贡献，很明显和人民的直接劳动血汗分不开。而近百年帝国主义者对中国的压迫侵略，也即由于这种物和劳动力的掠夺及资源独占而来。惟茶和丝二者的影响，当时似乎具有消费品交换意义较多（和外来的香料犀象珠玉药材交换），远不如陶瓷除应用外还保留个美术品延续价值，并影响及所在区域生产的模仿。有关这问题，就目下比较研究，可知有两个时期特别重要：第一是唐宋以来南方越系青瓷的输出，东北及于日本、高丽，西南及于安南、暹罗……远国如印度、波斯、土耳其、埃及，无所不至。第二个是明清两朝的青花及彩瓷行销，范围更远及欧洲。至于对中国陶瓷美术价值的新认识，由彩陶、黑陶及商白、晋六朝青器、唐三彩、宋均、哥、定、汝，直到明清诸名窑瓷器，普遍成为世界美术博物馆的收藏品，还是近五十年的事情。

可是我们应当知道，这个部门工艺历史的发展，实和劳动人民劳动生产相结合极其紧密。生产过程，又比其他工艺更复杂，且应用到一个分工合作制度上，而受奴役与层层剥削，且比其他生产格外严酷。明人笔记称：酒杯以成化鸡缸为最，神宗时成杯一对值钱十万（一说值百金）。然直接生产劳动者，第一线却是挖陶土工人，当时上土每百斤才给值七分，万历间因坑深膏竭，镂空穿穴，民力维艰，方议每百斤加值三分。到后挖土处益远，工价还是照旧。制外匣砂土，百斤给值二分。明瓷最贵重彩料，研乳彩料由童工或盲妇担负，守住乳料钵边工作，整天不离开，每天得值三分。这个对照极显明见出一件事实，即生产品的经济价值及文化价值，劳动生产者从未分得应有的一份。一小小器物的完成，得经过不同劳动过程至于七十种，这些人工意义，却仅仅能从极少报酬维持生存。……然而这种器物的制作者，一切技术上的改进和品质提高，在历史上除二三人偶尔知名，一个大大的群体，便照例永远是在沉默中的无名英雄。倘若说，中国的文化在陶瓷，一部陶瓷史也既是人类经济关系和社会发达史的一系，那么这种文化史上的光荣创造者，极显明应属于《天工开物》和《陶冶图说》所提及一个劳动群的集体创造，惟他们才应当享有这种光荣。如能从这个观点和一个新的社会观，来作中国陶瓷的叙录，应当是新美术史教程一部分极有意义的工作。

但是这个工作涉及时间那么长，问题实在多，每一个问题都需要学人，从书本与实物两者间切实研究，分别提出报告和结论，才能荟萃处理，绝不是一个人能于短短时期中即可全部解决的。一面是事实需要，直到如今为止，具地方性文物馆，学校图书馆及高级美术学校，提及本国陶瓷，就还无一本材料稍新稍完备的简单参考书。另一面是日本帝国主义的倾覆，已将过去四年，日货独占南太平洋陶瓷市场大部分空出（仅以中国华北、华南都市上用的茶具市场而言，就有极大的消费量可由中国人自己作主）。一面是旧式生产的人力物力浪费不经济，品质堕落，亦不可讳言。另一面则陶瓷改造新场的开辟，前途实无限量。中国陶瓷业之改造与重振，和国民经济关系既如此深切，且实在是千载一时良好机会。中国陶瓷史问题的普遍认识，及如何运用新技术，综合旧形式，作陶瓷改造的准备，也自然即是一个不可忽视不宜搁置的问题。得吾人具一种向前瞻的理想，不以成果如何为意，用个谦虚而谨慎的态度，荟萃前人通论，来做点初步工作，抛砖引玉，引起更多方面的注意，及深一层认识的兴趣。新中国的陶瓷史的研究，和在发展中的新陶瓷业，或者方可望相互结合，新企业和学术研究相结合，有个崭新的未来。

由于这点妄念，使我们对于新的工作，感到一种痛苦的虔诚，忘了个人工作能力和知识的薄弱，只希望由摸索、试探，逐渐能理会到问题，来写一本条目清楚也专业也通俗的陶瓷发展史。

好在近三十年我们很有几个专家通人，对于上古彩陶、黑陶及白陶，曾提出过许多有价值研究报告，对于南方青瓷器，也由于有系统研究，得到许多新发现。前者由于地质调查所学者安特生（瑞典人），人类学者裴文中及中央研究院历史语言研究所田野考古专家李济之、梁思永、吴金鼎、刘耀（尹达）、石璋如诸先生工作，已将商代及以前陶器所代表文化关系，大略勾出轮廓。后者有陈万里、张拯亢诸先生，及东邻日籍学者多人，由南京绍兴古坟和浙江各地旧窑址所发现器物，将中古时代的青瓷问题，由唐五代直上溯至于三国后汉，因之得与洛阳古墓中所发掘东汉青瓷，及各地所发现西汉亮绿釉陶衔接，对青瓷史的认识贡献尤多。又还有从鉴赏名陶佳瓷入手，对宋明以来器物，具有高度判断力，对新瓷制作，且充满实现精神的敦觯斋先生，大部分精美收藏，已捐入故宫博物院，公开陈列。各学术机构所得史前实物及中古器物，和故宫所有宋元明清四朝重器，全可当作研究学习对象。东邻学人，对本问题近三十年研究，更巨细不遗，作过许多有价值专门调查报告，印行精美图录，均罗列于眼前。所以这本小书的完成，如果还看得下去，应当感谢的是前人多方面的努力。如毛病甚多，恰证明个人知识有限，还待通人专家肯来在这个冷僻不时髦工作上多用点心，为使工作得到进步与发展，多用点心，写一本对得起这部门遗产的新著。

时代新生，"一切为人民"不仅是一个名词，还应当是一种自然合理的事实。我希望能把这点工作，当成个人三十年用笔用心和群体游离，和社会进步需要游离，积下一些不健康观念、错误，经过长时期痛苦检讨、反省的结果，将工作作为自己从新学习的第一课，也即是个人人生从一个"为人民"观点出发有计划使用的开始。

三十八年六月，北平

二、彩陶的衍化

安特生博士和中央研究院史语所同人，讨论到彩陶文化种种问题时，曾涉及一个根本不同观点。安氏当时从出土实物比较上，认为仰韶及甘肃彩陶，和波斯之苏萨，俄属之安诺，两个地方出土器物都有相似处。仰韶彩陶的年代推测及文化西来说，都由这个比较引出前提，得结论。据安氏意见，西藏高原之北，西伯利亚之南，东自太平洋，西至黑海，其间必不少交通孔道。中国文明的基础，当在新疆，渐移本土。史语所几个田野考古专家，则因山东龙山镇城子崖的发掘，得到许多完全本土风的黑陶，又从河南安阳小屯黑陶及彩陶层次上的发现，长江以南黑陶的发现，明白黑陶文化系，在中国可说是一个独立单位，居彩陶白陶之间，虽衔接而不相混。认为民族文化西来说，安氏见解可疑。且以为如就商文化比较分析，可知是本土的综合，决非全盘外至。西方的影响虽不免，本土的成分实在多。西北科学考察团，于民国十九年西行探索史前遗迹及其他问题时，中国方面由黄文弼先生参加。黄先生把在新疆雅尔崖古坟群中所得陶器八百种，加以整理，印行高昌陶集时，序言中首先即提起这个问题。他觉得东西文化之推进，从地下考古所得知识看来，确曾经过新疆。一方如一个水塔，一方恰如一个水龙头，新疆却是那个具衔接性的水管。欲研究文化的推进，非在新疆寻觅痕迹不可，这事无可怀疑。水塔龙头的比喻，或者不甚恰当，报告中很有可讨论处，黄氏个人所得结论，即已明白指出。

关于对新疆的真正认识，时间还不甚久。起因于近五十年新疆本土各处古代文字的经常发现。光绪二十八年，国际学会开会于德国汉堡，始成立西北探险联盟，因此各国学者方继续前往考查，多所搜获。斯坦因、伯希和、奈柯克，算是几个成绩特著的专家。由这些专家学人考查发现结果，方知古新疆人种实在十分复杂。西方文明，尤其是伊兰文明，及其所乳育之希腊印度混合文明，都从这个缺口源源流入。留存新疆之佛教美术，和同时出土的种种古文字，就是个最好证据。可是若根据中国历史称述，中国汉唐时期，其实都曾极力经营过新疆，惟中土文明，对于这个隔绝过远的区域，似乎竟无什么影响。日人羽田亨和奈柯克，均力持这种见解。黄文弼氏则以为凡一地文明之拓展，必由两大势力所驱策而发生。第一个是宗教势力，其次一个是政治和军事势力。新疆文化文字、语言、美术，受印度佛教影响虽深，随同政治军事发展，中国本土所带来的影响也必不少。而且深信这种中土文明影响，是具有延续性及扩张性的。由政治势力发展的农垦事业，附带必繁荣了当地经济和一般工艺，为吾人不可漠视。在历史发展过程上，黄氏报告有如下叙述——当汉人势力未到西域以前，新疆还完全归游牧人统治，如匈奴和乌孙，都随逐水草游牧，并无一定城郭居处。天山南路诸国，虽居城郭，习耕种，然人口稀少。大月氏人西迁一支，亦曾经行南路，或有所遗留。惟大月氏人初也还无固定住所。故张骞未至西域以前，新疆农业并不如何发达。及至汉通西域以后，广泛的施行屯垦制，如高昌（吐鲁番）、柳中（鲁克沁）、楼兰（罗布淖尔），全是汉人屯垦区域。而渠犁、轮台，尝有田卒数百人。库车、和阗，也有汉人屯垦区。《汉书》上的记载，已经由考查一一证明。新疆南路之绿洲，即可耕种之地。除上述最肥沃柔土，有汉人耕种外，其完全由本地土人耕种地，虽有却不关重要。新疆当时之农业，既已居极重要地位，而新疆本土之农业，因受汉人影响，亦极发达，因此与农业有密切关系的工艺品和货币，当然随之发展，而由汉人居领导地位。

黄氏于民国十七年赴南路考查时，即在库车沙漠中拾得汉唐两代五铢开元等制钱不少。并得到方孔小钱甚多，认为即《大唐西域记》所述焉者、屈支货币所使用的小铜钱。这类钱币每每和一种红色或青色陶片相搀杂，几乎到处可得。可知那个时候中国货币即已通行于一般民众，而为农业社会中重要交换品。惟遗留下的金银钱并不多。有关工艺品，《西域记》曾称于阗工纺绩絁绸，并曾向中国请求蚕种。此外为人民日常必需用物，和农业关系又极密切的，当数陶器最重要。

从陶器的发现地域分布上看，新疆各地凡与农业有关之工艺品，因受中国屯田制影响，吸收汉化已无可怀疑。陶瓷问题从这个影响上，似乎也可以得到一点线索，一种历史的衍化。

黄氏工作地是古高昌之交河城。报告描写这个地方时说：因古有两河绕城，故名交河。当时河水甚大，人民居于城中。后河水干涸，此城遂废，空余数道甚深之河床，悬崖峭壁，颓垣满野。故此城又名为"雅尔和图"，今通名叫"雅尔额"。近数十年来，泉水从戈壁涌出，流水恢复故道，从昔所称为两河绕城者，现已分为四沟，一二两沟合流于城北，绕城东、南流。第三道沟流于城西，至城南端，而与一二道沟合。四道沟流于古坟茔之西，沿土子诺克达格东麓至沟口，而与三道沟合流出口。现时雅尔湖居民均散布于头二道沟之东北原，村舍栉比，田园相望，为吐鲁番西一个大村庄。沟中虽间有居民，但数目不多。沟北与沟西，沟南，均为平原，土质坚硬，或面覆黑沙，是为古时死者冥憩之所，古冢累累棋布。

所得遗物可分二类：沟北为一类，沟西与沟南为一类。

就器物言，大致又可分三种：即陶瓶、陶钵、陶杯。

瓶式本来就极多，有单耳瓶，原胎作浅红色，间露橙黄色，外染深红色彩衣。此器花纹，腹部绘三角形，空间缀以密集之平行线，连及底部，颈项有黑弦纹一道作栏，口缘亦绘有黑线栏，并水波纹。花纹和河南甘肃出土之陶器花纹有相同处。

有四种红地圆底浅钵：一圆底，无足，底较四围稍厚，内外光平，外涂敷红色彩衣。彩衣与里质微异，里质为黄色黏土所成，外围之红色彩衣，乃用着色泥浆敷涂其上，再加以刮磨，使成纹理。二亦红地，内外敷绛色彩衣，刮磨成纹。口边间发青色，及焦黑色，或为薰烤所致。三同前式，有穿孔，似为当时缝补而成。从技术上看，可知当时对于这类器物的爱护。四圆底无足，且甚厚，内外作浅红色，间有刮磨纹理。底围间露橙黄色，及焦黑色，底浅，如古代盘洗。又平口小钵二种：一口宽平，形小，浅如盘，敷涂红色彩衣，刮磨成纹。二内外涂敷红色彩衣，口边微发青色，口宽平，微带唇。又俯口小钵，以上诸器口唇均宽平，此为削口，且微俯。腹部堆砌莲花瓣七。器物时代或较晚。似从印度影响而成，因新疆无莲花。从器形看，这类器物当时或是贮藏酪浆饮料用。

有陶杯，杯作桶状，薄口，外面涂绛色彩衣，刮磨成纹。里面作淡红色，且不光平。腰部着一柄。似当时人饮具。又圆底把杯，红地，大脰，颈口微小，与脰成锐角形，薄口，口缘微卷，形同酒卮，亦当时酒器。又把盏，红地，外不着色，浅口微缺，圆柄，柄之一端与口缘齐，当时或作点灯用器。

沟西沟南则陶盆种类特别多，值得注意。

有兽形足盆，青灰地，三足，平口，里部灰青色，外围涂黑，凸起各种鸟兽形象，多与唐镜鉴上形象相合。又另一式兽形足盆，因胎质不同，比前器色深。同式器物多，有大小不同。

有驼蹄足盆，红地，三足，四围刻镂各种花纹，外涂抹黝黑色。花纹刻划甚工，和唐鉴上宝相花盘旋上下式相合，边上旋纹如用齿状器物压成。又有外涂浅黑里涂红器物。圈上下边缘各绘红色弦纹一，腹部绘红色圆圈六，环列四围，彼此不续，亦不与上下弦纹相切，每圈内含红色同心半圆圈，缺口向卜，或以为像日月。又牛足蹄盆，青灰地，足颇高，四围涂漆墨，内满涂红……所得十器每器花纹不相同，多置于死者头或足部，每一死者只一二，有尊贵意。从价值言，或是当礼器中之鼎彝。

有陶甑，青灰地，外涂浅黑，里口缘及上围涂红，腹部绘粉白曲旋纹，中夹红点，旁有不规则之曲断纹。有五孔。

有陶瓮或撮口，或卷口，灰地或青灰地，刘保欢墓出土墓表作重光元年，当中国北魏景明元年，在沟西年代算最早。报告中计得九器，这类陶瓮当为古时盛食物羞醢之用。生时用之，死则殉葬。

有单耳瓶，本地人至今用器形式犹如此。为汲水用。有各种纹饰壶，多青灰地，盛水用。又有罂类和瓿类，与甘肃河南出土陶罂相近，多形卑而鼓腹、敛底。瓿类纹饰特别多。或有耳，或无耳。多为盛椒盐酱醋之用。陶盂也有数种，有彩绘盂，青地，里满涂红，外涂黑，腹绘绿色舌状形四，每形外廓似均绘有白色同心椭圆，中含粉点，圆与圆中间绘红色圆点四粒，连缀若贯珠，颇美观。又有陶碗陶杯多种。有陶碟、陶豆，与《博古图》中之周鱼豆极相近。又得陶镫多种。

沟北陶器有一相同点，即均为红地，外表涂敷薄层红泥。黄氏据陶考查，约可分两种，一属唐代，一属远古。唐红陶胎多作浅红色，外面粉红，磨制光平。库车古坟中多如此，常有开元钱在一处，可以证明。远古多较粗笨，同时有石刀，贝钱，似可作新石器时代遗物证据。又有和汉铜镜及杂铜器同时出土的。所以器物古拙一种，或至西元前后犹在那一片土地上通用。随同这类陶片，且得到一个磨制甚光之石斧，在同一古坟中。

沟北陶器可分两类，一圆底钵，一桶状把杯。就桶状把杯考察，黄氏认为和罗布淖尔所发现汉桶状漆杯形制相合。当为纪元前一世纪及三世纪所遗留。陶器中较可注意的，是彩色单耳瓶，花纹与波斯出土陶器相似。又安特生甘肃所得器物，口缘水波纹也相同。在年代上，安特生起始认为当在纪元前二千五百年及三千年之间，李济之以为可疑。黄氏则就史传和实物比证，认为是西元前二世纪或三世纪产物，最远亦不出五世纪，与安特生后来改订年代比较相近。安氏的改订原因，即于陶器群中发现铜器。

关于高昌古陶花纹，报告中特别提出近于雷云纹之曲旋纹四种，与铜器比较，其中叶纹和点纹，错杂点缀，极可注意。

制器法有两点与后世尚相合：一、即分工合作，器物柄耳凸出兽形，均单独制就后，再设法粘上。这个方法和南方发现的后汉釉陶相合。二、坛瓮大器分两节做，再接合。第二点在《天工开物》制坛瓮时犹道及，可知二千年来尚少变化。

从黄氏报告中，提示我们一个新印象，即这类彩陶于新疆古坟群中大略情形，在年代上说，有早至新石器时三千年左右，而晚至唐代，犹成为日用器物可能。其中虽有中原影响，惟到后即近于因区域隔绝而独立延续下来，在陶瓷史上说已成一个游离的发展。说它是彩陶的衍化，也只是就这个报告所提出的意见的假定。从形制上看问题，却像是和本来彩陶关系并不怎么多。

三、黑陶之发现及其意义

民国二十三年，中央研究院历史语言研究所出了一本专门报告，名《城子崖》。史语所在这个有价值的报告前面，很慎重的介绍说："这是中国考古报告集第一种，又是中国考古学家在中国国家的学术机关中发布其有预计的发掘未经前人手之遗址之第一次。"

其时距安特生于河南奉天甘肃探寻彩陶工作已十二三年，距信阳永元青瓷发现已十二年，距安阳殷墟发掘已经六年。序言并说：科学考古由西人看来，实重在解决一个人类发展史的中外关系，我们也承认它的重要性。可是我们认为更重要的，还是中土文化的本来，从实物比证，建设中国史学之骨架。即假定中国史前文化的来源，不仅如西人所推测来自西方，必然是一种多方面的混合，自南自东的会集，都有可能。这种假定自然有待于地下发掘多方面的证明。城子崖的发掘，却首先证明了这个假定无误。发掘的本来目的，还只是在彩陶器以外作点试验，看看古代文化的海滨性是个什么式样。而得到意外重大收成，即是造形秀美薄质黑陶的发现，以及较上一层有纹饰有文字的黑陶片，因此在中国文化史上，继仰韶彩陶后，有了个"黑陶文化系"的子目。而这个文化系，即从陶器造形方面推测，也看得出是达到一个高度成熟期的。

这个工作的起始，在主持地下发掘工作的文中，曾说得很清楚：民十九，史语所工作因河南受内战影响而停顿，转移过山东，打量用临淄作工作中心（因为战国有字陶分两大类，河北的燕下都和山东的临淄，性质相似而不同），和吴金鼎先生看过城子崖。因临淄问题多，财力人力都不容易如安阳殷墟发掘凑手，工作恐不易进行，所以才先从城子崖起始。但是这个遗址工作的进行，却证明重要性远出本来计划以上。区域范围虽不大，意义重要却无可比拟。由于河南安阳殷墟的发掘，丰富而驳杂的实物，见出一种文化上的复杂混合状态，必须多方面的比证，才有个线索可寻，而得到条目分明的结论。史语所对于这问题的解决，曾作种种不同的努力，其中最重要的成绩，即这回城子崖的工作。总结说来，特别值得注意处为：

发现有两层文化，区别显明，上层文化已进入用文字时期，似可证为春秋时谭城遗址。已到用青铜器，却由于陶器和石器的发现，证明系承袭下层而略有演变。下层为完全石器文化，却发现无数手制薄黑陶器和粉黄陶器，技术特别精美，形制尤富于创造性，这类工艺到上层时似已失传。更可注意的是卜骨的发现，由此这个区域的文化和殷墟文化得到一亲切的联系。这组文化包含的意义，和殷墟及殷墟附近之后岗遗物比较，而更加显明，构成殷文化最紧要之成分。由于龟卜起于骨卜，且可得一重要结论，即殷文化最重要一个成分，信鬼敬神，凡事必卜以决疑的方法，照目前地下材料说来，可以说原始在山东境内。又由于从小屯殷商文化层下，找出了个较老的文化层，完全和城子崖文化层相同的黑陶文化，事实上且证明了殷商文化就建筑在城子崖式的黑陶文化上。所以说黑陶文化实代表中国上古文化史一个重要阶段。它的分布区域，就目前已知道的说来，东部已达海岸，西及洹水及淇水流域（从较后调查，南至安徽寿县，且过长江至浙江）。黑陶文化到春秋战国，早成一个尾声，但从它在城子崖下层表现，实已进入鼎盛时期，还应当有个初始期，田野工作者该进一步追求这一系文化的原始。从黑陶文化有卜骨而西北彩陶文化无卜骨看来，可知这两系文化实对峙，非连续。即有个早晚不同（彩陶可能早些），但是两个独立系统。从殷墟文化层看来，骨卜不但是那时精神生活之所系，早期文字之演进，卜骨辞语必然占极大推动力。城子崖卜骨虽无文字，那时的陶片却有带记号的，可见那时文化已脱离了草昧期。凡此一切，都强有力地给我们一个暗示，中国早期历史文化重要成分，显然是在东方。我们能用城子崖文化作个线索，寻出它的演绎的秩序，中国黎明期的历史，就可解决一大半了。

关于这个工作致力最勤的，序言上特别提出吴金鼎先生。这个报告的写成，是总结十九年秋季和二十年秋季两次经过报告完成的。城子崖的发现，即由吴金鼎先生。吴先生是中国唯一对于彩陶作比较研究最有深知的一位学者，由于对彩陶比较知识的丰富，更增加他对黑陶论断的价值。关于这个对人类文化价值特别重大地方发现的经过，在吴金鼎先生的《平陵访古记》写得很详细。时间是十七年四月四日上午十点钟，最先从二粗糙骨锥得到启发，并无瓷器砖瓦碎片，已知地层年代之久远。其次一回是十八年七月三十一日午后，又八月至十月又到三次，经过详细调查，得到一些结论。

关于黑陶发现的重要性，在新闻上作正式传播，是民国十九年十月二十七日，史语所与山东省政府正式商定合作研究工作签字后，十一月十四日向新闻记者的一次谈话。当时即认为可以解决好几个问题，第一是中华民族史前期的文化原委，是否即可用彩陶的分布决定出于中亚？中国内大平原的中心城子崖，也有个石器时代，即由黑光如漆的陶器，证明它是一个独立系统？陶片上既有简单符号，陶器样子又像后来铜器，商周文化是否即从之产出？

后来的发现，恰证明了这些推想，大体都不错。城子崖的地势风土，该书第五页曾有说明：

城子崖遗址，西去历城县约七十五里，南距胶济铁路之龙山车站一里，东北距平陵古城三里半，正在龙山镇范围之内。龙山镇就在遗址之西，隔武原河相对，是历城县大市镇之一……适在泰山山脉北斜坡之黄土地带以内……

第一次正式发掘日子是十九年十一月七日上午八时。第一次发掘结果，用二十年四月间在河南安阳发现大致相同之遗物，证明事前所作假设无误，因有第二次发掘。二次发掘日子是二十年十月九日，先后二十天，用工六百五十七个半，掘坑四十五，得物品六十箱。

两次发掘重要发现，即近于烧制陶器的窑类遗址，十分显明，共有六处。得明白古代陶窑的构造。附有带绳纹的陶片，可知是城子崖时代较晚灰陶系上层文化的遗留。

颜色虽以黑色为主，然灰黑红由浅入深，以及种种衍变，亦不下十余种。陶器质料，除似瓷胎一种为特殊，其余多为泥沙配合。制法有手制、范制、轮制、复制诸法。陶器表面上有范文、轮文、印文、刻文、指甲纹，涂色种种装饰。

陶器极少两个绝对相同情形。技艺无论前期后期，基本原理和现代土窑并不甚远，不同处惟用料及装饰有显然差别。有不同性格或风格，可以推想当时陶业的制作者的创造与劳动结合而为一。

因火候不同，已发现同一陶器兼有黑黄二色。因制法不同，同为黑色，又有暗黑亮黑不同。

十四种不同颜色陶器中，最引人注意一种是亮黑色，质亮而薄，且极坚固，表面显漆黑色之光泽，也可叫做"漆黑陶"。

又有一种白色极坚固之质料，如现代未敷釉的瓷，近于瓷器先身。从分布上看，这种陶器应当为上层上部黑陶全盛期产物。黑陶极素朴，惟往往带有极雅致之阴阳轮文，极其美观。

有关黑陶纹饰，在上层文化可分：

席与篮印范纹

划纹

印纹

范纹与旋纹

范纹与划纹

下层可分：

席与篮印范文

轮纹或旋纹

划纹

印纹

印纹与旋纹

印纹与划纹

指甲纹

以范纹轮纹常见，其余印纹、刻纹、指甲纹仅及千分之一。

器物的设计结构，已注意到保温、防秽、防止化散及腐朽，和现代需要相合，可推知当时饮食用途显然和现代相差不太多。在设计上且注意到其他许多方面，如稳定，提携便利（形体美观在视觉上的效果，且似乎比现代人还进步些）。

陶片有近于文字记号，二万余残片中仅八十余片，刻法已有精粗。

种类可分容器和其他用具，并有玩具。小容器制法形式，已和近代茶杯相似。盘类多平底。用器除钵盂碗盘诸物，又有附有带孔笼箅之甗，属于饮食常用器物。

黑陶多玲珑小器，惟有一大瓮，精美而又魁梧。有黑陶壶，形体直如均式唾盂。

容器以外有弹丸、纺轮、泥饼、杵，且有材料极薄穿有二孔之白陶。

就陶质言可以分为四系：

一、灰陶系。特征为手制，具杂乱横麻纹，少陶耳，在遗址下层。

二、黑陶系。有灰黑二种，最精者为漆黑，表面磨光，形式极复杂。

三、粉黄陶系，与黑陶同在一处，惟仅有鬶类一种，无例外（报告有彩印鬶一）。

四、第二类灰陶系，黑黄陶上层，与第一灰陶同尽，起而代之者，形制略粗简单。

惟上层陶器有文字符号。一陶片且刻八字成行，就字体比较和甲骨金文相近，报告拟释文作"齐人网获六鱼一小龟"。是未烧以前刻的。城子崖文化层既分上下两部，报告曾就遗物作估计，认为上层应当是古谭国故址，约起于公元前一千二百年，至公元前二百年为止，共约一千年，时当殷末至汉初。下层属黑陶文化时代，约起于公元前二千年，至公元前千二百止，共约八百年，时当夏之中叶至殷之末叶。

四、青瓷之认识

汉青瓷之发现

中央研究院史语所工作人员，在河南安阳小屯村地方，发掘得来的陶片中，有带釉陶片一种，质料薄而硬度高，十分别致。报告认为可算得是瓷器中最先标本。产生时间比彩陶黑陶晚，当在商代或稍早一些。这点发现实增加了专家学人一种向往之忱，对中国陶瓷史的印象完全改观。

惟由商入周，两代古坟发掘极多，却并未闻有相同或相似出土器物可以比证。古明器中虽有红砂贝壳胎敷白釉起水银浸闪珠光陶鬲，制度古拙，出土地方既不详悉，产生时代亦难把握，即可能出于商或周初，引例总不甚妥当。普通常见战国时陶瓦器，或敷朱绘粉，陆离斑驳，或质素不华，惟颈肩部分如用木质钝器摩擦成光亮如釉弦纹数道。胎质大多拙质沉重，既不能承黑陶的雅素，又不能及白陶的华美，在陶瓷美术发展史上实不易位置。惟有些同式器物，胎泥细润，泛灰青光，和后来青瓷胎稍有关连。凡带字两周六国灰黄陶片，亦极少着釉。唯一带釉古陶器，具瓷器本来性格，即相传寿州出土薄胎黄褐釉陶壶，陶尊罍。肩部流釉稍厚，起小碎片，半透明，下部被土锈蚀，多露胎，胎泥纯细，平底，有小兽头作肩部装饰。一切款式都如仿自战国或西汉薄铜器。但这种精美陶器产生的时间，可能会晚到汉末及晋六朝，胎质之薄且超过汉青瓷器。陆羽《茶经》说："寿州瓷黄，不宜茶。"唐寿州瓷很可能即从这种旧陶器衍化而来。

一般说青瓷本来，所得印象还仍然指的是汉亮绿釉陶器，即北方各地出土，带深绿亮釉大型陶壶和陶尊。此外还有明器中的房屋、仓库、井栏、猪圈、几俎、炉灶和其他杂器，这种亮绿釉泽的发明，多以为是张骞通西域后方带回中国的。

传说也可信，也可疑。

试从"信"出发看看，亮绿釉陶多色调沉郁，近于绿琉璃，釉浮于胎质之上。到后惟六朝或唐三彩明器，敷釉法有些相近处。釉母很可能最初系从外来，并非自有（那时陶人还不会配合）。汉永平青瓷之釉色变为淡灰青，即系由中国原料自造釉母仿亮绿釉得到的结果，这种仿肖，发展到后来，虽影响中国青瓷史全部，但在当时比较，实不算成功。因为亮绿釉的长处是把握不到的。

再试从"疑"出发，会觉得北方亮绿釉原料，中国本可以生产。以汉人陶冶技术及应付当时一般工艺器材而言，必然可照工师理想，陶上敷同样亮绿釉也不甚困难。明宋应星《天工开物·陶埏篇》，有陶瓦器转锈（釉）法，砖瓦转锈，锈字意义，并非磨光，重在坚实。当时用的方法，是窑中火候已足时，即注水于窑顶凹坑，使之"水火相济"，便可得坚实效果。这方法也可谓汉代人民极早已理会到。因从当时所制空心砖的坚实耐久，即可见技术上早已达到最高水准。罂瓮上锈当然指带釉光而言，《天工开物》所提示方法，只是用蕨蓝草（即凤尾草）一味，烧灰去滓和以红泥水拌和涂上，即可收功。琉璃瓦所需要，也只是用无名异（锰）、棕榈毛等物煎汁涂染，即成黛绿。用松香、蒲草等涂染，即成明黄。《天工开物》一书虽成于明人，方法实相当旧，具原始釉意味。敷釉原料既然是中国的南方平常产物，当时中国的丝织物、髹漆、冶金，一切相关工艺，又有个传统优秀而丰富的经验底子，中国瓷釉的发展，很有可能本自南方来，不必经由西域传授。由于汉永平青瓷的发现，及以后南方青瓷在古坟废窑中的陆续发现，已清理出个一贯条目。青瓷釉的发达和进步，来自南方说，益可征信。亮绿釉即或出自西方，自成一格，至于汉代灰青釉瓷器，它的本来或者时间还早一点。如寿州薄胎带釉黄褐陶，的确出于战国末年，汉灰青应当是受它影响而成功的一种。发展下来即成为三国以后的越系灰青，艾叶青或者说秘色青。并启后世哥、汝、章、龙泉种种青式器。至于这种灰青釉的发明，当初或为实用上需要，或竟出于有意仿造铜器，作为铜器的代替品。尤其是祭器或明器的制作，更近于仿铜器而兴。

信和疑都只是一种假定，说明一面的真理，更深的认识和理解，还待将来国内有计划的多方面发掘和比较研究，才会有个正确的结论。

亮绿釉陶在北方发现较早，较多，除大型壶樽酒器，尚有同式博山炉及其他器物。虽发现多年，因为釉泽和唐以后青器根本不同，即想勉强贯串成一个系列，终不容易衔接。由魏晋六朝到唐，有一大段空隙，无从用其他器物填补。陶瓷学者遇到这个问题上时，因此多囫囵过去，不作答解。它的变化、影响和唐宋陶瓷的关连，多付之阙疑。新的发现和启示，是从民国十二左右方偶然得到的。

民国十二年，北京午门历史博物馆丛刊第一年第二册，载了篇文章，记载河南信阳县游河镇擂鼓台几座汉坟发掘的经过。

信阳县汉冢发掘记

信阳县城西北，故有古城岗者，土人常于榛莽中，得砖甓之属，率有花文。识者审为汉代物。民国十二年，邑有工事，辄取其砖以应需。众口流传，访古者渐集。邑西北有游河镇者，位游河之阳，距镇西北四里余，有地名王坟洼，俗传为淮南王葬处。或于此掘得陶器，制极古拙。已故画家吴新吾先生得二器以赠本馆，审为汉器，佥以为亟宜从事搜掘。育掘王坟洼，坟纵横各约二十尺，入地及丈，全墓砖甓毕露，然除于墓底得大泉五十一枚，及铜鼎足一枚外，了无所得。南向搜掘，发现墓门石基，基南得砖台一，长四尺余，宽二尺余，高约一尺，横位于墓门之前，距地面约三尺，较墓基高六尺。似是祭台，于其上得陶器八件。次至擂鼓台，台距镇北半里，俗传为楚庄王鸣鼓作战处，广约七亩，高及二丈。初从东北面掘隧而下，深及丈余，得石刀、石斧及古陶器数件。再进无所得。乃从西北面复掘一隧，得石器如前。深入一丈八尺，得大石斧一，残骸数件。深至一丈四尺，无所得，乃复掘其西南面，入地三尺余，得古墓二，南北并列。甲墓东西长十九尺有奇，南北宽约八尺，西端宽约三尺。乙墓东西长二十尺有奇，南北宽约十二尺，西端宽约四尺，悉有砖甓。于甲墓中得铁钉多件，及残瓢铁斧等。于西端宽三尺处，得瓷锅、瓦瓿、铜器等件，及五铢钱数十枚。乙墓得铁钉陶器略如甲墓。既竣事，运馆陈列，详加考订，定为汉墓。以所获瓷器考之，盖有四证焉。壶瓿之类，形状纯为汉制，决非后世所有，一也。其花纹多作绳纹，亦为汉制，二也。器皆平底，与后世有足者不同，三也。质地极粗，工艺古朴，迥异后世，四也。本馆同人聊据管见，考证如此。博雅君子，幸而教之（转引自《支那青瓷史稿》）。

这些青瓷器不久即陈列于北平午门上面历史博物馆。直到如今，还在东角楼大柜中。计有下列六件不同器物：

青瓷四耳壶 一

青瓷小四耳壶 一

青瓷洗 一

青瓷碗 二

青瓷杯 一

瓷釉色泽同作淡灰青，胎质坚实，釉具半透明性，火力不及处略呈剥蚀状。青瓷洗中部起网状花纹。器物形制完全如汉铜器。根据报告原在墓中陈列方式看来，同时还应当不止这几件器物。而这类青瓷器，却很像是有意模仿铜器色泽求似真方涂成灰青釉。试作一个假说解释，或因汉代提倡薄葬，影响到一般风气，方用瓷代铜。

这本是一件大事，对陶瓷史的研究尤具重要性。但当时中国考古学既尚在书本文字中辗转，安特生之彩陶研究也刚起始，还只成为少数人讨论问题。所以这种青瓷的发现，对国内陶瓷学者竟无何等影响。惟日人已极引起兴趣，二十年来一般陶瓷问题著述，即多引用这件青瓷洗作先例。且根据这次发现，在华北多方收集，不久即得到许多同式异类青瓷。极重要的一种，是日画家中村不折之书道博物馆所藏有铭文青瓷匜也，上刻文字一行：

中平三年（公元一八六年）五月十二日，尚方作陶，容一斤八两。

字作隶体，刻在器物边缘上，如普通汉铜器漆器款式。如非伪作，可算得汉青瓷器中刻年号一个最好例子，也可作瓷器仿铜一个附带证明。又其他人还得有青瓷博山炉，和亮绿釉博山炉不同。青瓷熊式炉脚或其他器物脚，得于中国的南方，壮朴处和一般汉铜器熊式器脚相合。又青瓷羽觞，于银器、铜鎏金器、玉器、漆器、瓦器之外，多一瓷类酒器。又青瓷猪圈，温厚圆泽处已启七百年后龙泉青瓷作风。此外尚有兽环耳壶，皿，钵，斗，炉，灶等等。胎釉作风均和擂鼓台坟中青瓷式样大体相似。

这种发现虽是证明东汉以来的青瓷，已脱离亮绿釉而形成一种浅淡灰青式釉，至于魏晋六朝的青瓷，或其他瓷器，是种什么作风，颜色形体多了些什么新风格，新风趣，还是无从明白。在一般性叙述中国陶瓷论文中，谈到这个时代情形时，照例除引用些诗文作说明，即不易用实物取证。虽从晋杜毓《荈赋》文章中"器泽陶简，出自东隅"，知浙江东瓯古窑晋时已著名，又引晋潘岳《笙赋》"倾缥瓷以酌醽"，知晋人饮酒已尚青器。惟东瓯青器是什么样子，缥青宜具何等颜色，千年来读书人用书证书，既难得其解，亦不易作进一步追究，因之嗜古者虽多，即遇实物，亦必当面错过。而通常所见南方汉晋六朝青器，及唐越系秘青色，则一向多从商贾市场习惯，认为是南方"古宋瓷"，或"高丽宋"，无人敢言这类器物的产生，实在唐代以前，且正是嗜古者梦寐求之的东西。

新的启发

中国近五十年考古学的发展，应当数《老残游记》作者刘鹗收集的《铁云藏龟》的印行，十分重要。王静安先生从甲骨文找问题，对于殷商的著述，刺激了年青学人对古代史探讨兴趣，五四以后学人由疑古作深入检讨，发展到北伐统一后，学术上兴趣集中点，已定于一，即安阳殷墟的发掘，工作不仅为国人注意，且引起世界对于中国古青铜器的浓厚兴趣。一般历史学者，一时风气所趋，也似乎非秦汉以前不足道。且大有除中原区其他无考古可言。学者通人治甲骨铜器文字学，竟成为时髦事件。至于近古与中古社会发展问题，小问题，比较生疏偏僻难治问题，若作来困难又不易见好，就少有人热心注意。即以铜器研究而言，虽人才甚多，除史语所同人能作田野考古，大多数人还是不脱离老式玩古董治金石文字惯例，在音训上辗转猜谜，在史事上作新史论，有关器物形态美知识即并不发达，由美术史或社会史出发来认识，还无什么人。因此铜器学照例截至汉代，三国以后似乎即无铜器可言。无文字铜器，虽商周也不在通人眼中。治石刻更是文字重于图画。这种学术空气，自然使得近古中古研究，就容易疏忽，即一个文化史学者，观点也依旧局束于文学或思想史部分。换言之，即始终不离书本文字所表现或待解决问题，此外即不能着手。所以提到陶瓷史中迷蒙期，由唐到三国一段时间的研讨和认识，我们对于东邻学人近三十年的研究热忱，不能不深致深刻敬意。而中国学者对于这个工作的贡献，如陈万里先生对越窑的具体研究，实在说来，也比其他书本文字学术工作，切实而又有价值得多！

因日本学人于浙江绍兴九岩镇越州古窑址的调查，提出的报告印行，世人才知道九岩窑实起于后汉初，六朝为繁荣期，直到唐代，余姚上林湖窑兴起，九岩窑才衰落废绝。从九岩窑废址所发现青瓷碎器残片，可见出一切特点和汉铜漆器均有个共通性。青瓷双鱼洗本出于汉铜洗，由原青瓷过渡，即成为后来唐宋青瓷坦口碟先驱。

九岩窑的最初发现，系当时杭州日领事松村雄藏，所作越州古窑址探查记，载于日文《陶瓷》八卷五号。窑址离著名产酒的绍兴县西北约二里，从运河坐小船一小时可到。德清窑的发现，是另一日领事米内山庸夫，因德清县"后窑"地名引起注意，窑址在杭州东北约六里，考查报告载于改造社刊行的《支那风土记》。把当时所得陶片加以分类，大致为两种，较古一种和九岩窑作风完全相同，纹饰、釉色、形体均具汉六朝青瓷风。较新的则已接近于南宋时代，才知道这个废窑是一直在生产中，地下残片堆积，即是一篇中古青瓷史真实而正确的报告，惟搁置于地下，千年来无人注意。由于这些新的发现，我们方明白浙江实青瓷的发祥地，自东汉即已起始。六朝以前，九岩、德清及禹王庙镇居重要位置，唐、五代北宋初，上林湖，余姚窑有个全盛时期，宋元明清，则龙泉、琉田、处州，成为世界著名青瓷出产地。换言之，浙江青瓷此兴彼替，共同已有了个近二千年的历史。从这个部门生产品作有系统研讨，将来必然还可在比较文化史上有许多发现。因为中国青瓷生产区域性的广大，就目下已知道的范围说来，埃及、印度、波斯，即无不有残器残片留存。日本、高丽、暹罗，更多直接受中国影响。将来如偶然在欧洲或南美地方，还可得到不同发现，从瓷片上考查，对于中古海上交通史问题，必能启发更多新知识。

国人对于本问题的贡献

关于汉青瓷的发现，自从得到古越州旧窑址残器碎片互证后，已给我们一个清楚印象，即青瓷器的确由汉代起始。一脉相承，绵绵不绝，唐宋两朝均各有个全盛时期，然同出于一个旧的传统而来。出产地的发现，虽解决了些问题，惟时代上器物形体色泽的排比，却完全由于古坟墓的陆续发掘，方得到更多正确知识。

这种发掘各处情形不同，所解决问题也不同。最重要计两部分：

一、绍兴城乡古坟群因修公路无计划的发掘。

二、史语所在安阳对于隋代卜仁墓的发掘。

第一项的发掘调查，对于中古陶瓷史的贡献，十分重要。先是民国二十五年，绍兴地方因修军用公路，县城附近村落，如城南的南池市，城西北的柯桥镇，两乡有数十村无主古坟二三千座，同被掘毁。施工结果是凡属墓中古器物，都陆续散落于一般本地人、工务人员及南方古董商手中。由于这些杂器物的大规模出土，虽扩大了学人和嗜古者见闻，因出土无条理，且散落四方，欲用它作学术研究，便不容易。二十六年春天，浙江省立图书馆馆员张拯亢氏，因回乡省亲方便，就年来近乡各村遗迹遗物探访搜索，写成一篇《绍兴出土古物调查记》，发表于杭州出版的《文澜学报》三卷二期。日本学者梅原末治，当即译成日文，发表于京都帝国大学史学论文集内，并加以批评，认为这个调查实不够科学，难得古坟群全貌。惟有两点极重要：即从墓铭砖镜文字，知道年代上大略情形，实包括了汉末建安（一九六）到宋建炎（建炎四年，七八二）一段长长时期。就中以六朝坟墓特别多，这些器物自然也大多是属于这个时代。其次是出土器物的种类款式，报告中写得相当详细，张氏所见到的虽只是一小部分，材料之丰富已极惊人。关于年代有如下不同记载：

黄龙（二二九—二三一）

天册（二七五）

天纪（二七七—二八〇）

太康（二八〇—二八九）

永熙（二九〇）

元康（二九一—二九九）

永兴（三〇四—三〇五）

建兴（三一三—三一六）

太兴（三一八—三二一）

咸和（三二六—三三四）

咸康（三三五—三四二）

建元（三四三—三四四）

永和（三四五—三五六）

升平（三五七—三六一）

太和（三六六—三七一）

宁康（三七三—三七五）

太元（三七六—三九六）

泰元（四一九—四二〇）

建安（一九六—二二〇）

黄初（二二〇—二二六）

黄武（二二二—二二八）

太和（二二七—二三二）

元嘉（四二四—四五三）

大同（五三五—五四五）

天康（五六六）

天监（五〇二—五一九）

永安（二五八—二六四）

赤乌（二三八—二五〇）

五凤（六一八—六二〇）

太平（六一六—六二二）

咸熙（二六四—二六五）

甘露（二六五—曹魏则宜为二五六？）

此外还有唐青龙、元和、贞元等墓志，最晚到建炎四年砖铭。至于器物种类，出土数量既多，同一器物式样也各不相同，约略言来，计有瓮、壶、四耳壶、盘、碗、镳斗、水注、皿、明器、洗、鼎、钵、烛台、酒杯、勺、合子等等。调查报告记载器物，计二十三类：

一、盘　盘大径十六吋四分，高仅及吋，盘之中间有一串孔，宽约吋余。然亦有无串孔者。盘内细线纹五道，波纹四道，盘胎陶土瓷土混合，釉作黄色。此盘初发现于下林"富贵长复"砖文之圹内，可审定为吴时之器。

二、神亭　亭又名魂亭，为明器之一种。其形如坛，上面堆砌亭台，大约取神所冯依之义。青瓷胎，釉青黄色。瓶肩浮雕武士，发现于漓渚镶脐尖山下，圹砖有"太康三年作"五字，知为晋代之器。（《清异录》称：尊处土封谓之魂楼，凡两品：一如平顶炊饼，一如倒合水桶，上作铜锣形。亦有用一重砖甓者，或刻镂物象，名墓衣。）

三、五壶樽　此樽如坛形，口上堆砌小樽五，形式亦颇奇特。高约二十吋。所见数种，一种砂瓷胎，褐色釉，樽上并堆有熊黑三，蛇虺三，灵雀九。一种青瓷胎，青釉，樽上并堆人物、狮子、羊、猪、犬、雀等物。又有上堆牌楼、碑亭、人物、鸟兽，所堆之花，皆以手捻成，为神亭之变相作品。所堆之物，取子孙繁衍六畜繁息之意，以妥死者之魂，而慰生者之望。今浙江处属有所谓魂瓶者，或即其遗制？此项器物晋代圹中发现为多。

四、樽　樽之形式殊繁……并有雕刻兽环、人马及堆龟蟹等动物各种制作，釉色青黄为多。直口小樽，双耳横置口外，有数道线纹及细花，高约五吋，作工甚精。细长颈，樽身较高，釉色较青者，多从六朝陈梁时之圹内发现。唐代之樽，广口如盘，细颈圆腹，釉色匀净。又有无耳樽，形同痰盂，口直大，有黄绿色晶釉及黑釉数种。又有石榴樽，大小如石榴，有双耳，直径小口，出土亦多。

五、罍　乡人称曰糖缸，肩有两耳或四耳，及两耳两兽头，大小不一。大者腹径呎余，小者二三吋。各地出土，以此类器物为最多。

六、洗　洗之种类亦繁，大者径十四吋，高三吋，如盘形，口下雕人骑龙之凸花，内外满布线条及各种细花。又有三面兽环满花，如钵而深者，小如笔洗而有双耳者。花纹至为繁夥，或多道线纹，或井字纹，或以锥刺成细点花，制作俱精，皆为六朝梁陈时之器。洗之内面底上，间有文字，惟点划殊简，为釉遮掩，故多不易辨识。

七、瓷鼎　鼎三足，仿铜款，两兽头，两兽环，凸线四道。釉青，胎红，鼎内无釉。口径约十二吋，高约六吋。又有小者，口径八吋，高五吋，三足。足上部为虎头，四边有兽头四，里外均大波纹。釉青色。

八、钵　钵之大者，口外有数道线纹，或布纹细花，底，内凸外凹，瓷身厚薄不一。钵内凸底上并有如青天白日形之大小水波纹，制作之精，至堪宝贵。

九、多孔灯与灯台　多孔灯形如火鬃，四面上下穿有二十四孔。上口有双耳，俗称命灯。灯台下有一盘，中一直柱，上一小碗。其直柱有作人形者，制作殊奇。又别有小碗，上如直檐之罩。灯台之式样，至不齐一。

十、鸡壶　鸡壶或即提壶，因其壶嘴作鸡形，故名。并有唤作天鸡壶者。大者高至十六吋，小者高不过七吋。其腹部有宽有窄，肩上两耳或作方形，或作半环形。壶柄高出口上，釉有黄、青黄、青三种。口及嘴上鸡冠等处，有褐色点花，颇为匀整。

十一、鸡樽　鸡樽大小更见悬殊，大者并有底座，樽高约十六吋，腹宽十一吋，口径五吋六分，底径四吋五分。四耳，左右各并列两耳，前后鸡头鸡尾，底座高三吋，上径六吋六分，下圈径八吋。上圈与下圈之中间，排列如虎爪脚之柱二十有二，座上四周有一水沟，中间如砚盘状。鸡樽即放置砚盘上，座之底面，划有一"李"字，度系作樽者之姓。小者高仅二吋半，亦有鸡头目并双耳。

十二、食盘　食盘有大小数种，大者径八吋，高一吋余，小者径五吋，高相等。盘内分作九格，外圈四周作六格，每格若扇面形，中一圆格内再分作三格，盘有仔口，若有盘盖。然出土时均无盘盖发现也。

十三、觞　觞之形状如船，两边有缘，可浮于水，或谓兰亭修禊时之流觞，即属是物。又有盖内贴附二小觞者。大约此项器物专事殉葬用也。别有鸟形之杯，头尾两翼俱全，制作奇古，故或以羽觞名之也。

十四、兽盘　兽盘系盘中堆一猛兽，如虎豹豺狼之类。豹之形状极见文彩，斑纹圈圈可数。尾颇长，虎则尾甚短，形同初生之乳虎，双耳直竖，有威武之象。狼尖嘴短尾，前足作交叉，身长二吋至三吋。盘大四吋至六吋。盘之四周，并穿有数小孔者。

十五、勺　勺亦有大有小。小者如调羹，大者如瓠，径八吋，柄短作如意形。

十六、丹盘　丹盘用以研调丹铅，大小不等，圆形。盘下三足，有作人物与兽爪形者。上有仔口，若曾有盘盖，然出土百数十件中，并无一盖发现，殆当时以木质或别类之物配制欤？盘内极平无釉，可以磨墨，或以砚盘称之。

十七、水盂　水盂即水滴，俗称水钟，为文具之一。以扁形高足，口有线纹一二道。或以锥刺作牛毛旋纹者为多。龟形蛙形者极为名贵，乡人称为虾蟆水钟。釉色青黄褐黑均有，并有如菱花形而口小者。种类形式，亦颇繁夥。

十八、脂粉盒　脂粉盒形与近代锡制之脂粉盒相若。大者径二吋余，小者径仅吋余。上盖或素，或有各种花纹，在六朝及唐代圹中所发现颇极精致。凡有此瓷盒之圹，同时有银钗、金环等掘出，可断定为奁具之一种。大约贮藏香粉及匀黛与调脂之用。

十九、温器　温器系置于火上，用以温食物或药物者。下有三足，器之旁缘有柄，或名为镳斗。然镳属于铜器，同时亦有出土。此种器皿，陶质瓷质瓦坯三种，均有出土。陶制者且有数圈极细花纹。瓷与瓦，则仅有线纹数道，或系仿铜制款式。

二十、碗　碗之种类更繁，除似钵而厚，出者普遍者外，其较细致者亦极多，大小至不一致。大者径尺余，碗之外口有花纹一圈，花纹上下各有细线二道，中作极细方格，每一格内如十字形，甚为清晰。小者径三四吋，釉作青黄色。又有碗内外均有波纹者，其碗底一圈之波纹特大，水浪之波纹亦特宽，骤视之宛若党徽。故乡人以青天白日碗名之。碗有作荷花瓣式者，亦颇精致。又有一种泥浆胎之碗，瓷质极松，其釉绿色或黄绿色，晶莹如玻璃，碗底平无釉。其碗较高大者，其足底反小。间有在足底以刀划一圆圈，此已开后世碗底足内空之作风。其他深浅各种盘盏杯碗之属，不胜枚举。

二十一、瓷灶　瓷灶多晋时圹中出土，名曰晋灶。又因以为殉葬之物，一般人又称之曰"鬼灶"。其形一端尖锐，一端平方。平方一面有一方眼，上面有两圆眼，安置不同如碗形者两只，底空。此器亦有大小数种，釉色青黄不一。

二十二、猪栏、鸡罩、鸽棚　猪栏圆形直口，如盘，内卧一猪。其猪有粘连者，有可分离者，又有直口甚高，作窗櫺形如栅者，作品甚粗劣。其釉大多数均被土剥蚀。鸡罩，瓦筒形，两面若栅櫺，罩之上面有三叉若屋顶然，制作亦不甚精。鸽棚亦筒瓦式，前有二方眼，顶棚栖鸽二，鸽身中空，釉色青润，制尚精。

二十三、溺器　溺器形同高馒首式，横口，并有兔形、虎形数种。虎形较少，惟十之九破碎，甚少完整者（转引自《支那青瓷史稿》）。

调查报告认为诸器物多晋六朝时代，据青瓷史稿著者意，则以为十三之觞，十五之勺，二十二之猪栏，均汉代式样，其他器物可能尚有不少是汉器。

第二项是隋墓的发掘。民国十八年秋天，在河南安阳小屯村北方，洹河畔西边，史语所发掘了一座隋墓。据李济之先生在《安阳发掘报告》第二卷上说，计得有：

墓志一，俑十，明器十，青瓷四耳壶四，青瓷碗五，青瓷台钵一。

墓铭系隋仁寿三年（公元六〇二年）处士卜仁的。照习惯说，处士的经济情况，不会怎么充裕，当时这种瓷器，决不会是什么特别值钱东西。

这份瓷器因发现较早，曾随伦敦中国美术展览会，和其他美术品一同运至英国，展览时特别引起参观者的注意。因为在造形和色泽上，都不是经常所见的。它的特点是灰色陶半瓷胎，釉带鼠灰青，施釉一半，下部露胎。在造形上也相当别致，和南方六朝青北方唐三彩均不甚相合。色调比较沉重。平时同类瓷器，民国二十五年以前，即常发现于南北各古物店，一般称作隋器，来处实不易考查。这种器物因陆续出土，始知作风为北方系，稍稍不同于南方，可能在河南、河北烧造。《支那青瓷史稿》著者小山富士夫，曾提起一点可注意，即彼在中国的北方各地旅行，曾于北平以外的石门、承德（热河）、济南各地骨董店，都得见同式而异类器物，可能当地均有出土。它的分布范围，就他所推测，至少可将河南、河北、热河、山东各省，概括在内。事实上这种质重釉深造形拙中见妩媚的青瓷器，若在北方实在自成一个系列，必从旧窑址作有计划地发掘，并用这个区域的附有墓志古坟中器物作比证，问题方能逐渐解决。也很可能会推衍而上，发现它和亮绿釉汉陶的衔接点。惟至今为止，这种推测还无人加以证实。

又日人于昭和十七年，曾在南京雨花台地方，由东京帝国大学冈田芳三郎及澄田正一两氏发掘，报告发表于日《文林》第二十卷第三期，当时所得遗物五十八件中，得青瓷十五点，计有：

山羊形容器 一

高形灯台 四

灯台四

碗四

器盖一

有盖四耳壶一

釉作青黄色及褐色。并有作淡灰褐色的。釉具半透明性，作风古朴而厚重。（无实物图录比较，不知是否和一般寿州黄陶作风相同。）

据史志记载，东汉末魏晋之际，汉杨王孙所提倡的薄葬，似不待何晏王衍清谈或佛教兴起以后风气方盛行。在思想观念扇扬玄虚之前，先已有个社会条件，当时明达之士，已不能不主张薄葬。

> （吕岱）年九十六卒，子凯嗣，遗令殡以素棺，疏巾布褠。葬送之制，务从约俭。凯皆奉行之。（《三国志·吕岱传》）
>
> 朗临卒，谓将士曰："刺史蒙国厚恩，督司万里，微功未效，而遭此疫疠。既不能自救，辜负国恩，身没之后，其布衣幅巾，敛以时服。勿违吾志也。"（《三国志注》引《魏书·司马朗传》）
>
> 孚虽见尊宠，不以为荣，常有忧色。临终遗令曰：……当以素棺单椁，敛以时服。（《晋书·安平献王司马孚传》）
>
> 湛族为盛门，性颇豪侈，侯服玉食，穷滋极珍。及将殁，遗命小棺薄敛，不修封树。论者谓湛虽生不砥砺名节，死则俭约令终，是深达存亡之理。（《晋书·夏侯湛传》）
>
> 亮疾病卒于军……遗命葬汉中定军山，因山为坟，冢足容棺，敛以时服，不须器物。（《蜀志·诸葛亮传》）

这些人生前大都是声名赫赫的上层统治者，对于死后的态度，差不多竟完全相同。极显然，这种达于生死态度，对一般社会也会发生作用的。

　　绍兴发掘魏晋六朝古坟群，墓中除瓷器外，是否还有其他丰富殉葬器物，报告不详尽，无由推测。惟从三国时人对于死亡的意见，及遗令遗教看来，却可知薄葬必已成风气。因社会既不安定，军师所至，掘墓之风盛行。而疠疫一来，无分贤愚，更是死亡万千。从诗人作品中，即多反映一种"生前即时行乐，而死后大家忘却"情绪。魏晋六朝古墓，有陶瓷而少珠玉，也可说是必然的。到这个时代，殉葬的青瓷器，即非仿铜器而制作，事实上，也已经代替了周秦墓中铜器地位，及西汉人墓中漆器地位，成为主要器物了。惟日常应用青瓷，是否即墓中器物，或比墓中所有，应当还精致些，进步些，实不得而知。有关这一点，惟有两种可能将来可得出一点线索：一即从具特殊性古墓中（如通沟古坟）壁画上，或墓中新发现器物上，得到一些新证据。二即从古窑址发掘比证上，有些更新发现。

五、越窑—秘色瓷

越窑与茶关系

　　古青瓷由九岩德清两旧窑、绍兴古坟群及南京的陆续发现，从比证上解决了千年来一个悬案，即青瓷的起始，实在东汉，一脉相承，直到唐代。唐越窑及秘色瓷，是种什么颜色，有些什么特征，也差不多全弄清楚了。这种发现是许多学人专家共同完成的，而陈万里先生在浙江各地的调查发掘工作，他的《越器图录》及另外几个研究报告的印行，贡献实在特别大。越青瓷的全盛时代，是由唐到五代北宋初（公元六一八—九八二年，此九八二年假定是太平兴国七年进贡那一回为止）。越青器无论从造形或釉色看，全是承袭了汉晋作风而来，并非凭空产生。越青瓷烧造在技术上的大进步及向海外扩张期，可能在唐初即已达到，五代末臻最高点。印度、波斯、埃及、日本各处地方，近三十年从遗址废墟中，均有这类青瓷残片残器发现，恰说明这种品质优美风格鲜明的青瓷器，在一千年以前，不仅和其他国家从海舶交换香料、药品、象牙等等特殊物品的经济价值，实在还有个抽象的文化价值。这种价值早为东方诸国家所承认、所重视。中古文化交通史，青瓷器所占有的位置，比丝织物和茶叶还具继续性和永久性，也由此可得证明。

　　对于越青瓷的认识，首先加以特别推荐，成为中国陶瓷史……

……且可知重税不足，还没收过私人茶树归公。武宗即位（公元八四〇年），崔铉又出主意增税，聚敛方法也益酷虐。至宣宗大中六年正月（公元八五二年），裴休奏茶法课正税，禁私商，史称十分合理。私鬻三百斤，三犯即论死。长行群旅茶虽少亦死。园户私鬻至百斤以上杖脊，三犯加重徭。伐园失业者，刺史、县令以纵私盐论。则茶法之严，已和盐法相去不多了。所谓合理原来只是法益苛，税增多，老百姓所受限制，比当时宫市还无可奈何而已。因为宫市虽近于帝王爪牙的公开抢劫，究竟还有个限度，茶税则有立法保障，人民无可告诉的。所以说，如果越瓷之著闻，是由饮茶而起，这种日用必需品的生产者和转贩者，在那个时代如何为统治方面重税剥削，也不可不知。惟当时诗人，大都却只见到瓷器和茶与酒的普通关系，不会注意这件事情。

诗人中还有好些诗，涉及越瓷秘色瓷，如施肩吾《蜀茗新词》：

> 越碗初盛蜀茗新，薄烟轻处搅来匀，
> 山僧问我将何比，欲道琼浆却畏嗔。

又孟郊向朝贤乞茶诗有"蒙茗玉花尽，越瓯荷叶空"句。郑谷有"箧重藏吴画，茶新换越瓯"句。韩偓有"越瓯犀液发茶香"句。且有二诗专咏越瓷茶酒用具的，一为徐夤贡秘色器诗：

> 捩翠融青瑞色新，陶成先得贡吾君，
> 巧剜明月染春水，轻旋薄冰盛绿云。
> 古镜破苔当席上，嫩荷涵露别江渍，
> 中山竹叶醅初发，争病那堪中十分。

一为皮日休《茶瓯》诗：

> 邢客与越人，皆能造兹器，圆似月魂堕，轻如云魄起。
> 枣花势旋眼，苹沫香沾齿，松下时一看，支公亦如此。

都近于盛夸越器，可知标准越瓷，当时大致不是人人可以得到。《新唐书》《唐六典》称"越州贡瓷器"，照习惯，贡品多就当地出产而言，惟技术上的特别进步，则照例常因进贡而得到。论及秘色瓷的兴盛与衰落时，益可见它和政治的关系，或置官督造，不惜工本，方形成一个进步时代；或因事搁置，便衰落不振，终于废毁，再过一些时候，就并器物名称也不大明白了。

越州青瓷因陆羽《茶经》而著名，陆羽懂茶道自然是事实。唐人小说纪异，有一则故事，就和唐人对于品茶的认真有关，和陆羽有关。写得很有趣味，也可见当时好茶直到如何程度。

> 积师以嗜茶久，非渐儿供侍不阕口。羽出游江湖四五载，积师绝于茶味。代宗召入内供奉，命宫人善茶者以饷师，一啜而罢。上疑其诈。私访羽，召入。翌日赐师斋，俾羽煎茗。喜动颜色，一举而尽。使问之。师曰："此茶有若渐儿所为也。"于是欲师知茶，出羽见之。（宋董逌《广川画跋》引唐纪异，题陆羽点茶图）

既相传为故事，且作画图，可见陆羽和茶并且早已成唐人小说和艺术主题。但有意思的还是《梁溪漫志》所说瓷制陆鸿渐，商人遇生意不好时，即用为斗争泄愤工具。如我们记得唐代政府官榷茶税之重，法令之琐碎而严刻，宋茶纲每年贡大小龙团之劳民病国，积下了多少说不出的怨愤，就会觉得这个记载说来也蛮有意思的（唐代茶器尚青，到宋代茶具一改而重兔毫盏，则因点茶方法不同的结果，问题当另论）。

秘色器问题

关于越器或秘色瓷器名称和它的特征，宋人笔记曾约略道及，由于知名而难见实物，说的多不详尽。惟秘色瓷的线索，还是从这些记载理出：

> 越上秘色器，钱氏有国日，供奉之物，不得臣下用，故曰秘色。（宋周辉《清波杂志》）
>
> 耀州出青瓷器，谓之越器，似以其类余姚县秘色也。（宋陆游《老学

庵笔记》)

　　遂有秘色窑器，世言钱氏有国日，越州烧进。（宋叶寘《坦斋笔衡》）

　　越州烧进，为供进之物，臣庶不得用，故曰秘色。（《高斋漫录》）

　　青瓷器皆云出自李王，号秘色，又曰出钱王。今处之龙溪出者，色粉青。越乃艾色。（宋赵彦卫《云麓漫钞》）

　　宋人谈起它时，已不甚明白，可知这类瓷器，当时虽进贡到十多万件，及北宋末已不多见。南宋都临安，因修内司郊坛窑的兴起，方把河南大观窑中的翠青、粉青，和越系的翡青、艾青相会，产生一种新的青瓷，且影响到浙江青瓷的新兴，龙泉的豆青，章生一二的翠青，丽水的虾背青，多各就土性及一个传统形式，各自发展又彼此影响，促进了一个新的青瓷时代来临。更使秘色青器成为一个历史名词。

　　对秘色青器有价值记录，史乘上有些记载，实极重要：

　　宝大元年（公元九二四年）之秋九月，王遣使钱询贡唐方物银器……秘色瓷器。（《十国春秋》卷七十八，吴越二，武肃王世家下）

　　清泰三年九月（公元九三六年），王贡唐锦绮五百连，金花食器二千两，金棱秘色瓷器二百事。（《十国春秋》卷七十九，吴越三，文穆王世家）

　　天福七年十一月（公元九四二年），王遣使贡晋……茶二万五千斤，及秘色瓷器。（《十国春秋》卷八十，吴越四，忠献王世家）

　　（开宝）六年（公元九七三年）二月十二日，钱俶进……两浙节度使钱惟浚进……金棱秘色瓷器百五十事。（《宋会要》蕃夷七，历代朝贡）

　　（开宝）九年（公元九七六年）六月一日，明州节度使惟治进……瓷器万一千事，内千事银棱。（同上）

　　（太平兴国）三年（公元九七八年）四月二日，俶进……牙茶十万斤，建茶万斤，瓷器五万事……金釦瓷器百五十事。（同上）

　　（太平兴国）三年三月，来朝……俶进……金釦越器百五十事。（《宋史》卷四百八十，列传，世家二，吴越钱氏）

　　太平兴国七年（公元九八二年）秋八月二十三日，遣……世子惟浚贡

上……金银陶器五百事。（《吴越备史补遗》）

熙宁元年（公元一〇六八年）十二月，尚书户部上诸道府土产贡物……越州……秘色瓷器五十事。（《宋会要》，食货第六，诸郡进贡）

还有未具年月进贡记载，或有和前面记载是同一事的：

忠懿王入贡……金银饰陶器一十四万事。（《宋两朝供奉录》）

王还令惟治入贡，惟治私献……金釦瓷万事。（《十国春秋》卷八十三，吴越七，列传，钱惟治）

忠懿入贡金银饰瓷器一十四万余事。（《枫窗小牍》）

钱氏据浙江称吴越，实起自公元八九三年，至九七八年献土于宋，凡五主，共八十六年。所谓秘色器，如专指钱氏有国日烧造之青器，自然即是这一段时期中的产品。

从史乘进贡账目看，也可知秘色器在当时必不是普通人所能得到。钱氏割据吴越，浙江本来富庶，物力又集中，所以除金珠丝织物外，能贡青瓷器至十四万件，内中特别是金棱釦器至数千种。到熙宁后，作为一个郡的单位来纳贡，就只能进普通秘色器五十件了。仅就数量言，也可知至晚到公元一〇六八年前后，秘色瓷的制造，已成尾声。《余姚县志》称"置官，寻废"。或即废于王安石变法前后。周密《志雅堂杂抄》，亦曾提及此事：

太平兴国七年岁次壬午六月望日，殿前承旨监越州瓷窑务赵仁济……

《余姚县志》则引嘉靖时志书称：

上林湖唐宋时置官，寻废。

上林湖烧秘色瓷器颇佳，宋时置官监窑焉。寻废。今各邑亦俱有民窑，然所烧大率沙罐瓦尊之类，不出境，亦粗拙，不为佳器。

官窑既废于北宋，江浙所贡献器物又日益减少，无怪乎到北宋末时，一般人对于这种青器，就已不大明白，在文人笔下，也成为一种传说了。尤其是金银棱钿器，近于一个历史性名词，所以《宣和奉使高丽图经》（作于宣和四年）作者在高丽见到青瓷，明明是受中国影响之涂金银青器，竟诧为高丽所独有。

北宋人既然已经不明白越青秘色器及钿器性质，后代人自然更多隔膜。因此明清人叙陶瓷如《格古要论》《长物志》《陶说》《景德镇陶录》《寂园说瓷》《饮流斋说瓷》《骨董志》作者，对越窑即多转述传闻，难得其解。《陶说》作者于瓷史叙录为扼要而有见地，亦未见秘色窑器，竟以为或如均窑。

或因为中国人对于"青"字色泽定义暧昧不明，包括了翠绿、天蓝、水绿及纯粹蓝色青诸成分，越窑既属于南方青瓷系，大致当如世传宋影青及元枢府青之间。这种谬误印象，直到如今，犹流行于一般陶瓷鉴赏者心目中，形成一种强固观念，不易拔除。

越窑青器的形制和金银钿秘色瓷

越器发现已极多，除《越器图录》所提及各种平器以外，《支那青瓷史稿》叙越器代表遗物，尚有下述各种式样：

唐草雕文样盒子、鸟形笛、牡丹唐草雕文样盒子、无地四方脚付水丞、无地水瓮、鹅鸟水滴、唐草雕文样钵、莲瓣雕文样汤吞、双鸟雕文样钵、无地平钵、金覆轮龙涛雕文样钵、双凤雕文样平钵、双龙雕文样钵、唐草雕文样多嘴瓶、鹦鹉雕文土瓶、双耳云雕文样瓶、莲瓣雕文样小壶。

这些器物虽属于青瓷系列，事实上是包含了鼠灰、荞麦灰、浅黄、淡褐、深青及越翠青诸色。时代有早过唐代晚及北宋情形。极重要的或应当数《青瓷史稿》附图第十七，所谓金覆轮龙涛文青瓷碗，碗口镶一道金边，犹充分保存汉漆钿器遗制，边阔而具装饰意味，当即《十国春秋》《宋会要》诸书所称"金银钿器"或"金棱银棱之器"。也即是《高丽图经》所称高丽青器涂金银所本。从这种钿器看发展，方知北宋定器之用铜包口，窄窄一线，已失本来装饰意味，只注重在实际保护边缘性质。这变化有两种可能：或因法令有禁，不许销金（真宗时即有令），或因定式白瓷器本身已具单一艺术效果，认为这种装饰反而破坏瓷器素朴的美，所以把它缩小。且可知秘色钑器的金银边本来，实出于汉漆器。由包金到薄薄涂金，已近于由保护转成装饰。发展到定器，改成一道窄窄铜边，又有由装饰改为实用意义。这个变迁过程，似为叙陶瓷谈钑器容易忽略过一件小事。宋器中常有黑定具一道阔白边，或素瓷具一道别的宽边，均近于从钑器影响。

陶瓷有字，当以山东城子崖黑陶发掘，于上层文化层所得"获六鱼一小龟"那个陶片最古。因为时代还在龟甲文以前若干年。其次周陶多具字，和铜器上文字小有异同。汉亮绿釉陶有捺五铢钱印文于肩部作装饰的……越青瓷器字号多在底部，用锥刀刻划而成。上林湖畔旧窑所得，有如下一些单词单字：

太平戊寅、太平、丙、丁、巳、子、永、上、内、大、乙、通、示、吉、吉利、供、供养。

"太平戊寅"恰当太平兴国三年（公元九七八年），也即是吴越王纳贡称臣之年，《宋会要》称曾进瓷器五万事，金钑瓷器百五十事。

又其他文字有些近于干支次序，如"丙""丁""子"字样；有些近于宫内使用，如"上""内""大"等字样；有些又近于庙宇中献物，如"供""供养"等字样。文字用处已启均窑及郊坛盏先例。

把这种青瓷器时代向上推衍，极有价值的证据，还是从坟中得来。在上林湖畔，曾发现一座唐墓，有长庆三年（公元八二三年）的青瓷墓志铭。由太平兴国上溯时间已过一百五十年。用青瓷作墓志，在陶瓷史上也是一件重要事（死者钱府君，有人以为即吴越王钱俶先人，钱氏因世代主陶器，越秘色窑方益精。说近于敷会，不可信）。

又波斯出土越青瓷片，就时代推测，当在晚唐中和前（公元八八〇年），器物在造形上及纹饰上，多与越器相合。埃及、印度、波斯地下发掘得来的瓷片，也完全如晚唐上林湖旧窑所得残片，形制花纹特征多相同，见《支那青瓷史稿》。从这个发现，给现代史学者启发了一种丰富想象，即当时这些青瓷器如何从海舶辗转至于异邦，成为文化交流实物之一种。尤以波斯地方一个废墟，所得碎片残器种类惊人。那个废墟当时的繁荣期不过五十年（约当八三八—八八三年），即唐文宗开成三年至僖宗中和三年。瓷片中竟同时发现有洛阳之唐三彩，内丘之白瓷及余姚之青瓷，可知三者在当时即已如何为远方别国当成一种珍品看待。

唐李肇《国史补》云："内丘白瓷瓯，端溪紫石砚，天下无贵贱通之。"

内丘属邢州巨鹿郡，《国史补》说的内丘白瓷，也即是陆羽《茶经》所称如银的邢瓷。当时流行之广，实超过青瓷甚多。这种瓷因"如银"比喻，对于它的色质，后人不易把握，只能于巨鹿出土白瓷器中悬揣。市人作伪，有用白胎带乳冻料搀合，结成如料器状者，有如洋瓷者，因埃及所得白瓷时代较清楚，唐代白瓷亦因之而明。

秘色瓷在遗忘中的影响

秘色器既流传海外，当然会影响到那个国家的生产品，模仿随之而生。高丽青瓷的发展，即显然有个中国青瓷底子，且在北宋末已著名。徐竞《宣和奉使高丽图经》称：

> 陶器色之青者，丽人谓之"翡色"，近年以来，制作工巧，色泽尤佳。酒尊之状如瓜，上有小盖而为荷花伏鸭之形。复能作碗、碟、杯、瓯、花瓶、汤盏，皆窃仿定器制度。

高丽燕饮器皿，多涂金或银。而以青陶器为贵。

> 狻猊出香，亦翡色也。上为蹲兽，下有仰莲以承之。惟此物最精绝，其余则越州古秘色，汝州新窑器，大概相类。

从前段记载，可知翡色青在北宋末实特别进步。翡色也可能即越系青秘色之一种。所言器物形制，虽说多仿定器，其实定器亦多有所本，越式青已具备。从后段记载，更可知秘色金银釦器，在当时高丽青器中，已成一种代表较精贵格式。惟奉使国人无识，因此对于这种本来学自中国的涂金银法，转而觉得惊奇！更可知到北宋末叶，吴越之秘色，尚有仿造，已称"古秘色"。至于金银釦青瓷器，在中国必已稀有少见。

又就近代出土实物考查，日人奥田诚一著《宋胡录图鉴》，计选印暹罗古瓷一百十图，并著一文解释讨论，以为这类古瓷受龙泉青瓷影响处。惟就所举百十例图中前二十图从形态看发展，似乎还是多从越式秘色青而来，多唐风而少宋制（后部分多画卷草纹饰，不及宋瓷州窑卷草精美，惟粗率简易实更近于唐风）。这种意见当然易成敷会，必须保留，待进一步比较，方会有些更正确意见。惟印度、埃及、波斯各地既尚有越系青瓷发现，距中较近之南海各属，因青瓷在品质上的进步（史志上又少闻禁止出口事），影响到这些国家陶瓷的作风，自然是不可免的。

越系青或秘色瓷，入宋虽犹有应用工业艺术品最高价值，而柴、汝、官、哥、定诸名窑，在北宋一代又恰足代表宋文化一部门，政府经营鼓励，世人爱重，均可谓到了一个最高潮。但是到北宋末年，金人包围汴梁时，一切精美瓷器似乎都失去了本来意义，即那时政府，也已经不再把它当成一种有价值事物看待。时代转变，《大金吊伐录》一书记载，金人围汴梁，掳徽、钦二帝北行时，索犒军物资，和宋人献纳事物，文件往返，献纳表中除金银珠玉外，生姜与大小龙团茶，同列表中，惟著名窑器却一物不载。又宋人答金人书，表示库藏空虚，民力已竭敛聚无物时，政府和民间日用金银器物，也共同缴上，并表示从此以后政府燕饮用物只漆器，民间只陶瓷，可知金人不曾把漆瓷看在眼中，而当时政府日常用器物，除金银外也只是以漆器为主。至于陶瓷，多是民间用器。游牧为生马上搞天下的金人，是用不着易碎难保存的陶瓷，并剔红漆器也不稀罕。于此也可见出辽金文化中关于陶瓷部门，除由革囊改制的鸡冠壶，在陶瓷史上造形方面独具一格，尚有点游牧人风趣，其余仿唐三彩、仿定，成就多不足道。入后元瓷之堕落，均窑质料日差，定式白瓷亦由精转窳，元枢府月白影青，代表新兴佳器，也并未突过宋器制作之精、形式之美，自在意料中。

本文是1948—1949年沈从文先生完成时的书稿，书稿完成后并未出版过，因年久稿件遗失，后《沈从文全集》根据残稿整理出版。现据《沈从文全集》第28卷编入。

中国古代陶瓷

陶瓷发展史是民族文化发展史的一部分。

中国有代表性的史前陶器，是三条胖腿的鬲（图一）。鬲的产生过程，目下我们还不大明白，有的专家认为是从三个尖锥形的瓶子合并而成的。当时没有锅灶，用鬲在火上烹煮东西，实在非常相宜。比较原始的鬲，近于用泥捏成，作法还十分简单。后来才加印上些绳子纹，并且起始注重造形，使它既合用，又美观。进入历史时期，鬲依然被广泛使用，却已经有另外两种主要陶器产生，考古学者叫它做彩陶和黑陶（图二、图三）。

彩陶出土范围极广，时间前后相差也很大。研究它的因此把它分作数

图一　原始社会　鬲

期，但年代终难确定。河南、陕西、甘肃、山西黄河流域一带发现的，时期比较接近，但更新的发现还不断在修正过去估计。这是一种用红黄色细质泥土做胎，颈肩部分绘有种种黑色花纹，样子又大方又美观的陶器。工艺制造照例反映民族

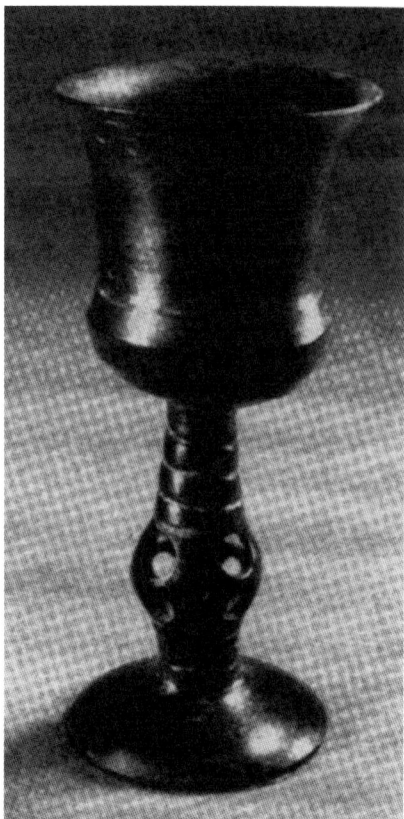

图二 黑陶杯

情感和气魄。看看这些彩陶，我们可以明白，古代祖国人民的性格历来就是健康、明朗、质朴和爱美的。

比彩陶时代稍晚些，又有一种黑陶在山东产生，是一九二一年在日照县城子崖发现的。用细泥土做胎，经过较高火度才烧成。黑陶的特征是素朴少装饰，胎质极薄，十分讲究造形。同时还发现过一个旧窑址，因此把烧造的方法也弄明白了。有一片残破黑陶器，上面刻划了几个字，很像"网获六鱼一小龟"，可以说是中国陶器上出现的最早期文字。少数历史学者，想把这些东西配合古代历史传说，认为是尧舜时代的遗物。这一点意见，目前还没有得到科学考古专家的承认。

代表文字成熟时期的最重要发现，是在河南安阳县洹水边古墓群里出土的四种不同陶器（因为和大量龟甲文字同时出土，已经确定这是三千二百年前殷商时代的东西）：一、普通使用的灰陶；二、山东城子崖系的黑陶；三、完全新型的白陶；四、带灰黄釉的薄质硬陶。灰陶在当时应用极普遍，大小墓中都有，而且特别具有发展性。到了周代，记载上就提起过用它做大瓦棺。春秋战国时，燕国都城造房子，用瓦已大到两尺多长，还印有极精美的三角形云龙花纹。又有刻花的墙砖，合抱大陶鼎，径尺大瓦头，图案都十分壮丽。在长安洛阳一带汉代古墓里，还发现过许多印花空心大砖，每块约七十斤重，五尺多长，上面全是种种好看花纹，有作动植物和游猎车马图案的，有作一条非常矫健活泼龙形的。这些大砖图案极为精美，设计又合乎科学，表现出了古代中华民族的伟大气魄和切实精神，也表现了古代工人的智慧和优秀技术。由此发展，二千年来，中国驰名于世界的古代建筑艺术，特别是一千七百年前晋代以来塔的建造和唐宋明清典型的宫殿建筑，更加显出民族

图三　原始社会　鱼纹彩陶盆（陕西西安半坡遗址出土　中国国家博物馆藏）

艺术的壮美和崇高。

　　在商代坟墓中的黑陶，有几件是雕塑品，装饰在墓壁间，可以推想在当时已经是比较珍贵的生产。后来浙江良渚镇也发现过一些黑陶，时代还不易估定。近年来河南辉县又发现过一些战国时期的黑陶鼎，北京郊外也发现过一些汉代黑陶朱画杯盘，都可以说是古代黑陶的近亲。

　　至于白陶（图四）的出现，实在是文化史上一件大事情，因此这种花纹精美，形式庄严的白质陶器，在世界陶瓷美术史中，占据了首席位置。它的花纹和造形，虽不如同时期青铜器复杂多样，有几种却和当时织出的丝绸花纹相通。重要的是品质已具有白瓷的规模，后来唐代河北烧造的邢瓷，宋代的定瓷，虽和它相去已

陶瓷与玻璃器

二千年，但还是由它发展而来。

另外重要的发现是涂有一层薄薄黄釉的陶器，明白指示我们，三千年以来，聪敏优秀的中国陶瓷工人，就已经知道敷釉是一种特别有进步发展性的技术加工。这种陶器的特征，胎质比其他三种都薄些，釉色黄中泛青，釉下有简单水纹线条，本质已具备了瓷器所要求的各种条件，恰是后来一切青绿釉瓷器的老大哥。（一九七二年终于定名为原始瓷——原编者注）

随后又有四种不同的日用釉陶，在不同地区出现。

第一类是翠绿釉陶器，当时用作墓中殉葬品，风气较先，或从洛阳长安创始。主要器物多是酒器中的壶、尊和羽觞，近于死人玩具的杂器，有楼房、猪羊圈、仓库、井灶和种种不同的陶俑。此外还有焚香用的博山炉，是依照当时神话传说中的海上蓬莱三山风景作成的。主要纹样是浮雕狩猎纹。这种翠绿色亮釉的配合技术，有可能是当时方士从别处传来的。先或只在帝王宫廷中使用，到东汉才普

图四　商　白陶罍（河南安阳殷墟遗址出土）

遍使用。

第二类是栗黄色加彩亮釉陶器。在陕西宝鸡县斗鸡台地方得到，产生时代约在西汉末王莽称帝前后，器物有各式各样，特征是釉泽深黄而光亮，还着上粉绿釉彩带子式装饰，色调比例配合得非常新颖，在造形风格上也大有进步。一切从实用出发，可是十分美观。两种釉色的原理，恰指示了后来唐代三彩陶器和明清琉璃陶一个极正确的发展方向。

第三类是茶黄色釉陶器，起始发现于淮河流域，形式多和战国时代青铜器中的罍、罂差不多。釉色、胎质，上可以承商代釉陶，好像是它极近的亲属，下可以接长江南北三国以来青釉陶器，作成青瓷的先驱。

第四种极重要的发现，是一份浅绿釉色陶器，也可以说是早期青瓷器。是河南信阳县擂鼓台东汉永元十年坟墓中挖出来的。这份陶器花纹、形式、釉色都和汉代薄铜器一样。胎质硬度已完全如瓷器，目下我们说汉代青瓷器，就常用它作代表。这些青绿釉陶启了我们对中国陶瓷发展的新认识。即二千年前陶釉的颜色，特别发展了青绿釉，实由于有计划取法铜器而来。可能有三种不同原因，才促进技术上的成功：一、从西汉以来节葬的主张到东汉社会起了相当作用；二、社会经济发展，铸钱用铜需要量渐多，一般殉葬器物受限制，因而发明用釉陶代替铜器；三、釉陶当时是一种时髦东西，随社会经济高度发展而来。

从上面发现的四种着釉陶器看来，我们可以肯定，陶器上釉至迟到西汉末年，就已成为一种正常的生产。先是釉料中的赭黄和翠绿，在技术上能正确控制，随后才是仿铜绿釉得到成功。但就出土遗物比较，早期绿釉陶器的生产价值，可能比同时期的铜器还高些。因为制作上的精美，就是一般出土汉代铜器不如的。陶器形态也起始有了很多新变化，一切从实用出发。例如现代西南乡村中还使用的褐釉陶器，在信阳出土一千八百年前陶器中，就已经发现过。现代泡酸菜用的覆水坛子，宝鸡县出土二千年前带彩陶器中，并且有了好多种不同式样。

这些划时代的新型陶器，除实用外还十分结实美观，这也正是中国陶瓷传统的优点。这时节还有一种和陶釉有密切联系的工艺生产，即玻璃器的制作，同样有较多方面的展开。小件彩琉璃珠装饰品，各地汉墓中都陆续有发现（西北新疆沙漠废墟中，朝鲜汉代人坟墓里，长沙东汉墓等都陆续有发现），其中作得格外精美的，是一种小喇叭花式明蓝色的耳珰，和粉紫色长方柱形器物。仿玉色作成的料璧，即《汉书》中说的"璧琉璃"，也常和其他文物在汉墓中出现。又如当时最见时髦性的玉具剑，剑柄剑鞘用四五种玉，也有用玉色琉璃作的。至于各色玻璃碗，史传中虽提起过，实物发现的时代，却似乎稍晚些。

但是由汉代绿釉陶器到宋代的官、均、安、汝四种著名世界的青白瓷器，中间却有约八百年一段长时间，中国陶瓷发展的情形，我们不明白。它的进步过程，在文献上虽有些记载，实物知识可极贫乏。因此赏鉴家叙述中国瓷器发展史时，由于知识限制，多把宋瓷当成一个分界点，以前种种只是简简单单胡胡涂涂交代过去。一千七百年前的晋代人，文件中虽提起过中国南方出产的东瓯、白坩和缥青瓷，可无人能知道白坩和缥青瓷的正确釉色、品质和式样。中国人喝茶的习惯，南方人起始于晋代，东瓯、白坩即用于喝茶。南北普遍喝茶成为风气是中唐以后，当时有个喝茶的内行陆羽，著了一部《茶经》，提起过唐代各地茶具名瓷，虽说起越州青瓷如玉，邢州白瓷如雪，同受天下人重视；四川大邑白瓷，又因杜甫诗介绍而著名；到唐末五代，江浙还出产过一种秘色瓷，和北方传说的柴世宗皇帝造的雨过天青柴窑瓷，遥遥相对，都是著名作品，可是这些瓷器的真实具体情况，知道的人是不多的。经过历史上几回大变故，例如宋代为辽、金的战事所破坏，元代一百年的暴力统治，因此明代以来的记载，就更加不具体。著名世界的公家收藏如故宫博物院对于旧瓷定名，也因之无一定标准。问题的逐渐得到解决，是由一系列的新发现，帮助启发了我们，才慢慢搞清楚的。

先是一九三〇年前后，河南安阳隋代古墓的开发得到了一份陶器，极引人注意的，是几个灰青釉四个小耳的罐子，和几个白瓷小杯子。墓志写明这墓里的死人名叫卜仁，是隋仁寿三年埋葬的。重要处是青釉瓷和汉绿釉发生了联系，白釉瓷杯还是新纪录。差不多同时，中国南方古越州窑的种种，经过陈万里先生的调查收集，编印了一部《越器图录》，也初步丰富了我们许多越系青瓷的知识。特别重要的是一九三六年以来，浙江绍兴地方因修公路挖了约三千座古墓，墓中大量青瓷的发现和墓中出土的有字坟砖，刻画人物车马的青铜镜子，经过一九三七年《文澜学报》上的报告，让我们明白这份青瓷的时代，实包括了由三国时东吴一直到唐代，前后约六百年，标准的缥青瓷和越青瓷，都可从这份瓷器中得到实物印证。这前后六百年中国南方绿釉瓷的发展史的空隙，就和有了一道桥梁一样，前后贯串起来了。也因此明白此后宋代南方生产驰名世界的哥窑和龙泉窑，修内司官窑，都有了个来龙去脉，不是凭空创造，被人当成奇迹看待。优秀传统底子，所以它的发展，倒是历史必然了。

至于北方青瓷的发展，从汉代到隋代，中间依然还有五百年的空隙，无从填满。北方古董店虽常有一种灰青釉或翠青釉瓶罐杂器，从胎质、釉色、纹片看来，都比唐代白瓷器旧些，比汉釉陶又似乎晚些，一般人常叫它做"古青瓷"。真正时代却无人知道。另外即五代后周柴氏在显德中烧造的柴窑，因传说中的"雨过天青"釉色而著名。明清人笔记辗转抄引，更增加了它的地位，可是却有名无实。明代以来记载，矛盾百出，看不出真正问题。种种附会随之而来，假柴窑因此南北流行。廓清这种传说和伪托，也是要从地下新的发现来解决的。

新中国成立为社会带来了无限光明的希望，对于中国陶瓷史的知识，也得到了一种新的光明照耀，豁然开朗。一九五〇年，华北人民政府拨给历史博物馆一大批文物，其中有一份陶瓷，是河北省景县人民发掘出土的。器物中有孔雀绿釉有栗壳黄釉，还有很多浅青釉和淡黄釉的杯碗，一件豆青杂釉的高脚盘，三个高约三尺堆雕莲花大型青釉尊，和一蓝一白两个玻璃碗。若仅此完事，我们还会以为大致是唐宋之际的东西。可是另外还有一些素铜器和素陶器，陶骑士俑和男女俑，都可证明确是北魏以来遗物。更重要的是两方墓志和几方铜印，让我们明白，原来还是一千五六百年前南北史中有名的封家墓葬中器物！这一来，一道新的桥梁，把北方青瓷发展历史，也完全沟通了。这份陶瓷从釉色，从式样，为我们提供了许多新鲜确实的物证，不啻告诉我们，它既上承汉代青黄釉陶的优秀传统，有了进一步的提高，下还启发了隋唐二代北方的三彩陶和邢州白釉瓷，宋代官、汝、定诸瓷，一直向前迈进。同时把明代人对于柴窑所加的形容，"天青色，滋润细媚，有细纹，足多黄土"和"制精色异，为诸窑之冠"也借此明白，原来形容的大都是这种六朝瓷器。特别难得的计两种器物，一件是灰青釉堆雕莲花大尊（图五），在造形设计和配釉技术上，都完全打破了旧纪录，达到那个时代极高的成就。造形设计且掺杂了些印度或罗马雕刻风格，可见出文化上的综合性。其次是两个玻璃碗，虽出于北朝人坟墓中，碗的形状及下部网式纹饰，和西北出土的汉代漆筒子杯花纹倒极相近。自汉代以来，统治阶级大都讲究服药，晋代著名方士葛洪著的《抱朴子》，就提起过服神仙长生药，是要用极贵重的琉璃碗或云母碗的。这种琉璃碗在河北省出土，还是中国地下材料的崭新纪录。因此这份文物，不仅可作汉隋之间数百年间北方陶瓷历史的新桥梁，还更深一层启示了我们，劳动人民的伟大创造性是永远在发展中，且不断会有新的东西，从一个传统肥沃土壤中生长的。我们读历史，就知道这个时代正是住居黄河流域的中原人民，遭受西部羌胡民族长期战争的蹂躏，本来文化受到严重摧残，人民基本工业生产，也大都被破坏垂尽的时期。陶瓷工人在这种万分困难悲惨情况下，对于陶瓷的生产，不仅并未把原有优良技术失坠，还继续不断讲求进步，得到如此惊人的成就。另一面，又因此知道，唐三彩陶和白釉陶瓷，都无一不是从原有基础上逐渐改进，

图五　北朝　青瓷仰覆莲花尊（河北景县封氏墓出土　中国国家博物馆藏）

北宋在河南河北出产的官、均、定、汝四大名瓷的成就以及民间窑瓷器能产生如磁州窑和当阳峪窑、临汝窑诸瓷，作为百花齐放的状态，也无一不是在一定程度中慢慢提高，并非突然产生。总之，这份六朝青瓷的发现，对于中国陶瓷美术工艺的研究，实在太有用了。

总上种种叙述，我们已比较具体把中国由商代到唐初伟大陶瓷工艺的发展过程以及近五十年发现过程，得到一个简要明确的印象。还借此知道，中国陶瓷过去其所以能在世界陶瓷业中居领导地位，实有两种重要原因：一、生产方式中，很早就已分工组织，到目前为止，分工合作的生产方法，还是比其他手工业生产或半机制工业生产，细密而具体；二、聪敏伟大的陶瓷工人，不问是某一部门的工作，都是非常尊重传统的优良技术和切实有用经验的。因为他们深深明白，如何从民族遗产学习，不断改进生产的技术，又勇于作种种新的试验，方能在历史发展每一段落中，都取得非常光辉的新成就。这两种长处，即到如今还依然好好保持下来，并未失坠。毛泽东时代的人民新中国，在一九五三年国家大建设的第一年，江西景德镇的陶瓷工业，就得到国家的帮助和扶持，除由轻工业部领导下，组织了一个建国瓷设计委员会，作初步设计实验外，另外且由中央文化部，在景德镇地方，史无前例的设立了一个陶瓷陈列馆，由故宫博物院收藏中挑选出四五百种精美瓷器陈列，供新的生产参考。在这种帮助和扶持情形下，政治上有了觉悟的、工作热情极高的、优秀的中国陶瓷工人，新的生产，将有更多更好的出品，贡献给中国五亿人民和世界人民，事无可疑是可拭目以待的。

一九五三年七月改写

本文发表于 1953 年 10 月 1 日《新观察》杂志第 19 期，署名沈从文。1986 年 5 月收入商务印书馆（香港）有限公司发行的《龙凤艺术》一书时，缺失后四段。后《沈从文全集》据《新观察》完整文本编入。现据《沈从文全集》第 28 卷编入。

谈瓷器艺术

近十年以来每一次出国陶瓷工艺品预展，我都有机会参观，真是幸运，深深感到万千老师傅和工人同志共同努力下，景德镇瓷业，正若驾着千里马，以极大速度向前行进，成绩一年比一年好。看过这次在故宫展出的新产品，才知道陶瓷工艺又得到更大的丰收。特别显著如失传二百年的有色釉胭脂水，继孔雀绿、祭红、娇黄、冬青等得到成功。这些新品种都釉色明莹匀称，达到了康雍时的最高水平，今后发展还无可限量。最新生产粉彩和釉下彩茶具，折枝花处理和清秀造型结合，作到既美观，又符合实用，发展方向可说完全正确，必然会在国际上得到极高评价。这种成功实值得全国陶瓷业生产取法，搪瓷生产花纹设计也值得向此学习。此外还有许多大小瓶子，也造型健康秀拔，稳定大方，装饰图案又能结合要求，艺术效果极高。总的看来，可以说这个展出给我印象是各极其妙，美不胜收。

唯个人认为景德镇瓷还不宜以这些成就自限。整个中国各部门生产既然正以史无前例的速度发展，新的需要将日益增多，瓷的应用范围也必然日益扩大。即以北京首都一地而言，千百种有纪念性新建筑，如博物馆、大戏院、大礼堂、地下铁道等等，都需要新的艺术装饰，景德镇瓷质料既好，又易清洁，也不怕阳光雨露，一个艺术家如善于结合需要，作出新的陶瓷设计，必可进一步发挥瓷的特长到新兴万千种事物上去，得到非凡成功。如作中型个别劳动人物雕塑，或纪念碑群像设计，用牙白瓷或加有色釉。如作大面积屏、壁、照墙、廊道装饰，用各种釉色华美彩瓷镶嵌。如烧浅色瓷砖，作门梁或室内装饰，代替彩画。此外则面对生活日益提高的人民日常生活要求，即有五十个景德镇生产日用瓷，也怕还是供不应求，必需在各省市有条件地区发展现代烧瓷业。不过景德镇生产如能注意到将来这个现实问题，及早投入部分人力，试在一部分生产中，领头当先，把当前得到普遍成功的高级绘画瓷，转用吹花贴花法代替，节省加工劳力，成为比较多数人可购买的廉价日用品，也应当看成是一个值得努力的新方向。而且这种成功，才可说是新的国家瓷业真正的成功。人民生活在不断提高，也有理由要求在不久将来即可看到这种新产品上市！这是一个方向问题。这么作并不会妨害高级瓷的生产。如长此疏忽，任日用瓷保留到现在情况下，倒是不大合理的。

就目下展品而言，有些小弱点也可提提。如有些瓶子胎料（特别是口沿部分）似乎略厚一些，比例不大合适，不免影响美观。造型有部分破格，看来别扭，且和装饰花纹不能很好结合，似乎值得从"古为今用"目的出发，多参考些传统优秀成品，能有所折中即可改善。造型还受拘束，有保守处，或者更广泛一些从商周铜和唐陶、宋瓷及康、雍以来得到最高成就的彩瓷、单色釉瓷，全面加以注意，即可取得更多有益的启发。又青花料目前色度尚不够稳定，有的烧出效果好，有的却发呆，有的又变成如洋蓝，不甚美观，值得作更深研究，或和科学院化学研究部门合作，取得有用成果。或从青料以外再作些试验，如发现其他鲜明釉下颜色。釉里红特别是青花加紫，和釉下素三彩也待作新的努力，目下成就还不甚好。

这些问题固然靠生产经验来修正，更重要还是得进一步和化学物理研究部门结合，如同烧祭红方式，能得科学研究部门合作，解决即容易得多。至于新产品中彩墨山水人物绘画装饰，在展出品中成就不见特别出色，原因大致是由于画稿画法比较保守，并不是由于技术限制。因为一般画师多习惯从清代中叶绘画取法，布色构图多比较细碎烦琐，不免精致有余，气魄不大，且乏韵味。和明代青花瓷中的简笔山水花鸟比较，及康雍青花山水人物花鸟比较，即可见出目下生产加工费力虽加倍，效果却不能如预期。山水画用墨彩较多，见油光，在瓷上使用凝固不灵活。为补救这一薄弱环节，私意值得从资料储备工作入手。多为老师傅准备些好画稿供观摩，从个人经验以外更充实些养料。如能博采兼收，必可得到更新的成功。个人意见不妨参用唐宋元明诸名家画稿笔法设意构图，作些插屏挂屏试验。例如花鸟用崔白、王渊、吕纪、林良、边景昭、徐青藤、陈道复、恽南田、山水参董源、夏圭、王诜、马远、赵幹、松雪、云林、曹知白、盛懋、张灵、沈周、石涛、八大，人物参张萱、周文矩、李公麟、唐寅……乃至参用近人齐白石花鸟，李可染山水画法，必然会有更大发展。因为老师傅能精细却不大习惯简易，一习惯，情况即大不相同。这问题和湖南湘绣、北京雕漆有相似情形。要丰富多彩，得花样百出，扩大题材，改进技法。此外甚至还可用彩漆、描金漆、螺甸、刻丝、刺绣千百种不同装饰法，结合瓷绘特性，利用素三彩、硬五彩及斗彩等不同加工方法，反映到新的日用瓷或美术瓷上，达到不同效果。总之，得不为目下成功所限制，来取精用宏，作新的突破努力，才可充分发挥潜力，利用遗产，别创新作，收百花齐放效果。保守下去即近于凝固，不能和社会发展要求相合。

至于立体塑像，如何从赏玩性主题，提高到有意识表现现实生活，特别是作三五尺面积的塑像群，也是值得加强注意处。因为这类作品实不宜仅仅停滞到泥人张面人郎成就上，还有更大前途。但是唯有和社会现实结合，新的塑像瓷才会有更广大的前途。这工作广东阳江窑艺人和浙江木雕艺人，已先走了一步，作了不少有意义尝试，值得急起直追。

此外如雕塑人物灯座，目前取法受十九世纪国外烧瓷法影响，不大符合现代要求。浙江青田石灯走了弯路，多作细花薄叶，使用户时时提心吊胆，景德镇瓷更不宜学步。因为在实用品作许多精雕细琢，或者转不适宜于实用，反不如用象牙色瓷特制一种棒槌瓶或双陆樽式，或素瓷加翠绿或胭脂红剔刻暗花作灯座，给人安定愉快感为有前途而足称真正新品种也。灯座为实用物，现代日用品不论用塑料、玻璃、合金、木材等作成，必然发展趋势是简洁、单纯、干净、利落，这也正是瓷器极容易作到的。作新的灯座创造，宜以移动便利，不怕绊倒、不易碰损为方向，过度装饰不合要求。

至于装饰加工部分，剔花堆花法，目下产品如几件天蓝挂粉盘子，是用现代西洋雕塑法，虽得到一定成功，但是还值得作更多方面试验。可供景德镇老师傅和青年艺人参考的，或者还是宋耀窑，当阳峪、磁州、定州诸窑各种不同加工雕花作法，以及明代永乐时雕漆法，嘉定刻竹法，和雍正、乾隆浆胎瓷绣雕法，浮雕法，以及康熙素三彩部分浅刻堆釉法，还有百十种不同处理，都值得保存下来，充分加以利用，不利用未免可惜。新产品中对于图案串枝、锦地开光，这次展出新花样不算多，也少新发展。这个优秀传统，也有不少值得继承下来的东西值得参考。例如近年出现极多的锦绣花纹、古代漆器、近代少数民族染织花纹，如能部分转用到新电光瓷花纹上，用作带式装饰，都必然会收到好效果。

本于一切研究学习，都重在有助于新的生产的提高的想法，外行一得之见，或有不少错误处，写出来作为一点建议，供专家参考。并盼另日还有机会当面向各老师傅商讨请教。

1959年10月写

本文 1959 年 11 月 8 日发表于《光明日报》。1960 年 3 月和 1986 年 5 月先后编入北京作家出版社和商务印书馆（香港）有限公司两种《龙凤艺术》书中出版。后《沈从文全集》据作者校订过的商务版《龙凤艺术》文本编入。现据《沈从文全集》第 28 卷编入。

沈从文 著

国博名家丛书

王春法 主编

沈从文卷 下

北京时代华文书局

三　陶瓷与玻璃器

清初瓷器加工

    由康熙、雍正到乾隆，前后一百三十多年时间中，就整个中国陶瓷发展史算来，不过占时间五十分之一左右。即从北宋景德镇生产影青瓷起始，也只占时间八分之一左右。但是，这百多年中景德镇瓷生产，却随同社会其他生产发展，史无前例，突飞猛进，创造了瓷器艺术空前纪录，仿古和创新，无不作得尽美尽善，达到瓷器艺术高峰。瓷业工人和画家，不仅对于中国工艺美术史作出光辉贡献，对于世界美术史也是一种无可比拟的贡献。我们常说"学习优秀传统，便于古为今用"，看看这部门成就，有多少值得我们借鉴取法，试从各方面来作一回探索，应当是一种有意义的努力。

    关于清初瓷器问题，前人已作过了不少工作，较早一时期，唐英的《陶冶图说》，《陶成纪事诗》，和稍后的朱琰《陶说》曾谈起当时生产上许多事情和艺术品种，烧造过程，以及兴废原因。目下读来对我们还十分有益。晚清人从赏玩出发，江浦陈浏作的《寂园叟说瓷》(即《陶雅》)，南海许之衡作的《饮流斋说瓷》，也补充了不少材料。对于艺术评价，虽和当时个人爱好及国际市场有关，现在说来有不尽正确处。但作者在五六十年前，究竟经眼过手不少珍品，因此很多意见，还是相当重要。特别是晚清作伪仿旧部分。再其次，即近人杨啸谷对于《古月轩瓷考》的专著，纠正了近二世纪来世人对于画珐琅瓷的许多传说。郭葆昌在伦敦艺展陶瓷图录清代瓷器部分作的介绍，郭为洪宪瓷的监制人，在旧的瓷器鉴藏家称大行家，对于清御窑官窑特别熟习，谈的也相当中肯，均值得注意。

    一般说起清初瓷器艺术成就时，康、雍、乾三王朝是不应当分开也不可能完全分开的。因为烧瓷重经验，老工人和老画师，历来在当地本行中都极受尊重，在生产上占主导地位。带徒弟也尊重家法，分门别类，各有师承。并不是北京换了一个皇帝，就即刻影响到下面生产。此外，主持江西御窑官窑生产，对于景德镇这百年来艺术成就有过一定贡献的唐英，本人在镇厂工作数十年，也即贯串了这三个朝代。特别是御窑或官窑的仿古，如仿官、哥、定、汝、均、龙泉，有不少直逼古人，有不少且远胜古人，以及仿均仿宣成而得到新的进展，由此更进而仿古铜、金银错，所得到的惊人成就，和唐英数十年在镇厂工作就不可能分开！

但是，从学习陶瓷艺术史而言，我们却有必要，把它作适当划分，来看看它的发展，将更容易明白它在艺术上的不同特征和个别成就。因为即或是共同从一个优良传统参考取法，事实上在这一点，前后也是大不相同的。比如说青花，康熙青花近似从嘉、万自然继承加以发展，雍正青花却有意从宣成取法。配料加工技术有了显明区别，艺术成果因之也就截然不同。分析它的同异，明白它的原因，正是学习所必须。艺术成就有类似情形，受的影响不尽相同，反映于成就上也十分显著。

影响较大的自然还是景德镇的传统成就，但又并不完全这样。景德镇生产青白瓷，虽有了近千年历史，但至今为止，地方还僻处赣北一角，交通闭塞，年产数十万担瓷器，主要运输工具，除了公路可以利用载重约三四吨的卡车，此外即只有过去千年来那条水面运输道，小船载重也不过三几吨。生产技术，由于过去千年私营习惯，同业间历来各自保密，绝少技术交流。地方自然环境既和外边近于隔离，生产习惯又妨碍彼此切磋，收共同提高效果，一切看来都不免有些孤立绝缘，容易固步自封。事实上却也不尽然。首先是生产必然受市场供求影响。历来长江上下游和北方要求是不一致的。比如折腰式足部较高的青花器，器形介于碗碟之间，江南人习惯使用的，北方人却用不着。又如明代中叶以后，江苏地主文化抬头，爱美观念随之而变，要求于日用瓷，也必然是清雅脱俗，不要花里胡哨。宜兴陶和嘉定刻竹著名一时，正反映这一点。当嘉靖、万历间景德镇正在大量为北京宫廷生产五彩瓷或釉色深靓的青花瓷时，供给江南中上层日用瓷，却多仿成化，用淡青画花，画意亦多从沈周、文征明、陈道复、徐文长取法，笔墨活泼而潇洒。故事主题画也都充满生活气息。这从近年太湖东山明墓中大量发掘出土实物可证。至于外销东南亚华侨用瓷，却尚彩色，由于多供办喜事用，因之

"凤穿牡丹"主题画，在清初瓷器坛罐中，占有较大分量。后来粉彩的使用和发展，且和这个客观要求分不开。

另外部分即仿古，镇厂所谓"官古器"，不仅受北京宫廷收藏官、汝、均、定、哥诸宋瓷直接影响，极其显著。即器形部分，也不免受明代《宣德炉图谱》或宋之《博古图》影响。到《西清古鉴》《古玉图谱》刊载后，器形花纹受古代铜玉影响且更多。彩色或青花和一道釉暗花，艺术加工的要求，事实上也脱离不了当时北京政府造办处如意馆宫廷画师艺术风格的影响，以及造形艺术各方面的影响。特别重要还是明代文人山水花鸟画和明代通俗戏剧小说人物故事版画的影响。以及工艺图案中丝绸、刻丝、刺绣和描金填彩漆雕竹、木、玉、石等等艺术水平艺术趋向发生一定联系——总而言之，便是影响仍然来自上下四方。有些是有意的，如帝王爱好对特种瓷的烧造。有些是必然的，如当时社会艺术水平和艺术风格。因之影响也好坏不一。同样在当时是新成就，有的值得学习取法，转用到现代生产上，还可望起良好作用，比如康、雍两朝瓷器的造形，和许多种花纹与颜色釉。有的又此路不通，近于绝路，比如乾隆中晚期仿漆木釉或象生花果动植物等戏玩器物，或某种加工格外复杂之转心瓶，在瓷器工艺史上，虽不失为一个"前无古人后无来者"的新品种，可是在继承传统方向上，外销瓷势不可能让我们在这方面再来努力用心。即以雍正一朝成就而言，也有相同情形，必有所选择，才不至于走回头路。例如化木釉、炉均釉，以至于油红作盖雪法加工艺术，当时虽有极高成就，都费力不易见好。如今看来，已成历史产物，新生产即不必取法。

同是一种创新，在当时得到一定成功，或且认为近于奇迹，从发展和继承考虑，还是得分别对待。康熙素三彩在艺术上成功是肯定的，善于学习必然还有广大前途，取得新的成功。至于玲珑透空器，出路就有限。玲珑和透空是两种不同加工作法。前者多指部分青花作边沿装饰，其余白地满布米粒般透明点子盘碗，创始于康熙，当时为"难得珍品"，现代已成普及品，高级美术瓷不会再用。透空瓷多指白瓷镂刻连续万字，部分或开光作折枝花，间接影响来自晚明落花流水绫，直接影响却是雕竹刻玉，作管状花薰。盖碗也并不宜喝茶，只是放放茉莉花而已。更多是作笔筒。时代一过，便失去意义了。矾瓷不上釉，利用率更差。

硬五彩山水人物花鸟，用钱舜举、唐棣、文征明、陆包山、仇英等元、明人浅青绿画法布色，作山石树木，常有独到处，见新意。所得艺术效果，经常即比清代文人画家在纸绢上作品还高一筹。在今后艺术瓷生产上，还是有较广阔天地，可以发展。但是同属硬五彩，用锦地开光或锦边加金，过分繁复的装饰，和现代人对于美的要求即大不相同，求继续发展恐已不容易。雍正油红变均，同样达到高峰，艺术效果各有千秋。只是油红或后来的珊瑚釉，再加金墨的化木釉，加工均极费力，今后也难以为继。但是呈粉紫肉红复色之一道釉变均，釉泽明匀肥厚，作案头陈设瓶器或雕刻，却还大有前途，值得作进一步试验，取得新的成果。在国际上也还可望得到极高的评价。

乾隆象生动植花果和其他仿造，虽作得异常逼真，终不出玩具范围，今后决不会成为学习的方向。但是配色充满青春生气的斗彩图案，和浆胎、粉定、甜白，用碾玉法作成的各种典雅秀美装饰图案，还是有许多值得好好学习效法处，可以利用到各种日用美术瓷、陈设瓷及建筑用花砖瓷上，得到新的不同成功。

康熙墨地开光刀马人（戏剧故事）大瓶子，在世界上虽著美名，径尺高的冰梅青花坛罐，在国外大博物馆里也有一定地位，受到鉴赏家尊重，事实上再生产已无什么价值。不过如善于用五彩或素三彩布色技法，来处理现代新题材，反映新歌舞或兄弟民族生活新面貌，作为特殊礼品瓷，画稿又精美不俗，器形又秀拔稳定，必然还可得到好评。

康雍珐琅彩，粉彩，硬五彩，素三彩，斗彩……总的说来，多是宣成彩绘瓷的进一步发展，虽作得精美异常，但在生产技术上不免会受一定限制。但是如果能有计划、有选择，试转用于新的贴印花，或照相法印花，依旧是前途未可限量。如果贴印花技术上已无多问题，过去价值巨万的特种瓷，事实上在未来未尝不可以成为新社会较多数人可以得到的美术日用品。而且这也应分是我们努力的一个方向。即凡是可以用贴印花技术完成的加工，宜于充分使用到康雍比较复杂图案设计的长处，试转用于明天日用瓷生产上，来丰富广大人民的生活。

器物造形有相同情形。康雍均重视造形，无论是陈设品或日用器具，都取得极多成就。凡是晚明器形的拙重失调处知所避免，成宣长处又知所取法。同一梅瓶、天球瓶、玉壶春瓶，大多数都作得秀美挺拔，不见俗气。但是也有些筒子式瓶，或仿汉方壶，或仿铜觚，器形变格别扭，并不美观。雍正立器更多出新样，花纹繁简，结合器形安排，有不少作得十分秀雅稳定，富有雕刻中女性健康美。

但是也有些过于求新，形态失调，如某种美人肩式瓶子，及玉壶春式瓶子，中下部比例过小，稳定感不足，必借助于较厚底部，就不足为训。又橄榄尊或炮弹式瓶器，不论大小也难见好。

总之，学习传统或利用传统，是一个比较复杂的问题。一面必须作比较全面的理解，一面还有必要从目前外销瓷问题多知道些情形，国际市场上什么中国瓷特别受重视，得好评？某一种生产在技术上已得到解决，某一种还有待努力作些试探？……必须从各方面注意，我们说"学习优良传统和古为今用"，才不至于落空。将来才可望更进一步，在旧有生产基础上，作出新的贡献。若对过去一无所知，或所知有限，当前问题何在也难把握，此后到工作岗位上去时，不论是教陶瓷艺术还是生产设计，都不免会感到困难，觉得学得不多，懂得不透，作用不大。

所以学习传统，主要还是便于利用传统，知其得失，能有所取法，本于"一切研究都是为了有助于新的创造"这样一个目的，我们值得把这三个历史王朝比较重要品种和艺术特征，和其所以如此如彼的艺术背景及时代爱好影响，分门别类，试来作一回初步探索。

康熙一代成就得失

一色釉部分，计有茄皮紫、葡萄紫、宝石红（郎红）、豇豆红、苹果青、瓜皮绿、孔雀绿、松绿、葱绿、西湖水、宫黄、蛋黄、雾蓝、洒蓝、天蓝、乌金釉、芝麻酱釉……

釉下彩部分，计有素三彩、青花加紫、釉里红加绿、硬五彩、斗彩、洋彩……除斗彩不如雍正，多釉泽明莹，获得过去未有成功。

釉上彩部分，计有描金、五彩加金、堆花加彩、墨彩加金、墨地开光五彩、粉彩、油红（或加金）、玳瑁斑三彩、珐琅彩、料彩……除粉彩、油红不如雍正，灵活明润，其他也都超越明代，特别是画工精美，设计多见巧思。

仿古部分计有粉定、影青、冬青、变均、冬青挂粉、米哥……

其他部分，计有矾瓷（不上釉）、玲珑透空瓷……

一色釉加工特征，总的说来，釉料特别细致莹泽，胎质薄而硬度高（从比例说，胎比雍乾薄而硬度高），色泽或深靓，或柔美，均超过明代成就，可一望而知。较小盘碗多削底齐平，如成宏时制作。除青色釉下款外，尚有料款，金书、墨书和油红款，及刻字款、印章款。除年款外，还有花式款（如蕉叶）及私家款（如拙存斋）。

苹皮紫多八寸到一尺二盘子，釉色深紫，泛玻璃光，近似从明代紫色琉璃陶取法而成。也有大冰盘，作暗花云龙。瓶器少见。色较浅如带粉则成葡萄紫（或称葡萄水），四五寸暗云龙凤碟子较多。少大件立器。

宝石红即郎窑红，传为当时督抚江西兼监景德镇瓷事郎廷极所烧造。红色鲜明如宝石，灯草边，米汤底（或灰绿底，起冰片），远法宋紫均，近从宣德红技术得到启发，所以也可以说是仿古，也可说是创新。宜于作一尺以上立器，釉色易鲜明。作大海碗，胎较薄，或因窑位不合，一般下部多如窜烟泛黑，并在碗下开片（也有绿郎窑，翠绿釉色，玻光透亮，海外估价高，国内不受重视。近于变格。非本来长处。且容易作伪）。这部门生产可能和康熙四十×年办万寿有关，因为由王原祁领衔绘制的《万寿盛典图》，五丈多长画卷中，许多在街头案桌上摆的古董陈设，到处可以发现郎窑红瓶。器形多较拙重，胎亦较厚，惟釉色宝光鲜明。决不会是偶然巧合。

祭红出于明宣红，色较固定，略泛灰紫。小器物印合马蹄尊，易出光彩，色亦较柔艳。再嫩紫则成豇豆红。惟在技术上却依然近似两种烧法。不同特征是祭红釉和彩相融成一体，不见玻璃光。豇豆红常泛薄薄玻璃光。是否彩上吹釉而成，值得研究。豇豆红中现青点黑斑，则称苹果青，或出于火候轻重不匀，或有计划作成，不得而知。宜于作小器物，立器不高过一尺，平器径不过六寸。观音瓶、莱菔尊、马蹄尊成就有代表性。杯盘少见。

瓜皮绿多翠绿如瓜皮。釉细质精，大器胎松则开鱼子片，小盘碟作暗云龙凤极精。也有不作花纹的。泛蓝则成孔雀蓝（或孔雀绿）。较浅则成松绿。釉色出明正德时，有暗花碗可证。孔雀蓝除故宫成分器物，此外实少见。当时或只是具试验性烧造，所以产品不多。市面流行一种用楷体字印于折枝花薄碗里部，"显德年款"伪柴窑，近半个世纪以来，到处可发现，较先作伪，或者也在康熙时。可算是孔雀蓝一个分支，唯一的继承者。松花绿则绿中间黄。松绿则近于仿绿松石。

葱绿色为淡绿，只有小杯盏和杯托碟子，制作极精。色比松绿淡，益淡则称西湖水矣。但更正确些说来，西湖水实指淡影青，永乐、雍正均有之。也即所谓湘湖釉。康熙素三彩中的绿色，实为浅冬青。在康熙一代，凡这类釉色多小件器，极少见大型立器。

宫黄指正黄，比弘治娇黄略深，大冰盘小碟均有，或作暗云龙。又有一种象鼻坛子，高过一尺，不署款，或顺治末康熙初年烧造。蛋黄亦即粉黄，多若带粉，康雍均有。莱菔尊和小杯碟，比弘治釉肉厚而细腻不及。结合造形要求，莱菔尊艺术成就特别高。

霁蓝（或祭蓝）宣德已作得色调深沉稳重，惟部分盘子成橘皮纹细点。康熙有进展，釉密贴胎骨，光润细腻，色益深沉。且作大瓮，即《红楼梦》中说的鬼脸青坛子。径尺盘子多暗云龙，刻暗款。较小白底则用青写款。当时盛行石青缎子，为清初官服不可少。因之祭蓝瓷亦受重视。亦称霁青。色较浅则成宝石蓝，通称宝蓝。两者均有大型细长颈胆瓶和天球瓶，供大案陈设用。色再浅，并带斑点（如漆中的蓓蕾漆，惟不突起）名叫洒蓝。洒蓝常加描金。器形一般多较小。也有八寸盘中心部分开光作青花，外沿洒蓝勾金的。盘式多较浅，如平铺一片，边沿极薄，器形或受些外来影响。

乌金釉近于山西黑釉。宋代山西、河南、河北均有黑釉器，吉州窑也有。似由仿漆而得到进一步发展。宋黑釉碗钵，经常多保留一道白边，和漆器中的"钿器"相似。宋黑定、紫定、红定也还用这个装饰。清康熙景德镇黑釉器，却只烧造案头陈设用瓶子，产量不多，近于聊备一格（至于黑地开光，实和油红同上釉上彩）。酱釉近于紫红定，有七寸盘奶子碗，少立器。

釉下彩指釉下多色瓷而言，青花是主流。成绩特别突出是素三彩，硬五彩和斗彩。釉里红和青花，元代已能完全掌握，惟两色釉同时处理，到清初才出现。通名"青花夹紫"。再在部分空处加入豆青，就成"素三彩"。豆青或平涂，或在斜剔山石部分涂上，红、蓝、绿三结合往往产生一种崭新和色艺术效果，加之画意布局，又极清雅脱俗，因此成就格外显著。五寸大笔筒较多，若作花觚，高过二尺，必分段加工，各不相同。也有大天球，玉壶春，灯笼罐诸式。用沈石田笔法作山水画，用恽南田法作花鸟画，清新淡雅，别具一格。后来画家新罗山人华秋岳，配色法学得二三分，世人即以为新奇，其实远不及素三彩在瓷器中所得效果。作中型陈设瓷和日用茶具，在新的生产上，无疑还有广大前途，可创新纪录。

青花夹紫虽由康熙创始，事实上到雍正才得到充分发展，艺术成熟无遗憾。素三彩则后来难以为继，雍正时即已近于失传。但是另有一种豆青地加紫勾青露白的，也叫素三彩，康雍均有生产。乾隆犹继承。至于冬青青花，冬青挂粉，惟雍正作得格外出色，画笔秀丽，造形也挺拔不群，作得十分精神。又有冬青地青花夹紫露白大天球瓶，云龙山水画均极成功。

斗彩多作成化款。日用盘子类特别多，大部分属民窑。或因嘉万以来重成窑，代有仿效，因之历来谈成窑总是时代难分，《陶雅》且说凡见紫成窑器多康雍时物。作鸡缸类杯子，容易得到成功。斗彩在晚明虽少大器，技术始终未失传。清初民窑盘子类，用鸳鸯戏荷作主题画较常见，料不及明代精致，且多见窑灰。官窑继作，仍多仿成。有大鱼缸，绘双锦雉和牡丹玉兰花石，通称"玉堂富贵"，是康熙时代最常见工艺主题，在雕漆、织锦、刻丝、刺绣……均常用到。在瓷器青花斗彩五彩粉彩使用更多样化。瓷器上牡丹常作双重台，有时代特征。大鱼缸艺术成就有代表性。技术加工较繁琐，先烧青花部分，再加彩勾金，入炉烘成。斗彩加红多矾红，加绿多豆青，再添配粉嫩黄紫，各色均浅淡，因之多显得色调清新明朗。惟部分直接仿成，用青用彩均较重，也能给人以沉重感。但比硬五彩还是柔和得多。

硬五彩多重彩，加工过程有种种不同。有在已成白器或青花器上施彩，再全部喷釉，完成后全身透亮的。如径尺二三果盘，绣球花盘，有代表性。有部分开光用粉彩或斗彩法复烧，锦边锦地部分却用墨和矾红泥金等为主调，烧成后锦地部分并不光亮。又有锦地开光，开光部分只作墨彩折枝花鸟或人物画。一般说来，重彩调子较强烈，即在小小瓶子上，一用重绿重墨，深红，效果亦必相当强烈。和这一时代秀美造形及洁白光泽瓷胎相结合，往往形成对比，矛盾统一，相当美观。要求效果恰恰和斗彩或素三彩相反。不过有的锦地开光锦地占比例过多，分量过重，开光部分失去主题吸引力，整体看来华美中不免见得繁缛杂乱。小花满布更易邻于庸俗，形成硬五彩无可讳言弱点。后来广彩器即由此脱胎，形成一种相似而不同艺术风格，影响直到近代生产，还有继续，也有一定出路。惟景德镇再生产恐不是方向。也有可能这种杂花草繁琐无章的锦地，本来即属于广东工艺装饰传统，源远流长，景德镇锦地锦边，实由之影响而来！

洋彩，珐琅彩也应属于洋彩。但是这里说的只指一种仿洋瓷而言，如康乾时白地金边饭器，和黄地釉下墨釉上勾金之花篮，都属于这一类。花篮器形也外仿。饭器中碗碟，胎多较薄。常用墨画加金。产量不多，影响不大，只近于宫廷玩好，配合当时畅春园洋式建筑内部陈设而作。或部分为赠送外宾而作。少发展性。铜胎画珐琅器仿作的品种较多。

釉上彩——描金。宋代定窑中除白色或牙白色釉外，还有黑釉的墨定，酱红釉的红定，及色较深些的紫定，近年发掘才又知道还有绿定。紫定墨定有加金彩的，作折枝牡丹，水禽芦荷。或仿漆器描金而成。明代嘉靖、万历间有金红绿地描金串枝宝相碗。清初继承这个传统，作各式不同发展，有描金，一般多在蓝釉或黑釉瓷上使用。在彩瓷上勾金，则近似丝绣中的间金。又有在彩绘瓷上用大面积涂金作金莲花的，有在油红器上加金的。总的说来不外这么数种。凡釉上彩多通过复烧加工。也有斗彩或青花，到北京后再吹黄加绿加紫的，器真而彩伪，多由市估走洋装而来。

墨彩也分数种：一、在白瓷上用淡墨作山水花鸟画，由康熙起始，雍正续有发展，乾隆则部分彩地开光作山水画雪景，转心瓶上还使用。画稿多从张宗苍等时人取法，格俗不美。康雍笔意虽不俗，效果还是不怎么好。二、墨彩地开光加彩绘山水花鸟及刀马人物，多立器，在国内本不入瓷品。因在国外受重视，和法花一样，才适当注意到。但大部分已散失国外，而且道光光绪均有仿作，真伪难分。三、用重墨素瓷上作折枝花，形成黑白强烈对照。前者受晚明以来白绫画影响较多，因为当时衣裙、桌围、帐子无不通行这一格式，有的还在墨上加金，十分别致。其次近于漆器镶嵌，明代也已流行，惟清初才转用到瓷上装饰。用重墨在素白瓷上作折枝花竹，近于和漆器中的剔灰相反而成。由于画意重布局，设计，瓷质又白净细致，因此也清雅脱俗。用于茶壶笔筒等较小日用器或文房用具，有一定成功。用于大型陈设品还少见。

粉彩在康雍乾是一大类，范围广，成就高。并且在道光以后还继续得到不同发展，二十世纪初二十年，且成为景德镇生产主流。由慎德堂、行有恒堂，到怀仁堂、静远堂，无一不是以粉彩见长。因此现代景德镇生产，保留瓷艺人才，也还是这一部分专家较多。康、雍粉彩来源，大致包括两个方面：一即如前所叙述，或出于社会销售对象，如嫁妆货的需要及东南亚华侨外销需要，因此丹凤朝阳、富贵如意、凤穿牡丹、玉堂富贵等主题画，在政治上不犯忌讳、在社会习惯上又具有吉祥象征意义的题材，上了民窑"客货"瓷器。红色加彩由比较呆滞的矾红，改进为鲜明活泼、活色生香的粉彩，由民窑客货得到成功后转为官窑御窑应用，估计可能不会大错。其次即生色折枝处理艺术要求，从宋代即已起始，即只在部分加工，留出一定空处，北方的定窑、磁州窑，南方吉州窑，都善于做这种折枝布局。到明代，北方彭城窑民间用茶酒器，依旧长于在牙色瓷上绘水墨折枝，而且花用白料带粉。花在瓷器一角，画意多从徐青藤陈白阳取法，笔简意足，潇洒不俗。明代景德镇也起始用米哥瓷加青花挂粉，惟小簇花较多。到清康熙，起始见粉彩，枝叶用料和明代五彩瓷无别，惟花朵粉红，略微突起。当时流行之五伦图，在工艺美术应用具普遍性，因之也用于粉彩瓷，多坛罐大器。或作人物故事画，《西厢记》和《渊明访菊》《林和靖妻梅子鹤》《西园雅集》《郭子仪上寿》等主题画为常见。若作折枝花，多用陈白阳、边景昭、恽南田、蒋南沙笔意，山茶、月季、蜡梅、牡丹为常见。进一步发展，才把虞美人、延寿菊等杂花同在一盘碗中。瓷既白净细致，花色又鲜明秀美，艺术成就就因之格外高。人物故事除从通俗小说戏剧取法定稿，也有现实生活反映，情趣活泼。主要艺术特征在粉红料精，鲜明如生。即或大件刀马人，粉红也占一定分量，和民间年画配色有相通处。在国内，过去未入赏玩家藏品范围，在海外，则陈列于大博物馆，代表十七八世纪间东方瓷器艺术成就一部分。

油红——或矾红。宋有红彩，多在民间粗瓷上使用。明宣德有矾红，多用于青花烧成后空处加烧，如红云龙凤，……红料极细，有光泽。成化再加黄绿则成五彩。正德上用器，有纯用红鱼龙的，材料较粗，色呆滞，胎质亦粗，或正当武宗讨伐宸濠前后，江西在战乱中，生产低落时。嘉万恢复五彩烧造，大如龙缸窑也烧彩器，小碟小盏和文房用具均加红，表示尊贵，瓷质色料未提高。作鱼罐，红蓝相映成趣，布局壮伟，艺术相当高。作大龙凤瓶盘绣墩，五色堆积，不免杂乱无章。这个时期器物造形多笨拙，不大美观。也有红绿地金花碗，近于朱绿漆描金。艺术水平远不及宣成。到清初，红料特别精细，因此重新单独使用，由康熙到雍正，达到本部门历史高峰。用红如用墨，在精美白瓷上作八仙过海大小碗，瓷质既温润无比，红料又浓淡轻重运用如意，画面又出高手，康熙一代成就，实独一无两，此后即难以为继。雍正则长于用盖雪法，结合精致串枝图案处理，得到极大成功。康熙墨彩加金，红彩也加金。

玳瑁斑三彩，或称虎皮斑。虽脱胎于唐三彩，惟在极薄白瓷上加工，彩色又鲜明强烈，效果亦大不同于唐三彩。品种似不多，只中小盘碗常见。也作藏族打奶茶用奶子壶，如一长筒，有靶有流，在瓷中自成一格。又有两色玩具猫。

又有一种绿地紫地黄地大折腰碗，碗旁刻双勾折枝，填黄白杂彩，近于从辽三彩或彩琉璃陶取法，似办万寿时民窑凑合而成（私家作署"拙作斋"款的，多大海碗或供碗，多青花加红，也有斗彩，彩料多较重，后来彩华堂、彩润堂、彩秀堂三种私家款，还受到一定影响）。

仿古。粉定多浆胎，印盒极佳，质薄而硬。印花划花少定意，自成一格。影青近晚期冬青，浅色则成湘湖釉，俗称西湖水，春波绿。变均到雍才成熟，康色较重。

青花部分规矩图案尚用明嘉万法，花较板滞，少变化。随后才出现新题材，大量用山水人物画于各种瓶罐上，得到惊人成功。但画稿却依旧来自明代文人画。冬青堆白花，通称冬青挂粉。冬青亦有加青花的。兼青花白粉亦属素三彩别格，产量不多，此后即无闻。明有米哥加青花挂粉，冬青青花加彩即由此而来，所以说也是仿古。

玲珑透空，技术不相同。玲珑指部分透明，宋已有之，为影青划花，部分在灯影下即呈透明。技法明代永乐犹继承，胎益薄，花益细，色转深，胎质亦可见指螺纹。清玲珑不同于过去，即透明部分作米点状，满布碗中，均匀整齐。盘碗居多。透空则近于雕成，一般用万字地，部分或者还作折枝花，如从明代"落花流水"素绫得到启发而作。其实或因雕竹花薰而作瓷香薰，再进而作瓷盖碗，盖碗并不宜于品茶，放茉莉珠兰而已。

珐琅彩，或锦地开光作规矩花，或彩地串枝宝相，或折枝花，规矩花和当时郎世宁等外籍画师技法或者有一定联系。较后才变化规矩图案成折枝花。折枝多参蒋南沙蒋溥画法。设计布彩，均第一等。由铜胎画珐琅影响而成。随后成为一个独立品种，贯穿于康雍乾三个时代。这部分作品，一部分也有可能是在景德镇制胎，由京中如意馆加彩回炉作成的。

料彩有时多指透明蓝料使用较多时并形成堆花效果而言。因斗彩五彩亦透明，然满地绿笔筒却不叫料彩。蓝料应用较多或加透明粉红，即叫做料彩。如雍胭脂红玉壶春云龙瓶，即称料彩。料彩兴起和鼻烟壶有关。

谈瓷器不能不熟悉康雍，谈景德镇十七八世纪间成就，更不能忽略康雍。雍正时间极短，前后不过十三年，但一切生产多达到历史空前水平，不仅胎质精，釉泽好，花样有高度艺术成就，即造形也前无古人，常能结合秀雅和健壮而为一体，时代特征鲜明。但种种成就，无不于康熙即已奠好基础。其中唯有一点大不相同，即青花，雍取法宣成，用青浅淡，近于有意使之散晕，从散晕中取得柔和效果。康青则直继承嘉、隆、万，深青凝重。以画作例，雍法元人，康则近于宋，且近北宋。效果不同，由于要求不同，时代风气不同。

谈康熙成就，不能离开青花。一色釉和彩绘部分，虽近于百花齐放，各到不同高峰。但从近六百年景德镇生产传统而言，青花到康熙，可以说真正是集其大成，达到"前无古人，后少来者"地步。主要成就还是得从物质基础去分析，才符合本来。计有两方面：一是青料的研磨提炼纯净无杂质（是否原料来源不同，难于明白）。因此烧出的青花器，能深浅如意，真如像名画家用墨说的"墨分五彩"。二是画意特别高。例如故事画部分，有的虽取材于一般明代版画，反映到笔筒和凤尾瓶上时，画意却多特别活泼有精神，不像版画呆滞。山水画即或用当时一般性题材，如耕织图，鱼乐图，琴棋书画，西园雅集，赤壁夜游，经营布局，和整体效果，常比当时名家高手四王吴恽还高一筹。有的甚至于即或取材二王，如瓶子上笔筒上的山水画，用于五彩或青花瓷，取材恽南田，如笔筒上的素三彩或粉彩、青花，由于受器形限制，结合器形要求，重新处理，部分或简化，部分或有所改变，所得结果，也往往出人意料。特别是青花和素三彩，在画境上大大突破绢素上的成就，自成一格。若就同时画笔作个比较，不仅为扬州八怪文人画家不可及，即二王恽南田，也难相比。部分案头插花尺余立器如象腿尊，用青花作折枝花鸟，笔简意足，生机天趣，都直逼八大，可说是八大画法直接继承者（同时也可说八大笔意实由之而出，因为晚明青花瓷，中型坛罐类，即已多有简笔花鸟近似八大的，算算时间，实比八大还早大几十年）。

康熙青花瓷艺特别突出，并非凭空产生，除有个物质基础外，还有许多方面影响的结果。首先应说是善于继承过去优良传统，在固有底子上进一步不断提高得来的。因为试从成品作个比较，就可看出明清之际的崇祯、顺治，部分青花瓷使用青料，已显得沉静细致而活泼，初步见出从单色料达到画家用水墨晕染法产生"墨分五彩"作用，试验中已取得一些成果。其次即明代以来，画家如沈周、文征明、陆包山、唐寅、张灵、仇英等山水画，吕纪、林良、边景昭、陆包山、陈白阳、徐青藤等花鸟画，丁云鹏、尤求、崔子忠、吴彬等人物画，还各自留下一大堆名迹和墨本，分散国内。木刻中除通俗戏剧小说插图，多刻得极精致，此外又还有顾氏画谱，唐诗画谱，诗余画谱，素园石谱，海内奇观，程氏、方氏墨苑，吴骚合编，御世仁风，十竹斋彩印画笺谱及菊竹杂花鸟图谱数百种，大量传播流行。一般说来，这个艺术传统，是比清初当时几个著名画家笔墨既扎实得多，也范围广阔、内容丰富得多。更主要自然还是景德镇本身，明代三百余年烧造青花瓷经验技术的积累，才能吸收消化这些成就，转用到瓷艺上来，起决定作用。加之清政府重视瓷业，官窑一去明代强迫命令限额贡奉制度，每有烧造，多照顾到商业成本，不过分苛索窑户。御器厂重要烧造，仿古多由宫廷取真宋器作样子，彩绘多由如意馆画师设计出样，反复试烧，不惜费用。委派专官监督，如臧应选、郎廷极，刘伴阮，年希尧，唐英等，本人又多具有较高艺术鉴赏水平，有的且躬亲其事，和工人一道，从生产实践上取得各种经验，所以在万千陶瓷工人、画师共同不断努力中，才创造出惊人奇迹，产生万千件具有高度艺术产品，在世界上博得普遍佳誉。直到现代，许多资本主义国家的瓷业，高级日用瓷生产，还多以能摹仿康雍青花，在国际市场上受重视，得好评。可见它的影响是如何深远而广大！

我们常说学习优良传统，康熙一代值得我们学习的自然还多，上面所说，不过特别显著一部分，在博物馆陈列室和图录中容易接触到的而言。事实上在烧造过程和用料提炼上一系列技术，也还有许多值得我们用一个较长时间（半年或一年）去到景德镇陶研所向现存老师傅讨教处。因为青花瓷这时代色泽格外纯净、鲜明、活泼和取材之精，火度之高，都必然有不可分割的联系，以及每一部门技术的进展综合而来。忽略了其中任何一个环节，都不可能得到的！

本文是继《陶瓷装饰艺术的进展》后所撰写，约作于 1962 年秋，并同样曾供景德镇陶瓷研究所参考引用。原稿末页有经手人用钢笔写的附注："原稿请妥为保存，勿脏勿折，"手稿中难认的字迹也加有钢笔写的旁注。

原稿于"文化大革命"时曾被查抄没收，专案组令作者交代解释此稿时，所附签条上留下作者的注解："本文谈清瓷，和新的生产有关，望莫毁去。要重抄并改正。"本文之前未发表过，后《沈从文全集》据原稿编入。现据《沈从文全集》第 28 卷编入。

陶瓷装饰艺术的进展（上篇）

到目前为止，我们考古学者还没有发现能肯定是最原始陶器的造形仅仅纯粹是为应用出发毫无装饰意识的陶器。最早的灰陶即发现有编织物装饰纹样存在，随后且成为一个大宗，特别是南方生产，发现各式各样的不同组织的网纹，成为陶器局部或整体装饰的主要□□。在北方，则红质陶起始见出绘画的加工，逐渐形成各时代彩陶的千百种纹饰。把这两方面的纹样发展加以较详的分析，应当是专家的工作，本文不能一一列举。惟总的说来。陶器虽属于应用而生产，但极早即已在造形和装饰上和美术不可分，则可以肯定。换言之，即史前古代人早已在日用器物上赋以美的要求，而且是普遍的。我们研究原始美术的□□，对于陶器上的反映不能不给以较多的注意和□□的分析。说它是主要的也不为过分。

较次一个阶段，是龙山黑质陶到商前期郑州二里冈，极显明，黑质陶已成为原始社会过渡到奴隶社会物质文化中的主流。这一时期对于陶器美的要求显然是重在造形秀拔和薄质工精为主要目的。它是否受原始漆器成就的影响，虽还难于肯定，但是和部分灰质陶的烹煮器，却显明影响到早期铜器的成形。

到青铜器成熟时代的商代中叶后，就目下我们得到的材料加以分析，网状纹黑质陶还占有较大部分分量，代表中上层贵族还在使用它。高级陶品种有了发展，白垩印花陶已十分精美，就装饰纹样和器形比较分析，它和当时流行的白石器皿是有一定联系的。黑质陶还有部分生产，近于仿铜器，数量却并不多。青釉硬陶是新品种，装饰花大致可分成三类，郑州人民公园所得囊式网纹器，器形和花纹都近于早些时期生产。其次是水浪纹肩部装饰，从后来联系发展看，我们说技术如不是来自南方，也影响到后来南方釉陶的装饰。而直到五代和宋代，南方青釉五孔尊和北宋定瓷装饰技法还受到它的影响。

我们说白陶和釉陶虽同产生于商代，或不是同一时期，或不是同一技术来源，也有原因。因为如同一技术来源，则釉质敷到白陶上，即有可能产生最早的白瓷了。

和商代文化的多样性比，西周应说是个比较简朴的时代。所以白陶在西周技术即失传，釉陶也并没有得到进一步发展。近年安徽屯溪出土大量青釉陶，在器形方面近于仿铜而成，但此后有一段时期，釉陶即少见。试分析它技术失传的理由，或由于另外发展的影响。因为我们知道这时期有地方性的铜器已逐渐抬头，说明铸铜技术已非政府所能独占。而既结实又轻便且易作的漆器技术亦较普遍。釉在比较下美观不如铜，实用不如漆，而烧造技术却并不简单，因在此制节下，一时失传是意中事。正因此在较后一时可新辟来源，以奢侈品方式和透明琉璃珠同时出现于春秋战国时期墓葬中。它的分布面相当广，生产地至今却还无明确地区。在这种以陶胎加釉加彩绘的珠子类，我们发现了许多不同装饰花纹。一般通称为琉璃珠，事实上它和半透明琉璃完全是两个品种，不宜混淆的。它的应用限制于高级珠串装饰品内，可知技术是不普遍的，因此同类大型釉陶器物并无发现。尽管纯白琉璃璧，有大至四五寸径的，却未闻有同类大小彩釉陶器出现。

这时期不上釉的陶器加工倒有了较大发展。建筑用的砖瓦是这个时期出现的半瓦当纹样的多样化，以燕下都的兽面瓦当保持古典传统装饰风格，临淄的瓦当则以写意画手法见长，产生各种不同对称图案。至于西安各种类瓦当的发现，则和《史记》所称秦灭六国仿写其宫室于咸阳北阪或者有关。是仿效六国成就而非自创。但近年出土骊山大径过一尺的瓦头，还是值得注意的一种创造。战国陶瓷加工的多样化，大致可以成三大类。一成组列的彩绘陶的发现，辉县出土物有代表性，从纹样说近于仿效铜器而又另有新的特色。洛阳烧沟也出了部分矮足鼎花纹则较别致，有的作放射形纹样和金银错纹样相通。有的则充满民间装饰色彩。第二是印花部分黑质陶，近年南方出土较多，一般多是肩部作夔龙纹，而下部作方格或方格回云纹，时代或早一些，可到春秋时期。第三是黑质陶上的研花技术出现，陶质多黑光黝然，或在器物烧成以后再研压各种花纹。这种技术在龙山陶中似即使用过，战国时却成为一系，多在河南一带发现。第四种即黑质陶刻花，河南及河北均有发现。当时铜器中已有一种薄铜器上加刻划极细纹饰代铸印花纹的，或者和它有一定联系。又另有涂漆加朱绘的，材料不多见。内中三部分加工都属于黑质陶，即不是有意仿效漆器，也必和当时大量漆器生产影响有关。正如同到汉代后，翠绿釉陶及虾青釉硬质陶的大量生产，无疑和仿效铜器追求铜器效果有一定联系。

到西汉，陶器加工在装饰方面大致也可以分成四个类型。灰黑陶上加彩的，以作大卷云纹、狩猎图纹和不规则点线纹有代表性。釉陶则虾青釉硬陶时间较早，壶罍式多在肩部作三角形夔凤纹划花，纹样基本还出自战国楚漆器及金银错。其次即两色釉陶器的出现（褐黄釉上再加绿彩），以斗鸡台出土材料最显著突出。应用最普遍则为壶尊盖上及奁鼎盖上博山炉的形象和肩部狩猎纹的装饰，反映到大量北方系翠绿釉陶生产上，我们认为这种装饰纹样的成熟，必然在汉武帝时期。一方面受《封禅书》记载中神仙家言海上三山传说的影响，除当时首都咸阳昆明池中用人工堆成海上三山，上置白色禽兽，装点宫廷仙境气氛，因之博山炉则以各种各样的形象出现，而铜陶器物的盖部使用这个流行形象也十分自然。至于器物肩部用狩猎纹，则和《长扬》《羽猎》诸赋反映当时的现实生活关系格外密切。总的说来，则汉代日用陶器加工装饰纹样的基本，恰是现实主义和浪漫主义的结合。充分反映了当时社会现实生活和神仙迷信。此外由于阴阳家说法，青龙白虎朱雀玄武已应用于四方，或一建筑的四方瓦当分别应用，或于朱雀阙、白虎观等大建筑上使用朱雀白虎瓦当，此外则长杨馆用野彘瓦当，鹿苑用鹿纹瓦当，详悉情形容当专文论述，不能在此细谈。正如当时用各种吉祥文字瓦当象征统治者愿望一样，共同反映这一时期宫廷艺术的特征，处处都是现实主义和浪漫主义的结合。此外当时兄弟民族艺术的影响，也有部分反映到陶器装饰上，但为数却不甚多。例如匈奴族主要装饰纹样为兽和大鹰攫鹿吃羊或猛兽搏斗图案，除了在陶制井圈浮雕间有反映，涉及中西文化交流，淮阳九女冢汉墓出土一个陶楼有几个裸体女子形象承担着楼角柱子，此外似即不多见。即在东北的朝鲜，中国西北的包头敦煌，西南的越南，所得汉墓陶器，也多属于中原系统而少当地艺术风格，即此也可知道当时汉文化的普遍影响，而地方艺术还少见出突出特征。尽管如像在北方匈奴族和西南滇人金属工艺已有高度发达，陶器方面却无显著地方特征。

晋南北朝是青瓷成熟期，由于这一时期主要生产的铜器除南方大量生产的朱提堂狼洗，还有浮起线刻法铸成双鱼、朱鹭、胡羊等等充满民间艺术风格花纹，流行国内，其余铜用器多已素朴无纹饰。惟日用器物牛羊鹿诸兽形灯的制作，在造形上还不断有新发展，博山炉也不断日趋简化，以三尖方格透空纹饰代替了过去的浮雕。谈纹饰对于瓷器的影响，我们不能不注意到这一时期镜子边缘各种连续云纹的存在。南方晋青瓷这时盘口罍式器物，和鸡头壶成为主要的生产，肩部纹饰便从三个部分得到启发。一是细斜网状格子，纹和铜器网纹发生联系。二是肩部纹饰上下多作贯珠式，则仿自商代铜器装饰法。三是水波云纹，事实上即直接受镜子边沿装饰云纹影响。至于一般肩部或分布二三兽面耳环状装饰，亦为汉代铜壶钫洗一般耳环装饰格式，别无新意。新的发展唯一部分是魂瓶类腰部用贴花法疏疏朗朗点缀些仙人骑士花朵。北方青瓷装饰部特别有代表性的是景县封氏墓出土仰覆莲大莲花尊，腰部用堆雕莲花作主要装饰，颈部用贴花龙纹，部分加以垂叶多少给人一种罗马柱头感。另有一瓜式壶肩部则作大卷草如北响堂石刻边饰。至于一般杯盘，则已流行用莲花纹装饰。我们知道，这个时代对于应用瓷器的造形要求，为秀挺清拔，和当时对于人的美学爱好一致，所以长颈秀挺玉壶瓶式瓶随之产生。至于天鸡壶因之也日益瘦长。繁复纹饰则非所需要。所以除大莲花尊外，大量北方系青瓷都无花纹。到唐代，越系青瓷绝大部分还是不重花纹而重品质，追求如玉效果。至于小件日用器物如盒子类，花纹如龙水纹，竹林高士图装饰和鱼水纹，鸟含绶带纹，雪花放射式纹，以及方胜格子纹，则和当时金银器、铜镜子、丝绸纹饰有较多联系，并非孤立存在。而且划花、印花、雕花三种技术的应用，即开启了后来宋代定、耀、余杭南北诸瓷装饰技法的先例。惟唐代北方生产的三彩陶，则另成一系，花纹主要来源，却和当时印染绸子织锦花纹关系格外密切。唐染缬中如玛瑙缬、梅花缬、方胜合罗缬、大撮晕锦缬，及几种瑞锦花纹，实物已不多见，而三彩陶中却保留有许多不同图案。

宋代是个瓷器全面开花的时代，全国生产都得到普遍提高，因之花纹也格外丰富，官窑名瓷生产中如柴均官哥汝，青釉系追求效果多重在釉色莹泽，不重装饰。惟定窑在纹样发展中格外突出。划花、剔花、印花、绣花诸技法综合使用，达到本色瓷艺术加工高度成就。此外各地生产艺术加工也各具特色，风格独具。且和当时其他工艺有一定联系，例如耀窑的划花、剔花艺，则和雕漆剔红有较密切关系，磁州窑系黑彩雕绘，气魄雄健活泼，民间艺术趣味特别浓厚。晋阳黑釉瓷酒坛类，使用剔花露胎法，当阳峪窑使用剔花露胎部分加罩浅灰彩釉法，南方吉州永和镇窑褐釉器碗盏使用印染缬印团凤技法及剔花挂粉堆白技法，福建建阳窑洒釉形成兔毫斑鹧鸪斑和油滴斑法，以及均窑部分形成红色或整体形成红紫色加工技术，无不标新立异，各有成就。紫定器且有用描金彩的。至于北方宋民间彩色加工瓷，且为后来明清彩瓷创造先例。至于景德镇影青瓷，主要成就虽在本质方面，然而几种不同加工技法，或上有所承下有所启，也影响到后来生产极大，如像剔花法的运用，作折枝花或凤穿牡丹图案的，使得成品在灯光下照视即透明如镂空，即开启后来永乐脱胎影青和玲珑瓷的技术。龙泉青瓷重点虽不在花纹，但部分浙江青瓷五孔尊类瓶器，还是多用斜剔折枝花法作装饰，在宋代虽不是重点，到元、明却有发展，花纹处理也有较好成就，部分风格显然且和景德镇元明青花瓷异曲同工。宋代辽三彩陶虽……

本文约作于 1962 年夏。原稿写到宋瓷时中断，作者随后另从唐三彩起撰写续篇，因而留下不完全衔接的两组稿件。在第一组首页作者注明："未完成待改写。"后将第一组稿件内容列为上篇，据原稿编入《沈从文全集》。现据《沈从文全集》第 28 卷编入。

陶瓷装饰艺术的进展（下篇）

　　三彩陶成熟于唐代，在陕洛间（所谓中原文化区）得到广泛的发展，主要成就在殉葬明器方面。由于唐代殉葬器物有一定制度，载于国家法令，大小数目都必须各按死人生前官阶品级，不得逾越。一般生产，或如唐人小说《李娃传》所称，设于东西二市，随同送丧仪仗租赁，执绋人雇佣，明器则随需要选购，且由于商业竞争，艺术得到不断提高。又唐代政府曾于甄官署下特设"冶局"，专主烧造庙宇中佛菩萨所需璎珞琉璃装饰，似专指半透明彩色料珠而言。甄官署或尚有专烧特用三彩琉璃器供赏赐于死者，作为一种加强巩固封建统治对下属笼络工具事。这从某些墓葬中常常发现特种精美三彩陶可得到一些线索。也有可能贵族家中为装点死者，夸示奢侈，专托烧制特种三彩器物事，这从法令禁文可以见出。因为必先有人不尊制度，竞奇争新，劳民伤财行为已成为一时风气，才会用法令加以禁止，限定大小数目，不得越轨逾制！

　　多色釉琉璃陶，较早于西汉王莽时墓葬中虽已出现，此后即中断数百年。至于三彩陶大量用于明器中，还是说从唐代起始，比较适当。至于琉璃砖瓦陶应用到特殊建筑装饰方面，照过去诗文记载，当始于北朝。画面上则敦煌北朝壁画建筑屋瓦即有了反映。但事实所谓"碧瓦""缥瓦"，在陕洛间唐代出土实物还未闻有什么发现。一般唐式莲花瓦头，多为普通不上釉灰陶所作。近年惟东北发掘渤海王国遗址，曾得到些建筑上碧琉璃鸱吻，有些近于孤证，因此时代亦难免完全肯定。其次即历史博物馆在河北巨鹿发掘，曾得到一件大及四五尺的黄绿琉璃陶佛背光残器，时代早到何时尚难说。惟巨鹿被水淹于北宋，由此可以推知，这件器物即晚也必产生于北宋初期。又河北易县罗汉堂，曾有大及人身三彩罗汉十六尊，可知当时也有用三彩陶作佛像事情。这些罗汉具体时代论断不一，就造形逼真和脸形清秀庄严看来，可能还是唐代产物（原物已为美帝盗去）。北宋时建筑专书《营造法式》，已有专章叙述及琉璃砖瓦烧造制作用料等等记载，即此可知，至迟到北宋，开封若干著名庙宇建筑，如景灵宫、玉清昭应宫，及较晚之绛霄宫，必已有使用琉璃砖瓦作装饰的。这部门烧造技术到元明间，却在山西得到特别发展，产生许多精美艺术品，工师姓名从陈万里先生和高寿田先生调查报告中，还可得到一些线索。在山西目前就还保留下许多巨型琉璃工艺品，很多并且还记载有当时烧造工师姓名，这些人和他的艺术品，无疑都是当时为广大人民所熟习热爱的。即北京明清诸大建筑琉璃牌坊、照壁、殿宇，和南京北京故宫中琉璃装饰，也多一脉相承，完成于山西工师手中。

至于三彩琉璃陶用器到宋代后，惟东北居住的契丹人墓葬中尚有发现，普通器物以方碟和花式长盘较有代表性。作规矩花多本唐以来旧制，图案近于从锦缬花纹而出。作折枝牡丹则纯属宋式。谈瓷的一般多称"辽三彩"。胎质既较粗松，釉泽也不大精美，惟艺术风格，正因此种种转而越加显著，使人一望而知。到宋代河北地区也还有三彩陶，釉色特征为黄釉较少，主要为绿白釉相混作为主调，装饰效果也因之比较清秀，不如唐代沉重。但已近于三彩尾声，反映人民对于日用器物新的要求，三彩装饰法已非重点。

至于瓷器，明代以来，江西生产虽已有笼罩全国势（特别是长江流域），惟若干地区生产，还是随同社会发展，有广大市场。特别是浙江龙泉系青瓷的处州青瓷，即还继续行销海外。

谈瓷书籍对于这时期处州青器，虽认为长处只在质实不易破碎，褒中有贬，工艺上已不如宋龙泉精细。但在装饰加工方面，事实上却还有发展。以折枝花为例，宋代多在小碟盏内加印一小小图记，作双鱼或小朵牡丹（双鱼作阳纹，牡丹作阴纹），作为点缀，明代却加以扩大应用到器物各部门。方胜格子宋代只在瓶子类偶一见之，元明以来则已成一般装饰。加工技术大致以划剔为主，也还用堆贴花技法。又宋代小件洗碟类，常在中心露胎作双鱼纹，到明代，却用同一技法作较精细浮雕，反映"鹿鹤同春"等画意，笔法秀美。浙江博物馆近年曾得有许多残器，都作得相当精致。由于胎质较薄，完整藏器似还少见。至于北方系民间日用瓷，白釉加黑绘作折枝牡丹花或鱼龙的酒坛类历博即收藏不少。一般产品还具宋代规模，惟画意已草率纤细，不及宋代磁州窑壮美。褐黑釉器肩部剔花的也还有生产。惟有代表性的民间瓷，还应数彭城窑坛罐瓶盘，多于牙色釉或油灰釉在器物局部上加绘黑彩折枝花，有些花上还挂点粉，在处理方法上可说一面是保存宋瓷枕折枝传统，一面却开启了清初江西粉彩折枝技法。画虽出于民间工师手中，画意却不俗气，还充分保有徐青藤（文长）、陈白阳（道复）折枝写生潇洒笔墨，比清初部分江西粉彩似还较高一筹。只可惜由于器物多属日用油瓶酒罐，且因过去谈瓷艺的未加以应有重视，较精美的又多盗出国外，这部分艺术成就，因之谈瓷艺多无所闻。惟用来和时代大体相同的江西瓷日用器如"玉堂佳器"类工艺图案比较，吾人必可得一印象，明白彭城窑画意在近古陶瓷工艺上宜有一定地位也。

山西法花瓷盛于明代，是在山西元明琉璃陶基础上的一种成就。工艺上主要特征，为青地或紫绿地上堆加彩绘，起线如传统壁画之滴粉销金，在线内再填彩。工艺处理大致也是同样使用猪尿泡内贮原料挤于器物上，构成花纹，再加彩料做成，因此名为"法花"。地色既较沉重，彩料色泽又复十分鲜艳，因之形成一种强烈效果，在瓷工艺上自成一格。从瓷器传统要求和发展而言，彭成窑有普及性，法花瓷作佛前香炉蜡台为用得其所，作花中墩子，已显得有些刺目。如作案头瓶罐或其他用器，却起不易调和感。惟法花瓷瓶罐类，有些在肩部用雕贴花作写生花作装饰如"富贵如意"设计的，式样比较活泼，如和当时山西民间流行大红描金漆器结合，还是可得一种壮美粗豪效果。法花瓷在艺术上的估价过高原因，实由于十九世纪在国外影响。从传统陶瓷艺术习惯说来，成就是有一定局限性的。主题画大致可作三类：一串枝牡丹，二折枝花，三人物故事画或八仙寿星等吉祥题材。

这一时期主要成就，当然是景德镇产品。元代以来，釉下青花和釉里红装饰，已代替了传统的影青法，得到较大发展，在烧造上红色火候虽还不容易完全掌握，常作成灰墨色，红釉且多散晕，不易固定。青花虽似较好一些，还是不能随心所欲。装饰大致可以分作三种类型：一云水龙，二写生折枝，三串枝花。口径将近二尺大海碗类，作串枝牡丹的较多。盘器则主题部分用折枝花，边沿用云水云兼小簇花为常见。立器坛罐类，则肩足部必用水云纹装饰，或加一云肩式四垂绣帕，主题则用方胜如意开光绘折枝花与水云龙凤。作串枝的花叶多满填空间，因之体积不大，亦容易形成壮实饱满效果（例如故宫陈列的釉里红灯壶）。和元明间雕漆印花布艺术要求相适合。写生折枝露出空间较多，要求还是图案效果。至于局部水云装饰，虽属图案处理，因曲折流动，却得到些调剂，不至于使主题过于板滞。并启永乐宣德装饰风格。在设计意思上说，粗线条处理和当时大铜镜上反映的云龙凤鱼水，螺钿嵌大木箱折枝牡丹等艺术风格，同属一种类型。如和近年安徽及南方其他各地发现之大量金银器物上装饰花纹比较，即可知这一时期，金银工艺仍是重点，实上承宋代以来工艺图案的秀美活泼，而下启宣德成化花纹较多。至于这一时期著名之单色釉影青官瓷"枢府窑"，多一般小件日用器，部分花纹作放射式图案的，似仍沿袭宋影青技法。部分作折枝花的，因花朵较拙，胎质较厚，釉如冻子，花亦不甚显著。也尚有拟定式瓷作各种写生花的，产量并不多。极显明，青花器已成这一时期主要生产，釉里红亦同时在探索中得到不同成就，一般器物件头多较大，海碗口径将及二尺，大冰盘且过三尺，坛罐类也有高过二尺的，为宋影青所少见。这类大型瓷器的生产，和龙泉青瓷发展趋势正相同，有两个可能原因：一为适宜于元代贵族统治者的大吃大喝生活需要；一为和外销需要有一定联系。因为在中近东海外博物馆中，这类瓷器保存得格外多。过去多以为系明初洪武永乐产物，近年从比较上才把时代提早到元代。元代时蒋祈曾于景德镇监窑场，并著有《陶记》略叙镇上生产，近年故宫曾发现有釉里红花式洗作水云纹，器底有蒋祈题名，釉底红烧造法和彼可能有一定联系。

青花得到进一步发展，且成为中国近五百年江西瓷主要生产，基础虽奠定于元代，却直到永乐宣德技术和艺术才日趋成熟。从前人笔记和历史文献结合，则部分原料实来自南洋，和当时郑和七下西洋海外活动有密切关系。因为历来传说青花瓷色料"苏泥勃青"（或苏麻离青）均以为系自外来。历来谈宣青的工艺特征，也多注意到这个原料问题，却不甚注意到技术加工处理过程。如就实物加以分析，则宣德青花所形成的艺术效果，原料固然是一方面，另一方面可能还是加工技术也不同于嘉靖、万历。宣青在瓷器上形成的艺术效果，除青蓝鲜艳，还有种浓淡不一类似刺绣中三蓝法的效果，有可能是经过三次以上不同浓淡色料涂绘才完成的。较大器皿或者还系先就原胎先作浅剔勾成花纹，随后才在上面先后涂绘，用料也有干湿，才能形成预期效果。装饰技法总的说来则大致可分作二类：一青地白花，二白地青花。青地白花又可分成两式：一如故宫陈列之大蓝白花盘，近于霁青露白，下启清代"盖雪"技法，和漆器中剔灰法实一脉相通。另一式如故宫云水白龙大胆瓶，只是满绘云水尽白龙显得格外凸出而已，事实上云水间还是部分露白的。白地青花则装饰虽不外五六种主题画，惟反映技法却各不相同。同属串枝，也有许多式样。同属盘类，中心圆即作出许多不同变化。同属云龙凤，也有许多发展，为过去所少见。小团龙凤装饰，与同时期金银锦绣花纹实同源异流，惟用于瓷器装饰上，还更显得活泼秀美。团龙凤花式洗子、云龙大型扁瓶、敞口式松竹梅大碗，花纹多能结合新的造形得到极好艺术成功，不仅为过去少见，也同时为后来所不及。因此谈宣德青花成就，孤立来说还不易透彻，结合器形种种特征，则明眼人即一望而知！至于影青式装饰法，明永乐薄胎杯碗及厚胎甜白器，虽还采用，薄质脱胎压手杯作双狮滚球，又宣德釉下红作三果三鱼，在艺术上也还得到一定好评，事实上主流已属青花，别的只不过是聊备一格而已。即从分量上也可看出！而且影响到清代雍正青花，还十分显著。宣德青花一定程度的散晕，本来是技术上的不稳定，但正因此有时所得效果，比后来嘉万青花反而活泼流动。这种不稳定散青情形，到成化淡彩青花已少见，到嘉万即完全绝踪。雍正才又有模仿。历来谈青料问题的，多传说回青代苏麻离青始于正德间。如从实物比较，则回青应用实在嘉万间。正德成化，青料虽较浅于永宣，却少基本差异。惟到嘉靖、万历，则青料深茜有余，活泼不足，始见显明区别！宣德时尚有一种在白瓷上作铁锈褐彩折枝花的，正德尚续有生产，此后即无所闻。这种加工最先即见于晋代浙江系青瓷中，和当时流行的印花绸子有点关联。宋龙泉青瓷也有在玉壶春式瓶上作一定褐斑的。到明代才有意作折枝花。

冬青、霁红、霁蓝，在明初虽已得到不同成功，到宣德还有进一步发展，但综合使用产生素三彩，却还得再过二百年的康熙时才出现。或在青花瓷上加彩，产生新的彩瓷，宣德虽已开其端，却成熟于成化正德间。在艺术风格上、题材上，才一变永宣以来的拙重而趋于秀美清雅，青色则由浓厚而趋于浅淡，彩料则鲜明纯净，题材布置也大有变化，多从画意取法，如作山水花鸟，多只就器物一角加工，尽较多部分见出空白，形成新的画面效果。特别是绿、黄、矾红、浅紫诸色在青花瓷上的综合加工，产生的五彩或斗彩瓷，鲜明妩媚，在艺术上取得的复杂效果，在景德镇瓷成就上也是崭新的。一般多较小器物，画面或作如意云或作折枝葡萄，或作折枝花鸟，或作婴戏图，或作子母鸡花鸟草虫。以子母鸡小酒盅最著名。胎质莹薄，彩色鲜润。惟瓷器重点转为小玩赏品，启后来古月轩鼻烟壶一格，不免由精细流成纤巧，从发展说，影响自然也有得有失。晚清《陶雅》谈成彩多以为实仿自康雍，见解实有一定道理。故宫图录中过去几件大件彩瓷，时代可能多较晚一些。

近人郭觯斋刻印了一部《项子京瓷器图谱》，用精美彩印流传，内中刊载有许多宣、成以来彩釉彩绘小件瓷，式样多比较新颖别致，部分可代表当时案头文玩瓷的成就，部分或出虚构，只是从银铜器摹取而来。

正德较好成就，一为孔雀蓝釉的正确掌握，一为拟琉璃陶绿黄彩的试作，都得到艺术上新纪录，故宫陈列的一个暗花大碗和一个云龙钵盂可以作例。

下及嘉靖、万历，主要成就为青花和五彩分享，各有不同成就。到这个时期，装饰不免日益繁复，特别是由民用进而发展为宫廷爱好的五彩瓷，以云龙凤作主要装饰，总是红绿缤纷成一团，华美壮丽有余，而缺少艺术上内含之美，令人有一览无余感。同时也反映宫廷艺术上的夸张，正影响到一般工艺的要求，因为除彩瓷外，彩绘漆、丝绸、景泰蓝无不有同样趋势，特别是官服过肩蟒一类锦缎方面更加显明，色彩对照格外强烈。

明代这一时期正是道教神仙在宫廷和民间均极得势时，因此工艺各方面也有反映，如像用云鹤游天、八仙庆寿等主题画在青花瓷中即占一定地位。这时期又正是通俗小说戏剧版画盛行时期，因之青花瓷器上用小说戏剧故事题材作主题画的也相当流行，影响到清初，便成为一个专门项目，产生了许多不同艺术品，除青花五彩外，还有黑地绿地等开光大凤尾瓶，观音尊，大冰盘，上面满绘《三国演义》《列国志》或《隋唐演义》故事，通称"刀马人物"，于瓷工艺中自成一格，在海外备受尊重，成为许多博物馆中引人注目陈列品。

用鱼纹图案装饰陶瓷，由来已久，因为在仰韶期红胎彩陶上就有极好表现。宋龙泉青瓷则由汉双鱼洗习惯，将双鱼缩小用于盘洗中，象征"富贵有余"。北方定式瓷印花或磁州墨绘枕子也用鱼，则多取鱼水和谐寓意，正如铜镜上双鱼在水情形相同。又由于金代的官诰使用鱼藻锦，在明代锦缎中多方面使用，已成社会习惯，同时又由于宫廷畜养金鱼、朱鱼嗜好流行，因此嘉靖五彩鱼大罐，作的画面壮丽活泼，成为这一时期彩瓷艺术新成就。另有种霁蓝地露胎刻画三鱼七寸小盘，鱼多刻于盘外沿，由宣德即创始。明代重灯节，圆式宫灯多四围垂珠缀网，图案效果极佳，五彩瓷也用之作图案，小盘类且多加百子观灯。彩瓷较早或因作长方印盒而流行，这种印盒多作双云龙或龙穿花，在明人清玩中为不入格，但在官宦人家却必然受重视。还有五彩云龙笔架，也作得极粗俗，从造形上说，这一历史时期和一般工艺品近似，有的日趋拙陋，和宣成比，不免相形见绌。隆庆、天启，更少生机。惟民间青花瓷却转成重点，有种种不同成就。特别是案头陈设及日用大器瓶罐类，青料虽多近灰淡，失去本来鲜明，画意转日趋高明，摆脱宫廷庸俗拘板，花鸟画草草构图，生趣充沛，而且活泼大方。许多花鸟画就时代说都较早于八大山人，而画意倒与之相近。因此我们说，久往江西之朱耷，花鸟画的艺术风格，或从时间略早之江西青花瓷及其他工艺画得到一些启发，大致是不会太错。

景德镇瓷进入一个更新的时代，实在清初约一个世纪中。它的成就，概括下来大约可作三个方面：一仿宋法古，二有色釉，三青花和五彩。仿宋法古上到仿战国金银错壶，下到唐三彩及官哥均汝，无一不取得卓绝成功。有色釉则胭脂水、豇豆红、龙泉青、孔雀蓝、瓜皮绿……以及油红、变均不下百十种，真作到得心应手，随心所欲，而且釉色鲜明莹泽，胎质精美，都可说前无古人。青花五彩，更加使这一历史时期的景德镇生产，达到瓷工艺历史高峰。青花加紫、珐琅彩、满地百花、素三彩，或以华缛取胜，或以淡雅见长，更是花样翻新。特别值得说说还是画意精美和瓷质莹洁及造形秀挺三者的密切结合，反映到康熙、雍正及乾隆初期前后约八十年中生产，真正是百花竞新，光辉灿烂，达到了景德镇生产历史上高峰！

在艺术方面由于品种多，方面广，兹只能就其特殊成就分别作简单叙述：

青花康熙成就在山水画，大笔筒有代表性，笔虽有简繁，一般多从元明人取法，设意取境，因之比四王成就还较高一着，由于青料特别纯净，在瓷上形成一种新的效果，更远非普通水墨画所能及。也有用恽南田法作丛菊于笔筒上，得到极好效果的。薄胎则仿明人卵幂杯制法，尝见为十二月花式，作各种小花草，清润秀美，自成一格。近三世纪中都续有仿制。海水鱼龙变化大盆，水云汹涌，咫尺间令人起江海思。

彩绘以储秀宫款黄地小簇花加三果大冰盘作得华贵秀雅，无与伦比，有代表性。又五彩花鸟大鱼缸，彩中兼施金彩，画格也极高。又硬三彩作花果盘子，也自成一格。至于黑地五彩刀马人物，则诡谲恣肆，特别富于民间趣味。彩绘中之珐琅彩，多作规矩写生洋番莲或小串枝，也间有作蝴蝶及皮球花杂花的，和当时外来画家郎世宁艺术风格当有一定联系。这一品种则生产直贯串以后雍乾两朝，自成一格，通称"珐琅彩"。本出于铜或金胎画珐琅，又转而影响珐琅技法，推进珐琅发展。

素三彩，以淡冬青及青花加紫或部分剔雕挂粉作成，色彩淡雅清秀，当时既极重画意，因之这一品种不论山水花鸟，均得到极高成就。它或和明代十竹斋印花笺有些联系，因为色泽配合十分近似。配色近似从钱舜举、陆包山得到些启发，却用淡三彩反映到瓷器上得到非常成功。生产惟限于康熙一代，此后即失传。

矾红绘虽始自宣德，到康熙得到新的使用，即作彩墨料绘人物画，如作八仙过海碗，艺术水平亦极高。亦有红彩描金作勾子莲的。惟矾红工艺最高峰实在较后雍正一朝。如故宫陈列馒头盒及海水翻腾小杯，艺术水平都格外高。此后道光时满地红露白则称"盖雪"，红色已日趋灰暗。同光日用饭器作三果，则为此一技法尾声。

清初康、雍、乾三朝。雍正时间不过十三年，但在瓷器方面成就，却笼罩前后百年。仿古则官、汝、哥、均都达到逼真情形，变均且超越前古，得到崭新成功。一色釉多样发明，几乎任何一种釉色均可掌握，自由烧造。青花则一反康青之浓茜，折衷成宣，花纹亦格外秀雅文静，加以和新的造形结合，得到成果也完全是新的。彩绘中的粉彩折枝，多用恽南田法，胭脂红花头特别鲜艳，特别在设计上见巧思。斗彩则一反明代五彩混乱，康熙五彩生硬而转为明润调和，细致周到，节奏感极强。即作一皮球花，也能从圆中见巧，千变万化，和满地花异曲同工。总之，许多近于奇迹的瓷器艺术品，均完成于这一段时期景德镇艺人手中。

乾隆一朝总结康雍成就，更作多方面发展，可说是景德镇瓷全盛期。惟最大成就，似乎应说还在技术方面。例如不同品种的混于一器物的制作，一个大转心瓶外部主题画作锦地粉彩，肩部作青花，另一部分又作哥瓷釉，而中心小瓶则用金廷标画意作五彩百子戏春图，许多釉料色料受火温度均不同，却能集中于同一器物上同时表现，真可说是一种绝技。但由此巧作要求，不可免形成一种不大健康趣味发展，象生仿菜蔬瓜果鱼蟹，虽作得栩栩如生，却劳而无功，和瓷器艺术本质要求相去日远。末流所及，便因此谈这一时代瓷器，除部分沿袭康雍成就水平，尚能作出许多不同产品，此外便是这种"巧作"给人印象格外深刻。相形之下，嘉道以后，由于物力不足，反映到瓷器生产上，自然不免是难以为继。其实如另立一种标准，就瓷言瓷，嘉道以后的锦地开光饭食器，和癞瓜过枝茶碗类，虽无足称道，但道光时小簇草虫碗碟，和象生仿竹笔筒，用费小楼笔法作的仕女画，总还有些新意。行有恒堂款墨地加金，在技法上也依旧是一种发展。又由康熙时拙存斋，乾隆时宝啬斋，乾嘉间彩华、彩润、彩秀，道光时行有恒堂等特别款识器物，在装饰方面也还有不少能突破传统拘束，自出新意的。总的说来，康雍乾三朝官窑百年间生产，在艺术上的成就，实可说前无古人，后少来者，一切成就，都是景德镇瓷业工人共同努力的结果。嘉道以后，便随同政治情况，帝国主义的侵略，不免日趋衰落了。

本文约作于 1962 年夏。原稿写到宋瓷时中断，作者随后另从唐三彩起撰写续篇，因而留下不完全衔接的两组稿件。全稿完成时即作为素材，供景德镇陶瓷研究所编著《中国的陶瓷》一书时参考引用，原稿首页写有"这份稿件参考过后务望见还。从文"字样。后将第二组稿件内容列为下篇，据原稿编入《沈从文全集》。现据《沈从文全集》第 28 卷编入。

玻璃工艺的历史探讨

中国玻璃或玻璃生产，最早出现的年代，目下我们还缺少完全正确具体的知识。但知道从周代以来，在诗文传志中就经常用到如下一些名词："璆琳""球琳""璇珠""珂玎""火齐""琉璃""琅玕""明月珠"和晋六朝记载中的"玻璟""瑟瑟"，后人注解虽然多认为是不同种类的玉石，如联系近十年古代墓葬中出土的丰富实物分析，这些东西事实上大部分是和人造珠玉发生关系的。这种单色或复色、透明或半透明的早期人造珠玉，后来通称为"料器"。古代多混合珠玉杂宝石作妇女颈部或头上贵重装饰品，有时还和其他细金工镶嵌综合使用。如同战国时的云乳纹璧，汉代玉具剑上的浮雕子母辟邪、璏和珥、云乳纹镡首等。也有仿玉作殓身含口用白琉璃作成蝉形的。汉代且更进一步比较大量烧成大小一般蓝绿诸色珠子，用做帐子类边沿璎珞装饰。武帝的甲乙帐，部分或即由这种人造珠玉作成。到唐代才大量普遍应用到泥塑佛菩萨身体上，以及多数人民日用首饰上，和部分日用品方面。至于名称依旧没有严格区分。大致珠子或器物类半透明的，通称"琉璃"，透明的才叫"玻璃"。事实上还常常是用同类材料做成的。又宋代以后，还有"药玉""罐子玉"或"硝子""料器"等名称，也同指各色仿玉玻璃而言。外来物，仅大食贡物即有"玻璃器""玻璃瓶""玻璃瓮""碧——白琉璃酒器"等名目。而彩釉陶砖瓦，这时也已经正式叫做琉璃砖瓦。《营造法式》一书中，且有专章记载它的烧造配料种种方法。

在中国西部发掘的四千年前到六千年间新石器时代晚期墓葬中，已发现过各种琢磨光滑的小粒钻孔玉石，常混合花纹细致的穿孔蚌贝，白色的兽牙，编成组列作颈串装饰物。在中国河南发掘的约三千二百年前青铜器时代墓葬中，除发现大量精美无匹的青铜器和雕琢细致的玉器，镶嵌松绿石和玉蚌的青铜斧、钺、戈、矛、兵器，同时并发现许多釉泽明莹的硬质陶器。到西周敷虾青釉的硬质陶，南北均有发现。这时期由于冶金技术的进展，已能有计划地提炼青铜、黄金和铅，并学会用松绿石镶嵌，用朱砂做彩绘。由于装饰品应用的要求，对玉石的爱好，和矽化物烧造技术的正确掌握，从技术发展来看，这时期中国工人就有可能烧造近于玻璃的珠子。至晚到二千八九百年前的西周中期，有可能在妇女颈串装饰品中发现这种人造杂色玉石。惟西周重农耕，尚俭朴，这种生产品不切于实用，因而在农奴制社会中要求不广，生产品即使有也不会多。到二千四五百年前的春秋战国之际，由于铁的发现，和铁工具的广泛使用，生产有了多方面的进步，物质文化各部门也随同发展。襄邑出多色彩锦，齐鲁出薄质罗纨，绮缟细绣纹已全国著名。银的提炼成功和鎏金鎏银技术的掌握，使得细金工镶嵌和雕玉艺术都达到了高度水平。金银彩绘漆器的大量应用，更丰富了这一历史阶段工艺的特色。在这时期的墓葬中，才发现各种品质纯洁、花纹精美的珠子式和管状式单色和彩色玻璃生产（图一）。重要出土地计有西安、洛阳、辉县、寿县、长沙等处。就目前知识说来，内容大致可以分成三大类：1.单色的：计有豆绿、明蓝、乳白、水青各式。2.复色的：计有蓝白、绿白、绿黄、黑白两色并合及多色并合各式，近于取法缠丝玛瑙和犀毗漆而作。特别重要的是一种在绿蓝白本色球体上另加其他复色花纹镶嵌各式。这一品种中又可分平嵌和凸起不同的技术处理（图二）。3.棕色陶制球上加涂彩釉，再绘粉蓝、银白浅彩的。这一类也有许多种不同式样。这些色彩华美鲜明的工艺品，有圆球形或多面球形，又有管子式和枣核式，圆球形

图一　战国　彩琉璃珠（传湖南长沙战国墓出土　中国国家博物馆藏）

图二 战国 彩琉璃珠（湖北江陵马山1号墓出土）

直径大过五公分以上的，多属第三类彩釉陶球，上面常用粉彩作成种种斜方格子花纹图案，本质实不属于玻璃。一般成品多在直径二三公分左右。其中第二类加工极复杂，品质也特别精美，常和金银细工结合，于金银错酒器或其他器物上如青铜镜子，做主要部分镶嵌使用。或和雕玉共同镶嵌于金银带钩上（图三），或单独镶嵌于鎏金带钩上（如故宫所藏品）。也有用在参带式漆器鎏金铜足上的（如历史博物馆藏的奁足）。但以和金玉结合做综合处理的金村式大罍和镜子艺术成就特别高。从比较材料研究，它在当时生产量还不怎么多。另有一种模仿"羊脂玉"做成的璧璜，和当时流行的珍贵青铜玉具剑剑柄及漆鞘中部的装饰品，时代可能还要晚一些；早可到战国，晚则到西汉前期。品质特别精美纯粹，则应数在河南和长沙古墓出土的蓝料喇叭花式管状装饰品。过去以为这是鼻塞或耳珰，现已证明还是串珠的一部分。时间多属西汉。又长沙曾出土一纯蓝玻璃矛头（图四），还是战国矛头式样。广东汉墓又发现两个蓝料碗和整份成串纯净蓝色珠子，其中还有些黄金质镂空小球。

　　年来这部门知识日益丰富，二千年前汉人墓葬遗物中玻璃装饰品的出土范围越加普遍。除中原各地，即西南的成都、南方的广州、东南的浙江以及中国东北

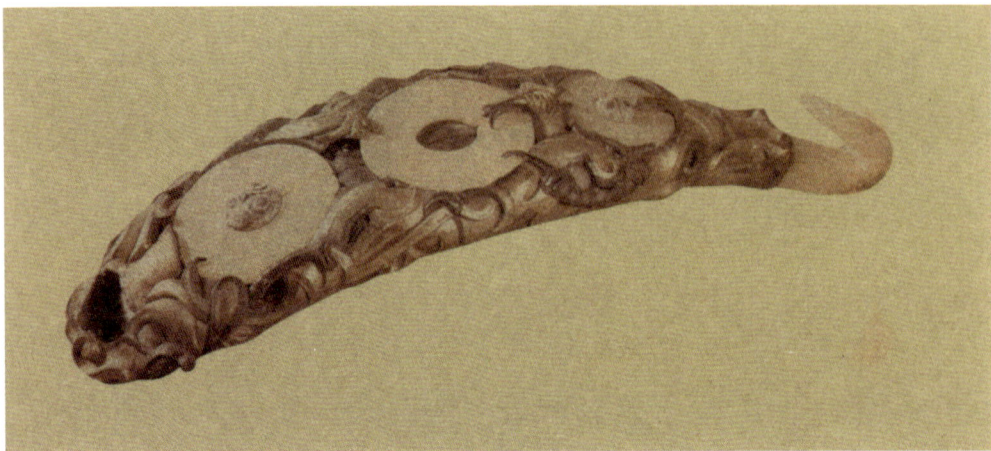

图三　战国　银质鎏金镶玉嵌彩琉璃大带钩（河南辉县固围村 5 号墓出土　中国国家博物馆藏）

和西北边远的内蒙古、新疆、甘肃各个地区，都有品质大同小异的实物出土。小如米粒的料珠，也以这个阶段中坟墓中出土的比较多。惟第二类复色的彩料珠，这时期已很少见。至于彩釉陶珠则更少。原来这时节中国釉陶用器已全国使用，如陕、洛、河北、山东之翠绿釉，广东湖南之青黄釉，长江中部各地之虾背青釉，以及长江下游江浙之早期缥青釉都达到成熟时期。并且有了复色彩釉陶，如陕西斗鸡台出黄釉上加绿彩。出土料珠一般常是绿蓝水青单色的。其中具有代表性的应数长沙和洛阳出土，长度约三公分小喇叭式的蓝色料器和一九五四年在广州出土的大串蓝料珠子。

湖南出土的品质透明纯净玻璃矛头和广东出土的二玻璃碗，格外重要。因为可证明这时期工人已能突破过去限制，在料珠以外能烧成较大件兵器和饮食器。

由于海外文化交流的发展，汉代或更早一些时期，西北陆路已经常有大量中国生产的蚕丝和精美锦绣，外输罗马、波斯和中近东其他文明古国，并吸收外来物质文化和生产技术。这种玻璃生产品，除中国自造外，技术进展自然也有可能是由于外来文化交流的结果。并且还有可能一部分成品是从南海方面其他文明古国直接运来的。因《汉书·地理志》载黄支调斯诸国事时，就提起过"武帝时曾使人入海市明珠璧琉璃"，又《西域传》也有"罽宾国出琉璃"语，《魏略》则

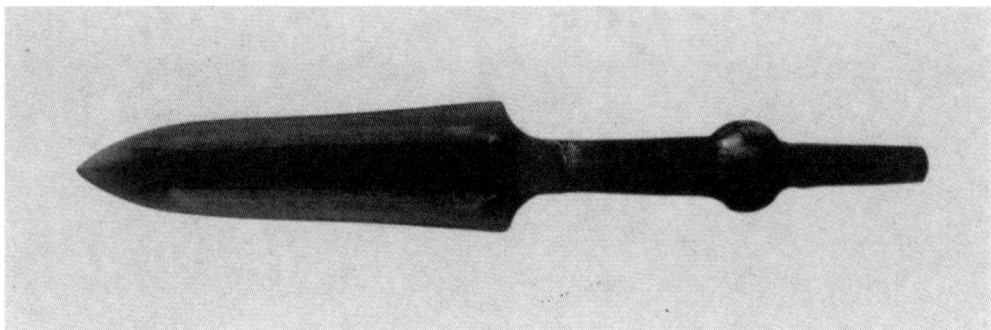

图四 西汉 玻璃矛（湖南长沙沙湖桥汉墓出土）

称"大秦国出赤、白、黄、青、绿、缥、红、紫十种琉璃"。但从出土器物形式，如作云乳纹的璧、白料蝉、浮雕子母辟邪的剑饰、战国式的矛头等看来，可以说这部分实物，是只有在国内才能生产的。晋南北朝以来翻译印度佛经，更欢喜用"琉璃""玻璃"等字句。因此过去中国历史学者，受"中国文化西来说"的影响，多以为中国琉璃和陶器上釉的技术，都是外来物，而且时间还晚到汉魏时代。近年来新的殷周有釉陶器的发现，和晚周及汉代大量精美玻璃实物的出土，和数以万计墓葬材料的陆续出土，已证明旧说见解实不正确。

现在我们可以比较肯定的说，中国工人制造玻璃的技术，由颗粒装饰品发展而成小件雕刻品，至晚在二千二百年前的战国末期已经完成。再进一步发展成日用饮食器物，二千年前的西汉也已经成功。战国古墓中，已发现有玉色琉璃璧和玉具剑柄，以及剑鞘上特有的玻璃装饰物品。汉代墓中并有了死者口中含着的白琉璃蝉，广东汉墓并且已经发现琉璃碗。魏晋时人作的《西京杂记》《汉武故事》《飞燕外传》和三国《胡综别传》，如记载还有一部分可靠性，则早到西汉，晚到三国时期，还使用过大片板状琉璃作成的屏风。虽然这时期小屏风做蔽灯用的还不过二尺见方（见《列女仁智图》），用于个人独坐的，也不过现在的三尺大小（见彩筐冢所得彩漆筐上绘孝子传故事）。然而还是可以说明板玻璃已能有计划烧出。换言之，即中国板玻璃的应用，时间有可能也早过二千年前。三国以后诗人著作中，已经常提起琉璃器物，如著名叙事诗《孔雀东南飞》就说及琉璃榻，傅咸文中曾歌咏琉璃酒卮，其他还有琉璃枕、琉璃砚匣、笔床各物。又著名笔记小说《世说新语》内容多是辑录魏晋人杂传记而成，其中记"满奋畏风，在晋帝坐，北窗作琉璃扉，实密似疎，奋有寒色"。又记王济事，称济为人豪侈，饮馔多贮琉璃碗器中。石崇、王恺斗富为人所共知，如为三尺高珊瑚和数十重锦步障，其实也谈起琉璃碗事。可知西晋以来已经有相当多的产量。惟记载未说明出处，是来自南海或得自西域，抑或即本国工人烧造，未可得知。

西晋末年，因西北羌胡诸游牧氏族侵入中国汉族文化中心的长安、洛阳，战事并继续发展，中国国土因此暂时以长江为界，分裂成两个部分，即历史中的南北朝时期。在长江以北，游牧民族军事统治者长时期的剧烈斗争，使重要的生产文化成就，多遭受严重破坏。琉璃制造技术，也因此失传。直到北魏跖跋氏统一北方后，才又恢复生产，《北史》称："琉璃制造久失传，太武时天竺国人商贩至京（指洛阳）自云能铸五色琉璃。于是采砺山石于京师铸之。既成，光泽美于西方来者。乃诏为'观风行殿'，容百余人。光色映澈。观者见之莫不惊骇，以为神明所作。自此中国琉璃遂贱，人不复珍之。"由此可知彩色琉璃的烧造技术在北方确曾一度失传。到此又能大量烧造平板器物，直接使用到可容百人行动的大建筑物中。这类活动建筑物虽然已无遗迹可寻，但在同时期墓葬中，却有重要实物发现。建国后河北景县封姓五座古墓发掘中，除得到大量具有时代特征的青釉陶瓷外，还得到两个玻璃碗，一个蓝色，一个浅绿色，现陈列于北京中国历史博物馆。这种碗当时似为服长生药所用，晋代人有称它做"云母碗"的。

这时期中国的南方生产已有进一步发展，绿釉瓷的烧造也达到了完全成熟期。薄质丝绸和新兴造纸，更开始著闻全国。文献记载中虽叙述过用琉璃做种种器物（如庾翼在广州赠人白㼾，似即白色料器），由于制作技术究竟比较复杂，并且烧造技术仅掌握在少数工人手里，成品虽美观，还是远不如当时在江浙能大量生产的缥青色釉薄质瓷器切合实用。又因政治上经过剧烈变化，正和其他文化成就一样，玻璃无法进一步发展，关于实物品质形式的知识我们也知道不多。惟这个时期正是中国佛教迷信极盛时期，统治者企图借宗教来麻醉人民的反抗意识，大修庙宇，照史书记载，北朝统治者曾派白整督工七十万人修造洛阳伊阙佛寺。南朝的首都金陵相传也有五百座大庙，北朝的庙宇则有一千三百多个。此外还有云岗、敦煌、麦积山、天龙山、洛阳、青州、巩县等石窟建筑群。这时期的佛像以土木雕塑而成，而且都经常使用各色珠玉宝石、琉璃作璎珞装饰物。试从现存洞窟壁

图五　隋　绿玻璃瓶（陕西西安李静训墓出土）

画雕塑装饰，如敦煌壁画近于斗帐的华盖、藻井部分边沿的流苏来看，还可想象得出当时彩琉璃珠的基本式样及其应用情形。隋代政府收藏的书画卷轴，照史志记载，也有用各色琉璃作轴头的。隋仁寿时李静训墓中几件水绿色玻璃器（图五），是目前为止出土文物中最能说明当时生产水平的几件实物。《隋遗录》记载中提及的宫中明月珠，有可能即为如宋人笔记小说所说的一种白色新型大琉璃灯。所不同处，只是隋代还当成宫中奇宝，宋代则已为商店中招徕主顾之物。《隋书·何稠传》称曾发明绿瓷，历来学者多据这点文献材料，说绿瓷成于何稠。如以近年出土文物判断，则绿釉瓷北方早可到东汉永元，惟白瓷倒只在隋代初次出现，透明绿琉璃也在这一历史阶段达成熟期。

　　唐代由于社会生产力的发展，琉璃制作也有了新的发展。庙宇殿堂雕塑装饰更扩大了彩色琉璃的需要，根据《唐会要》和《唐六典》记载，除由政府专设

"冶局"主持全国庙宇装饰佛像的琉璃生产外，日用器物中琉璃的使用，也日益增多。唐诗人如李白等，每用豪迈愉快感情歌颂现实生活时，提及西凉葡萄酒必兼及夜光杯或琉璃钟，此外琉璃窗、琉璃扉也常出现于诗文中。惟多近于从《艺文类聚》中掇拾《西京杂记》等文作辞章形容，不是事实。因直到晚唐苏鹗《杜阳杂编》记元载家红琉璃盘，还认为是重要宝物，可知珠玑易烧，大件瓶盘还不多见。又《唐六典》卷四说："平民嫁女头上金银钗许用琉璃涂饰。"《唐六典》完成于天宝时代，可知当时一般小件琉璃应用的普遍程度。不过作器物的特种彩色琉璃，依旧似乎不怎么多。直到宋代，真腊贮猛火油和其他外来蔷薇露，还特别记载是用玻璃瓶贮藏，记大食传入中国贡品时，也曾提及许多种玻璃器。可知中国工人还不熟悉掌握这种烧造技术。这问题如孤立的从技术发展上来认识，是不易理解的，甚至于因此会使人对于战国、汉代以来琉璃生产的成就产生怀疑。但是如联系其他部门生产情形看，就可知道这种情况倒十分自然的事。唐代瓷器的烧造，品质已十分精美。河北邢州的白质瓷器，和江南越州的绿釉瓷器生产品不仅具全国性，并且有大量成品向海外各国输出。又中国丝绸锦缎，原来就有一个更久远的优秀传统。发展到唐代，薄质纱罗由汉代的方孔纱到唐代的轻容、鲛绡，更有高度的进步。生产的发展和社会多数应用的要求有密切关系，玻璃和陶器比较，技术处理远比陶器困难，应用价值却又不如陶器高，这是当时透明琉璃不容易向应用器物发展的原因。玻璃和薄质纱罗以及纺织物比较，也是如此。薄纱中"轻容"，诗文中形容或称"雾縠"，显示质地细薄，已非一般人工可比。由于这类轻纱薄绢的生产，既结实又细致，甚至于影响到中国造纸工业的进展。例如五代以来虽有澄心堂纸的生产，在绘画应用上，却始终不能全代替细绢的地位。一般作灯笼，糊窗隔子，用纱罗早成社会习惯，而且在使用时具有种种便利条件，价值更远比玻璃低贱，这是使平板玻璃在唐代不容易得到发展的又一原因。因此直到晚唐《邺侯家乘》称代宗时岭南进九寸琉璃盘，又权臣元载家有径尺红琉璃盘，都认为是难得宝物。唐代重灯节，每到正月元宵全国举行灯节。当时政府所在地的长安灯节，更是辉煌壮观。据《朝野佥载》叙述，睿宗和武则天时灯有高及十丈延续百丈的。这种成组列的灯彩，个体多作圆形或多面球形的骨架，用薄纱糊就，画上种种花纹，灯旁四角还点缀种种彩色流苏珠翠。琉璃的使用，是作为灯旁装饰，灯的主要部分还是用纱。借此可知某一部门的生产，常常和其他部门生产相互制约，有些还出于经济原因。唐代镜子工艺可说是青铜工艺的尾声，然而也是压轴戏，许多作品真可说近于神工鬼斧，达到金属工艺浮雕技术最高水平。并且已经大量使用金银薄片镶嵌在镜子背面，制作了许多华丽秀美的高级艺术品外，还曾用彩色琉璃镶到镜子背上，得到非凡成功。可是却没有工人会想到把这种琉璃磨光，设法涂上磨镜药，即可创造出玻璃镜子。这种玻璃镜子直到一千年后才能产生出来，结束了青铜镜子延长约二千三百年的历史使命。仔细分析，还是受条件制约限制，即当时铸镜工艺优秀传统，已成习惯，而且十分经济，才不会考虑到还有其他更便宜的材料可以代替。

本文原载于 1960 年 1 月《美术研究》。1986 年收入商务印书馆（香港）有限公司发行的《龙凤艺术》一书。后编入《沈从文全集》。现据《沈从文全集》第 28 卷编入。

四 漆器

漆工艺问题

　　中国文化发展史，漆工艺占了个特别位置，重要处不下于丝和瓷，却比丝和陶瓷应用广泛而久远。且在文化史分期过程中，作过种种不同光荣的贡献。

　　史前石器时代，文化中的蒙昧期，动物或植物的油脂，照需要推测，很可能就要用到简单武器的缠缚和其他生产工具实用与装饰上。到彩陶文化占优势时，这些大瓶小瓮的敷彩过程，在红黑彩色是否加过树脂，专家吴金鼎先生的意见，一定相当可靠。吴先生不幸早死，有关这一点我们浅学实不容易探讨。山东龙山镇发现的黑陶片上，有刻画古文字明白清楚，"网获六鱼一小龟"，时间稍晚，安阳殷墟商代王公古墓中，又有无数刻字龟甲，虽不闻同时有成形漆器或漆书发现，惟伴随青铜器发现的车饰，箭镞，当时在应用上，必然都得用漆涂饰。使用范围既广，消费量自然就已加多。当时生产方式及征集处理这种生产品情形，虽少文献可以征引，但漆的文化价值，却能估计得出。

　　到文字由兽骨龟甲的刻镂，转而在竹木简札上作历史文件叙录时，漆墨首先即当作主要材料，和古代史不可分，直到纸绢能完全代替竹木简札的后汉，方告一个段落。然即此以后二千年，墨的制造就依然离不了漆。其他方面且因社会文化一般发达，在日用器物上，生和死两件大事，杯碗和棺木，都少不了漆。武器中的弓箭马鞍，全需要漆。所以说，一部漆的应用小史，也可说恰好即是一部社会发展简史。

　　它的意义当然不只是认识过去，还能启发将来。据个人愚见，漆工艺在新的社会中，实有个极光辉的前途，不论在绘画美术上，在日常器物上，它是最能把劳动和艺术结合到应用方面，比瓷器更容易见地方性和创造性的，在更便利条件下能产生的。

《尚书·禹贡》称：

> 荆河惟豫州……厥贡漆、枲、绤、纻。
> 济河惟兖州……厥贡漆、丝。

可知当时中原和山东均出漆。《韩非子·十过》篇说：

> 尧禅天下，虞舜受之，作为食器，斩山木而财之，削锯修其迹，流漆墨其上，输之于宫，以为食器。诸侯以为益侈，国之不服者十三。舜禅天下而传之于禹，禹作为祭器，墨漆其外而朱画其内，……觞酌有采而樽俎有饰……殷人……食器雕琢，觞酌刻镂。

古史传喜称尧舜。商以前事本难征信，不尽可靠，惟漆器物的使用在远古，却是事实。人类文明越进步，漆的用处就越加多。周官职方氏记河南之利为林漆丝枲。漆林之征二十而五。或纳贡，或赋税，大致在周初，国家有关礼乐兵刑器物，已无不需要用漆调朱墨作彩绘，原料生产且补助过国家经济。不过世人习惯漆的故事，或者倒是《史记》所记赵襄子漆智伯头作饮器雪恨，及豫让报仇，漆身为癞等等，因为是故事，容易记忆。

战国时有名思想家庄周，尝为漆园吏，专管漆的生产。《续述征记》称古之漆园在中牟。《史记·货殖列传》称：

> 陈、夏千亩漆……皆与千户侯等。
> "通邑大都……木器髤者千枚，铜器千钧，素木铁器若卮茜千石……此亦比千乘之家，其大率也。"

记载虽极简单，已可见出当时漆树种植之富和制器之多。《考工记》记百工，均分门各世其业，更可知运用这种生产的漆工艺，早已成为专门家的工作。生产原料和制作成品，多到一个相当数目的人，都可得官，或者说经济地位近于那种官。

更可知在当时漆器加工和铜铁的比价，实在相当高。有千件漆器，不封侯也等于封侯。

漆工艺彩绘上特别进步，当在战国时。封建主各自割据一方，思想上既泛滥无际，诸子竞能，奇技淫巧亦必因之而大有发展。漆工艺的加工，大致出于这个时期。韩非子《说难》……这从现存寿州楚漆板片及长沙出土漆器，也可推想一般状况。且可明白汉漆器的精美，是继承，非独创。

桓宽《盐铁论》叙汉人用漆器事说：

今富者银口黄耳……中者舒玉纻器，金错蜀杯。

叙述价值是漆与铜比一抵十。出处多在西川。这事在扬雄《蜀都赋》中也早已说过。廿年来日本人发掘朝鲜汉墓，更证实了那个记载。所谓"雕镂釦器，百技千工"，照漆器铭文记载，每一件器物，的的确确是用个分工合作方式集合多人产生的。

目前所知，有铭文器物时代最早的，是汉昭帝始元二年，约公元前八十五年。当时即已分木胎和夹纻底子，除朱墨绘画外，还有金银铜贝作镶嵌装饰。彩绘颜色多红黑对照，所作人物云兽纹饰，设计奇巧，活泼生动，都不是后来手艺所能及。中国绘画史讨论六法中"气韵生动"一章时，多以画证画，因此总说不透彻。如果从漆画，从玉上刻镂花纹，从铜器上一部分纹饰来作解释，似乎就方便多了。

漆器铭文中又常有"造乘舆髤……"字样，或可当作皇家御样漆器解。大致当时铜器因为与兵器有关，制造上多出尚方专利。漆器则必须就地取材，却得法令认可，所以有"乘舆髤"字样。制造工官位职都不太小，事实上器物在技术方面的进步，也必然和这个有关，当时还有大器，即彩漆棺木。

照汉代制度看来，比较重要的大官，死后即尝得这种赏赐。《后汉书》记载：

（梁竦）改殡，赐东园画棺、玉匣、衣衾。

（梁商）及薨……赐以东园朱寿之器、银镂、黄肠、玉匣、什物二十八种。

袁逢卒，赐以珠画特诏秘器。

漆工艺的堕落，和其他工艺堕落，大约相同，当在封建政治解体，世家子、地主、土豪、群雄竞起争天下的三国时代。汉代蜀锦本名闻国内外，有关当时西蜀经济收入，是国家财政一环。《左慈传》曾称，曹操派人入蜀市锦，因慈钓于堂前坎垱中一举得鲈鱼，拟入蜀购紫芽姜，并托多购锦二匹。曹丕文中却以为蜀锦虚有其名。诸葛亮教令，提及普通刀斧军器不中用，一砍即坏，由"作部"定造，毛病方较少。大约战争连年，蜀之工艺均已堕落，中原佳好漆器更难得，所以曹操当时启奏中，常常提及献纳漆器事情，郑重其事的把一两件皮制漆枕或画案，呈献汉末二帝。谢承《后汉书》称郭泰（林宗）拔申屠子陵（蓍）于漆工之中，欣赏的可能只是这个人的才能器识，未必是他的手工艺。

到晋代后，加工漆器似乎已成特别奢侈品，也成为禁品。有两份文件涉及这个问题。

晋令曰："欲作漆器卖者，各先移主吏者名，乃得作。皆当淳漆著布骨，器成，以朱题年月姓名"，可知已恢复了汉代旧规矩，作漆器要负责任，乱来不得。又《晋阳秋》说："武帝时，御府令（又作魏府丞）萧谭承、徐循仪疏："作漆画银槃（一作漆画银带粉碗），诏杀之。"不得许可作来竟至死罪。《东宫旧事》载漆器数十种，就中有"漆酒台二，金涂镶甸"，可知汉银钿器制式尚留存。又《续齐谐记》称"王敬伯夜见一女，命婢取酒，提一绿沉漆榼"，可知彩漆不止朱墨。（绿沉另有解）。《世说》称"王大将军（敦）如厕，既还，婢擎金漆盘盛水，玻璃碗盛澡豆"，可知当时金漆实相当贵重。宏君举食檄有"罗甸碗子"，可知漆嵌罗甸还本汉制。《东宫旧事》又载有"漆貊炙大函一具"。释名称"貊炙，全体炙之，各自刀割，出于胡貊之所为也"。可知当时仿胡食烧烤时髦餐具，也有用漆造的。《邺中记》则记石虎有漆器精品：

"石虎大会，上御食，游槃两重，皆金银参带，百二十盏，雕饰并同。其参带之间，茱萸画微如破发，近看乃得见。游槃则圆转也。"正和韩非《说难》所称战国时人为周王画策记载相合。若将古代碾玉冶金技术进步比证，这种精美漆画是可能的。

漆工艺入晋代日益衰落，或和社会嗜好有关。晋人尚语文简净，影响到各方面，漆器由彩饰华美转而作质素单色，亦十分自然。世传顾恺之《女史箴图》，一修仪理发人面前漆奁，边缘装饰尚保留汉代规式，已不着花纹。《东宫旧事》所提若干种漆器，都不涉及花样。又南方青瓷和白瓯，当时已日有进步，生产上或比较便宜，性质上且具新意味，上层社会用瓷代漆，事极可能。王恺、石崇争奢斗富，酒宴上用具，金玉外玻璃琉璃，尝见记载，惟当时较摩登的，或反而是山阴缥青瓷和南海白瓯。尤其是从当时人赠送礼物上，可见出白瓯名贵。从史传上，一回著名宴会，可以推测得出所用酒器大致还是漆器，他物不易代替，即晋永和九年三月，王羲之邀集友好，于山阴会稽兰亭赋诗那次大集会。仿照周公营洛邑既成羽觞随波应节令故事，水边临流用的酒器，大有可能还是和汉墓中发现的漆耳杯相差不多。这种酒器就目前发现已知道有铜、瓷、瓦、玉、铅、漆，各种多由于仿蚌杯而来。惟漆制的特别精美，纹样繁多。

晋六朝应用漆器名目虽多，已不易从实物得一印象。只从记载上知道佛像已能用夹纻法制造，约在第四世纪时，当时最知名的雕刻家戴逵，即在招隐寺手造五夹纻像。随后第六世纪，从梁简文帝文章中，又可见曾令人造过丈八夹纻金薄像。这种造像法，唐代犹保存，直延长到元朝大雕塑家刘元，还会仿造。当时名叫"抟换脱活"，即抟泥作成佛像坯子，用粗麻布和油灰粘上，外面用漆漆过若干次后，再把泥沙掏空即成。后来俗名又叫"干漆作法"，在佛像美术中称珍品。

至于殉葬器物，则因汉末掘墓和薄葬思想相互有关，一般墓葬，已不会有汉乐浪王盱、王光墓中大量漆器出现，在南方绍兴古坟已多的是青质陶瓷，在北方，最近发现的景县封氏墓，也还是瓷器一堆。所以说陶瓷代替了战国时铜器，汉时漆器，成为殉葬主要物品不为过分。

但是到唐朝，漆器又有了种新发展，即在漆器上镶嵌像生金银珠贝花饰，名"平脱"。方法旧，作风新。这从日本正仓院和其他方面收藏的唐代乐器、镜奁、盒子等等器物可以知道。唐代艺术上的精巧，温雅，秀丽，调和，都反映到漆工艺中，得到了个高度发展。惟生产这些精美艺术品的工师姓名，在历史上还是埋没无闻。

到宋代，方又一变而为剔红，堆朱，攒犀，等等。惟当时上层社会极奢侈，国家财富多聚蓄于上层社会，日用器物多金银，所以代表上层统治者宴客取乐的开封樊楼（丰乐楼），普通银器竟过万件，足供千人使用。不曾提漆器。加之当时开封、定州、汝州、瓷器制作，由国家提倡，社会爱好，官窑器已进入历史上的全盛时代，精美结实都稀有少见，比较上从工艺美术言来，漆器虽因加工生产过程烦琐，依然为上层社会重视，就一般社会说来，似乎已大不如当时官窑青瓷和白定瓷有普遍重要意义了。所以到北宋末年，徽宗知玩艺术而不知处理政治，为修寿山艮岳，一座独夫个人享受的大园子，浪费无数人力物力，花石纲弄得个天怒人怨，金人乘隙而入，兵逼汴京，迫作城下之盟，需索劳军物品时，公库皇室所有金银缴光后，还从人民敛聚金银器物，一再补充。《大金吊伐录》一书，曾有许多往来文件记载。当时除金玉珠宝书籍外，锦缎、茶叶、生姜都用得着。惟瓷漆器和字画不在数内。宋朝政府有个答复文件，且说到一切东西都已敛尽缴光，朝廷宴饮只剩漆器，民间用器只余陶瓷。一可见出当时漆器多集中于政府，二可明白到南宋，北方漆瓷工艺必然衰落。到元代蒙古人入主中国时，两种工艺必更衰落无疑。从史志记载，得知北宋漆工艺生产在定州，南宋则移至嘉兴及杭州。《武林旧事》称临安各行业时，即有金漆行一业。元代虽有塑像国手刘元，还能作脱活漆像，本人且活到七十多岁，据虞集作的《刘正奉塑像记》，当时却被禁止随便为人造作。漆的应用到宋代，已有过一千五百年历史，试就历代艺文志推究，或可在子部中的小说与农家中早有过记载，惟直到宋代，才有朱遵度作一部《漆经》，书到后来依然散佚不存。仅从现存宋代剔红堆朱器物，还可看出这一代器物特点和优点。元明二代漆艺高手集中嘉兴西塘杨汇地方，多世擅其业。个人且渐知名，如张成、杨茂、杨埙，或善剔红，或善戗金，知名一时。仅存器物亦多精坚华美，在设计上见新意，自成一格。杨埙因从倭漆取法，遂有"杨倭漆"之名，明清以来退光描金作小花朵器物，霏金飘霞作法，似即从杨传入而加以变化。张成有儿子张德刚，于明成祖时供奉果园厂，作剔红官器，另外有个包亮还能与之争功。明代漆器的发展水准，因之多用果园厂器物代表。个人著名的应当数黄大成，平沙人，世人因此叫他作"黄平沙"。作品足比果园厂官器。且著有《髹饰录》二卷，为中国现存仅有关于漆工艺生产制造过程专书。明末扬州有个周某，发明杂宝玉石象牙镶嵌，影响到清乾隆一代，产生应用器物插屏、立屏、挂幅作风。清初有卢葵生，工制果盒、沙砚，精坚朴厚，足称名家……

就发展大略作个总结，可知一部有计划的漆工艺史，实待海内学者通人来完成。这种书的编制，必注意两点方有意义：一是它的生产应用，实贯串中国文化史全时期，并接触每一时代若干重要部门问题，由磨石头的彩陶时代起始，到现代原子能应用为止，直接影响如绘画雕刻，间接影响如社会经济。我们实需要那么一本有充分教育价值和启示性的著述，作一般读物和中级以上教育用书。可是到目下为止，它的产生似乎还极渺茫。

原因是：从史学研究传统习惯上说来，历史变与常的重点，还停滞在军事政治制度原则的变更上，美术史中心，也尚未脱离文人书画发展与影响。换言之，即依然是以书证书，从不以物证书。漆之为物，在文化史或工艺美术史方面的重要贡献，一般学人即缺少较深刻认识，求作有计划有步骤研究，当然无可希望。

本文作于 1948 年秋冬。后《沈从文全集》据三种不完整手稿整理编入。现据《沈从文全集》第 28 卷编入。

中国漆器工艺

漆对于中国文化发展史，实占了个特别位置，重要处不下于丝与瓷，却比丝和瓷应用广泛而久远，且在文化发展史分期过程中，作过种种不同的贡献。因此一本合乎理想的中国文化史，每一章子目中，似乎都必然应当有点关于漆的应用叙述。一本近乎理想的漆工艺史，也必然是纵贯中国文化史全时期，并触及若干问题，若干部门。我们实需要完成那么一本有意义的著述。可是至今为止，还无人注意。原因十分简单，即对于这个重要问题，在纯历史学传统研究习惯上，唯心、唯制度原则、唯文章重视情形下，美术史又尚未脱离窄范围单纯文人书画史转述情形下，漆之为"物"，在文化史或工艺美术史方面的重要贡献，即根本尚缺少认识，求学人作有计划有步骤研究，自然就更说不上了。秦汉以前文字记录本难征信，惟从现存实物一段战国时楚彩漆板片，即可证实漆的应用及加工精美处，在二千三百年以前，已极惊人。然而二千年来，除朱遵度一部《漆经》（已佚），即仅仅明代漆工艺名家黄大成（平沙）著一部《髹饰录》，并由另一名家杨明作注，留传日本，经近人朱启钤抄回，阚铎加注，始刊行于××堂丛书中。又《工艺美术家征略》，始将各地方志，及元明杂著中所载宋明以来漆工艺名手事迹，稍加纂辑。郑师许氏，始著一简单中国《漆器考》，作为上海市博物馆丛书之一。有关漆器名称讨论，只近人陆树勋氏参校前人著录，佐以近年日本学人意见，写作《釦器》与《犀毗》二小论文（见考古学丛刊七、八两期）。除商承祚氏于抗战期著有一《长沙所见漆器》，使国内学术界得知楚系铜器以外漆器大略情形，另有蔡先生著一《缯帛书》提及一些楚漆器报告。至于其他战国漆器在寿县长沙等处的发现，汉漆器在朝鲜、蒙古、绥远等处的发现、整理研究工作，多由东邻学人越俎代庖，致力用心。研究报告出版后，中国学人在文史问题上虽间有商讨，在工艺美术方面，竟从不闻启发过何等浓厚情感。事情显然，这和传统学术观有关。各大学历史系主持人历史观或美术史认识，如缺少一个新立场、新态度，这种停滞落后现象还将继续延长下去，不易改造。这个新立场态度，即必需能深会马列主义与毛泽东对马列主义的中国方式应用人民革命思想，方能把握得住问题。更需要的还是由少数知识分子手中产生的"文史"和由万千劳动者手中产生的"器物"，知兼爱并重，使之打成一片，看成整体。有关文物保存，如果还单纯并重如过去情形，书籍搁在图书馆，古物搁在博物馆，各立门户，各不相关。学校历史研究，还照例是右文而轻物，研究侧重理解制度上的礼乐兵刑，却不注意制度下的一切物，及社会经过长时期发展，残余下的一点物，还如何可以贯串过去，影响未来。文与物既游离不相粘附，少有机联系，因此文的知识既不完备，物的知识也极空疏，尤其是物的知识以及保存物的用意，便不免受影响，停顿于赏玩古董意识上，无从前进一步。国家特种文物收藏，尽管越来越丰富，却无从真正丰富年青学人和那个更大多数普通群众多少文化知识，并启发那一点新的创造心。有关这件事，如与东邻学人近三十年工作成就比较起来，我们会觉得凡有心人都不免自愧，因为用任何理由解释，在文化知识普及与提高两事上，我们的研究态度研究成绩都还是落后了一步。我们许多事能作而不肯作，如陶瓷史、雕刻史、铜器史，他人多已占先——代为作过了。他人终究隔了一层，作来成绩虽未满人意，但是目下谈历史考古，谈工艺改良，教学与应用，差不多依然还离不开他人整理的材料。即仅就这个情形说来，也就不能不要有个彻底变更，老的帮助年青的，年青的鼓励老的，团结合作，急起直追的努力，方不至于长远落后！更何况一个崭新的社会，一个劳动群众领导的，新民主主义国家，新史观固然离不了物，新史学又哪能再和物分开？

有关史学系改变事，自然并不简单，有待全国专家学人，作各方面研讨，分部门，分问题，分时期，在一个分工合作方式下进行，将来自可望异途同归，完全改观。个人却认为希望值得有人就工艺范围内，荟萃前人意见，史志叙录，实物印象，从漆工艺美术问题上，先作个尝试探讨。这本是个"举鼎绝膑"的工作，难于见好是意中事，这个工作的进行，实期有三方面的指正和帮助：一从史志的叙录上，要知道更多的书。二从物的制作过程，及形态涉及相关美术品的解释上，要明白更多的事。三，把文与物结合，应用到一个新的社会科学新的美术观时引叙文件上。三方面总不能不有错误，必需指正和补充。这正如一个小学生的习作，敢于从事涂抹，是从"由空想到证实"一个名词一个文件得到启发和鼓励方着手的。更大希望还是一句老话"抛砖引玉"，由此不久就可读到国内有心学人一部充实有分量有见解的巨著。以个人愚见，新中国必需要有这样一种著作，在新的时代新的社会产生。对过去，可以作个总结，足以解释这部门工艺，万千劳动群众，无名艺术家，于文化史上所作成的光荣伟大贡献，在美术史上应占定一个正当位置。并由理解遗产在技术上、设计上多方面的应用与发展，启示将来，扶助目下业已十分衰落的漆工艺，如何再造、重振。尤其是鼓励年青艺术家，赶快从学校走出，用一个崭新学习态度，转向国内现存的漆工艺长老师傅，好好学习，把新的广博知识和旧的优秀技术重新结合，于新的工艺美术创造上，恢复发扬漆工艺本来的光荣，并扩大新的绘画范围和器材的应用。

这个工作的较多方面整理编辑，也许最好还是由清华大学营建学系，中国营造学社，北大博物馆，历史博物馆，故宫博物院，各方面合力同工，来设法完成它。向人民靠拢原则虽比较抽象，美术史教学要一本新书，却明明白白搁在眼前。

本文作于1949年夏，系作者病中所写。后《沈从文全集》据三种不完整手稿整理编入。现据《沈从文全集》第28卷编入。

我们从古漆器可学些什么

近十年来，出土文物古代工艺品中使我们视野开阔，计五个部门，即金属加工、陶瓷、漆器、丝绸和雕玉。特别是漆器上的彩绘，丰富了我许多知识，除明白它的工艺图案艺术特征外，还借此明白它和在发展中的社会历史的密切关系。

北京荣宝斋新记，新近用彩色套印木刻法，试印行了十种漆器图案，在美协会场随同其他木刻画展出。凡看过的人都同声赞美，对于二千二三百年前楚漆工的优秀成就，感到惊奇爱好外，还对于现代木刻表现的高度艺术水平尊重和钦佩。这些漆器大部分是从"楚文物展"和"全国出土文物展"中的漆器选印的。数量虽然不算多，却可以代表近年来中国古代漆器的新发现。特别重要是长沙楚墓出土的战国漆器。把这类漆器的花纹，用现代彩色木刻套印，在国内还算是首一次，是惟有政权在人民手中的今天，政府和人民，才会同样重视这种古代文化优秀遗产，把它来当作研究、学习和鉴赏对象的。

楚漆器的出土，最重要的是三个地方，即安徽寿县、湖南长沙和河南信阳。起始于一九三三年前后，安徽寿县"李三孤堆"楚王坟的盗掘，除发现近千件青铜器外，还得到一片有彩绘云纹的残漆棺。这片残棺是后来去作调查的李景聃先生，在附近一个农民人家猪圈边偶然看到，知道是从墓中取出，才花了点点钱买回的。漆棺壮丽华美的花纹，让我们首次对于战国时代的漆画，得到一种崭新深刻的印象。上面装饰图案所表现的自由活泼的情感，是和战国时代的社会文化发展情形完全一致的。但是注意它的人可并不多，因为一般学人还是只知道从带铭文青铜器证文献，一片孤立棺板引不起什么兴趣。

两汉书常提起少府监所属东园匠工官，当时专造"东园秘器"，供应宫廷需要及赐赠王公大臣死后殓身殉葬。共计事物约二十八种，中有"东园朱寿之器"，或"砂画云气棺"，同指彩绘花纹漆棺。旧俄时代"科斯洛夫考查团"，在蒙古人民共和国诺音乌拉汉代古墓中发现的彩绘云气纹残棺，上面保存的云中鸿雁花纹，是目下有代表性和说明性的重要遗物，没有它，东园匠所造"朱寿之器"制度是不得明白的。因楚漆棺的出土，和科学院后来在河南辉县发掘，得到一片作黼绣纹图案的残棺，我们才借此明白，汉代流行的丧葬制度，原来多是根据周代旧制加以发展的结果，并非凭空产生。即朱绘棺木，也并非从汉创始。辉县棺上彩绘的花纹，更为我们提出黼绣纹一项重要参考材料，修正了汉代以来说的"两弓相背"的注疏敷会，得出了它的本来面目。

长沙楚墓漆器的发现，比寿县器物出土稍晚一些，在抗日战争初期，因商承祚、陈梦家二先生的介绍，才引起部分学人的注意。旧中央博物馆筹备处方面，才当买古董一样收集了几件漆杯案。但是对于它的历史问题和比较知识，还是知道不多。出土有用材料多分散各地私人手中，由于保存不善，大都逐渐干毁。大批特别精美的器物，并且早被美帝国主义者的文化间谍，用种种狡诈无耻的方法，盗运出国。因此国内多数历史学者和美术史专家，直到解放前后，还很少有人知道楚漆器的发现，在新的学术研究方面，具有何等新的意义。

新中国成立以后，由于人民政府保护文物政策法令的实施，一方面把国内私人重要收藏，陆续购归国有；另一方面又学习苏联先进经验，在全国工业建设地区，经常配合一个文物工作组，清理出土墓葬遗址文物。材料日益增多后，战国时期楚文化的面貌，就越加明确，自从前年楚文物在北京历史博物馆举行展出后，许多人才认识到楚文化形象和色彩，实在丰富惊人。反映于文学作品中，曾产生爱国诗人屈原的诗歌，反映于工艺美术，还有当时楚国金工所铸造的青铜镜子，青铜加工兵器，木工作的大型彩绘雕花错金棺板，弓工作的便于远射鱼乌的弓弩和矰缴，以及漆工所作的各种色彩华美造形完整的漆器，特别具有代表性。文学和这些工艺品本来是两种完全不同的成就，却有一个共同的特征，就是"热情充沛，而色彩鲜明"。其实我们应当说，爱国诗人屈原的文学作品的背景，计包括三种成分：一个是土地山河自然景物的爱好，另一个是社会政治在剧烈变化中人民苦难的现实，第三个是劳动人民在物质文化方面创造的辉煌成就。屈原文学作品的风格，是综合了这一切的忠实反映。又汉文化受楚文化影响极深，文学上的关系，比较显著，前人已经常有论述。至于工艺生产方面的影响，由于这些新的发现，才进一步给我们许多启发。

楚漆器加工部分，大约可以分作四类：一多色彩绘，如漆盾和人物奁具；二朱墨单色绘，如羽觞和圆盘；三素漆针刻细花，如大小奁具，四浮雕罩漆，如大小剑匣。楚漆器花纹特征，从总的方面来说，是主题明确，用色单纯，组织图案活泼而富于变化。表现技术从不墨守成规，即或一个漆羽觞的耳部装饰，也各有匠心独运处。在器物整体中，又极善于利用回旋纹饰，形成一种韵律节奏感。例如图录中的龙凤云纹漆盾（见图一）和新出土的凤纹羽觞，都得到同样高度艺术成就。构图设计，还似乎未臻完全成熟，却充满了一种生命活跃自由大胆的创造情感，处处在冲破商周以来造形艺术旧传统的束缚，从其中解放出来，形成一种新的发展。最显明的是用三分法处理的圆式图案，本出于殷商青铜和白陶器中的"巴纹"，当时在彩绘木雕上镶嵌的圆泡状的蚌片，也有同样花纹。春秋战国时新流行的"玉具剑"的柄端，也常使用这个圆式图案：或错金，或嵌松绿石，或嵌一片白玉，多用三分法加工。但是因为面积小，变化就不怎么多。在楚漆器中，奁具和盘子类需要范围极广（见图七、图八），每一个套奁里外，常用到五六种不同装饰图案，绘画的表现又比雕刻镶嵌简便，因此这种图案，竟达到丰富惊人的美术效果。经过汉代再加以发展，如在他处发现之三辟邪奁里装饰和三熊盘，设计妥帖周到处，在中国工艺图案史的成就上，也应当占有一个特别地位。

楚漆器的花纹，大部分是用龙凤云纹综合组成，却并不像铜器花纹的凝固。从个别优点而言，如本图录中的漆案（见图三），因为平面空间比较大，红黑二色对照调子鲜明，即或只用几道带子式花纹作间隔装饰，经常也作得特别美观。羽觞造形不必受定型限制，材料处理伸缩性大，能把完整造形秀美花纹结合成为一体，更容易见出古代楚漆工的大胆和巧思。彩绘大漆盾同墓出土共四件，现存比较完全的计二件，虽大小形式相同，可是每一盾上的装饰图案，都表现出不同风格和性格，图案的综合变化，真是无比巧思。狩猎纹漆奁花纹（见图五），和战国以来一般金银错器花纹，显然一脉相通，也就为我们初步提供了许多物证，明白同式图案的发展，长江流域荆楚吴越工人实有大贡献。这时期金银错和刺绣花纹，其实都是由漆器花纹发展而出。

这些东西值得我们重视，不仅因为它是"战国漆器"，更重要还是"战国时代装饰艺术的作风"。种种花纹图案当时无疑还曾反映到造形艺术各部门，特别是建筑彩绘装饰上，具有那个时代风格的特征。

汉代漆器在材料应用和图案设计两方面，都进一步有了新的成就。首先是特种漆器的制造，已成国家特种手工业生产一个重要部门，除政府所在地的长安洛阳，少府监所属工官东园匠，经常大量生产各种"乘舆髹器"，此外"西蜀""广汉"和"武都"各地，也特别设立工官，监造各种精美漆器，并把成品分布到国内各个地区去。这些金银加工漆器，通名"金银文画钿器"或"三带金银钿器"，艺术价值既高，同时也是当时货币价值极高的特种工艺品。

这种金银加工漆器，在器材应用上的新发展，是用麻布丝绢作胎的夹纻器，多加上金银及铜鎏金附件，通例是平面部分用柿蒂放射式图案（多如水仙花式），腰沿部分则作三带式，另加三小熊作脚。这么一来，既增加了器物的坚固结实，同时又增加了华美。图案沿用旧形式部分，也有了充实和变化，如圆式图案利用三分法表现，因为需要范围日益广大，就创造了许许多多种好看新样子。又从魏武《上杂物疏》和《东宫旧事》记载，结合汉墓出土陶漆器看来，得知汉代以来当时还盛行径尺大小长方形"巾箱"，"严具""方蓝"和收藏文具药物的筐匣，都需要用长方式和带子式装饰。圆筒形的奁具，边沿也需要带子式装饰，因此更促进了这一式图案的多样化，打破了战国以来龙凤云纹反复连续的规律，并打破了图案组成的习惯，代替以种种不同的新画面。一个时代的艺术，内容必然反映出一定程度的社会思想，汉代统治者重儒术，企图利用孝道来巩固政权，孝子传故事就成了漆器中的主题画。汉代现实生活喜骑射游猎，狩猎图反映到各种工艺品装饰图案中，漆器也有分。汉代宫廷方士巫觋最善于附会神仙传说，影响政治文化各方面，到西汉挟书律废除解禁后，这类信仰并且逐渐由宫廷流行到广大民间。例如云气纹中的四神及其他杂鸟兽作主题的装饰，一切工艺品上无不加以反映，彩绘漆更作成多种多样的发展，云气纹中还常有羽人仙真夹杂其间。传说中最普遍的西王母，在造形艺术青铜砖石各部门都有表现，在漆器上无例外也占了一个特别位置。由于造形艺术上的西王母形象普遍反映是在东汉，我们就有可能把几个过去认为是六朝人伪托的汉代小说，产生时代提早一些，因为两者都不会是孤立产生的。

汉代由于铁冶生产发展，提高了农业和手工业生产，加以文、景两朝数十年间，政治上对于人民压迫比较缓和，知道节用惜物，在这个劳动人民生产物质积累基础上，帝国大一统的局面，到武帝刘彻时代才逐渐完成。这时期国境四方的军事活动，郊天封禅仪式的举行，都不惜大规模使用人力物力，表示统治者政治上的大排场和成功的夸侈。更因神仙传说的浸润，长安宫廷园囿中，根据《史记》《汉书》《三辅黄图》《汉旧仪》等记载，向上拔举的土木建筑，多已高达数十丈，神明台还相传高达百丈，云雨多出其下。每年祀太乙岁星时，还必用太祝率领三百名八岁大童男女，各穿锦绣衣裳，在台上歌舞娱神！为仿效方士传述的海上三神山景象，在长安挖掘了个昆明池，池中作成蓬莱、方丈、瀛洲三山，上面还放下各处送来的黄鹄白鹿、奇花异草，建筑更极华丽无比。气魄雄伟正是这个时代的特征，这点特征也反映到漆工艺的装饰设计上。这时期最有代表性的纹样，多是山云华藻起伏绵延中，有羽人仙真往来其间，鸿雁麋鹿，虎豹熊罴，青鹇白兔，野兕奔兕驰骤前后。图案来源或从两个矛盾部分综合而成：一个是纯粹社会现实享乐生活的写照，另一个却是对于神话传说的向往。汉代宫廷文人司马相如等，曾分别用富丽文辞来形容铺叙的问题，在日用漆器上，常常结合成为一个画面，而加以动人表现。

汉代金银加工的特种漆器，文献上如《汉书·贡禹传》的奏议，《盐铁论》的《散不足篇》，《潜夫论》的《浮侈篇》，早都提起过，近三十年全国范围内汉墓均有精美实物出土，已证明历史文献记载的完全正确。从朝鲜民主主义共和国和蒙古人民共和国出土有铭刻文字的汉代漆器，更得知当时生产分工已经极细，一件小小羽觞，由作胎榡到完成，计达七八种不同分工。绘画向例由专工主持，这种画工必须具体掌握生物形象的知识，能够加以简要而准确的表现，还必须打破一切定型的拘束，作自由适当的安排，不论画的是什么，总之，都要使它在一种韵律节奏中具有生动感。齐梁时人谢赫，谈论画中六法时，认为画的成功作品因素之一，是"气韵生动"。过去我们多以为这一条法则，仅适宜于作人物画好坏的评判。如试从汉代一般造形艺术加以分析，才会明白，照古人说来，"气韵生动"要求原本是整个的，贯串于绘画各部门——甚至于工艺装饰各部门的。一幅大型壁画的人物形象，可以用它来作鉴赏标准，一个纯粹用静物组成的工艺图案，同样也应当符合这种标准。最值得注意一点，即大多数工艺图案，几乎都能达到这个要求。汉代漆器图案，"气韵生动"四个字，正是最恰当的评语。

还有一个问题，也值得附带一提，就是这种工艺图案，还另外为我们保留了一点汉代社会史的材料。《三国志·魏志》，记载中国名医华佗事迹，曾提起过他常教人古代导引养生之术，即所谓"熊经鸟申却行返顾五禽之戏"。这种"五禽之戏"，极明显是从西汉以来就曾经被海上方士当成延年益寿的秘密方技传授的。以熊鹿为主的五禽名目，史传上虽有记载，形象活动世人却少知识。研究中国医药卫生史的人，也还少注意到。可是我们如果试从汉代漆器多留点心，就会发现漆器图案中的鸟兽名目行动，竟多和《华佗传》中说起的"熊经鸟申"大致相合。这绝不会是一种偶然的巧合。熊鹿活动形象变化之多，古代方士注意它的运动规律，用来当作锻炼身体的模仿学习对象，正是十分自然的。

《华佗传》所说的"五禽之戏"，也就是鱼豢著《魏略》，记邯郸淳初次会见三国名诗人曹植时，曹植解衣科头，朗诵俳优小说数千言后，当面表演的"五椎锻"。"五椎锻"原属于卫生运动技术一类，也就是古代的导引法。是熊经鸟申返顾却行五禽之戏。传习来处，当时或得于郤俭左慈诸方士，还有可能和古代印度波斯文化交流有些渊源。

我这点推测，可能是完全不对的，但是从这么一个问题说来，也就可见从实物出发，对于中国物质文化史的研究探讨，还是一条新路，值得有人向前迈进一步。在全国范围内数量以十万计（将来还会以百万计）的出土文物，对于今后文史研究的影响，也是极明显的。多数人如依旧照过去对于古文物情形，只把它当成古董看待，货币价值既不高，很多又缺少美术价值，保存文物的重要性将不容易明确。惟有能够把它当成古代物质文化发展史的地下材料看待，才会觉得这里有丰富的内容，值得我们用一种新的态度来发现，来研究，来理解！依个人浅薄私见，历史科学能否成为一种科学，就决定于研究者方面，对于新的材料的认识态度而定。我们业已理解到，如孤立片面的，从文献学出发，贯串史料，对于古代社会的面貌，文献不足征处，将永远成为空白；如相反，善于把这百十万件分布全国各个不同地区的地下文物，好好地和历史文献结合起来，从一个更全面更扎实的认识基础上，学习运用马列主义，进行新的分析探讨，就有可能，把许许多多的问题，逐渐明白清楚，文化史的空白处，也都可望逐渐充实填补起来。正犹如我们对于古代漆器一样，本来只是从文献上知道一些名目，并且由于宋明以来《三礼图》《三才图会》等书中半出于猜想的图画，对汉以前事多附会曲解，所得印象更不可靠。通过了近廿年多数人的劳动，在一定时间中，把出土材料分析综合，并联系其他出土材料作进一步比较，就可由"完全无知"进而为"具体明白"。并且由几件乍一看来，平凡普通，破烂皱缩的漆器上的残余花纹，因此明白了从战国到汉末，前后约六百年时间中的彩绘装饰艺术的作风，而这种艺术作风，原来和社会各方面关系，又还如此密切！因此让我们深深相信，必然还有许许多多历史问题，出土文物可以帮助我们具体解决。

一九五五年七月北京历史博物馆

1955 年，北京历史博物馆美术组摹绘的一组战国漆器准备印成图录，作者先曾参与编选，并为图录写了《题记》，经修改定稿后，篇名改为《古代漆器图案选题记》。荣宝斋新记以木刻水印《中国古代漆器图案选》时，署名北京历史博物馆编，题记未同时出版。作者随即将题记再次改写成为《我们从古漆器可学些什么？》，准备通过报刊，介绍这些精美文物和图片，但仍未得到发表。

《沈从文全集》将上述相关 3 稿中最后写成的文本编入，并配入当年所介绍的 8 幅战国漆器图片。现据《沈从文全集》第 28 卷编入。

图一　彩绘云龙纹漆盾

盾面花纹。湖南长沙战国楚墓出土。北京历史博物馆美术组摹绘。

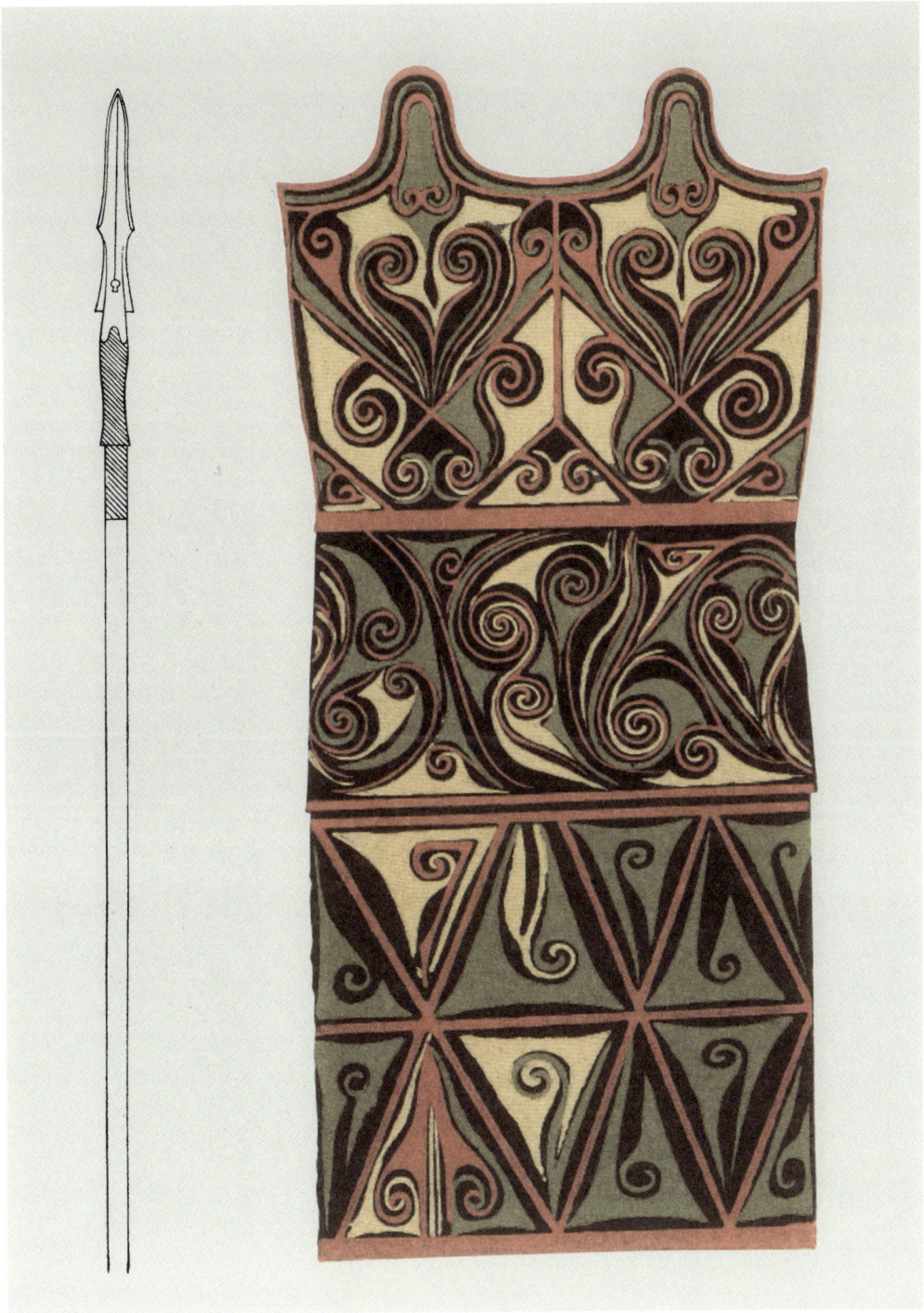

图二　彩绘云纹漆矛柄
上部部分花纹展开。湖南长沙战国楚墓出土。北京历史博物馆美术组摹绘。

图三　彩绘云凤纹漆案

案面花纹。湖南长沙战国楚墓出土。中国国家博物馆藏。北京历史博物馆美术组摹绘。

图四　朱墨绘云龙纹漆耳杯两种

杯内花纹。湖南长沙战国楚墓出土。北京历史博物馆美术组摹绘。

图五 彩绘狩猎云纹漆奁

奁身花纹展开。北京历史博物馆美术组摹绘。

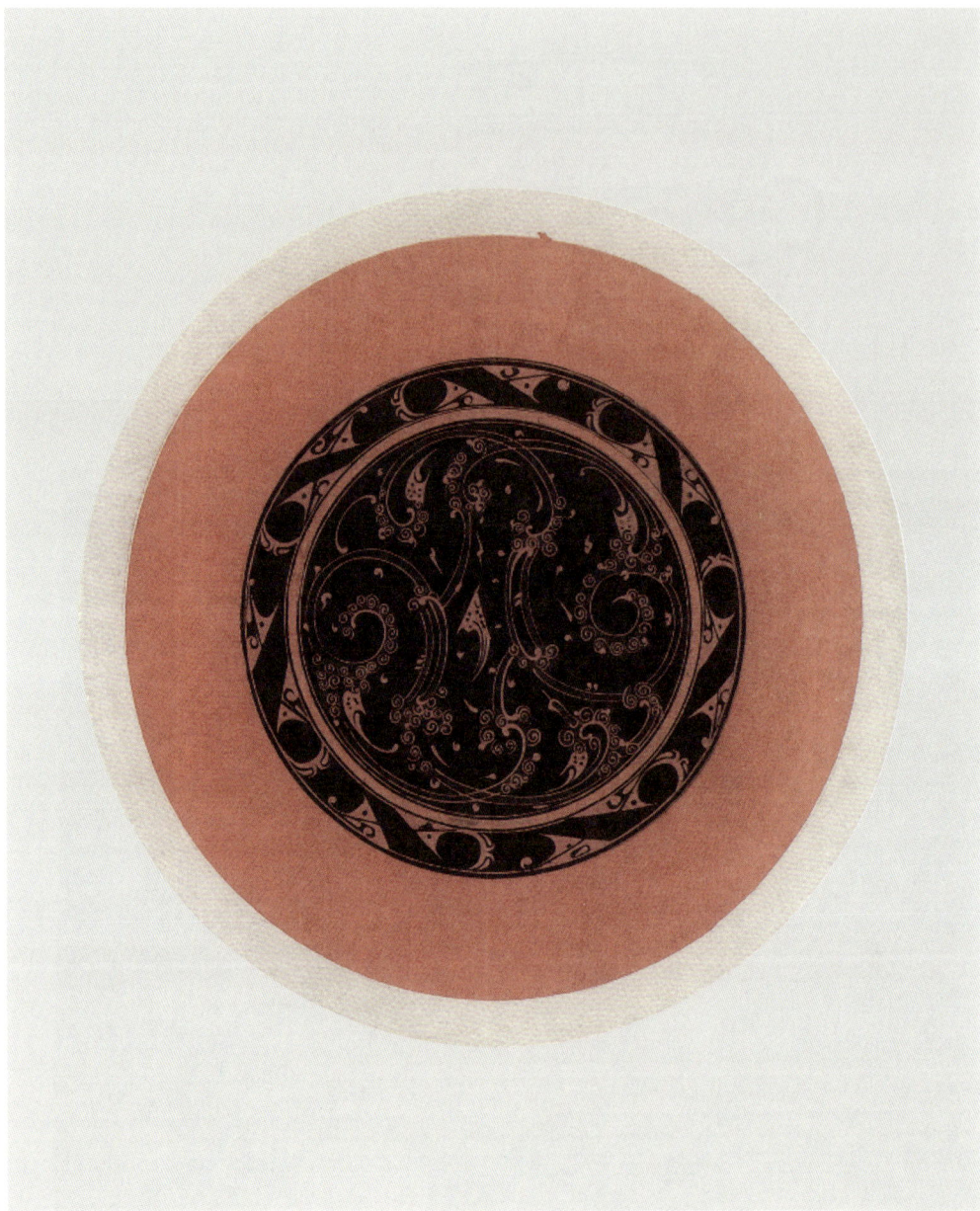

图六　彩绘云纹银边漆盘

盘面花纹。湖南长沙战国楚墓出土。中国国家博物馆藏。北京历史博物馆美术组摹绘。

图七 彩绘云纹漆盘

盘面花纹。湖南长沙战国楚墓出土。中国国家博物馆藏。北京历史博物馆美术组摹绘。

图八　彩绘云纹漆奁

奁盖花纹。湖南长沙战国楚墓出土。北京历史博物馆美术组摹绘。

螺甸工艺试探

这个草稿应属于古代漆工艺史部分，举例虽较简略，还有代表性，提法也较新，可供漆工艺史或工艺史参考。

作陈列说明，某一时漆器或镶嵌器也应分明白它前后有什么联系，从发展上，说才有道理，孤立即无话可说。

——作者题于原稿封套

一、螺甸工艺的前期和进展

近年来，工艺美术品展览会中，观众经常可见到一种螺蚌类镶嵌工艺品，一般多使用杂色小螺蚌，利用其本来不同色彩，及不同种类拼逗黏合而成花鸟山水，有的从赏玩艺术出发，作成种种挂屏、插屏、盘盒，有的又从日用目的出发，专作烟灰碟和其他小玩具，或精工美丽，或实用价廉，在国内外展出，都相当引人注意，得到一定好评。我国海岸线特别长，气候又温和适中，螺蚌种类极多，就原料说来，几乎取之不尽，用之不竭。因此由广东到东北，沿海各都市工艺美术研究所，对于这一部门工艺生产，如何加以发展，是个值得注意研究的问题。特别是这种取之不尽的原料，如能较好的和沿海几个都市同样富裕的童妇劳动力好好结合起来，它的前途实无限美好。将在旧有的螺甸工艺中，别出蹊径，自成一格，在赏玩艺术、实用艺术和玩具艺术生产中，都必然有广阔天地可供回旋。

在新的工艺品展览中，在文物艺术博物馆中，在人大礼堂各客室和其他公共花园及私人客厅里，我们又经常可看到用薄薄蚌片镶嵌成种种山水、花鸟、人物故事画面的挂屏、插屏、条案、桌椅、衣柜、书架及大小不同的瓶、盒、箱、匣，不论是家具用具还是陈设品，花纹图案多形成一种带虹彩的珍珠光泽，十分美丽悦目。总名叫"螺甸"器。作的特别精美的，上面还加有金银，或和金银综合使用，则名叫"金银嵌软螺甸"。若系径寸大切磨略粗蚌片镶嵌面积较大花纹到箱柜上的，名叫"硬螺甸"。这种蚌片或在玉石象翠杂镶嵌占有一部分位置，则称"杂宝嵌"。前者多精细秀美，后者却华丽堂皇，各有不同艺术成就。这些工艺品产生的年代，一般说来，较早可到唐代，已达高度艺术水平；最多的为明清两代，是全盛期也是衰落期。这个以蚌片为主的工艺品种，照文献记载，虽成熟于唐代，其实源远流长，属于我国镶嵌工艺最古老的一种。但是又和新近出现的嵌贝工艺，实同一类型，关系十分密切。因为同样是利用海边生物甲壳作为原料，来进行艺术加工，成为赏玩陈设美术品或日用品的。它不仅丰富美化了人民文化生活的内容，也代表我国工艺品一部门艺术成就，在世界美术博物馆镶嵌工艺陈列品中占有一定地位，十分出色，引人注目。

螺甸原属于镶嵌工艺一部门，主要原料是蚌壳。一般多把蚌壳切磨成薄片、细丝，或切碎成大小不同颗粒，用种种不同技术，镶嵌于铜木漆器物上，和漆工艺进展关系且格外密切。但应用和作法以及花纹图案，却又在不断发展变化中，因此于历史各个阶段里，各有不同成就。即同一时代，也常因材料不同，器物不同，艺术要求不同，作成各种不同艺术表现。例如同属明代螺甸器，大型家具如床、榻、箱、柜、椅、案，和案头陈设插屏，及大小盘合，就常常大不相同。有时甚至于把这些东西放在一处，即容易令人引起误会，以为"螺甸"若指的是这一种，其他就不宜叫做螺甸。也有器物大小差别极大，加工技法艺术风格又极其相近的。前者或出于地方工艺特征，例如山西、北京、苏州、广东生产就不一样。即或采用的是同一主题画，山西用大蚌片在木制衣箱柜门上镶嵌大折枝牡丹图案，地子不论红黑，一般多不推光，花样也以华丽豪放见长。至于苏式条案，这一丛牡丹花却多作得潇洒活泼，具迎阳含露清秀媚人姿态，漆面且镜光明彻可以照人。至于用小说戏文故事题材作的小件盘合，艺术风格不同处就格外显明。但也有由于个人艺术成就特别突出，影响到较多方面较长时期生产，令人一望而知这是某某流派的。例如明代苏州艺术家江千里，一生专以作金银嵌软螺甸小件器物著名，小只寸大杯子，三寸径小茶碟，大不过径尺插屏合子。并且特别欢喜作《西厢记》故事（有的人且说他一生只作《西厢记》故事），由于艺术精深，影响到明清两代南方螺甸制作风格，大如床榻、桌案，小如砚匣、首饰箱、杯盘，形成"江千里式"。和张成、杨茂作的剔红漆器，杨埙作的描金倭漆，都同样起着极大影响。除此以外，还有个时代因素，也影响到生产器物和艺术风格。比如唐代铜镜背面和琵琶阮咸背面，都有螺甸作成的，以后即少见。清代到乾隆以后，玻璃镜子和其他小幅插屏画绣，都流行用广作螺甸框子，因此京苏也多仿效。道光以后，卧室堂房家具流行红木嵌螺甸，因此广东、苏州产生大量成分螺甸家具。从镶嵌工艺应用范围说来，我们还没有发现历史上另外尚有比螺甸工艺在应用上更广泛的。

我们若想知道这部门工艺美术品种较详悉，明代漆工艺专书《髹饰录·坤集》内中曾记载下许多不同名目，反映得相当具体。明代权臣严嵩被抄家时，还留下个家产底册，名叫《天水冰山录》，也列举了好些螺甸家具材料。若把这两个文献记载，结合故宫现有大量螺甸器，和其他大博物馆收藏实物，以及被帝国主义者豪夺巧盗流失海外实物图片加以综合，有关这部门工艺美术知识，显然即将丰富扎实许多。

螺甸工艺的起源和进展，与蚌器的应用分不开。由应用工具进而为艺术装饰，又和玉石情形大体相同，都可说是"由来已久"。所以在镶嵌工艺中，名称虽不古，事实上出现却较早于其他镶嵌工艺。因为蚌器的应用，是在新石器时代，已成为某些地区某些部落当成利于刮削简便合用辅助工具的。锯类的出现，有两个来源：在西北某些地区为细石片镶嵌于骨柄上作成，中原或南方某些地区，最早便是用蚌壳作成。由于原料易得，因此在新石器时代，成为辅助生产工具。由于光泽柔美，且容易处理，因此在青铜时代，有机会和玉石同样，转化为镶嵌装饰工艺原料，施用于建筑和其他器物方面。这自然只是一种"想当然尔"的说法，惟和事实相去必不太远。

试从出土古文物上注意，我们即得知殷商时，由于青铜工艺的进展，雕文刻镂的工艺，也随同工具的改变而得到长足进展，代替了延长数千年的彩绘艺术，而作出许多新成就。青铜器母范代表了当时刻镂工艺的尖端。此外骨类的刻镂成就，也比较突出。玉石用双线游丝碾的作法，也是划时代成就（且直到战国，技术上犹并未超过）。为进一步追求艺术上的华美效果，利用各种不同原料的综合镶嵌艺术，因之应运而产生，反映到工艺各部门，特别是几个主要部门，成为奴隶社会制上层文化美学意识的集中反映。较原始的情形，我们还无知。我们能接触到的，还只是青铜文化成熟期，在青铜器上的镶嵌工艺。主要加工材料是松绿石、美玉和骨蚌片。可能还有些其他混合油漆矿物粉末彩料。为什么恰好选这几种材料作镶嵌原料？试加分析，即可知这也并非偶然事情。玉和骨蚌的性能，都是古代工人由于工具利用十分熟习的材料，而绿松石却是青铜原料一部分。这些材料有时综合使用，有时单独使用，全看需要而定。比如玉戈、玉矛、玉斧钺、玉箭镞，多是主要部分挑选青白美玉，却用青铜作柄，柄部即常嵌松绿石颗粒拼成的花纹图案。反映漫长石器时代已成过去，因而从石料中挑选出光泽莹润温美难得的玉类，加以精工琢磨，作为象征性兵器而出现。这种兵器一部分在当时也有可能还具实用价值，正如《佚周书·克殷篇》所叙述，武王当时得反戈群众和西南八个兄弟民族共同努力打败了纣王，纣王在鹿台自杀后，武王还用玄钺素钺亲自动手把这个大奴隶主的头砍下悬旗示众，表示天下归于姬周。但一般只是象征尊贵与权威，制作美丽重于实用却十分显明。还有一类主要部分全用青铜，只器身和柄部花纹图案用松绿石镶嵌的，除上述的几种兵器外，尚有一种弓形带铃器（可能是盾类装饰），随身佩带小刀及车马具，和部分礼器与乐器。就中又还有完全把玉石退缩到附属地位，和松绿石蚌壳位置差不多的，例如有种大型青铜钺，刃面阔径将达一尺，中心部分有个二寸大圆孔，孔中即常镶嵌一个大小相等小玉璧，璧中有一小孔，孔中又再嵌一松绿石珠，其他柄部刃部有花纹处也满嵌松绿石。这类兵器照文献记载，是历来为最高统治者或主兵权的手中掌握，象征尊严和权威的（汉代将帅的黄钺和后来的仪镋，都由之而来）。蚌类和青铜器结合，也只是在这类斧钺中发现过。最多是在另一方面，和漆木器物的结合。

从比较大量材料分析，商代青铜镶嵌工艺，主要材料是用松绿石作成的（部分可能使用油漆混合其他矿物粉末彩料填嵌。因为兵器类有许多凹陷花纹，还留下些残余物质）。所得到的艺术效果，实相当华美鲜明。很多器物虽经过了三千多年，出土后还保存得十分完整。至于焊接药料是和后来金工那样，用明矾类加热处理？还是用胶漆类冷处理？这些问题尚有待金工专家进一步作些探讨。青铜斧钺孔中也还有用揳入法镶嵌可以活动的，从开孔内宽外窄可以知道。

从青铜器镶嵌工艺看来，它是个重点工艺，却不是唯一的孤立存在的事物。铜陶石刻容器的成形，或本于动植原形，如瓟尊兕觥；或本于竹木器，如簠簋笾豆。除容器外，当时竹木器应用到各方面也是必然事情。兵器必附柄，乐器得附架，礼器食器势宜下有承座而上有盖覆。此外收藏衣物和起居坐卧用具，都得利用竹木皮革，由于青铜工具的出现，竹木器物工艺上更必然得到迅速进展，扩大了彩绘刻镂加工的范围。镶嵌工艺使用到竹木器上，也必然随同出现或加多。用青铜作为附件的用具也会产生。至于骨蚌类用于竹木器物上增加艺术上的美观，自然就更不足为奇了。我们说骨蚌类使用于青铜器方面虽不多，一起始即和漆木器有较密切的联系，这种估计大致是不会太错的。在来源不明的殷商残余遗物中，经常发现有大量方圆骨片，一面打磨得相当光滑，一面却毛毛草草，且常附有些色料残迹。另外有种骨贝情形也多相同。若非全部都是钉附于衣服或头饰上遗物，有可能当时是胶合粘附于器物上的。而且它当时并非单独使用，是和其他彩绘刻镂综合应用的。

安阳侯家庄大墓出土遗物中，还留下二十余片高约尺余宽近二尺的残余彩绘花土，上面多用朱红为主色，填绘龙纹兽纹，图案结构龙纹和铜盘上情形相似，多盘成一圈，兽纹则和武官村墓大石磬虎纹极其相近（记得辉县展览时，也有这么一片朱绘花纹，时代可能比安阳的早一二世纪）。在这类材料花纹间，就还留存些大径寸余的圆形泡沤状东西，或用白石或用蚌片作成，上刻三分法回旋云文（即一般所谓巴文），中心钻一小孔，和其他材料比较，且可推知小孔部分尚有镶嵌，若不是一粒绿松石，便是其他彩料。因为一般骨笄上刻的鸟形眼孔，和青铜钺上玉璧中和蚌泡中心，加嵌松绿石具一般性。

这种径寸大泡沤状圆形蚌饰，在古董店商代零散遗物中相当多，由于习惯上少文物价值，所以无人过问。既少文物经济价值，也不可能作伪。究竟有什么用处，还少专家学人注意过。考古工作者既未注意，一般谈工艺美术的又不知具体材料何在。事物孤立存在，自然意义就不多。但一切事物不可能会孤立存在。试从商代青铜器、白陶器作的尊、罍、敦、簋、盘、斝、爵等略加注意，会发现几乎在各种器物肩部，都有完全近似的浮沤状装饰，三分法云文虽有作四分的，基本上却是一个式样，才明白这个纹样在商代器物上的共通性。这些蚌片存在也并非孤立。从形状说最先有可能仿自纺轮，从应用说较早或具有实用意义，把带式装饰钉固到器物上，增加器物的坚固性。特别是在木器上使用时，先从实用出发，后来反映到铜陶上才成为主要装饰之一部门。从铜陶上得知这类圆形蚌器曾用在圆形器物的一般情形，从朱绘花上又得知用在平面器物上情形，从青铜斧钺上且知道还使用到两面需要花纹的器物上情形。

尽管到目前为止，有权威性专家，还抱着十分谨慎的态度，不能肯定那份朱绘残痕为当时彩绘漆器证明，且不乐意引用《韩非子·十过篇》中传说的朱墨相杂的漆器使用于尧舜，对于商代有无漆器取保留态度。但事实上漆的应用，却必然较早于商代，而成熟于新石器时代，由长时期应用而得到进展的。

在新石器时代或更早一些，人类和自然斗争，由于见蜘蛛结网得到启发，学会了结网后，捕鱼狩猎加以利用，生产方面显然得到了一定进展。用草木纤维作成的网罟类，求坚固耐久，从长期经验积累中，必然就会发现，凡是和动物血浆接触，或经过某种草木液汁浸染过的，使用效能即可大增。这类偶然的发现，到有意识的使用，成为一定知识，也必经过一个时期。此外石器中由小小箭镞到大型石斧，都必需缠缚在一种竹木附件上，使用时才能便利，求缠缚坚固，经久不朽，同样要用血浆和草木液汁涂染。漆的发明和应用，显然即由于这种实际需要而来。至于成为艺术品还是第二步。这也正和我们蚕桑发明一样，如《尔雅》叙述，古代曾经有个时期，为驯化这种蠕虫，桑、柞、萧、艾等不同草木均曾经利用过。后来野生蚕只有柞蚕，家养蚕以桑蚕为主，同样是经过人民长时期共同努力的结果，不可能是某某一人忽然凭空发明。漆的发明过程也不例外。

所以我们觉得，在青铜文化高度发达的商代，还不会使用漆器，漆工艺还不能得到相应进展，是说不过去的。它的发明与应用只能早于青铜工艺成熟期，而不可能再晚。

商代这种圆泡状蚌饰，大致有两种不同式样，一种作 ◁▷ 式，一种作 ◁●▷ 式，形状不同由于应用不同。前者多平嵌于方圆木漆器物上，或平板状器物上，后者则嵌于青铜钺上。现存故宫和其他博物馆这类蚌器，在当时使用，大致不出这两个方面。这是目前所知道的较早螺甸。

这个工艺在继续发展中，从辛村卫墓遗物得知，圆泡状蚌饰还在应用，另外且发现有嵌成长方形转折龙纹的。又这时期当作实物使用的蚌锯蚌刀已较少，只间或还有三寸长蚌鱼发现，和玉鱼相似，或直或弯，眼部穿孔，尾部作成薄刃，有一小切口，还保留点工具形式，事实上只是佩戴饰物。玉鱼到春秋战国转成龙璜，蚌鱼便失了踪。失踪原因和其他材料应用有关，和生产进展有关。

文献中材料涉及螺甸较重要而具体的，是《尔雅》兵器部门释弓矢，说弓珥用玉珧为饰。考古实物似尚少发现。从其他现存残余文物中，也未见有近似材料可以附于弓珥的。事实上蚌类器材饰物在春秋战国时已极少使用，主要原因是由于社会生产进展，工艺上应用材料也有了长足进展。金属中的黄金，在商代虽已发现薄片，裹于小玉璧上，到这时，却已把这类四五寸阔薄片，剪成龙凤形象，捶成细致花纹，使用于服饰上。又切镂成种种不同花纹，镶嵌于青铜器物上，较早还只在吴越特种兵器上出现，随后则许多地方都加以应用，大型酒器也用到。人民又进一步掌握了炼银技术，作成半瓢形酒器，或和黄金并用产生金银错工艺。又学会发明了炼砂取汞的技术，因此发明了鎏金法。并能把金银作成极细粉末，用作新的彩绘原料。雕玉方面则由于发现了高硬度的碾玉砂，不仅能切割刻镂硬度较高光泽极美的玉石，且能把水晶玛瑙等琢磨成随心所欲的小件装饰品。到战国以来，由于商品交易扩大范围，中原封建主为竞奢斗富，不仅能用南海出的真珠装饰于门客的鞋上，并且还可以由人工烧造成各种彩色华美透明如玉的琉璃珠，作为颈串或镶嵌到金铜带钩及其他日用器物上去。有的且结合种种新发现材料，综合使用，作成一件小小工艺品，如信阳辉县等地发现的精美带钩，见出当时崭新的工艺水平。相形之下，蚌类器材在装饰艺术中，可说已完成了历史任务，失去了原有重要位置，由此失踪就十分平常而自然了。

二、螺甸工艺的进展

螺甸工艺在美术中重新占有一个位置，大致在晋南北朝之际，而成熟于唐代，盛行于唐代。特别是在家具上的使用，或在这段时期。直延续到晚清。

照文献记载，则时代宜略早一些，或应在西汉武帝到成帝时，因为用杂玉石珠宝综合处理，汉代诗文史传中均经常提起过。宫廷用具中如屏风、床榻、帘帷、香炉、灯台和其他许多东西，出行用具如车辇、马鞍辔……无不有装备得异常奢侈华美价值极高的。出土文物中，也发现过不少实物可以证明。例如故宫所藏高过一尺半径过一尺的鎏金大铜旋，器物本身足部和承盘三熊器足，就加嵌有红绿宝石和水晶白料珠子等。其他洛阳各地出土器物，镶嵌水晶，绿松石和珠玉的也不少。前几年，江苏且曾发现过一个建筑上的黑漆大梁板，上嵌径尺青玉璧，璧孔加嵌一径寸金铜泡沤，上还可承商代斧钺衔璧制度，联系近年洛阳西汉壁画门上横楣联璧装饰，可以对于《史记》《汉书》常提过的汉代宫殿布置"蓝田璧明月釭"叙述，多有了一分理解，得到些崭新形象知识，为历来注疏所不及。汉代官工漆器物中，除金扣黄耳文杯画案外，又还有剪凿金银薄片成鸟兽人物骑士舞乐，平嵌在漆器上的。金银、珠玉、绿松石、红宝石、水晶、玛瑙，以及玳瑁，均有发现，惟蚌片实少见。主要原因不是原料难于技术加工，可能还是原料易得，不足为奇。

杂宝嵌工艺在晋南朝得到进展，大致有三个原因：一出于政治排场，晋《舆服志》《东宫旧事》《邺中记》《南齐书·舆服志》，即有一系列关于这方面的记载。二出于宗教迷信，由《三国志·陶谦传》到《魏书·释老志》《洛阳伽蓝记》和王劭《舍利子感应记》，及南北史志、传中许多记载，都提到这一历史阶段，由于南北统治者愚昧无知，谄佞神佛，无限奢侈靡费情形，魏晋时托名汉人遗著几个小说，和时代相去不多的《神仙传》《拾遗记》，内容所载人物事迹虽荒唐无稽，美而不信，但记载中有关服食起居一部分东东西西，却和汉代以来魏晋之际物质文化工艺水平有一定联系，不是完全子虚乌有，凭空想象得出。三为豪门贵族的竞奢斗富的影响。如《世说·汰侈篇》及南北史志传记载，和当时诗文、歌咏，无不叙述到这一时期情形。西晋以来，工艺方面进展的重点似均在南方。如像绿色缥青瓷的成熟，绿沉漆的出现，纺织物则紫丝布、花练、红蕉布、竹子布，无不出于南方。北方除西北敦煌张骏墓的发掘，传说曾出现过大量玉器，且有玉乐器、玉屏风等物出土，此外似只闻琉璃制作由胡商传授，得到新的进展，大有把玉的地位取而代之之势。夹纻漆因作大型佛像，也得到发展。其余即无多消息。关于雕玉，南方更受原料来源断绝影响，不仅无多进展，且不断在破坏中。如金陵瓦棺寺天下闻名三绝之一的玉佛，后来即不免供作宫廷嫔妃钗鬓而被捶碎。加之由于神仙迷信流行，用玉捣成粉末服食可以长生的传说，成为一时风气，葛洪启其端，陶宏景加以唱和，传世玉器因此被毁的就必更多！（这也就是这一时期南北殉葬物中均少发现玉器另外一个原因。）当时琉璃已恢复生产，而且得到进一步发展，由珠子和小件璧环杯碗而作成屏风，和能容百余人的"观风行殿"，也可说即由于代替玉的需要而促成。当时豪族巨富如石崇，虽说聘绿珠作妾，用真珠到三斛。另一妾翾风，则能听玉声，辨玉色，定品质高下。但和王恺斗富争阔时，提及的却是紫丝布、珊瑚树一类南方特产。且力趋新巧，以家用待客饮食器物，能够全部是琉璃作成为得意（这种琉璃碗有时又称云母碗，专为服神仙药而用。近年在河北省景县封氏墓曾出土两件）。

外来文化的影响，也起了一定作用。因为许多杂宝名目虽然已经常在汉代辞赋中使用，至于成为一般人所熟习，还是从佛经译文中反复使用而来的，六朝辞赋中加以扩大，反映虽有虚有实，部分大致还是事实。例如常提到的兵器鞍具、乐器和几案屏风的各种精美镶嵌，大致还近事实。使用材料且扩大到甲虫类背甲、翅膀，日本收藏文物品中，就还留下个典型标本。蚌片镶嵌既有个工艺传统，且光彩夺目，原料又取之不尽，且比较容易技术加工，和漆工艺结合，并可得到较好艺术效果，螺甸重新在工艺品中占有一个位置，就不是偶然而是必然了。

它产生、存在，而实物遗存可不多，大约有三个原因：一、由于和日用漆木器结合，保存不容易。二、由于和宗教结合，历史上好几次大规模毁佛，最容易遭受毁坏。三、由于当时生产即属特种工艺品，产量本来就不大。七弦琴多称金徽玉轸，事实上琴徽最常用的是螺甸，这种乐器恰好就最难保存，何况其他特别精美贵重器？《北史》称魏太后以七宝胡床给和尚，照佛经记载，七宝中必包括有"车渠"，车渠即大蚌类。

唐代把螺甸和金银平脱珠玉工艺并提，一面征调天下名工，作轮番匠至长安学习传授技术，一面又常用法律加以禁止，认为糜费人工，侈奢违法。两者都证明这个工艺品种是属于特种高级工艺而存在的。在一般制造为违法，宫廷生产却无碍。特别是用法令禁止，恰好证明它在民间还有生产，而且相当普遍，才需要用法令禁止！

从现存唐代镶嵌工艺品比较分析，和部分遗存唐代实物螺甸镜子乐器和其他器物艺术成就分析，我们说在这个历史阶段是中国螺甸工艺成熟期，大致是不错的。正仓院几件遗物和近来国内出土几件镜子和其他器物，证实了我们这个估计。和当时佞佛关系密切，杂宝镶嵌的讲经座，《杜阳杂编》即叙述得天花乱坠。这个书记载虽多美而不信，但从另外一些文献，如韩愈《谏迎佛骨表》及间接形象反映，如敦煌壁画初唐到晚唐各种维摩变讲经座，各种佛说法图经座中镂金布彩情形看来，《杜阳杂编》有关这部分叙述，倒不算过分。实物材料之难于保存，还是和前面说到的几个原因分不开。主要大致还是其中第二个，会昌毁佛和五代毁佛，几次有意识的大变动，因之保留不多。

有关这一阶段的螺甸花纹，过去可说无多知识。不过一切东西不可能是在孤立情形下产生的，螺甸花纹图案也不例外，必然与其他镶嵌工艺有一定联系。如鸾含长绶，串枝宝相，鹊踏枝，高士图，云龙，一般工艺图案都惯常使用，螺甸也不例外。唐代镶嵌工艺图案有它活泼的一面，也有它板滞的一面，镜子是个最好的例子。金铜加工由于处理材料便利，就显得格外活泼，螺甸受蚌片材料限制，不免容易板滞。这自然也只是相对而言。克服由于材料带来的困难，得到更新的进展，似在宋明间，特别是明代四百年，江南工人贡献大而多。

这个工艺进展若从分期说，应说是第三期。清初百年宜包括在内。

三、螺甸工艺的全盛期

宋代生产上的进展，影响到工艺普遍进展。许多日用工艺品不一定比唐代精，可是却显明比唐代普遍，陶瓷是个显著的例子。其次是丝绣。再其次就是漆工艺。唐代漆艺以襄州所产"库路真"为著名，照《唐六典》记载有"花纹"和"碎石纹"两种。"库路真"究竟是某种器物名称，如鞍具或衣具？还是漆器中某种花纹（如犀皮中剔犀或斑犀，或如东邻学人推测，与狩猎纹有关）？是个千年来未解决的问题。但唐人笔记同时还说到，襄样漆器天下效法。既然天下效法，可见后来已具普遍性，技术加工和艺术风格，总还可从稍后材料中有些线索可寻。敦煌唐画有作妇女捧剔犀漆画雕剑环如意云的，是否即其中之一种？又传世画宋人《会乐图》，从装束眉眼服装看来为唐元和时装，筵席间也有近似玳瑁斑漆器。从各方面材料加以分析，库路真器有可能和犀皮漆描金漆两种关系较深。宋代临安漆器行中即有金漆行与犀皮行，可说明两个问题：一是分行生产，反映生产上的专业化。二是产量必相当多，在当时已具有普及性，不是特种工艺。

至于螺甸，则大致还属于特种产品。两宋人笔记和其他文献记漆事的甚多，有三个记载特别重要：一是《大金吊伐录》中几个文件，有个关于金军围城向宋政府需索犒军金银，宋政府回答，宫中金银用器已聚敛尽罄，所用多漆器。说明当时宫廷中除金银器外，必大量使用漆器。另一文件是贿赂金兵统帅礼物的，中有珍珠嵌百戏弹弓一具。证明正仓院藏唐代百戏弹弓，宋代还有制作，并且是用珍珠镶嵌而成。二是《武林旧事》记南宋绍兴时高宗到张俊家中时，张家进献礼物节略，较重要的除织金锦明明为特种高级纺织物，还有两个螺甸盒子，用锦缎承垫。其所以重要或不仅是螺甸器，可能盒中还贮藏珠玉宝物。但特别指出螺甸，可见必然作得十分精工。三是南宋末贾似道生日，谄佞者进献螺甸屏风和桌面，上作贾似道政绩十事，得知当时寿屏已有用本人故事作题材应用的。详细内容艺术安排虽不得而知，但从宋明屏风式样，唐代金银平脱琴螺甸镜人物故事处理方法，和元明间螺甸漆门几案插屏柜等布置人物故事方法，及宋元人物故事绘画习惯，总还可得到一种相对知识。

至于唐宋以来螺甸重新得到抬头机会，重新在美学上产生意义，另外有个原因，即由于珍珠在这个时期已成艺术中重要材料。宋代宫廷从外贸和南海聚敛中收藏了大量珍珠，照《宋史·舆服志》记载，除珠翠作凤冠首饰，椅披到踏脚垫子也用珍珠绣件。有个时期将多余珠子出售于北方时，数量竟达一千多万粒。珍珠袍服衣裙马具也常见于记载。直到元代，贵族还常赐珠衣。珍珠既代表珍贵和尊贵，在美学上占有个特别位置，螺甸因之也重新在工艺品中得到位置，而且应用日益广阔。

元明间人谈漆艺较具体的为《辍耕录》，《辍耕录》叙漆器作法，计四部分，黑光、朱红、鳗水、戗金银诸法，而不及螺甸。《髹饰录》坤集，填嵌第七中即将"螺钿"列一专目，称一名"蜔嵌"，一名"陷蚌"，一名"坎螺"。又有"衬色蜔嵌"，雕镂第十又另有"镌蜔"，既属雕镂，则可知还是从唐代作法而来。又斒斓第十二，子目中还有综合作法，如"描金加蜔""描金加蜔错彩""描金错洒金加蜔""描漆错蜔""金理钩描漆加蜔""金双钩螺钿""填漆加蜔""填漆加蜔金银片""螺钿加金银片"，等等，不同作法。

《天水冰山录》所载漆家具器物中属于螺甸的有"螺甸雕漆、彩漆大八步等床""螺甸大理石床""堆漆螺甸描金床""嵌螺甸有架亭床"。仅仅床榻大器即有这么许多种，其他可知。

通俗读物《碎金》，也记载有许多名目，不及螺甸。《格古要论》里也说及一些问题。作者曹昭虽在明初，补充者王佐时代实较晚。王佐曾官云南，因之有关云南剔红漆艺较熟悉。谈螺甸品种较详细的还是《髹饰录》里坤集中部分记载，由此得知，明代实螺甸漆制作全盛期。但现在部分时代不甚明确遗物，却显明有些实由宋元传来。

明人笔记称元末明初南京豪富沈万三家中抄没时，有许多大件螺甸漆器多分散于各官司里，大案大柜的制作，不计工本时日，所以都特别精美。又《天水冰山录》记权臣严嵩被抄家时，家具文物清单中，也有许多螺甸屏风床榻。当时实物虽难具体掌握，但从现存故宫一个大床和几个大案，历史博物馆几个大柜和长案木器等看来，还可知道明代螺甸家具艺术上基本风格，技术上加工不外两式：有用大片蚌片嵌大丛牡丹花树的，多不加金银，通称硬螺甸，历史博物馆所藏的几个大黑漆木箱，可以作为代表。黑漆不退光，黯沉沉的，花朵布置也比较犷野，装饰气魄和元明间青花瓷图案还相近，制作时代可能亦相去不多远。数量不怎么多，生产地有说出于山西绛州，无正面可靠证据，但也缺少反面否定证据。另有一式即历博所藏大柜大案，和故宫在新中国成立后接收的一架大床，和另外收购几个长案，多用金银嵌细螺甸法，通称软螺甸，作人物故事楼台花鸟，精工至极。部分且用漂霞屑金蚌末技法，并用大金片作人物身体。构图布置谨严细致，活泼典雅。八尺立柜，丈余长案，人物不过寸许，不仅富丽堂皇，也异常秀美精工，可称一时综合工艺登峰造极之作。惟时代过久，因之部分金片多已脱落，修补复原不免相当困难。

传世江千里金银嵌软螺甸，作小插屏匣盒及茶托酒盏，加工技法或即从之而出，时代则显明较晚。这些大件器物其中一部分，是否即明人所说元、明间沈万三家中物？或同样出于江西工人所作，原属严家器物？实有待进一步从器物中花纹图案，特别是人物故事题材设计加以分析比较。但有一点可以肯定，即这类工艺进展，显然和南方工艺不可分。因为《髹饰录》作者生长地嘉兴西塘杨汇，是南方漆工艺集中处，工匠手艺多世传其业，这个书的写成，乾集部分内容虽可能本于宋人朱遵度《漆经》，坤集作法品种实反映元明成就。

从加工技术说，剔红、斑犀、刷丝、戗金、雕填、螺甸，各有不同特征，比较上金银嵌软螺甸工艺特别复杂，因此传世遗物也较少。惟从艺术成就而言，则比明代宫廷特别重视的果园厂剔红成就似乎还高一些。

四、十八九世纪的商品生产

到十七八世纪由康熙到乾隆的百年时间，漆工艺普遍得到进展，惟重点或在四个部门：剔红、泥金银绘、五彩戗金雕填和剔灰。主要是宫廷中的剔红器，料精工细，成就就格外显著。大件器物且有高及丈余的屏风，和长榻大案。其次是描金和雕填，大如屏风，小如首饰箱，镜匣，盘盒，也无不作得异常精美。特别是泥金用"识文隐起"法制作的盘盒类，达到高度艺术水平。花纹图案和器形结合，成就格外突出，为历史所仅见。第三即犀皮类多色"斑犀"和"绮纹刷丝"，和雕填描金相似，举凡《髹饰录》坤集中所提到的各种综合加工品目，差不多都在试制中留下些精美遗产，现在大部分还收藏于故宫。第四是产生于明清之际一种"剔灰"漆，以大件屏风和条案占多数，中型圈椅、交椅、香几，则多反映于明清之际画像中。一般多黑漆剔出白地，主题部分山水人物花鸟为常见，也作博古图，边沿则用小花草相衬。北京山西均有制作。技术流传到如今还有生产，多供外销。至于螺甸漆，在和明代或清初成品比较下，工艺成就不免有些下降，并未突破江千里式纪录。但有了一点新的发展，为其他漆工艺所不及，即和其他新的工艺结合，以新的商品附件而出现，生产数量日有增加，生产品种也随之越来越多。并由此应用风气，重新扩大到家具方面，成为十九世纪高级家具主流。例如由于玻璃镜子的出现，结束了使用过两千多年圆形铜镜的历史使命，出现了一二尺长方挂式银光闪闪的玻璃镜，和七八尺高屏风式大穿衣镜。较早还只限于贡谀宫廷而特制，过不多久，即成高级商品。这类新产品的镜框座架，一般多用紫檀、鸂鶒、花梨、红木等镶螺甸作成。自鸣钟来自海外，不多久广州、苏州均能仿造，外边框盒部分，除鎏金和广珐琅装饰，也流行用螺甸装饰。此外用平板玻璃作材料，在反面用粉彩画人像或山水花鸟画，以及时间稍晚，用百鸟朝凤作主题画的广东绣双座案头插屏，和其他陈设品，几乎无不使用硬木螺甸框架。总之，到了十九世纪初叶，凡是带一点新式仿洋货的工艺品和高级用品，用得着附件时，即有螺甸出现。即通常日用品如筷子羹匙，也有螺甸漆木制成的。从数量品种说，实达到了空前需要。至于装饰花纹，广式串枝花为常见，附于贵重器物上为宫廷特别制作的，间或还具清初工艺规格，用金银嵌软螺甸法。至于一般性商品制作，即不免结构散乱，花叶不分，开光折枝艺术性也不怎么高，有的且相当庸俗。主题画面采用明清戏文故事版画反映的，由茶盘发展而成烟盘，工艺精粗不一，章法布局已不及明清间同样主题画精细周到。这也正是一切特种工艺转成商品后的必然情形。道光以后，这部门工艺又发展到一般中上层家庭使用成堂成套硬木家具上，成为达官贵人家中一时时髦事物。这类硬木家具，多用灰白大理云石或豆沙色云石作主要部分镶嵌，边沿则从上到下满嵌螺甸，大如架子床、带玻璃镜衣橱、条案、八仙桌、杨妃榻、炕床、梳妆台、独腿圆桌、两拼圆桌、骨牌凳、太师椅、双座假沙发，无不使用到。北京颐和园和历史博物馆，就还各自留下许多这类家具器物，代表这一时代工艺成就。且有为当时新式特别会客厅专用高及一丈五尺，宽过二丈开外镜橱，除八面方圆镜子，其余全部镶嵌螺甸花鸟草虫的。

此外即由于帝国主义的侵略，有意毒化全中国人民，鸦片烟在中国流行后，约半个世纪中，在贵族客厅，达官衙署和有帝国主义借通商为名强占的租界区内，新式旅馆和大商号中，社会风气无不用鸦片烟款待客人，邀请客人上炕靠灯，几乎和解放前敬奉客人烟茶情形相似。吸烟必有一份烟具，除枪灯外，即搁置备用烟斗高二三寸长约尺余的斗座，和承受一切烟具的长方烟盘，比较讲究的，也无不用硬木螺甸器作成……

由于生产各部门对于螺甸器的需要，因此这部门工艺，在十九世纪中国逐渐进入半殖民地化过程中，百业凋敝不堪情况下，反而得到广大市场，呈历史空前繁荣。部分关心特种工艺的朋友，谈及螺甸工艺进展时，常以为进入十八世纪，这部门生产即因原料供应不及而衰落，若所指仅限于明代特种高级工艺品江千里式金银嵌软螺甸器，是不怎么错的，若泛指一切螺甸器，却大是把这种种全忽略过去了。事实上三千年来螺甸应用上的广泛，和数量上增多，十九世纪的生产，可说是空前无比的！这是螺甸工艺的尾声，也反映帝国主义者侵略势力打进中国大门以后，中国特种工艺生产所受影响格外显著的一个部门。它的真正衰落与结束则和延长数千年的封建腐朽政权一道，于太平天国反帝反封建革命到辛亥革命三四十年中。

五、螺蚌类在其他方面的应用

螺蛳、蚌壳和贝类，在螺甸镶嵌工艺以外，作为珍贵难得材料加以利用，历史上比较著名的一件事情，是《佚周书》中提起过的"车轮大蚌壳"和有朱鬣的白马，同认为天下难得之物，当时作为贿赂，把周文王救了出来，免遭纣王毒手，在政治史上起过一定作用。商代遗物中则经常发现有一二寸径花蚌蛤，上面用棕红粉白颜料，绘画些齿纹水纹图案，这些东西在当时是纯粹玩具，还是一种内贮油脂类化妆品用具，已不得而知。《周礼》称古代贵族埋坟，必用蜃粉封闭，即烧制大蛤作灰而使用。实际材料似乎还少发现。惟近年来出土楚墓多有在棺椁外用一厚层白膏泥作封土的，隔绝了内外空气和其他有机物浸蚀，墓中许多文物因之而保存下来，或即循古礼制一种代替材料作法。汉代人则用"车渠"琢成各种器物。车渠是一种甲壳极厚的大蚌，琢成器物多作哑白色，切割得法打磨光莹也有闪珍珠光泽的。直到明清，还流行用来制作带钩和帽顶，并且清代还成为一种制度，官僚中较低品级必戴车渠顶。唐代人欢喜饮酒，又好奇，因此重视海南出产红螺杯、鹦鹉螺杯，诗人即常加以赞美。明清到近代还继续使用，惟一般多改作水盂和烟灰碟，再也想不到这东西过去就是诗人所赞美的贵重酒器了。又本于印度佛教习惯，举行宗教仪式，常用大玉螺作为乐器，通称"法螺"。敦煌唐代壁画即有反映。后来喇嘛教沿袭使用，且成为重要法器，明清以来制作精美的，边沿还多包金嵌宝。左旋螺则因稀有难得而格外贵重。由于宗教迷信，和其他几种器物并提，通称"八吉祥"或"八宝"。除实物在宗教界看得十分重要，还反映到千百种工艺品装饰纹样中。又兄弟民族中也有把这种法螺代替号角，用于军事上和歌舞中的，如唐代白居易诗记骠国乐，乐队中就有吹玉螺的。

贝类商周除天然产外，还有骨、玉、铜和包金的种种。或作为商品交换中最早的钱币，或用于死亡者口中含殓，或作为其他人身装饰品和器物镶嵌使用。古诗中有"贝胄朱绶"语，则显然在周代还有用红丝绳串连装饰在武将甲胄上，表示美观象征权威尊严的。从近年发现云南滇人遗留文物中大量贝类的发现，又得知西南地区，到西汉时还用它作为货币使用。直到晚清，南方小孩子所戴风帽，用贝作为坠子，也还常见。蒙藏妇女，则至今还有把小贝成串编排于辫发上，当成难得装饰品的。汉代又流行一种贝制卧鹿形玩具，用大玛瑙贝作鹿身，用青铜作鹿头脚，大耳长颈，屈足平卧，背部圆润莹洁，且有点点天然花斑，十分秀美。《史记·封禅书》说，汉代方士喜宣传海上三山，上有白色鸟兽，长生不死。乐府诗亦有仙人骑白鹿语。金银错器上还有仙人驾双鹿云车反映。这类用大贝作的鹿形工艺品，可能也即产生于武帝时代，由于仙人坐骑传说而成。

三国时曹植和其他文人均作有车渠碗赋，文字形容显得光泽明莹，纹理细密，和缠丝玛瑙极相近。近年山东鱼山曹植墓出土文物中除一个金博山冠饰外，还有分玉佩，一个青精石器，和一个小小圆盏式玛瑙佩饰，和文章形容极相合。可证明前人说车渠为宝石之一种，还有一定道理。用海蚌类作车渠时代必比较晚些。

本节附图

一、花蛤（故宫陈列品）

二、鹦鹉螺杯

三、金装大法螺（故宫）

四、石寨山出土满贮贝类的青铜器（图一）

五、汉制贝鹿（图二）

本文作于 1963 年。1997 年 6 月，王䘏先生据作者不完整手稿整理成文，曾以《螺甸工艺试探》为题，首次发表于《传统文化与现代化》双月刊第 3 期，注明"沈从文遗作"。后据作者校改补充的全稿整理编入《沈从文全集》，全稿约比初发文本多 4500 字。现据《沈从文全集》第 28 卷编入，编者据图注配入 2 幅图片。

图一　汉　祭祀场面贮贝器（云南晋宁石寨山遗址出土　中国国家博物馆藏　编者配图）

图二　汉　嵌贝铜卧鹿（河南陕县后川遗址出土　中国国家博物馆藏　编者配图）

五　铜镜

《唐宋铜镜》题记

我国开始用青铜铸造镜子，约在春秋战国时期。多数镜子的背面，都有精美的装饰图案。从造形特征和艺术表现方法看来，可以分成两类，代表两种不同的风格；一种镜身比较厚实，边沿平齐，用蟠虺纹作图案主题，用浅浮雕、高浮雕和透空雕等技法处理的，图案花纹同河南新郑、辉县，山西李峪村，和新近安徽寿县等地出土青铜器装饰花纹相近。特别重要的是部分透空虺纹镜子，作法自成一个系统，产生时代可能早一些。另外一种镜身材料极薄，边沿上卷，图案花纹分两层处理，一般是在精细地纹上再加各种主题浅浮雕。地纹作漩涡云纹、雷纹、或丝绸中的罗锦纹。主题装饰花纹有代表性的，计有山字形矩纹、连续矩纹、菱纹、连续菱纹、方胜格子嵌水仙花纹、黻绣云藻龙凤纹和长尾兽（蜼）纹等。这部分图案比前一部分基本不同处，就是它和古代纺织物丝绸锦绣的花纹发生密切联系。制作技法的精巧，也达到了当时金铜工艺的高峰。产生时代可能稍晚一些。先在淮河流域发现，通常称为"淮式镜"。新中国成立七年来，因长沙战国楚墓出土同类镜子格外多，才知道它是楚国的产物，叫作"楚式镜"比较正确。从现实材料分析，青铜镜子的发明，虽未必创自楚国，但是楚国铸镜工人，对于提高生产技术和丰富镜子装饰艺术，无疑有过极大的贡献。镜子埋藏在地下经过二千二三百年，出土后还多保存得十分完整，镜面黑光如漆，可以照人。照西汉《淮南子》一书所说，是用"玄锡"作反光涂料，再用细毛呢摩擦的结果。后来磨镜药粉是用水银作成的。经近人研究，"玄锡"就指水银。由此可以知道，我国战国时期冶金工人就已经掌握了烧炼水银的技术。这种冶金技术的发明，和同时用水银作媒介剂的鎏金技术的发明，使我国的金属工艺更加显得华美和壮丽。当时特种加工镜子，还有涂朱绘彩的，有用金银错的，有加玉背并镶嵌彩色琉璃的，共同反映了这个伟大历史时期金属工艺所达到的高度水平。

到汉代，青铜镜子的应用范围日益广泛，图案花纹也更加丰富。特别有代表性的，如连续云藻纹镜，云藻多用双钩法处理，镜身薄而卷边，和楚式镜风格相似，大径在五寸以内，通常都认为是秦汉之际的制作。有的又在镜背作圆框或方框，加铸十字或十二字铭文，"大富贵、宜酒食、乐无事、日有憙"，是常见格式。也有用"安乐未央"四字铭文附于一角的。其次是小型平边镜子，镜身稍微厚实，铜质泛黑，惟用"见日之光长毋相忘"八字作铭文，每字之间再用二三种不同简单云样花式作图案，字体方整犹如秦刻石。图案结构虽然比较简单，铭文却提出一个问题：西汉初年的社会，已起始用镜子作男女间爱情的表记，生前相互赠送，作为纪念，死后埋入坟里，还有生死不忘的意思。"破镜重圆"的传说，就在这个历史阶段中产生，比后来传述的乐昌公主故事早七八百年。又有大型日光镜，外沿加七言韵语，文如长门赋体裁，借形容镜子使用不时，作为爱情隔阂忧虑的比喻。另有一种星云镜，用天文星象位置组成图案，或在中心镜钮部分作九曜七星，把四围众星用云纹联系起来，形成一种云鸟图案，都是西汉前期的镜子。第三种是中型或大型的四神规矩镜，用青龙、白虎、朱雀、玄武分布四方作主要装饰，上下各有规矩形，外沿另加各种带式装饰，如重复齿状纹、水波云纹、连续云藻纹、连续云中鸟鹊夔凤纹等，主题组织和边沿装饰结合，共同形成一种活泼而壮丽的画面。正和汉代一般工艺图案一样，在发展中起始见出神仙方士思想的侵入。这种镜子或创始于武帝刘彻时的尚方官工，到王莽时代才普遍流行，是西汉中期到末叶官工镜子的标准式样。有的在内外沿间还加铸年号、作者姓名和七言韵语，表示对于个人或家长平安幸福的愿望。最常用的是"新有善铜出丹阳，和以银锡清且明，巧工作之成文章，左龙右虎辟不祥"等语句。另有镜铭且说购买的可以升官发财，做生意也凡事遂心。又有"铜以徐州为好，工以洛阳著名"记载。它的产生年代和反映的社会意识情况，因之也更加明确。第四种是大型"长宜子孙"四字铭文镜，字作长脚花式篆体，分布四周，美丽如图画。图案简朴而庄重。过去人认为是西汉早期制作，近年来才定作西汉末东汉初成品。此外还有由四神规矩发展而成的神人龙虎镜、分段神像镜、"位至三公"八凤镜、"天王日月"神像镜、凸起夔龙镜、西王母车马神像镜，可代表汉末过渡到魏晋时代的产品。八凤镜用平剔法刻成对称图案，简洁如剪纸，边沿或加阴刻小朵如意云，富于民间艺术风味。神仙龙虎镜，平面浮雕的龙虎，和西汉白虎朱雀瓦当浮雕的风格相同，形象特别矫健壮美。一般多使用线浮雕，是西汉以来的技法。有的又用圆浮雕法，把龙虎形象简化，除头部外其他全身都不显明，产生时代多在桓帝祠老子以后。这类神像镜有署建安年号的，和晋、南北朝早期的佛教画"降魔变"或者有些联系。又一种高圆浮雕夔龙镜，在构图和表现技法上是新发展。特别引人注意的是西王母东王父车马神像镜，铜质精美，主题图案组织变化丰富，西王母头戴双胜，仪态端庄，旁有玉女侍立，间或还有仙人六博，及毛民羽人竖蜻蜓表演杂技。浮雕技法也各具巧思，有的运用斜雕法，刻四马并行。拉车奔驰，珠帘绣幔，飘忽上举，形成纵深体积效果，作得十分生动，在中国雕刻艺术史上是新成就。启后来唐代昭陵六骏石刻及宋、明剔红漆雕法。这种镜子浙江绍兴一带发现最多，为研究汉代西王母传说流行时代和越巫关系问题，提供了重要线索。

又根据近年出土记录，西汉以来还有鎏金、包金和漆背加彩画人物各种不同加工大型镜子产生。当时除尚方官工特别制作外，铸镜工艺在国内几个大城市，也已经成为一种专门手工业。长安、洛阳、西蜀、广陵都有专门名家，铸造各式镜子，罗列市上出售。许多镜子上的铭文，把当时买镜子的事情，也反映得清清楚楚。这些镜子当时不仅被当成高级美术品流行全国，同时还远及西域各属及国外。近年在西北出土的镜子，可以根据它判断墓葬的相对年代。在日本出土的四神规矩镜，长宜子孙镜，及日本仿制的汉式镜，我们又得以进一步证明，中日两国间文化的交流，至晚在西汉中期就已开始了。比《魏略》说的东汉晚期早过二百年。

东汉末年到三国时期，还创造一种铁制嵌金银花纹镜子，早见于曹操《上杂物疏》记载中。近年来这种镜子也常有出土，图案花纹比较简朴，和八凤镜风格相近，开启后来应用铁器错银的技法。惟铁质入土容易氧化，完整的镜子保存不多。

晋、南北朝三百余年中，除神像龙虎镜、西王母镜，东晋时犹继续生产，此外还有魏晋之际产生的"天王日月"铭文神像镜，边沿多用云凤纹处理，内沿铭文改成四言，如骰子状嵌于周围，语气如道士口诀律令。再晚一些又有礼佛图式的神像人物镜，分卦十二生肖四神镜，高浮雕四神镜，重轮双龙镜和簇六宝相花镜等等。后四种出现于六朝末陈、隋之际，唐代还继续流行。镜子图案到南北朝晚期，就逐渐使用写生花鸟作主题，在表现技法上也有了改进和提高。艺术特征是花鸟浮雕有层次起伏，轮廓分明，充满了一种女性的温柔细致情感。主要生产地已明确属于扬州一带，可说明当时南方生产的发展和镜子工艺的成就，正在逐步提高过程中。

通过这些材料，让我们对于古代青铜镜子时代分期的知识，和图案艺术的基本特征，以及在发展中和社会问题人民风俗习惯的联系，都有了个概括明确的印象。又因为从战国以来，古代收藏镜子的用具，使用各种彩绘漆镜奁，近年出土日益增多，汉、晋石刻、绘画里，又还留下了些有关的资料，使我们对于古人如何保护镜子和应用镜子化妆的情形，也了解得更加具体。彩绘漆镜奁在长沙出土的，可代表战国时楚漆器的特种风格。在各地出土的，许多还有文字，载明是"蜀郡西工"制作，可证实汉代文献提起过的西蜀漆器工艺之精美。

唐、宋两代的镜子，是在这个优秀传统的工艺基础上，更进一步的发展。

唐代物质文化反映于各部门，都显得色调鲜明、造形完美，花纹健康而又活泼，充满着永久青春的气息。镜子图案艺术的成就，同样给人这种深刻印象。镜身大部分比较厚实（特别是葡萄鸟兽花草镜），合金比例银锡成分增多，因此颜色净白如银。造形也有了新变化，突破传统圆形的格式，创造出各种花式镜。大型镜子直径大过一尺二寸，小型镜子仅如一般银币大小。并且起始创造有柄手镜。至于图案花纹，无论用的是普通常见花鸟蜂蝶，还是想象传说中的珍禽瑞兽，或神话故事、社会生活，表现方法都十分富于风趣人情，并具有高度真实感。我国对于世界文化，历来采取一种谨慎态度，不盲目接受，也不一律拒绝，总是在固有基础上，把外来文化健康优秀部分加以吸收融化。唐代海外交通范围极广，当时西域各属文化也有高度发展，因之更加采取一种兼容并收的态度，来丰富新的艺术创造内容。在音乐、歌舞、绘画、纺织图案、服装等方面影响，都相当显著。镜子图案的主题同样反映出这种趋势。例如满地葡萄鸟兽花草镜、麒麟狮子镜、醉拂菻击拍鼓弄狮子镜、骑士玩波罗球镜、黑昆仑舞镜、太子玩莲镜，都可以见出融合外来文化的痕迹。前一种图案组织复杂而精密，用高浮雕技术处理，综合壮丽与秀美成一体，在表现技法上格外突出。后几种多用浅浮雕法，细腻利落，以善于布置见长，结构疏密恰到好处。花鸟蜂蝶，都各有生态，彼此呼应，整体完美而和谐。

唐代统治者有意把老子奉为"玄元皇帝"，把道教当作国家宗教，小说诗歌且善于附会神奇，神仙思想因之在社会中有一定基础。唐镜图案也有种种不同反映，例如：嫦娥奔月镜、真子飞霜镜、王子晋吹笙引凤镜、仙真乘龙镜、水火八卦镜、海上三神山镜，图案组织都打破了传统的对称法，作成各种不同新式样。唐代佛教盛行，艺术各方面都受过影响，镜子图案除飞天频迦外，还有根据《莲花太子经》故事制作的太子玩莲图案，用一些胖娃娃作主题，旋绕于花枝间。子孙繁衍、瓜瓞绵绵既然是一般人所希望，因此这种题材在丝绸锦绣中加以发展，就成为富贵宜男百子锦，织成幛子被单，千多年来还为人民熟习爱好。汉代铸镜多在五月五日，唐人习惯照旧，传说还得在扬子江中心着手，这显然和方士炼丹发生瓜葛牵连。又八月五日是唐玄宗生日，定名叫"千秋节"（又作"千秋金鉴节"），照社会习惯，到这一天全国都铸造镜子，当做礼物送人，庆祝长寿。唐镜中比较精美的鸾衔长绶镜、飞龙镜和特别加工精致的金银平脱花鸟镜、螺钿镜，大多完成于开元天宝二十余年间，为适应节令而产生。唐代社会重视门阀，名家氏族，儿女婚姻必求门当户对；但是青年男女却乐于突破封建社会的束缚，来满足恋爱热情。当时人常把它当作佳话奇闻，转成小说诗歌的主题。镜子图案对于这个问题虽少直接表现，但吹笙引凤、仙人乘龙、仙女跨鸾，以及各式花鸟镜子中的鸂鶒、鸳鸯、鹊鸰，口衔同心结子，相趁相逐的形象，就同诗歌形容恋爱幸福和爱情永不分离的寓意相同。镜子铭文中，又常用北周庾信五言诗，及隋唐人拟苏若兰织锦回文诗，借歌咏镜中人影，对于女性美加以反复赞颂。

唐代特种加工镜子，计有金银平脱花鸟镜、螺钿花鸟镜、捶金银花鸟镜、彩漆绘嵌琉璃镜，这类具有高度艺术水平的镜子图案，有部分和一般镜子主题相同，有部分又因材料特性，引起种种不同的新变化，如像满地花螺钿镜子的成就，便是一个例证。这些镜子华美惊人的装饰图案，在中国镜工艺发展史上，达到了一个新的高峰。

唐镜花样多，有代表性的可以归纳成四类：第一类宝相花图案，包括有写生大串枝、簇六规矩宝相花、小簇草花、辐射式宝相花及交枝花六种。第二类珍禽奇兽花草图案，包括有小串枝花鸟、散装花鸟和对称花鸟等等。鸟兽虫鱼中有狮子、狻猊、天鹿、天马、鱼、龙、鹦鹉、鸳鸯、练鹊、孔雀、鸾凤、鹡鸰、蝴蝶、蜻蜓等等。第三类串枝葡萄鸟兽蜂蝶镜，包括方圆大小不同式样。第四类故事传说镜，包括表现各种人物故事、社会生活的图案，如真子飞霜、嫦娥奔月、孔子问荣启期、俞伯牙钟子期，以及骑士打球射猎等等。特别重要的部分，是各种花鸟图案，可说总集当时工艺图案的大成。唐人已习惯采用生活中常见的花鸟蜂蝶作装饰图案，反映到镜子上并且作得格外生动活泼（这是唐镜图案最值得我们学习的一点），花鸟中的鸾衔绶带、鹊衔瑞草、俊鹘衔花各种式样，和唐代丝绸花纹有密切的联系。唐代官服彩绫，照制度应当是各按品级织成各种本色花鸟，妇女衣着则用染缬、刺绣、织锦及泥金银绘画，表现彩色花鸟。使用图案都和镜子花纹一脉相通。因之这些镜子的花纹，为研究唐代丝绸图案提供了种种材料。

唐镜在造形上的新成就，是创造了小型镜子和各种花式镜。不仅打破了旧格式，还影响到其他新工艺美术品的制作。为便于携带，产生了银元大小的贴金银花鸟镜，同时就有许多更小一些的金银陶瓷脂粉盒子出现。至于八棱、八弧、四方委角花式镜的创造，更影响到漆制镜奁的式样。一种三套五套花式镜奁，就完全是为适应花式镜子的收藏而作成。这种可合可分的套奁，一直使用下来，直到明、清，发展出百十种不同样子，美观而切合实用，为人民所爱好。又由于保护镜面的光泽，防止潮湿，必需用棉夹镜囊，这种丝绸锦绣镜囊上的圆式图案，也富于艺术创造性。唐代的遗物虽不多，明清两代却留下许多精美作品。仅以刺绣技法而言，就可发现纳丝、刻丝、贴绢、平金、钉线、铺绒、戳纱、结子、堆绫等等，几乎凡是刺绣中所有技法都使用到。这种镜囊或镜套，是六朝以来妇女的创造，附属于镜子工艺得到发展的。

宋代镜子可分作两类：在我国青铜工艺史上占有一个特别位置的，是部分缠枝花草官工镜。造形特征是镜身转薄，除方圆二式外，还有亚字形和其他新式样。装饰花纹也打破了传统习惯，作成各种不同格式。以写生缠枝草花为题材，用浅细浮雕法处理，近于漆工艺中"识文隐起"的作法。图案组织多弱枝细叶相互盘绕，形成迎风浥露的效果，和定窑瓷器中绣花法异曲同工，基本上实同出于宋代刺绣。这是从重现实的宋代写生花鸟的基础上，经过特别提炼而作成的。这一类官工镜子，精致至极，不免流于纤细，致后来难以为继。还有另一类具有深厚民间艺术作风的，用粗线条表现，和当时磁州窑剔花法相近，双鱼和凤穿牡丹两式有代表性，元、明以来犹在民间流行。

北宋时期在北方有契丹辽政权对峙，西北和西夏又连年用兵，铜禁极严，因此民间铸镜多经登记检验，刻上各州县地名，借此得知当时各县都有铸镜官匠。第二类镜子的创作，就多完成于这种地方官工匠手中，文献和实物可以相互证明。

镜子工艺发展到宋代，就逐渐趋于衰落。劳动人民丰富的智慧和无穷尽的创造力，已随同社会的发展，起始转移到新的造纸墨、刻书、烧瓷、雕漆、织金锦、刻丝及其他生产方面去了。此外，由于战争的关系，镜子工艺也受到很大的影响。特别是南方镜子的生产，再不是工艺美术重点。这时扬州等大都市的手工业，多被战争破坏，原有旧镜多融化改铸铜钱或供其他需要，一般家常镜子均重实用而不尚花纹。在湖州、饶州、临安著名全国的"张家""马家""石家念二叔"等店铺所作的青铜照子，通常多素背无花。部分铜镜的生产，且多系就铜原料的生产地区，由政府设"铸鉴局"监督，和铸钱局情形相似，用斤两计算成本，值三百十文一斤，镜工艺术水平低落是必然的。私人铸造镜子，虽然还创造了些新样子，却受当时道学思想影响，形态不美，花纹失调，越来越枯燥乏味。如有些鼎形、钟形用八卦或"明心见性"语句作装饰的，在造形艺术处理上都极其庸俗，已无美术可言。南宋时，女真族在北方建立的金政权，生产破坏极大，官私镜子除部分沿用北宋旧样，也产生了些新式样，在制度上虽反映出些问题，艺术方面却无创造性。

本书选取的镜子，大部分是唐、宋两代比较有代表性的作品。至于自战国到隋代有代表性的镜子和唐、宋、金各代镜子的摹绘图与拓片，在美术上和研究镜工艺发展史上，有重要参考价值的，另选了一部分编作附录，本书主要还是唐、宋制作，所以用"唐宋铜镜"书名付印。这本书的编辑，是为了便于一般爱好民族工艺美术的同志向祖国优秀遗产进行学习，提供一些参考资料，而着手的。因此材料选择采取如下标准：一、图案组织活泼而健康的，二、浮雕技法精巧、效果良好的，三、在中国金铜工艺史上有一定程度代表性，还可作比较研究材料的，四、可转用到新的工艺美术生产设计的（如彩绘、陶瓷、描金彩绘漆器及刺绣、印染、景泰蓝、搪瓷等等应用工艺品生产设计或其他建筑装饰浮雕设计）。本书材料来源，多取用于北京历史博物馆资料室。除大部分宋镜系馆藏品，其他大都早已散失国外，系据《支那古铜精华》《古镜聚英》《东瀛珠光》《唐镜》诸书转录。此外，从《西清古鉴》《小校经阁金石文字》《岩窟藏镜》诸书，也各选取了一部分。《小校经阁金石文字》摹拓比较草率，《西清古鉴》虽多清宫收藏精品，惟经过双钩法摹刻，唐镜精细至极的高浮雕，风格上长处已难于体会，不过用来对照比较，对于一般读者，或者还有一点益处。诸书对于镜子时代著录有可商量处，多经斟酌加以更正。不过本人对于工艺美术，仅仅有些极其普通的常识，手边材料又有限，这本镜选只能说是一种尝试工作，不可避免会有错误或疏忽之处。更好的有系统的介绍，以及深入一层的全面分析，还盼望国内专家肯热心动手。

沈从文

一九五六年五一节于北京

本文为《唐宋铜镜》图录的题记部分。原书的题记曾以《古代镜子的艺术特征》为题，发表在《文物参考资料》1957 年第 8 期。1960 年 3 月和 1986 年 5 月，又以《古代镜子的艺术》为篇名，分别编入北京作家出版社和商务印书馆（香港）有限公司的《龙凤艺术》一书。后《沈从文全集》据初版图录编入，并将作者在样书的批注文字整理插入。现据《沈从文全集》第 29 卷选编《唐宋铜镜》题记部分。

镜子的故事（上篇）

历史博物馆在午门楼上有个新的全国出土文物展览，三千七百件文物中有许多种脸盆和镜子。把它们的时代、式样和出土地区都弄清楚后，我们也可以得到许多知识。如联系它们的应用时社会背景和发展关系，这些日用东西，也可为我们解决一些过去没有明白的历史问题。并启发我们，中国古文化史或美术史的研究，有一条新路待人去走，就是把地下实物和历史文献结合，从发展和联系看问题的方法。若善于运用，会有些新的收获可以得到的。

我们不是常说起过，人类爱美心是随同社会生产发展而逐渐提高的，至晚在彩陶出现的时期，我们老祖先既然能够做得出那么好看的有花纹陶器，又会用各种玉石兽牙蚌贝装饰头部和手臂，石头生产工具也除实用外要求精美和完整，对于他自己的身体和脸上，总不会让它肮脏不堪。但是怎么来解决这个问题？除相互照顾可能就是从水中照着影子来解决。没有陶器时在池水边照，有了陶器就用盆子照。这种推测如还有些可信，彩陶中钵子式器物，或许就是古人作盥洗用的东西，本有名字我们已不知道。到后来随着社会发展，到了青铜器时代，洗脸和照脸分成两种器物，用铜作的来代替了。中国人最初使用镜子，到目下为止，我们还缺少正确知识。虽俗说"轩辕造镜"，轩辕的时代科学家一时还难于肯定。过世不久的专家梁思永先生，在二十多年前发掘安阳殷商墓葬和文化遗址时，据说从青铜遗物中，已发现过镜子。这就是说，中国人能掌握青铜合金作种种工艺品时，一部分人生活用具中，也起始有了镜子。算时间，至少是三千二百年前的事情！可惜没有详细正式报告，思永先生已成古人了。

从古代文献叙述中，可以知道有史以后，古人照脸整容，的确是用一个敞口盆子，装满清水来解决的。这种铜器叫做"盘"或"鉴"，盘用于盥洗，鉴当作镜子使用。古器物照例刻有铭文，盘铭最古的，无过于传说成汤盘铭"苟日新，日日新，又日新"九个字。其次是武王盘铭"与其溺于人也，宁溺于渊"十个字。鉴铭最古的传说是周武王鉴"瞻尔前，顾尔后"六个字。都是语言精辟，可惜无实物作证。从文字措辞比较，我们说这种盘子可能古到商周，铭文却是晚周或汉代读书人作的。最著名的重要实物无过周代的"虢季子白盘"和"散氏盘"，商周遗物中，虽常有虬龙纹和鱼鸟兽纹青铜盘出土，多和食器发生联系，可不大像宜于贮水化妆。这次西北区郏县出土一个东周龙纹盘，和华北区唐山出土一个燕国兽纹盘，就和食器同在一处。这类铜盘也有可能在祀事中或吃喝前后用来洗洗手，或诸侯会盟时贮血水和酒浆，参加者必染指盟誓。但和个人化妆关系究竟不多。鉴的器形从彩陶时代就已确定，商代瓦器中常有发现。这次郑州出土瓦器群，就有几件标准式样。是底微圆，肚微大，缩肩而敞口，和春秋战国以后的鉴很相近。但是这东西当时的用途，我们却取个保留态度。因为看样子，用于饮食比用于盥洗机会还多些。

成定型的青铜鉴，多在春秋战国之际才出现。目下国内最重要的实物，有如下几件：

一、现存上海博物院山西浑源出土的二大鉴，鉴口边沿铸有几支小虎攀援窥伺，雕刻得十分生动神气。另一件是河南汲县出土的水陆交战人物图鉴，重要处是它的图案设计，丰富了我们对于战国时人生活方面许多知识。剔空部分当时可能还填有金银彩绘。第三件是科学院新近在河南辉县发掘出土那一件，上面有精细刻镂花纹，包括两层楼房的建筑，和头戴鹖尾冠人物燕享奏乐射箭生活，鸟树狗马杂物形象。并且很像用熟铜捶薄方法作成的。第四件是大型彩绘陶鉴，也在辉县出土，花纹壮丽而谨严，可作战国彩绘陶的代表。另外还有一件传说辉县出土彩绘漆大鉴，原物已经残毁，不过从残余部分花纹，还可以看出它壮丽而秀美的构图，和同时代金银错图案极相近。其中除浑源大鉴，还像一个澡盆，辉县漆鉴，本来可能贮满清水时便于照脸，其余几件东西，居多还像酒食器。古代如果真的用鉴作化妆用具，求它切于实用，这种鉴可能是"漆"作的，讲究的就用错金银作边缘附件。证据是出土物中发现过许多这种错金银或青铜刻花圈形附件，小型的已知道是贮镜柈的奁具，口径大到一尺二寸以上的，至今还不能明白用途。照例说它是装东西的"容器"，是并不具体的。一切日用器物，决不会凭空产生的，和前后必有联系。它虽上无所承，而下却有所启，西汉初叔孙通著《汉礼器制度》称，"洗之所用，士用铁，大夫用铜，诸侯用白银，天子用黄金"。洛阳金村曾出土过战国小型桃式银洗。汉代瓢式银匜已有发现，纯金洗却未出过土。如照《汉书·贡禹传》奏议所说，则银和金也可作金银镶边的漆器解。极明显，到了汉代，士大夫通用鉴式另有发展，而且专用作盥洗工具了，通名就叫做"洗"。别名叫做"朱提堂狼洗"，西南朱提郡是主要生产地，格式也有了统一化趋势，花纹不是一双鲤鱼或一只大角羊，就是朱鹭和鹿豕，并加上"大富贵乐有鱼""常乐未央"等等吉利文字，是用阳纹铸到洗中心的。另有一种小型洗，多用细线阴刻满花云中鸿雁麏鹿熊罴或龙凤作主题，绕以活泼而流动的连续云气，用鎏金法作成的。显然是照叔孙通所说，汉代王侯贵族才能使用。在汉代工艺品中，这是一种新型的生产。还有一种中型缺边碗式洗，铜、陶、漆都发现过，多和贮羹汤醴酒的羽觞一道搁在平案上。晋代青釉陶瓷的生产，既代替了青铜的地位，洗即发展成两个式样：大小折衷于中型鎏金洗和平底碗之间，在边沿或留下一圈网纹装饰和几个小小兽面，或只有两道弦纹，中心留下两只平列小鱼浮雕，反映到南方缥青瓷生产的，随后就有印花越州窑、龙泉窑的中型洗。至于宋代均、官、汝、哥南北诸名瓷，却多把一切装饰去掉不用。北方定窑则在双鱼外又加有种种写生花鸟装饰。这种"洗"如依然有实用意义，大致只宜洗笔不再洗手了。还有一种容量和"朱提堂狼洗"相差不多，稍微改浅了一些，边沿摊平，一切装饰不用，只在边沿和中心部分作几道水纹，晋六朝以来，南北两大系的青瓷都用到，发展下来就成了后世的"脸盆"。例如这次华东区扬州农场出土的一个，就属于缥青瓷系，中南区广东出土的一个，就属于北方青瓷系。宋明以来标准式样，是故宫宋定式墨绘脸盆，是这次陈列的宋赵大翁墓壁画化装时用的脸盆，和在首都七个明代妃子墓中发现的那个黄金脸盆，和另一个比较小一些的嵌银龙凤花纹脸盆。这种式样一直使用下来，在不同地区，用不同材料，和种种繁简不同花纹装饰，直延续到明清二代，有景德镇青花脸盆，有彭城窑面盆，有宜兴挂釉加彩脸盆，有广式苏式白铜脸盆，随后又才有"景泰蓝"和"铜胎画珐琅"的脸盆出现。现代搪瓷盆就由之衍进而来。

至于镜子呢，古人本来也叫作"鉴"。因名称意义容易混淆，现在有些人就把同一器物，战国时的叫"鉴"，汉代的叫"镜子"。这种区别并不妥当。因为战国时人文章中已常提起镜子。把战国的镜子叫作"鉴"，是根据叙述周代工官分职的专书《考工记》而来。书中在金工部门说，"金锡半谓之鉴燧之齐"，译成现代语言，就是"作镜鉴的合金成分，是铜锡各半"。但照注解"鉴燧"指"阳燧"，是古人在日光下取火用的。此外还有"阴燧"，可对月取水。卫宏《汉官旧仪》并《补遗》也说过"皇帝八月酎……用鉴燧取水于月，以火燧取火于日"。三国时高堂隆却以为"阳燧取火于日，阴燧取水于月"。崔豹《古今注》并说明取火的方法，"照物则影见，向日则火生，以艾承之则火出"。说法虽不相同，可见这种古代聚光取火镜子，起源必定相当早，到汉代封建帝王还当成一种敬神仪式使用。我国古代科学发明极多，对于世界文化有极大贡献。早过万年前的石器时代，既然就会钻木取火，进入青铜时代，又会用"阳燧"取火，应当是可信的。不过在考古材料中，我们今天还不曾发现过青铜作的"阳燧"，发现的多是照脸用的各种镜子。铸镜成分各时代也不相同，早期镜子大约百分比是铜占七五锡铅占二五。镜子铸成必加工磨光，西汉淮南王刘安著的《淮南子》，就叙述过古人磨镜方法，是把"玄锡"敷到镜面上，再用细白毛织物摩擦拂拭，才能使用。玄锡就是水银。磨镜子古代早有专工，《海内士品》一书中，记述汉末名士徐孺子，想去送他老师江夏黄公的丧葬时，没有路费，就带了一副磨镜子的家伙，沿路帮人磨镜糊口，终于完成愿心。"青铜时代"虽到战国就已结束，青铜镜子的工艺，却一直沿袭下来，一百余年前，才由新起的玻璃镜子代替。《红楼梦》小说写刘姥姥进大观园，吃醉了酒，胡胡涂涂撞进宝玉房中时，先走到一个"西洋穿衣镜"前面，看见自己的影子，笑眯眯的，还以为是"亲家"。这是许多人都熟习的故事。其实当时的城里人，也居多还使用铜镜。

过去一般读书人，认为镜子从秦代起始，是受小说《西京杂记》的影响。"高祖初入咸阳宫，有方镜，广四尺，高五尺九寸，表里通明。人来照之则倒见，以手扪心来，则见肠胃五脏，历然无碍。"旧社会老百姓上衙门打官司时，照例必用手扪心，高喊一声"请求青天大老爷秦镜高悬！"典故就出在这个小说里。意思是把那位县官当成"秦镜"，明察是非。镜子照见五脏，不会真有其事。但是战国已有方镜，这次长沙楚墓就有一面出土。大过五尺的方镜，汉代却当真有过。

晋初著名文人陆机，给他的弟弟陆云书信中，就提起过"见镜子方五尺三寸，宽三尺，照人能现全影"。《西京杂记》多故神其说地方，不尽可信。陆机所见古代实物，是相当可靠的。也有洗澡用的大型铜澡盘，能容五石水，见曹操《上杂物疏》。郭缘生《述征记》还说，这个澡盘在长安逍遥宫门里，面径丈二。可知是秦汉宫廷旧物。

从出土实物和文献结合看来，镜子大致和盥洗的"鉴"同时，约在春秋战国之际才比较普遍应用。战国时著名思想家庄周和韩非，文章中都引用过镜子作比喻，可见是当时人已经熟习的东西。最著名的，是《战国策》上说到的邹忌照镜子故事。故事说，城北徐公有美名。邹忌打扮得整整齐齐去见齐王以前，问他的妻、妾和朋友，比城北徐公如何？三人都阿谀邹忌，说比城北徐公美。但是邹忌自己照照镜子看，却实在不如。不免嗒然丧气。因此去见齐王，陈说阿谀极误事。阿谀有种种不同原因，例如"爱"和"怕"和"有所请求"，都能够产生。官越大，阿谀的人越多，容易蒙蔽真理，越加要警惕。齐王采纳了他的意见，改变作风，广开言路，因此称霸诸侯。故事虽流传极久，一般人对于镜子的认识，还是除"秦镜高悬"，另外只知道"破镜重圆"。这两个名词，一个表示明察秋毫，一个表示爱情复好。至于故事的详细内容、本源，即或是"读书人"，照例也不大明白了。

镜子在实用意义外附上神话，和汉代方士巫术信仰关系密切。后来有两个原因更增加了它的神秘性：一个是七世纪隋唐之际，王度作的《古镜记》，把几面镜子的发现和失去，说得神乎其神。另一个是从晋六朝以来，妇女就有佩镜子风气，唐代女子出嫁更必需佩镜子，到十九世纪，玻璃镜子普遍使用后，铜镜成了古董，照习惯，妇女出阁还当成辟邪器挂在胸前。把镜子年代混淆，另外还有一个原因，是宋《宣和博古图》和清代《西清古鉴》，都把唐代的海兽葡萄镜，当成汉代作品。这事至今还有读书人相信。

近几十年研究镜子的人，从实物出土的地方注意，才修正了过去错误，充实了许多新知识。首先是淮河流域寿州一带发现了许多古镜，花纹风格都极特别，过去陕西河南不多见，因此叫它做"淮式镜"。至于产生的时代，还是沿袭旧称，认为秦代制作。其实寿州原属楚国，如果是"秦镜"，应当在咸阳长安一带大量出土才合理！直到近年长沙楚墓出土这种镜子又多又精美，才明白它的更正确的名称，应当叫做"楚式镜"。是战国时楚国有代表性的一种精美高级工艺品。镜子的大量生产，或普遍作墓中殉葬物，也是楚国得风气之先，而后影响各地，汉代以后才遍及全国。我们这么说，是因为秦赵燕齐诸国墓葬中，也发现过镜子，但数量却极少。如不是不会用镜子，只有一种解释说得通，就是殉葬制度中不用镜子。但是到汉代，坟墓中用镜子殉葬，却已成普通习惯了。

战国镜子和别的铜器一样，花纹图案地方色彩十分鲜明。大体上可以分成两大类：例如午门楼上新出土的一面漆地堆花蟠虬方镜，上海博物馆展出一面"虎纹镜"，和流出国外的"四灵鸷方镜""圆透雕蟠虺方镜"和同一纹样圆镜，其他图录中所见龙纹和蟠虺纹镜。除第二种具浑源铜器风格，后几种都和新郑器及一般战国时中原铜器花纹相通。这一类镜子，艺术作风虽不相同，制度却大致相同。胎质都比较厚实，平边，花纹浑朴而雄健。可代表北方系作风。至于出土地不明确那面"金银错骑士刺虎镜"，和相传洛阳金村出土一面"玉背镜"，和寿州、长沙出土的大量龙纹镜，山字镜，兽纹镜，制度就另是一种。胎质都极薄，边缘上卷，设计图案多活泼而秀美，不拘常格。特别是长沙出土的各式镜子，更可代表南方系艺术作风，具有显明的地方特征。花纹处理多沿袭商周青铜器而加以发展，分做两层，有精细而多变化的地纹，在地纹上再加浅平浮雕，浮雕又还可分"平刻""线描"和有阴阳面的"剔花"。在种种不同风格变化中，充分反映出设计上的自由、活泼、精致和完整。特别重要还是它的统一完整性。又因磨制加工过程格外认真不苟且，方达到了青铜工艺的最高成就。可说是青铜器末期，结合了最高冶金技术和最精雕刻设计艺术的集中表现。它的复杂多样的花纹，上承商周，下启秦汉，还综合战国纹饰特长，反映于各种圆式图案中，为后来研究古代花纹图案发展史的人，给予了极大便利。

例如"连续矩文"，是商代铜器和白陶器中重要纹饰中一种花纹，本来出于一般竹蒲编织物，反映到铜陶纹饰中，和古代高级纺织物关系就格外密切。到战国末期，除部分铜鼎花纹还保持这种旧格式，一般车轴头上的图案花纹还使用到它，其他器物上已不常见。但是这种矩纹却继续用种种新鲜活泼风格，特别是结合精细地纹作成的方胜格子式变化，反映于长沙古镜装饰图案中，不仅丰富了中国圆式图案的种类，特别重要还是对于中国古代的黼绣纹，也间接提供了许多重要参考资料。古代谈刺绣，常引用《尚书》"山龙华虫，藻火粉米"等叙述。既少实物可见，历来解释总不透彻。汉代以后儒生制作多附会，越来越和历史本来面目不合。从别的器物花纹联系，虽有金银错器、漆器、彩绘陶器可以比较，却并不引起学人认真注意。近三十年燕下都新出土的各种大型砖瓦花纹，和辉县出土的漆棺花纹，因为和蒙古人民共和国诺音乌拉古坟一片丝织物花纹相似，特别是燕下都的砖瓦花纹，和金文中"黼"字极相近，才起始启示我们"两弓相背"的黼绣一种新印象。但由于长沙上千面镜子的发现，完全近于"纳绣""锁丝"的精细镜子地纹，和由龙凤综合发展而成的种种云藻主纹，更不啻为我们丰富了古代刺绣花纹以千百种具体式样。这些镜纹极显明和古代丝绸刺绣花纹关系是分不开的。并且从内容上还可以看出，有些本来就是从其他丝绣装饰转用而成。例如，一种用四分法处理的四叶放射式装饰，有些花朵和流苏坠饰，是受镜面限制，才折叠起来处理的。如果用于古代伞盖帐顶时，就会展开回复本来的流苏珠络形式。还有菱形图案的种种变化，孤立来看总难说明它的起源。如联系其他漆器、错金器比较，就可以明白原来和古代丝织物的花纹都基本相通（楚墓出土实物已为我们完全证明）。这些花纹还共同影响到汉代工艺各部门。诺音乌拉汉墓出土的一件大绣花毯子，边沿的纺织物图案，就和这次陈列的那面朱绘镜子菱形花纹完全相同。另外一片残余刺绣上几个牵马胡人披的绣衫上方胜格子纹，又和这次长沙出土一个战国时镂刻填彩青铜奁上的花纹相合。其他一些云纹绣，更是一般金银错图案。还有一种镜子，在对称连续方格菱纹中，嵌上花朵装饰，地纹格外精美的，也有可能在当时就已织成花锦，或用纳绣法钉上金珠花朵，反映到服饰上。西域发现的汉锦，唐代敦煌发现的方胜锦，显然就由之发展而出。洛阳出土大空心砖上的方胜花纹，沂南汉墓顶上藻井平棋格子花纹，也是由它发展的。至于羽状地纹上的连续长尾兽纹，写实形象生动而活泼，又达到图案上的圜转自然效果，构图设计，也启发了汉代漆盘中的基本熊纹布置方法……总之，楚式镜纹的丰富变化，实在是充分吸收融化商周优秀传统并加以发展的结果，和同时期工艺各部门的装饰图案，又发生密切联系，至于影响到汉代以后的装饰图案，更是多方面的。这是美术史或工艺史的研究工作者，都值得特别注意的一件事情。离开了这些实际比较材料，仅从文字出发，以书注书，有些问题是永远无从得到正确答解的。

近人常说汉代文学艺术，受楚文化影响极深。文学方面十分显著，因为西汉人的辞赋，多直接从楚辞发展而出。至于艺术方面，大家认识就不免模模糊糊。

去年楚文物展览，和这次出土文物展览，从几面镜子花纹联系比较中，我们却得到了许多具体知识！汉代铜器在加工技术上，主要特征是由模印铸造改进而为手工线刻，花纹也因此由对称式云龙鸟兽和几何纹图案，发展变化为自由、现实、写生，不守一定成规的表现。阴刻花纹虽起源极早，商代以来，雕玉雕骨早已使用，但直接影响到汉代工艺的，也只有从楚文物中的漆器、木刻和青铜镜子等等技法处理上，见出它的本来面目和发展趋势。

楚国统治者在诸侯间尝自称"荆蛮"，近于自谦封地内并无文化可言。当时所说，大致指的只是封建制度中的旗章车辂，仪制排场，在会盟时不如齐晋诸侯的讲究。至于物质文化，实在并不落后于人。特别是善于融合传统，有色彩，有个性，充满创造精神和自由思想的工艺美术，春秋战国以来，楚国工人所达到的高度艺术水平，和中原诸国比较，是有过之无不及的。楚国爱国诗人屈原文学上的成就，和楚国万千劳动人民工艺上的成就，共同反映出楚文化的特征，是既富于色彩，又长于把奔放和精细感情巧妙结合起来，加以完整的表现。这虽然同时也是战国文学艺术的一般长处，是战国时期美学思想在文学艺术上的具体反映。但是从楚文化中，甚至于从一面小小青铜镜子中，我们却更容易看出鲜明的时代精神和民族风格。

镜子既然是古代人的日用品，为便于应用和保护，必需装在一个适用的盒子里或套子里。长沙出土文物中，另外一时还发现过许多种刻画精美的大小漆盒子。这种漆盒大型的多分层分格，里面装有镜子，小木梳篦和脂粉黛墨。这种漆器叫做"奁具"。古代社会女子教育"德容言功"四种要求中，整洁仪容占第二位，因此女子出嫁时，随身也少不了一个"奁具"。不过当时代表的是"艺术"，可不是"财富"。到后来，陪嫁依然少不了"妆奁"，但是意义已完全不同了。到现代，除了西南边疆兄弟民族，还使用这种基本上用红黑二色为主的旧式彩绘漆器，制作方法并影响到印度、缅甸、暹罗、越南的生产，其余地方已少见到这种制作了。

这次长沙出土文物中，除那个彩绘狩猎漆奁外，还有个镂刻方胜花纹青铜奁具，图案精美而复杂。如不是用金银错技术填嵌金银，就是用彩漆填嵌处理的。新时必然丹翠陆离，异常华美。这也是这次展览中一件重要艺术品。这个铜奁和长沙楚墓发现的人物彩画漆奁，人物车马漆奁，细刻云兽纹素漆奁，可算得是楚国工艺品中几件"杰作"，也可作古代"奁具"的代表。它们是因镜子而产生的。

过去人谈古器物，常把许多种筒子式青铜器都叫做"奁"，但是这些器物用处显然不会相同。只有长沙楚墓出土这种青铜或彩绘漆"奁具"，里面大多数还有镜子梳篦和其他化妆用品，才可和史游《急就章》提起的"镜奁梳比各异工"相印证，知道是战国汉代以来化妆用的奁具标准格式。这种奁具到汉末还有漆地画金银花纹的，魏晋以来技术依然能够保存，从曹操《上杂物疏》和晋人著《东宫旧事》的记载可以知道。不过晋代一般人使用的漆奁，大都是素质无花，因晋代法令禁止普通漆器文画加工。法令还提起过，造漆器的人必需把店铺工匠姓名和年月写上。齐高帝也有令禁止一般杂漆器加绘金银花。这次华东区在杭州发掘的几件南宋时临安府生产的素漆器，式样还是汉晋旧格，文字可和晋令相印证，证明了直到宋代，一般民间漆器，还遵守这个五六百年前的法令。这件事情，也是用文献结合出土实物才知道的。

奁具的"筒子式"或"三套式"改进成饼子式或蔗段"五撞""六撞"式，和花朵式的外形，是配合唐镜从唐代才起始的。上海博物馆保存有元代画马名家任月山的媳妇墓葬中出土的几件漆器，剔红盒可证明现存明代雕漆多本宋元旧法，另外一个素漆花式套奁，却是现存唐式漆奁极有价值的范本。奁具也有方的，和后世县官印盒差不多，材料有用木片拼合的，用夹纻法作胎的，居多用竹篾编成。最著名的遗物，是在朝鲜汉代古墓发现的一个，上面画了许多彩漆人物，还有南山四皓和吴王纣王等的画像。这种东西到汉末又名"严具"。陆机书信中还提起看过曹操用的严具，是个六七寸高的方盒子，内有梳篦镊子杂物。

本文作于 1954 年秋，标题为《脸盆和镜子——它的发展故事和涉及的问题 上》，与下篇《介绍午门楼上的镜子 下》不一致。文稿前留有作者附言："排时望莫将原稿弄脏，排后望见还。"1954 年 10 月某刊物编辑将稿件退还，作者曾进行过一些修改，始终未发表过。后《沈从文全集》据原稿编入，并以初稿曾用《镜子的故事上》为标题。现据《沈从文全集》第 29 卷编入。

镜子的故事（下篇）

午门楼上除战国镜子外，另外还有很多精美汉唐镜子，其中有四面镜子，在镜子工艺和应用发展历史中，各占不同重要地位。

一、华东区浙江大学出土的西王母画像镜

照历史发展说来，中国的青铜器时代，结束于战国。这并不是说战国以后就没有青铜艺术。秦汉以来，铁工具已经成了主要生产工具，饮食日用器具或特别用具，漆器和釉陶的使用又日益普遍，再不是青铜器独占的局面。因此青铜器失去了过去的特别重要地位。这是社会发展的新趋势。但青铜器物在社会上却依然有它的广泛需要。使用范围并不缩小，还更加普遍了。我们从墓葬遗物中就容易看出。日用器物如辘轳灯、烛盘、熨斗、香炉、酒枪、带钩、弩机、熊虎镇、小刀、剪子，和小型车马明器中用的种种金铜什件，大件器物如鼎、豆、甗、壶、钟、釜、镆、酒镏、堂狼洗、车上什件、帐鞲杂件、度量衡器，大都还是用铜作的。而且有些还加工作得特别精致。不过除堂狼洗铸有鱼羊类花纹，带钩、弩机，和一部分用器，有用錾金银花新技术表现，辘轳灯和熊虎镇子仿像生物，可代表汉代立体雕刻，其余铜器多只用简单带纹装饰，有的还毫无装饰。但也有新的发展部分，就是用手工精细刻镂，代替了商周以来旧法的模铸，图案也由对称定型，变而为自由、活泼，和逼真生动。这种技术发展于战国，盛行于汉代。来源有可能是先从南方流行，才遍及国内各地（这次中南区衡阳工地汉墓出土一份细刻花纹铜器，和许多仿铜青釉刻花陶器，是最好

的代表）。另外又发展了铜上镀金的工艺，古名"鋈续"，意思是把金汁倒到其他金属上面去，后世通名"鎏金"。其实是用汞类作媒触剂完成的。起始只用于战国末期的小件犀比带钩上，可知技术还相当困难。到汉代，因社会重视金银，才促进了技术发展，广泛应用到各种铜器上去。例如那种精细刻镂水云鸟兽花纹，面径六七寸大的铜洗，制作就格外讲究。这种新型工艺美术品，当时可能是和金银釦漆器奁具配成一套使用的。在漆器中，新发展的金银釦器，必有带式装饰，精美的多用纯金银或错金银法作成，比较一般性的，也在铜上鎏金。这种附件既增加了夹纻漆器的坚固性，又增加了它的美术效果，汉代"釦器"是由此得名的。不过继承了青铜工艺模铸技法的固有长处，在花纹方面而加以新发展的，主要却是镜子。

现在人一提起镜子，不说"秦镜"，必说"汉镜""唐镜"。西汉早年的镜子，本和战国楚式镜或一般所谓"秦镜"不容易区别。前代镜样到西汉还流行，是过去人容易把它时代混淆通称"秦镜"或"汉镜"的原因。特别是内沿方框作十二字铭文，字体具秦刻石遗意，花纹如楚式镜中的云龙镜，过去人都认为是标准"秦镜"的，从铭文所表示的思想情感看来，大致还是西汉初期也流行的镜子。

显明标志出早期汉镜工艺造形特征的，约计有五方面：一、花纹中已无辅助地纹，二、镜面起始加上种种表示愿望的铭文（早期字体比一般秦刻石还古质，西汉末才用隶书），三、镜背穿带部分由桥梁式简化为骨朵式，四、边沿不再上卷，胎质比较厚实，五、除错金银镜外，还有了漆背金银平脱和贴金、鎏金镜子的产生。

具有前四种特征的汉镜，如把它和战国楚式镜比较，会觉得汉镜简朴有余而艺术不高。第五种近于新成就，如这次长沙出土柜中新补充的两面西汉末加金镜，一个系薄金片贴上，一个系鎏金，在技术上是重要的，但数量并不多，缺少一般代表性。有一点十分重要，即是出土地依然还在南方，可知加金技术经南方发展是有道理的。早期汉镜花纹图案的简化，和小型镜子出土比较多，显示出社会在发展中。上层艺术性要求不太高，而一般使用已日益普遍，这类镜子的产生，是由实用出发而来的。武帝以来，生产有了新的发展，社会政治日益变化，宗教巫术空气浓厚，装饰艺术用比较复杂形式反映到镜面上，和成定型的云中四神内方外圆的规矩镜，才用种种形式表现出来。东汉以来，神仙信仰加强，并且解除了巫蛊禁忌，故事传说日益普遍，神人仙真于是才上了镜面，镜子的使用，也由实用以外兼具有辟邪意味，和长生愿望了（这类镜子这次陈列是有很多具代表性的）。这还仅只就花纹图案一方面而言。

汉镜问题在铭文。大约而言，也可分作两大类，即三、四言和七言。从内容区别，有四种不同代表格式。第一类如：

一、"大富贵，乐无事，宜酒食，日有熹。"十二字铭文。

二、"见日之光，长毋相忘。"八字铭文。

前一种，可说是标准汉人"功利思想"的反映。后一种，已可看出汉代人正式用镜子作男女彼此间赠答礼物的习惯。也有具政治性的，如"见日之光，天下大明"八字，近于当时阴阳术士的谶语，或在成哀之际出现的东西。

铭文最短的只四个字，种类极多，计有"家常富贵""长宜子孙""长宜高官""长毋相忘""位至三公""长乐未央"等等格式，虽同用四字铭文，却表现不同思想情感，反映于式样不同镜面上。"家常富贵"多小型镜，制作极简，近于民间用品。"长宜高官""长宜子孙"多大型，花纹虽同样简朴，制作却十分完整。"长乐未央"还具战国镜式花纹和形制，多小型，四小字平列在花纹一方，近于秦汉之际宫廷式样。"长毋相忘"有各种不同格式，可看出是一般中等社会通常用品，纹饰虽简单，铸模却精致，切于实用。

第二类七言铭文的，由骚赋文体出发，近于七言诗的前身，极常用的有：

三、"内清质以昭明，光辉象夫日月，心忽扬而愿忠，然壅塞而不泄。"

四、"新有善铜出丹阳，和以银锡清且明，巧工作之成文章，左龙右虎辟不祥。"

前一式文字安排有作一圈的，有分作两层的。从文体看可以明白它实远受屈宋骚赋影响，近接司马相如枚乘等文赋，可说是骚赋情感在镜铭上的反映。铭文内容含义，因此可说有政治也有爱情。除铭文之外几乎无其他花纹，小型的铜质格外精美。后一式时代或稍晚些，一般多认为是王莽时官工镜。完全显明具政治性的，有"胡虏殄灭四夷服，天下人民多康宁"等语句，本来应当和汉武帝在中国边境的军事行动不可分。但是出土遗物时代都比较晚（用图案表现战事的还更晚，又不和铭文结合）。和二式同出现于西汉末王莽时代，现在一般还认为是王莽时官工造镜。有具年款的，一般多不刊年款。表示宗教情感和长生愿望铭文同在一处，最著名的是"尚方作镜真大好，上有仙人不知老，渴饮玉泉饥食枣"，铭文中一面指明这种镜式最先必出于官工制作，一面更反映《史记·封禅书》《汉书·郊祀志》所提起过的"神仙好楼居，食脯枣"等等方士传说在汉代的发展和影响。这种神仙思想，影响到中国文化是多方面的，例如对于中国建筑艺术，就因此发展了向上高升的崇楼杰阁结构。如汉人文献记载，武帝时宫中井干楼，别风阙，都高达五十丈，鸿台高四十丈，金凤阙，蜚廉观各高二十五丈，渐台高二十丈，通天台还高及百丈，云雨多出其下。汉武帝在通天台上举行祀太乙仪式时，用太祝领导八岁童女三百人，各著彩绣衣服，在上面歌舞，壮伟动人景象可想而知。这种风气反映到东汉中等人家墓葬中，也不断发现有高及数尺三层叠起的灰陶和釉陶楼房，从结构上看，可能和用博山炉一样，还是让死者升天和"王乔""赤松子"不死意义。至于反映于社会一般装饰彩画上，是"青龙、白虎、朱雀、玄武"四神主题画地位的确定，和由"海上三山"神话传说而来的仙人云气、鸿雁麋鹿，气韵飘逸色彩绚丽的装饰花纹，应用到金银错、彩漆、丝绸和铜、陶、玉、木、石等等雕刻工艺中，都得到极高度的成就。特别是两件金银错兵器附件上的花纹，并且可作古代谈养生导引"熊经鸟申"五禽之戏的形象注释。他的产生早可到秦始皇，作为巡行的兵卫仪仗使用，晚到汉武帝，是文成五利手中所执的法物！在新的器物制作上，除完全写实的金铜熊、羊、辟邪，更有各种式样的透空雕花博山香炉的产生，珍贵的多用纯金银作成，最常见是青铜的。这种社会风习反映到镜鉴上，也作成图案设计的主题。不过镜面既受型范技术限制，又受圆形面积限制，更重要镜子是日用品，要求数量多，因此虽刻画得依然如"生龙活虎"，比较起来，究竟不能如其他工艺富于活泼生命。惟汉镜时代特征，却依然反映得十分清楚。

还有神仙思想主要是长生希望，铭文表示向天许愿长保双亲康宁的，多和"上有仙人不知老"等铭文在一道。向神仙求福本是宗教情感的表现，但这种孝子思想，却又和东汉儒学提倡孝道相关。

我们说"早期"，或"晚期"，也许措辞用得不易完全符合历史本来。例如"家常富贵"小型镜，虽是汉代作品，六朝以后还继续铸造。因为它是好简朴的一般人民使用的简朴式样。铭文所有愿望也是普通小有产者的希望，时代性就不大十分显著。至于"见日之光，长毋相忘"小型和中型镜，虽代表的是中层社会个人情感，和私生活发生联系，到东汉就有了其他式样代替，六朝以后铭文所表示的情绪虽还相同，措词已大不相同了。"胡虏殄灭四夷服"，"上有仙人不知老"等铭文镜，反映的既是政治现实和宗教信仰，照理应出于武帝时代，事实上却多在东汉才出现。这些问题需要更具体更全面出土材料，才可得到正确解决。如用部分知识推测，是不可免有错误的。这也可以见出全国性文物发掘保存的重要性。因为用比较方法和归纳方法，就可以得到许多有用知识的。

汉镜的图案设计比铭文问题复杂。"见日之光"小型镜多重轮，铭在中圈部分，每字常用一花式图案隔离，中型的即无间隔花式。它的式样或者由"日重光月重轮"的祥瑞信仰而来。也有作内方外圆布置，内用四分法加流苏装饰，文字分别嵌于四方的。又有作星象式或乳钉旋绕，纽作十二重叠乳钉，普通都叫做"星云镜"，这是从兽纹衍进简化而成的（图一）。"长宜子孙""长宜高官"等大型镜，虽近于早期官工镜样，制作得十分完整，但除中心四叶装饰，有的一圈云纹外，竟只使用一些重复线条，虽然在设计时深具匠心，整体结构效果极大方，几个字的安排，并且还特别注意，保留晚周错金柳叶篆文格式的特长，经营位置，恰到好处。可是究竟素朴简单了一点。这种镜式到东汉还保留，只换上铭文作"位至三公"，希望具体了许多。花纹比较进一步的，是在连弧内作八凤或朱雀图案的镜式，构图设想，或本源于"日中星乌"记载，又或不过采用汉人熟习的祥瑞传说。有作八凤的，有作十二凤的，也有并外弧用到二十四凤的。一般叫做"夔凤镜"，本名或者还是"朱雀镜"。如系由取火阳燧发展而出，装饰花纹用三足乌，就更符合传说。这类镜子常作扁平纽。既无地纹，花作平雕，在技术上已近于后代"剔花"（即把空处剔除露出花纹）。又分阴剔和阳剔。若系阴剔，多余的阳纹线条，另外就形成四只蝙蝠式样，算得是镜纹设计的新成就。这种格式起于西汉，到东汉，再衍变就成为一种"兽面辟邪"镜式，或连弧部分加上方框，每一框中用"位至三公"四言铭文处理，就完全失去本来用意了。早期汉镜多较薄，到西汉末才胎质厚实，一般多不卷边，可证明主要是承继战国以来北方系的式样。凡边沿向外过度斜削，时代多比较晚些，属于另外一种格式。正和扁平纽一样，或者和生产地域的风格有关。生产地见于铭文的有"丹阳"和"西蜀"字样。又有"洛阳名工"的铭文。私人造镜著

图一　西汉　星云纹青铜镜（陕西西安北郊汉墓出土）

名的有"周仲造镜""驺氏镜""向氏镜"等等，用的还是官工镜格式。或者和
《考工记》提起的世袭官工有关。

　　汉镜花纹图案由简而繁，起始于武帝时代，到西汉末成哀之际和王莽时代
才完成。但和战国镜纹却有基本不同处。显著特征是战国镜边缘多空白，汉代
镜则由简单重轮法改进而用三五道重轮法，表现多种鸟兽云气花纹，和齿状带

式装饰反复重叠，使之得到一种综合效果。在技术上正和漆器、空心砖等等图案设计一样，带式装饰有占镜面一半的，因此再难于区别边沿装饰和中心部分的主从关系。规矩镜花纹多浅刻，或兼喻"内方外圆"的儒家作人教育意义。但汉代博局，也用的是这种规矩花纹，有出土陶器可证明。绍兴镜子东王公像前的博局，也有用规矩纹装饰的。说明赌博也要守一定规矩！

政治现实和宗教情绪反映到镜纹上，本来应当和社会发展有密切关系，不可能孤立生长。花纹和铭文也应当有统一性。汉镜却常有些参差处。例如神仙思想的反映，照《封禅书》《郊祀志》的叙述，多在秦始皇汉武帝两个时代，特别是汉武帝时代，排场来得壮大，许多重要艺术成就，都在这个时期形成。最重要的如西王母传说，也应当在这时节产生，至迟到西汉末年已经流行。但镜纹镜铭和石刻画上的反映，却都晚到东汉桓帝祠老子前后。至于"上有仙人不知老"铭文的神仙或西王母形象正式反映到镜面时，却已经近于宗教在宫廷中时的庄严神秘感早已失去，只是把它当成一种民间信仰，一个普通流传的美丽神话，来和人间愿望结合加以表现了。是否是西王母神话的信仰，先只在宫廷中秘密奉行，到东汉末巫蛊禁忌解放，才公开成为民间传说和社会风气，更因越巫诗张为幻，才特别流行于长江下游？情形不得而知。总之这类镜子出现的正确时代、区域，是值得深入研究。不仅可以解决本身问题，并且还能够用它来校定相传汉人几个小说的比较年代，推测早期道教或天师教形式的。

在先秦镜纹上表现人物，著名的只有两面镜子：一面是错金骑士刺虎镜，另一面是细花平刻仙真人物弹琴驯虎镜。第一面或用的是"卞庄刺虎"故事，和宗教无关连。次一面照后来发展看，可能是描写"安期生""王乔""赤松子"一类列仙生活。镜式都属于先秦式。其他神仙人物镜，却多在前后相距三四个世纪的汉末才出现。较早的神仙镜多中型。镜面神像或者是当时在群众中有了权威的"老子"或"岁星"。但汉代巫教盛行，信奉杂神的风气普遍，如刘章、项羽、伍子胥都当作信仰对象过。甚至于还有把"鲍鱼"当作神来敬奉，称作"鲍君神"的。所以能上镜面的神，必然也相当多。这种神仙人物镜，图案设计表现方法可分成三种类型：第一类用圆圈围绕布置方式，中间或穿插有既歌且舞的伎乐表现。次一类作三层分段布置，主题神肩部多带有一对云气样的小小翅膀，表示他可以上天下地，来去自在。旁边或有侍从玉女站立，和云气中龙虎腾跃，边沿花纹装饰精美而复杂。中国带式装饰中由云纹而逐渐变为卷草，从镜边装饰可得到具体发展印象。铭文具方士祝愿口吻，且常迁就镜面位置，有语不成章处，可知本来必同样重要，经过复制，从应用出发，才成这样子。就花纹说，鸟兽和侍从羽人，虽还活泼生动，主题神有的却方面严峻，和反映于陶石上一般汉代人物画像的活泼飘逸不大相称。技术以半圆雕法为主，也有用点线勾勒的。时代多在东汉后期，可知和记载上桓帝祠老子关系密切。这种神像和早期佛教也可能有些联系，因为敦煌洞窟壁画中的"降魔变"构图设计，还像是由它影响而来。最重要是第三类，用西王母东王公作主题表现的神仙车马人物镜。其中穿插以绣幰珠络的驷马骈车，在中国镜子工艺美术上，自成一种风格。这种镜子虽近于汉镜尾声，却给人以"曲终雅奏"之感，重要性十分显著。完全是一种新型的艺术创造，即在有限平面圆圈上，作立体驷马奔车的表现，得到体积和行动的完美效果。表现方法有用连续点线处理的，有边沿作平刻，主题用高浮雕处理的。有在高浮雕技法中兼用斜雕方法处理的。点线法和高浮雕本属旧有，斜刻方法表现体积，使用到镜面上，却是一种崭新大胆的试验。正和川蜀汉墓雕砖法一样，直接影响到唐代著名石刻昭陵六骏，和宋明剔红漆器的刻法。镜面设计有的还保留四分法习惯，有的又完全打破旧例，尽车马成为主要部分，占据镜面极多。一般形象多是西王母和东王公各据一方，西王母袍服盛妆，袖手坐定，如有所等待，面前横一长几，旁有玉女侍立，东王公则身旁常搁一博局，齿筹分明，有的又作投壶设备，或者身前还有个羽人竖蜻蜓献技。孝女曹娥碑说到父亲曹盱能"弦歌鼓舞，婆娑乐神。"当时越巫举行敬神仪式时，或者也正是披羽衣作种种杂伎表演。青龙白虎各占一部分面积。马多举足昂首，作奋迅奔赴姿势，在车窗边间或还露出一个人头。照情形看来，镜中的表现，如不是周穆王西游会王母的传说，就是照《神异经》说到的西王母东王公相对博戏故事（图二）。

这种镜子特别重要处，还是它出现的区域性，十分显著。主要出土地限于江浙和山东一部分地方。如照山东嘉祥武梁石刻人神排列秩序看来，"西王母"实高据石刻最上层，代表天上。但汉代人风俗习惯，每个死人都必需向管领地下的"东王公"买地，东王公又俨然是阴间唯一大地主。同时汉代传说"泰山"也是管领地下的主神。这位东王公究竟是周穆王化身？汉武帝化身？王莽化身？

图二　西王母、东王公形象在三国铜镜上的反映

两者又如何结合于汉末南方镜子上，当成图案的主题？在社会学上或工艺史上，都是一个待研究的问题。或出于"越巫"的造作，或属于早期"天师教"的信仰，又或不过只是因为生死契阔，天上人间难再相见，为铭文中"长毋相忘"四个字加以形象化的发展。死者乘车升天，也只是汉代传说嫦娥奔月故事，主题虽用的是宗教神话，表现的却只是普通人间情感。镜面也有作伍子胥和吴王夫差像的，和曹娥碑提的"迎伍君神"相合，可知是东汉末年南方人一般信仰。又也有作游骑射猎图的。最重要的成就，还是车马人神除雕刻得栩栩如生，还丰富了我们古代神话的形象，也提供了我们早期轿车许多种式样。一般铜质都比较差，但镜面雕刻实可说犀利壮美，结构谨严。这次午门楼上东头柜中展出的一面，就具有标准风格。这种镜子最精美的，多是一九三四年在绍兴古墓群出土，因此世界上多只知道有"绍兴镜"。其实它应当是汉末三国吴时的南方青铜工艺品代

表，决不止是绍兴一地的生产。

二、晋墓中发现的两破瓦镜

在西汉早期镜子中，社会一般既有了"长毋相忘"等等表示情感的铭文，社会上层又有"长门献赋"的故事，民间又有"上山采蘼芜"等乐府诗歌流传，可知"爱情"在汉代社会生活中，实有了个比较显著的地位。也因此加重了男女间离鸾别鹄的情操。或生前恋慕，用镜子表现情感，或死后纪念，用镜子殉葬，表示生死同心，都是必然的发展。死人复活的传说，如《孔雀东南飞》诗歌叙述，如干宝《搜神记》小说记载，也自然会在社会间流传，特别是社会分崩离析之际。所以照社会现实推测，"破镜重圆"希望或传说，和死人复活的故事相同，至迟应当在魏晋之际发生。文献上记载较早的，是旧传东方朔著《神异经》，就有"夫妇将别，各执半镜为信相约"故事。这次在西南区昭化出土二晋墓中，各有破瓦镜一片，拼合恰成一个整体，为我们证明了晋代以来，民间当真就有了这种风俗，传说，到陈隋之际，才有乐昌公主和陈德言"破镜重圆"故事产生。"破镜重圆"和死人复活一样，对古人说来，本只是生死者间一种无可奈何的希望。乐昌公主以才色著名，在兵事乱离中和丈夫相约，各执半镜，约作将来见面机会。国亡被掳后，进入当时炙手可热的越国公杨素府中。后来还因破镜前约，找着了丈夫陈德言，夫妇恢复同居。又因陈德言寄诗有"镜与人俱去，镜归人不归，无复姮娥影，空余明月辉"，乐昌公主临去被迫作诗有"今日何迁次，新官对旧官，笑啼俱不敢，方验作人难"之句，载于《两京新记》《本事诗》《太平广记》和《古今诗话》中，当成"佳话"流传。后来教文学史的就把"破镜重圆"事当作起于陈隋，本来的出处倒忘记了。历史和文物的结合，可以为我们启发出许多新问题，并解决许多旧问题，这两面平平常常破瓦镜，就是一个好例。

汉魏以来铁器已普遍使用，因此也有了"铁镜"。并且还有"错金银铁镜"和"漆背贴金银花文铁镜"。曹操文集中《上杂物疏》曾提起过许多种。这次展览也有一方素铁镜子。收藏镜子一般用的是奁具，随身使用却放在镜囊中。"镜囊"通名"镜套"，是用锦缎或刺绣作成的。古代的不易保存，目下常见的多是明清两代以来遗物。明清铜镜在艺术上已不足言，但镜套却有绣得极精美的。

镜子使用时或拿在手上，或挂在架子上，在汉代石刻中，我们已看见过它的式样。至于使用情形，全靠镜后纽部那个穿孔，贯上丝绳，手拿，或挂在一定架子上。挂镜子的器具名叫"镜架"或"镜台"，讲究贵重的多用玉石、玳瑁、象牙作成，一般只是竹木髹漆。镜台有用玉作的，是从《世说》温峤用玉镜台作聘礼记载知道。但镜台的样子，却不大引起人注意。传世晋代著名人物画家顾恺之作的《女史箴图》卷子中，保留有一幅古人临镜整容的精美画面。画中两人席地而坐，一个已收拾停当，手执镜子，正在左右顾盼。一个刚把长发打散，背后面却有个侍女理发，面前搁有镜台和脂粉奁具。镜台画作玳瑁纹，是长方形，附在镜架中部。并用文字解释画题，大意是"人人都知道化妆打扮身体，可不大明白更重要是注意品德"。是现存一卷最重要的中国古代教育连环画，在历史意义和美术价值上，都非常珍贵。原画于鸦片战争英军火焚圆明园时，就被英国军官抢走，辗转到了英国博物馆，现在还未归还中国。

曹操《上杂物疏》文件中，还提起过许多种汉代重要日常用具，我们又借此知道汉镜中"错金"和"金银花"是两种不相同技术的生产。次一种如不是平脱法，就应当是捶薄金银片的加工技术。捶金薄片，商墓中即已发现过。春秋战国之际，河南新郑还发现过细刻龙纹金甲片，因已脱离附件，当时用处还不能具体明白。汉代用薄金片镶嵌漆器上，重要出土记录有蒙古"诺音乌拉"古坟出土和陕西宝鸡斗鸡台出土的。长沙这次出土一面鎏金镜，一面贴金镜，贴金镜边沿还另刻细致云纹，和本来的齿状纹不同。魏晋六朝以来金银细工有进一步发展，《东宫旧事》和《邺中记》就记载有许多种金银器物和镶嵌工艺美术品，齐梁诗文更常有形容叙述。但实物知识，我们却并不多。

至于一般青铜镜子花纹，魏晋以来先是半圆雕的中型高圆浮雕夔龙镜突破旧规，随后是十二生肖鸟兽浮雕分罫作边缘装饰，中圈分布圆式宝相花镜纹占重要位置，直沿用到六朝末年。铭文也由七言改为五言和四言，使用庾子山诗句"玉匣聊开镜，轻灰暂拭尘，光如一片水，影照两边人"是最常见格式。四言最著名的，有"炼形神冶，莹质良工，如珠出匣，似月停空。当眉写翠，对脸傅红。绮窗绣幌，俱含影中。"过去传说是五代西蜀王建赠某妇人的，现在已明白这种镜子产生时代，实早到隋唐之际。这时期镜铭主要是对于女性美的赞颂，花鸟图案和文字体裁都秀美柔和，和使用对象性情要求相适应。有综合十二辰，八卦，小簇宝相花合成一体的，也有沿袭汉代四神镜方法，用狻猊、辟邪、狮子、麒麟作主题，用四分法布置的。大致是六朝末官工民工镜子通用格式，到初唐犹使用。镜铭虽再不提起"新有善铜出丹阳"的语句，工艺风格依然显出南方特征，铭文和南朝文字也有一致性。主要生产还是南方。《唐六典》即明载扬州贡物中有青铜镜。

三、唐代花式捶银花鸟纹镜

唐镜花式丰富多方，不是本文能够详尽。大体说来，有如下几种新的发展，从新的发现中可以证明。一、受现实主义影响，写生花鸟镜的流行，大卷枝花多丰满健康，小簇花多秀美活泼，并有各种鸟类穿插其间。二、融化外来文化，产生了新型的厚胎卷边满枝葡萄镜，葡萄间多用异兽、练鹊、蜻蜓、蝴蝶点缀其间。三、带故事性的人物上了镜面，计有俞伯牙钟子期故事，孔子问荣启期故事，玉兔捣药嫦娥奔月故事，王子晋弄玉乘鸾跨鹤故事，莲花太子故事（唐镜许多种和当时的道教有密切关系，只有这一式受佛教影响）。四、花鸟镜中常见而又精美的，有双鸾衔长绶镜，有鹦鹉鸳鸯镜，有小簇花蜂蝶争春镜，有贴金银捶花和金银平脱镜（图三），有嵌螺甸镜。五、有八卦、万字等等家常镜。同时也起始有了带柄镜子，这是从圆扇得到启发产生的。方镜也发现得较多，大致是便于搁置到镜台上的原因。在造型艺术上的特征，主要即镜形打破了旧有圆形格式，作种种不同花式发展。又镜面有大过一尺，小仅如钱大的。六出花式是常用格式，小型镜制作多格外精美。怪兽葡萄狻猊狮子多作半圆浮雕，宝相卷枝和小簇花多作线浮雕。故事人物镜和双鸾对舞诸镜，在布置上都完全打破平均四分或圆形围绕习惯，作圆状屏风格式，或四方委角葵花式。共通优点是图案设计的现实性，给人一种生动活泼印象。花鸟多从写实出发，达到浮雕高度艺术水平。布置妥帖，是唐代一般艺术设计的特征，唐镜更充分反映这个特征，而且多样化。

这里要特别介绍的，是一面直径只两寸多些，花式金银加工的小小花鸟镜。因为在艺术上它代表了唐镜的新作风，在技术上又代表了唐镜的新成就。

唐代用金工艺计十四种，捶金镶嵌方法应当名叫"贴金"。是把薄质金银叶子贴到镜面捶成的。唐代纯金银器常有出土，且多比较材料，基本花纹已大体

图三　唐　鸿雁衔绶带金银平脱镜（陕西西安唐墓出土）

明白。一般镜子早期图案，还多用陈隋旧样，宝相花用"簇六"法或"聚八仙"法是通常格式。鸾衔绶带和鸂鶒、鸳鸯、练鹊、鹊鸰、戴胜、白头翁等鸟雀和蜂蝶昆虫在花朵间飞息，才正确见出唐代装饰作风。这些花鸟图案在中型镜类已显得十分活泼生动。用贴金法和平脱法反映于大型和极小镜子中，更加精美、细致而完整。工艺成就和社会习俗有密切联系，所以这种金银加工技术的全盛时期，必然和社会发展一致，应当在开元天宝之际数十年间。姚汝能述"安禄山事迹"，记玄宗和贵妃赠安禄山礼物中，就有许多种金银平脱器物，且有大件器物，正如小说中述玄宗嘱主工事的说"免为大眼孔胡儿所笑"而特作的。当时这种标准式样，已不易见到。但从其他出土金银器物中，和这一面小小贴银镜子中，却可体会到金银工艺美术，在唐代历史全盛时期的成就。

《唐六典》载用金十四种，这种名"贴金"，旧式错金则属于"戗金"即"戗金"一格，至于在漆上嵌镶镂空金银花鸟的"平脱"法，基本上是和它有区别的。后人一般都叫做"金银平脱"，实不大适合。金银平脱和其他加金用具，到肃宗时就一再用法律禁止，不许制造，因此唐墓出土器物虽极多，贴金和平脱镜并不多。在唐代数百年间，全部风格上的发展和变化，我们知识到如今还是不具体的。惟从现存资料如故宫收藏，及肃宗时就流传日本的几件重要镜子看来，却可知唐代标准特种官工镜的花纹和品质。还有镜子花纹和当时锦绣丝绸花纹有相通处，例如小簇花和绫锦刺绣纹样有联系，大卷枝写生却多反映于彩印染缬罗帛上，这是从比较上可以明白的。这些问题，过去少有人注意到，却值得注意，因为借此也可以丰富充实我们对于唐代丝绣花纹的知识。特别重要还是可因此明白一个镜子的花纹，也不是孤立的，必然和其他许多方面有联系的。

我们并且还知道，到了这个时期，一般镜奁多从实用出发，已由"筒子"形式改进成为"扁饼"形式和"花式"样子，同时还使用相同花纹锦绣镜囊，前面已提起过。唐代因玄宗八月初五日（一作初三）生辰，由国家把这一天定名"千秋"节，在这一天公私普遍铸造镜子送礼，传说最好的镜工必在扬子江心开炉泻铸。政府上下也多在这一天用镜子作祝贺礼物。唐代诗文中常提起这件事。一般"鸾衔绶带镜""回纹万字镜""真子飞霜"镜，"八卦水火镜"大都是在节令中的产物或礼物。小型贴金银花鸟镜和金银脂粉盒子，有比一般银圆还小的，或者是宫廷中和贵族社会亲戚妇女相互馈赠礼物，是便于平日随身携带的化妆用具。

这种金银加工小型花鸟镜，有花如豆粒，鸟如蚊虫，设计构图依然十分谨严周到，统一完整。到宋代，这点特别长处就失去了。唐宋五代西蜀、江南、吴越工艺都有高度发展，写生花鸟更多名家，西蜀、湖南、吴越且大量用金银器。惟青铜镜子工艺上的特征，实无所闻。

　　本文作于 1954 年秋，后据原稿编入《沈从文全集》。现据《沈从文全集》第 29 卷编入。

从新出土铜镜得到的认识

　　这是一面唐代镜子的卷枝花图案。原物径大约中尺六寸。是属于唐镜中比较素朴的类型。浮雕组织健康、活泼而完整。唐代装饰艺术，处处见出对于自然的热爱和高度理解，艺术中的现实性和节奏感，从这种镜纹的处理上，我们也可以明白看得出来。

　　中国人起始使用镜子，还无完全正确的记录。至于普遍使用镜子，大约在春秋战国之际。这是和历史上的生产发展情况相互适应的。战国时思想家多长于引用日常见到的平常事物作比喻，庄周、韩非和《战国策》上的策士纵横议论，都引用过镜子，可知到了这个时期，已经是一般人所常见习闻的东西。近五十年来，国内各地都有出土新记录，更帮助我们提出了无数重要物证。不过青铜镜子的应用，虽然在春秋战国之际，还一直延长下来，直到清代中叶，才完全被外来新起的玻璃镜子所代替。过去一般学人，对于古代镜子的知识，可并不怎么具体。或孤立从文献探索，不免认为直到战国还是用盆子式的青铜"鉴"储水照脸。或受《西京杂记》的影响，把镜子从实用附会传说，却以为镜子从秦代才起始。因杂记提起秦宫有大方镜可以照人心胆，历然无碍，二千年来"秦镜高悬"因之成为一个习用名词。谈金石学的后来虽知道从镜子本身注意，也只对于秦、汉、唐三个时代的镜子引起较大兴趣，其他多忽略过去。即这三大段落中的生产，也并不完全清楚。例如直到清代，著名的官刻大型图录《西清古鉴》，就还把唐代的"海兽葡萄"镜子，放到汉代部分中。近五十年来，新出土的镜子日益增多，我们才明白历史上各个时代镜子，在造形和图案上的

铜
镜

415

图一　唐　卷枝花铜镜

种种不同风格和特征，修正了过去的错误。除"海兽葡萄"已完全肯定为唐镜外，还有千余年来都认作"秦镜"的，就知道实包括有战国和西汉初两类镜子，居多还是战国镜子。又因淮河流域寿州一带古墓中，曾有同样大量镜子出土，才改称为"淮式镜"。至于这种镜子和楚文化的关系，依然不大有人注意。极可惜又极可恨，就是这类镜子最精美的，居多都被帝国主义者用种种巧取豪夺的方法，把它偷运出国外去了。想进一步研究就办不到。直到解放以后，从长沙楚墓发掘中，又发现了许多同样花纹复杂精美无比的镜子，我们才更进一步明白这种镜子最正确的称呼，应当是由出土文物得知，南方的是"楚式镜"，是具有战国时中国的南方特有个性的，足以充分反映古代楚国人民丰富情感和艺术巧思的工艺品。这种镜子和北方系同时期生产而有显明不同的风格，即花纹精细而活泼，不受传统铜器花纹的拘束，作成各种发展与变化。胎质多极薄，边沿微向上卷。花纹特征居多是在细锦地纹上再加种种不同主纹，例如"三山五山"纹、"长尾兽"纹、"连续矩形"纹、"连续云藻龙凤"纹、"三分法云藻龙"纹、"方胜格子"纹、"重菱罗"纹、"璎珞流苏"纹。除对于镜纹本身的丰富多样化，得到许多知识外，同时还对于古代的丝绸中的黼绣、绫锦纹样，及建筑装饰纹样，都得到极多重要的启发。两千年来读书人作服制研究时，多只从文献上注疏引证，虽已尽了极大努力，但是稍稍一接触到现实问题，例如装饰图案问题，就不能从联系去看问题，不免有无从措手感，只能用想象附会。宋人的《三礼图》和明人的《三才图会》，是两种最重要的代表。至于近人对于古代建筑彩绘的研究，碰到这个问题上，也同样无从措辞，就索性不提。如能从这类镜纹和同时代日用漆器的花纹，金银错花纹等实物联系，作进一步的思考，就必然会得到许多启发。即仅就镜子本身而言，也可以明白，它即或不是楚国工人最先的发明，至少却可以说，楚国工人实较早扩大了镜子的生产，而且完全把它当成一种艺术品来处理，提高了它的品质，成为当时最有代表性的工艺品。楚国人既较早就比较普遍使用镜子，并且习惯用镜子殉葬。镜子在工艺上的提高，更不能不推重楚工。古代收藏镜子和化妆整容的梳篦，常把它分别放在一个圆形套盒漆奁中。这种漆奁里外还绘有种种精美的花纹。截至目下，除洛阳金村出土的玉奁外，也数楚墓发现的战国漆奁，花纹精美而又保存得十分完整。一面可明白它的制度，一面可以看出它在工艺上的优秀成就。

镜子是种实用工具，必需时常加工磨光，才能合符实用目的。从汉初《淮南子》记载中，已知道一千年前磨镜子的技术是涂"玄锡"，用"细毼"磨制，玄锡是水银，细毼是毛呢，因此知道二千年前中国人就使用水银作磨镜子原料。换言之，就是至晚在这个时期，中国人已发明了从朱砂粉末中提炼水银的复杂技术，并大量生产，供应全国需要。如今试从楚墓出土上千面光泽如新的镜子加以注意，却让我们深一层认识，原来用水银作磨镜子原料，还要早过三四百年。也就是说，春秋战国时期的楚国，就已经有了相当庞大的烧炼水银的矿冶工业。楚漆器中的朱色彩绘，有用朱砂掺合赭土的，有纯朱的，也有色带粉红，近于用"银朱"调合胶漆涂绘的。银朱是还需要转化的。水银和银朱的生产地，一时虽不得而知，却可推测不会离开原料生产地太远，或在现今湘西晃县、凤凰和贵州铜仁之间。这个重要问题，其实还应上溯到殷商之际。这是历来文献所未及载，历史学者也还缺少应有关心的。现在我们却可以从商代用朱习惯和较后镜子和漆器的材料上，理出一点线索，等待更新的发掘来证明。过去一般历史学人，对于楚人好巫信神特别引起兴趣，谈及楚民族的文化特征时，联系到的也照例是这种种，哪会料想到古代最老的化学工厂，恰好就在这个地区！

中国"青铜时代"虽结束于战国，只是指主要生产工具有了大量铁工具代替。至于"青铜工艺"，却在社会发展中继续得到提高。这必需分作两部分来看：就青铜兵器的制作锋利精美而言，燕赵楚秦诸国大都有进一步的提高，但从此以后，也就缺少更大发展，至于青铜镜子和金银错镶嵌工艺，则由于受应用要求刺激，由汉到唐，还是得继续不断上升，因此留下无数有光辉的成就。例如汉代的金银错器，和唐代的金银平脱漆器，就是最好的证明。——特别是镜子，留下了一系列优秀作品，我们可以从不同形制和图案花纹发展中，看出它对于社会现实的种种不同反映，和社会上层建筑中的文学，诗歌，音乐，美术，及宗教信仰的种种联系。帮助我们更深入一层理解如上各部门的发展过程，彼此之间的关系和影响。并借此明白，没有一种事物是完全孤立的，没有一种生产不受其他影响而又影响其他。而镜子本身的问题，譬如它在中国青铜工艺和雕刻美术史上的应有的地位，及形成的社会背景，艺术形式背景，我们想深入一些来谈它时，也就势必需要同时从各方面的成就与发展研究，才不至于顾此失彼，孤立片面。或始终停顿到少数新派士大夫玩古董阶段，只说"好呀，好呀，这是伟大劳动人民的天才创造！"公式化概念化的不落边际的赞美，无从再具体一些说明它"为什么好"，或"好到那里"。这种出发于资产阶级旧意识倾向玩古状态的继续，和公式主义的应用，正泛滥于许多方面，特别是在艺术史方面个别或通论的叙述上，玩古的态度，对真的研究和鉴赏，都是有妨碍的。商讨到艺术中的民族形式问题时，就不易深入，对于优秀遗产的学习和接受时，也自然不可能根据它有所取舍。

唐镜是汉晋六朝以来镜工艺的继续，却又有它完全不同的时代特征。从本质说，合金成分已打破了汉镜"铜七铅锡共三"的大约比例，接近了"铜与铅锡各半"的比例。因此"青铜镜"的称呼虽照常，事实上是"白铜镜"！从形态花纹说，早期还多圆式镜面，用狻猊四兽作主题装饰，外沿绕以四言五言楷体书诗句，五言有用庾子山诗的，四言又有作拟苏若兰织锦作回文体的。外廓或加凤纹，或无装饰，只向内作倾斜，用两道细线凸起作间隔。稍后就打破了格式上的拘束，作成种种不同的发展。改变最大的是花式镜的出现。锐角莲花式六棱、八棱、十二棱，委角葵花式的、四棱、六棱、八棱，无所不具。两者显著区别即锐角多厚胎，委角多薄胎。又有大径过尺和小仅寸余的。花纹图案和技术加工，则海兽葡萄中间夹以蜂蝶花鸟，是吸收了外来影响加以融化的结果。漆背金银平脱大型花鸟镜，漆背螺甸镶嵌大中型花鸟镜，和全面贴金贴银小串枝中型及小型花鸟镜，是进一步发展了战国以来金银错、螺甸、捶金银镶嵌工艺，和漆工艺，把两种长处结合而为一的成功创造。花纹也由汉代以来的规矩四神纹，卷云边纹，和种种与神仙思想情绪发生联系的云气鸟兽人神场面的主题，转入放射式小团宝相花，和小簇规矩花，及现实花鸟为主题。花如迎风浥露，鸟具飞鸣百态。组织上则和同时代的刺绣，及泥金银绘要求一致，精美，完整，达到了镜子工艺的最高峰。还有比较一般的阳纹线刻作瑞雪放射式花朵的，和当时见于绫锦花纹又相通。大卷枝如本图形式的，则又常常用更丰富色彩和十分复杂形式，大胆表现于当时土木建筑的主要部分，例如敦煌石窟的藻井，或妇女衣裙薄质丝绸的多彩印染上。风格上虽各有长处，但是却还有一个共同点，值得一提，即健康、活泼、妥帖而完整。无论是高浮雕的"海兽葡萄""四狻猊""鸳鸯莲荷""双鸾衔绶带"，或浅浮雕的"大小折枝卷枝"，还是"漆背金银平脱"，成组列的花鸟，放射式的"小簇宝相花"和"折枝花"，和"贴金银小串枝花鸟"，在圆式或花式镜面上，组织配列总都是作得恰到好处。在镜子工艺美术史上，真可说前无古人而后少来者。它反映的是一个历史时代高度物质文化成就的一面，正如同唐的小说、诗歌、绘画和雕刻，所反映的一样。异途同归，共同达到了一个全盛期的峰顶以后，后来难以为继。社会虽然依旧在发展中，不过青铜工艺上的创造，却随同社会的发展，因为新的要求不同，衰落了。劳动人民的智慧和巧艺，到宋代后，就逐渐把重点转到制墨，造纸，刻书，烧瓷，雕漆等等方面去了。因此唐镜是中国青铜工艺的高峰，同时也是结束。

汉代以来，镜子上起始加有由四言到七言的种种不同铭文，四言多表示一般幸福吉祥愿望，七言则由骚赋体进而为七言韵语，成为两者间一个桥梁。除尚方官工镜外，照习惯还常有把镜工个人姓名附上的。同时还知道长安、洛阳、西蜀、广陵、丹阳是几个主要生产地。东汉以来，南方生产已日益占显著重要地位。无论在铭文上和本质上，都可以知道合金成分有了明显变化，铅锡比例继续增高，镜身因之即逐渐由青转白，花纹也因此越加见得利落而清楚。到六朝末，扬州镜子已具全国性。唐代因玄宗八月五日（或作三日）诞生，定名"千秋节"，到这一天全国都沿例铸造镜子，上下相互送礼。唐代镜式花纹的丰富，和这个历史时代的风俗习惯实关系密切。扬州镜子既天下驰名，照传说，最好的镜子，还必需是扬子江心铸造的。汉代从桓帝祠老子以后，晋六朝以来，葛洪的神仙思想，陶弘景的医药方技，寇谦之的捉鬼降神法术，三者合而为一，尊崇老子作教主，并且造作许多经典，形成一种势力，用来和西来佛教信仰对抗，争取封建帝王的敬信，和人民的供养。唐代统治者为便于巩固封建统治的政权，一面利用佛教，大量翻译佛经，一面利用儒法开科取士，另一面却又把道教当作国教，改称"玄教"，把老子崇奉作"玄元皇帝"，让"金仙""玉真"二公主出家做女道士，改公主府邸作"金仙""玉真"二道观……和尚道士都必需经过考试，并由国家设官管理。于是这些道士女冠也同和尚尼姑一样，不纳粮赋，不事生产，不应徭役，成为一个纯粹寄食阶级。千秋节铸镜故事，即由当时道士贡谀所创始。唐镜中常见有"八卦水火镜""五岳真形镜""真子飞霜镜"，"嫦娥奔月玉兔捣药镜"，这些故事题材，都和玄教相关，是应节令而作的。至于大型中型"鸾衔绶带镜""飞龙镜"，大型"漆背金银平脱花鸟镜"，大型中型"漆背螺甸花鸟镜"，和中型小型"贴金银小串枝花鸟镜"，都近于开元天宝全盛时期宫廷中使用的标准官工镜。这种特别加工异常精美的工艺品，肃宗以后，就一再用法律禁止，不许再作，部分技术也因之失传。唐镜工艺的兴衰，也恰是社会历史经济生产的反映。

唐代方镜已加多。并起始有了带柄镜子。至于一般镜奁，从实用出发，到这个时期也有了新的改变。例如随同花式镜子的产生，就有了花式镜奁。至于漆器彩色，晋六朝以来重绿沉漆，唐代则发展了斑犀（即明之婆罗漆。据唐樊绰《蛮书》，西南称虎为"婆罗"，可知婆罗漆即虎斑漆，即宋犀毗之一种），剔犀（敦煌画上女供养人即有手捧云头如意花方盒子的。《张议潮出行图》中侍女也有捧同式花纹镜奁的），紫髹，朱髹，种种不同格式。六朝以来，工艺装饰即多用现实生物，到唐代，和铜镜一样，花鸟蜂蝶用泥金银绘画于漆器上，已成通例，比纸素上花鸟绘画的风气流行早许多年。除此以外，金银饮食器，越州青瓷器，都反映同一主题。很显明，人民是已习惯于这种装饰艺术的。在这个工艺上的普遍风气基础上，到五代，中国花鸟画才得到进一步发展，产生西蜀黄筌、黄居寀父子，和南唐徐熙、徐崇嗣祖孙诸人在纸素上的新成就，作成宋代花鸟画的先驱。唐镜漆奁在形式上，也有了大变，由筒子式改进为三撞五撞分段套盒式，形式上的改良，可积累到六七层，也可少到一二层，携带使用都得到极大的便利（自此以后，除据有云南的南诏统治者侵犯成都时，掳去大批百艺工人，在南诏中漆工艺，还保留下汉代以来的漆奁制作方式，和基本上用朱墨二色漆作的三分法彩绘图案，这种古式漆奁的制作，就已少见）。唐代并且有用织成锦作成镜囊保护镜子的。这个习惯正和中国人用铜镜习惯一样，却一直延长到百余年前，苏广式硬木镜匣上了市，铜镜完全退出日用工具以外，绣有"丹凤朝阳""和合二仙""连生贵子""鱼水和谐"等等吉祥图案的长方镜帕，也才代替了各种圆式绣花镜囊。但是从唐代起始，新婚女子出门时，就习惯在胸前佩一小铜镜，作为避邪气免受其他冲犯。这种迷信风俗，一直流传下来，直到全国解放以后，才完全失去作用。一部分汉唐小型镜子，能够流传到如今，有许多又才由我们设想不到的村大小地主家中，转入博物馆、学校和个别艺术家手中，成为研究的对象。至于明和清初镜子，时代距今虽然不过三四百年，却因为尺寸大、分量重，大多数被当作废铜熔化了。这是我们对于古代铜镜问题比较明白，对于清初铜镜反而近于无知的原因。

本文约作于 1954 年冬，后《沈从文全集》据原稿编入。现据《沈从文全集》第 29 卷编入。

六

书法与美术

谈写字（一）

社会组织复杂时，所有事业就得"分工"。任何一种工作，必需要锲而不舍地从事多年，才能够有点成就。当行与玩票，造诣分别显然。兼有几种长处，所谓业余嗜好成就胜过本行专业的，自然有人。但这种人到底是少数。特殊天才虽可以超越那个限度，用极少精力，极少时间，作成发明创造的奇迹。然而这种奇迹期之于一般人，无可希望。一般人对于某种专门事业，无具体了解，难说创造；无较深认识，决不能产生奇迹。不特谨严的科学是这样，便是看来自由方便的艺术，其实也是这样。

多数人若肯承认在艺术上分工的事实，那就好多了。不幸得很，中国多数人大都忽略了这种事实。都以为一事精便百事精。尤其是艺术，社会上许多人到某一时都欢喜附庸风雅，从事艺术。惟其倾心艺术，影响所及恰好作成艺术进步的障碍，这个人若在社会又有地位，有势力，且会招致艺术的堕落。最显著的一例就是写字。

写字算不算得是艺术，本来是一个问题。原因是它在人类少共通性，在时间上又少固定性。但我们不妨从历史来考察一下，看看写字是不是可称为有艺术价值。就现存最古的甲骨文字看来，可知道当时文字制作者，在点线明朗悦目便于记忆外，已经注重到它个别与群体的装饰美或图案美。到铜器文字，这种努力尤其显然（商器文字如画，周器文字上极重组织）。此后大小篆的雄秀，秦权量文字的整肃，汉碑碣的繁复变化，从而节省为章草，整齐成今隶，它那变革原因，虽重在讲求便利，切合实用，然而也就始终有一种造形美的意识存在。因为这种超实用的意识，浸润流注，方促进其发展。我们若有了这点认识，就权且承认写字是一种艺术，似乎算不得如何冒失了。

写字的艺术价值成为问题，倒恰好是文字被人承认为艺术一部门之时。史称熹平时蔡邕写石经成功，立于太学门外，观看的和摹写的车乘日千余辆，填塞街陌。到晋有王羲之作行草书，更奠定了字体在中国的艺术价值，不过同时也就凝固了文字艺术创造的精神。从此写字重摹仿，且渐重作者本人的事功，容易受人为风气所支配，在社会上它的地位与图画、音乐、雕刻比较起来，虽见得更贴近生活，切于应用，令人注意，但与纯艺术也就越远了。

到近来因此有人否认字在艺术上的价值，以为它虽有社会地位，却无艺术价值。郑振铎先生是否认它最力的一个人，与朋友间或作小小的舌战，以为写字不能称为艺术。（郑先生大约只是觉得它与"革命"无关，与"利用学生"无关，所以否认它有艺术价值。至于某种字体笔画分布妥帖所给人的愉快，郑先生还是能够欣赏，所以当影印某种图籍时，却乐于找寻朋友，用极飘逸悦目的字体，写他所作那篇序文。）艺术，是不是还许可它在给人愉快意义上证明它的价值？我们是不是可以为艺术下个简单界说："艺术，它的作用就是能够给人一种正当无邪的愉快？"艺术的价值自然很多，但据我个人看来，称引一种美丽的字体为艺术，大致是不会十分错误的。

字的艺术价值动摇，浮泛而无固定性，是否艺术成为问题，另外有个原因，不在它的本身，却在大多数人对于字的估价方法先有问题。一部分人把它和图画、音乐、雕刻比较，便见得一切艺术都有所谓创造性，唯独写字拘束性大，无创造性可言。并且单独无道德或情感教化启示力量，故轻视它。这种轻视无补于字的地位，自然也无害于字的艺术真价值。轻视它，不注意它，那就罢了。到记日用账目或给什么密友情人写信时，这轻视它的人总依然不肯十分疏忽它，明白一个文件看来顺眼有助于目的的获得。家中的卧房或客厅里，还是愿意挂一副写得极好的对联，或某种字体美丽的拓片，作为墙头上的装饰。轻视字的艺术价值的人，其实不过是对于字的艺术效果要求太多而已。糟的倒是另外一种过分重视它而又莫明其妙的欣赏者。这种人对于字的本身美恶照例毫无理解（凑巧这种人又特别多），正因其无理解，便把字附上另外人事的媒介，间接给他一种价值。把字当成一种人格的象征，一种权力的符咒；换言之，欣赏它只为的是崇拜它。前年中国运故宫古物往伦敦展览时，英国委员选画的标准是见有乾隆皇帝题字的都一例带走。中国委员当时以为这种"毛子精神"十分可笑。其实中国艺术鉴赏者，何尝不是同样可笑。近年来南北美术展览会里，常常可以发现吴佩孚先生画的竹子，冯玉祥先生写的白话诗，注意的人可真不少。假石涛假八大的字画，定价相当的高，还是容易找到买主。几个比较风雅稍明绘事能涂抹两下的朝野要人，把鬻画作画当成副业收入居然十分可观。凡此种种，就证明"毛子精神"原来在中国更普遍的存在。几年来"艺术"两个字在社会上走了点运，被人常常提起，便正好仰赖到一群艺术欣赏者的糊涂势利精神，那点对于艺术膈膜，批判不苛刻，对于名公巨卿又特别容易油然发生景仰情绪作成的嗜好。山东督办张宗昌，虽不识字，某艺术杂志上还刊载过他一笔写成的虎字！多数人这么爱好艺术，无形中自然就奖励到庸俗与平凡。标准越低，充行家也越多。书画并列，尤其是写字，仿佛更容易玩票，无怪乎游山玩水时，每到一处名胜地方，当眼处总碰到一些名人题壁刻石。若无世俗对于这些名人的盲目崇拜，这些人一定羞于题壁刻石，把上好的一堵墙壁一块石头脏毁，来虐待游人的眼目了。

所以说，"分工"应当是挽救这种艺术堕落可能办法之一种。本来人人都有对于业余兴趣选择的自由，艺术玩票实在还值得加以提倡。因为与其要做官的兼营公债买卖，教书的玩麻雀牌，办党的唱京戏，倒还是让他们写写字画点画好些。然而必需认识分工的事实，真的专家行家方有抬头机会，这一门艺术也方有进步希望。这点认识不特当前的名人需要，当前几个名画家同样需要。画家欢喜写美术字，这种字给人视觉上的痛苦，是大家都知道的。又譬如林风眠先生，可说是近代中国画家态度诚实用力勤苦的一个模范，他那有创造性的中国画，虽近于一种试验，成就尚有待于他的努力，至少他的试验我们得承认它是一条可能的新路。不幸他还想把那点创造性转用在题画的文字上，因此一来，一幅好画也弄成不三不四了。记得他那绘画展览时，还有个批评家，特别称赞他题在画上的字，以为一部分用水冲淡，能给人一种新的印象。很显然，这种称赞是荒谬可笑的。林先生所写的字，所用的冲淡方法，都因为他对于写字并不当行。林先生若还有一个诤友，就应当劝他把那些美丽画上的文字，尽可能的去掉。

话说回来，在中国，一切专业者似乎都有机会抬头，唯独写字，它的希望真渺茫得很！每个认字的人，照例都被动或自动临过几种字帖，刘石庵、邓石如、九成宫、多宝塔、张黑女、董美人，……是一串人熟习的名词。有人欢喜玩它，谁能说这不是你的当行，不必玩？正因为是一种谁也知道一两手的玩意儿，因此在任何艺术展览会里，我们的眼福就只是看俗书劣书，别无希望了。专家何尝不多，但所谓专家，也不过是会写写字，多学几种帖，能摹仿某种名迹的形似那么一种人吧。欣赏者不懂字，专家也不怎么懂字。必明白字的艺术，应有的限度，折衷古人，综合其长处，方能给人一点新的惊讶，新的启示。欲独辟蹊径，必理解它在点线疏密分布间，如何一来方可以得到一种感官上的愉快，一种从视觉上给人雕塑、图画兼音乐的效果。这种专家当然不多。另一种专家，就是有继往开来的野心，却无继往开来的能力，终日胡乱涂抹，自得其乐，批评鉴赏者不外僚属朋辈以及强充风雅的市侩，各以糊涂而兼阿谀口吻行为，赞叹爱好，因此这人便成一家。这种专家在目前情形下，当然越来越多。这种专家一多，结果促成一种风气，便是以庸俗恶劣代替美丽的风气。专家不抬头，倒是"塞翁失马"，消极的不至于使字的艺术十分堕落，专家抬头，也许更要不得了。

我们若在这方面还存下一点希望，似乎还有两种办法可以努力，一是把写字重新加以提倡，使它成为一种特殊的艺术，玩票的无由插手；二是索性把它看成一种卑贱的行业，让各种字体同工匠书记发生密切关系，以至于玩票的不屑于从事此道。如此一来，从装饰言，将来必可以看到许多点线悦目的字；从应用言，也可望多数人都写出一种便利流动的字。这种提倡值得大家关心，因为它若有了点效果，名流的俗字，艺术家的美术字，不至于到处散播，我们的眼目，就不必再忍受这两种虐待了。

本文是作者以《谈写字》为题所写的第一篇作品，1937年4月4日发表于天津《大公报·文艺》第319期；同年5月《月报》第1卷第5期转载了全文，均署名上官碧。1984年7月和1986年5月，本文以《谈写字（一）》为篇名，先后收入花城出版社《沈从文文集》第12卷和商务印书馆（香港）有限公司《龙凤艺术》书中出版，内容均有所删节。后《沈从文全集》据《大公报》文本，以《谈写字（一）》为篇名全文编入。现据《沈从文全集》第31卷编入。

谈写字（二）

一、宋四家

书画到宋代后，有了极大变化，说坏处是去传统标准日远，说特色是敢自我作古。经生体的稳重熟练把握不住，虞欧褚颜的创造天赋也都缺乏。试用代表这个时代的苏黄米蔡（图——四）作例，就可知道这几个人的成就，若律以晋唐法度规模，便见得结体用笔无不带点权谲霸气，少端丽庄雅，能奔放而不能蕴藉。就中蔡襄楷书虽努力学古，也并不成功。功夫即下得多，作字结体用笔，都呆俗无精神。米芾书称从兰亭出，去兰亭从容和婉可多远！若遇游山玩水，探胜访奇，兴会来时，攘袖挥毫，摩崖题壁，草草数行，自然尚有些动人处。函简往还，叙述家常琐事，跋赞法书名画，间或记点小小掌故，也留下些妙墨佳书，至若一本正经的碑志文字，四家实少合作。苏书《罗池庙碑》，蔡书《荔枝谱》《万安桥记》，都笔不称名。黄书做作，力求奔放潇洒，不脱新安茶客情调。恰如副官与人对杯，终不能令人想象曲水流觞情景也。米书可大可小，最不宜中，一到正正经经来点什么时，即大有不知如何做手脚急窘，此外理学大儒，馆阁词臣，元勋武将，词人骚客，也留下许多作品，如朱熹、王安石、司马光、文彦博、韩绛、吴琚、范成大、陆游，大多数可说是字以人传，无多特别精彩处。倒还是范成大和陆游较好。即以四大家而论，米称俊爽豪放，苏称妩媚温润，黄号秀挺老成，蔡号独得大王草法；其实则多以巧取势，实学不足，去本日远。即以对于艺术兴趣特别浓厚赏鉴力又极高之徽宗皇帝而言，题跋前人名迹时，来三两行瘦金体书，笔墨秀挺中见苍劲，自成一格，还可给人一种洒落印象。写字一到二十行，就不

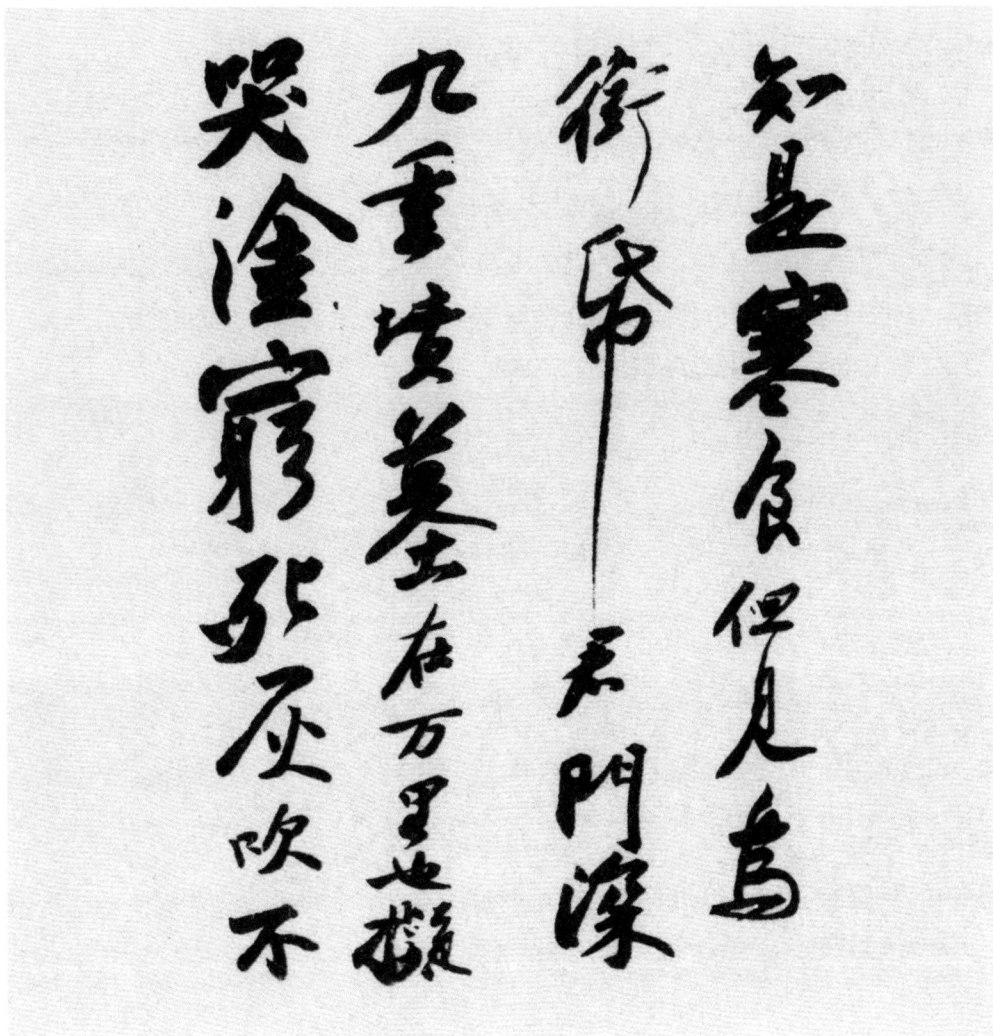

图一　宋　苏轼《黄州寒食诗帖》局部

免因结体少变化而见出俗气，呆气，头巾气，难称佳制。《墨庄漫录》称：

> 海岳以书学博士召对，上问本朝以书名数人。海岳各以其人对，曰："蔡
> 京不得笔，蔡卞得笔而少逸韵。蔡襄勒字，沈辽排字，黄庭坚描字，苏轼
> 画字。"上复问："卿书如何？"对曰："臣书刷字。"

倪思评及宋贤书时，也有相似意见。大米虽有痴名，人实不痴，既善作伪，

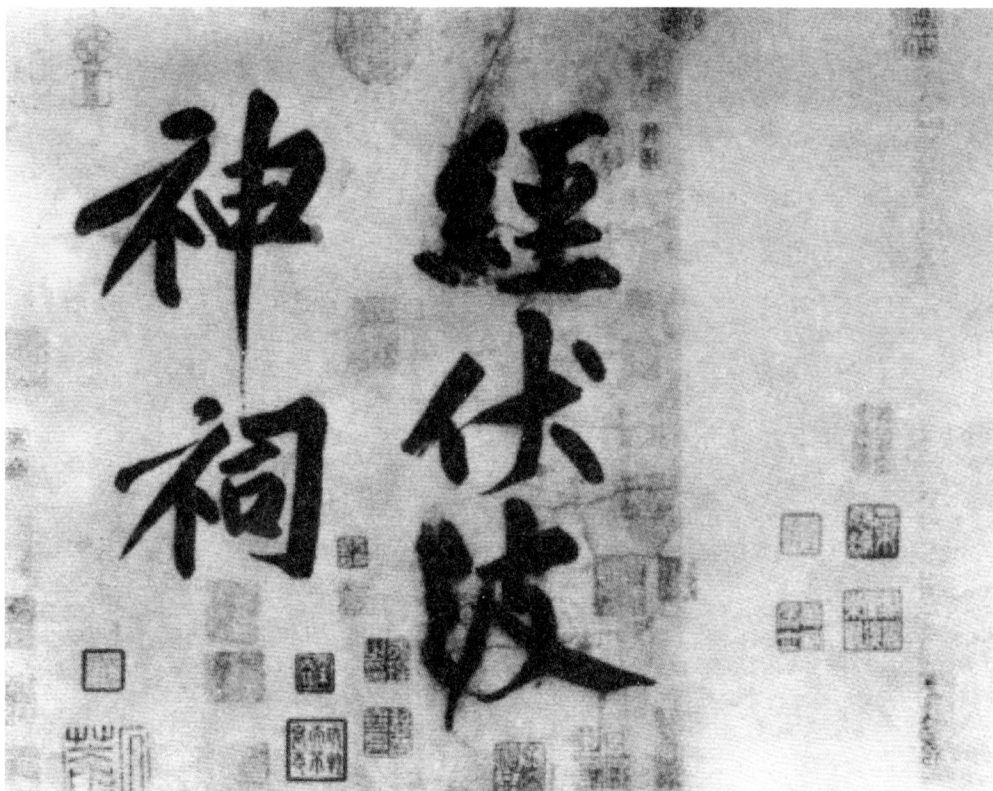

图二　宋　黄庭坚《伏波神祠诗卷》局部

又复好洁成癖，对于自己一笔字，平时倒看得极重。其实论到宋代几个有名书家笔墨长短时，这种应对可谓相当准确，并非完全戏谑。说宋人已不能如虞欧褚颜认真写字，并不为过。

宋人虽不长于认真写字，可是后世人作园林别墅匾对，用宋人字体写来，却还不俗气。这种匾对照例可保留一种潇洒散逸情趣，容易与自然景物相衬。即作商店铺户横竖招牌，有时也比较傻仿颜柳字体少市侩气，呆仿六朝碑少做作气。就中尤以米苏字体，在卷轴上作一寸以内题识时，如吴琚与吴宽，笔墨尽管极力求脱俗，结果或者反而难免八分俗气。成行成篇还看得去，一个一个裁下看，简直不成东西！可是若把字体放大到一尺以后，不多不少来个三五字，又却常常雅韵欲流，面目一新。然放大米书容易，放大苏书似不容易。因此能作大字米黄体的有人，作苏书的世多不见。

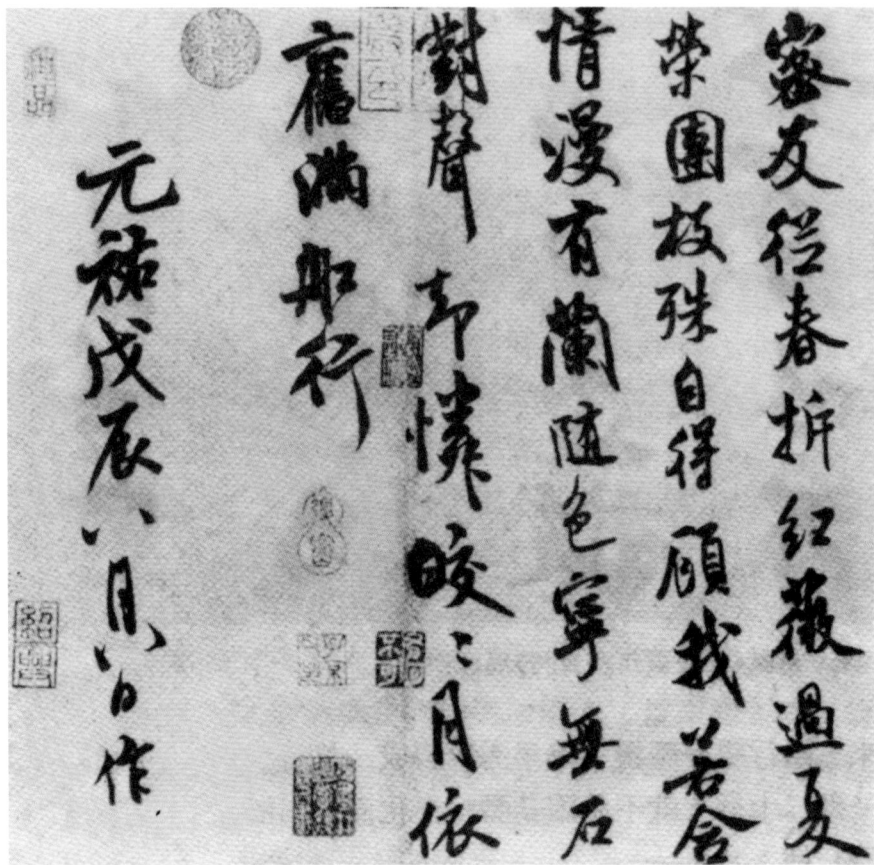

图三　宋　米芾《苕溪诗》局部

二、近代笔墨

康南海先生喜谈书法，谈及近百年笔墨优劣时，有所抑扬，常举例不示例，不足以证是非。至于南海先生个人用笔结体，虽努力在点画间求苍莽雄奇效果，无如笔不从心，手不逮意，终不免给人一芜杂印象。一生到处题名，写字无数，且最欢喜写"开张天岸马奇逸人中龙"一联，却始终不及在云南昆明黑龙潭相传为陈搏那十个字来得秀雅奇逸！一个书家终生努力，还不及他人十个字给人印象之深，似乎也就大可不必写字了。昔人说，鲜于伯几康里子山笔下有河朔气，评语褒中寓贬。南海先生实代表"广东作风"，启近代"伟人派"一格。反不如梁任公胡展堂二先生同样是广东人，却能谨守一家法度，不失古人步骤，转而耐看。所以说南海先生代表广东作风，正可与画家中的高奇峰、高剑父、林风眠，同为

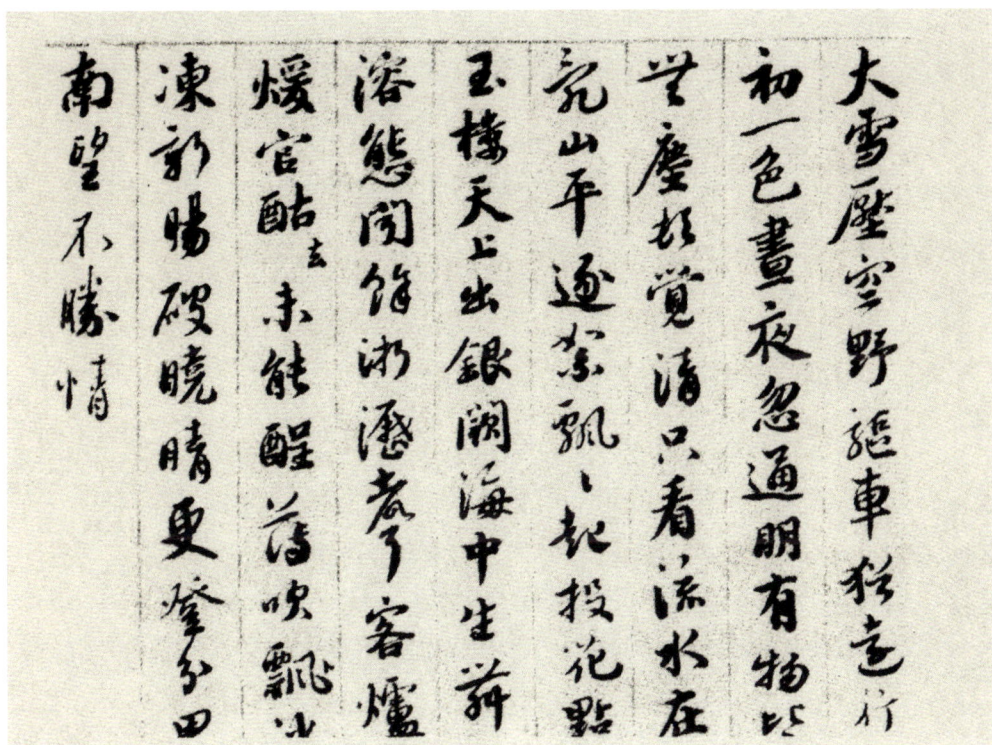

图四 宋 蔡襄《自书诗帖》局部

一条战线上人物。笔下心中都有创造欲，可惜意境不高，成就因之亦有限。政治革命为社会民族作预言，事情不容易而容易；至于文学艺术革命，事情却容易而不容易。为的是这是另外一种战争！

因此让我想起一个附带建议，即盼望现代画家再莫题跋。尤其是几位欢喜题跋的画家，题跋常破坏了画的完美！

其实欲明白清代书法优劣，为南海先生议论取证，不如向故都琉璃厂走走，即可从南纸店和古董铺匾额得到满意答复。因为照习惯，这百十家商店的市招，多近两百年国内名流达官手笔。虽匾额字数不多，难尽各人所长，然在同一限度中，却多少可见出一点各自不同的风格或性格。北平商店最有名市招，自然应数宣武门外骡马市大街"西鹤年堂"一面金字招牌，传为严分宜手书，还有神武门大街大高殿牌楼几个横额，字体从小欧道因碑出，加峻紧险迫，筋骨开张；二百年来还仿佛可从笔画转折间见出执笔者执拗性情。至于琉璃厂匾额，实美不胜收。二十六年最摩登的应数梅兰芳为"伦池斋"写的三个字。乾嘉时代多宰臣执政名公巨卿手笔，刘墉、翁方纲可作代表。咸同之季多儒将手笔，曾左可作代表。晚清多诗人名士手笔。法式善，宝竹坡可作代表。……入民国以后，情形又随政体而变，总统如黎元洪、袁世凯，军阀如吴佩孚、段祺瑞，此外如水竹村人（徐世昌）的大草书，逊清太傅陈宝琛的欧体书，内阁总理熊希龄的山谷体行书，诗人词客议员记者学者名伶如樊增祥、姚茫父、罗瘿公、罗振玉、沈寐叟、庄蕴宽、林长民、邵飘萍等等各有千秋的笔墨，都各据一家屋檐下，俯视过路人，也仅过路人瞻仰。到民八以后，则新社会露头角的名流，与旧社会身份日高的戏剧演员，及在新旧社会之间两不可少的印人画家，如蔡元培、胡适之、梅兰芳、程砚秋、齐白石、寿鑈、诸人写的大小招牌，又各自填补了若干屋檐下空缺。所以从这个地方，我们不仅可以见出近两百年来有象征性的大人物名姓墨迹，还可从执笔者的身份地位见出时代风气的变迁。先是名公宰臣的题署，与宏奖风雅大有关系，极为商人所尊重。其次是官爵与艺术分道扬镳，名士未必即是名臣，商人倒乐意用名士作号召。再其次是遗老与军阀，艺员与画家，在商人心中眼中已给予平等重视，这些人本身也必然亦承认了这个现实平等观。"民主"二字倒真像快要来到了。再其次是玩古董字画卖文房四宝，已得用新的一群作象征，也可知事实上这个新的一群，在时代新陈代谢中，已成为风雅的支持者了。再其次，是琉璃厂古董铺已有悄悄改营金钞生意的，旧书铺或兼卖新体小说或率性改作纸烟杂货店，横匾自然就已到可有可无时代了。

三、市招与社会

若说从故都一条小街上的市招字体，可看出中国近百年书法的变，和中国历史文化的新陈代谢，及社会风气的转移，那从此外各地都会市招上，也一定可以明白一点东西。凡较热闹的省会，我们一定会感觉到一件事，即新的马路和新的店铺，多用新的市招。虽间或可从药店，和糕饼店、南纸店，发现一二旧式匾额，比较上已不多。可知这三样旧社会的商业，或因牌号旧，或因社会需要，在新的都会中尚勉强能存在。但试想想，旧药店已不能不卖阿司匹灵，糕饼店也安上玻璃柜兼售牛奶面包，南纸店更照例得准备洋墨水和练习簿，就可知大都会这些旧牌号，虽存在实勉强存在，过不久恐都得取消了。最后剩下的将是中医与财神庙的匾额，这是中国人五十年内少不了的。虽然新式理发馆或大银行门面，依然常常有个伟人题字点缀，一看也就知道所需要的正如办丧事人家题铭旌，只是题字人的功名，字体好坏实已不再为任何方面注意。武昌黄鹤楼废基上的露天摊子，"小孔明"的招子，已到什么总队的大队长为用美术字招徕主顾了。

　　不过从执笔方面，也多少可以看出一点代表地方的象征。譬如说，南京有的是官大名分多的革命要人，市招上题名也大多数是这种要人。民十八以后，南京的旅馆、饭馆，以及什么公司，都可发现谭于诸老的墨迹，多少也可象征一个不再重职业阶级的民主国伟人气度。山东究竟是文化礼仪之邦，济南市面虽日益变新，旧招牌尚多好好保存。较新的牌号，大多数还是一个胶东状头王塆所包办，醴泉铭作底子的馆阁体欧书，虽平板些不失典型。长沙是个也爱名人也重伟人的地方，（未焚烧前）各业匾额便多谭延闿先生争座位颜体大字，和书家杨仲子（杨度之弟）六朝体榜书，两人秋色平分。杭州是个也有名流也要书家的地方，所以商店中到处可见周承德先生宽博大方的郑文公碑体写在朱红漆金字大匾上。至若西湖沿湖私人别墅园亭，却多国内近卅年名流达官的题署。上海是个商业都会，并且是个五方杂处英雄豪杰活动地方，所以凡用得着署名市招的，就常有上海闻人虞洽卿、王一亭、杜月笙的题字。近代社会要人与闻人关系既相当密切，因之凡闻人的大小企业，从百货公司到成衣店，却又多党国要人题字。

四、新问题

　　大凡欢喜写写字，且乐意到一个新地方从当地招牌上认识那地方文化程度或象征人物的，都可能有个相差不多的印象或感想，即招牌字体有越来越不高明的趋势。或者因为新式商店门面宽窄无定，或者因为油漆匠技术与所用材料恶劣，居多招牌字体比例就永远不会与匾额相称，匾额又照例难与门面装饰性相调和。至于请求名人动笔的商人呢，似乎已到不明好坏不问好坏情形，只是执笔的官位越大或为人越富于商标性就越好。至于写字的名人伟人呢，若还想把它当成一件事作，好坏之间还有点荣辱感，肯老老实实找个人代笔，还不失为得计。不幸常常是来者不拒，有求必应。有些人（尤其是我们常见的"文化人"）许多许多竟特别欢喜不择纸笔，当众挥毫，表示伟大洒脱。不是用写径寸字体的结构方法放大成对径二尺三尺的大字，就是用不知什么东西作成的笔，三涂五抹而成，真应了千年前火正后人米颠说的，不是"勒"字就是"排"字，不是"描"字就是"刷"

字。可是论成就，却与古人成就相去多远！虽说这种连扫带刷的字体，有时倒也和照相馆西药房这些商号本身性质相称，可是这一来，在街上散步时，我们从市招上享受字体愉快的权利，可完全被剥夺了。（但知识青年的纪念册，却正是这种伟人字的战场，恰恰如许多名胜地方墙壁上，是副官军需题诗的战场一样；论恶劣，真不容易公平批判！）

权利去掉后自然多了一种义务，那就是在任何地方都可碰头的伟人字和美术字。这两者合流，正象征一种新的形成，原来是奠基于"莫名其妙"和"七拼八凑"。从写字看文化，使我们感觉到像上月朱自清先生，对于政府十年前迫学生用毛笔的复古担忧，为不必要。也为梁思成先生主持北平文整会的修理工作的意见，同意以外觉得茫然。因为党国要人中虽还有个吴稚老，欢喜写写篆字，至于另外一位富有民主风度的于胡子，写的字就已经像是有意现代化，用大型特制原子笔作成纯菜条笔锋。北平琉璃厂的戴月轩李福寿，好笔作价已到三千万，政府哪还有兴趣能够强迫人用毛笔写好字！至于费三十五十亿来收拾的故都，也真只是将将就就来收拾一下罢了。因为国内最有历史价值的建筑雕刻，当数山西河洛，许多地方都是梁先生伉俪在二十三到二十六年亲身调查过的。八年沦陷，云冈和天龙山已面目全非，五台赵城的土木建筑，毁去的更无可补救。和平胜利后，随之而来是一个更猛烈残酷的内战，炮火焚灼所及，这些东东西西留下的废墟，也会因种种情形而完全毁去本来样子，作成个踪迹不存。十年前保存在中国营造学社，人间仅有的一些建筑照片，听说一部分即已在八年前寄存于天津一银行库中时为水毁去。能爱惜、研究、保存的专家，全中国只那么一二人，个人即雄心依旧，必和国内其他工矿专家一样，也快老了，体力精神消耗得都差不多了，即有机会再来工作，也恐怕来不及了。全个国家却正在具体和抽象的两种大火中无限制的焚烧。读读《大公报》上连载的梁先生那篇文章，让我们看到一个对历史和文化有责任有良心的专家，活在二十世纪上半期的中国，灵魂上的灾难实如何深刻。梁先生也许会和我有同感，即一个故宫博物院最大的用处，如只是五月二十这一天，把宫灯挂出来点缀纪念，不能作更有意义的改革，并供给多数人研究学习的便利，这个博物院的存在与否，实在都无意义可言！且不妨比朱佩弦先生主张听它毁坍还激烈，进而主张一把火烧去。但目前更重要的，或者还是凡力之所及能保存的，即毁去也无助于社会革命发展的，读书人的急进诅咒，莫一例来煽火扬焰。社会分解加剧，"文化保卫"四个字若还有点意义，有许多事就值得分开来说来看，而这个分别的责任，即落在对国家民族对世界文化有认识有良心的读书人肩上。这时节作豪言壮语易，说这种良心话却难。我们实在还需要更多像梁思成先生的意见，提出给全国各方面参考。因为任何一个新的社会来临，就还需要工业和其他！

从写字也可让我们明白，社会在变，字体在变，可是字的存在为人民继续当作一种传达意见情感的工具来运用，至少在中国够总还有个百十年寿命可言。字本来是让人认识的，如像北伐以后，近二十年来政工人员写的美术字标语，实在不容易认识，也并不怎么美，使我觉得即此一事，提出向"传统学习"的口号，也就还有其必要！但是向一个现代从事政工人员说"标语字要明白简单醒目而有效果，宜于从传统学习"，当然像是完全胡说！因为凡是这一行工作，都正在打倒"传统"，而学的却是有现代性的"美术字"。辩论结果，只会相互头痛。

本文是作者以《谈写字》为题所写的第二篇作品，1948年7月1日发表于《论语》半月刊第156期，署名上官碧。同年10月，又以沈从文署名，在《文学杂志》第3卷第4期刊载了经作者增补的文本。1984年7月和1986年5月，本文以《谈写字（二）》为篇名，先后收入花城出版社《沈从文文集》第12卷和商务印书馆（香港）有限公司《龙凤艺术》，两者均有较多删节。后《沈从文全集》据《文学杂志》的增补文本，以《谈写字（二）》为篇名编入。现据《沈从文全集》第31卷编入。

读展子虔《游春图》

　　相传隋代展子虔作的《游春图》，是一幅名画，它的经济价值，传说值黄金四百两。我意思可不在货币价值。这画卷的重要，实在是对于中国山水画史的桥梁意义，恰像是近年发现的硬质青釉器在青瓷史上的位置，没有它，历史即少了一个重要环节，今古接连不上。有了它，由辽阳汉墓壁画山石、通沟高句丽魏晋时壁画山石、《女史箴图》山石，及传同一作者手笔的《洛神赋图》山水、北朝几件石棺山石、南朝孝子棺上刻的山水树石，及敦煌北魏前期或更早些壁画山石和麦积山壁画山石，才能和世传唐代大小李将军、王维及后来荆浩、关仝山水画遗迹相衔接。

　　这个画入故宫年月，或在明代严嵩家籍没时，或时间稍晚，约当十八世纪。流落民间却并不多久。一九二四年溥仪出宫时，带走了大约几百种旧藏贵重字画，就中即有名画一堆。照故宫溥仪起居服用日常生活看来，不像是个能欣赏字画的末世帝王，所以把这些劳什子带出宫，用意当不出二事：一换钱，托罗叔言转手换日人的钱。二送礼，送日籍顾问及身边一小群遗老应时进见行礼叫一声万岁的赏赐。可是这些画后来大部分都给了溥杰，有些九一八后即流传平津，有些又在抗战胜利后，才从各方面转到当时东北接收大员手中，或陆续入关。关于这个《游春图》的旅行经验，一定还包含了一段长长故事，只可惜无一个人详悉。我从昆明随同北大返回北平时，是一九四六年夏天，这幅画在琉璃厂玉笥山房一位马掌柜手中待价而沽，想看看得有门径。时北大拟筹办个博物馆，有一笔钱可以动用，我因此前后有机会看过六次。我觉得年代似有问题，讨价又过高，未能成

图一　隋　展子虔《游春图》（北京故宫博物院藏）

交。我的印象是这画虽不失为一件佳作，可是男子的衣着，女人的坐式，都可说有问题，未必出于展子虔手笔。约过一年后，画已转入张伯驹先生手里，才应燕大清华友好请求公开展览了两次。当日展览会四十件字画中，陆机《平复帖》数第一（内中有几个章草字失体，疑心是唐人抚本）。《游春图》作画幅压卷。笔者半年中有机会前后看过这画八次，可说十分幸运。凡看过这个尺寸较高小横卷的人，在记忆中必留下一点印象：不能如传说动人，却会引起许多联想。尤其是对于中国山水画史还感兴趣的人，可能会有些意见，即这幅画在设计上虽相当古，山石处理上也相当怪，似熟习，实陌生。保留印象一面和其他一些佳迹名墨相融会，一面也觉得稍有扞格。这个"融会"与"扞格"原居于相反地位，就为的是画本身离奇。我说的是辽阳汉墓日人摹下的壁画、通沟高句丽坟内壁画、相传顾恺之《女史箴图》、《洛神赋图》、孝子棺刻画、北魏敦煌着色壁画《太子舍身饲虎图》、高昌着色壁画《八国王子分舍利图》、世传王维《辋川图》、传世《明皇幸蜀图》（实即《蜀道图》）……以及故宫和日本欧美所收藏若干种相传唐人山水画迹，都和这画有些矛盾处。若容许人嘀咕时，他会发生下面疑问：

这画是展子虔画的？

若说是真的，证据在什么地方？从著录检查，由隋郑法士《游春山图》起始，唐宋以来作春山图的名手甚多，通未提及展作此画，谁能确定这幅画恰恰是展子虔手迹？就是有个宣和题签，也并不能证明画的真实可信。从《贞观公私画史》到《宣和画谱》，这画似均未入录，装裱也非《云烟过眼录》所谓中兴馆阁旧式。被认为展子虔作《游春图》，实起于元明间。然而元代专为大长公主看画作题的冯子振辈，虽各有几行字附于卷后，同是侍奉大长公主的袁桷，于至治三年三月，在大庆寺看画三十六，却不记《游春图》。明茅维、詹东图、杨慎，都似乎看到过这幅《游春图》或相类而不同另一幅，当时可并无其他相关比证，证明的确是展画。若说它是假的，也很难说。因为画的绢素实在相当旧，格式也甚古。从格式看，可能是唐人画。即或是唐人手笔，也可能属于《宣和画谱》记载那四十多幅"游春山图"中之一幅，还可见出隋人山水画或展子虔画本来样子。尤其是彦悰、张彦远意见，有些可以作为展画注解。

也许我们得放弃普通鉴赏家所谓真假问题，来从前人画录中，试作点分析检验工作，看看叙录中展子虔作过些什么画，长处是什么，《游春图》和他有无关系。可能因为这种分析综合，可以得到一点新的认识；也可能结果什么都得不到。我的意思是这种分析虽无从证实这幅画的真伪，却必然可以引起专家学人较多方面观摩推论兴趣。我不拟涉及收藏家对于这个画所耗费的经济价值是否值得，也不打量褒贬到鉴古家啧啧称羡的美术价值是否中肯。却希望给同好一种抛砖引玉新的鉴定工作的启发，我相信一部完善的中国美术史，是需要有许多人那么从各种角度注意提供不同意见，才会取得比较全面可信证据并相对年代的。

试从历史作简单追究，绘画在建筑美术和文化史上实一重要装饰，生人住处和死者坟墓都少不了它。另有名画珍图，却用绢素或纸张增加扩大了文化史的意义。它不仅连接了生死，也融洽了人生。它是文化史中最不可少的一个部门，一种成分，比文字且更有效保存了过去时代生命形式。

宫阙祠庙有画饰，史志上著录明确。孔子如周观明堂画，徘徊不忍去，欣赏赞叹不已，很显明这些画必不只是史迹庄重，一定还表现得十分活泼生动。王逸释《天问》，以为屈原所问，是根据于楚民俗习惯，先王公卿祠堂无不有前人彩画，包罗广大而无所不具。秦每破诸侯，必仿写其宫室于咸阳北坂（此说历来有分歧，若连缀后边记载，有饮食歌舞不移而具，及近年从咸阳北坂所发现的各种瓦当看来，所谓"仿写"，实仿造诸国建筑而言，和画无关）。汉未央、甘泉、建章、寿宫、麟阁……无不有彩画。《南蛮传》且称郡守府舍也有画。这些画的存在意义，都不仅仅作为装饰。至于西蜀文翁祠堂之画，到晋代犹好好保存，使王右军向往不已。从古乐浪川蜀漆器彩画之精美推测，文翁祠壁画，可知精美活泼必不在漆器下。

宫观祠庙由隋入唐，因兵燹事故名画珍图毁去虽不少，保存下的也还多，尤其是当时的西京长安，南方之江都，唐人笔记常多提及。隋之工艺文物有一特点，以雕刻为例，似乎因南朝传统与女性情感中和，线色明秀而纤细，诗、文、字，多见出相似作平行发展。画是建筑装饰之一部，重漂亮也可以想见。这种时代风气，是会产生《游春图》那么一种画风的。彼时如《天问》所涉及古神话历史屋壁式刻画已不可见，汉代宫室殿堂画名臣，屏风图烈女，亦渺不可见。然汉代石阙坟茔刻石规模，犹可以从武氏祠及其他大量石刻遗物及《水经注》记录得知一二。唐裴孝源论画谓：

> 吴、魏、晋、宋，世多奇人，皆心目相授……其于忠臣孝子，贤愚美恶，莫不图之屋壁，以训将来。

《隋书·经籍志》且称大业中尚书省即有天下风俗物产地图，隋宫室制度，既因何稠等具巧艺慧思而大变，具装饰性并教育意味壁画，已不再谨守汉晋法度，局限于作忠臣烈女，或其他云兽杂饰，具区域性之奇花美果，风俗故事，已一例同上粉壁。五代西蜀江南花果禽兽之写生高手，宣和画院中之同类名家，可说原来即启承于隋。至于寺庙壁画，由名手执笔，产生时且带比赛意味，各尽所长，引人注意，则自晋顾恺之瓦棺寺画维摩募缘时，似即已成风气。陆探微、张僧繇著名遗迹，当时即大多数在庙里，隋唐时犹把这个各竞所长制度好好保存，且加以扩大，所以段成式《酉阳杂俎》记庙中观画，张、陆、杨、展名笔，与阎立本、吴道子、王维、尉迟乙僧等名墨妙迹相辉映，罗列廊壁，专家批评得失，有个共通印象可以参校。入庙观画，也成为唐代士大夫娱乐之一种。段成式或张彦远等所记，不仅可以见出壁画格式位置，且可明白内容。当时已多杂画，佛神天王之外，花木竹石，飞走游潜，无所不具。说法变相，且将画题扩大，庄严中浸透浪漫气息，作成一部具色彩的平面史实或传奇。唐代又特别抬举老子，据《封氏闻见记》所述，听吉善行一片谎言，唐王朝就把老子认作祖宗，天下诸道郡邑都设立玄元皇帝庙，除帝王写真像外，铸金、刻石，及夹纻干漆像，同有制作，当时都供奉入庙，听人进香。此外按乐天女，仙官道士，当时摩登行列，也都上了墙壁（敦煌且有合家参庙壁画，如《乐廷瓌夫妇行香图》）。至北宋真宗祥符间，供奉天书的玉清昭应宫的兴建，由宰相丁谓监督工事，集天下名画手过三千，选拔结果，还不下百人，分为二部（见《圣朝名画》评《武宗元传》），还收罗天下名画师，各竞表现，昼夜赶工，二烛作画一堵。西蜀江南之黄荃父子侄，徐熙祖孙，以至于李方叔所称笔多诙趣之石恪，无不参加，各在素壁上留下不少手迹。若非后来一把无名火将庙宇焚去，则这个大庙墙壁上留下的数千种名笔妙墨，拿来和较后的《宣和睿览集》千余册纸素名画比较，将毫无逊色。调色敷彩构图设计新异多方处，且必然会大大影响到后来。别的不提，倘若当时有一个好事者，能把各画特点用文字记录下来，在中国中古绘画史研究上，也就必然一改旧观，不至于如当前一片朦胧景象了。

由晋至宋所谓名笔还多，从壁上作品记载看来，展子虔画迹也多在寺庙中保存。

在宫观庙宇壁画上，唐人记述展子虔遗迹的，似应数唐裴孝源《贞观公私画史》和张彦远《历代名画记》二书，比较说得具体。

江都东安寺，长安灵宝寺、光明寺，洛阳天女寺、云花寺，皆有展子虔画（《贞观公私画史》）。

上都定水寺内东西壁及前面门上，并似展子虔画。海觉寺双林塔西面展画，东都龙兴寺西禅院殿东头，展画《八国王子分舍利》。浙西甘露寺，展子虔画菩萨两壁，在大殿外（《历代名画记》）。

所记自然未尽展留下笔迹全部。惟就部分看全体，也可知展于南北两地名刹大庙中，均有遗作。这些画可能有普通故事人物，大多却必然与佛教相关。又《贞观公私画史》另载展画计六卷：

法华变相一卷　南郊图一卷　长安车马人物图一卷

杂宫苑图一卷　弋猎图一卷　王世充像一卷

《历代名画记》则称：

　　展子虔历北齐、周、隋，在隋为朝散大夫、帐内都督（有《法华变》，
白麻纸《长安车马人物图》……《朱买臣覆水图》并传于代）。

又可见用纸素的作品，世俗故事即多于宗教作品。

这些画很明显是纸或绢本，所谓"并传于代"，照唐人习惯，即不仅有真本，
且还流传有摹本，其《长安车马人物图》，且注明是麻纸，同时有杨契丹作，与
六朝以来名手所作《洛中风物图》及相似题材，到后来，北宋张择端的《清明
上河图》设计，可说即从之而出。《杂宫苑图》，又必为唐之二李，宋之二赵，
及宣和画院中专工屋木楼阁的高手所取法，但不及山水，只除非《南郊图》也
有山水。

又宋郭若虚《图画见闻志》载，隋展子虔《大禹治水图》。从山石嶙峋如斫
削而言，后世传周文矩《大禹治水图》，行笔均细劲，也可能从之而出。这个图
上的山石画法，和《游春图》不相近，然更近展画（后面当可说及）。

宋代著录展画较详的，当数《宣和画谱》。在《道释部》有十三种，共二十
件，计有：

　　北极巡海图二　石勒问道图一　维摩像一　法华变相图一　授塔天王
图一　摘瓜图一　按鹰图一　故实人物图二　人马图一　人骑图一　挟弹
游骑图一　十马图一北齐后主幸晋阳图六

从名称推测传授，则唐宋画人受展子虔影响的实在很多，如《维摩像》《摘
瓜图》《石勒问道图》《授塔天王图》《挟弹游骑图》《十马图》……唐宋若干名世
之迹，或有不少即出于展画粉本。周密《云烟过眼录》称"宋秘书省有展子虔伏
生"，或者也就是世传王维《伏生传经图》所本。《中兴馆阁续录》记宋中兴馆阁
的储藏，计古贤六十一轴，中有展子虔画梁武帝一，佛道像百二十七轴，中有展
子虔伫立观音一，太子游四门二。若阎家兄弟及吴道子笔法师授，实从展出。我
们说传世《帝王图》中梁武帝，及吴画武帝写真，还依稀有展子虔笔墨影子，说

的虽不甚确实，却并不十分荒谬。

就叙录论展画长处，特点实在人物。画像与普通风俗故实，都必然以人物作中心，米疯子《画史》中早说道：

> 李公麟家展子虔《朔方行》，小人物甚佳。系南唐文房物。

然并未限于人物，唐沙门彦悰《后画录》论得很好：

> 触物为情，备该绝妙，尤善楼阁人马，亦长远近山川，咫尺千里。

文章作于贞观九年三月十一日，可算是叙及展画兼善各体的最早证据。后二语且似乎已为《游春图》预先下了注脚，倘若说《游春图》本是一无名人画，由于宋元人附会而来，这附会根据，即因彦悰叙录而起。

唐张彦远《论画六法》，也批评到展子虔，语句虽稍抽象，和《游春图》有点相关：

> 中古之画，细密精致……展、郑之流是也。

展即子虔，郑即同时之郑法士。《宣和画谱》人物部门无展之《游春图》，却有郑法士《游春山图》二。这个题目实值得特别注意。因为假若我们肯定现在《游春图》是隋画，可不一定是子虔手笔，可能移到郑法士名下去，反而相称一些。若说是唐宋人本，非创作，实摹，说它即从郑画摹来，也还可以说得去。

又张彦远论山水树石，以为"二阎擅美匠学，杨、展精意宫观，渐变所附，尚犹状石则务于雕透，如冰澌斧刃，绘树则刷脉镂叶，多栖梧菀柳，功倍愈拙，不胜其色"。彦远时代相近，眼见遗迹又多，称前人批评意见，当然大有道理。所以论名价品第，则以为：

> 近代之价，可齐下古，董、展、杨、郑是也。……若言有书籍，岂可无九经、三史。顾、陆、张、吴为正经，杨、郑、董、展为三史，其诸杂

集为百家。

唐李嗣真《后画品录》，中品中计四人："杨循、宗炳、陶景真、展子虔。"朱景玄《名画录》展子虔不在品内。

同出于唐人，价值各有抑扬，所谓选家习气是也，方法多从评诗，评文，评字而来，对于画特别不合式，容易持一以概全体，甚不公平。所以到明代杨慎时，就常作翻案，对于唐人"顾、陆、张、吴"，以为宜作"顾、陆、张、展"，用子虔代道子，对于时代上作秩序排列，意见也还有理。

彦远叙画人师笔传授，即裴孝源心目相授递相仿摹意，以为田僧亮师于董、展，二阎师于郑、张、杨、展。又谓：

……田僧亮、杨子华、杨契丹、郑法士、董伯仁、展子虔、孙尚子、阎立德、阎立本并祖述顾、陆、僧繇。

……展则车马为胜。

……俗所共推，展善屋木，且不知董、展同时齐名，展之屋木，不及于董。李嗣真云："三休轮奂，董氏造其微；六辔沃若，展生居其骏。而董有展之车马，展无董之台阁。"此论为当。又评董、展云："地处平原，阙江南之胜；迹参戎马，乏簪裾之仪。"如此之论，便为知言。

张引李所言董展优劣，措辞甚有见地，惟时间一隔，无迹可作参证，自然便成悬宕。谈展画马较明确具体，还应数欢喜用《庄子》笔法题画的宋董逌《广川画跋》："展子虔作立马而具走势，其为卧马，则复有腾骧起跃势，若不可覆掩也。"米疯子素号精鉴，亦称许展画《朔方行》小人物佳甚。画为李公麟所藏。

至于涉及展的山水人物，比彦惊进一步，以眼见展之遗迹。说得十分具体，也极重要的，却应数元汤垕《画鉴》：

展子虔画山水法，大抵唐李将军父子多宗之，画人物描法甚细，随以色晕开……人物面部，神采如生，意度具足，可为唐画之祖。

二李山水得展法，世多知之。世称张萱画美妇人明艳照人，用朱晕耳根为别。原来这个画法也得自子虔，并非纯粹创造，这一点说到的人似不多。

明杨慎喜作画论八股，翻旧案，谈丹铅。《丹铅总录》称：

> 画家以顾、陆、张、吴为四祖（用张彦远语）……余以为失评矣。当以顾、陆、张、展为四祖。画家之顾、陆、张、展，如诗家之曹、刘、沈、谢，阎立本则诗家之李白，吴道玄则杜甫也。必精于绘事品藻者，可以语此。

虽近空论，比拟还恰当；惟说的似泛指人物画，即从未见过展画，也可如此说的。

《艺苑卮言》谈及人物画时，则谓："人物自顾、陆、展、郑以至僧繇、道玄，一变也。"指的方面虽多，用笔粗细似乎是主要一点，其实细线条非出自顾、陆、展、郑，实出汉魏绢素艺术（顾之《洛神赋图》与《列女图》线条并不细）。至唐受到吴道子莼菜条革命，至宋又有马和之兰叶描革命，然细线条终为人物画主流正宗。王维、郭忠恕、李公麟、王振鹏、尤求等，一路下来，俱有变本加厉，终至细如捻游丝者，过犹不及，因之游丝笔亦难有发展。道子一路，则始在宗教壁画上发生影响，沿袭直到元明，从敦煌及山西宋元以来大量壁画看，虽若难以为继，尚可仿佛二三。且因近代坟墓发掘、汉晋壁画发现，和陶瓷砖甓比证，才知道子的雄劲粗犷，亦非自创，很可以说从彩陶时代工师即有这个作风，直接影响还本于魏晋以来圬壁方式，不过到彼手中，下笔既勇猛凌厉，天分才赋又特别高，实集大成。圬壁出于工艺，绢素本不相宜，因此笔墨竟作成前有古人而后无来者趋势。至宋元代，即有意为云水壮观如孙位，画鬼神如颜辉，作钟馗如龚开，笔均细而不悍。石恪、牧溪又近于王洽泼墨，有涂抹而无点线，嗣胤寻觅，却唯有从磁州窑墨画刻镂水云龙人兽，吉州窑的水墨花鸟虫鱼，尚得一脉薪传。直延长到明代彩绘及青瓷，勾勒敷彩，面目尚具依稀；至于纸素艺术，虽会通于王洽泼墨与二米云山，衍化成大痴、仲圭、方壶、石田、青藤，有意认亲，还是无从攀援，两不相关也。吴生画法，在纸素上已可说接手无人，如不嫌附会，可说直到千年后，才又有任伯年、吴昌硕、齐白石，居然敢纵笔作人物，写草字，画花鸟虫鱼。但几人能把握的，已不是具生命机动之线条，来表现人物个性或一组故事。伯年画人物虽比吴伟、黄瘿瓢见性格，着色又新鲜大胆具现代性，比吴彬、陈老莲活泼有生机，其实用线造型亦不佳，带俗气，去古人实在已相距千万里。吴老缶笔墨淋漓，在六尺大幅素纸上作绛梅，乱点胭脂如落红雨，十分精神。其特别见长处，还是用石鼓体作行草字。白石翁得天独厚，善于用墨，能用点代线，会虫禽骇跃之理，花果生发态度。然与其说是由道玄笔迹而有所悟，不如说两人同是圬壁手，动力来源相同，结果自然也有些相似成就。唯一则身当开元天宝物力雄厚宗教全盛时代，作者生于这个豪华狂热社会背景中，自然全生命能奔放燃烧，裴旻舞剑略助其势，天王一壁顷刻即成。一则生当十九、二十世纪间外患内忧时代，社会一再变革，人民死亡千万，满地为血与火涂染，虽闭门鬻画，不预世事，米盐琐琐，不能不分心。因之虾蟹必计数论价，如此卖画四十年，即或天赋高如道玄，亦难望有真足传世伟构。老去作菊虾，虽极生动然亦易模仿。因之多伪托，真赝难辨。

展子虔之《游春图》见于著录，不在中古，却在近古。

明茅维《南阳名画表》，记韩存良太史家收藏山水界画目中，首即著录一行：

南北朝展子虔《游春图》，宋徽宗前后小玺。

元人跋名《春游图》，非《游春图》，是则画在明代即已著名，茅维所记犹旧名。只云"宣和小玺"，未云"题签"，私意当时列缀于前，正如阁帖诸迹与《平复帖》及其他名笔，还像秘阁官库本藏字画习惯。

张丑《清河书画舫》称：

展子防者，大李将军之师也。韩存良太史藏展子虔《春游图》卷，绢本，青绿细山水，笔法与李思训相似，前有宋徽宗瘦金书御题，双龙小玺，政和宣和等印，及贾似道悦生葫芦图书曲脚封字方印……第其布景与《云烟过眼录》中所记不同，未审何故。

又传严氏藏展子虔《游春图》。
詹景风《东图玄览》复称：

展子虔青绿山水二小幅，致拙而趣高，后来二李将军实师之。

又言：

> 李思训绢画山水小幅，布置溪山、村落、人家，大与今画布置殊，殆是唐无疑。

明《严氏书画记》则载《春山图》，"大李将军二卷、小李将军二卷"。

张丑所见作《春游图》，且明说是青绿细山水，笔与李思训近，有徽宗题，惟与《云烟过眼录》所记不合，《云烟过眼录》：画为胡咏存斋所藏，徽宗题，一片上凡十余人。

詹景风则见二小幅，内容"致拙趣高"，以为"二李实师之"。又言"李绢画布置有古意，是唐无疑"。不及题跋。又言"唐人青绿山水二片，行笔极轻细"。很显然，同时实有好几件不同小幅画，或署展名，或署二李，或无名，格式却相差不甚多。詹景风识力极高，所言必相当可信。

王世贞《艺苑卮言》谓：

> 画家称大小李将军……画格本重大李，举世只知有小李将军，不得其说。……大抵五代以前画山水者少，二李辈虽极精工，微伤板细……

所言精工而伤板细，易作目前所见《游春图》评，或有首肯者。若有人觉得这画实细而不板，则应明白明代人所谓"板"，画院一例在内，和现代人观点本不甚合。

《云烟过眼录》称宋秘书省藏有展子虔伏生，涉及装裱：

> 阅秋收冬藏（四个字号）内画，皆以鸾鹊绫象轴为饰，有御题者则加以金花绫，每卷表里皆有尚书省印。

且说关防虽严，往往以伪易真，殊不可晓。今所见展画装裱似不同，有人说是宋装，有可疑处。

我们若假定不是展子虔画，有许多画可以伪托。

宋《宣和画谱》中，黄筌《春山图》七，黄居宝《春山图》二，黄居寀《春山图》六，燕肃《春山图》四，李昭道《春山图》一，李思训《春山图》一。在人物部门，则有隋郑法士《游春山图》二。《南阳名画表》还有李确《春山游骑图》。

其他画家高手作春山图尚多，因为作风格致不近，不宜附会到传为展作之《游春图》，所以不提。

张丑又言：

> 庚子毂日，偶从金昌常卖铺中获小袖卷，上作着色春山，虽气骨寻常，而笔迹秀润，清远可喜。谛视之，见石间有'艳艳'二字，莫晓所谓。然辨其绢素，实宋世物也。越数日，检阅画谱，始知艳艳为任才仲妾，有殊色，工真行书，善青绿山水。因念才仲北宋名士，艳艳又闺秀也，为之命工重装，以备艺林一种雅制云。

此明言袖卷，和本题无关。

《游春图》既题名展子虔作，树石间即或有艳艳字样，也早已抹去。然从装裱上，却似元明裱，非宋裱。有同是东北来一军官，藏元人裱同式裱法可证。世传另有其他明季装裱横卷，可以参考。

从著录掇拾材料，我们可以知道几件事：一、隋郑法士有《游春山图》，唐宋名家有许多《春游图》；二、《春游图》本来可能为茅维所见《游春图》。或"游春"，或"春游"，明人记录已不大一致，且当时有画迹相似而署名不同或无作者名若干画幅。三、本画可能是詹东图所见称为展画之一幅，或王世贞所见大小李画之一幅（也可能即张丑所见艳艳临摹唐人旧迹）。

又或者还只是宋画院考试国手时一幅应制画，画题是唐人诗句"踏花归去马蹄香"，《萤雪丛说》说，徽宗政和中设画学取士，即有这个画题。又詹东图传闻文徵仲家曾藏有右丞"花远重重树，云深处处山"纸本小帧，布景极美，落笔精微。笔记传闻有不可靠处，惟把两句诗作目下《游春图》题记，却也相当切题。又好像为刘禹锡"紫陌红尘"诗作插图，不十分切题，却还相关照。

一面把握题旨，一面遵守宋人画诀：

　　春山艳冶而如笑……品四时之景物，务要明乎物理，度乎人事，春可
画以人物欣欣而舒和，踏青郊游，翠陌竞秋千，渔唱渡水……

　　《山水纯全集》作者意见或在先或在后，都无关系，就画面空气言，却可帮助我们欣赏《游春图》，认为是唐诗格局。

　　这点印象宜为对绘画史有知识的人所同具。

　　又张彦远论山水树石，多根据当时存下名笔而言，批评杨、展画迹时，他曾说：

　　状石则务于雕透，如冰澌斧刃。

　　冰澌斧刃如可靠，则展画石方法，宜上承魏晋六朝，如通沟坟墓壁画山石，敦煌北魏壁画《太子舍身饲虎图》山石，六朝孝子故事石棺图山石，以及《洛神赋图》山石，山头起皴，必多作方解矾头式，下启大小李衍变为荆、关、马、夏直到蓝瑛，用作花鸟配衬物则影响黄居寀。居寀迹不易见，林良吕纪画石还可依稀仿佛，作山或金碧堆绘，或墨笔割切，方法上终属于北派。《容台集》说：

　　李昭道一派为赵伯驹、伯骕精工之极，又有士气，后人仿之者，得其工而不得其雅，若元之丁野夫、钱舜举是已，五百年而有仇实父。

　　一脉传来，均不与王维细笔山水相通。

　　现存传称周文矩《大禹治水图》，山头方折如大小李，从史志看同一题目名迹，吴道玄、展子虔、顾恺之均有作品，《历代名画记》谓：

　　古时好拓画，十得七八，不失神采笔踪。亦有御府拓本，谓之官拓。国朝内库、翰林、集贤、秘阁，拓写不辍。承平之时，此道甚行。

　　此《大禹治水图》作山方法，似稍近冰澌斧刃，不仅有子虔板处，还有顾虎

痴精微处。《游春图》却大不相同，因之就《游春图》作山石笔意言来，这幅画作展子虔，反而不称，估作与子虔作风不同之唐五代或宋人画迹，均无不可。《宣和画谱》称西蜀黄筌、黄居寀、居宝三人曾共有《春山图》计十五幅，如说这画是十五幅之一，可寻出下面几点例证，补充解释。

一、画中女人衣着格式，似非六朝格式，亦不类隋与唐初体制。淡红衫了薄罗裳，又似为晚唐或孟蜀时妇女爱好（风致恰如《花间集》中所咏）。世传五代画纨扇小人物，与董源《龙宿郊民图》，及松雪用摩诘法所作《鹊华秋色》卷子上人物、衣着均相近。直到实父仿赵伯驹画五丈长《子虚上林赋》画意，妇女装扮还相同。而山头着树法，枝柔而敧，却是唐代法。宋元人论画，即常说及蜀人得王维法，笔细而着色明媚。

二、黄氏父子侄本长于花鸟，用作花鸟法写山水景物，容易笔细而色美，格局上复易见拙相。唐人称展特长人马故实，宋米芾且为目证。凡此诸长，必特别善于用线，下笔宜秀挺准确，不过于柔媚。此画人马均不甚佳，衣着中的幞头和圆领服，时代都晚些，建筑时代也晚。山石树木亦与冰澌斧刃、刷脉镂叶也不相称。张彦远叙六朝杨、展山石作法时，还说及如"钿饰犀栉，冰澌斧刃"这种形容，若从传世遗迹中找寻，惟敦煌隋代洞窟壁画中维摩五百事小景足当此称呼（画录中则称陈袁蒨绘有此图）。

三、从绢素看，传世宣和花鸟所用器材多相近，世传黄氏花鸟曾用细绢作成，不知世传李昭道诸画及某要人藏周昉仕女用绢如何，若说展画是隋绢，至少还得从敦煌余物中找出点东西比较。若从敦煌画迹比较，如此绵密细笔山水，至早恐得下移至晚唐五代较合适。

我们说这个画不是展子虔笔，证据虽薄弱近于猜谜，却有许多可能。如说它是展子虔真迹，就还得有人从著录以外来下点功夫。若老一套以为乾隆题过诗那还会错，据个人经验，这个皇帝还曾把明代人一件洒线绣天鹿补子，题上许多诗以为是北宋末残锦！

1947年7月写，1982年重校

（近人傅熹年先生评此画年代有极好意见。从文附记。）

本文1949年4月发表于上海《子曰》丛刊第6期之《艺舟》副刊第1期，

篇名为《读春游图有感》，署名上官碧。1982 年经作者重校，1986 年 5 月收入商务印书馆（香港）有限公司《龙凤艺术》一书，篇名改为《读展子虔〈游春图〉》。后《沈从文全集》据《龙凤艺术》文本编入。现据《沈从文全集》第 31 卷编入。

谈谈《文姬归汉图》

这几幅人物故事画，统属于同一主题《文姬归汉图》或《胡笳十八拍图》一部分。明代人也有把它简称作《胡笳图》的，如《天水冰山录》文氏记载严嵩抄家书画目所载。原稿多出于宋人，后来不断临仿，并有所补充。是根据后汉蔡琰故事和她的自叙诗画成的。蔡琰是东汉末年著名文学家蔡邕的女儿，蔡邕因参预董卓政权，董卓被杀，蔡邕在席上表示惋惜，被王允下狱，请修后汉史不得，终于死去。蔡琰在兴平中也被侵入长安和洛阳的羌胡骑兵掳去，经过了十多年后，在胡中已嫁了人，生育子女数人。到曹操当权时，因和蔡邕旧好，知道这件事情，才特别派人携带金帛前往胡中把蔡琰赎回。蔡琰归来后，嫁给小官董祀，生活似乎也不怎么好，著有七言悲愤诗，又有作五言的，这两首诗中必有一首出于后人附会及同时人所拟作。后人论断不一。近人分析评论比较全面的，有余冠英先生作的论文可以参考。七言诗和传世梁鸿五噫诗相近，五言诗和王粲七哀诗、曹操五言诗同一情调，个人认为原作五言或比较近实。部分即有所增饰，也还和当时情形相合。诗中说"斩截无孑遗，尸骸相拒撑，马边悬男头，马后载妇女……失意几微间，辄言毙降虏，要当以亭刃，我曹不活汝"，把中原人民当时遭受胡骑残杀死亡流离的凄惨景象，刻画得深刻而动人。这个叙事诗篇幅虽不大，文字却素朴真切，形成的气氛极沉重，因此，在中国中古文学史中，成为一篇反映当时社会现实、对统治者具有强烈控诉性的著名作品。后人因此把蔡琰故事和诗歌结合，编成《胡笳十八拍》乐曲，正如把王昭君故事编成"明君"乐舞一样，在中国戏剧音乐发展史中，发生极大影响。民间流传，常成为后世绘画和戏剧主题，为广大人民所熟习和同情。晋代豪富石崇的舞妓绿珠，能舞"明君"，昭君故事转成乐舞似较早些。蔡琰故事和乐舞结合，我同意刘大杰先生的分析，或在唐宋之际。如用十八拍文字叙述，追求史实，不免有许多矛盾难解处，因为十八拍不同于五言悲愤诗，乐曲可能是胡曲旧声缀合，文字实在较晚。

至于宋代人喜作这种故事画，实在另有一种现实意义。北宋末年，政治情况部分很像汉末，统治者对于人民，使用强大武力和苛细法令，压迫剥削，无所不至。到徽宗赵佶时期，又奢侈，又迷信，为兴修"寿山艮岳"，派了一群贪官污吏，在国内到处骚扰横行，找寻奇花异草，枯木怪石，一有发现，就凿壁毁垣，强掠而去，再向人民征发车船夫役，转运到开封，名"花石纲"，使得人民痛苦万状。然而北宋统治者对于当时占据东北和华北的契丹政权，则始终采取纳币求和妥协软弱的办法。隋后女真族兴起，击溃契丹进兵汴梁时，虽然人民义军为保家卫国，支援开封的日益增多，都已到达附近各地，部分有远见的爱国官吏和李纲，太学生如陈东等，也都极力主张抗敌御侮。北宋统治者却依违不定，还只想屈辱投降，取得一时苟安。李纲任职不久，又复贬退，陈东牺牲死去，北宋首都汴梁，终于沦陷，政权因之解体。赵佶父子和一家眷属三千余人，被俘往东北五国城。看看《大金吊伐录》《宣和遗事》等历史文献记载，就可知当时北宋统治者的狼狈情形，和千百万人民苦难情形。汴梁虽沦陷，但是大江以北人民，为保家卫国，还是奋起抗敌，此伏彼起。从此以后，女真族军事统治者，对于中国的北方生产破坏，人民蹂躏，有加无已。偏安江南的南宋小朝廷，妥协投降派继续得势当权，爱国英雄岳飞父子，因此都不免被害死去。南北对峙百余年间，和议往还，年有聘使，画家由于沦陷北方或生长于北方破家南渡的，在民族矛盾残酷战争中，饱经忧患，于是经常采取这个为中国人民所熟习的历史故事题材，创作许多主题相同风格不一的连环故事画。有的或只是从历来作蓄骑图方法，略加组织，反映局部事件，有的又首尾起讫，组织特别严密。这里介绍六个画面，都属于同一主题——文姬归汉。

这类画不问真伪，照习惯多署名陈居中作。关于这个画家的时代，画录中有以为是北宋陷金的，有以为宁宗时画院待诏的。其实主题虽同，艺术风格并不一样，可见画手并非一人，时间也有先后。但有一点十分重要，那就是原作者必然是生长于南北宋之际的人物，因为只有既熟习汴梁社会市廛生活，同时也熟习游牧民族帐幕生活的人，笔下才能够如此深刻忠实地反映出种种现实景象。例如这里介绍第一幅（图一），被盗走现藏美国波士顿美术馆的长卷，全卷虽有残缺，但由帐幕送别到返家入宅，家人迎娶，举凡漠中风光，都市繁华，一一现出绢素上，无不刻画入微，可说是中国中古时代一幅故事画的典范。场面复杂，人物众多，处理得却极从容周到而有条理。人物车乘，起居服用，善于在大处着眼，小处落墨，组成一个壮丽而生动的社会风俗历史画面。画录中署陈居中作《文姬归汉图》或《胡笳图》许多种，就个人前所见到的各卷说来，这个本子应当算是比较好的，下笔用墨较重而具定感，可知非粉本临摹。和故宫收藏张择端《清明上河图》卷，同属宋代社会故事画中第一流作品，可称宋代同类绘画的双绝。

第二幅是个立轴（图二），原藏故宫，现在台湾。只是胡笳十八拍中个场面，即使节来迎，蔡文姬和胡中亲人分别情形。画作立轴，正和代丘文播把《北齐校书图卷》节取主要部分作成《文会图》立轴一，并非本来式样。由于立轴画面限

图一　明摹本　《胡笳十八拍》局部

图二　《文姬归汉图》

制，内容比较简单，但是用笔却精秀美，人物衣着且具细致花纹。这个送别场面，常为画家采用，一方因为是故事主题重点，另一面即它还和时代有关。南宋初年，曾一再江南使者北来迎接赵佶后妃回南事，明人以为画家作成这个图，实有古喻今意思。总之，离开画的艺术而言制度，这个立轴也还是十分重的。因为两宋二百余年北行使节仪从，文献记载虽多，具体形象，却有从这类画幅得到证明（此外还有宋人绘《奉节图》《聘金图》，同出于文姬归汉）。

第三幅作夫妇二人并辔同驰，男子作胡装——实即女真装，面目亦女真族型，额高而颊削，眼目微竖，腰胯间悬挂弓矢，马稍前一头。妇人近中年，仪容和穆端肃，头戴高装巾子，如传世《韩熙载夜宴图》所戴巾子，也即是一般说的"东坡巾"，又名"高士巾"，过去相传由苏东坡创始，宋人画《会昌九老图》《洛阳耆英会图》《西园雅集图》，画中人物大都戴这种巾子。这种巾子盛行的时代系北宋中叶以后，所以《夜宴图》真正绘制时代，可能晚一些。因为妇女衣饰桌上家伙都晚，不是五代南唐时。妇人画惟蔡文姬头上有此巾，似因高士巾而来。抱一梳双丫角小女孩，天真烂漫，长幼神情都极和美。马虽若千里逸足，具绝尘奔驰意，人却从容不迫。构图设计相当单纯，而表现技巧却十分高明，用笔精稳准确，非大手笔不能作到。这幅画也被盗出国外。

第四幅原藏东北博物馆，现陈列于故宫博物院绘画馆，旧题五代胡瓌《卓歇图》（图三），著录中也有题《东丹王射猎图》的；实同画而异名。长卷起始是游骑弋猎归来景象，人马杂会，鞍辔间多横置白色天鹅。"卓歇"事见辽志，契丹人风俗习惯，照节令统治者必率诸王亲官属，于海子湖泺地猎天鹅射牛头鱼，按官品等级纵鹰，高位最先放"海东青"，不得逾制越规。猎罢归来，立帐宿营，卫士执骨朵哥舒棒环立守护帐外，即为"卓歇"。本画帐幕在最后，二贵人帐前席地而坐，举杯奉酒，身后女子数人侍立，席侧尚有数人带着豹皮弓弢恭立一旁，二人在席前斟酒，二人作舞容，二人站略远奏竖箜篌，女贵人头上亦戴高装巾子。男子裹软巾，佩弓弢侍立的也裹软巾，一般侍从则秃顶，头部两旁留小辫二，腰系革带，衣脚仅及膝。就画意说来，它还是《胡笳十八拍》主题画之一。人物服饰器具，如男子位分较高的裹巾子，后作双叉带结，位分较低的秃顶旁留发梳双辫，侍女衣则左衽长袍，腰窄而下宽，长覆脚趾，系丝带前垂，腰以下衣褶边缘有义襕，头戴锥式浑脱帽，沿用锦带结作燕尾形。这一切都如《金史·舆服志》

图三　五代　胡瓌《卓歇图》卷局部（北京故宫博物院藏）

所说女真服制，和契丹服制相似而不尽同，可知原画产生的时代，比胡瓌或略晚一些，和传世陈居中画《胡笳图》倒相近。虽人马杂沓，落笔不乱。衣服敷彩作平涂法，席次侍女执酒壶纯作宋式。私意它的真正价值，不在作者是否胡瓌或陈居中，应在它是传世《胡笳十八拍》一个场面表现。产生时代必在辽金之际，表现上技法和构图设计，都可说是一件成功的有历史价值的作品。

　　第五幅只平列几个人，也是送别场面（图四）。个人所见到的是彩色复制品，原题元赵孟頫绘，和故宫收藏那个陈居中立轴一部分极其近似。即真出赵笔，仍是根据宋金时人旧稿粉本临摹节取而成。也可能原是宋代不题名旧画，或商人有意把原题割裂，改题赵作的。因为人物面貌衣装和其他种种，全是陈作式样，宋金制度，后来人是不能凭空想象的。这个画特别重要处，在衣服敷彩工细如传世《捣练图》，丝绸花纹画得极具体。男子衣黄色"团科瑞锦"，妇女衣"青碧小花染缬"，妇女头上尖锥帽扎燕尾式金锦带结，衣角两侧加有着色丝绸义襕，材料既近于南北宋之际，装束更是女真装束，既非蒙古，也非南宋末南人装，这一点

图四 《文姬归汉图》辞行部分

特别重要，值得注意。历来谈绘画考证和艺术鉴赏的，多乐于在一幅画中谈笔墨韵味，不大注意到这些具体问题。谈山水犹可说除笔墨韵味外无物可证，而鉴赏人物故事画，对于故事本来如还模糊不清楚，不免难言。衣冠器用更不能不有个基本理解。即或是小处，也可以帮助我们比较深入明白一些问题，至少是可推测出一幅画的相对年代。个人也并不认为冠服制度就是鉴别古画唯一的方法，不过，我们若把一幅画从全面去考查，对于它的时代判断会正确得多。

例如传世《洛神赋图》，世多以为出于东晋顾恺之手，只因为见于前人著录，引述的即不再加思索分析，其实说是顾，某几处可以证明？说宋人临摹，如原画即非顾，如何可以知道临的是顾？其实这都只是人云亦云，不假思索的结果。因为试从衣冠服饰略加注意，就不能不令人怀疑这个画的完成时代，可能要晚一二世纪。男子头上戴的名叫"漆纱笼冠"，创始于北朝北魏北齐，有大量石刻壁画和出土俑可证。妇人头部上绕双鬟，也到南朝齐梁才流行，曾反映于刻绘，到隋唐则惟舞妓和壁画上龙女间或还使用。两者盛行的服饰时代都晚于顾，顾实画不出！又如传宋本《列女传》，插图亦有称出顾手笔的，衣冠更晚。总之，或以讹传讹，或不求甚解，长此下去，不加澄清，我们所盼望的人物画史，是不大会写得正确的！这画不知现在何处。

第六为传明人摹十八拍图（图五），绢本着色，原藏南京博物院，近正由文物出版社印行，附于郭沫若著《蔡文姬》一书中。这个册子的底本，其实还是出于陈居中旧本，论笔墨，似不如其他几种扎实，论色彩，却也有些不同处。值得注意是帏帐幕庐诸物，比较具体，是明人据旧稿临仿有所充实的作品。部分男女服装已混乱，不今不古，由于作画者已难有意作伪。如竟有人根据这个画去探讨三国时南匈奴服制，不免难言而相当可笑！

就这几幅人物故事画而言，个人认为从主题相同研究它初稿产生的时代和背景，不失为一种有意义的试探。由此明白《胡笳十八拍图》的形成不会早于九世纪，间接也启发我们《胡笳十八拍》本文可能不会早于七世纪。主题相同表现不同的方法，也值得我们留心，例如第一幅写繁盛市容，方法上就有独到处。其他各幅写人物性格，也各有独到处；人物有繁简不同，设计构图亦因之而变。《卓歇图》不用背景，却比明摹十八拍有背景效果还好些。又如立轴背景

图五　明摹本　《文姬归汉图》归家部分

有部分小土坡，皴法用笔较简弱，缺少肯定感，不及辽陵壁画秋水秋山扎实，然而坡陀背后半露驼骑，却给人以辽阔感，比《卓歇图》迎面摄取有不同效果。又如画马，我们所见百马千马诸图，马数虽多，却少性格，只像是把十来马样前后错置而成，立轴马只五六匹一群，《卓歇图》马亦不到廿匹，因位置得法，却形成一种真实马群印象。真如旧话说的以少胜多，远过李公麟《马群图》。我们常说向优秀传统学习，这些不同表现方法，正是值得推荐的学习对象。

这几幅故事画除了在美术上的成就外，如能弄明白它产生的相对年代，实在公元十一二世纪间，衣服器物反映的也是这个历史阶段形象，对于中国新的古典歌舞戏剧的演出，如欲有所借鉴，就提供了重要参考资料。用作"文姬归汉"戏剧人物装扮，虽还不算符合历史真实第一手材料，用它作宋辽金时代有关戏剧服装道具参考，却十分有用。但是利用遗产必明白遗产，才有可能加以利用。

1955年写，1959年4月改

本文发表于1959年《文物》杂志第6期，1960年收入北京作家出版社《龙凤艺术》一书。1986年5月收入商务印书馆（香港）有限公司版《龙凤艺术》时，文字经作者校改，并配入几幅插图。后《沈从文全集》据商务版文本编入。现据《沈从文全集》第31卷编入。

谈历史人物画

　　末了可能是教育他人的，也许首先还是个"学"字。必须先虚心谨慎耐烦十分从各方面接受一点教育，毫不含糊的十分具体弄清楚当时的种种问题，特别是要在画中加以表现的种种，才有可能绘出历史应有的空气，使观众得到比较正确的印象。说用……也不能离开具体材料，以意为之。因为这样，就不是马列主义观点方法！比如说，明代人画刘邦项羽，前者可以戴个唐式幞头，圆领衣，上面也不妨加个麒麟补，后者却戴两个野鸡毛，或戴个折翅纱帽，作连环画可以，作京戏参考也可以，只是画来放在历史博物馆教育百万观众，我认为不可以。问题是我们作历史画的基本问题：要历史服从画家的兴趣，灵感，还是要画家尊重历史客观的现实。照历史博物馆的要求，无疑后者重要。甚至于可以这么说，不管他是什么第一流国手，若只图表现自己，而缺少对作历史画应有的基本认识，我个人认为是不宜作历史画的。为什么？为的是他会给人一种十分错误的印象。正如在陈列文物上我们要求，决不许可把一个明代的瓷器只由于好看，而搁到宋代柜子里去。怎么在画上我们却能同意让京戏上杨贵妃形象放到唐代陈列室？梅兰芳先生京戏的贵妃醉酒不能说不是大手笔，但和历史博物馆教育效果要求还是不大相合。所以一个画家认为离开具体材料具体理解，具体运用，而能达到历史科学性，还是有些唯心思想在作祟。照我们想，凡事有学而不能，（学不深透，不消化，即不能。）未有不学而能。不扎实具体的学，缺少实践认识，怎么能凭空得到什么历史或科学？不求具体研究历史直接、间接、和比较材料出发，而凭空想或个人兴趣爱好出发作历史画，他至多只能作到比目下连环画还好看些，也不妨画下去，也会有群众，因为群众印象中有的是连环画和京戏作基础，决不会提出任何意见的。但放到历史博物馆还是不相宜。

事实即以连环画和京戏而言，也不宜于——也不会长时停顿到目前基础上不前。这是旧时代留下的底子，任何戏班子总只那么几份衣甲行头，上至武王伐纣，下至金玉奴棒打薄情郎，都得用到它，不管是诸葛孔明出征，还是唐玄宗和杨贵妃游园，也总是用那两面旗帜夹在一旁，代替车子，是无可奈何的代替。观众以为是戏，也就无所谓。现在舍不得，则是保留传统规矩，怕更动失去效果，或者是台面过小，真正的车不宜于上台。或者是花费较大，不能这么搞道具。又或者什么条件都好，也有大台面，也有钱，只是缺少三国时车子形象资料，怕搞不好。问题就只是敢不敢打破保守，而能不能走走群众路线了。如既敢且能，问问博物馆搞这一行的岂不就迎刃而解？

京戏即或不宜改，不必改。万一明天要个历史电影，而且要求作战，行动生活都要具有历史气氛，我们是仍然老一套，只抽象的说……还是应当具体的，实事求是的去研究材料，并谨慎认真的学习运用材料，来解决这个历史电影？我想凡是一个有头脑的具有唯物史观的导演，还是一定同意从博物馆搞搞资料，大量收罗形象参考材料，来进行工作。绝不会说有了赵丹同志或刁光覃同志善于体会古人精神，即可达到完全成功。事实上即以我们最尊敬的梅兰芳先生搞醉酒电影而言，如敢于突破传统限制（实即过去不得已的束缚），在服饰上，我们尽可能试来研究研究白居易诗中说的天宝末年时世妆问题，利用利用敦煌这一阶段画面反映，和韦顼墓石刻，底张湾壁画……及现有《虢国夫人出游图》反映，在背景道具方面也大胆些，参考一下传世下来的几幅大小李金碧楼台山水画，和宋人《曲江图》《丽人行图》《连昌宫图》《醴泉宫图》……此外帷幕家具，起居生活等等东东西西，也用点心，（即杨贵妃欢喜穿的锦靿靴也有的是！）好好运用一下这些已知现成可靠材料，来重新安排一回《贵妃醉酒》，一切无疑并不怎么费力都可望弄得更美一些，结果是会损失梅先生的艺术效果，还是增加他的艺术影响？照我想来，大致群众对于新的《贵妃醉酒》，兴趣还会更好一些。只除了少数京戏专家，以为失去昨天演的那个失去为可惜，绝大多数观众会对于这种有计划的改革得到新的感受。

为什么这问题至今还会成为一个问题，并不曾能够好好解决？分析一下，似有如下几点因子：

一是习惯。可以说到现在为止，许多有名的年纪较长的人物画家，还不甚习惯从具体认识材料出发，来十分严肃的作历史故事画。尽管他作了三四十年人物画，甚至于现在还教人物画，只习惯笼统地说顾恺之画迹有《女史箴图》和《洛神图》。可并不习惯去深入学习分析，弄清楚女史箴上面那几幅画中人的穿戴比顾恺之早，那几幅又可能晚些。《洛神图》中的洛神头上双环髻，是齐梁时时装，事实上比顾恺之晚百多年，男人戴的漆纱笼冠却是北朝制度，且更晚。那两个船夫扎裤腿方式也晚，甚至于马的装备也晚，这都是从近十年大量出土的比较材料和敦煌、龙门现存材料综合比较分析才明白的。照习惯，作画教画的朋友还一时不习惯那么认真搞问题。所以进一步去要求一个人物画家再来重视人像以外的手中拿的是什么样式，身上穿的应当是什么花纹，当然感到十分麻烦，也不知如何下手。也因此，在本人头脑中习惯就占了上风。理论上也就产生可以不那么认真的结论了。但年轻朋友就便利了些。一面是架子小，包袱小，也就是保守习惯小，觉得事实上许多具体东西并不明白。必须明白，才能正确表现。肯钻研，肯走群众路线，而且越肯学越知道客观可供参考材料极多，不大费事即可得到。能消化运用这些材料，又能用个比较严肃认真态度来处理题材，结果当然是成绩也就比较容易见好。目前可能还不易得到画中先辈承认，事实上却为群众承认了。

二是对学习和工作态度。我因为不是画家，也不怎么懂艺术，本不大熟习这一行问题。不过近十多年因为在博物馆工作，却有机会和这个部门朋友作较多接触。特别是由于协助馆内外美工同志解决历史画的参考资料问题，和协助纺织工业轻工业生产，解决丝绸陶漆花纹资料问题，一面是向美术界朋友学习，一面是向博物馆所有杂文物学习，才发现有关学习和工作态度，在各方面反映是大不相同的。照我们工作习惯是不明白的总得想法弄明白它，不易明确的也尽可能弄得比较明确。从画说，不管他是什么徽宗瘦金书题签，还是曾经乾隆皇帝题过诗，再权威些或买来花钱再多些，假的还是假的。过去只能从题跋上研究问题，我们现在却有可能从许许多多方面来下手！比如说，被美帝盗出国外一个题名北宋宫素然作的《明妃出塞图》（图一），有朋友翻印回来时也以为即北宋，没有听人反对过。搞博物馆的朋友，却可以从制度上提出异议，只从明妃身上就可知道这画只能是元明或以后人作的。因为从鞍制出发，唐人闹装鞍后鞍桥有五个鞘孔，挂下五个条条，是一定制度，五代到宋还相互沿袭。宋代鞍制十二等，还把价钱也定得清清楚楚。闹装鞍作第一等，热河辽驸马墓出土银镀金后鞍桥实物极其具体。可证北宋人无论〔如何〕是懂

图一　《明妃出塞图》局部

这个玩意儿的。元人有识之士也还懂，但一般坐骑已不使用（均有画可证）。这个画题作北宋，却把马鞍上那五个绦子挂到昭君本人身上去了，这种可笑错误，能够说是北宋画家搞的吗？但是还有前些日子，有一位同志在中国画刊上介绍一幅彩色《杨妃上马图》，因为题名是五代周文矩作……

本文是作者 1962 年 2 月在阜外医院治疗时所撰写，原稿无标题，后部缺失。后《沈从文全集·补遗卷》据残稿整理编入，并拟篇名。现据《沈从文全集·补遗卷》2 编入。

龙凤艺术

——龙凤图案的应用和发展

民族艺术图案中，人民最熟习的，无过于龙凤图案。但专家学人中说到它时，最难搞清楚的，也无过于龙凤图案。因为龙的形象既由传说想象而成，反映到工艺美术造形设计中，又在不断发展变化，如仅仅抄几条孤立文献来印证，是不能解决问题的。记得年前在报刊上曾看过一篇小文章，谈起龙的形象，援引宋人罗愿《尔雅翼》关于龙的形容，以为怪诞不经，非生物所应有。其实这个材料的称引，即用来解释宋代人在绘画、雕刻、陶瓷、彩绘装饰、锦绣图案中反映的龙形，也就不够具体而全面。不仅无从给读者一种明确印象，即文章作者本人，也不能得到一个比较符合当时人想象作成的各种不同龙的形象。原来龙虽然是种想象中的动物，但在历史发展中，却不断为艺术家丰富以新的形象。即以《尔雅翼》作者时代而言，龙的样子也就是多种多样的。有传世陈容的画龙，多作风云变幻中腾跃而起的姿式。有磁州窑瓶子上墨绘和剔雕的龙，件头虽不大，同样作得还雄猛有力。但是它是宋式，和唐代明代风格都大不相同。最有代表性的，是山东曲阜孔子庙大成殿那几支盘云龙石柱，天安门前石华表的云龙，即从它脱胎而出，神情可不一样。至于敦煌宋代石窟洞顶藻井画龙，也还有种种不同造型，却比《营造法式》图样生动活泼。在锦绣艺术中最著名的，是宋徽宗赵佶所绘《雪江归棹图》前边那片包首刻丝龙，配色鲜明，造型美丽，可说是宋代龙形中一件珍品。但是如不用它和明清龙蟒袍服比较，还是得不着它的艺术特征的。宋代龙形必然受唐代的影响，可是最显著的却只有定窑瓷盘上的龙形，还近于唐代铜镜上的反映，别的材料已各作不同发展。上面说的不过是随手可举的例子。如就这个时代龙的艺术作全面分析，那就自然更加言之话长了。

历来龙凤并提，其实凤的问题也极复杂，由于数千年来用它作艺术装饰主题更加广泛而普遍，它的形象也在各个时代不同发展变化中。

凤的形象如孤立的只从《师旷禽经》一类汉人记载去求证，也难免以为怪诞虚无，顾此失彼。要明白它必需就历史上遗留下各种活泼生动的形象材料，加以比较，才会知道凤凰即或同样是一种想象中的灵禽，在艺术创造中却表现多方，有万千种美丽活泼式样存在。如从联系发展去注意，我们对于凤的知识，就可更加丰富具体，不至于人云亦云了。

在人民印象中，历来虽龙凤并称，从古以来，且和封建政治紧密结合，龙凤形象成为封建装饰艺术的主题，同时也近于权威象征。但事实上两者却在历史发展中似同而实异，终于分道扬镳，各有千秋。决定龙凤的地位，并影响到后来的发展，主要是两个故事：有关龙的是《史记》所记黄帝传说，鼎湖丹成乘龙升天，群臣攀龙髯也有随同升天的。关于凤的是萧史吹箫引凤，和弄玉一同跨凤上天故事。同是升天神话传说，前者和封建政治结合，后者却是个动人爱情故事，后来六朝人把"攀龙附凤"二词连用，作为一种依附事件的形容，因此故事本来不同意义也失去了，不免近于数典忘祖。其实二事应当分开的。

龙历来即代表一种权威或势力，中古以来的传说附会，更加强了它这一点。汉唐以来，由于方士和尚附会造作，龙的原始神性虽日减，新加的神性却日增。封王封侯，割据水府，称孤道寡，龙在封建社会制度上，因之占有一个特别地位。凤到这时却越来越少神性，可是另一面和诗文爱情形容相联系，因之在多数人民情感中，反而日益亲切。前者随时势推迁，封建结束，龙在历史上的尊严地位，也一下丧失无余。虽然在装饰艺术史中，龙还有个位置。现代造型艺术中，龙的图案也还在广泛使用。戏文中角色有身份的必穿龙袍，皇帝必坐龙床，国内外到北京参观，对建筑雕刻引起最大兴趣的，必然是明代遗留下来那座五彩琉璃作的九龙壁。木雕刻易留下深刻印象的，是故宫各殿中许多木刻云龙藻井。石刻中则殿前浮雕云龙升降的大陛阶，特别引人注目。春节中舞龙灯，也还是一个普遍流行热闹有趣节目。不过对于龙的迷信所形成的抽象尊严，早已经失去意义了。至于凤呢，却在人民情感中还是十分深厚而普遍。新的时代将依然在许多方面成为装饰艺术的主题，作各种不同反映。人民已不怕龙，却依旧欢喜凤。

图一　原始社会　玉龙（内蒙古翁牛特旗三星他拉村遗址出土）

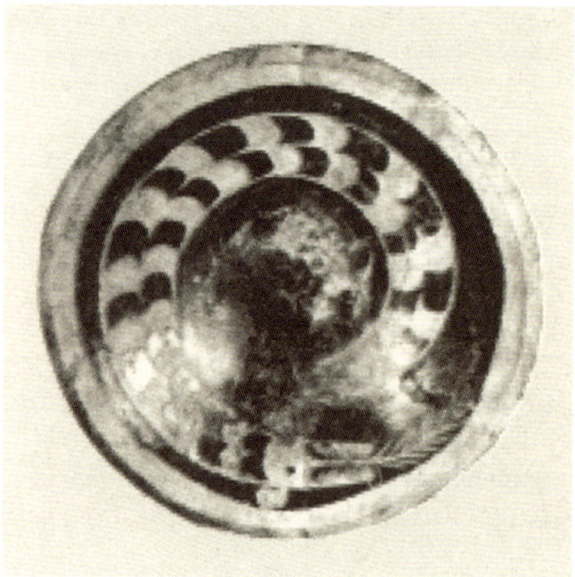

图二　原始社会　龙纹彩陶盆（山西襄汾陶寺遗址出土）

　　龙凤在古代艺术上的形象，和文字中的形容，相互结合来注意，比单纯称引文献来分析有无，还可明白更早一些时候古人对于二物想象的情感基础。甲骨文字上的龙凤，还无固定形式，但是基本上却已经可以看出龙是个因时屈伸的灵虫，凤是个华美长尾的灵禽。双龙起拱即成天上雨后出现的虹，可知龙在三千年前即有能致雨的传说或假想，并象征神秘。但龙又像是可以征服豢养的，所以古有"豢龙氏"，黄帝后来还骑龙上天。在铜玉骨石古器物上图案反映作各种不同形象发展，过去统以为属于龙凤的，近来已有人怀疑。但龙凤装饰图案，在古器物中占主要地位，则事无可疑（图一—五）。关于龙的问题拟另作文章探讨。现在且看看凤凰这种想象灵禽身世和发展。

　　在一片商代透雕白玉上，作成如一灵鹫大鹏样子，爪下还攫住一个人头，这是凤，且不是偶然的创作，因为相同式样的雕刻还不少。气魄雄健，似和文字本来还相合，却缺少战国以来对于凤凰的秀美观念。但在同时一件青铜器花纹上的典型反映，却是顶有高冠，曳着长尾，尾上还有眼形花纹，样子已和后来孔雀相差不多。因此得知后来传说中的凤凰和平柔美形象，在此也有了一点基础。

古记称："有凤来仪""凤凰于飞"，让我们知道，这种理想的灵禽，被人民和当时贵族统治者当成吉祥幸福的象征，和爱情的比喻，也是来源已久，早可到三千年前，至迟也有二千七八百年。它的本来似属于鸷鹰和孔雀的混成物，但早在三千年前即被人加以理想化，附以种种神秘性。西周是个比较务实的时代，凤的性质因之不如龙怪诞。稍后一点的孔子，有"凤鸟不至，河不出图"之叹，可见有关凤凰神奇传说，还是早已存在的。凤是一种不世出的大鸟，一身包含了种种德性，一出现和天

图三　原始社会　猪头龙

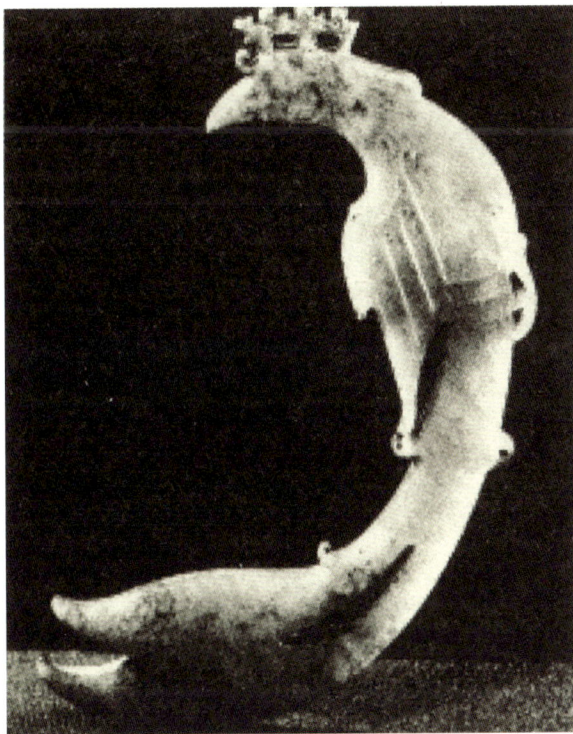

图四　商　玉凤（河南安阳殷墟妇好墓出土　中国国家博物馆藏）

图五　商　青铜觯上龙凤纹

命时代都关系密切。凤凰既然那么稀有少见，历来人民却又如何在艺术上加以种种表现，越到后来越作得生动逼真，而且成为爱情的象征，是有个历史发展过程，并非凭空而来的。我们值得把它分成几个不同阶段（或类型）来分析一下。

一、是从甲骨文上刻有各种凤字，到易经上"有凤来仪"时代，也即是在文字上还无定形，而在佩玉上如大鹭，在铜器花纹上如孔雀时代。值得注意是这时妇人发簪上，也已经使用了凤凰。可知一面是祯祥，一面又起始和男女爱情有了一定联系。

二、是《诗经》上有"凤凰于飞"、孔子有"凤鸟不至"、《楚辞》有"鸾鸟凤凰，日已远兮"、故事中有"吹箫引凤"传说成熟时期。也即是真凤凰证明已少有人见到，而在造型艺术中，却产生了金村式秀美无匹的雕玉佩饰和长沙漆器凤纹图案，以及金银错器、青铜镜子上各种秀美活泼云凤图案时期。

三、由传世伪托《师旷禽经》对于凤凰的描写，重新把凤凰当成国家祥瑞之一来看待，附会政治，并影响到宫廷艺术，见于帝王年代则有"天凤""五凤""凤凰"，见于造型艺术，先成为五瑞之一，又转化为朱雀，代表了南方，和青龙、白虎、玄武象征四方四神。在建筑上则有朱雀阙，瓦当上出现朱雀瓦。即一般大型建筑也都高据屋顶，作展翅欲飞的金雀姿式（后来的铜雀台也是由此而成），而在艺

图六　明宣德雕漆双凤牡丹八瓣盘

术各部门中，又都有一定地位时期。

四、在人民诗歌中，已经和鸳鸯、鸂鶒、练雀等相似地位，同为爱情象征。反映到青铜镜子艺术上更十分具体。但在封建宫廷艺术中，另一面又和龙重新结合，成为上层统治权威象征，特别是女性后妃象征。此外在博具中的双陆、樗蒲，都得到充分使用。因之"龙凤呈祥"主题图案，也成熟于这个时期。然而在一般艺术图案中，它却并不比鸳鸯、鸂鶒等水鸟更接近人民，讨人欢喜。

五、因牡丹成为花中之王，在艺术上和牡丹作新的结合，由唐代的云凤转成"凤穿牡丹""丹凤朝阳"，反映到工艺图案各部门（图六），因此逐渐独占春风，象征光明、幸福、爱情和好等等，形象上也越来越作得格外秀美华丽，同时又成为人民吉祥图案中主题画时期。

我们说一切事物都在发展中不断变化，凤凰图案其实也并不例外。多数人民所熟习的凤凰，图案的形象，和它应用的范围，以至于给人情感上的影响及概念，原来也这么在不断发展变化中。

例如凤为鸟中之王说法虽古到二千年前，牡丹为花中之王的提法，却起于唐宋之际，只是千多年前事情。至于把两者结合起来，成为"凤穿牡丹"的主题画，反映到工艺美术各部门，成为人民所熟习的事情，照目下材料分析，实成熟于千年间的宋代。虽然"龙凤呈祥"的图案，也大约是从这时期起始在宫廷艺术中大大流行，还继续发展。"凤穿牡丹"图案，却逐渐成为人民十分亲切喜爱的画面。这也还有另外一个现实原因，即"牡丹谱""洛阳牡丹记"等著述的流行，和实物栽培的普遍，增加了人民对于牡丹名色的知识。想象中的凤凰，因之在人民艺术家手中，作成种种美丽动人姿式，共同反映于艺术创造中。

元明清三个朝代中，龙始终代表一种神性，又成为九五之尊的象征，因此不能随便亵渎。服装艺术上随便用龙是违法受禁止的。虽然"龙舟竞渡"的风俗习惯在长江以南凡有河流处即通行，为广大人民娱乐节目之一。而逢年过节舞龙灯的风俗，且具有全国性。但是在另外一方面，即从晋六朝以来，佛教宣传江湖河海各有龙神，天上还有天龙八部，凡是龙王均能行雨，因此到唐宋以来，特封江湖河海诸龙为王为侯，这种龙神名衔直到十九世纪还不断加封。南方各地任何小小县城，必有个龙王庙，每逢天旱，封建统治者无可奈何，就装作虔敬，去庙中祈雨行香，把应负责任推到龙王身上，并增加人民对于龙的敬畏之忧，也即增加封建神权政治。因此龙不能随便使用。直到五十年前，迷信还深入人心。至于凤凰和牡丹结合后，却和人民情感日加深厚，尽管在封建制度上，凤凰还和王侯女性关系密切，皇后公主必戴凤冠，用凤数多少定品级等次。在宫廷艺术中，又还依旧是龙凤并用。可是有一点大不相同处，乱用龙的图案易犯罪，乡村平民女子的鞋帮或围裙上都可以凭你想象绣凤双飞或凤穿牡丹，谁也不能管。至于赠给情人的手帕和抱兜，为表示爱情幸福，绣凤穿花更加常见。至于民间俚曲唱本，并且开口离不了凤凰。"鱼水和谐""鸳鸯戏荷""彩凤双飞"同属民间刺绣主题，深入人心。凤的图案已不是宫廷所独用，早成为人民共同艺术主题了。换句现代话说，即凤接近人民，人民因之丰

图七　苗族刺绣凤纹

富了凤的形象和内容。凤给广大人民以生活幸福的感兴和希望。从表面看，因此一来，凤的抽象地位，不免日益下降，再不能和龙并提。事实上凤和人民感情上打成一片，特别是在民间妇女刺绣中简直是赋以无限丰富的艺术生命，使之不朽，使之永生。

　　但是我们也得承认另外一种事实，即在近千百年来封建上层艺术成就中，丝绸锦绣袍服、瓷、漆和嵌镶工艺、金银加工等，凡百诸精细造型艺术图案，龙的图案也有其一定成就，而且占有主要地位，凤只是次要地位。不过从艺术形象言即或同用于百花穿插，龙穿花总近于勉强凑合，凤穿花却作得分外自然。论成就，还是凤穿花值得学习。最有代表性的是明代宣德以来和清代初期，在五色笺纸上用泥金银法描绘的云凤或穿花凤，创造了无数高度精美活泼的艺术品，给人以一种深刻难忘印象。和西南地区民间刺绣的万千种凤穿牡丹（图七）同放一处，可用得上两句话概括形容："异曲同工，各有千秋。"

　　俗说凤凰不死，死后又还会再生。这传说极有意思。凡是深深活在人民情感中的东西，它的历史虽久，当然还会从更新的时代，和千万人民艺术创造热情重新结合，得到不朽和永生。

　　（我这个简短分析小文，有一个弱点，即称道文献不多，而援引实物作证又感图片难得完备，说服力不强。只能说是一个概括说明。工艺图案龙凤问题多，值得专家分一点心来注意。我这里只近于抛砖引玉，如能从每一部门——建筑彩绘、石刻、陶瓷、丝绣，都有介绍这个装饰图案发展的专文写出来。国际友人问到龙凤问题时，我们的回答，也就可望肯定明确，不至于含糊笼统了。)

1958年6月写于八大处长安寺

本文1958年9月曾以《龙凤图案的应用和发展》为题，发表于《装饰》第1期，署名沈从文。1960年改为现用标题收入北京作家出版社《龙凤艺术》一书。1986年5月又收入商务印书馆（香港）有限公司《龙凤艺术》一书出版，并配入插图。后《沈从文全集》据商务版文本编入。现据《沈从文全集》第31卷编入。

鱼的艺术

——鱼的图案在人民生活中的应用及发展

  中国海岸线长，江河湖泊多，鱼类品种格外丰富。因此人民采用鱼形作艺术装饰图案，历史也相当悠久。近年中国科学院考古所，在陕西西安半坡村，约公元前四五十世纪的村落遗址中，就发现一个陶盆，黑彩绘活泼生动鱼形（图一）。河南安阳，公元前十三世纪的商代墓葬中出土青铜盘形器物，也常用鱼形图案作主要装饰。这个时期和稍后的西周墓葬中，还大量发现过二三寸长薄片小玉鱼（图二），雕刻得简要而生动，尾部锋利如刀，当时或作割切工具使用，佩带在贵族衣带间。公元前六世纪的春秋时代，流行编成组列的佩玉，还有一部分雕成鱼形，部分发展而成为弯曲龙形。照理说，鱼龙变化传说也应当产生于这个时期。公元前二世纪，秦汉之际青铜镜子，镜背中心部分，常有十余字铭文，作吉祥幸福话语，末后必有两个小鱼并列，因为鱼余同音，象征"富贵有余"的幸福愿望。公元前二世纪的汉代，这种风俗更加普遍，人们使用的青铜面盆，多铸造于西南朱提堂狼郡，内部主要装饰，就多作两只美丽活泼的大鱼。此外女子缝纫用的青铜熨斗，照明的灯台，喝酒用的椭圆形羽觞，上面也常使用这种图案。当时陕西河南一带贵族墓葬，正流行使用一种长约一公尺的大型空心砖堆砌墓室，砖上有种种花纹，双鱼纹也常发现。丝绸上起始用鱼形图案。私人用小印章也有作小鱼形的。可见美术上的应用，已日益普遍。主题象征意义是"有余"。中国是个广大农业地区的国家，希望生产有余正是人之常情。战国时文学家庄周，曾写过一篇抒情小品文，赞美过鱼在水中的快乐。公元后二三世纪间，又有一首南方民歌，更细致素朴描写到水池中荷花下的鱼的游戏：

江南可采莲，莲叶何田田，鱼戏莲叶东，鱼戏莲叶西，鱼戏莲叶南，鱼戏莲叶北。

从此以后，"如鱼得水"转成了夫妇爱情和好的形容。但普遍反映于一般造型艺术上，却晚到十世纪左右才出现。

公元七世纪后的唐代，鱼形的应用，转到两个方面，十分特殊。一个是当时镀金铜锁钥，必雕铸成鱼形，叫作"鱼钥"。是当时一种普遍制度，大至王宫城门，小及首饰箱箧，无不使用。用意是鱼目日夜不闭，可以防止盗窃。其次是政府和地方官吏之间，常用一种三寸长铜质鱼形物，作为彼此联系凭证，上铸文字分成两半，一存政府，一由官吏本人收藏，调动人事时就合符为证。官吏出入宫廷门证，也作鱼形，通称"鱼符"。中等以上官吏，多腰佩"鱼袋"，这种鱼袋向例由政府赏赐，得到的算是一种荣宠，通称"紫金鱼袋"，真正东西我们还少见到。宋代尚保存这个制度。可是从宋画宋俑服饰上，还少发现使用鱼袋形象。又唐代已盛行国家考试制度，有一定文学水平的平民可望通过考试转成政府官吏。汉代以来风俗相传，黄河中部有大悬瀑，名叫"龙门"，鱼类能跳跃上去的，就可变龙。所以当时人能见得名流李膺的，以为是登龙门。唐代考试多由达官贵族操纵，人民获中机会并不多，因此人民也借用它来作比喻，考试及格的和鱼上升龙门一样。"鲤

图一　原始社会　人面鱼纹彩陶盆（陕西西安半坡遗址出土　中国国家博物馆藏）

图二 商 鱼佩

鱼跃龙门"于是成为一般幸运象征，和追求幸运的形容。因此成为一般艺术主题，民间刺绣也起始用它作主题。公元十世纪的宋代，考试制度有进一步发展，图案应用因此更加广泛。

　　这个时期，在中国浙江龙泉烧造的世界著名的翠绿色瓷器，小件盘碟类，还多沿袭汉代习惯，中心加二小鱼作装饰。江西景德镇的影青瓷，和北方的定州白瓷，和一般民间瓷，鱼的图案应用更加多了些，意义因此也略有不同。在盘碗中的，多当成纯艺术表现。若用到瓷枕上，或上面加些莲荷，实沿袭"采莲辞"本意，喻夫妇枕上爱情"如鱼得水"（图三）。又有在青铜镜子上浮雕双鱼腾跃的，用意相同。现实主义的绘画，正扩大题材范围，还出了几个画鱼名家，如刘寀等，作品表现鱼在水中优游自得的乐趣，千年来还活泼如生，丰富了中国绘画的内容。后来八大、恽南田，直到近代白石老人，还一脉相承，以此名家。在高级丝织物部门，纺织工人又创造了鱼形图案的"鱼藻锦"，金代还作为官诰包首。宋代重视元宵灯节，过年灯节时，全国儿童照风俗都玩龙灯和彩色鱼形灯。文献中也有了人工培养观赏红鱼的记载。杭州已因养金鱼而著名。

元代有部《饮膳正要》书籍，部分记载各种可吃的鱼，还有很好的插图，没有提到金鱼，可知当时统治者虽好吃，而且有许多怪吃法，但是还不到吃金鱼程度。

公元十五世纪的明代，绸缎中的鱼锦图案有了发展。国家织造局专织一种飞鱼形衣料，作不成形龙样，有一定品级才许穿，名"飞鱼服"。到十六七世纪的明代晚期，杭州玉泉观鱼，已成西湖十景之一。北京金鱼池则已成宫廷养金鱼处。江西景德镇烧瓷工人，嘉靖万历时发明的五彩瓷，起始用红鱼作主题图案（图

图三　宋　鲶鱼纹瓷枕

四）。当时宫廷需要大件瓷器中，大鱼缸种类增多，因此政府在江西特设"龙缸窑"，专烧龙纹大鱼缸。反映宫廷培养金鱼已成习惯，鱼的品种也日益增多。但是这时期的鱼缸留下虽多，造型艺术中，十分奇特美观的金鱼形象留下的可并不多。北京郊区发掘出的几具绘有五彩红鱼大罐，鱼的样子还和朱鲤差不多。另外也发现一种各种褐釉陶制上作开光花鸟浮刻大鱼缸，根据比较材料，得知烧造地或出于江南，后来人虽用来作鱼缸，出土物里面却多坐了个大和尚，是由大鱼缸转为和尚坐化所利用。这类特制大缸不同处是上面还常有个大盖。缸上也有作鳜鱼浮雕图案的。

　　十七世纪中清代初期，江西景德镇烧造的彩釉和白胎彩绘瓷，都达到了中国

图四　明嘉靖　五彩鱼藻瓷罐（北京朝阳区明墓出土　中国国家博物馆藏）

陶瓷史艺术高峰，鱼形图案应用到瓷器上，也得到了极高成就，精美无匹。用鳜鱼的较多，是取"富贵有余"意思。或用三或用五，多谐三余五余。灯笼旁流苏，也有作双鱼形的。并且产生了许多造型完美加工精致的鱼缸。在故宫陶瓷馆陈列的仿木釉纹的鱼缸，是一件有代表性的艺术品。此外已有用玻璃缸养金鱼的，代表新事物，成为当时贵族人家室内装饰品。至于鱼形应用到刺绣椅披和袍服上，多是双鱼作八字形斜置，如磬形，取"吉庆有余"意思。用鲢鱼形的则叫"连年有余"。也有雕成小玉佩件的。

至于玩赏性的金鱼，品种的改进与增多，应和明代南方中产阶级的兴起及一般工艺品的发展有一定关系。明文震亨的《长物志》卷四说："朱鱼独盛吴中，以色如辰州朱砂故名。此种最宜盆蓄，有红而带黄色者，仅可点缀陂池。"记述品种变态，当时即有种种不同名称："初尚纯红、纯白，继尚金盔、金鞍、锦被，及印头红，裹头红，连腮红，首尾红，鹤顶红，继又尚墨眼、雪眼、朱眼、紫眼、玛瑙眼、琥珀眼、金管、银管，时尚极以为贵。又有堆金砌玉，落花流水，莲台八瓣，隔断红尘，玉带围梅花，月波浪纹，七星纹种种变态，难以尽述。然亦随意定名，无定式也。""蓝鱼翠，白如雪，迫而视之肠胃俱见，即朱鱼别种，亦贵甚。"述鱼尾则有："自二尾以至九尾，皆有之。第美钟于尾，身材未必佳。盖鱼身必宏纤合度，骨肉停匀，花色鲜明，方入格。"

到十九世纪以来，培养金鱼的风气，已遍及各地。道光瓷器和刺绣中女人衣上的挽袖、衣边，多作龙睛扇尾金鱼。这时节出了个画金鱼的画家，名叫"虚谷"，是个和尚，画了一生金鱼。清代货币除铜钱外用金银，实物沉重，不便携带，民间银号、钱庄流行信用银票和钱票，因此盛行一种贮藏银票杂物的"褡裢"，佩在腰带上。为竞奇争异，上面多作各种不同刺绣花纹，金鱼图案因此也成为主题之一（图五），用各种不同绣法加以表现，产生许多有趣小品，同时皇室贵族妇女衣裙边沿刺绣，和平民妇女小孩围裙鞋面，都常用金鱼作装饰图案。民间剪纸原属于刺绣底样，就产生过许多不同的美丽形象。当时在苏州织造"绮霞馆"打样的提花漳绒，用金鱼图案织成的，花纹布置，格外显得华美而有生趣。

这些装饰图案的流行，反映另外一种事实，即金鱼的培养，从十九世纪以来，已逐渐成全中国习惯。由于南北气候不同，养鱼方法也不尽相同；南方气候比较热，必水多些金鱼才能过夏，因此盛行大鱼缸。这种鱼缸一般多搁在人家庭院中，

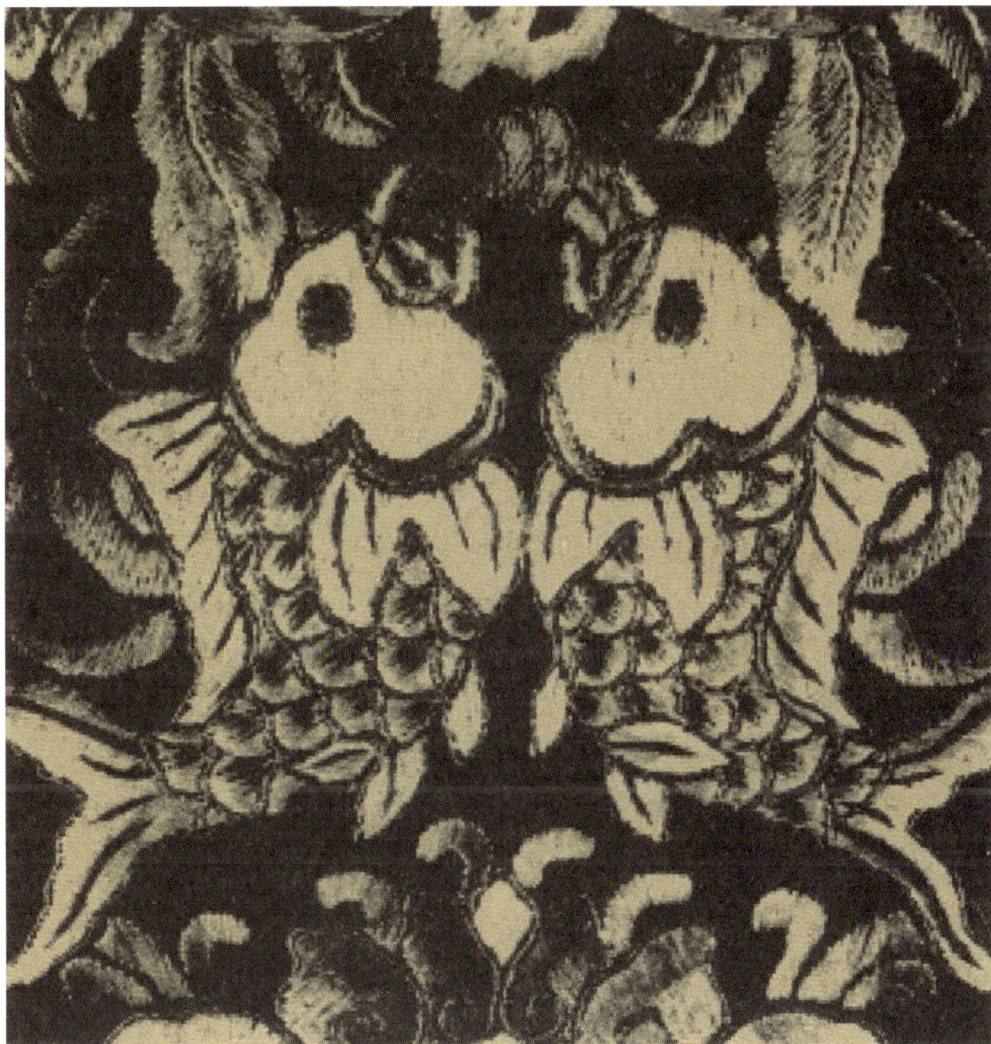

图五　民间刺绣

缸上照规矩还得搁一座小小石假山，上面种一些特别品种花药，千年矮或虎耳草，和翠色蒙茸的霉苔，十分美观。一面可作缸中金鱼的荫蔽，一面可供赏玩。一座有值百十两银子的。缸中水里还搁个灯笼式空花"鱼过笼"，明龙泉窑烧造较多，景德镇则烧作米色哥窑式。北方地寒，瓷缸多较小，和玻璃缸常搁于客厅中窗前条案间，作为室内装饰品一部分（图六）。十八世纪著名小说《红楼梦》，就描写过这种鱼缸。室外多用扁平木桶和陶缸，冬天必收藏于温室里，免得冻坏。

　　养金鱼既成社会习惯，因之也影响到现代一般工艺品的题材。北京著名的景

图六　清　杨柳青年画　金玉满堂图（天津市博物馆藏）

泰蓝，就有用金鱼作装饰图案的。此外玉、石、骨、牙、竹、木雕刻中，民间艺术家更创作了多种多样的美丽形象。而最值得赞美的，还是金鱼本身品种的千变万化，给人一种愉快难忘印象。公园中蓄养金鱼地区，照例是每天游人集中地方。庙会中出卖金鱼摊子，经常招引广大的妇女和小孩不忍离开。

还有北京市小街窄巷间，每天我们都有机会可以发现卖金鱼的担子，卖鱼的通常是个年过七十和气亲人的老头子，小孩一见这种担子，必围着不肯走开，卖鱼的老头子和装在小玻璃缸中游动的小金鱼，使得小朋友眼睛发光。三者又常常共同综合形成一幅动人的画稿，至于使它转成艺术，却还有待艺术家的彩笔！

本文 1958 年 11 月曾以《鱼的艺术和它在人民生活中的应用与发展》为题，发表于《装饰》第 2 期，署名沈从文。1960 年收入北京作家出版社《龙凤艺术》一书。1986 年 5 月收入商务印书馆（香港）有限公司《龙凤艺术》一书出版时改为现标题，并配入插图。后《沈从文全集》据商务版文本编入。现据《沈从文全集》第 31 卷编入。

景泰蓝

——中国特种工艺美术品对世界的贡献

中国是世界上著名有丰富文化的国家，许多种科学发明，都影响到世界文化发展十分巨大。艺术的创造，也丰富了世界文化的内容。二千年前的汉代，中国纺织工人织成的绸缎，就经常有千百匹骆驼，越过西北沙漠和国境边沿高山，运到罗马、波斯、印度各国去。一千二百年前的唐代，中国烧瓷工人作成的瓷器又和绸缎漆器一起，从海上运往各国，分布的地区就更广、更远。世界上知道中国有汉有唐，主要就是祖国历代劳动人民创造的物质文化的贡献。

在工艺美术品的项目中，我们还可举出一大系列的名目，例如地毯、丝绒、夏布、刺绣、象牙雕刻、雕玉、花边、竹簟、纸伞、青田石雕、木刻、花炮、花纸，种类实在数不清。世界上各国人民都知道中国工艺品极合实用而又十分美观。这些工艺品并且充满了各个地方的不同风格，为爱好中国工艺品的国际友人熟习。景泰蓝是北京特种工艺品中一种，更加容易显出民族工艺美术的特征。生产只限于北京一个地区，带到世界上任何一处去，人家一见，就知道这是中华人民共和国的首都北京工人制造的。解放以后，景泰蓝出国的原因，经常还代表了中国政府或人民团体，对于那个国家的政府或人民表示一种政治上的深切友谊和敬意，送到那些国家时，也格外得人爱好重视。年来，生产也因此不断的得到提高，越来越加精美多样化。凡是到过故宫和北海团城参观过近三百年及近六年这种工艺品的，都留下极深刻印象。让我们知道这部门生产，在民族工艺美术品中，占有一个特别地位，决不是偶然的。

景泰蓝的历史

景泰蓝工艺品的生产，从一般说，得名于明代景泰年间，是创始于明代晚期一种金铜镶嵌工艺。本名"佛朗嵌"，说明技术有外来影响。到清代，又称"铜胎掐丝珐琅"，是用来和"画珐琅"区别。从本质说，它却是中国古代青铜镶嵌工艺一个分支，一种新的发展。中国青铜镶嵌工艺，原有个极其悠久的优秀传统，在世界上无可比拟。约在三千一百年前，中国工人就能够把金子捶成薄片作装饰品，又能把青铜作成锋利的兵器，用松绿石镶嵌到上面，创造许多非常精美的花纹。约在二千五百年前，技术有了新的进展，除把金片捶成种种花纹，并且起始用金银丝镶嵌铜器，作成更加复杂细致的美术品，并且还发明了镀金的技术（是把金子放在水银中融化，接镀到铜器上加热处理，水银蒸发以后完成工序的。这种进步技术的发明，比欧洲早一千多年）。从这时起，又有了用彩色琉璃料珠镶嵌金银器的习惯，技术和图案花纹，同样达到了空前高度水平。到二千年前的汉代，钿金工艺应用范围越广。由春秋战国到汉代，这四五百年中产品，最有代表性的是故宫博物院陈列的那一部分，和科学院在河南的发掘品。内中包括有各种兵器和用器，如罍、豆、面盆、灯台、镜奁、腰带钩和马车上的各种附件。并且发展了用彩色漆料和半透明料质镶嵌，及在漆器上加金银镶嵌的技术。许多东西从坟里挖出来，保存到现在还完全如新，可以见出工精料美而作得格外扎实，是民族工艺优良的传统。一千八百年前，又流行在铁器上镶嵌金银花纹。至于在金银器物上加涂琉璃的技术，也在一千二百年前的唐代，就已经成熟，使用得相当普遍。还发展了汉代那种铜胎加漆，平嵌银片花鸟的技术，名叫"金银平脱"，大如床榻、衣柜、屏风，小如镜子、粉盒，都有制作。至于在绸缎衣服上加金的风气，一千二百多年前唐代已有十四种。一千年前的宋代却有了十八种。织金、绣金、描金等等技术，都使用得十分纯熟。到五六百年前的明代，由于社会生产发展，镶嵌工艺更作多方面展开。除金银首饰上的嵌宝穿珠，发蓝点翠，还有在漆器上的螺甸加金银嵌，象牙玉石杂宝嵌，铜器上的金银嵌，铁木器上的金银嵌。五彩琉璃的烧造用到建筑物上，也达到了历史上空前的精美复杂程度。由此让我们明白，景泰蓝工艺出现于明代，不是凭空孤立生长的，更不是如过去人所说，纯粹是外来影响。原来和祖国工艺传统一脉相承，也和同时其他工艺技术发生联系。是祖国优秀工人在本来金铜镶嵌工艺基础上进一步的新创造。制作成品早期只作宫廷中陈设赏玩，器形不是仿照商周铜器，就是取法宋明瓷器。它的花纹图案不是采取古代铜器花纹，就是用同时流行的串枝宝相及龙凤穿花。初期配色比较沉重，到清代初年，才又和铜胎画珐琅瓷（就是现代搪瓷的前身）同时得到新的发展，花纹也由一般串枝衍进而为各种勾勾莲，配色更加显得复杂鲜明。大件器物，如舍利子塔，有高达一丈的，设计打样多出于当时"造办处"如意馆中第一等技师，因此，器物不论大小，都作得十分精美。由康熙、雍正到……

本文作于1955年，后《沈从文全集》据缺失尾部的残稿编入。现据《沈从文全集》第31卷编入。

谈金花笺

时代和主要内容

金花笺照北京习惯称呼是"描金花笺"，比较旧的称呼应当是"泥金银画绢"或"泥金银粉蜡笺"。原材料包括有绢和纸，一般多原大六尺幅或八尺幅，仿澄心堂的一种则是斗方式，大小在二尺内。制作时代多在十七世纪后期和十八世纪前期。主题图案的表现方法大致可分成两种形式，一是在彩色纸绢上用金银粉加绘各种生色折枝花，一是在彩色纸绢上作各种疏朗串枝花或满地如意云，再适当加上各种龙凤、八吉祥或花鸟蝴蝶图案。反映到这种彩色鲜明的纸绢上的，不论是庄严堂皇的龙凤，还是生动活泼的花鸟蜂蝶，看来却给人一个共同的愉快印象，即画面充满生意活跃的气氛，它具有一种十八世纪文人画家绝办不到、惟有工人艺术家才会有的，豪放中包含有精细、秀美中又十分谨严的装饰艺术风格。特别是整幅纸张的装饰效果，显得极其谨严完整，部分花鸟却又自由活泼，相互调和得恰到好处，它的产生虽在二百年前，到现在仍使人感到十分新鲜。

这些纸绢似创始于唐、宋，盛行于明、清，当时多是特意为宫廷殿堂中书写宜春帖子诗词或填补墙壁廊柱空白，也作画幅上额或手卷引首用的，在悬挂时可起屏风画作用，有的位置就等于屏风。宋代以来，人称黄筌父子在屏风上作花鸟画为"铺殿花"，语气中实含有讽刺。其实照目前看来，倒正说明了这类画的长处是笔墨扎实，毫不苟且，因之装饰效果特别强。十七、十八世纪以来，金花笺上的花鸟云龙，长处还是照旧，应属于"铺殿花"一个分支。作者部分是清代宫廷中如意馆工师，部分是苏州工匠。在苏州织造上奏文件中，有一份关于同治八年制造五色蜡笺工料价目，十分重要。价目是：

> 计细洁独幅双料两面纯蜡笺，每张工料银五两玖分。
>
> 又洒金蜡笺，每张加真金箔洒金工料一两一钱五分二厘，每张工料银六两二钱四分二厘。
>
> 又五色洒金绢，每张长一丈六尺，宽六尺，每尺用加重细洁纯净骨力绢，需银一两，颜料练染工银三钱，真金箔一钱四分七厘，洒金工银三分一厘，每尺银一两四钱七分八厘，每张银二十三两六钱四分八厘。

文件中说的是比较一般的洒金纸绢，由此可推知，十八世纪以来，加工极多的泥金绘画纸绢，当时价格必然更贵。如把这个价目和绸缎价目相比较，当时特别讲究的石青装花缎子，不过一两七钱银子一尺，最高级的天鹅绒，只三两五钱银子一尺，这种加金纸绢价格.之高可见一斑。

画师姓名我们目前知道的虽不多，但艺术风格则可从花笺本身一望而知：早期多接近蒋廷锡父子，较晚又和邹一桂有些相通，山水画笔法则像张宗苍、董诰。这情形十分自然。因为作者既然多是如意馆工师或苏州画工，艺术风格受宫廷画师影响，是不足为奇的，特别是容易受后来作宰相的蒋廷锡画风的影响。但是如从图案布局效果看来，这些画却早已大大超过了他们，每一幅画都注意到整体效果和部分的相互关系，节奏感极强，有很高的艺术成就。

泥金银技术在一般工艺上的发展

泥金银技术比较普遍的使用到丝绸衣物、木漆家具和其他各方面，是在唐、宋两代，即公元六七世纪到十二世纪。明杨慎引《唐六典》，称唐人服饰用金计十四种，宋王栐著《燕翼诒谋录》，则说北宋时用金已到十八种，各有名目开列。今本《唐六典》并无用金十四种的名称，其他唐宋以来类书也少称引。从名目分析，杨说恐怕只是据王栐著作附会，不很可信。但唐代泥金、缕金、捻金诸法用于妇女歌衫舞裙之多样化，则从当时诗文中可以说明。时间更早一些，如《南齐书·舆服志》《东宫旧事》《邺中记》和曹操《上杂物疏》均提及金银绘画器物，可知至晚在东汉时，泥金银绘画技术，就已应用到工艺各部门，还在不断发展中。

但是，最早使用在什么时候，如仅从文献寻觅，是无从得到正确解答的。数年前，长沙战国楚墓出了几个透雕棺板，前年信阳长台关楚墓出了个彩绘漆棺和大型彩绘漆案，上面都发现有泥金银加工、绘饰精美活泼的云龙凤图案，因此才知道早在春秋战国之际，当装饰艺术部门正流行把黄金和新发现的白银应用到镶嵌工艺各方面时，同时也就发明了把金银箔作成极细粉末，用做绘画材料，使用于漆工艺上，增加它的艺术光彩。这是公元前四五世纪的事情。

用金银在各色笺纸上作书画，也由来已久。文献著录则始于汉晋方士用各色绸帛、笺纸书写重要经疏。这个方法一直被沿袭下来，直到十九世纪不废。直接施用于服饰上则晋南北朝是个重要阶段。当时由于宗教迷信，使得许多统治者近于疯狂地把所占有的大量金银去谄媚神佛，装饰庙宇。除佛身装金外，还广泛应用于建筑彩绘、帐帷旗幡各方面。因佛披金襕袈裟传说流行，捻金织、绣、绘、串枝宝相花披肩于是产生，随后且由佛身转用到人身的披肩上。唐代的服饰广泛用金，就是在这个传统基础上的一种发展。绘画中则创造了金碧山水一格，在中国绘画史上占有特别地位。笺纸上加金花，也在许多方面应用。李肇《翰林志》即说过："凡将相告身，用金花五色绫笺。"又《杨妃外传》称李白题牡丹诗即用金花笺。唐人重蜀中薛涛笺，据《牧竖闲谈》记载，则当时除十色笺外，还有"金沙纸、杂色流沙纸、彩霞金粉龙凤纸、绫纹纸"等。这些特种笺纸，显然有好些是加金的。《步非烟传》称："以金凤笺写诗。"明陈眉公《妮古录》则称："宋颜方叔尝创制诸色笺，并研花竹、鳞羽、山水、人物，精妙如画。亦有金缕五色描成者。"元费著作《蜀笺谱》称："青白笺、学士笺及仿苏笺杂色粉纸，名'假苏笺'，皆印金银花于上。和苏笺不同处，为苏笺多布纹，假苏笺为罗纹"。且说"蜀中也仿澄心堂，中等则名玉水，冷金为最下"。明屠隆《考槃余事》谈宋纸上说及团花笺和金花笺，并说元时绍兴纸加工的有"彩色粉笺、蜡笺、花笺、罗纹笺"。明代则有"细密洒金五色粉笺、五色大帘纸洒金笺、印金五色花笺"。吴中则有"无纹洒金笺"。《成都古今记》亦称除十样彩色蛮笺外，还有金沙、流沙、彩露、金粉、冷金诸种金银加工纸。范成大《吴船录》，曾见白水寺写经，是用银泥在碧唾纸上书写，卷首还用金作图画。大约和近年发现虎丘塔中写经、上海文管会藏开宝时写经同属一式。宋袁聚《枫窗小牍》则说"皇朝玉牒多书于销金

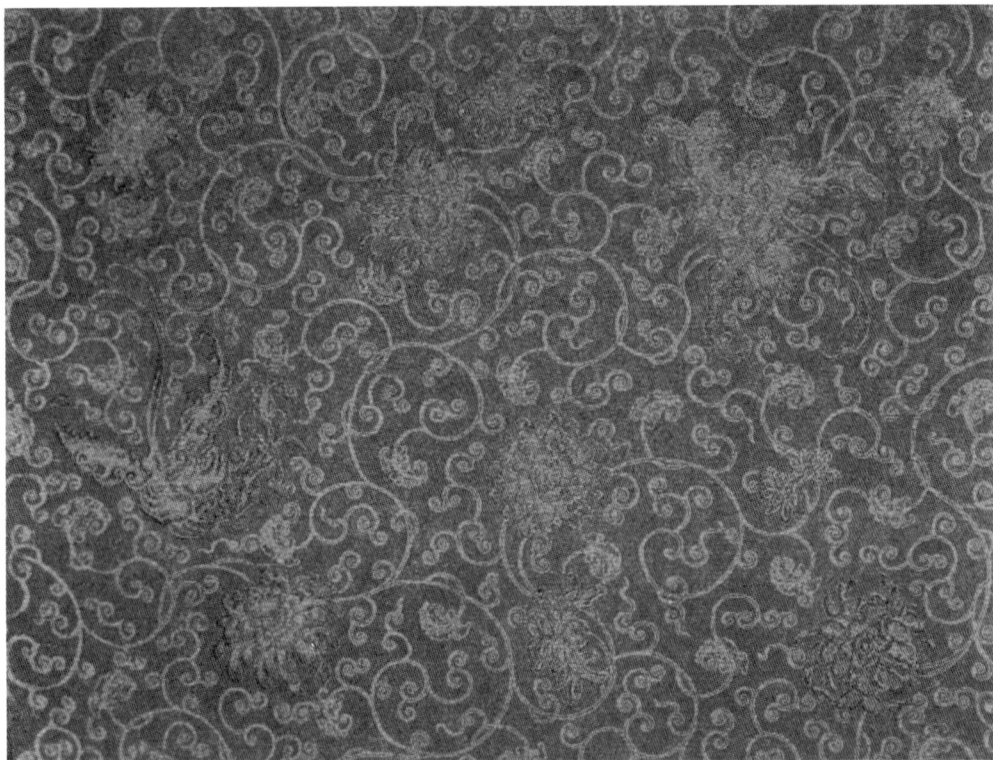

图一　十七世纪后半期　朱砂红地泥金银变格蝴蝶牡丹画绢

花白罗纸上"。《宋史·舆服志》也说宋官诰内部必用泥金银云凤罗绫纸，张数不同。除上面记载，反映宋代纸上加金银花已相当普遍外，即在民间遇有喜庆事，也流行用梅红纸上加销金绘富贵如意、满池娇、宜男百子等当时流行的吉祥图案。男女订婚交换庚帖，一般还必须用泥金银绘龙凤图案。由此得知，宋代虽然禁用金银的法令特别多，却正反映社会上用金实在相当普遍，难于禁止。王栐也以为当时是："上行下效，禁者自禁而用者自用。"又宋代以来日用描金漆器早已成社会习惯，所以《梦粱录》记南宋临安市容时，日用漆器商行，"犀毗"和"金漆"即各不相同，分别营业，可见当时金漆行销之广和产量之多。宋李诫《营造法式》并曾记载有建筑上油漆彩绘用金分量及作法。

契丹、女真、蒙古等族，从九世纪以来，在北方政权前后相接，计五个世纪，使用金银作建筑装饰，虽未必即超过唐宋，惟服饰上用金银风气，则显然是同样

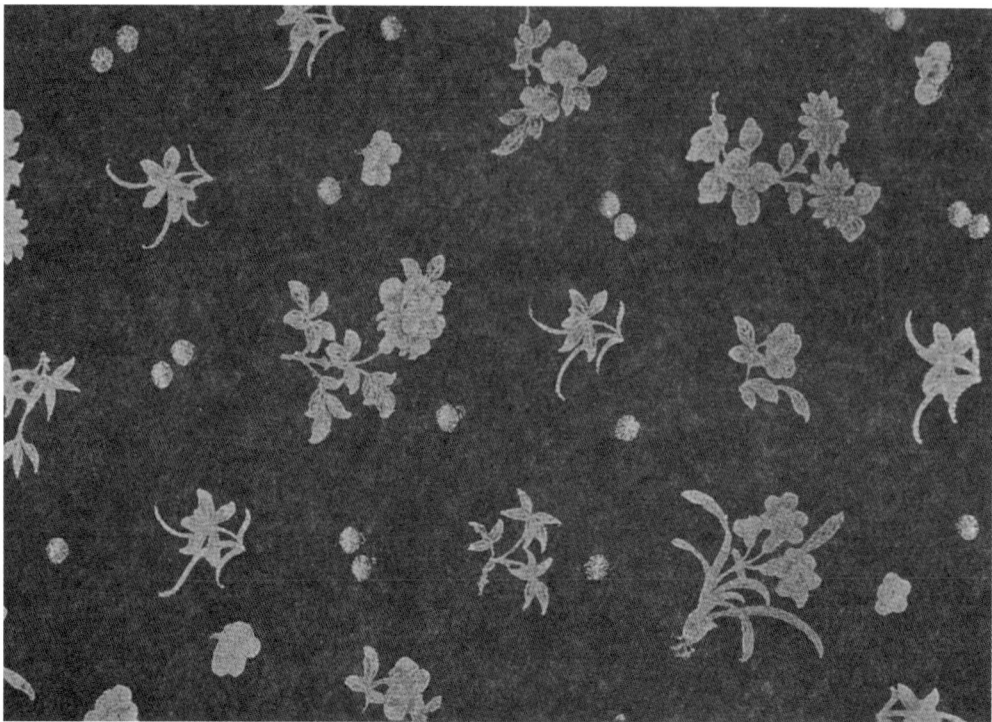

图二　十八世纪　银白泥金折枝花粉蜡笺

在发展中。特别是金、元两代，把使用织金丝绸衣物帷帐作为一种奢侈的享受，且用花朵大小定官品尊卑，服饰用金因之必然进一步扩大。陶宗仪著《辍耕录》还把元时漆器上用金技术过程加以详细叙述。到明代，漆工艺专著《髹饰录》问世时，更发展了漆器上用金的种类名目。举凡明清以来使用在金花纸绢上的各种加工方法，差不多在同时或更早都已使用到描金漆加工艺术上。综合研究必有助于对金花笺纸材料的理解和认识。

金花笺在工艺上的特征

金花笺一般性加金技术处理，根据明清材料分析，大致不外三式：一、小片密集纸面如雨雪，通称"销金""屑金"或"雨金"，即普通"洒金"。二、大片分布纸面如雪片，则称"大片金"，又通称"片金"，一般也称"洒金"。三、全部用金的，即称"冷金"（在丝绸中则称为"浑金"）。冷金中又分有纹、无纹二

图三　十八世纪　银红地泥金流云春燕蜡笺

种并有布纹、罗纹区别。这部门生产，宋、明以来苏蜀工人都有贡献，贡献特别大的是苏州工人。纸绢生产属于苏州织造管辖范围，这是过去不知道的。

明清花笺制作，按其艺术特征，可分成几个阶段：

一、显然属于明代的，计有朱红、深青及明黄、沉檀四色。材料多不上蜡，属于粉地纸绢类，花多比较草率大派，银已泛黑，折枝和龙形与明代锦缎、瓷器纹样相通。

二、明清之际的，多作各种浅粉色地子薄花绢，用金银粉末特别精神，画笔设计也格外秀雅，和同时描金瓷上花纹近似。

三、乾隆时期的，多五色相配搭，外用黄色粗花绫裹成一轴。纸料比较坚实，花纹却较板滞，但图案组织还是极富巧思。

四、道光、同治以后的，纸张多较薄，色料俱差，金银色均浅淡，画笔也日

图四　十八世纪　宝蓝地泥金绘折枝花仿澄心堂笺

益简率。

从材料性质说，大致也可以分成三种：一、细绢上加粉彩地加金银绘；二、彩粉地加金银绘；三、彩粉蜡地加金银绘。

如从花纹区别，大体有如下各种：一、各种如意云中加龙凤、狮球或八吉祥折枝花；二、散装生色折枝花；三、各式卷草串枝花加龙凤、狮球、八吉祥、博古图。从花纹上看，云多作骨朵如意云形的，清代虽还沿用，其实是明式，和明云缎花纹相似。至于细如飘带不规则五彩流云，则是清式。云中有蝙蝠，如"洪福齐天"，必是清代。其中又有早晚，从蝙蝠形状可知。龙多竖发猪嘴（所谓猪婆龙），凤作细颈秀目，并有摇曳生姿云样长尾，即非明也是清初仿，和瓷器一样。博古图主题是康熙所特有，道光也有仿效。细金屑薄粉笺多属康熙，有各种浅色的。另外还有一种斗方式金花笺，纸下角加有一个长方条朱红色木戳，作"乾隆年仿澄心堂纸"八字，上用细泥金银绘花鸟、松竹、山水、折枝花，纸分粉笺和蜡笺两种，粉笺较精，多紧厚结实如玉版。又有一种作"仿照体仁殿制"字样，纸式相同。我疑心这类笺纸是明宣德时制作，清代才加上金花的。还有一种斗方式作冰梅花纹的，所见计有二式：一种是在银白薄蜡纸上用金银绘冰梅，加小方戳则称"玉梅花笺"，创始于康熙，乾隆时还在复制。一种是薄棉茧纸，花纹透明，尺码较小，五色俱备，生产时代当在明、清之际，或明代南方工人本于"纸帐梅花"旧说，专为裱糊窗槅用的。

一点意见

纸是祖国劳动人民伟大发明之一，它的主要成就，首先是在科学文化传播上所起的巨大作用。其次是由于特种加工，又产生了许多精美特出的纸张，在艺术史的进展上作出了特别的贡献。泥金银花笺则在制作技术上和绘画艺术上，都反映出十八世纪前后制纸工人技术和民间画师艺术的结合，值得予以应有重视，但是在古代艺术研究领域里，这一部分材料却往往被忽略。这牵涉到对绘画艺术看法问题。照旧的看法，什么文人墨客，随便即兴涂抹几笔，稍有些新意思，一经著录，就引起收藏家的注意关心。至于这种工艺画，不拘当时用过多少心血，有何艺术成就，也被认为是一些工匠作品，不值得注意。照个人理解，从这些工艺画的艺术成就本身，以及从它对今后轻工业生产各部门进行平面装饰设计时的参考价值来看，都应加以认真的整理研究，才对得起这部分优秀遗产。

本文曾以《金花纸》为题，发表于《文物》1959年第2期。1960年收入北京作家出版社《龙凤艺术》一书，篇名改为《谈金花纸》。1986年5月收入商务印书馆（香港）有限公司《龙凤艺术》时，篇名改为《谈金花笺》。后《沈从文全集》据商务版文本编入。现据《沈从文全集》第31卷编入。

七　其他

文史研究必需结合文物

七月十八日《文学遗产》，刊载了一篇宋毓珂先生评余冠英先生编《汉魏乐府选注》文章，提出了许多注释得失问题。余先生原注书还未读到，我无意见。惟从宋先生文章中，却可看出用"集释法"注书，或研究问题，评注引申有简繁，个人理解有深浅，都同样会碰到困难。因为事事物物都在不断发展和变化，文学、历史、或艺术，照过去以书注书方法研究，不和实物联系，总不容易透彻。不可避免会如纸上谈兵，和历史发展真实有一个距离。这里涉及的是一个"方法"问题。古代鸿儒如郑玄，近代博学如章太炎先生假如生于现代而治学方法不改变，都会遭遇到同样困难；且有可能越会贯串注疏，越会引人走入僻径，和这个时时在变化的历史本来面目不符合。因为社会制度和事物，都在不断发展变更，不同事物相互间又常有联系，用旧方法搞问题，是少注意到的。例如一面小小铜镜子，从春秋战国以来使用起始，到清代中叶，这两千多年就有了许多种变化。装镜子的盒子、套子，搁镜子的台子、架子，也不断在变。人使用镜子的意义又跟随在变。同时它上面的文字和花纹，又和当时的诗歌与宗教信仰发生过密切联系。如像有一种"西王母"镜子，出土仅限于长江下游和山东南部，时间多在东汉末年，我们因此除了知道它和越巫或天师教有联系，还可用它来校定几个相传是汉人作的小说年代。西汉镜子上面附有年款的七言铭文，并且是由楚辞西汉辞赋到曹丕七言诗两者间唯一的桥梁（记得冠英先生还曾有一篇文章谈起过，只是不明白镜子上反映的七言韵文，有的是西汉有的是三国，因此谈不透彻）。这就启示了我们的研究，必需从实际出发，并注意它的全面性和整体性。明白生产工具在变，生产关系在变，生产方法也在变，一切生产品质式样在变，随同这种种形成的社会也在变。这就是它的发展性。又如装饰花纹，一个时代有一个时代的风格；反映到漆器上是这个花纹，反映到陶器、铜器、丝绸，都相差不多。虽或多或少受材料和技术上的限制，小有不同，但基本上是彼此相似的。这就是事物彼此的相关性。单从文献看问题，有时看不出，一用实物结合文献来作分析解释，情形就明白了。这种做学问弄问题的方法，过去只像是考古学的事情，和别的治文史的全不相干。考古学本身一孤立，联系文献不全面，就常有顾此失彼处，发展也异常缓慢。至于一个文学教授，甚至一个史学教授，照近五十年过去习惯，就并不觉得必需注意文字以外从地下挖出的，或纸上、绢上、墙壁上，画的、刻的、印的，以及在目下还有人手中使用着的东东西西，尽管讨论研究的恰好就是那些东东西西。最常见的是弄古代文学的，不习惯深入史部学和古器物学范围，治中古史学的，不习惯从诗文和美术方面重要材料也用点心。讲美术史的，且有人除永远对"字画同源"发生浓厚兴味，津津于绘画中的笔墨而外，其余都少注意。谈写生花鸟画只限于边鸾、黄筌，不明白唐代起始在工艺上的普遍反映。谈山水画只限于王、李、荆、关、董、巨，不明白汉代起始在金银错器物上、漆器上、丝绸上、砖瓦陶瓷上，和在各处墙壁上，还留下一大堆玩意儿，都直接影响到后来发展。谈六法中气韵生动，非引用这些材料就说不透。谈水墨画的，更不明白和五代以来造纸制墨材料技术上的关系密切，而晕染技法间接和唐代印染织物又相关。更加疏忽处是除字画外，别的真正出于万千劳动人民集体创造的工艺美术伟大成就，不是不知如何提起，就是浮光掠影地一笔带过。只近于到不得已时应景似的找几个插图。这样把自己束缚在一种狭小孤立范围中进行研究，缺少眼光四注的热情，和全面整体的观念，论断的基础就不稳固。企图用这种方法来发现真理，自然不免等于是用手掌大的网子从海中捞鱼，纵偶然碰中了鱼群，还是捞不起来的。

王静安先生对于古史问题的探索，所得到的较大成就，给我们树立了一个新的工作指标。证明对于古代文献历史叙述的肯定或否定，都必需把眼光放开，用文物知识和文献相印证，作新史学和文化各部门深入一层认识，才会有新发现。我们所处的时代，比静安先生时代工作条件便利了百倍，拥有万千种丰富材料，但一般朋友作学问的方法，似乎依然还具保守性，停顿在旧有基础上。社会既在突飞猛进中变化，研究方面不免有越来越落后于现实要求情形。有些具总结性的论文，虽在篇章中加入了新理论，却缺少真正新内容。原因是应当明确提起的问题，恰是还不曾认真用心调查研究分析理解的问题。这么搞研究，好些问题自然得不到真正解决。这是一个"认识"问题，也是一个"思想"问题，值得全国治文史的专家学人，正视这一件事情。如果领导大学教育的高等教育部，和直接领导大学业务的文史系主任，都具有了个崭新认识，承认唯物史观应用到治学和教学实践上，是新中国文化史各部门研究工作一种新趋势和要求，想得到深入和全面的结果，除文献外，就不能不注意到万千种搁在面前的新材料。为推进研究或教学工作，更必需把这些实物和图书看得同等重要，能这么办，情形就会不同许多了。因为只要我们稍稍肯注意一下近五十年出土的材料，结合文献来考虑，有许多过去难于理解的问题，是可望逐渐把它弄清楚的。如对于这些材料重要性缺少认识，又不善于充分利用，不拘写什么，注什么，都必然会常常觉得难于自圆其说，而给人以隔靴搔痒之感。特别是一面尽说社会是在发展中影响到各方面的，涉及生活中的衣食住行和器物花纹形式制度，如不和实物广泛接触，说发展，要证据时实在不可能说得深入而具体。照旧这么继续下去，个人研究走弯路，还是小事。如果这一位同志，他的学术研究工作又具有全国性，本人又地位高，影响大，那么走弯路的结果，情形自然不大妙。近年来，时常听人谈起艺术中的民族形式问题，始终像是在绕圈子，碰不到实际。原因就是谈它的人并没有肯老实具体下点工夫，在艺术各部门好好的摸一个底。于是社会上才到处发现用唐代黑脸飞天作装饰图案，好像除此以外就没有民族图案可用似的。不知那个飞天本来就并非黑脸。还有孤立的把商周铜器上一些夔龙纹搬到年轻女孩子衣裙上和舞台幕布上去的。这种民族形式艺术新设计，自然也不会得到应有成功。最突出不好看的，无过于北京交道口一个新电影院，竟把汉石刻几辆马车硬生生搬到建筑屋顶上部去作为主要装饰。这些现象怪不得作设计的年轻朋友，却反映另外一种现实，即教这一行的先生们，涉及装饰设计民族形式时，究竟用的是什么教育学生！追根究底，是人之师不曾踏实虚心好好向遗产学习，具体提出教材的结果。"乱搬"的恶果，并不是热心工作年轻同志的过失，应当由那些草率出书，马虎教学的人负更多责任的。不把这一点弄清楚，纠正和补救也无从作起。正如谈古典戏的演出，前些时还有人在报纸上写文章提起，认为"屈原"一戏演出时，艺术设计求

其他

忠于历史，作的三足爵模型和真的一模一样。事实上屈原时代一般人喝酒，根本是不用爵的。楚墓和其他地方战国墓中，就从无战国三足爵出土，出的全是羽觞。戏文中屈原使用三足爵喝酒，实违反历史的真实，给观众一种错误印象，不是应当称赞的！反回来看看，人面杯式的羽觞的出土年代，多在战国和汉代，我们却可以用它来修正晋代束皙所谓羽觞是周公经营洛邑成功而创始的解释。

如上所说看来，就可知我们的研究工作，或教学工作，都必需和新的学习态度相结合，才可望工作有真正的新的展开。如果依旧停顿在以书注书阶段，注《诗经》《楚辞》，固然要碰到一大堆玩意儿，无法交代清楚具体。即注《红楼梦》，也会碰到日常许多吃用玩物，不从文物知识出发，重新学习，作注解就会感觉困难或发生错误。目下印行的本子，许多应当加注地方不加注解，并不是读者已经懂得，事实上倒是注者并不懂透，所以避开不提。注者不注，读者只好马马虎虎过去。这对于真的研究学习来说，影响是不很好的。补救方法就是学习，永远虚心的学习。必需先作个好学生，才有可能作个好先生。

我们说学习思想方法不是单纯从经典中寻章摘句，称引理论。主要是从实际出发，注意材料的全面性和不断发展性。若放弃实物，自然容易落空。苏联科学家伊林说，我们有了很多用文字写成的书，搁在图书馆，还有一本用石头和其他东东西西写成的大书，埋在地下，等待我们去阅读。中国这本大书内容格外丰富。去年楚文物展览和最近在文化部领导下，午门楼上那个全国出土文物展览，科学院考古所布置的河南辉县发掘展览，历史博物馆新布置的河北望都汉墓壁画展览，及另一柜曹植墓出土文物展览，就为我们新中国学术研究提供了许多无比重要的资料。大如四川"资阳人"的发现，已丰富了旧石器时代晚期中华民族的分布区域知识。全国各地新石器中的石镰出土，既可说明史前中华民族农耕的广泛性，修正了过去说的商代社会还以游猎为主要生产的意见，也可说明西周封建农奴社会的经济基础，奠定男耕女织的原因。小如四川砖刻上反映的弋鸿雁时的缯缴架子，出土实物的汉代铁钩盾，都能具体解决问题，证明文献。还有说明燕国生产力发展的铁范，说明汉代南海交通的木船，说明汉代车制上衡轭形象的四川车马俑，说明晋缥青瓷标准色釉的周处墓青瓷，说明青釉陶最原始形象的郑州出土殷商釉陶罐，一般文史千言万语说不透的，一和实物接触，就给人一种明确印象。这还只是新中国建设第一年，十五万件出土文物中极小一部分给我们的启示。另外还有许多种新旧出土十分重要的东西，实在值得专家学者给以应有的注意。近三百年的实物，容易损毁散失的，更需要有人注意分别收集保存。这工作不仅仅是科学院考古所诸专家的责任，应当是新中国综合性大学文史研究者共同的目标；也是一切美术学校教美术史和实用美术形态和花纹设计重要学习的对象。因此个人认为高教部和文化部目下就应当考虑到全国每一大学或师范学院，有成立一个文物馆或资料室的准备。用它和图书馆相辅助，才能解决明天研究和教学上种种问题。新的文化研究工作，能否有一种崭新的气象，起始就决定于对研究工作新的认识上和态度上，也就是学习的新方法上。即以关于余、宋二先生注解而论（就宋引例言），有始终不能明白地方，如果从实物注意，就可能比较简单，试提出以下数事，借作参考：

第一条"帩头"，引证虽多，但仍似不能解决。特别是用郑玄注礼，碰不到实际问题。因头上戴的裹的常在变，周冠和汉冠已不相同，北朝漆纱笼冠和唐代四脚幞头又不同。宋先生用"以书注书"方法是说不清楚的。若从实物出发，倒比较省事。"少年"极明显指的是普通人，就和官服不相干，应在普通人头上注意。西蜀、洛阳、河北各地出土的汉瓦俑，河北望都汉书，山东沂南石刻，和过去发现的辽阳汉画，山东汉石刻，和时代较后的十七孝子棺石刻，及画本中的《北齐校书图》《斫琴图》《洛神赋图》，及敦煌壁画上面都有少年头上的冠巾梳裹可以印证。

第二条关于跪拜问题，从文字找证据作注解，也怕不能明白清楚。因为汉人跪拜有种种形式；例如沂南石刻和辽宁辽阳营城子画，有全身伏地的，山东武梁石刻有半伏而拜的。另外也有拱手示敬的，还有如曹植诗作"磬折"式样的。余注系因敦煌唐画供养人得到印象汉石刻有这一式。宋文周折多，并不能说明问题。因诗文中如用"长跪问故夫"的意思，就自然和敬神行礼不是一样！接近这一时期的石刻却有不少长跪形象！

第三条余注不对，宋注也和实际不合。试译成白话，可能应作"不同的酒浆装在不同的壶樽中，酒来时端正彩漆觯勺、为客酌酒"。酌的还大致是羽觞式杯中，不是圆杯，也不是商周的爵。长沙有彩绘漆觯勺出土，另外全国各地都出过朱绘陶明器勺。汉人一般饮宴通用"羽觞"，极少发现三足爵。曹植《箜篌引》中的"乐饮过三爵"，诗意反映到通沟墓画上，也用的是羽觞。在他本人的墓中，也只挖出羽觞，并无三足爵。如仅从文字引申，自然难得是处。

第五条"媒人下床去"，汉人说床和晋人的床不大相同。床有各式各样，也要从实物中找答案，不然学生问道："媒人怎么能随便上床？"教员就回答不出。若随意解释是"炕头"，那就和二十年前学人讨论"举案齐眉"的"案"，勉强附会认为是"椀"，才举得起，不免以今例古，空打笔墨官司。事实上从汉代实物注意，一般小案既举得起，案中且居多是几只羽觞耳杯，圆杯子也不多！《孔雀东南飞》说的床，大致应和《北齐校书图》的四人同坐的榻一样。不是《女史箴图》上那个"同床以疑"的床。那种床是只夫妇可同用的。

第八条"柱促使弦哀"，明白从古诗中"弦急知柱促"而来。余说固误，宋注也不得体。宋纠正谓琴、瑟、筝、琶都有柱，而可以移动定声，和事实就不合。琵琶固定在颈肩上的一道一道名叫"品"，不能移。七弦琴用金、玉、蚌和绿松石作徽点，平嵌漆中，也不能移。"胶柱鼓瑟"的"柱"，去年楚文物展战国时的二十三弦琴，虽没有柱，我们却知道它一定有：一从文献上知道，二从击弦方法上知道，三从后来的瑟上知道。柱是个八字形小小桥梁般东西，现在的筝瑟还用到！唐人诗中说的雁行十三就指的是筝上那种小小八字桥形柱（新出土河南信阳锦瑟已发现同式柱）。

第九条"方相"问题，若从文献上看，由周到唐似无什么不同。从实物出发看看，各代方相形貌衣着却不大相同，正如在墓中的甲士俑各时代都不相同一样。那首诗如译成现代语言，或应作"毁了的桥向出丧游行的方相说：你告诉我不胡行乱走，事实上可常常大街小巷都逛到。你欺我，你哪能过河？""欺"作"弃"谐音，还相近。意思即"想骗我也骗不了我！"后来说的"不用装相"，意即如方相那么木头木脑，还是一脉传来，可作附注。大出丧的游行方相是纸扎的，后人称逛客叫"空老官"，也是一脉相传。这些知识一般人都不知，大学专家大致也少注意到了。如照宋说"相呀，我哪能度你？"倒不如原来余注简要，事实上两人对它都懂不透。

第十二条关于草履纠正也不大妥。宋说"草履左右二只，以线结之，以免参池"，引例似不合。南方草履多重叠成一双。原诗说的则明明是黄桑柘木作的屣和蒲草编的履，着脚部分都是中央有系两边固定，意即"两边牵挂拿不定主意"，兴而比是用屣系和履系比自己，底边两旁或大小足趾比家庭父母和爱人，一边是家庭，一边是爱人，因此对婚姻拿不定主意。既不是"婚姻和经济作一处考虑"，也不是"女大不中留"。这也是要从西南四川出土俑着的履和西北出土的汉代麻履可以解决，单从文字推想是易失本意的。

第十三条"跐跋黄尘下"，译成如今语言，应当是"在辟里喇叭尘土飞扬中"。宋注引申过多，并不能清楚。一定要说在黄尘下面，不大妥。原意当出于《羽猎赋》和枚乘《七发》叙游猎，较近影响则和曹植兄弟诗文中叙游猎之乐有关，形象表达较早的，有汉石刻和空心大砖，稍晚的有通沟图，再晚的有敦煌西魏时的洞窟狩猎壁画和唐代镜子图案反映，都十分具体，表现在射猎中比赛本领的形象！

从这些小小例子中，我们也可以看出，新的文史研究，如不更广泛一些和有关问题联系，只孤立用文字证文字，正等于把一桶水倒来倒去，得不出新东西，是路走不通的。几首古诗的注，还牵涉许多现实问题，何况写文学史，写文化史？朋友传说北京图书馆的藏书，建国后已超过五百万卷，这是我们可以自豪的一面。可是试从图书中看看，搞中古雕刻美术问题的著作，他国人越俎代庖的，云冈部分就已出书到三十大本，我们自己却并几个像样的小册子也还没有，这实在格外值得我们那些自以为是这一行专家学者深深警惕！这五百万卷书若没有人善于用它和地下挖出来的，或始终在地面保存的百十万种不同的东西结合起来，真的历史科学是建立不起来的！个人深深盼望北京图书馆附近，不多久能有一个收藏实物、图片、模型过百万件的"历史文物馆"一类研究机构出现。这对于我们新中国不是作不到的，是应当作，必需作，等待作，或迟或早要作的一件新工作。但是否能及早作，用它来改进新中国文史研究工作，和帮助推动其他艺术生产等等工作，却决定于我们对问题的认识上，也就是对于问题的看法上。据我个人意见，如果这种以实物和图片为主的文物资料馆能早日成立，倒是对全体文史研究工作者一种非常具体的鼓励和帮助。实在说来，新的文史专家太需要这种帮助了。

本文曾以《文史研究必需结合实物》为题，载于 1954 年 10 月 3 日《光明日报·文学遗产》第 23 期。1960 年收入北京作家出版社《龙凤艺术》一书。1986 年收入商务印书馆（香港）有限公司版《龙凤艺术》一书时改为《文史研究必需结合文物》，文字有少量删节。后《沈从文全集》据商务版《龙凤艺术》文本编入。现据《沈从文全集》第 31 卷编入。

从一个马镫图案谈谈中国马具的发展及对于金铜漆镶嵌工艺的影响关系

这是一个唐代金银错的马镫复原图[图：唐马镫复原图]。图案组织在唐代应属于"鹊含瑞草"一格，常反映于唐代一般工艺品的装饰中。原物于一九三八年在南西伯利亚哈喀斯自治共和国境内发现，苏联专家叶甫鸠霍娃（吉谢列夫夫人）曾作文介绍于苏联《物质文化史研究所简报》第二十三期一册内。从马镫形式和图案处理看来，是唐代的标准式样，和我国西北各地发现的唐代文物，及中国科学院考古所近年来在西北武威发现的平脱马鞍、平脱饭碗，共同给我们一个重要的启示，就是唐代物质文化影响的广泛性，以及和西域各地区民族的相互密切关系。当时这种出自人民的精美工艺品，不仅丰富了中国物质文化的内容，也提高了中国边沿地区各个兄弟民族物质文化的享受，和许多重要发明一样，更影响到世界各国文化的发展。唐代文化一部分，实吸收了西域文化，并印度波斯文化，例如音乐就是一个好例。即妇女骑马，也显然是由于西北人民生活习惯影响中原[图：**历史博物馆高昌女骑俑**]。但是中原物质文化成就和生活习惯，却有更多方面影响到西域。这从近五十年来高昌、楼兰、交河城、武威、敦煌各地洞窟遗址和坟墓大量古文物的发现，及南疆石窟有纯粹中原式样的唐代建筑彩绘可知。世界许多国家，如印度、埃及、土耳其都发现过大量唐代越州系青瓷，有的直接生产于浙江，有的又产于福建广东，更可知祖国劳动人民所创造的物质文化，对于世界所作的伟大贡献和自古以来，东方诸文明古国的友谊长存。

金银平脱工艺，在唐代本属于国家官工业生产。照《唐六典》记载，国家官工业本源于汉少府监，到唐代更分门别类，组织庞大。少府监工人有一万九千八百五十人，将作监工人有一万五千人，还仅指经常宫廷消费和赏赐官僚宗亲物品生产而言。至于特别兴造，如龙门石窟，即另外设官使监督，征调人工常以十万计！工人学习掌握业务技术，各有不同年限。好些种一二年可学成，镶嵌刻镂必四年才满师。唐官工部分采用应差轮番制，从全国各处挑来的，多"技能工巧"，不得滥竽充数，到一定时期又可返籍就业，金银平脱技术，也因此在长安以外得普遍流传。在制作上，它的全盛时期，必在开元天宝之际。姚汝能着《安禄山事迹》卷上，即载有金银平脱器物许多种，例如——

银平脱破方八角花鸟药屏帐　金银平脱帐

金平脱五斗饭罂　银平脱五斗陶饭魁

装金平脱函　金平脱匣

银平脱胡平床子　金平脱酒海

金平脱杓　金平脱大盏

金平脱大脑盘　金平脱装具

金平脱合子　金平脱铁面碗

照唐人笔记叙述，这些东西都是当时特别为安禄山而作的，和当时长安新造的房子一道，经玄宗嘱咐过，"彼胡人眼孔大，不必惜费"而完成的。这些器物虽然已经不存在，我们从近年出土现藏历史博物馆几面有代表性大镜子，及肃宗时流传日本，现在还保存得上好的几面金银平脱大花鸟镜子（图一）[1]，七弦琴和天鸡壶及其他漆嵌螺甸乐器、家具等等实物，并近年长安一带唐墓中出土平脱贴银镜子（图二）、西北发现马鞍等物看来，还可知道它在工艺上所达到的高度艺术水平（图三）[图：历史博物馆一、大金银平脱镜；二、又螺甸人物镜；三、《东瀛珠光》载正仓院镜子及其他；四、科学院藏马鞍]。"安史之乱"，中原重要生产和文化成就都遭受严重破坏。事平以后，肃宗即一再下令禁止，如《唐

---

[1] 中国青铜器全集编辑委员会：《中国青铜器全集16》，文物出版社，1998年，第117页，图一一五。

图一　唐　螺钿八角镜（日本奈良正仓院藏　编者配图）

书·肃宗纪》，至德二年十二月戊午诏："禁珠玉宝钿平脱，金泥刺绣。"但从禁令中却反映出，政府虽一时不会大量制造，各个地区还是能够制造。到各地生产稍稍恢复，藩镇军阀势力抬头时，这部门工艺，也自然和音乐歌舞相似，在各个地区，特别是南方各州郡，都逐渐得到发展的机会。《唐书·文宗纪》，即位就停贡"雕镂金筐，宝饰床榻"，可知还有这类器物继续在生产，在进贡。《唐

图二 唐 羽人花鸟金银平脱镜（中国国家博物馆藏 编者配图）

书·齐映传》，贞元七年任职江西观察使，希复相位，因刺史作六尺银瓶，映乃作八尺银瓶呈贡。王播太和元年五月，自淮南入觐，进大小银碗三千四百枚。到唐末五代时，西蜀、南唐、吴越、荆楚、岭南一些割据军阀，除大量制造金银器物、金银棱瓷器和精美丝绸锦绣，作为彼此间结好的礼物外，西蜀统治者甚至于用七宝镶嵌溺器。这种精美尿壶虽不可得见，王建墓中平脱宝函的制作制度（图

图三　唐　人物花鸟螺钿镜（河南洛阳唐墓出土　中国国家博物馆藏　编者配图）

四）[2]，却还留给我们一个印象[图：**王建墓贴银哀册函**]。岭南刘䶮则用真珠络结马鞍。天宝时，杨氏姐妹好骑马，并竞选俊秀黄门作导从，马和马具都特别精美。世传《虢国夫人出行图》中骑乘，和《唐人游骑图》，及五代赵岩绘一《游

---

[2]　冯汉骥：《前蜀王建墓发掘报告》，文物出版社，2002年，第83页，图八七。

图四　五代十国　册匣盖面银平脱花纹平面复原图（四川成都前蜀王建墓出土　编者配图）

骑图》《杨妃上马图稿》等，犹可见骑乘鞍具规模。至于一般乘骑用的金银装鞍镫马具的制作，本于上行下效的风气，自然越来越普遍。这事情从稍后一时统一中国的北宋，把骑乘鞍具当成一种官品制度来加以限制处理，就可以明白。法令的限制，恰恰反映出滥用金银装鞍具，必在稍前一时唐末五代军阀各自称王作霸的时期。

又《唐六典·卷三》称，襄州贡物有"漆隐起库路真"，又有"乌漆碎石文漆器"。《文献通考》则改称"十盛花库路真二具"，"五盛碎古文库路真二具"，学人多不明白意思何在。史传又有"襄州漆器天下仿效"名"襄样漆器"，值得仿效必有原因。但是"库路真"是什么意义？却难于索解。《南史·卷七十·侯景传》，其部从勇力兼人的名"库真部督"，库真似和武勇相关。东邻学人曾就"库路真"一名辞作比较探讨，推测有"狩猎人"含义，以为它或和金银平脱螺钿作狩猎纹装饰，及犀毗漆制鞍具有关。解释似相当正确。因为鞍具在前桥上作狩猎纹装饰，有武威出土唐代马鞍可证 [图：平脱鞍]！其实这种装饰图案，还源远流长，有可能从西汉以来就已经使用，反映到工艺各部门，一直延续发展下来的。"隐起"属于技术范围，必和同时代的金银带銙"识文隐起"技术处理同式。照宋李诫《营造法式》雕琢篇说明，则为浅浮雕法，从明黄大成《髹饰录》解释，又近于浅"剔红"作法。瓷器花纹中和临汝青瓷的雕法相近。若这类材料值得引证，那"隐起"就正是通考说的"花库路真"！可证剔红法实出于唐代。至于"乌漆碎石文漆器"，显明和"斑犀"相近。一般说"剔红"和"犀毗"起于宋代的，由此却为我们提出了一点新线索，证明《因话录》一书中提起犀皮系唐代以来马鞍鞯涂漆磨成花纹，并非完全无因。这种作法并且可以由唐代再上溯到更早一些时期。不过通考明说"五盛""十盛"，一盛是否指一具还是一层？若从唐代实用器物注意，惟两种东西相近：一即魏晋以来墓中常见的分格陶器（这种陶器本系仿漆器而作，近江苏已发现一实物，晋人称九子方樏十二子方樏或即指此物。即元明之细点盒。清康熙改圆式，内多改成小瓷碟）。一即由筒状奁具衍进的蔗段式套盒，因此"五盛十盛库路真"，如不是马鞍，或许指的正是平脱漆作狩猎纹装饰和犀毗漆作碎石纹的榼子食盒或分层套奁！唐代襄州漆器，至今虽然还少实物出土，惟从敦煌壁画供养人，和《张议潮出行图》侍从行列手中捧的器物看来，还可明白一点规模。或如首饰巾箱，亦即魏武《上杂物疏》中所说的严具，或如捧盒、拜帖匣子，或如花式五撞七撞套奁（如上博元漆奁）（图五）[3] **[图：上博元任氏墓漆奁]** 胎楺则包括有丝绸、竹、木、革、纸。如系泥金银彩绘，也必然和同时一般器物装饰图案相差不远。如系斑犀漆，则和唐釉陶中的"绞釉""晕釉""三彩斑纹釉"，及丝绸中的各种染缬花纹发生联系 **[图：一、绞釉陶枕；二、三彩陶枕]**。这也就是说，从同时期工艺生产花纹上注意，我们还有希望明白理解一些过去不易理解的问题。漆器值得全国仿效，又必然还有发展，宋代器物中也还留下许多和犀毗漆接近的几种瓷器花纹，例如临汝青瓷，永和镇紫褐地黄花 **[图：一、临汝瓶；二、永和镇盏子]**，或铁锈黄地黑花瓷，建阳窑"鳖甲""玳瑁""银星"诸斑茶盏，可供参考。这些深色釉有花陶瓷，和当时的漆器及纺织物印染图案，必然都有密切联系。正如同漆器中的"刷丝"一格，本源于宋代歙州"刷丝砚"而起，宋代刷丝漆已不易得，我们从歙砚谱几十种刷丝砚材说明中，依然还可以明白《髹饰录》中提起的"螺纹刷丝"、"绮纹刷丝"种种不同刷丝漆的色泽和基本纹样。故宫清初漆器还有此一格，有人亦以为犀皮，其实应为"刷丝"，多色的则应当叫作"绮纹刷丝"。

唐代的马具装饰纹样和使用材料，既不会是孤立忽然产生，实上有所承，下还有发展，我们值得从中国车马应用的历史，看一看装具上的历史发展，对于新

---

[3] 黄迪杞、戴光品：《中国漆器精华》，福建美术出版社，2003年，图183。

图五　元　莲瓣形漆奁（上海青浦任氏墓出土　上海博物馆藏　编者配图）

的文史研究，应当还有一点用处。

服牛乘马，照史传叙述，中国人在史前就已发明。不过从出土实物考查，马具的装备，最先是为驾车而作的。安阳出土甲骨文字，关于马具的名目，虽不怎么多，但出土青铜马具实物，却相当完备。马络头已用许多青铜圆泡密密固定在皮条上，马颈项已悬有小小青铜串铃[图：**商马首饰、车具……**]。虽还未使用衔口铜嚼环，嘴边排沫用青铜镳饰，也有了各种不同式样。控制轮轴的青铜軎、辖、辋、釭，控制马匹行止的銮辔、游环，及人字形车轭，除调节马车行走步骤节奏的銮铃素朴无华，大都印铸有殷商时代流行的精美花纹。马具且有镶嵌孔雀绿石的。算算时间，至少已在三千一百年前！

又因科学考古的工作日益谨慎周密，比较材料也日益丰富，我们还得以逐渐明白了这些器物的位置和作用，可把它和《考工记》叙车制，古诗文中形容驾驭车马的"两骖如舞""六辔沃若"文字相互印证[图：**浚县出土车式**]。自汉代以来，历史学者从文字注疏中钻研始终难于索解的，出土实物已为我们提出丰富材料，帮助说明。

战国时人批评统治者的奢侈时，常说用"珠玉饰狗马"。其实这种风气早从商代就已开始。根据安阳发掘报告，当时殉葬小狗，就有用精美青铜和美玉什件装饰头脸的。并且古代狗的品种，也有了比较具体知识。例如春秋时赵盾故事中所提起的"君之獒不如臣之獒"的短嘴大狗，和秦代李斯和他儿子出猎所牵的"细腰黄犬"，都已经从出土汉代明器中得到证实。从统计字数上考查，还可知道全国汉墓葬狗形象，大部分属于竖耳卷尾狗[图：**汉陶狗**]。可知这是汉代一种普通狗种。至于供狩猎用的细腰黄犬，惟辉县汉墓发现过一群，此外即山东嘉祥刻石、洛阳空心砖上反映较多。

西周以来，随同封建社会政治组织，车马服章无不有一定制度。车饰什件用铜，木制轮、舆、辕、衡必涂漆绘朱，车盖用帛，并各随爵位等级大小高卑不同。虽然至今还少见完整成分实物发现，但考古所在河南浚县发掘得到的材料，和其他比较材料，已经可帮助我们证明这个时代车乘装饰的特征。西周青铜器中的大卷云纹和鱼鳞纹，就在车器上得到同样反映[图：**西周车及车器**]。车上绘饰，也可从青铜器和漆陶杂器物纹饰，体会出一些基本规律。这阶段社会分散成好几百诸侯封地小单位，各自占有一套工奴，一片封地，近于在自给自足情形中，延续了一个相当长的时期，生产发展比较迟缓。从青铜器花纹的少变化和金属货币的数量稀少，也同样可以看出问题。

春秋战国时期，在若干诸侯领域中，由于铁的发现，生产工具有了基本改变，生产上有了进一步发展。生产品增多后，交换需要也增多了。周王朝政权日益衰弱，在诸侯竞争霸权掠夺资源大小兼并过程时，技术工人一再集中，社会享乐要求也增多了，对于交通和战事所不可少的车马具和兵器的改进，都显明起着极大影响。诸侯会盟，就常在车马衣服器仗上比赛。齐国新兴商业都市临淄，市民阶级平时还以两车相撞"击毂"为乐。诸侯好马，则"食上大夫之禄"。相马有专书，制车有专工，"千金买马骨"更成历史有名故事。车马具的种类和式样，显然都因之丰富和提高。在这时期古墓出土物中，除各式青铜镳及车轴外，还新发现了青铜马嚼环和羊角形镂刻彩绘的骨镳，及种种形式不同花纹美丽的青铜当颅，和其他车饰[图：一、各种镳；二、骨镳；三、青铜当颅]。如河南信阳墓中发现套在辔引上的薄银管。更出现了青铜金银加工的马具。主要还是驾车马身和车身的各种附件。诗文中提起的"约轵凿衡""金錽镂锡"，无一不有制作精美的实物出土，可以和文献相互印证。战车的装备，也从出土实物和其他青铜器上刻镂车子、陶俑车子，发现了好些不同式样。至于这种加金细工技术上的发展，如联系其他器物装饰图案比较，以个人私见，有可能是由于长江流域的生产发展，由吴越金工促进的[图：一、临淄陶制战车；二、猎壶上猎车]。因为银子单独的提炼，和中国的南方的丰富原料发现必有关系。兵器的制作，吴越工曾著名一时。近世出土特别精美的青铜镶嵌金银戈剑，就常有吴工造作文字（图六）[4]（图七）[5]　[图：故宫错金戈及戈镦、少虡剑]。又从图案花纹分析，凡属金银加工车马具，也显明和南方的荆楚漆工艺活泼流利的装饰纹样比较接近，却和同时在淮河以北黄渭流域及燕晋各地流行，用密集式半浮雕，或透雕蟠虺蟠螭为主纹的青铜器装饰有相当距离。金银加工技术出于南方，这种说法虽还缺少具体证实，我们至少可以那么提出，就是这种新兴的镶嵌艺术，正和同时新起的青铜镜子一样，技术上的提

---

[4]　杜廼松：《故宫博物院藏文物珍品大系·青铜礼乐器》，上海科学技术出版社，2007年，第276页，图170。

[5]　故宫博物院：《故宫青铜器》，紫禁城出版社，1999年，图268。

其他

509

图六　战国　错金鸟兽纹戈（北京故宫博物院藏　编者配图）

高，和花纹图案的多样化，南方吴越荆楚金工有特别贡献。它的图案组织比较接近于当时的绘画和刺绣，却和传统的青铜雕刻作风不大相同。（虽然一般青铜车马具的花纹，基本上还是商周以来铜器纹样！）

　　这种金银加工青铜车马器，近三十年来出土实物具代表性的，除过去洛阳金村发现一部分，及其他出土地不明白，现藏故宫博物院和历史博物馆的器物以外，应数中国科学院考古所数年前在河南辉县的发掘品特别重要［图：一、金村出土车器；二、辉县车器］。其中如辕首部分的龙头，和其他管状、片状大小附件，用

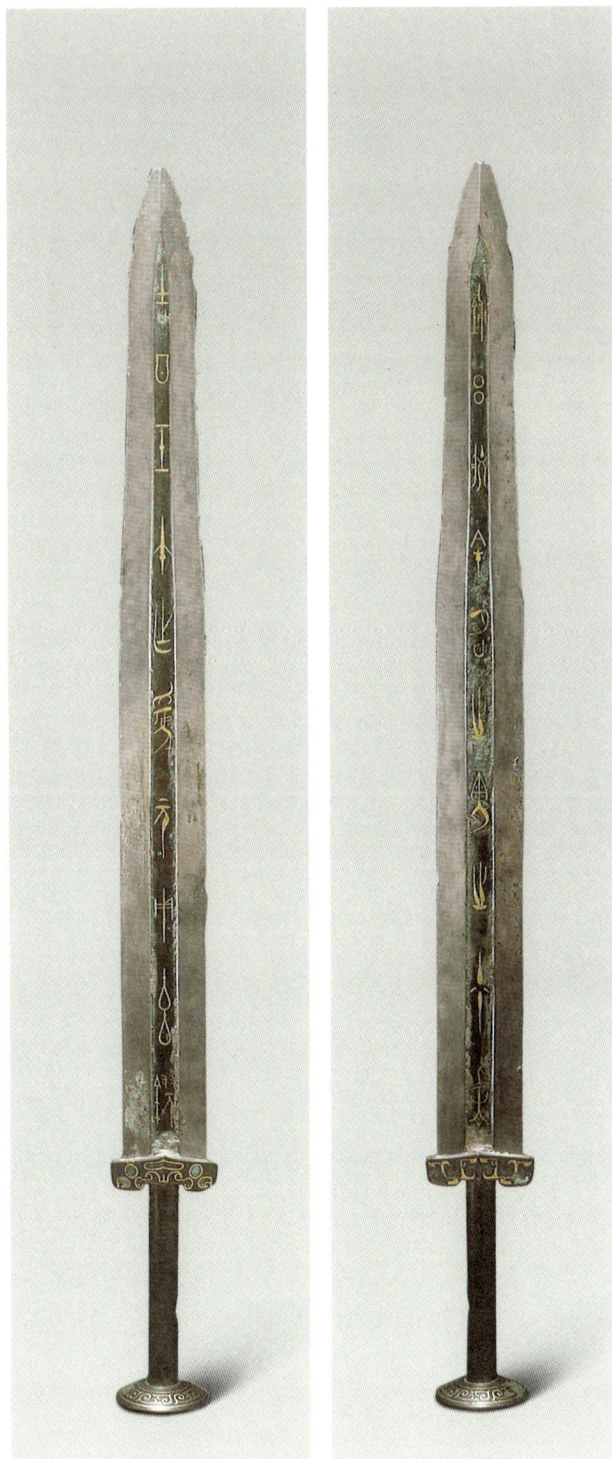

图七　战国　少虡剑（北京故宫博物院藏　编者配图）

金银线、片、点镶嵌而成的涡云龙凤纹图案，组织上融合秀美与壮丽而为一的艺术作风，充分表现出这部门工艺的高度成就。花纹奔放而自由，更反映在这个历史阶段上，造形艺术各部门，从传统形式束缚求解放的精神。艺术中最先得到解放的是彩绘。彩绘漆和金银错工艺本属于同一系列，因此反映得也格外明白清楚（图八）[6]（图九）[7]（图一〇）[8] [图十三：一、小漆奁黑白图；二、信阳彩漆棺、案、瑟上花纹]。

中国人骑马始于晚

---

[6]　河南省文物研究所：《信阳楚墓》，文物出版社，1986年，图版七五。

[7]　河南省文化局文物工作队：《河南信阳楚墓出土文物图录》，河南人民出版社，1959年，图一一一。

[8]　河南省文物研究所：《信阳楚墓》，文物出版社，1986年，图版一四。

图八　战国　彩绘漆棺（河南信阳 2 号墓出土　编者配图）

周，最先从赵武灵王试用于对抵抗游牧民族内侵的军事上［图：骑马匈奴铜饰片］。但在中原和长城边沿地带，至今还未闻有战国时骑乘用青铜马鞍镫发现。照《盐铁论》和《急就章》叙述，早期骑乘马具，多用青铜和皮革作成，金银装高桥鞍和绣锦障泥掩汗，似到汉代中期才使用。金属马镫的发明，也不可能早于加金鞍具。现存一个战国晚期错金铜镜子，上面有个刺虎骑士形象，就像是有鞍鞯而无马镫（图一一）[9]［图十四：刺虎镜子骑士部分］。汉初古墓出土物中，也未闻有金属马镫出土。镜子上骑士虽有鞍鞯，汉石刻中更有许多骑从，鞍鞯形制分明，殉葬明器中又有种种铜、陶、玉、木、

---

[9]　中国青铜器全集编辑委员会：《中国青铜器全集 16》，文物出版社，1998 年，第 33 页，图三三。

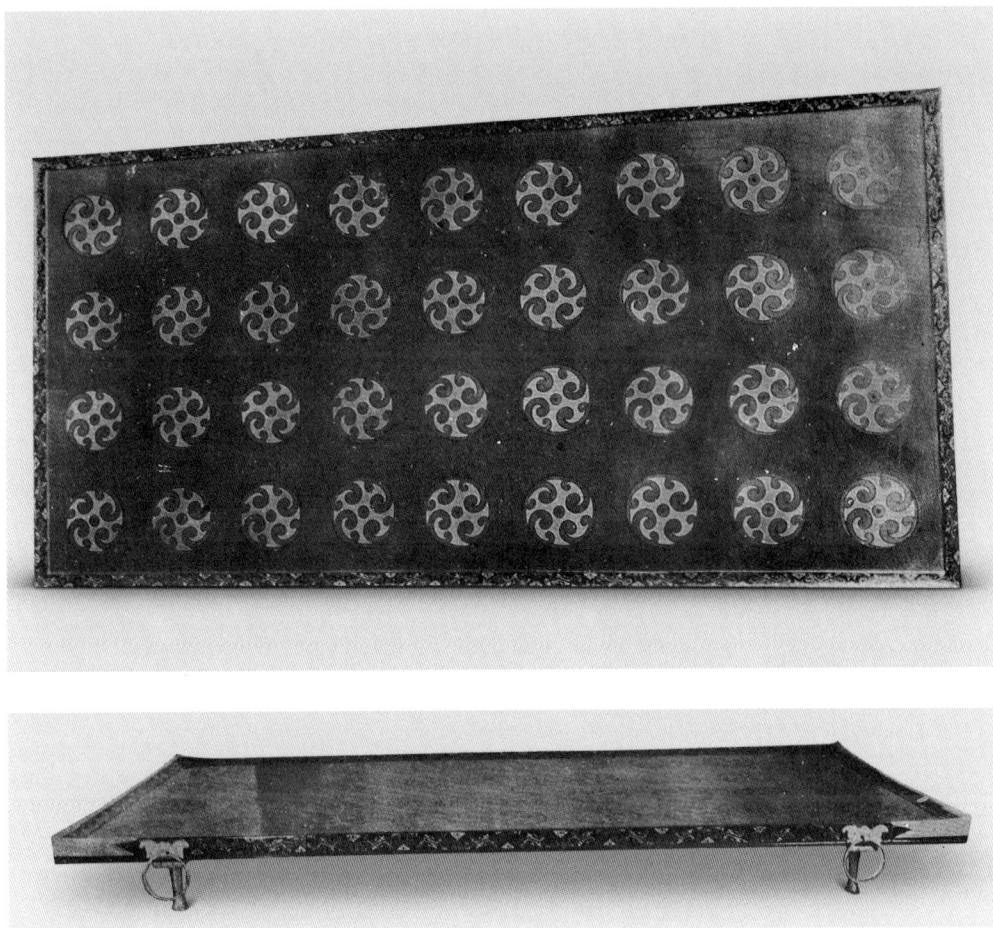

图九　战国　彩绘漆案（河南信阳1号墓出土　编者配图）

马匹出土 [图：小陶马]，去年长安并且出了一个三四寸大青铜骑士，不过除四川汉墓出土那一个残陶马鞍，我们对于汉代马鞍实际知识还是不多。至于马镫有无，却可从四方面推测得出，至晚在西汉中叶已经应用。一从洛阳出土一般大型空心花砖上骑士形象 [图：空心砖骑士]，其次是一般汉代釉陶食壶狩猎图案 [图十五：釉陶上骑士花纹]，其三是辽阳汉墓彩画骑从，其四是四川汉墓方砖上浮雕骑从。这些骑士的驰骤形象，多两脚向上挟举，必足部有所踏蹬，才能够作成这种姿式。若从那面错金镜子注意，骑士虽系跪于马背，表示十分紧张，障泥前那个 ⚭ 环状带穗东西，比例上虽小了些，却有可能就是最早踏镫式样。骑马习惯虽从西域传

1. 瑟首彩绘

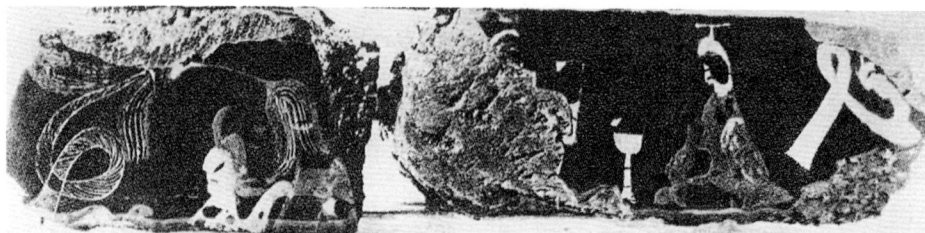

2. 瑟首燕乐图

3. 瑟首燕乐图

4. 瑟尾射猎图

图一〇　战国　彩绘漆瑟（河南信阳1号墓出土　编者配图）

图一一　战国　错金银狩猎纹铜镜（日本永清文库藏　编者配图）

来，御马附件却为中原人民的发明。较早马镫或者只是一个皮圈套，属于鞍鞯一部分，正和鞍鞯一样，实用必重于装饰。照汉代社会习惯，爵位品级稍高必坐车，只有随从才骑马，即用鞍镫，也不会如何特别讲究。

　　《盐铁论》说："古者庶人贱骑，绳控革鞮皮鞯而已。今富者鞴耳银镊，黄金琅勒，罽绣掩汗。"马鞍镫具使用金银加工，表现美术的要求，必然是汉代文景以后，社会生产发展到一定程度时，才会出现。从政治上分析，到武帝刘彻时代，或者才会更进一步加以制度化。特别是花纹图案的定型化。原因之一是由于封禅郊天，配合政治需要，特别重视仪仗排场，散骑侍从的鞍具，才可能有一定纹样的金银装裹。原因之二是王公贵族游猎，把骑马在薮泽中驰骤，追逐飞禽走兽，当成社会上层重要娱乐风气时，实用以外还要好看，鞍镫才会受特别重视。原因之三是在西北和其他区域军事进行中，"楼烦将"和"越骑都尉"一类人的乘骑，也容许把鞍具作得更漂亮一些。工艺上各部门生产品质的提高，主要都是和社会生产发展相适应，同时又必然和社会背景有一定联系，鞍具的进步也不能例外。

《西京杂记》有关于精美鞍具的种种描写，认为是武帝时创始，长安仿效。这部书的时代虽可怀疑，提出的问题却和大宛天马南来，及社会生产发展情形一致。金银装鞍具，必木漆制作的"高桥鞍"才相宜，制作材料的改变，也必然由于这个时代的应用而起始 [图：川陶鞍]。乐府诗起于西汉，盛行于东汉，就常有金银鞍具的形容。而且越来越讲究。《三辅决录》记梁冀曾用一"镂衢鞍"讹诈平陵富人公孙奋钱五千万。如不是实物十分精美，是无从用它借口的。

汉代青铜工艺加工技术约计三种：即金银错、鎏金和细纹刻镂。二三两种又常似同而不尽同。鎏金有素的，有加嵌杂宝石的，有加细云纹刻镂的。本来多系仿金器而作。一般青铜细纹刻镂的可不一定鎏金。诗歌中提起的金银鞍，加工部分虽仅乐浪汉墓一些镂空银片实物可证 [图：乐浪银片]，我们却可以推测，如不是用"金银扣参带"法，把带式金银片包裹在木漆制的高桥鞍上，就应当是用"金银平脱"法，把镂空金银片镶嵌在高桥鞍上 [图：漆上嵌金片]。前一种还可能加有朱绿彩绘。后一种即用金银片镂花。汉代西蜀广汉武都工官作的漆器，全国著名，特种鞍具生产，除长安少府工官，这些地区也可能有一定生产，因为同是产马地区。如用金铜马镫，总不外前述三种青铜技术加工处理。至于鞍镫的花纹，如和社会信仰联系，必作羽人云车种种形象，如阳高古城堡汉墓出土的金银错器表现[图十七：错金器展开图]。如和社会生活联系，必作骑士山中射猎，虎豹熊罴、鸿雁雀兔骇跃腾骧形象，如朝鲜大同江边汉墓中发现的金银错器表现。又或者如一般釉陶博山炉花纹，把人间现实游乐，和神仙不死愿望，结合而成一体，加以艺术处理的。一个时代有一个时代的装饰风格，反映于各种器物上，在陶、漆、大型空心砖制作上，都可见到游猎的图案，我们说同时期的鞍具使用这种花纹，和实际情形相差应当不会太远。这种狩猎纹装饰图案的本来，还可说有可能实起源于鞍具。因为在鞍具上反映畋猎之乐，是比在其他器物上更合主题要求的。这种金银加工鞍具，东汉末曹操父子遗文中均提起过。曹植有《进银鞍表》，又有《玛瑙勒》。又战国以来，已经发现过在铁制器物上作金银加工艺术（图一二）[10] [图：信阳出土铁错金带钩]，到东汉还继续，曹操《上杂物疏》曾提起过好几十面金银花纹铁镜，可以和近年出土错金铁镜实物相互印证。东汉晚期镜纽多加大，即近于由铁镜影响。有铁镜即可能有铁皮马鞍。如陇上歌咏陈安事，"铁锻鞍"必非自晋创始。金银装鞍具至今少出土实物，试推测原因，当由于东汉以来，一般殉葬日用器物虽还用实物，其他却多用陶瓦明器，车乘则通用小模型。附属骑从马俑也极少见。

魏晋以来，统治阶级除战争和狩猎用马，一般代步多用牛车或步辇（即榻式肩舆）。牛车则如《颜氏家训》所形容的式样，名长檐车（图一三），出土物

图一二　战国　错金嵌玉铁带钩（河南信阳1号墓出土　编者配图）

有不少反映，石刻也有（图一四）[图：一、女史箴图；二、邓县砖；三、长檐车；四、张肃墓长檐车]。步辇也有三式，《女史箴图》上一个具代表性（图

---

[10]　河南省文物研究所：《信阳楚墓》，文物出版社，1986年，图版六五。

图一三　北齐　长檐车（山西太原张肃墓出土　中国国家博物馆藏　编者配图）

一五）[11]。鞍具在应用上得到更进一步发展，逐渐成为社会上比较多数人使用，实在西晋末羌胡民族内侵期间[**图十八：通沟画狩猎图**]。由于战争需要，鞍具改良，铜铁质马镫大量出现，也必然是在这个期间。羌胡骑马民族的内侵，历史进入五胡十六国阶段 [**图：一、张肃墓马；二、景县马；三、邓县马**]，黄河流域生产和物质文化，大部分都遭受严重破坏。但由于实际需要，漆工艺还是得继续保存下来。在历史文献上常提起两部分器物，和金银加工及漆工艺就关系密切，一是兵器甲仗，二是乐器，都有作得特别讲究的。如"金银装鞍镫辔勒""金银锁子甲""金银铠"和"明光漆铠""金银画饰矛矟弩弓"。《世说》称

---

[11]　海外藏中国历代名画编辑委员会：《海外藏中国历代名画 1》，湖南美术出版社，1998 年，第 17 页，图一六。

图一四　魏晋南北朝　牛车画像砖（河南邓县学庄出土　中国国家博物馆藏　编者配图）

图一五　唐摹本　《女史箴图》局部（英国大英博物馆藏　编者配图）

谢玄"在寿春败，临奔走，犹求玉贴镫"。可知最讲究还有用玉作的。《北史·张大渊传》称"得赐绿沉漆铠，兽文具装"（图一六）[图十九：六朝马]。刘义恭启事称"金梁鞍制作精巧"。《南齐书》记庐陵王子卿"作银鞍还用纯银作镫"。何承天有"银装筝"，褚渊有"金镂银柱琵琶"。大件器物则数鱼宏家"银镂金花眠床"。色漆中新起的有"绿沉漆"，汉末已出现。曹操用绿漆奁具花纹华美。

流行于南方，刘桢元嘉中劾广州刺史韦朗，就提起他在任内作"绿沉银泥屏风"。梁简文帝又有镂银、雕花、卷足、绿漆书案。《邺中记》记石虎时情形，除本人经常一身金光熠耀，还有上千侍从女骑兵，也同样满身金彩。又工人作"彩漆游盘，金银参带，茱萸纹细如破发，上置百二十酒盏"，还可以自由转动。又作"五明莫难扇"，捶黄金极薄嵌入，上画仙人鸟兽。又有种种彩漆，或木兰色，或郁金色，或绿沉色。得知东晋北方彩漆工艺还有极高水平。不过就社会情形说来，主要生产还是军事上用的种种器甲鞍具。至于一般人民生活上应用漆器，金银彩画是被严格禁止的。晋令："欲作漆器卖者，各先移主吏者名，乃得作。皆当淳漆布骨，器成，以朱题年月姓名。"《晋阳秋》记萧谭因为人私制"银画漆粉碗"而被杀。《南齐书·高祖纪》，也有"禁用金银文画饰漆器"记载。但照《东宫旧事》《南齐书·舆服志》记载说来，却可明白当时对百姓即严禁，宫

图一六　魏晋南北朝　甲马画像砖（中国国家博物馆藏　编者配图）

廷中实有种种金银装彩绘漆器，如《东宫旧事》即载有漆四升杯子四十，尺盘三十，漆注八盒，匕五十，碗子一百，画银带唾壶，书台，三十五子方椟二，沓盖二，马凿书篦，金彩装花簏，又漆注绮织篦二十枚。漆要扇……车具舆辇更作得异常精美。这种禁令还一直影响到唐宋民间漆器的制作制度。《唐六典》称"民间作器物，必着明作者姓名年月方许出售"。历史博物馆发掘河北巨鹿遗址时，得到一件北宋素漆盘，还用朱漆记载当时价钱。杭州新出土一份南宋临安府窦家造的素漆器，上面也有造作店铺和年月，刻在漆器边沿上。可见直到宋代，民间漆器都还遵守这种古老制度。

彩绘漆和金银装鞍具，历史文献和诗歌中既常道及。又《干宝晋纪》并称："泰始以来，中国相尚胡床貊盘，及为羌煮貊炙。贵人富家，必有其器，吉享嘉会，皆以为先。"胡床是"交椅"，相传因汉灵帝喜好而流行。晋代才相习成风气，使用日多。直到宋代，上至帝王，下及官吏，出行时还特别用一仆从肩扛自用交椅。军营帐幕中的虎皮金交椅，则直沿袭用到明清。由胡床的应用，中国人方改变了古代的坐法，逐渐养成两脚下垂的习惯，到晚唐，由方榻和直几、曲几相结合，才产生男子用的"直背靠椅"和"圜曲圈椅"。又由另外一种妇女熏香使用的竹制金银画漆衣熏笼，才发展成唐宋妇女坐的"半圜矮圈椅"和"鼓式绣墩"，及"月牙杌子"，对于中国人生活起居方式，引起完全的变化（图一七）[12]（图一八）[13] [图：一、周文矩宫中图；二、夜宴图坐椅部分；三、巨鹿椅子]。"貊盘"则和中国人饮食习惯发生联系。"羌煮貊炙"在当时社会虽流行，吃的究竟是些什么东西？我们知识可并不多。"羌煮"可能和"束皙饼赋"吴均"饼说"提及的"馄饨""馎罗""水引饼""汤饼""牢丸"面食有关。是中原人民生活采用面食为主食的发轫。"貊炙"也是一种不同传统的菜食。照刘熙《释名》解释，以为是"全体炙之，各自以刀割"，已近于后世烧烤。"胡床"虽已知道是交椅，那一种交椅更近于早期交椅式样？"貊盘"和普通盘子，形式上又有什么不同？试从这个阶段出土文物，及反映到壁上和纸绢上画迹考查，似乎还有一点线索可寻。

---

[12] 海外藏中国历代名画编辑委员会：《海外藏中国历代名画2》，湖南美术出版社，1998年，图三一。

[13] 故宫博物院：《故宫博物院藏品大系·绘画篇1》，故宫出版社，2016年，第35页。

图一七　宋摹本　《宫中图》局部（美国克里夫兰美术馆、美国哈佛大学福格博物馆、美国大都会美术馆藏　编者配图）

图一八　宋摹本　《韩熙载夜宴图》局部（北京故宫博物院藏　编者配图）

绘画中极重要的，是传世《北齐校书图》。这个画卷照《画录》记载，有作顾恺之《文会图》，或《勘书图》，有作唐阎立本《北齐校书图》，又有截取中间部分，加上树木背景，题作五代邱文播《文会图》的（图一九）[14] [图：校书图交椅及大榻部分]。现存传世卷子可能晚到宋代，本来画稿必传自北朝，因为主要衣着器具都是北朝制度，不能早也不会晚，惟马形已近唐代或更晚式样，和北齐马式不大合。画中一胡床，却可代表早期的胡床，形象极具体。卷中主要部分大榻群像中，除琴砚外，还有个豆式高脚承盘，或可当貊盘称呼。实物则应数河北景县北朝封氏墓出土一个豆黄浅绿二色混合釉同式高脚盘可以比证。这种式样的器物，汉墓中犹未发现，它的高度又恰好适合游牧民族帐幕中使用。同式承盘到隋唐还得到不断发展，有印花，有刻花，不作三彩花纹，就作刻画串枝宝相，前者和漆中的"斑犀"漆极相近，后者近于金银器及印染丝绸花纹。如"貊盘"兼指花纹的斑点而言，就应当是"犀毗漆"的前身，是由此发展而成襄州"碎石纹漆器"的。又《东宫旧事》载"漆貊炙大函一具"，可知貊炙中还有方形器。函必有盖。我们试从同时方形器加以注意，同属晋南北朝时期，南方绍兴出土缥青瓷中，曾出现过一种长方形有盖分槅器物，槅数多不相等，北方也出过这种瓦器，基本上都近于从竹篾编织出或卷木作胎而成的漆器 [图：方格子器]。如果"貊炙"不尽如刘熙《释名》所说，却兼对南方近海民族通称，原物本来或者还是绿沉漆作成的！这种食器多分成九槅或十二槅，近于晋人常及的"九子十二子方槃"。貊炙必加盐蒜，晋人记载中常道及。也可能还包括许多不同品种的蜜饯煎炙杂食，作法则来自岭南或山越方面。

"胡床""貊炙"，我们只是在这里附带提出，具体说明还有待专家专文商讨。这里主要是说涉及金银加工镶嵌及有色漆工艺，在晋南北朝以来，它的发展和这些事事物物都分不开。这种镶嵌刻镂工艺，从政治风气说，隋代初期不会得到如何特别发展的机会，从社会生产说，却又必然在一定期间后，续有发展。例如装饰纹样，仅从敦煌洞窟壁画藻井、天盖、佛背光布置而言，也反映出这种纹样上

---

[14]　海外藏中国历代名画编辑委员会：《海外藏中国历代名画1》，湖南美术出版社，1998年，第53页，图三九。

图一九　宋摹本　《北齐校书图》局部（美国波士顿美术馆藏　编者配图）

的华丽和细致特征。新近河北曲阳、四川绵阳及山西刻石群像的出土，更可证明在这个历史阶段中，时间虽不过二三十年，艺术上的成就和装饰上的特征，十分鲜明，唐代初期工艺上的成就，大都是从这个固有基础上继续发展的！

　　唐代重干漆造像，因迎神赛会，便于各地转移。干漆造像法，就是汉代"夹纻"法，和元代的"抟换脱活"法的结合。谈漆工艺史的，多以为传自南方，因东晋雕刻家戴逵就擅长这一道，曾作过夹纻佛菩萨。齐梁均有作夹纻佛菩萨记载。其实如就技术说，战国楚墓中就已发现"布骨"羽觞、饭盘、奁具等等器物。汉代更通行金银扣参带式漆器，就是为增加夹纻漆器坚固而发展的。朝鲜出土汉漆器有好些就是夹纻器。怀安洛阳长沙都有出土，不过转用到佛像造作上，从晋代起始。北朝和南方一样，夹纻法必广泛用于当时佛像塑造上。杨衒之作《洛阳伽蓝记》称宗圣寺像高三丈八尺，节日出游，倾城仕女往看，照情形而言，像高三丈八，是只有用夹纻法作成的涂金布彩漆像，才便于抬出行香的。又遇佛生日，有集中洛阳城中一千多庙宇佛像到三千躯，其中一部分，也应当是夹纻漆作的。这些雕塑虽已无一存在，从新发现麦积山部分塑像和河北曲阳，四川绵阳各地出土的同时期雕塑看来，精美程度必然是和《伽蓝记》叙述情形相差不远的。

唐代贞观初期，政治上相尚俭朴，不重华侈淫巧。但工艺依然继续相对保存。张彦远《法书要录》，记萧翼帮太宗设计，从辩才和尚赚得兰亭真迹后，即得赐金银镂花瓶各一。到武则天以女主专政时期，社会生产一回复，风气更日趋变化。官宦贵戚子弟，上承陈隋华靡享乐习惯，无不在车马园池歌姬舞女衣服装饰上用心，竞富斗美。宫廷重要兴建和宗教迷信铺张处，更加惊人。史传称太平、安乐公主，及诸宠臣亲贵园池宅第华美处，多和天宫景象相近。薛怀义命工造一夹纻佛像，一手指即能容数十人。龙门奉先寺石窟雕凿，动用人工数万，并设一专使督工，现存二天王像还高达数丈（图二〇）[15] [图：龙门二天王]。这一面反映社会生产的发展，一面也反映人民在工艺上的伟大成就。

唐代国家牧养官马，由四十万匹到七十万六千匹。并于全国重要交通人路上，每三十里设驿站一处，共设一千六百三十九处水陆驿站，陆站经常都备有一定数量的公用马匹。私人行旅，男女多用马代步。唐人喜郊外游山玩水，男女都能骑马，因之鞍具自然也日益华美，当成一种眩耀手段。装饰品和实用器物各部门，金银加工的艺术和漆工艺结合，因之才在开元天宝之际，出现有时代特征的金银平脱，成为国家官工业之一种。这种工艺技术上的基础，我们说它是由于南北朝金银闹装鞍具的制作，和乐器中的琴筝琵琶，用器中的奁盒、熏笼、书案等等生产，而得到巩固和提高，才产生唐代精美无匹的金银平脱漆，比较符合历史本来。这种工艺到宋代还将继续影响马具制作。

中国写生花鸟画和水墨山水画的发展，在绢素纸张上得到一个确定的特殊重要地位，影响中国绘画史约一千年。这种成就过去人多孤立的认为是五代宋初三五名家高手的成就。这是把绘画和其他方面生产分别开来的一种解释，不够正确的。其实从原料和社会要求两方面看来，花鸟山水画的发展，主要还是当时生产发展所促成。黄筌父子、徐熙祖孙和荆关董巨等人的成就，是由于隋唐以来，

---

[15] 中国石窟雕塑全集编辑委员会：《中国石窟雕塑全集4·龙门》，重庆出版社，2001年，第95—96页。

图二〇　唐　石窟二天王（河南洛阳龙门石窟腾兰洞　编者配图）

工艺方面先有个花鸟装饰图案的底子，有百千种不同优秀成就，反映于当时的各种日用工艺品上，为人民所熟习，所喜见乐闻。对于山水园林的爱好，又从晋六朝以来，即反映于诗文中，早成一个单独部门。到唐代男女郊游看山玩水已习成风气。各州郡生产的颜料，品质又日益提高。特别重要还是唐末五代以来，江南造纸制墨的手工业，不仅品质有了极大改进，产量也普遍提高。西蜀和江南，更因社会比较安定，生产发展，宗教迷信日益薄弱，寺庙中自然也就无从吸收更多艺术家从事于以宗教为主题的人物画。社会现实的要求，对艺术家课以一种新的任务，"接近自然，反映现实"！因此这些花鸟山水画家，才能够在那个历史阶段中，艺术创造得到进一步的成功！

　　写生花鸟在工艺上的普遍反映，实成熟于唐代。这个时期，丝绸、瓷器、彩绘、木刻、金铜镶嵌，无不有制作得栩栩如生的作品。特别是青铜加工镜子和平脱镶嵌，花鸟格外精美。丝绸锦缎和乐器、家具装饰图案，都有在小簇花鸟和山水画背景中，作狩猎纹形象 [图：一、鸾衔长绶镜；二、鹿纹丝绸]。唐人诗文中经常形容过的"金银鞍"，"宝马雕鞍"的鞍具制作，既无科学院在武威唐墓发现的平脱马鞍出土，我们也可推测得出，这时装饰花纹，必和同时一般镶嵌工艺花纹十分相近！

至于马镫的式样和品质，我们目下得到的实物，虽无花纹，但去年长安底张湾出土的大型陶马，曾配有一对鎏金马镫，故宫博物院陶瓷馆陈列一个唐三彩大型陶马，也配有相同鎏金马镫 [图：故宫唐三彩陶马]。由此可知，这时代马镫比较精美的，或用金银作成，鎏金却是常见格式。至于马镫的形式，从实物和雕塑、绘画作比较研究，我们对于它的特征，因此也逐渐明确，知道至少有三种基本式样：一、如昭陵六骏，踏脚部分多作长条形，整体却比较扁圆。二如传世实物，和《虢国夫人出行图》《唐人游骑图》，虽同样是条子式，上部把柄较长，整体也较高些（图二一）[16] [图：昭陵六骏之一木刻《虢国大人出行图》部分]。三如《张议潮出行图》侍从骑士所见，踏脚部分多作圆盘式，已近于宋明以来铁作马镫样子 [图：出行图部分]。五代以来，铁作器物已日益普遍，大如佛塔，小如钱币，都有用铁作的。马具中的踏镫，更宜于用铁制。这种马镫或在晚唐即已流行。《张议潮出行图》的骑从，用的大致就是铁镫！

到宋代，政治上因赵匡胤弟兄统一了五代以来军阀割据的局面，社会生产还在继续发展中。由于政治上的新中央集权，兼并了各个偏霸时，虽得到土地和物资，同时也接收了许多官僚，因此官僚组织特别庞大。五代以来，地方各自为政，衣服无制度，金银闹装鞍具的滥用，必需加以整理，才重新加以等第，和官位品级发生联系。必然因为是竞奢斗巧，不合制度，才禁止逾越制度。但是，求合新的制度，另一面也就更发展了这部门生产中的官私手工业。宋王栐著《燕翼诒谋录》称：

> 鞍具之别，亦始于太宗，太平兴国七年正月，诏"常参官银装丝绦，六品以下，不得闹装。仍不得用刺绣金皮饰鞯。未仕者乌漆素鞍"。则是

---

[16] 单国强：《唐宋元明清名画大观（册一）》，北京工艺美术出版社，2015年，第20页。

图二一　宋摹本　《虢国夫人游春图》局部（辽宁省博物馆藏　编者配图）

　　一命以上，皆可以银装鞍也。

　　《宋会要稿》曾把天禧二年各种鞍辔官价列出，共计约三十种不同式样。最贵者为"金镀银闹装"，值二百二十三两。最贱的为"微宽"和"白成银铰具"，各值十二两。一般高级官僚用"金镀银铰具"分三等，计一百两、八十两及七十两。"漏尘宝相花"八十一两。此外还有"麻叶""宝相花""洛州花"（或指牡丹）"陷墨花凤子金解络促结""频伽三镮""孩儿三镮""鹿儿三镮""鹦鹉三镮""白成银陷墨银花瑞草""龟鹤""麒麟""蛮云子"等名目，价值都不相同。这必然是把五代以来各个地区流行的图样所作的一种新的安排。从《宋史》卷一百五十记载，我们还知道这些鞍具除货币价值以外，和官制品级的密切关系。例如赐宰相、亲王、枢密使，必金涂银闹装牡丹花铰具，值八十两，配有紫罗绣宝相花雉子方鞯、油画鞍、白银衔镫。赐使相枢密副使、参知政事、宣徽使、节度使等等，金涂银闹装太平花铰具，值七十两，配有紫罗绣瑞草方鞯、油画鞍、陷银衔镫。……皇亲分六等，宗相女婿分二等。赐契丹使值七十两，副使值五十两。因社会情形不同，政令也时有更改。景佑三年则五品以下不许用闹装银鞍。政和三年，诸王又特赐金花鞍鞯。宋代宗室功臣都是世袭恩荫制，每遇国家有大事，如与契丹订约，郊天，帝王大婚，还另外赠赐一大批官爵，在朝在野大小官僚达四万余名员。六品以上都可用闹装银鞍，起码小官也可用银花鞍，可知鞍具制造，官私生产量必然都不小。会要虽提起过许多种不同花纹，这方面实物知识，我们是不多的。只能从部分绘画，和《营造法式》雕琢与彩绘部门，及反映于其他陶瓷铜铁杂器等花纹联系，得到一种近似的印象，知道部分必从唐代传来，部分新起，事实上认识还不够具体。又宋代虽一再禁令人民仿效契丹服装和骑乘制度，但是在聘问往还中，却照例要赠送契丹及西夏来使闹装鞍具，因此在辽墓或西夏古墓中，如发现有纯中原风格的精美鞍具，是不稀奇的。（热河辽驸马墓出土闹装银鞍具，即近于宋制。）特别是在西北方面，元昊部属骑士用银装鞍，还极普遍。他们和中原马具的区别，我们还少知识。

惟北宋以来，一般器物中用铁已成风气，马具中的踏镫，凡说"银衔镫"的，有时另一记载又说是"陷银马镫"，可知是铁嵌银，正和其他器用制度相合。花纹多用"球路""连钱""万字流水"作锦地纹，或另留出开光部分，再在上面嵌刻动植物花纹。由于铜韧而铁脆，材料性能不同，马镫式样因之条子式渐少，圆盘式日多，是必然的发展。宋代马的应用范围虽还广泛，至于和其他生产比较，关于马鞍具的制作，却显明可以看出算不得是生产重点，随同社会生产发展中，人民的创造力，已转移到造纸、造墨、刻书、烧瓷器、制茶、炼矾，从胆矾水中取铜、织锦、染缬、作剔红漆器等等，和其他许多方面去了。宋代妇女已少骑马习惯，这是和唐代大不相同的。

惟宋代金银细工漆工，和唐代比较，技术依然还在发展中。宋代特种金属矿的开采，是历史上极兴盛时期。海外贸易送出去的多是丝绸、瓷漆器。进口物除香药外，也吸收了许多金银。金银器和金银胎漆器的使用，数量范围远比唐代更多更广。当时不仅宫中有大量金银器和金银胎精美雕红漆器，并且部分瓷器也用金银包口。民间还保留大分量金银作种种使用。北宋虽也想继续用神道设教愚弄人民，并减轻外来压力，在开封就很修建了几处大庙宇，以为可吸收人民的信仰，增加统治上的威信。如用六年时间修建玉清昭应宫，集天下名画师用分朋比赛法日夜赶工，共完成一千三百多间的房子装饰画。文人官僚也欢喜阿谀附会，作了许多谈鬼志异的笔记小说。可是人民却日趋实际，已不如六朝隋唐对于鬼神的热烈迷信。北宋虽一再禁令人民不许滥用金银，并提起十八九种在服饰上用金的名称，但《东京梦华录》记开封有七十二店，日夜贩卖酒食，其中二十座大酒楼，都能容纳上千主顾，一般多用金银酒食器。一座樊楼即有过万件酒食器。一二人看座吃喝点什么，上桌的金银酒食器皿，也重过二百两。小酒摊子还用银碗银勺上酒。汴梁失陷，金人把公私金银数千万两都搜刮而去。到南宋建立临安行都时，《梦粱录》叙市容极详细，借此得知烧去不多几年的临安，就已恢复了往日繁荣，各种商业都分门别类，金珠彩帛交易，还是动辄千万。漆器类则分行出售，"金漆行"外还有"犀皮行"，可知生产量之大，和生产上的明确分工。

宋代除剔红漆器代表特种生产，比一般描金漆、彩绘漆及各式不同犀毗，在技术上的进步，是生产越加普遍。例如犀皮漆就有许多种。"斑犀""剔犀""滑地福儿犀"，都成熟于这个时代。就中惟螺钿平脱不及唐。又当时军事上用漆也极多，作器仗常过百万件，铁片甲和稍矛类一般都得上漆。作箭达千万枝，箭杆也有部分得涂漆！契丹辽和西夏都是骑马民族，特别喜好畋猎，契丹骑兵五十万，鞍具当时即著名精美（图二二）[17] **[图：卓歇图诸马匹]**。惟不过在工艺上的特征，我们却少具体知识。契丹多用唐制，马具也近于唐代制度。惟必然有些不同处，宋政府才用法令禁止。如近年热河辽驸马墓出土鞍具，则似属于宋之闹装鞍具，金铃累累，起于北朝诞马，于北朝俑中犹有反映。传世李公麟绘《免胄图》，即唐郭子仪单骑见回鹘故事。骑兵装备有研究价值。因马甲为羌胡民族所惯用，北朝以来骑俑即常着甲，骑士则穿裲裆衫，当颅部分作华饰，向上翘举如金冠。这种马饰在古匈奴族墓葬中就早有发现，应即古所谓"金钑"。蔡邕《独断》记载：

---

[17]　故宫博物院：《故宫博物院藏品大系·绘画篇1》，故宫出版社，2016年，第178页，图28。

图二二　五代　《卓歇图》局部（北京故宫博物院藏　编者配图）

"金錣，高广各四寸，在马鬣前。"这种用镂金铜加其他装饰马首之物，宋惟卤簿引驾马有之（图二三），《宋史》卷百五十有"铜面插羽"形容，这画上的马头还相近[图：一、《免胄图》群骑；二、《卤簿图》甲马；三、元刻五种平话甲马]。这类装饰既不会是画家凭空而作，但在万千种历代墓俑和石刻壁画车马形象上均少见到，它的来源，还需要进一步探讨。西北洞窟壁画，又从未发现过这种马头装饰，或者来自中国偏东北部游牧民族，也未可知。

图二三　元　《大驾卤簿图》局部（中国国家博物馆藏　编者配图）

　　宋代马具虽有种种不同制作，以名目种类而言，并且比历史上任何时代都多些，惟宋代肩舆已经流行，通称"担子"，先还只是宗室老臣上朝可用，稍后即越加普遍。特别是中层以上妇女出行，唐代骑马风气已完全结束，即出城游观扫墓，能坐轿的也必用轿。到南宋，因东征西伐，道路险阻，带兵大官既多文臣出身，百官于是都用轿了（图二四）[18] [图：上河图轿子部分]。当时理学家虽有"以人代畜"议论，请求政府用法令限制，还是无从限制。理学家本人出行，大致也还是要坐轿子。另外一个原因，即由于江南马匹不多，军用马就不足数。国家为吸收来自西北的马匹，茶马司还在川蜀特设官锦坊，专织特种锦缎，并掌握茶叶生产，便于每年按期用"和买"制交换西北西南各属军用马匹。

　　明人因笔记常提及元代"戗金"器和技术处理，后人多误以为元代始有在器

图二四　北宋　《清明上河图》局部（北京故宫博物院藏　编者配图）

物上加金习惯，正如把古代金银错认为是夏代发明又通称"商嵌"一样。其实戗金如指用金银片、丝、星点嵌于铜漆器物上，是由春秋战国起始，用于青铜兵器、

---

[18]　故宫博物院：《故宫博物院藏品大系·绘画篇2》，故宫出版社，2016年，第112页，图14。

容器、车马器上，到汉代更在铁、漆及丝织物上也使用到，并进一步普遍发展了鎏金法和泥金银法。一直使用下来，从未断绝。唐代禁止用金十四种，可知当时至少服饰用金技术即已达十四种。宋代禁止用金十九种，还仅就衣饰上用金而言。元代"戗金"虽使用于铁兵器什件上比较多，从部分遗物看来，也可明白是这部门工艺的继续，而且是技术衰退时期。正和社会各部门重要生产一样，在这个将及一个世纪的时间中，游牧民族落后政治统治中，国家适合军事需要的官工业，在组织上虽若更加严密，更加专业化，提高了生产上的品质和数量，例如毛纺织物，和加金丝织物，在技术上也得到一定成就。此外来自人民的戏剧小说，因当时吸收了许多有文学才能人士，生活又面对群众，得到许多新的成就。棉花则由黄道婆从岭南传来种植和加工技术，于长江下游松江一带大量种植后，人民得利极大。至于其他一般生产文化，实际上居多是停顿或后退的。即"戗金"技术，和先前比也少进展性。游牧民族军事统治者，对于乘骑的爱好和重视，虽由来已久，在欧亚二洲广大地区进行的大规模军事行动，更必需靠几十万铁骑来维持。马镫在西方的传播，就有人认为是从这个时期起始，因之改变了世界古代旅行、射猎及战争技术。然而元代马具，却未闻有何特别改进处。日人从传世画马名家任月山的一幅画迹引证，认为元代马镫本于宋制 **[图：任画马图；出围图]**。其实这幅画从马形说来，正和一般传说赵松雪画马情形相同，多从唐代粉本模写而成，并非元代马式。到目下为止，关于元代鞍具的实际知识，我们也是不够多的。比较可靠还是从明初骑乘注意，能够明白得到一点印象（图二五）**[图：山东出大船上几种明初铁马镫]**。

元代漆工艺成就在南方民间。著名的如张成、杨茂，在设计上和制作艺术技法上，都是优秀的。明初由张成儿子张德刚主持的果园厂剔红漆器的成就，基本上还都是从元代两大名家技术得到的（图二六、二七）[19] **[图：杨、张款雕漆]**。陶宗仪著《辍耕录》，曾提到元代漆器种种生产作法，并叙述及"戗金"漆器。又从元明之际通俗识字读物《碎金》一书中，还可知道在这个时期，漆器中已有如下各种名目："犀皮""剔浆""锦犀""剔红""朱红""退红""四明""退光""金

---

[19] 黄迪杞、戴光品：《中国漆器精华》，福建美术出版社，2003年，图181、图176。

图二五　明　点金银铁马镫（中国国家博物馆藏　编者配图）

图二六　元　剔犀盖盒（张成造）（安徽省博物馆藏　编者配图）

图二七　元　剔红花卉纹尊（杨茂造）（北京故宫博物院藏　编者配图）

漆""桐叶色"……一面可知宋元以来有色漆的种类，另一面也可推想这种多色漆，在宋元以来必然大部分都有机会用到木制高桥鞍具上。至于马镫的制作，我们知道"双虹饮梁"或"二龙戏珠"必流行于元代，而影响到明清 [**图：元人射雁图**]。至于从画迹上来考查这时期的鞍镫，似乎还需要在画迹年代上，先作出正确判断，才可用作根据，不至于错误。因为一般传世《番骑图》，从明代以来绘画鉴赏家，为简便计，在着录上提人名，多一例把它当成"胡虔""胡瓌""东丹王""陈居中"等人遗笔，提主题，总不外"番骑""射猎""游骑"等事。其实这些画幅是包括有回鹘、契丹、女真、西夏、蒙古……一系列不同对象的旧画，更包括三四个世纪许多有名无名作者的成就 [**图：一、番骑；二、帖木儿战士；三、便桥会盟图突厥骑士**]。对于这些绘画的引证，是应当谨慎一些，详明时代，比较妥当的。

明代在马具鞍镫工艺问题上，正和明代青铜镜子工艺一样，时代虽然比较近，历史文献也比较详悉，但一到必需联系实物来商讨举例时，特别是从"发展"上有所说明时，我们知识反而越加不具体！从日用铜镜子说，是因为大型镜子制作比较汉唐简陋，在工艺上多不足保留，却在玻璃镜子兴起以后，把它当成废铜熔化了的。鞍具不易从土中发现，则有两个原因：一是殉葬时纸作明器车马，多当场焚化；二是坟墓中已无用真实马鞍殉葬的制度（图二八）[20][图：宣宗行乐图骑乘；二、岐阳王平播图骑乘]。但明代鞍具的制作用银风气，从记载上说"镖银事件"还是可以知道。明代青铜金银加工技术，可分作三个方面来认识：

一、基本上发源于金银错，技术上有了进一步突破，因之衍进成为一个新的生产部门的，是景泰年中"掐丝珐琅"的出现，"景泰蓝"因此成为中国工艺美术具世界性一个部门。早期景泰蓝属于国家官工业，主要生产品和果园厂漆器相近，是为装点宫廷需要产生的瓶炉圆器。到清代才作多方面发展，也有用作鞍镫的。由于不切实用，并且容易损坏，虽有鞍具制作，还是缺少发展性。

第二部分是直接由青铜加金技术衍进而出，在仿古鼎炉彝器制作上加嵌金银丝花纹，有署名"石叟"的作品，在明清两代士大夫玩宣德炉成风气时期，十分流行。不过器物多仿作，因之真伪难分。又有虽同样直接由金银错技术发展，却用"剔红法""堆花法"作成芝麻地或锦纹地加凸雕龙凤折枝花等等鼎炉瓶壶器物，厚鎏金，还影响到清代造办处制作，在明清铜工艺成就中自成一格的，有署名"胡文明"制器[图：胡文明炉子；图：清初金银鞍]。数量种类虽不如石叟作品之多，艺术成就却比较高。但所作器物多属于当时所谓"清玩"一格，马具鞍镫还少见（图二九）。又云南昆明元明以来就有"乌铜走银"技术，在继续生产小件日用品，直延续到现代。技术上有用近于唐宋人说的"识文隐起"法的，也有完全平嵌，如金银嵌和唐银平脱两种技术混合的。不过花纹既多用一般折枝花鸟文字，又多从墨盒等小件应用器物上发展，因之和石叟作品已同源异流，更不大容易看得出他和古代金银错彼此关系了。二十年前，中国偏西南各省区，山地行旅交通，用马力代步需要还相当多，因此马鞍具在这些

---

[20]　故宫博物院：《故宫博物院藏品大系·绘画篇7》，故宫出版社，2016年，第130页。

图二八　明　《朱瞻基行乐图》（北京故宫博物院藏　编者配图）

地区，也还有一定生产量，昆明地方的马鞍，还常有用彩漆绘成精美图案的，因色漆重髹，磨光处红黑斑斓，十分美观，还可证《因话录》说的古犀皮色泽来源。马镫更有种种不同的式样，既可发现长柄把条子唐式铜马镫，也容易见到错金银作"球路""连钱""狮子滚球""双龙抢宝"等花纹的宋元明式马镫。其中也有可能就是元明旧作。重要是它的形制。值得加以收集，因为再过十来年，这些马具恐怕就快要消失了。云南乌铜走银技术的流传，唐式马镫的继续，正和云南槌金箔技术一样，据个人私见，它可能和唐代南诏时军队攻西川，掳掠四百特别技工回滇有密切关系。因此就技术说，它还反映唐代川蜀金工的成就，算得是古代"蜀郡西工"一个分支。

第三部分是技术保存于长江下游和广东江西，大至床榻、屏风、衣柜、条案，小如酒盏茶盘。无不生产的金银嵌螺甸漆工艺，通称软螺甸金银嵌。这是最源远流长一个部门，因为金银嵌较早作品，虽只在春秋战国时墓葬发现，至于螺甸作装饰镶嵌，安阳侯家村彩绘浮雕龙纹残土上，就已有圆泡状蚌片发现。浚县辛村卫墓的螺甸镶嵌长方片，更近于在漆器上的残件。明代以来，因南方生产发展，海外通商贸易范围日益增加，市民阶级中的中产分子生活多比较富裕，特别是寄住在江浙如苏、杭、嘉、松、湖一带城市，直接或间接以靠掠夺劳动人民劳动果实为生的地主官僚商人富户，这些人的爱好，比宫廷中的爱好还更广泛的刺激了这部分生产品质的日新月异。正和其他许多种特殊工艺一样，嘉定、杭州、松江刻竹器，宜兴作陶壶，苏州嘉兴作缂丝，苏州雕玉、刻象牙，都得到发展机会。《髹饰录》在这一类漆器上，提起的名目就有几十种，可见技术上的多样性。这些不同加工技术当时都必然会反映到马鞍上。明人笔记称江西庐陵富户家中作螺甸漆器，床榻衣柜，当时都是聘请工人到家中定作，不计工本，不问年月。严嵩抄家时，留下一个财产底册，也提起很多这种大件床榻工艺美术品。（历史博物馆收藏漆器家具中，还有一对明代制作高及八尺的大柜，全部用软螺甸金银嵌法，表现元明人杂剧本事，人物不及二寸大，楼阁树木全用宋代界画法作成的。）当时还有用同一主题，一生专作小件器物的，例如苏州人江千里，就以作《西厢记》小件酒器茶盘而著名。

明代金银加工工艺，无论在种类和艺术成就上，虽然都有显明彰着的发展，时代又还近，但马鞍具可没有留下特别精美的东西。除前提两种原因，另外还有

图二九　清　嵌银荷花八吉祥鞍饰（中国国家博物馆藏　编者配图）

两个不同原因：一是轿子的流行，因为到明代晚期，不仅官僚富户可以坐轿，照《金瓶梅》叙述，山东一个小县份的妓女，出门也坐轿子。二是特别精美的金银装鞍具，多因剥取金银而毁去，想保存也不容易保存！

　　本文首发于《沈从文全集》，文中列出图注均未附有图稿。现据《沈从文全集》第 31 卷编入，编者据图注配入部分图片。

马的应用与装备

商　双马车　各种零件

各式　"当颅"零件🏺🏺各式

各式"镳"零件与西周似难区分。方圆不一，多镂空作龙兽纹（即作鱼鳞纹，亦有商器，但一般可说西周）。

各式"鸾铃"，有作镂空戮式，有作双鸾，商周难区分。轴头则短而肥。但已发现长毂。曾经眼百十种。西周辛村四马车，当颅绘于额上似不合。因为本实用物，而非装饰品。"衡轭"处理亦有问题。目前可旁证似只《绍兴古镜聚英》中之车马神像镜，四马车，面过小，虽生动，衡轭不具体。彭山汉墓出土一"辎车"，"轭"极可参考，和"辕"关系非常明确。必如此，才能达到诗文中形容的"六辔沃若"进退自如活动情形。四川砖刻中还有个双马车，作天马式，奔驰于桥上，还有点迹象可寻，也不如立体俑具体。唯一可作驷马车如何装备便于控御的，似只较后出现《洛神赋图》中一车，后斜垂九斿之旗，近王者大辂（传为东晋顾恺之，其实则成于隋唐之际，因为衣冠属南北朝时，驸马挟弹弓为卫，更是隋唐制度）。再后，似即只能求之传为元曾異初纂进（实宋《绣衣卤簿图》残卷）之《大驾卤簿图》中道段，有御辂，可供参考矣。

春秋三门峡虢墓出车乘，马具不明。头部有🎋，上部有孔似当时髦饰。带刺如距之长毂，和《晏子春秋》所谈"齐人喜击毂为乐"相合。式如〰️曾见十余事。先或用于战车？

镳无明确知识，但接近前式骨镳则常见，一般以为战国时。多骨或鹿角制成，一端六角方，中穿一孔。私意或春秋已使用。

孔子教学六艺中的御，即如何驾车的技艺和艺术，学习方法内容已难详悉。只记得《晏子春秋》或其他记载中似有谈及驾车故事，先是如何回旋控制自如，即以为将蹶，后果然。当时善相马的有伯乐，相牛的有戚宁，后世因此流传有伯乐相马经、戚宁相牛经。伯乐相马经似在□□□□内，内容曾谈及良马的种种特征。

战国开始大量用骑兵，各国均拥有以万千计马匹，如何具备，至今还无形象可证。目前所知，似只有一楚式镜子作骑士刺虎或即卞庄刺虎故事，着甲持短剑。重要在所戴铜盔上两旁着二鹖尾，与记载中鹖性"勇敢好斗，至死不屈"戴之以象征武勇相合。

新出土西汉《二桃杀三士》种种壁画，未见相同装束。淮南汉墓画像石中孟贲等勇士，也不见到。至于山东汉刻石作子路像，则头上着一公鸡，极有趣，亦并不失本意，近民间制作。但与史迹似不合。时间较后反映到武士门卫石刻画中极正确，惟南北朝十七孝子棺门卫勇士头上所具雉尾极逼真，为后来旧戏中插雉尾最早式样。至于商盔顶上作一管状 上着系二鹖尾或红缨，不得而知。但唐代敦煌画上战骑武士则上着小旗。无独有偶，记得一英人记帖木耳事迹上骑士作战，盔上亦着小旗具各色也。式如 。以后窥前，战国战骑便于指麾作战并识别队伍或区分敌我，于盔上作五色番，亦大有可能。

但一般东汉石刻、砖刻持武器人物，均少有见戴盔着甲的。我国薄铜器上刻画作战武士，则所戴多如鸭舌帽。楚墓亦有甲盾弓弩剑戟而独缺少盔。唯一可能即当时系皮盔为考古工作者注意不及而毁去。楚墓出土一木武士执剑俑，头上亦无所见。

战国出一殉葬用小型战车，多一点新知识，即车轮旁有辐辅，支撑于轮与轴毂间，增加强固作用。

至于春秋战国错金轴毂，一般多比实物较小。或如《考工记》所说，因木材加工得法，车轮因之用材轻坚，因此轴毂亦较小？或者这种轴毂，只是殉葬作死人弄具？轴头有错金作鸟篆的，与剑镡制度相近，以彼例此，则仍系当时实用物也。

一般战国轴头多比商或西周较小，制作亦较粗率。和大量使用或有一定关系。

有可疑问题，即凡是同类轴头，在河南山西出土的花纹多相同，一般多系细花地纹上作连续矩文，此种纹式早见商器方彝，后见于楚式战国镜子。如律以"凡事不孤立必有联系和发展"，就此原则试同时或另一时其他同式矩文反映注意，或来自纺织物中的古锦纹。因商石刻一跪坐人像，衣着上既见此纹样。楚墓彩绘木俑宽宽衣沿上又见此纹样（唐代则有双矩锦，宋明且有青绿锦实物可证）。因此车轴图案出自锦纹，与漆盾图案和古绣纹相通，已无可疑。犹有不大可解处即大小分量多相差不远。花纹既相同，分量又相近。私意以为此种车用附件，有可能系同来自一大生产区，当成商品而流通，虽为货殖传所未载，事实上则可能性甚大。侯马遗址一发现，出土陶范以万千计，则此疑或接近事实，在春秋战国时，同出于此大生产地，大有可能！

目下出土错金器多以为系战国时，恐亦就一般大致而言。因就其他剑戈而言，则多春秋时，车器恐不例外！

车马饰则闻友人经手所见器物有辔头用铜包金的，未见错金。

战国有无马镫？实物铜镫似未发现。如就《急就章》所叙而言则汉马镫或系革制成一环。据仅见一楚式镜上骑乘而言，骑士脚微曲，而附近有一ᒐ状饰物，似已发明了镫。以战国时大量使用骑兵需要，踏脚马镫早有发明，不足为奇。但从汉代大量石刻反映，和望都出土一大型携鱼骑马仆从看来，还未发现过镫。惟在一错金戟管状附件上，有一骑士返身射虎画面看来，腿微曲，亦若有一可踏工具，惟镫形仍未具体。

至于鞍具中的"马鞍"和"障泥"则已比较具体。这个错金兵器附件，出自平壤西汉墓葬中，从比较上分析，大致成于西汉，有可能属于武帝刘彻执戟郎手中物。因为和怀安五鹿充宗墓中另一作汉乐府据"仙人驾白鹿"诗意而成形制极相同。作骑猎状则反映汉羽猎赋意！

如上骑乘形象虽极小，鞍具则极分明。此外彭山汉墓所出约三尺陶马附有残鞍一部分，极其重要。虽不能说明武帝时卫青霍去病出兵数十万到西北作战，大量贵族子弟所谓"越骑校尉"等等随行时的马匹装备金银鞍的华美，难于联想。但究竟还是目下比较接近实物的唯一汉代马鞍。

至于汉代马式，如以天马为例，传世的一个青玉马头，和大量灰陶黑质陶分段作成的马，似乎可以作例。活动立体大型的以望都汉墓出土石雕大马较完整，据发掘人说，初出土时，还彩色鲜明，骑士系着明绿色格子花裤，朱红白散朵花短衣，所携之鱼亦上色。辔头部分亦加有彩绘，可经干燥，加之装箱不及注意这些问题的重要性，到陈列时（或经洗刷）一切重要处全失去矣。

这时的马具实物比较明确具体的是镳，即《释名》中开始说及汉代俗称的"排沫"，连同"衔曲"后世通称"嚼口"的，一般式样作ᘒ如意云（爱斯字），这个式样并且直流传到唐代，还有在大型陶俑上可发现镀金同式样子。但这中间约七八百年一段时期，我们的知识却不怎么具体的。只知道有一种oᴐ双环式青铜"嚼口"，一般以为是汉代马具，是否ᘒ代表某一种较高阶级身份，而环式属一般马具？或ᘒ式专供乘骑，oᴐ为普通驾车马所用？还有待进一步探索。在灰、黑质陶俑马头嘴边，一般还是ᘒ为多。唐代则只在绘画上和三彩俑上有作ᘒ反映，实物还少见。这种ᘒ形在马嘴边间接材料显得较具体的，是辽阳汉画。前人记载三国时史道硕画马如亦，如不作"八尺马为龙"解，只是一种形骄活泼形容词，则辽阳汉画实当之无愧。谢赫六法论中"气韵生动"，若用汉代艺术品作例，则四川汉画像砖过桥双马车，和辽阳汉骑乘壁画，汉金银错戈戟附件射虎骑士，及时间较晚之绍兴汉末车马神像镜子浮雕四马车诸形象，可作举例参考。唐三彩陶马和传世双马图，虽具有高度写实性，比汉式马远远逼真。但言"气韵生动"，则远不如汉代艺术家传神。《急就章》内叙马具实较详。照《史记》叙述，则西汉西北用兵和寻取大宛天马就有密切关系。谈乘骑游猎之乐，《穆天子传》以后，除枚乘《七发》到曹植《七启》均有叙述外，还有《长扬赋》《羽猎赋》及曹植《白马篇》一系列文学作品都提到。根据汉代记载得知当时鞍具在工艺上有作得十分讲究的，如《梁冀别传》即载有当时权臣梁冀，用"镂曲鞍"向平陵富人公孙奋诈钱千万事。曹植则有缴还银鞍奏事。可知到汉代末年，这部门的工艺水平还是极高的。

汉乐府有《天马来》之曲，至于天马的式样，部分西汉灰黑陶明器，四川画像砖过桥车双马，和一传世青玉马头实有代表性。至于那个青玉马头，是否即当时的"马式"（标准样子）？已不得而知。古代马具从"应用"出发，由《急就章》和《释名》得知一些名目外，求落实，似乎还有待考古工作者从文字学出发，和近年发现大量零星遗物，作些具体工作。至于从保护、防御兼装饰出发而产生的东东西西，我们除商周以来各式的"当颅""髦饰"、镳（排沫），此外镳靷、障泥知识就还不够具体全面。

战国时虽已有了乘马习惯，却只遗留下楚式镜子"卞庄刺虎"一个画面形象。汉代的障泥形象也只留下三五式，一即估计属于西汉的错金射虎骑士，障泥部分比较明确，其次汉末绍兴镜子中有一执盾作战骑士形象。此外即辽阳汉壁画中反映，种种都只见规模而并未具体。较晚晋代实物虽所知更少，记载中却有"锦障泥"和"玉贴镫"，得知当时的珍贵名马、战骑，是有用锦作障泥或雕玉作踏镫的。

到汉代，数以十万计的骑兵远去西北作战，马的防御部门我们却近于无知。只记得《三国志》中，似曾提到过董卓焚洛阳时，乱兵入宫，曾剪取宫廷里流苏作"马帻"。历来注解多近于不求甚解，难于明确。如从实物形象反映，则可得到些新解。例如根据朝鲜出土西汉汉人墓葬里发现的彩绘漆孝子棺反映，流苏帐多作卅水纹起伏，而中间部分还间杂以玉璧。汉末到晋虽至今还不曾发现过相同马被饰。但到南北朝明器马中，在颈部却有了和流苏帐完全相同的被覆物，作　状。这部分被覆物如不叫作"马帻"，应叫作什么？还待文字专家为加以证明。

又长沙出西晋墓有一组青釉硬质陶俑，似小型仪仗队，骑从多奏乐，为先前所少见。还戴汉式冠子，则近似贵族王者卤簿图！有骑士马前胸着一长方硬甲，为坐骑装甲最早形式。是否这一部分才宜称"帻"？也有待专家通人并结合以后七八百年才出现的分部装甲各有专名的宋《武经总要》甲马部分分解图说明，才易明白。

总之，乘骑全身装甲，除了汉代杂技用马扮狮子麒麟，至今为止，还是到南北朝时才出现的。就景县封氏墓和其他前后相近出土装甲马俑看来，已可知到这一历史阶段，至少有三四式不同甲马。这种甲马通称"具装马"，有的头部只露双眼，全身多如穿衣。似近于棉甲式。是用多层麻或丝织物中加厚丝絮衲成的。也有作成条子状的，有作鳞片重叠甲的，可知不是革片加工，就是精炼铁片，联缀编成。也有用棕衣编成近伪装而取战事胜利的。记得似在《南史·齐纪》内即提到"编棕为具装，析（折？）竹为'寄生'"，中华书局编辑部注《南史》时，曾以此相询应何解。前者即伪作马甲，后者如系析字，则近于破篾为马后羽葆状装饰物，和战马要求不合。从实物说、战具说，当时一般用槊，即长矛，但不着缨而加一方尺小旗，所以有"槊若干并番"语（见《蠕蠕传》）。其次即戟。比较而言说"寄生"必系有枝之戟。这时实物还少见，同时期宁万寿孝子棺石刻守门武将，却有个具典型性的戟在手中。形式已近于唐代渡海天王手中的戟了。后世的方天画戟即由之而出。

这时骏马形象特征，据多数陶俑判断，已和汉天马式不相同。比例上头多较短小，头多高昂，装备上已有项铃和后鞦铃镊，正如《三国志·甘宁传》记载"响马"事，马身具铃镊羽葆相合，可知三国时即出现这种装备，但形象反映却在南北朝才出现。具装马到隋代还应映，反映到敦煌画五百强盗经典故事中。

唐代兵制甲制十余种，马甲只一种。而实物或图像却未见。只于传世以为北宋李公麟作的《免胄图》（即郭子仪单骑见回纥图）卷子，内有一小簇骑士群作甲马，实比较具体。李作多有所因袭，这个卷子或即唐代甲马，亦未可知。因为骑士衣甲及仁丹式八字胡须，在甲士中还有反映，传世数十种宋代甲士亦不见相同形象。至于敦煌壁画《张议潮出行图》仪卫鼓吹骑士群，却似未见有甲马出现过。照理应有甲马而无甲骑，因为骑从多衣着小衫团衫，与开元六年制衣着相合。和当时打马球的衣着相近。着这种小袖花衣的骑士，势不可能用甲骑的。这个仪卫骑士鼓吹部从行列，可能仿自唐六军，和传世名画《金桥图》《摘瓜图》有一定联系。二画均记玄宗入蜀事。可图已久失传，或此图据《金桥图》而成，或此图摹本后人无知题为《金桥图》。

谈绘画史的，多因杜甫诗中的赞美，得知曹霸和韩善画马。曹霸的遗墨似不多。韩幹马则除了世界知名的《照夜白》外，还有《双马图》有代表性。作双骑并行，一短髻马夫骑在一马上，马极雄骏而驯善，有千里绝尘意，可谓名作。《照夜白》，照形象言，恐非开元天宝时标准马式。因为这时据张说《马政记》，马匹改良已定型，从国家养马计四十五万，大量三彩陶马可证明，标准马式应数长沙……《照夜白》相传系玄宗厩中名马，式样应当和韩幹《双马图》《虢国夫人春游图》以及《张议潮出行图》等所乘马相近。这是伊犁马标准式样。而传世《照夜白》则属于川蜀间山地小种马型。和开元天宝间所谓名马形象少共同处，所以可能是真正宋式马。

因此涉及传世李公麟《五马图》，内中明明还有黄山谷题字，写明尺寸大小，而事实上，这还是据唐人旧稿而成的。何所见而然，从马夫可知。因为近年西安发现一唐墓，墓壁画马和马夫就有个残画马夫头，完全相同，借此得知李作是有所本而成，并非宋代名马。即时间再后元代任月山的《出圉图》《三马图》，也多是据唐人旧稿而摹绘，并非元代马式！

真正的宋代马式，可于几种图卷上看出反映。一传李公麟《百马图》，若传世李公麟《百马图》可信，则图中马夫倒是典型宋式，不仅衣着是宋，即铡草马夫两袖上挂一带子，上挂颈间，下搂两袖也是典型宋式，专名襻膊儿。二《马群图》，三《大驾卤簿图》，四《望贤迎驾图》，五《中兴桢应图》《卓歇图》，六《胡笳十八拍图》，七……。形态多和唐马大有差别，十分显明。鞍具且更不相同。因唐代金银闹装鞍有"五鞘孔制"，即在后鞍桥上两旁各有五杏仁式小孔，各悬一丝绦，垂于马后髀。前四条平均长过马腹数寸，后一条多更长寸许。用此附件鉴别唐代画迹时代真伪，即十分有用。因为属于制度，所以无例外。也有出格的，如《虢国夫人出行图》中即有一例不合。又昭陵六骏因浮雕奔骑鞘带必扬起，易断折，因而破例较短，馆藏一陶俑，也较短。又有传为《唐人打马球图》的，从制度说，一望而即知为伪托。一或元明人据旧本而成，因不明白人身腰上系带诸绦为唐初所行的鞊鞢带，用作悬挂火石、算筹、契苾真……诸物，开元后即不使用，但在西北边地，则到西夏还不废。至于马身上的五条绦带，则为开元后唐代盛行的闹装鞍五鞘孔制，一为人身上的，一为马后髀的，《唐人打马球图》因无知混合而为一，纠缠不清。显然是不明制度结果。又打马球必用球棍，照《唐人游骑图》及镜子上、日本藏地毯上所见，长短虽不一，式样却和现代高尔夫球差不多，⌐一例作此式。此图中则作⌐方折，也不合制度。可肯定是已不明打马球者所作也。

又衣着，宜着小袖团衫。旧人说唐六军着团衫，如球衣。六军直接衣着虽不得而知，间接材料则有《张议潮出行图》的仪卫可以参考，的确着小袖团衫，戴小花帽，最便于球场驰驱！此图衣既不合，所戴帽子后作不得体的圆翅，且近元明戏装，显然不合。

此图亦不是全无可取处，即球门落球处作一小小三层楼。但恐亦非唐制，只是以意为之。因照唐人记载，击球时风驰电掣，球场且用油涂光，那能容许这种绊脚物？

又依稀记得某记载落球处系在四角。

据《蜀锦谱》及《宋会要稿》外藩部分，多涉及用蜀中特织锦缎换西南滇中广西青海宁夏等马匹事。因之政府官马多山地小种马，从唐人说来是不易入格的。

从实物形象反映于画面，也可知已远不及唐马雄骏。如《望贤迎驾图》《中兴桢应图》《三顾茅庐图》《十八拍图》《卓歇图》《聘金图》《便桥会盟图》……特别是最有代表性的传世李公麟《百马图》（马群图），又传摹唐偃《马群图》，马形多不足称，近驽材下驷，但却极符现实。前二图均近于国马，仍不能与唐代凡马比。一般多腰身较长。五鞘孔制已失传。

宋官制中对于腰带特别重视，似有廿八种。就花纹说一部分是唐制。而对于乘骑中的鞍也十分重视，似有十二种，且官定价钱，第一等金银闹装似仍唐式，记得约在二百八十两银子，或系政府官工业所作。最一般的为县令铁镀银衔钉还值十二两。如传世天籁阁藏宋画册中有《春游晚归图》一幅，实系明清无知妄人所题。因据十二个着曲脚幞头仆从而言，实典型县令赴任形象。内中官员骑一马，可惜图过小又画得极简略。

契丹鞍马当时极著名于世，传世形象可证的惟热河辽驸马墓中出土一银镀金残片鞍桥部分，一望而知系唐式闹装鞍，或传自唐代，或得自宋政府馈赠。实物知识除热河辽驸马某墓出土一银镀金作龙凤纹鞍桥，还具五鞘孔，如非宋代所赠遗，即契丹仿唐式制闹装鞍，此外即只能从图像中得其仿佛。其次即沈阳一铜钟上所铸仪卫形象，图形过小，不具体。再其次即传世著名胡瓌《卓歇图》马群（实即《十八拍图》）。又鸟居龙藏氏曾于东北得一石刻《十八拍图》，在日本一刊物印出过亦模糊不清，只《卓歇图》马群数鞍鞯较明确，鞍不明确，鞯似过大过前，与唐式均不甚相合。是兼具装甲防御意，还是画系后人摹绘，因不明鞍制，因而致误？二事必有其一。此画时代疑较晚过百年，当为契丹政权为金所灭而"番画"流行于北宋末开封时（见曾敏行《独醒杂志》），属于《宣和画谱》中若干题为胡氏父子百十种画之一（事实是《十八拍图》之一，见拙著《谈谈〈文姬归汉图〉》），画笔无肯定感，近摹绘。故鞯部不合实际极显明。但鉴藏家则人云亦云，不求甚解，通以为胡瓌笔也。

宋代鞍制分得那么细致，可惜不易从实物证明，惟从有代表性的几种画幅中，得知虽然仍名闹装鞍，五鞘孔制则已废除，例如宋人所画《十八拍图》作蔡文姬与其夫分别一幕，作双骑并辔前行，一马略前一头，文姬身前拥一双辫女孩，男子则作女真装束，人极调和马极俊善，为历来所见最生动活泼一画。（此画已为美帝盗走，印于《波士顿藏中国名画》一书中。）鞍辔鞯均比较具体。至于镫是否仍唐式，已难记忆。

其次即《免胄图》甲马（疑或出于唐旧稿，见前意）。

三即《十八拍图》甲马虽小还具体。

四即《三顾茅庐图》骑士队，各执槊，着三角形小旗，上绘飞雁，其他少见。

宋代鞍制中最重"犹座"，"犹座"是什么样子，不得而知。后来得知是四川产金丝猴皮作的，这种金丝猴皮曾见过，背毛长过一尺。因于画中求索，原来是把这种金丝猴皮搁在鞍上的。

五，一瑞士（？）有关中国名画图册，名《聘金图》。系一宋式甲马，后一人赶马而行于山道中。甲马极具体，似从一其画迹中取出，为后来无知妄人题名《聘金图》，因南宋不可能送一具装整齐甲马与金。此图重要处可以补《武经总要》关于宋具装马之缺，因书中将马甲分解定名，名称虽定，至于如何穿在马身上，则不明确。此图虽马头向前，但马身较大，且彩色鲜明，可供参考。

六，传元曾巽初纂进之《大驾卤簿图》中道段，计长七丈，约四千八百骑从。根据元虞集《道园学古录》文集中关于曾的纂进此图记载，说是曾富收藏。说纂进，说富收藏，均有微词，证明有所根据，并非自作。

根据什么？

据周必大《绣衣卤簿图》记，及《宋会要稿·仪卫志》部分记载，均说及宋初赵匡胤政权确定后，为夸扬武功，曾扩充仪仗队伍到二万人，后还续有增加到二万八千人。奏乐的拿武器的，应有尽有。此外还有各式车辆，又有两大汉子称殿前将军开路，坐朝时站在殿前，制止下面百官不得交头接耳私语。还有那个"驾头"，用锦缎作垫，"驾头"是什么？即被部下黄袍加身时初次坐的椅子。看得十分重要，必须出行必用八至十二人扛抬，保护得十分周到。内中衣着分三种，即锦、绣、印花，什么官穿什么花衣都写得清清楚楚。且说因为这样，所以北宋一般人不能穿印花衣，印花缬板也不许流行。到南宋，因为政府穷了，一例穿印花的，从此印花加工也解了禁。又说因甲马原用实物，刻磨精坚，过于威严，降官陶榖，博闻多识，因此由他主持设计，改用绢帛画成青绿甲纹。所以这种具装马是作样子而不宜作战的。

宋人其他笔记且说，这个大仪仗队是本于唐六军制度而成。内中多着"团花缬衫"，如打马球衣着，不宜作战。唐六军衣着无直接形象可作证据，但间接而相当可靠材料，则有敦煌壁画出行图可证。果然多着团花小袖花衣，戴小帽，真像是只合当时打马球的军士所穿！这个图卷四千八百人中有多少相同衣着，已难记忆。因为是个残卷，不及原来六分之一。

我个人以为，大有可能即宋《绣衣卤簿图》一部分，不是什么重绘。因为一"驾头"明明是赵匡胤登基用的椅子，对宋统治者有特殊纪念性，出行仪仗队才看得十分重要，抬来抬去，曾巽初既多识旧物，怎么会把这玩意画到元代仪仗中去？二即二殿前将军也是特别的，如今都在图中，所以很可能在宋末收集旧物，重新装裱送上去，而不是重新画的。三即诸甲马兵仗均宋所常用，所以这个图卷并不能说明元代仪卫兵仗乐器制度，却能充分说明宋代制度，也还有部分可以和敦煌画结合，见出唐六军部分制度。

这里图中一部分甲马虽然形象小，还是画得比较具体的，可以和《免胄图》《十八拍图》《聘金图》三种甲马结合起来，得知宋甲马基本形象，既可据《武经总要》甲马分解图定下的名目，叫得出各部分名称，又可用来和南北朝甲作同异比较。

元明已不闻用甲马，照记载，元兵作战，着铁叶甲约四十五斤，用二马交换使用。不提马甲。但记得一关于（似中西交通史料莫斯科博物馆藏品）帖木耳事迹图像中，则作载战时有马甲，是用各色绸缎作成，额部无髦饰。战士头盔上也着彩色小旗，作为识别。是否仅限于西进客籍军队？不得而知矣。则国内图像中似还少见。

明代则惟口口见《水浒传》图中"破连环甲马"战役中马着甲，记得惟马头羽饰不具。

本文是作者下放五七干校期间，在湖北双溪一人独处时凭记忆所写。1971年3月30日给妻子张兆和的信中，记述了当时的情形：

记得唐人李商隐诗，有"夕阳无限好，只是近黄昏"十字，评者以为有萧瑟感，末后十字却是"天意怜幽草，人间重晚晴"，既情致深厚，而又并不泄气，所以称为佳作，实名不虚传。也可说为我而咏！我自己一诗结尾，似更进一步，"独轮车不倒，前进永不停。"连日阴雨中，在床上已初步完成了《关于马的应用历史发展》一文。一切全凭记忆，大几百匹，甚至于过千匹马的形象，在头脑中跑来跑去，且能识别它们的时代、性能、特征和相关文化史百十种问题。真是奇怪！平时也并不如何特别注意留心，怎么学来的？自己也说不出。可是一经头脑集中，即条理分明，不甚费事。四天中，近万言的叙述就完成了。

信中所说《关于马的应用历史发展》即指本文，手稿上《马和马装备应用的进展》篇名是后加的。20世纪70年代中期，作者又改题为《马的应用与装备》，并注明"要补充"，但终未做进一步补充整理。后《沈从文全集》据最初稿文本编入。现据《沈从文全集》第31卷编入。

椅子衍进试探

谈到家具艺术时，我们对于明代花梨木椅子多备至赞美，不论是圈式还是直靠式，认为线条利落干净，式样古典却充满现代艺术感情，不论搁到客厅、餐厅和起居室里，都能给人一种好印象。造形色调在世界各国得到极高评价，不是偶然的！［举五式：一、禅榻式；二、方靠太师椅；三、栲栳圈交椅；四、四圈椅；五、螺钿细花］

同样一张椅子，有人会说"这是宋代权臣的发明，所以名叫太师椅。"有人会说"这是明代木工智慧和巧思，掌握了美学上基本法则，因而得到这种普遍性成功。"多近于辗转传说，或想当然说法。我想试从实际出发，看看这种椅子究竟是怎么产生出来的，也还有意思。

如从实物和画幅、殉葬明器注意，目下为止，惟巨鹿出土过那么一张椅子，上面有崇宁二年的题字。传世画幅上流传的形象却比较多。由《西园雅集图》《十八学士图》《清明上河图》《胡笳十八拍图》《村学图》《夜宴图》等等反映，却得知这种椅子在北宋以来，贵族客厅、花园以至于普通茶馆、商店、小学塾，通已使用。若从河南、山东、江苏、山西等出土的壁画和各省出土的明器椅子看来，还可知道北宋以来，几乎全国已在使用这种座椅。主要区别或在材料和装饰加工方面。由《夜宴图》布置，得知上层社会肆筵设席，主要坐具有也是这种椅子，时间还可能早到五代十国。如新出土唐壁画可靠，则在开元通宝间即已成某阶层专用坐具。应用上的区别，是比较讲究的，除材料不同外，或用金银什件包镶，或加红黑髹饰另加锦绣椅披。其他画上还有一种圈式扶手椅，也可早到唐代，如《明皇训子图》《宫中图》及宋或五代人作历史题材画的《朱云折槛图》《却坐图》……对于它都画得相当具体。虽由此明白，明代椅子是唐宋式样的发展，并不是什么凭空产生。此外还是并不摸底。即教家具史的朋友，也不易摸底。因为一离开实物和图像，仅仅引书注书，是解决不了问题的。近年惟北大宿白教授在河南白沙宋墓报告中作了些分析，此外即无闻。想弄个清楚明白，还得从近十年出土其他文物，和传世更多刻画形象，更广泛些和文献适当结合，它的历史发展和彼此关系，才可望线索分明。

方式坐具汉代叫"独坐"，是属于榻的一种，高约今尺七八寸（即汉代一尺许）。实物虽难保存，望都汉画摹出后，我们可说真正认识了它。**[用望都画白图二]** 在汉石刻中还发现较大的榻（引例）高度上升到汉二尺多。这种坐具提高到二尺左右，宜在晋南北朝时期，也即是胡床交椅流行时期。除贵人王公使用，此外即大德高僧可坐。《洛神赋图》中一个和《帝王图》中几个，都可见出家具虽高了，人还是古典坐法，并不双腿下垂。**[日本学人在朝鲜平壤挖的一个彩漆绘竹筐，上面作《列帝图》]** 直到唐壁画作十殿阎王，还是榻已上升坐法还是汉式的。石刻反映佛菩萨或维摩诘坐的，大致计有二式，一莲座式，二禅榻式，重要处是出现交脚或挑腿而坐的姿势，这是不合中国传统的。因为直到唐代，垂腿坐法还并不普遍。贞观时敦煌壁画作赏月宴的，还是男女联榻分坐，腿仍上盘。《女史箴图》虽有个人坐在床边，《北齐校书图》虽有个人坐在大榻前，望而知是暂时性质。唯一可以引例，即汉末已习尚胡床，如校书图另一人所坐形式。胡床形象是否即来交椅样子，还有人怀疑，坐的传统方法总算是被打破了。

起始打破，可能还是女人，时间也早些，由于"薰笼"在这时流行。薰笼本非坐具，宫廷后妃为了薰香，照例必须采用一个新的方式垂腿坐坐。男的也有时用它，"荀令薰香"就必然是坐在上面，才把一身薰透。曹操《上杂物疏》中叙述汉末送还贵重用具中，有许多种金银绘饰漆薰笼，《东宫旧事》记载晋时太子纳妃，也有好些大小漆薰笼，实物虽未发现，形象也不大明白，但后来唐宋宫廷曲腿月牙杌子和绣墩成为妇女专用坐具，却显明即由薰蒸笼发展而成。由唐到清代中叶约一千年，凡属墩子不问是用竹、藤、木、瓷何种器材作成，照例必中空，四旁有孔，瓷作的上面照例也必刻画一片锦绣坐垫，四角下垂，本来还可见出些薰笼遗迹，可是注意它、明白它的人已很少了。**[明法花墩，清青花墩宜兴墩，阳**

江墩]薰笼式样多作鼓子形，莲座多作束腰形（也即是腰鼓式），莲座式坐具是否即从薰笼而来？或即熏笼原来样子？彼此关系我们还少知识。薰笼再早可到战国，即《楚辞》所谓笼篝。但应用似不及汉末具普遍性。

坐具向高发展原因明白后，还有个靠手靠背附件，也不是凭空发明的。是由于应用的发展结合其他用具形成的。是和古代的凭几、曲几、衣桁本来独立存在，唐宋以来才结合为一的。

靠手工具古代有软硬两式，软的名叫"隐囊"，得名虽只在晋南北朝时期，应用却可能早到春秋战国以前。一般或在燕居私室中，亲从宾主相对，不必正襟危坐，彼此可以比较从容随便情形下，才有需要。《史记·滑稽列传》写的淳于髡所说灭烛留客，宋玉《招魂》中叙筵宴之乐，大致都少不了要用到。发展到后来即成"隐囊"。元代以后称"引枕""靠手枕""拐枕"。[元画上所见（帖木儿事迹），明清图例]到近代则变成"沙发垫子"，虽相去日远，还是渊源分明。至于硬式通称"凭几"，或以形象不同称"曲几"，应用和其他器物一样，在阶级社会里也等级严明，大致以材料和加工而言。所以记称天子用玉几，较次用雕几（或彩绘漆几）。照礼制它和"案"一样，用时还得覆上一片锦绣。案上覆锦是我国使用桌毯最早形象，至今唯有四川出汉代砖刻《授经图》或《文翁讲学图》画像砖上出现过。[图例]原来是和案面呈十字式搭在中心，两端余锦下垂如桌围。由此才知道后来唐代说法佛座前或维摩变讲经座前供案搭的锦绣方法，[贞观时敦煌壁画]还是汉代或更早方式的沿袭。因为讲经座日高，前面供案也随同增高，那片锦绣下垂也就更长了。案子离开讲经座而独立，便成为桌。[敦煌画唐屠桌]（这点推测可补充宿白同志关于桌的出现说明。桌的得名有孤立的家具意思，但是生长过程却不孤立！因为即在唐代，敦煌画阎王赛案，那种案已由狭长渐成长方，却和坐榻还成一套！）汉代案上承锦制度，虽只此一点，联系来看却极有意义，因为由后来应用方法可以证实古代制度。[图例从《敦煌之研究》图画编引用][明桌围例]如我们想绘个《孔子讲学》或《屈原著书》，面前案上搭那么一片锦绣，就不是唯心胡凑了。至于几上加锦绣如何处理，我们还无知识。《礼记》又称"曲几"，过去知识也只是字面上的，不够踏实。图画多是唐宋以来形象。近十年大量文物出土，才发现许多种不同式样。（但加锦绣制度，虽见于文献，图像反映却还少见。）内中应数长沙出土那件彩漆绘云龙凤纹的和河南信阳出土一件雕云素漆的，一件彩漆绘的，有代表性。都可能是当时实用物。江苏方面晋墓中却又发现了个灰陶制作的月牙式曲几，和实物大小也差不多。（另外一个小牛车明器，还有个小小的曲几在牛车里，告我们这东西坐车时也使用。）陈列时搁正面，恐受"南郭子隐几而卧"一语而误。事实上是应在一旁才合"曲肱而枕之"相近。晋代曾有令禁止民间制作漆器，更不许用金银绘画漆器，殉葬又多从简，得知这个曲几原本还应当是木作的。式样到唐宋俗称"栲栳圈式"，固定在月牙椅两旁边，即成唐代宫廷中主要坐具"栲栳圈椅"。汉代小圆案在石刻上虽有反映，同式曲几却并不见于汉以前直接形象和刻画中。因此容许我们提出一点怀疑，即《礼记》说的曲几，可能正是目下长沙信阳出土那种平直微曲式样。西晋墓出的圈式，倒是由于汉末以来，旧制失传，王肃、皇甫谧辈读书人以意为之的结果。它的作用不是恢复固有，倒是影响后来。这点怀疑是否可以成立？有待更新材料证明。

最宜于"曲肱而枕之"的软式靠具晋六朝人叫作"隐囊"（隐即稳），顾名思义，即可知不是正襟危坐时所需要，而使用时必然相当舒适的。晋人书信中就常提到过。北齐颜之推在家训中骂齐梁贵族子弟奢侈时髦时，更连类并举，共提起四样用具，认为是当时贵族子弟假充清高少不了的，计有"长檐车""高齿屐""斑丝隐囊""棋子方褥"。字面够浅显明白，但究竟是些什么？教书朋友如只习惯引书证书，不结合文物形象，是始终弄不清楚的。四物具体内容拟另文商讨，如今只谈谈隐囊。从形象注意，有两个图十分重要，一见于《北齐校书图》中，一个梳螺发婢女手中所抱持的，证明是个大鸭蛋式东西。二见于河南龙门石刻那个病维摩背后腰间，（石刻照相不甚明白，日人著《龙门之研究》一书中，用线勾出轮廓，却十分清楚。）和校书图中物实二而一。维摩手持麈尾，神气清癯，恰恰如同张彦远在《历代名画记》中谈顾恺之画于金陵瓦官寺中的病维摩样子相合，"有清羸示病之容，隐几忘言之貌"。这个画像在东晋时称瓦官寺三绝之一，天下知名，到处仿效，后来转而成为龙门石刻是十分可能的。重要处是隐囊的应用，让我们明白，原来如此。其次即张说的"隐几忘言"，石刻上却明明白白是个大鸭蛋式靠枕，可见出唐人已不明白隐囊，或不再叫作隐囊，而凭几和隐囊在应用上是有区别而又有渊源的。"斑丝"应作何解？我们尚不清楚。但已因此知道不是锦绣，必指另外一种丝绸加工作法。到孙位《高逸图》中一高士所依靠的看来，即显明用的是唐代大晕锦了。（《高逸图》事实上也还是晋南北朝旧稿，宋或以后人抚摹拼凑而成。从器物和花纹处理可知。因为部分席前食用家具还是北朝果盘，一小侍手中却有个宋式六方哥瓷杯，隐囊是唐锦，席上花纹却已混乱，边沿不应有花！还有镇席及另外一些金属食具都不合制，近于从《博古图》取法而来，另一个侍仆手中的琴和高士背后的衣桁且混成一物交代不清楚，都明显是依据旧稿已不明白应用器物制度的结果。

明式家具中的扶手椅，从发展看显明是由汉代方式"独坐"榻提高成南北朝坐榻或禅榻，再进而到唐宋五代，垂脚坐已成一般社会生活习惯，几的单独存在已不合需要，由于新的应用要求，木工才把两个直式几或曲几固定到上面作成功的。或许有人会怀疑这个说明还不全面，因为宋代椅背多显得相当高，一般常加上个椅披，有的还两头略微翘起，似乎另外尚有种靠背或屏风类工具附加到上面，才会完成！这个怀疑是对的。记得宋画中的确有这种可以移动折叠的靠背架子，搁在一个大榻上，和大型搁足架子差不多，加固定下来，便形成后来的"东坡榻"或"醉翁椅"。一般宋式椅高背，大致还是从"衣桁"发展而成。衣桁就是衣架，可以随意移动，应用和凭几一样古老。搁在榻边则高些，搁在榻上即矮些，搭上衣裙，一面便于取用，一面还能在屏风障子以外形成间隔作用。[西域画衣桁例，《高逸图》衣桁例]原本以为从宋代才固定到椅上，近年西安出土了个直靠背椅样，才明白开元天宝时已成形，但形象材料不多见，可知使用不多。由二曲几接合面定到月牙曲腿坐具上而成圈椅，在唐代宫廷中应用似较早些，且有一定限制，帝王后妃可用，一般宫女大致不能用。这从宋代绣墩还必特赐可知。（大臣也赐绣墩，似指在殿廷中坐用。）这种他腿圈椅和绣墩，说是从汉代薰笼发展而来，大致是不会太错的。

宋代宝座式椅子，不仅直式靠背有极高的，圈式也逐渐提高，后面多搭锦绣椅披，皇后坐的还必用真珠绣花，从传世宋帝后像中还可看得出绣的是凤穿牡丹图样，与《宋史·舆服志》记载相合。如系军营帐幕里，则多作栲栳圈式，可以折叠、什件镶金镂银的交椅，上蒙虎豹皮象征威武，即明代小说中所谓"虎皮金交椅"是也。实物故宫和北大还各保留一件比较完整的。应用形象较具体的有元刻本《全相平话五种》插图。岳飞到牛头山扎营，是应当坐在这种交椅上布置军事的。如作军事会议性质，可能还用的是更便于移动的竹藤墩子，五种平话图中反映得也极具体。

看看传世宋徽宗绘《文会图》（立轴）及仇英摹《文会图》（长卷），我们还得知北宋或更早贵族文人在花园中宴会，也使用这种墩子，也是便于搬移。到明代法花瓷、处州青瓷、清代青花瓷烧成，倒只是搁在花园过道间不怕日晒雨淋而流行了。

到宋代时直几曲几虽多已改成椅上附件，在某些地区大致还能单独存在，有一定用途，因为榻上坐式还未完全废除，总得要个靠手东西！目前留下的多是画面材料。例如李公麟绘《维摩演教面》，即依靠着一个雕琢精巧的月牙式曲几。宋人绘《羲之自写真图》，也有个小小漆几。另有绘《高士图》，卧于榻上，为了歇凉，却光着两只脚搁在一个小小几上，只是下不为例，此外少见。事实上凡是某种用具只在《高士图》一类画上反映，实生活应用必然也就很少了。

至于衣桁，则由于移动方便，且具实用价值，依旧一直沿用下来，有代替晋唐以来软硬屏风趋势。因此也越来越作得好看。近年河南、河北、山东、山西、江苏出土宋金墓中壁画，生活场面里一例都画有衣桁。山西赵城广胜寺元壁画也有它。显明指出这个工具宋元以来在应用上的普遍性。也借此得知，现有明代作得极其精美的黄花梨紫檀等硬木衣架，原来完全是宋式，有的或者即宋代遗物。架上加的花板装饰，可以巩固衣架结构。两角作云头式卷草昂起，也为的是便于悬挂乐器等物，绝不是什么单纯有个抽象美学观而成形的。

不过隐囊却可说真的一时失踪了。也是由于起坐方式有了基本变化，扶手椅上已无隐囊位置。至于契丹女真北官部分，还沿用传统坐起生活方式的，必然还依旧使用，惟少形象可证。元蒙画中这种大鸭蛋式靠枕又复出现，或以为是波斯土耳其式，因为波斯（或中近东）画中更常见。其实更正确些说来，不如说它是游牧帷幕生活中共通式样。清代炕榻间间或也还用到，式样不一。宝座边则通例用六方、十二面或球式，或六方委角式拐枕，用锦、绣、戳纱、织金、剪绒，以及龙须草等不同精美加工成，胎用灯草芯填实，分量虽不重，却硬硬的，重形式完整而不大切实用。也有棉胎的似不用于宝座。另外靠垫也是锦绣作成。一般扶手椅则加椅披椅垫，材料随时季变换。至于仿洋式软榻，旁加一软靠手，等于把一隐囊固定到上面的，十七八世纪之间作品，故宫还保留些不同式样，有的上蒙锦锻花纹也是外来图案，具体些说应是意大利式或罗马式，大致当时圆明园西式建筑里必有许多种。至于纯粹民族形式硬木作的，长榻斜靠俗称"杨妃榻"，记得明代绘中等人家庭生活图画中还有几种，或出自苏州广东南方木作。

…………

或许有人会说，一张椅子的问题，何必如此费事连亲带眷寻根究底？近来讨论到作历史画方法时，即有人认为不必在这些上面用心，依旧可以很好完成历史任务！这大致也是事实，正如上演京剧《西厢记》，红娘穿上辛亥以后五四前后的短衣短背心，绒球鞋，到今为止，还从来没有观众提出异议过。戏演得好就够了。如我们真的把崔莺莺按照元和时装扮，像白居易诗中歌咏的，就得照《倦绣阁》《宫乐图》《搜山图》那些画幅中妇女眉作八字低蛮鬟椎髻样子来处理。一般习惯了看京戏的观众，倒会不大同意.认为不美观！作历史画的朋友，也还有只习惯照演戏方式，以演员个人作中心，而进行工作的。

一面是习惯势力大，要突破它不容易。另一面学弄清楚这些事事物物，总得作出相当人的劳动，必随事用心！因此才会自作历史画可不必注意生活起居家伙的意见。不过我想到的却是一些年纪轻些作历史画，或连环故事画，及作历史戏、历史电影导演和道具服装工作同志，抱有一种新的工作责任态度，成见不大而学习又虚心，认为马列主义的具体应用，是承认历史既是个现实事物，而且一切又在发展变化，懂得这些历史客观存在问题多些，具体落实些，只会给工作带来更多便利，绝不会反而妨碍艺术创造热情。这从近年演出《文成公主》等等新戏和许多比较成功的新的历史画都可证明。至于教家具史或室内装饰的朋友，自然是更加应当把许多问题理理沿革和发展，才可望避免笼统人云亦云，或如一些美学家所习惯的，从一些抽象定义出发，而归结到抽象说明或结论，永远和所谈的事物本身无关，自己也能感到满意。你不寻根究底，同学可有权利发问："这家具是怎么来的？"因此，为了协助各部门工作共同提高，这类小文章的写作，也应当对许多方面还有些用处，不是毫无意义！

三月 历史博物馆

本文作于 1961 年，原标题为《文物识小录一、椅子的历史》，后改为《椅子衍进试探》。作者在首页附注："至少总得有卅来个图才有意义！"后编入《沈从文全集》。现据《沈从文全集·补遗卷》2 编入。

试释"长檐车、高齿屐、斑丝隐囊、棋子方褥"

北齐颜之推在他著的《颜氏家训·勉学篇》中，批评梁朝贵族子弟不学无术、浮华空疏、讲究享受时说到当时四种时髦事物："梁朝全盛之时，贵游子弟，多无学术，至于谚云：'上车不落则著作，体中何如则秘书。'无不薰衣剃面，傅粉施朱。驾长檐车、跟高齿屐、坐棋子方褥、凭斑丝隐囊，列器玩于左右，从容出入，望若神仙。……"习文史的照例必读过这篇文章。"薰衣剃面、傅粉施朱"，凡是读过《世说新语》和干宝《晋纪·总论》的，必然明白它的出处和原因。至于文中提起的四种当时社会流行时髦用具，究竟是些什么样子，又为什么原因受重视？就不大明白。字面容易认识，真实意思却不容易懂。从古书注里想办法，还是不好懂。因为如孤立引书证书，只会以讹传讹。例如注称"长檐"即"长辕"，行动安稳云云。事实上这只是附会，长檐并非长辕！但是，如能用个较新办法，让文献和文物适当结合起来，试作些探索，千多年来疑问，虽不能说迎刃而解，至少图文互证，这几个字的含义，就有可能懂得切实具体多了。

一切事物从不孤立存在，生活日用什物，更必然上有所承而下有所启。由文物所证，已可看到自商代起始，车的造型变化过程。"长檐车"就是有长长罩檐的一种车子，从南北朝时代保留于石刻、砖刻、壁画、陶塑车辆中去寻觅，毫不费力，即可以发现一系列这种车子。拉车有马有牛，汉末《古诗十九首》中"轩车来何迟"的轩车，曹操借故把杨修杀掉后，送杨彪夫妇的"通明绣幰四望七香车"，是它的前身，而唐人"油碧香车金犊肥"的油碧车或金犊车（图一），和"画毂雕鞍狭路逢，一声肠断绣帷中"的油碧香车。画毂绣帷，却是它的后继者。

图一　北齐　陶牛车（山西太原张肃墓出土　中国国家博物馆藏）

　　较早形制特征，是两旁有窗，车盖高张，车后还曳个长长绣幰。由一牛到四马都可使用。汉代以来，比较穷的王公士大夫只乘牛车，到武帝后，慢慢照制度办事，马可以按等级使用。汉末好马多供军用，牛车在某些地区复流行。到晋代且转成时髦，增加华美，蹄角莹洁如玉，价值千金。它和社会上层对于老庄爱好也有一定关系。因为传说老子是乘青牛出函谷关的。魏晋以来，贵族士大夫多纨绔子弟，腹中空疏无实物，却喜作务虚清谈，爱漂亮。有的为官作宦，也凭这个得到帝王权臣宠爱。社会相习成风，不以为耻。因此"何郎傅粉、荀令薰香"反被煊染成为佳话，影响社会风气。所谓"名士"有种种不同，至于尚清谈，乘牛车，二而一，实时髦事物的两种表现，影响到齐梁，即成《勉学篇》中描绘的情形。《世说新语》记王导故事，《搜神记》叙刘幽求故事，提起的车子，人神所乘大致都属于此式。

最早式样的形成，或在汉武帝时，反映于一个小小青铜戈戟附件上，用金银错法表现仙人驾芝盖白鹿车于云中奔驰，正与汉乐府诗："仙人驾白鹿"相合。这个美术品，目下虽陈列于故宫博物院战国艺术馆柜子中，事实上它是在河北怀安西汉五鹿充墓中出土物，很可能还是武帝东封泰山求长生不死，或文成五利在长安斋宫寿宫作法事，武帝随从执戟郎官手中物。其次式样多反映于浙江绍兴出土汉末魏晋之际青铜镜子上，是本于《穆天子传》周穆王驾八骏马出游会西王母故事而成。车中也有作西王母的。渐进到南北朝才发展成长檐车。

近年出土文物中，有一系列发现，特别有代表性的，计有：

河南邓县齐梁时画像砖墓浮雕长檐车（图二），

山西北齐张肃俗墓彩绘黄陶长檐车，

北魏正光二年刻石长檐车，

北魏永安二年造像刻石长檐车，

敦煌北朝壁画九色鹿经故事彩绘马拉长檐车（图三），

故宫、历史博物馆及贵州师院藏隋焦黄釉陶长檐车，

唐张议潮夫人行香图彩绘长檐车，

历史博物馆陈列唐白瓷小玩具长檐车，

图二　魏晋南北朝　牛车画像砖（河南邓县学庄出土　中国国家博物馆藏）

此外保留在画卷上还有宋人临摹唐末五代旧稿《西岳降灵图》中长檐金犊车。车制多大同而小异。惟驾车用二牛背加锦鞯为仅见。

　　文图互证，我们才明白，西汉三国以来，仙人所乘"芝盖云车"和"通明绣幰四望七香车"以及南北朝时《颜氏家训》所指的"长檐车"的彼此渊源。到了唐代便是"油碧香车""金犊车"。一般用牛拉，西北马多的地区也还用马拉。车制特征是罩棚多作覆瓦状，长檐上翻，做得格外波俏。（真正是古典阿飞式！）车后拖曳一条长长绣幰，高轮华毂，小黄犊特别肥壮，有的背上还覆盖一片团窠锦绣，油碧罩棚间施彩绘。车旁另外有个木支架，便于在雨雪酷暑时上面另加个油布罩棚，可以使骄阳雨雪不至于直接照洒车棚，又能保护牲口。

　　如照晋令记载，则晋代关于车子的使用还分等级，装饰各有不同。现实材料不够具体，我们便不能再说什么了。惟知道油碧饰车和当时流行绿沉漆还必然有一定联系，却又显然还有附会谶讳说"青盖自南来"受车用青盖的影响。根据这

图三　北魏　敦煌 257 窟壁画中长檐车（常书鸿摹绘）

些会通知识，我们说，从此认识了北朝长檐车的形象和所以形成的原因，就有了一点谱，不会太错。如果想要恢复几种古代车形也不会怎样困难了。

"高齿屐"应即是史传中记载谢安闻知淝水战役胜利，怀着欣喜兴奋心情，忙匆匆跑过门限时折齿的那种木屐。齐梁流行原因，也是仰慕王谢名士风流，有所效法，因之相习成为风气。一般对于屐的印象，多以为当如后世罗汉和尚脚下所穿，和近代日本木屐类似，屐齿即底板上两道横栏。历来注解也这样说。但从传世大量晋南北朝石刻画卷人物冠服形象分析，南朝贵族名士所有脚下穿的多是平底的，因此所谓"屐齿"的位置，就有了问题。可能不是在底下，指的或是前面作"⚭"式向上翻起的部分。它可能起源于汉代的歧头履（长沙马王堆汉墓有出土实物可证）。到晋代才成为硬质，过门限时才容易碰折！传顾恺之《洛神赋图》一侍从所著（图四），及传世《斫琴图》一高士所著，反映得格外清楚具体。《斫琴图》历来认为是宋人笔墨，时代晚，不宜称引。但是这个画卷中生产工具是晋，用具是晋，人物形象衣冠是晋，画中主题也和晋人嵇康故事等相切合。说是顾稿虽不可靠，说是东晋南朝以来旧稿的传摹本，大致不会太错！屐齿事明代人似已提出过。这当成个问题再提出，还是有意义的。

"斑丝隐囊"，隐囊即靠枕、引枕、拐枕，但是形象如何？却少有人提起过。画卷石刻中有三个形象可以参考：一在《北齐校书图》里，有个梳螺发的女侍手中抱持的，得知原来是个长鸭蛋式样子。使用时则搁在背后腰间，龙门石刻病维摩（图六），就倚靠着它从容论说佛法！斑丝当非锦绣，必指另外一种丝绸加工，而又是当时流行的材料，惟有斑缬近似，即在碧色罗帛上扎染玳瑁斑。敦煌曾出现过一些晋代实物，花斑和南方晋代缥青瓷器上的褐斑还十分相近。斑丝是否染缬，因为当时西北毛织物还有"斑罽"，而西南夷传上又曾提及过西南出"阑干斑布"，一时还难作定论，可能性却较大。至于到后来《高逸图》一高士所倚隐囊，则显然明白，作的是唐代大团科式花锦纹样《高逸图》，虽有明代弘治间人题作晚唐孙位所绘，事实上主题人物也是从晋南北朝旧稿取来，加以拼凑而成的。即以人物形象言，主题部分即比孙位早，某些部分又必然晚。孙位既在西蜀，那会把成都出的图案锦画得不伦不类！

"棋子方褥"汉代以来，"独坐"称"枰"，可见和棋枰必相近。即盛行用毛织物"氍毹""花罽""细旃"类坐茵。这种毛织物历来是西北名产，价钱相当贵

图四　东晋　顾恺之《洛神赋图》局部（北京故宫博物院藏）

重，买时论张不论匹。汉代锦绣价格照《范子计然》称齐国上等细绣纹锦一匹钱二万，这种毛织物若照班固文中所说，却比锦绣还贵得多！当时也有由天竺、大秦诸国进来作五色十色的，鱼豢著《魏略》曾提起过。除榻上车上使用，又便于郊游，敦煌北魏壁画中常有反映。从《洛神赋图》陈思王身边，一个侍从手中挟持的（图四）和邓县画像砖浮雕侍从挟持的（图五）看来，得知平时是和棋局一样折合起来，便于随身携带的（《斫琴图》中则作成小卷，应是虎豹皮作成的）。

照形制说宜称"棋局方褥"。另有花纹或称"棋子格方褥"才合。因为晋代贵重丝绸称"七彩杯纹绮"，实物虽不得而知，杯纹多指连续方胜而言，花纹得名是因为和羽觞形象近似，一般常作"◇"式，连续起来即成为棋子格图案。若原文称棋子不误，则当指团花而言。西汉以来普遍应用柿蒂纹作装饰图案，空心砖部分装饰花纹和丝绸不可分，即有作棋子格中加柿蒂的。若重叠柿蒂即成团花，山东沂南汉墓藻井，即印有平棋格子中加这种团花的材料出现。比洛阳北朝龙门石刻洞窟顶部格子团花还早三百年，唐代团窠锦由之发展而出，成为主要锦纹。或作小团花，也有可能。唐代敦煌壁画尚多团花坐毯或舞茵。又流行方尺铺地团花砖，显明还是由仿照地毯舞茵作成！

为什么我们把颜之推这几句话看得那么认真，不怕麻烦，来寻根究底，有无必要？读书明人义即得了，必求字字落实，将不免引人走入歧途，迷不知返。这种看法对于一般人说来是对的。但是就一个博物馆工作者说来，如论文物制度，却有必要对于它知道得比较扎实全面一些。文图互证也会有错误时，文物见闻有限，更容易弄错。但私意结合文献和文物来找问题，终不失为一种新的研究文物方法。一面可望把文献记载到的事物，弄的比较明确清楚，一面也可望把许多文物，固有名称和这些器物本身历史衍进弄清楚些。并由此得知，一切生活器用绝

图五　南北朝　邓县画像砖上挟棋子方褥侍女

图六 北魏 龙门宾阳洞石刻倚斑丝隐囊的病维摩

不孤立存在，既不能凭空产生，也不会忽然绝踪。用联系和发展上下前后四方求索方法，去研究文物中丝绸、陶瓷、家具、字画和铜、玉、漆、竹、牙、角器等，必然可以使我们得到极多便利，过去许多不易着手的问题，在这种新的认识基础上，都能够理出一些头绪和相互关系。作文物鉴定就比较全面。作陈列说明和陈列所需要的历史画塑，编排历史戏剧、历史电影、历史故事连环图，使用有关材料时，也就比较能作得有根有据，不至于胡说凑合！

上面谈的不过是几件古代日常用具，从文物常识出发的一点体会。如一个思想水平高，史部学知识又扎实的专家通人，或学习历史充满雄心壮志的年青朋友，肯打破传统读书习惯，能扩大兴趣来充分利用一下近十多年全国出土文物和博物馆原有的收藏，且善于把文物与文献结合起来，进行广泛而深入的研究。这自然比单纯引书证书麻烦，而且不易一时见功。但不下点狠心，搞个十年八年或更长时间，是不会有什么显明效果的。我相信，世上应当有不怕麻烦的年青人，敢于学习、认真实践，必会从中明白一系列前人不易明白的问题，使得仿佛静止的过去历史，有可能重新恢复它原有的活泼面貌。这对于新的文史研究定会有意想不到的发现，把我国的历史科学大大推进一步。

1965年3月写，1980年5月改于北京

本文曾收入商务印书馆（香港）有限公司《龙凤艺术》一书，于1986年出版。后《沈从文全集》据此文本编入。现据《沈从文全集》第31卷编入。

扇子史话

扇子，在我国有非常古老的历史。出于招风取凉、驱赶虫蚊、掸拂灰尘、引火加热种种需要，人们发明了扇子。

从考古资料方面推测，扇子的应用至少不晚于新石器时代陶器出现之后，如古籍中提到过"舜作五明扇"。但有关图像和实物的发现却较晚。目前所见较早的扇子形象是东周、战国铜器上刻画的两件长柄大扇，以及江陵天星观楚墓出土的木柄羽扇残件。从使用方面看，由奴隶仆从执掌，为主人障风蔽日，象征权威的成分多于实际应用。

战国晚期到两汉，一种半规型"便面"成为扇子的主流。其中以江陵马山楚墓出土、朱黑两色漆篾编成的最为精美。便面一律用细竹篾制成，上至帝王神仙，下及奴仆烤肉，灶户熬盐，无例外地都使用它。

魏晋南北朝时期，"麈尾""麈尾扇""羽扇"及"比翼扇"相继出现。"羽扇"前期本由鸟类半翅制成，后来用八羽、十羽并列，且加了长木柄。"麈"是领队的大鹿，魏晋以来尚清谈，手执麈尾有"领袖群伦"含意。"麈尾扇"传由梁简文帝萧纲创始，近于麈尾的简化，固定式样似在纨扇上加鹿尾毛两小撮。"比翼扇"又出于麈尾扇，上端改成鸟羽，为帝子天神、仙真玉女升天下凡翅膀的象征。

隋唐时"麈尾"虽定型，但使用范围缩小。"纨扇"起而代之，广为流行。"纨扇"亦即"团扇"，主要以竹木为骨架，制成种种形状，并用薄质丝绸糊成；历来传说出于西汉成帝（前32—前7年）朝。南北朝时，纨扇扇面较大，唐代早期还多作腰圆形，近乎"麈尾"之转化。唐开元、天宝年以来才多"圆如满月"

式样。纨扇深得闺阁喜爱，古代诗词中多有反映，如"团扇、团扇，美人并来遮面"，"银烛秋光冷画屏，轻罗小扇扑流萤"，"团扇复团扇，奉君清暑殿，秋风入庭树，从此不相见"。借团扇刻画出少女种种情态或愁思，可见扇子的功能已大为扩展。

宋元时期纨扇尽管还占主要地位，且更多样化，但同时也出现另一新品种"折叠扇"，即折扇；一般认为是北宋初从日本、高丽传入的。南宋时生产已有相当规模。但扇面有画的传世实物连同图像反映、画录记载，两宋总计不到十件，元代更少。这种情况也许因当时多用山柿油涂于纸面做成"油纸扇"，不宜绘画，只供一般市民使用；或与当时风习有关，虽也有素纸"折叠扇"，但只充当执事仆从手中物，还不曾为文人雅士所赏玩，因而尚未成为书画家染翰挥毫的对象。元代山西永乐宫壁画，保留了大量元人生活情景，"折叠扇"仍只出现于小市民手中。

到了明代，折扇开始普遍流行，先起宫廷，后及社会。明永乐年间，成都所仿日本"倭扇"，年产约两万把。早期扇骨较少，后来才用细骨。扇面有加金箔者，特别精美的由皇帝赏给嫔妃或亲信大臣，较次的按节令分赐其他臣僚。近年各地明代藩王墓中均有贴金折扇及洒金折扇出土。浑金扇面还有用针拨画山石人物的，极似倭扇格式。也有加画龙、凤的，可能只限于帝后使用。至于骚人墨客等风雅之士，讲究扇面书画，使之更近于工艺品。当时的川蜀及苏州都是折扇的主要产地。折扇无疑已成为明代扇子的主流，影响到清代，前后约三个世纪之久。

歌舞百戏用扇子当道具，也是由来已久。唐宋"歌扇"已成为诗文中习用名辞，杂剧艺人不分男女腰间必插一扇；元杂剧中扇子已成为必不可少的道具，习惯上女角多用小画扇，大臣儒士帮闲多用中型扇，武臣大面黑头等则用白竹骨大扇，有长及二尺的。演员借助扇子表现角色的不同身份和心理状态，妙用无穷。剧目和文学作品中也有以扇为主题的，如"桃花扇""孙悟空三借芭蕉扇""晴雯撕扇"等，可见其影响之大。

折扇外骨的加工，明代已得到极大发展。象牙雕刻，螺钿镶嵌，及用玳瑁薄片粘贴，无所不有。但物极必反，不加雕饰的素骨竹片扇也曾流行一时，甚至一柄值几两银子。清代还特别重用洞庭君山出的湘妃竹，斑点有许多不同名称，若作完整秀美"凤眼"形状，有值银数十两的。至于进贡折扇，通常四柄放一扇匣内，似以苏浙生产的占首位。

清代宫廷尚宫扇，包含各种不同式样。雍正四妃像中，即或执折扇，或执宫扇。宫扇一般式样多为上宽下略窄，扇柄多用羊脂玉、翡翠、象牙等珍贵材料加工而成，扇面还有用象牙劈成细丝编成网孔状的，这实在只是帝王的珍玩，已无任何实用意义。

至于农人，则一律是蒲葵扇，雍正《耕织图》中，他本人自扮的老农也不例外。高级官僚流行雕翎扇，贵重的有值纹银百两的，到辛亥革命后才随同封建王朝覆没而退出历史舞台。后来京剧名角余叔岩、马连良扮诸葛亮时手中挥摇的雕翎扇，大约从北京的前门外挂货铺花四五元就可买到。

本文曾发表于《人民画报》1987 年第 8 期，署名沈从文。后《沈从文全集》据发表文本编入。现据《沈从文全集》第 31 卷编入。

沈从文学术著作要目

一、专著和图录

1.《中国陶瓷史》，1948~1949 年，《沈从文全集》第 28 卷，北岳文艺出版社，2002 年。

2.《中国玉工艺讲稿》，20 世纪 50 年代前期，《沈从文全集》第 28 卷，北岳文艺出版社，2002 年。

3.《中国丝绸图案》，沈从文、王家树，中国古典艺术出版社，1957 年。

4.《唐宋铜镜》，中国古典艺术出版社，1958 年。

5.《龙凤艺术》，作家出版社，1960 年。

6.《中国古代服饰研究》，1963 年~1981 年，商务印书馆（香港）有限公司，1981 年。

7.《扇子应用进展》，1978 年，《沈从文全集》第 29 卷，北岳文艺出版社，2002 年。

二、文物研究论文

1.《谈写字》，《大公报·文艺》第 319 期，1937 年 4 月 4 日。

2.《谈写字》，《论语》半月刊第 156 期，1948 年 7 月 1 日。

3.《漆工艺问题》，1948 年秋冬，《沈从文全集》第 28 卷，北岳文艺出版社，2002 年。

4.《收拾残破——文物保卫一种看法》，《论语》半月刊第 162、163 期，1948 年 10 月 1 日、16 日。

5.《陶瓷札记（九则）》，1948 年~20 世纪 50 年代，《沈从文全集》第 28 卷，北岳文艺出版社，2002 年。

6. 《读春游图有感》,《子曰》丛刊第 6 期之《艺舟》副刊第 1 期,1949 年。

7. 《中国漆器工艺》,1949 年夏,《沈从文全集》第 28 卷,北岳文艺出版社,2002 年。

8. 《中国古玉》,20 世纪 50 年代前期,《沈从文全集》第 28 卷,北岳文艺出版社,2002 年。

9. 《中国雕玉工艺发展的几个段落》,20 世纪 50 年代前期,《沈从文全集》第 28 卷,北岳文艺出版社,2002 年。

10. 《玉的出处——于阗及其他》,20 世纪 50 年代前期,《沈从文全集》第 28 卷,北岳文艺出版社,2002 年。

11. 《玩玉者对古玉研究的贡献》,20 世纪 50 年代前期,《沈从文全集》第 28 卷,北岳文艺出版社,2002 年。

12. 《关于陶和琉璃问题》,20 世纪 50 年代前期,《沈从文全集》第 28 卷,北岳文艺出版社,2002 年。

13. 《维摩诘故事画问题》,20 世纪 50 年代,《沈从文全集》第 31 卷,北岳文艺出版社,2002 年。

14. 《谈谈敦煌壁画工艺问题——有关工艺技术和材料一点商讨》,1951 年夏秋,《沈从文全集》第 28 卷,北岳文艺出版社,2002 年。

15. 《明代织金锦问题》,《光明日报》1953 年 7 月 26 日。

16. 《中国织金锦缎的历史发展》,《新建设》1953 年第 9 期。

17. 《中国古代陶瓷》,《新观察》1953 年第 19 期。

18. 《文史研究必需结合实物》,《光明日报·文学遗产》第 23 期,1954 年 10 月 3 日。

19. 《镜子的故事(上、下)》,1954 年秋,《沈从文全集》第 29 卷,北岳文艺出版社,2002 年。

20. 《从新出土铜镜得到的认识》,1954 年冬,《沈从文全集》第 29 卷,北岳文艺出版社,2002 年。

21. 《从一个马镫图案谈谈中古马具的发展及对于金铜漆镶嵌工艺的影响关系》,1954 年冬,《沈从文全集》第 31 卷,北岳文艺出版社,2002 年。

22. 《中国绸缎的花》,1954 年,《沈从文全集·补遗卷》2,北岳文艺出版社,2020 年。

23. 《从实物学习谈谈〈木兰辞〉的相对年代》，1954 年，《沈从文全集》第 30 卷，北岳文艺出版社，2002 年。

24. 《我们从古漆器可学些什么》，1955 年，《沈从文全集》第 28 卷，北岳文艺出版社，2002 年。

25. 《介绍一个漆器图案》，1955 年，《沈从文全集》第 28 卷，北岳文艺出版社，2002 年。

26. 《〈红楼梦〉衣物及当时种种》，人民文学出版社重版《红楼梦》草拟注释初抄稿，1955 年，《沈从文全集》第 30 卷，北岳文艺出版社，2002 年。

27. 《关于西南兄弟民族服装印染刺绣展览》，1956 年春，《沈从文全集》第 30 卷，北岳文艺出版社，2002 年。

28. 《中国刺绣》，《中国织绣参考资料》，1956 年 10 月。

29. 《北京有许多博物馆，同时又是个大型建筑博物馆》，《文汇报·笔会》1956 年 10 月 15 日。

30. 《故宫的建筑》，《人民画报》1957 年第 1 期。

31. 《从一本书谈谈民族艺术》，《旅行家》1957 年第 5 期。

32. 《古代镜子的艺术特征》，《文物参考资料》1957 年第 8 期。

33. 《湘西苗族的艺术》，《民族团结》1957 年第 1 期试刊号。

34. 《湖南的人民艺术》，1957 年 9 月，《沈从文全集》第 31 卷，北岳文艺出版社，2002 年。

35. 《埋藏了两千三百年》，《人民画报》1957 年第 12 期。

36. 《介绍三片古代刺绣》，1957 年 12 月，《沈从文全集》第 30 卷，北岳文艺出版社，2002 年。

37. 《唐歌舞和丝绸关系》，1957 年左右，《沈从文全集》第 30 卷，北岳文艺出版社，2002 年。

38. 《谈染缬——蓝底白印花布的历史发展》，《文物参考资料》1958 年第 9 期。

39. 《龙凤图案的应用和发展》，《装饰》1958 年第 1 期。

40. 《鱼的艺术和它在人民生活中的应用与发展》，《装饰》1958 年第 2 期。

41. 《几幅团花图案——取自故宫博物院丝绣组编图录》，1959 年，《沈从文全集·补遗卷》2，北岳文艺出版社，2020 年。

42.《金花纸》,《文物》1959 年第 2 期。

43.《谈挑花》,《装饰》1959 年第 3 期。

44.《介绍几片清代花锦》,《装饰》1959 年第 4 期。

45.《谈皮球花》,《装饰》1959 年第 5 期。

46.《蜀中锦》,《装饰》1959 年第 6 期。

47.《谈谈〈文姬归汉图〉》,《文物》1959 年第 6 期。

48.《谈瓷器艺术》,《光明日报》1959 年 11 月 8 日。

49.《湘西土家族织锦》,1959 年,《沈从文全集》第 30 卷,北岳文艺出版社, 2002 年。

50.《丝绣中大团花的历史发展和应用》,1959 年,《沈从文全集》第 30 卷,北岳文 艺出版社,2002 年。

51.《边远地区少数民族文化与中原文化之关系》,1959 年 5 月,《沈从文全集》第 31 卷,北岳文艺出版社,2002 年。

52.《谈锦——矩纹锦的本源及其发展》,20 世纪 60 年代初期,《沈从文全集》第 30 卷,北岳文艺出版社,2002 年。

53.《具装马》,20 世纪 60 年代初期,《沈从文全集》第 31 卷,北岳文艺出版社, 2002 年。

54.《〈历代古人像赞〉试探》,20 世纪 60 年代初期,《沈从文全集》第 31 卷,北岳 文艺出版社,2002 年。

55.《从文物中所见古代服装材料和其他生活事物点点滴滴》,1960 年左右,《沈从 文全集》第 30 卷,北岳文艺出版社,2002 年。

56.《玻璃工艺的历史探讨》,《美术研究》1960 年 1 月。

57.《花边》,《装饰》1960 年第 11 期。

58.《塔户剪纸》,《龙凤艺术》,北京作家出版社,1960 年。

59.《从〈不怕鬼的故事〉注谈到文献与文物相结合问题》,《光明日报·文学遗产》 第 368 期,1961 年 6 月 18 日。

60.《"瓠瓟斝"和"点犀盉"》,《光明日报·文学遗产》第 375 期,1961 年 8 月 6 日。

61.《从文物来谈谈古人的胡子问题》,《光明日报》1961 年 10 月 21、24 日。

62.《"杏犀盉"质疑》，《光明日报·文学遗产》第 388 期，1961 年 11 月 12 日。

63.《文物识小录一、椅子的历史》，1961 年，《沈从文全集·补遗卷》2，北岳文艺出版社，2020 年。

64.《谈历史人物画》，1962 年 2 月，《沈从文全集·补遗卷》2，北岳文艺出版社，2020 年。

65.《古代人的穿衣打扮》，1962 年 6 月，《龙凤艺术》，商务印书馆（香港）有限公司，1986 年。

66.《中国博物馆的研究工作》，《文汇报》1962 年 7 月 12、13 日。

67.《谈广绣》，《羊城晚报》1962 年 8 月 9 日。

68.《陶瓷装饰艺术的进展》，1962 年夏，《沈从文全集》第 28 卷，北岳文艺出版社，2002 年。

69.《清初瓷器加工》，约作于 1962 年秋，《沈从文全集》第 28 卷，北岳文艺出版社，2002 年。

70.《学习古典文学与历史实物问题》，《光明日报·文学遗产》第 437 期，1962 年 10 月 21 日。

71.《假若我们再演〈屈原〉——关于人物形象的塑造及服装道具如何古为今用》，1962 年 12 月，《沈从文全集》第 31 卷，北岳文艺出版社，2002 年。

72.《我国古代人怎么穿衣打扮》，《中国历史常识》第 5 册，中国青年出版社，1963 年。

73.《明代的灯市和灯》，1963 年，《沈从文全集》第 31 卷，北岳文艺出版社，2002 年。

74.《螺钿工艺试探》，1963 年，《沈从文全集》第 28 卷，北岳文艺出版社，2002 年。

75.《狮子在中国艺术上的应用及其发展》，1965 年，《沈从文全集》第 28 卷，北岳文艺出版社，2002 年。

76.《试释"长檐车、高齿屐、斑丝隐囊、棋子方褥"》，1965 年 3 月，《龙凤艺术》，商务印书馆（香港）有限公司，1986 年。

77.《关于赖文光马褂问题的一点意见》，1965 年 4 月，《龙凤艺术》，商务印书馆（香港）有限公司，1986 年。

78. 《喜看景德镇新瓷》,《光明日报·东风》副刊,1965 年 11 月 14 日。

79. 《叙章草进展》,20 世纪 70 年代前期,《沈从文全集》第 31 卷,北岳文艺出版社,2002 年。

80. 《狮子如何在中国落脚生根(陈列文物常识)》,1971 年 3 月,《沈从文全集》第 28 卷,北岳文艺出版社,2002 年。

81. 《谈辇舆》,1971 年夏,《沈从文全集》第 31 卷,北岳文艺出版社,2002 年。

82. 《谈车乘》,1971 年夏,《沈从文全集》第 31 卷,北岳文艺出版社,2002 年。

83. 《唐宋以来丝绸彩色加工》,1971 年冬,《沈从文全集》第 30 卷,北岳文艺出版社,2002 年。

84. 《鼓的形象在文物中的反映》,1971 年冬,《沈从文全集》第 31 卷,北岳文艺出版社,2002 年。

85. 《马的应用与装备》,1971 年,《沈从文全集》第 31 卷,北岳文艺出版社,2002 年。

86. 《有代表性之案形》,1972 年 1 月,《沈从文全集》第 31 卷,北岳文艺出版社,2002 年。

87. 《读长沙马王堆一号汉墓发掘简报》,1972 年夏,《沈从文全集》第 31 卷,北岳文艺出版社,2002 年。

88. 《长沙西汉墓出土漆器和丝绸衣物》,1972 年,《沈从文全集》第 30 卷,北岳文艺出版社,2002 年。

89. 《中国丝绸发展点滴新知识》,1973 年,《沈从文全集》第 30 卷,北岳文艺出版社,2002 年。

90. 《中国对于蚕的驯服和丝织物加工技术的发展》,1973 年,《沈从文全集》第 30 卷,北岳文艺出版社,2002 年。

91. 《关于长沙西汉墓出土丝织物问题》,1973 年秋,《沈从文全集》第 30 卷,北岳文艺出版社,2002 年。

92. 《谈〈明皇击球图〉》,1975 年,《沈从文全集·补遗卷》2,北岳文艺出版社,2020 年。

93. 《中国陶瓷工艺发展的轮廓和新的种种认识》,1975 年,《沈从文全集》第 28 卷,北岳文艺出版社,2002 年。

94.《说"熊经"》，1975 年，《中国文化》丛刊第 2 期，1990 年。

95.《关于鼻烟壶问题答王习三先生》，1979 年 8 月，《玻璃史话》，万卷出版公司，2005 年。

96.《江陵楚墓出土的丝织品》，沈从文、滕壬生、吴顺清，《中国画报》第 6 期，1983 年。

97.《宋元时装》，《龙凤艺术》，商务印书馆（香港）有限公司，1986 年。

98.《关于天王府绣花帐子的时代及其产生原因的一点意见》，《龙凤艺术》，商务印书馆（香港）有限公司，1986 年。

99.《扇子史话》，《人民画报》1987 年第 8 期。

100.《中国古代的绸缎》，写作年代不详，《沈从文全集·补遗卷》2，北岳文艺出版社，2020 年。

101.《豆彩瓷》，写作年代不详，《沈从文全集·补遗卷》2，北岳文艺出版社，2020 年。

102.《关于飞天》，写作年代不详，《湘水》第 4 辑。

三、文物资料目录

1.《艺术遗产中船的形象》，20 世纪 50 年代后期，《沈从文全集·补遗卷》2，北岳文艺出版社，2020 年。

2.《宋代家具及布置应用相关图像》，20 世纪 50 年代后期，《沈从文全集·补遗卷》2，北岳文艺出版社，2020 年。

3.《古代的船》，1965 年左右，《沈从文全集·补遗卷》2，北岳文艺出版社，2020 年。

4.《宋代人物画可参考的材料草目》，1970 年代中期，《沈从文全集·补遗卷》2，北岳文艺出版社，2020 年。

5.《男子坐具的进展》，1971 年 12 月，《沈从文全集·补遗卷》2，北岳文艺出版社，2020 年。

6.《家具历史发展形象资料举例》，1973 年，《沈从文全集·补遗卷》2，北岳文艺出版社，2020 年。

7.《龙的图案在工艺美术上的应用》，写作年代不详，《沈从文全集》第 29 卷，北岳文艺出版社，2002 年。

8. 《鸾凤百种（有代表性）》，写作年代不详，《沈从文全集》第 29 卷，北岳文艺出版社，2002 年。

9. 《关于玉的图录和文献资料》，写作年代不详，《沈从文全集》第 29 卷，北岳文艺出版社，2002 年。

10. 《带子种种》，写作年代不详，《沈从文全集》第 29 卷，北岳文艺出版社，2002 年。

11. 《可供参考的新出土文物中特别精美重要艺术品》，写作年代不详，《沈从文全集》第 29 卷，北岳文艺出版社，2002 年。

12. 《山水形象在古代工艺品上的反映》，写作年代不详，《沈从文全集》第 29 卷，北岳文艺出版社，2002 年。

13. 《前期山水画问题图像部分目录——由汉到隋的反映种种》，写作年代不详，《沈从文全集》第 29 卷，北岳文艺出版社，2002 年。

14. 《水纹在工艺中或艺术上应用的发展》，写作年代不详，《沈从文全集》第 29 卷，北岳文艺出版社，2002 年。

15. 《乐舞杂伎与戏剧》，写作年代不详，《沈从文全集》第 29 卷，北岳文艺出版社，2002 年。

16. 《杂技图像参考》，写作年代不详，《沈从文全集》第 29 卷，北岳文艺出版社，2002 年。

17. 《唐以来乐部形象反映》，写作年代不详，《沈从文全集》第 29 卷，北岳文艺出版社，2002 年。

18. 《关于唐代种种》，写作年代不详，《沈从文全集》第 29 卷，北岳文艺出版社，2002 年。

19. 《〈卧薪尝胆〉参考资料应用》，写作年代不详，《沈从文全集》第 29 卷，北岳文艺出版社，2002 年。

20. 《〈文成公主〉演出形象参考》，写作年代不详，《沈从文全集》第 29 卷，北岳文艺出版社，2002 年。

21. 《〈武则天〉戏用参考》，写作年代不详，《沈从文全集》第 29 卷，北岳文艺出版社，2002 年。

22. 《宋戏文服饰、生活、行住、人物形象参考》，写作年代不详，《沈从文全集》第

29 卷，北岳文艺出版社，2002 年。

23. 《曹操像参考》，写作年代不详，《沈从文全集》第 29 卷，北岳文艺出版社，
2002 年。

24. 《有关唐玄奘绘画》，写作年代不详，《沈从文全集》第 29 卷，北岳文艺出版社，
2002 年。

25. 《关于马——给鸿祥同志信》，写作年代不详，《沈从文全集》第 31 卷，北岳文
艺出版社，2002 年。

26. 《工艺美术中龙凤图案的应用》，写作年代不详，《沈从文全集·补遗卷》2，北岳
文艺出版社，2020 年。

27. 《题〈中国历代自然科学家小传〉》，写作年代不详，《沈从文全集·补遗卷》2，
北岳文艺出版社，2020 年。

28. 《关于灯的种种》，写作年代不详，《沈从文全集·补遗卷》2，北岳文艺出版社，
2020 年。

四、文物资料说明

1. 《汉代金银错鸟兽纹图——〈历史教学〉封面图案说明》，《历史教学》1954 年第
9 期。

2. 《敦煌唐代丝绸复原图——〈历史教学〉封面图案说明》，《历史教学》1954 年第
10 期。

3. 《楚墓出土彩绘漆羽觞——〈历史教学〉封面图案说明》，《历史教学》1954 年第
11 期。

4. 《唐代越州窑青瓷酒壶——〈历史教学〉封面图案说明》，《历史教学》1954 年第
12 期。

5. 《唐卷枝花镜——〈历史教学〉封面图案说明》，《历史教学》1955 年第 1 期。

6. 《唐代镜子卷枝花——〈历史教学〉封面图案说明》，《历史教学》1955 年第 1 期。

7. 《唐三彩釉陶瓶——〈历史教学〉封面图案说明》，《历史教学》1955 年第 2 期。

8. 《西王母画像镜——〈历史教学〉封面图案说明》，《历史教学》1955 年第 3 期。

9. 《唐代蜀锦花纹——〈历史教学〉封面图案说明》，《历史教学》1955 年第 4 期。

10. 《唐代锦缎纹花——〈历史教学〉封面图案说明》，《历史教学》1955 年第 4 期。

11.《白沙宋墓壁画——〈历史教学〉封面图案说明》，《历史教学》1955 年第 5 期。

12.《汉碧玉马头——〈历史教学〉封面图案说明》，《历史教学》1955 年第 6 期。

五、文物识小录

1.《唐镇墓怪俑的来去》，20 世纪 50 年代后期，《沈从文全集》第 30 卷，北岳文艺出版社，2002 年。

2.《"商山四皓"和"悠然见南山"》，20 世纪 60 年代初期，《沈从文别集·抽象的抒情》，岳麓书社，1992 年。

3.《谈攀膊儿》，20 世纪 60 年代初期，《沈从文全集》第 30 卷，北岳文艺出版社，2002 年。

4.《晋青瓷水注醉拂菻弄狮子》，20 世纪 60 年代初期，《沈从文全集》第 30 卷，北岳文艺出版社，2002 年。

5.《帛画引路招魂幡》，20 世纪 70 年代前期，《沈从文全集》第 30 卷，北岳文艺出版社，2002 年。

6.《朱画云气棺》，1971 年夏，《沈从文全集》第 30 卷，北岳文艺出版社，2002 年。

7.《帛画妇女》，20 世纪 70 年代中期，《沈从文全集》第 30 卷，北岳文艺出版社，2002 年。

8.《赚兰亭图问题》，20 世纪 70 年代中期，《沈从文全集》第 30 卷，北岳文艺出版社，2002 年。

9.《〈高逸图〉的伪托痕迹》，20 世纪 70 年代中期，《沈从文全集》第 30 卷，北岳文艺出版社，2002 年。

10.《谈〈明皇击球图〉》，1975 年，《沈从文全集·补遗卷》2，北岳文艺出版社，2020 年。

11.《"朱拓北魏佛造像"题跋》，1978 年，《沈从文全集·补遗卷》2，北岳文艺出版社，2020 年。

12.《班婕妤〈怨歌行〉及其问题》，1980 年，《沈从文全集·补遗卷》2，北岳文艺出版社，2020 年。

13.《〈鲜于枢大字诗赞真迹卷〉评注》，写作年代不详，《沈从文全集》第 31 卷，北岳文艺出版社，2002 年。

14. 《藁城出土商代漆片》，写作年代不详，《沈从文全集·补遗卷》2，北岳文艺出版社，2020年。

15. 《信阳战国楚墓棺板》，写作年代不详，《沈从文全集·补遗卷》2，北岳文艺出版社，2020年。

16. 《分隶体中有草意》，写作年代不详，《沈从文全集·补遗卷》2，北岳文艺出版社，2020年。

17. 《传阎立本赚兰亭图问题》，写作年代不详，《沈从文全集·补遗卷》2，北岳文艺出版社，2020年。

六、书籍题序

1. 《〈明锦〉题记》，李杏南著《明锦》，人民美术出版社，1955年。

2. 《〈长沙出土古代漆器图案选集〉前言》，北京历史博物馆编《长沙出土古代漆器图案选集》，人民美术出版社，1955年。

3. 《兵器史读后意见》，周纬《中国兵器史稿》，三联书店，1957年。

4. 《〈宋代服装资料〉前言》，1961年，《沈从文全集》第30卷，北岳文艺出版社，2002年。

5. 《〈中国的瓷器〉序言》，中国财政经济出版社，1963年。

6. 《〈中国古代服饰资料选辑〉题记》，1964年，《沈从文全集》第30卷，北岳文艺出版社，2002年。

7. 《〈中国古代服饰资料选辑〉后记》，1964年，《沈从文全集》第30卷，北岳文艺出版社，2002年。

8. 《题〈宋拓集王圣教序〉装裱锦面》，写作年代不详，《沈从文全集》第30卷，北岳文艺出版社，2002年。

七、教案及提纲

1. 《中国陶瓷三十课》，北京大学博物馆专业课程计划，1948年，《沈从文全集》第28卷，北岳文艺出版社，2002年。

2. 《织金锦问题报告提纲》，中国历史博物馆研究选题汇报，1953年左右，《沈从文全集》第30卷，北岳文艺出版社，2002年。

3. 《花式图案参考资料——为实用美术系教师拟的教案》，中央美术学院实用美术系教师参考教案，1953年，《沈从文全集·补遗卷》2，北岳文艺出版社，2020年。

4. 《三国两晋南北朝的工艺美术（纲要）》，中央美术学院毕业班专题讲稿，1954年，《沈从文全集》第31卷，北岳文艺出版社，2002年。

5. 《漆工艺美术简史提纲》，国内工艺美术教师专业教材草拟纲目，1961年，《沈从文全集》第28卷，北岳文艺出版社，2002年。

6. 《马和马具的应用及其发展》，中国历史博物馆研究选题汇报，20世纪60年代初期，《沈从文全集》第31卷，北岳文艺出版社，2002年。

八、陈列设计、展览介绍及改陈建议

1. 《丝织物和玉、铜、漆、陶诸器（九则）》《汉代展品说明（六则）》《河南信阳汉冢遗物》《青铜展品说明卡（二则）》《陶瓷展品说明卡（之四）》，北京历史博物馆通史陈列展览说明，20世纪50年代前期，《沈从文全集》第28卷，北岳文艺出版社，2002年。

2. 《楚文物展览介绍》，楚文物展览对外报道文稿，1953年，《沈从文全集》第28卷，北岳文艺出版社，2002年。

3. 《楚文物展览展品说明（三则）》，楚文物展览展品说明，1953年，《沈从文全集》第28卷，北岳文艺出版社，2002年。

4. 《关于丝织服饰的准备工作意见》，丝织服饰专题展的准备工作意见，20世纪50年代中期，《沈从文全集》第30卷，北岳文艺出版社，2002年。

5. 《中国古代织绣展览·前言》，1957年9月，《沈从文全集·补遗卷》2，北岳文艺出版社，2020年。

6. 《明清丝绸展览说明》，故宫博物院和历史博物馆丝绣藏品苏杭巡展总说明文稿，1958年，《沈从文全集》第28卷，北岳文艺出版社，2002年。

7. 《苏杭两地丝绣展览一点经验》，故宫博物院和历史博物馆丝绣藏品苏杭巡展工作报告，1958年夏秋，《沈从文全集》第28卷，北岳文艺出版社，2002年。

8. 《如何看故宫丝绣馆清代部分》，故宫博物院织绣馆陈列说明稿补充，1959年，《沈从文全集》第28卷，北岳文艺出版社，2002年。

9. 《故宫丝绣馆说明》，故宫博物院织绣馆展览说明，1959年，《沈从文全集》第28

卷，北岳文艺出版社，2002年。

10.《织绣陈列设计》，故宫博物院织绣馆筹备设计稿，约作于1959年，《沈从文全集》第28卷，北岳文艺出版社，2002年。

11.《唐宋绘画及其他（七则）》《明代板画》《明代绘画》《清代板画》《清代纺织》，中国历史博物馆通史陈列设计稿，约作于1959年，《沈从文全集》第28卷，北岳文艺出版社，2002年。

12.《协助地质博物馆意见》，协助地质博物馆陈列设计和建议，1959年4月，《沈从文全集·补遗卷》2，北岳文艺出版社，2020年。

13.《清代服饰织绣展览介绍》，故宫博物院和历史博物馆汉口展展览介绍，20世纪50年代后期，《沈从文全集》第28卷，北岳文艺出版社，2002年。

14.《明清文物说明（八则）》，故宫博物院和历史博物馆汉口展品说明，20世纪50年代后期，《沈从文全集》第28卷，北岳文艺出版社，2002年。

15.《景德镇陶瓷展览》，1965年，《沈从文全集》第28卷，北岳文艺出版社，2002年。

16.《铝带问题》《明代部分改陈点点滴滴》《一点建议——对于定名、说明、附加应用图像一点浅薄建议》《丝路说明参考意见》《有关改陈补充》《汉代铁工具柜》《汉代兵器专柜及附陈材料》《三国部分》《长沙西晋釉陶鼓吹骑士俑》《南北朝具装马》《隋白瓷柜》《唐乐舞部分》《唐三彩人马俑柜》《记里鼓车与指南车意见》《关于唐代数学天才一行》《热河辽驸马墓出土银鎏金鞍饰》《唐书法陈列意见》《汉锦陈列》《华佗像下附陈参考》《金属加工》《关于金银加工节略要点》《黄巾起义》《汉代文字意见》《刘向是否应有一平柜陈列？》《王充像位置及说明》《司马迁像及位置》《有关唐代绘画改陈意见》《宋甲马》，中国历史博物馆重新开放前通史陈列改陈建议，1971年~1973年，《沈从文全集》第28卷，北岳文艺出版社，2002年，《沈从文全集·补遗卷》2，北岳文艺出版社，2020年。

17.《太白楼陈列设计》，协助安徽马鞍山筹建李白纪念馆陈列设计稿及建议，1973年，《沈从文全集》第28卷，北岳文艺出版社，2002年。

九、提案及工作建议

1.《关于北平特种工艺展览会一点意见》，《大公报》1948年10月9日。

2.《敦煌文物展览感想》,1951年4月,《沈从文全集》第31卷,北岳文艺出版社,2002年。

3.《接待华东文物工作者参观全国出土文物展时的谈话》,1954年8月,《沈从文全集》第31卷,北岳文艺出版社,2002年。

4.《对历史博物馆编印某图册的建议》,北京历史博物馆拟编印图册形象资料选用建议,20世纪50年代中期,《沈从文全集》第28卷,北岳文艺出版社,2002年。

5.《历史文化和民族文化工作的四点建议》,政协第二届全国委员会第三次会议上的发言稿,1957年3月,《沈从文全集》第31卷,北岳文艺出版社,2002年。

6.《历史博物馆十年》,1959年春,《沈从文全集》第31卷,北岳文艺出版社,2002年。

7.《关于文物"古为今用"问题》,政协第三届全国委员会第一次会议上的发言稿,1919年4月,《政协会刊》1959年1月27日。

8.《政协提案选——第60号》,政协第三届全国委员会第一次会议上的提案,1959年4月,《全国政协提案汇编·第60号》,1959年6月。

9.《政协提案选》,政协第五届全国委员会第二次会议上的提案,1979年6月,《沈从文全集》第31卷,北岳文艺出版社,2002年。

10.《七点建议》,20世纪70年代,《沈从文全集》第31卷,北岳文艺出版社,2002年。

11.《一点意见》,座谈会发言稿,20世纪70年代,《沈从文全集》第31卷,北岳文艺出版社,2002年。

12.《关于工艺品改进的三点意见》,写作年代不详,《沈从文全集》第31卷,北岳文艺出版社,2002年。

后　记

　　沈从文先生与中国国家博物馆有着深厚的历史渊缘，自1949年沈从文先生进入国立北京历史博物馆（中国国家博物馆前身），在这里工作长达30年。沈从文先生在这里过手文物数十万件，完成了从文学创作到文物研究的转型，他的文物研究基本是围绕馆里的代表性藏品展开的。2022年是中国国家博物馆创建110周年，同时也是沈从文先生诞辰120周年。在这个特殊的历史节点上，我们组织出版《国博名家丛书·沈从文卷》具有特别的纪念意义。

　　本书的编纂得到了馆内外专家和沈先生家人的大力支持。中国国家博物馆终身研究馆员孙机先生、中国社会科学院文学研究所扬之水先生、中国社会科学院考古研究所白云翔先生、中国社会科学院历史研究所赵连赏先生在本书编纂过程中给予很多宝贵的建议。沈先生孙女沈红、沈帆两位女士对本书的编校给予很多具体的建议和指导。

　　在本书编校出版过程中，全馆各相关部门通力协作。馆刊编辑部冯峰主任帮助甄选图片，图书资料部翁淮南主任、王春叶同志为本书提供了大量资料支持。在配图过程中，还得到了故宫博物院严勇研究馆员、杨勇研究馆员，北京师范大学单月英老师以及我馆藏品保管部郭世娴、赵玉亮同志的诸多帮助。谨在此一并表示衷心的感谢！

　　受篇幅所限，本书远不能全面展现沈从文先生在文物研究方面取得的卓越成就，不免遗憾。疏漏错讹之处，恳祈各方批评指正。

编　者

2022年8月

图书在版编目（CIP）数据

国博名家丛书.沈从文卷 / 沈从文著；王春法主编. — 北京：北京时代华文书局，2022.11

ISBN 978-7-5699-4549-2

Ⅰ.①国… Ⅱ.①沈… ②王… Ⅲ.①博物馆学—文集②史学—文集③文物—中国—文集 Ⅳ.①G260-53②K0-53③K870.4-53

中国版本图书馆CIP数据核字(2022)第212851号

项目统筹

余　玲

责任编辑

余　玲

余荣才

装帧设计

郭　青

国博名家丛书

沈从文卷

GUOBO MINGJIA CONGSHU

SHEN CONGWEN JUAN

主　编：王春法

出版人：陈　涛

出版发行：北京时代华文书局 (http://www.bjsdsj.com.cn)

地址：北京市东城区安定门外大街138号皇城国际A座8层

邮编：100011

发行部：010－64267120 010－64267397

印制：北京雅昌艺术印刷有限公司 010-80451188

开本：787 mm×1092 mm 1/16　印张：36.75　字数：630千字

版次：2022年11月第1版　印次：2022年11月第1次印刷

书号：ISBN 978-7-5699-4549-2

定价：368.00元（全二册）